다르파 웨이

**펜타곤의 브레인, 미래 기술의 설계자
다르파의 비밀연구 기록**

다르파 웨이

펜타곤의 브레인, 미래 기술의 설계자
다르파의 비밀연구 기록

애니 제이콥슨 지음 | 이재학 옮김 | 김종대 감수

DEFENSE
ADVANCED
RESEARCH
PROJECTS
AGENCY
WAY

nomad
지식노마드

일러두기
1. 각주는 모두 역자주이다.

미래를 예측하는 최고의 방법은
미래의 창조다.

에리히 프롬

들어가는 말

미국의 국방 고등 연구 계획국, 흔히 다르파(Defense Advanced Research Projects Agency, DARPA)로 불리는 이 조직은 전 세계에서 가장 강력하고 가장 생산성이 높은 군사 과학 연구 기관이다. 또 이 책이 쓰이기 전까지는 가장 비밀스럽고 가장 조사가 덜 된 기관이기도 했다. DARPA의 사명은 군사 과학의 혁명을 일으켜서 미국이 전 세계의 다른 지역을 압도하는 기술적 우위를 유지하는 일이었다.

1958년에 의회가 창설한 이후 DARPA는 국방부의 연구 개발 중심 기관으로 기능해 왔다. 연간 예산 규모가 보통 30억 달러인 DARPA는 다른 국방 연구 기관과 달랐다. DARPA는 과학적 연구를 직접 수행하지 않는다. 이 기관의 프로그램 관리자들이나 책임자들은 국방 산업, 학계, 정부기관에 연구를 의뢰한다. 그다음 연구의 성공적 결과들을 군사적으로 빠르게 활용할 수 있도록 조율한다. 또한 관료주의에 구애받지 않고 신속하고 민첩하게 행동한다. DARPA에서 일하는 사람들은 비정상적으로 작은 규모를 유지한다. 60년 동안 DARPA는 매년 평균 120명의 프로그램 관리자를 고용했고, 각 관리자는 평균 5년간 근무했다. 뛰어난 능력을 지닌 이 관리자이자 과학자들이 수백 개의 연구 프로젝트를 출범시키고 감독해 왔다. 미국과 해외에 산재한 국립 연구소, 국방 기관, 방위 산업체의 시설이나 대학 실험실에서 수만 명의 과학자와 기술자가 땀 흘려 왔던 이유다.

DARPA 프로그램 관리자들은 엄격한 군사적 명령 체계에 속하면서도 상당한 권한을 갖는다. 그들은 외부의 간섭 없이 연구 프로젝트를 시작, 유지, 중단할 수 있다. 일단 실전 배치 준비가 완료되면 최종 생산된 무기와 무기 관련 시스템들은 육·해·공군과 해병대, 그리고 중앙 정보국(CIA), 국가 안보국(NSA), 국방 정보국(DIA), 국가 지리 정보국(NGA), 국가 정찰국(NRO)을 포함해 다른 정보기관에 넘겨진다.

DARPA는 자신들이 대중에게 어떻게 비춰지는지 세심하게 관리한다. 언론에서는 정기적으로 DARPA를 미국의 첨단 과학 연구 기관으로 소개한다. 그러나 DARPA의 더 중대하고 때로는 전체주의적인 프로그램들의 상당수는 대부분 보도되지 않는다. 2014년 가을 CBS에 "DARPA가 연구하는 작은 신체 이식 장치가 인간에게 자연 치유 능력을 줄 수 있다"는 제목의 뉴스가 나왔다. 같은 주에 뉴스 웹사이트인 《비즈니스 인사이더Business Insider》는 "DARPA의 믿기 힘든 점프 로봇은 미 육군의 재해 구호 방향이 어떻게 변할지 보여준다"라는 제목의 기사를 실었다. 이와 같은 DARPA 관련 기사들은 건강과 사회 복지 증진에 초점을 두고 있지만 실제로 DARPA의 공식 사명은 무기 시스템 개발이다. 많은 기사가 DARPA가 인터넷, GPS, 스텔스 기술 등을 개발했다고 언급하지만, 이는 마치 애플을 단순히 '매킨토시 512를 만든 컴퓨터 회사'라고만 서술하는 수준의 설명이다. DARPA의 기념비적 기술들은 이미 40년이 넘은 오래된 혁신들이다. 그렇다면 왜 미국의 가장 강력하고 생산적인 군사 과학 기관의 중요한 부분이 여전히 신비에 싸여 있을까? 이 책은 DARPA의 비밀스러운 역사를 파헤친다.

1972년까지 DARPA는 국방부 건물 안에 있었다. 현재 DARPA 본부는 버지니아 주 알링턴의, 펜타곤에서 6킬로미터 이상 떨어진 유리와 강철로 지은 평범한 건물에 있다. DARPA 국장은 국방장관 실의 지휘를 받는다. 창립 이후 지금까지 DARPA는 전 세계 어떤 나라도 과학 분야에서 미국을 앞서도록 허용하지 않았다. DARPA 신봉자들은 DARPA를 펜타곤의 두뇌라고 부른다. 반면에 비판하는 사람들은 DARPA를 군산 복합체의 심장이라고 칭한다. DARPA는 존중받는가 아니면 두려움의 대상인가? DARPA는 민주주의를 보호하는가 아니면 미국을 끊임없이 전쟁으로 밀어넣는가?

DARPA는 미래를 만든다. DARPA가 선도한 기술 덕에 산업, 공중 보건, 사회, 문화가 모두 바뀐다. DARPA는 창조하고, 지배하고, 특히 전장으로 보내지면 파괴한다. "우리는 급변하는 위협과 엄청난 불확실성에 직면했다. 그러나 국가에 극적인 새로운 역량을 제공하는 방식으로 기술을 진보시킬 전례 없는 기회를 맞기도 했다"고 DARPA의 국장 아라티 프래바카(Arati Prabhakar)는 2014년 어느 보도 자료에서 말했다. 그러나 이 "극적인 새로운 역량"의 일부가 그렇게 좋은 아이디어가 아니라면 어찌할까?

이 책을 쓰는 과정에서 나는 DARPA와 특별히 관련이 있는 71명을 인터뷰했다. 그중에는 DARPA의 창설에 관여했던 인물들부터 백악관의 과학 자문들을 포함해 DARPA의 프로그램 관리자들, 과학자들, 내밀하고 대단히 비밀스러운 제이슨(Jason) 과학자들*, 현역 군인들, 노벨상 수상자, 4성 장군에 이르기까지 다양한 사람들이 포함되어 있다. 이들을 인터뷰하면서 국가 안보를 위해 이미 알

---

* 1960년대에 설립된 30-60명의 과학자가 속한 집단으로, 기밀 과학 기술 문제에 관한 미국 연방 정부의 자문에 응했다.

려진 과학적 한계를 넘어서려 했던 기상전(氣象戰), 사회과학 실험, 전쟁 게임에 대한 이야기를 들을 수 있었다. 눈부신 성과와 오만, 혁명적 승리와 근시안적 패배에 대해서도 들었다. 이때 하나의 개념이 선명하게 드러났는데, DARPA는 비밀리에 첨단 군사 과학을 개척하는 임무를 수행한다는 점이다. 놀라움이 수반되지 않는 한 혁명이 아니다. DARPA의 기술이 전쟁터에서 공개되면 다른 나라들은 필연적으로 DARPA가 개발한 첨단 기술을 습득하게 된다. 1960년대 초 베트남전 기간에 DARPA는 무인 비행체, 즉 드론 개발을 시작했다. 2001년 10월 무장한 제1호 드론이 아프가니스탄 전투에 투입될 때까지 30년 이상 걸렸다. 대중이 드론 전쟁을 알았을 무렵, 미국의 드론 기술은 이미 수세대를 앞서 있었다. 이후 수많은 적대국이 드론을 개발하기 시작했으며 2014년 무렵에는 87개국이 군사적 수준의 드론을 보유했다.

이 책을 집필하려고 DARPA의 전직 과학자들을 인터뷰하는 과정에서, 특히 DARPA의 기밀 프로그램을 통해, 이곳 과학자들이 연구하는 기술들이 공공 영역과 비교해 10년에서 20년은 앞서 있음을 알게 되었다. 그리고 미래의 세계가 펼쳐지는 이유도 DARPA 때문이라는 것을 알게 되었다. 그런데 DARPA가 미래를 결정하도록 내버려 두는 게 현명할까?

차례

3부 전쟁 이외의 작전

4부 테러와의 전쟁

5부 미래의 전쟁

1부

냉전

THE COLD WAR

1장

사악한 물건
The Evil Thing

1954년 겨울 어느 날, 하와이에서 4,240킬로미터 떨어진 태평양의 마셜(Marshall) 제도에 속한 비키니 환초에서, 일군의 미국 과학자들은 자신들이 개발한 기계 장치가 세계 종말을 야기할 수도 있는 중대한 시점에 도달했다는 사실을 깨달았다. 현지 시간으로 정확히 1954년 3월 1일 오전 4시 29분이었다. 일부 과학자들은 이 위험한 순간을 미리 경고했다. 맨해튼 프로젝트*의 과학자였던 엔리코 페르미(Enrico Fermi)와 이지도어 라비(Isidor Rabi)는 이 기계 장치를 "사악한 물건(the evil thing)"이라 부르며 트루먼 대통령에게 절대 만들어선 안 된다고 말했다. 그러나 이 기계 장치는 만들어졌고 곧 폭발 실험을 앞두고 있었다.

이것은 수소폭탄으로, 미 공군 폭격기에 실려 모스크바 같은 적국의 도시에 투하될 수 있을 만큼 작았다. 미국의 대중에게 이 폭탄의 존재는 비밀이었기에 과학자들이 곧 목격하게 될 실험에는 암호명이 주어졌다. 캐슬 브라보(Castle Bravo)였다.

---

* 제2차 세계대전 중에 미국이 주도하고 영국과 캐나다가 공동으로 참여했던 핵폭탄 개발 계획이다. 미 육군 공병대의 관할로 1942년부터 1946년까지 진행됐다.

비키니 환초의 한쪽 끝에서는 핵 정보 일급비밀 취급 인가를 받은 10명이 콘크리트 벙커 안에서 미지의 결과를 기다리고 있었다. 두 시간 남짓 후면 30킬로미터 밖에서 세계 역사상 가장 강력한 폭탄이 터지게 된다. 이제껏 이만한 폭발력에 가까이 다가갔던 인간은 없었다. 폭발 에너지가 6메가톤으로 예측되던 캐슬 브라보는 일본에 투하된 두 발의 원자폭탄과 제2차 세계대전 기간 동안에 독일과 일본에 떨어졌던 모든 폭탄을 다 합한 폭발력의 2배 이상으로 예상되었다.

국방 과학의 발전 덕분에, 1954년까지 기계들은 놀라운 속도로 소형화되고 있었다. 특히 핵무기는 과학자들이 10년 전에는 상상할 수 없었던 방식으로 더욱 작아지고 효율적으로 변하고 있었다. 캐슬 브라보 폭탄은 1945년 8월 일본 히로시마에 투하된 원자폭탄의 1,000배가 넘는 위력으로 예상되었지만, 무게는 겨우 2배가 조금 넘는 수준이었다.

비키니 환초에 아직 태양은 떠오르지 않았다. 전날 저녁에 열대성 집중 호우가 야자수와 판다누스속 관목의 잎사귀를 듬뿍 적셨다. 소금기를 좋아하는 바닷가 들풀이 저지대를 덮었다. 작은 동전만한 도마뱀들이 축축하게 젖은 하얀 모래 위를 이리저리 빠르게 돌아다녔다. 기지 70(Station 70)이라는 암호가 붙은 벙커는 겉보기에는 이상한 곳이었다. 폭발을 견딜 수 있는 낮고 폭이 넓은 직사각형 모양의 문과 1미터에 가까운 두께의 콘크리트 벽으로 이루어졌다. 그리고 출입구를 제외한 전부가 3미터 깊이의 모래 아래에 파묻혀 있었다. 벙커와 산호초 사이에는 콘크리트 블록으로 만들어진 벽이 하나의 독립 구조물로 서 있었는데, 혹시 모를 거대한 파도에 맞서 사람들을 보호하기 위해서였다. 인근에는 90미터 높이의 무선 전파 탑이 세워졌다. 이를 통해 벙커에 있는 사람들은 100킬로미터 가까이 떨어진 해상에 있는 미군의 태스크 포스 지휘선인 에스테스(Estes)에 탑승한 국방부 관계자 및 과학자들과 직접 소통하면서 비밀 작전을 수행했다.

벙커 안에 있던 사람들은 폭탄을 폭발시키는 임무를 맡은 팀으로 공학자 6명, 육군 소속 기술자 3명, 그리고 1명의 핵 과학자로 구성되었다. 수 킬로미터의 방수 처리된 해저 케이블이 벙커 안의 전자 장비들과 캐슬 브라보 폭탄을 연결했다. 폭탄은 비키니 환초에서 30킬로미터쯤 떨어진 별도의 섬에 설치되었다.

"벙커 안에서 우리는 안전하다고 느꼈다." 이 실험을 옹호했던 핵무기 공학자들 중 하나인 베르나르드 오키프(Bernard O'Keefe)가 말했다. 페르미와 라비처럼 그도 맨해튼 프로젝트에 참여했었다. 그러나 이들과 달리 오키프는 이 수소폭탄이 미국을 안전하게 지켜줄 좋은 물건이라고 여겼다. 국방 과학은 예나 지금이나 항상 논쟁의 대상이다.

오키프는 "오전 4시 30분에 과학 국장이 카운트다운 시작이라고 말했다"고 회상했다. 로스앨러모스 연구소 과학 국장 윌리엄 오글(William Ogle) 박사는 지휘선 에스테스에서 해안으로 연결된 무선 통신으로 명령을 전달했다. 폭발 시각이 가까워졌다.

"카운트다운 시작." 오글이 말했다.

"폭발 2시간 전." 오키프가 선언했다. 발사 팀의 다른 구성원이 "두 시간(TWO HOURS)"이라고 쓰인 붉은 버튼을 눌렀다. 기계 장치가 작동하기 시작했다.

오키프는 시간이 흐르자 벙커 안의 분위기가 '참을 만함'에서

'고통스러움'으로 변해 갔다고 회상했다. 기지 70의 내부는 새로 지어진 콘크리트 벽의 습기와 함께 인테리어가 투박하고 끔찍했다. 그리고 조명은 눈에 거슬리는 형광 불빛을 발했다. 공구들, 무선 통신 기기용 진공관, 전선 쪼가리, 납땜용 인두 등이 탁자를 뒤덮었다. 한쪽 벽에 달린 칠판에는 일부가 지워져 더이상 성립되지 않는 수학 등식이 적혀 있었다. 시계는 폭발 시각을 향해 째깍거렸다. 오랫동안 한마디의 말도 없었다. 묵직하고 불길한 적막만이 방을 가득 채웠다. 폭발 16분 전, 마침내 누군가 입을 열었다. 육군의 무선 기술자 1명이 큰 소리로 그날 저녁 메뉴로 알려진 스테이크에 대해 이야기했다. 그는 폭탄이 터진 후 벙커 뒤편 육류 저장고에 보관된 고기 맛이 달라지지 않을지 궁금해 했다.

오키프의 "폭발 15분 전"이라는 목소리는 수십 대의 대형 스피커를 통해 항해 중인 14척의 함정과 기상 관측소 2곳, 항공기 46대 등에 산재된 만 명 이상의 과학자, 육군, 해군, 공군, 정부 관리에게 방송되었다. 이제 돌이킬 수 없는 지점을 지났다. 15분 후면 폭발이었다.

또 다른 배인 미 해군 함정 에인스워스(Ainsworth)에 타고 있던 랄프 짐 프리드먼(Ralph Jim Freedman)은 오키프의 목소리가 "크고 깨끗하게" 들렸다고 기억했다. 당시 그는 24세의 핵무기 기술자였다. 갑판의 프리드먼 옆에는 로스앨러모스 연구소에서 온 일군의 과학자들이 서 있었다. 이 무기를 설계하고 제조한 물리학자들이었다. 엔리코 페르미와 이지도어 라비가 트루먼 대통령에게 "사악한 물건"이라고 경고한 기계 장치, 그들이 만들어 낸 창조물의 결과를 직접 보려고 자리하고 있었다. 아직 날이 밝지 않아 사방이 깜깜했다.

"모든 관찰자는 고밀도 보안경을 쓰라"는 오키프의 목소리가 울려 퍼졌다. 프리드먼은 초조하고 불안했다. 그는 전날 밤에 숙면을 취하지 못했다. "나는 로스앨러모스 과학자들과 같은 벙커에 있었다. 적지 않은 사람들이 밤을 새워 시바스 리갈 위스키를 마시며 폭발 실험에 관해 이야기했다. 그러면서 그들은 하지 말았어야 할 이야기들도 했다. 누가 폭발 실험 전날 태평하게 잠잘 수 있겠는가?"라고 프리드먼은 회상했다. 수소폭탄 캐슬 브라보는 "텔러-울람(Teller-Ulam)" 설계에 따라 제작됐다. 텔러-울람 설계는 폭탄을 공동 설계한 에드워드 텔러(Edward Teller)와 스타니스와프 울람(Stanislaw Ulam)의 이름을 따서 붙여졌다. 비교적 파괴력이 적은 원자폭탄과 달리 이 수소폭탄은 1억분의 1초간 폭발을 지연시켜 융합된 수소 동위원소가 핵에너지의 연쇄 반응을 일으키도록 설계됐다. 프리드먼은 융합이라 불리는 이 과정이 잠재적으로 무한한 양의 파괴력을 발생시킬 수 있다고 설명했다. "지구의 대기권에 있는 수소의 양이라면 100만분의 1의 가능성으로 캐슬 브라보가 폭발할 때 지구의 대기를 불태울 수도 있다는 뜻이다. 상당수 과학자들은 대단히 불안해했다. 어떤 이들은 세계의 종말을 점치기도 했다."

프리드먼에게 대기권 핵폭탄 실험이 처음은 아니었다. 그는 1954년에 이미 12번 이상의 핵 실험에 참여했다. 라스베이거스에서 북으로 124킬로미터 떨어진 네바다의 핵 실험장에서였다. 프리드먼은 전에도 짙은 용접용 보안경 너머로 핵 실험을 목격한 적이 있었는데, 그때는 버섯구름 형태였다. 캐슬 브라보 실험은 달랐다. 일단 엄청난 규모가 예상되었고, 마치 타이타닉과 같은 역사적인 폭발 실험이었다. 폭탄이 터지기까지 채 2분도 안 남은 시점, 보안경을 쓴 프리드먼이 폭탄을 바라보는 동안, 옆에 있던 어느 로스앨러모스 과학자가 갑자기 짜증스러운 소리로 울부짖었다.

프리드먼은 "그가 갑판 아래에 보안경을 두고 왔고, 다시 가지고 올라올 만큼 충분한 시간이 없었기 때문"이라고 설명했다.

프리드먼은 자신의 보안경을 벗어서 그에게 건넸다. "나는 젊었고, 실험에 그다지 중요한 사람이 아니었기 때문"이라고 말했다. 보안경이 없어진 그는 폭탄을 등지고 서야만 했다. 따라서 캐슬 브라보가 터지는 순간이 아니라, 그것을 관찰하는 과학자들을 지켜보았다.

스피커를 통해 미리 녹음된 오키프의 10초를 세는 목소리가 흘러나왔다. 모두 침묵했다. "5, 4, 3, 2, 1." 마침내 폭발이 일어났다. 텔러 빛(Teller Light)이라 명명된 열핵의 섬광이 튀어 오르며 대기는 감마선으로 가득찼다. 그리고 X선은 인간의 눈으로는 볼 수 없는 걸 볼 수 있게 만들었다. 텔러 빛 속에서 프리드먼은 폭발을 관찰하던 과학자들의 얼굴뼈를 보았다.

프리드먼이 본 동료들은 도저히 인간의 얼굴로 보이지 않았다. "내 앞에 있던 그들은 턱뼈, 눈구멍, 나란히 보이던 치열의 해골들이었다." 한편 멀리 바다에서는 이제껏 세계에서 가장 큰, 지름 7.2킬로미터에 높이 14.4킬로미터의 핵 불덩이가 하늘을 밝혔다. 얼마나 강렬했는지 동쪽으로 248킬로미터 떨어진 기상 관측소에 있던 사람들은 어두웠던 하늘이 60초 이상 환하게 불타는 모습을 보고는 경악했다. 그다음 거대한 버섯구름이 형성되기 시작했다. 프리드먼의 눈은 계속하여 로스앨러모스 과학자들을 지켜봤다. 텔러 빛이 사라지자 그의 시력은 정상으로 돌아왔다. "그들의 얼굴을 보며 반응을 지켜봤다. 대부분은 눈동자를 바삐 굴리며 벌린 입을 다물지 못했다. 그들의 눈동자를 기억한다. 끊임없이 움직였다. 두려움과 공포가 보인다고 생각했다. 버섯구름은 계속 커져만 갔다." 과학자들은 무언가 잘못됐다는 걸 알았다.

한 과학자가 두 손가락을 자신의 눈앞에 들어올렸다. 이는 핵무기 기술자들 사이에서 버섯구름의 팽창률을 대충 측정하는 방법이었다. 폭발력은 당초 예상한 6메가톤을 훨씬 초과해 통제 불가능한 상황을 초래했다. 실제로 캐슬 브라보의 폭발력은 15메가톤에 달했다. 어느 누구도 폭발이 이렇게 클 것이라 예상하지 못했다.

프리드먼은 설명했다. "이 시점에서 버섯구름은 그 폭이 24-32킬로미터여야 했다. 그런데 64킬로미터였다." "내 뒤로 구름이 자꾸 커지자 대기에 불이 붙는다고 생각하는 과학자들의 표정을 읽을 수 있었다. 그 모습은 '세상이 이제 종말을 맞는구나'라고 말하는 듯했다."

시간이 흐르면서 마침내 버섯구름의 급속한 팽창 속도가 줄어들기 시작했다. 그 순간 과학자들의 얼굴에서 보였던 극도의 공포와 절망이 갑자기 줄어들면서 사라져 갔다. 프리드먼은 "두려움에서 만족으로 바뀌었다"고 회상했다. "세계는 끝나지 않았고 그들은 의기양양했다. 그들이 방금 성취한 업적에, 이룩해 낸 일에 스스로 만족스러워했다."

버섯구름은 60초 만에 15킬로미터까지 치솟았다. 당시 여객기들이 하늘을 나는 높이의 약 2배였다. 정점은 놀랍게도 112킬로미터까지 커졌다. 버섯구름의 줄기 부분이 빨아올린 수백만 톤의 산호 가루는 방사능 먼지로 변해 제트기류를 타고 흩어졌다. 그것은 지구 곳곳에 방사능 낙진의 흔적을 남길 것이다.

바람의 방향이 90도 바뀌는 예상치 못한 현상 때문에 기상 예보관들의 풍향 예측이 틀려졌다. 이로 인해 방사능 낙진이 동쪽으로 흘러가, 태스크 포스 지휘선 쪽으로, 롱겔라프(Rongelap)와 롱게리크(Rongerik) 환초에 사는 사람들 위로, 엔유(Enyu) 섬의 기지 70으로 날아가게 되었다.

벙커 안에 있던 폭발 담당자들은 침묵했다. 그들은 불덩이를 보거나 느낄 수도 없었다. 텔러 빛도 보지 못했다. 밖에서 어떤 일이 벌어지는지 짐작하는 데 도움이 될 만한 일이라곤 장비 선반에서 발생한 격렬한 전자 소음뿐이었다.

오키프는 나중에 "그 정도의 전자적 소란을 일으키려면 폭발이 엄청나게 컸어야 했다. 큰 폭발이었을 것이다"라고 회상했다. 그는 또한 폭발지에서 발생한 충격파가 산호초를 지나 30여 킬로미터를 가로질러 벙커에 정면으로 부딪히기까지 45초가 걸릴 것이라고 계산했다. 그러나 고작 10초가 지났을 무렵에 벙커가 떨리고 흔들리기 시작했다. 오키프는 즉각 무언가 예상하지 못한 일이 발생했음을 알아차렸다.

오키프는 이렇게 기억했다. "벙커 전체가 움직였다. 충격파로 인한 떨림이나 흔들림이 아니라 배가 흔들리듯 느리지만 분명히 느낄 만큼 좌우로의 움직임이었다."

오키프는 구역질을 느끼며 토할 것만 같았다. "나는 건물이 움직인다는 사실을 전혀 이해할 수 없었다." 오키프는 벙커가 바닷속으로 가라앉고 있을지도 모른다는 끔찍한 느낌을 떨쳐내려 애썼다. "벙커 벽의 두께는 1미터"라고 중얼거렸다. "벙커는 섬에 바위처럼 단단하게 고정되어 있었다." 그러나 밖은 분명하게 움직이고 있었다. 바닥과 벽의 물건들이 흔들리고 미끄러져 바닥에 부딪히기 시작했다. 오키프는 시계를 봤다. 그는 충격파가 폭발 현장에서 벙커까지 오는 데 걸리는 시간을 알고 있었다. "엔유 섬에 충격파가 도달하기엔 아직 시간적으로 불가능했다." "그러나 벙커는 움직였다. 그 움직임은 점점 커지고 분명해졌다."

불빛들이 깜박거렸다. 벽들이 불룩해 보였다. 그러더니 청천벽력처럼 커다랗고 소름 끼치는 충돌 소리가 들렸다. 거대한 철문이 드럼처럼 울렸기 때문이다. "충격파가 지난 다음 공기가 제 길을 찾아가면서", "천천히 기분 나쁜 공기의 움직임"이 벙커를 휙 지나는 소리가 들렸다. "누군가 바닥에 내던져졌다." 오키프는 그가 무릎으로 일어서면서 비틀거리는 걸 보았다. 전기 불똥이 날아다니고 전기 배터리들이 타다닥 타 들어가는 소리가 났다. 수증기가 실내를 채우기 시작했다. 그다음 이 복합적인 재난 상황에서 가장 최악의 요소가 나타났다.

"물이다." 누군가 고함쳤다. "물이 들어온다!"

오키프의 다리가 후들거렸다. 해일이 오기엔 너무 이르다고 생각했다. 순간 주변의 바닷물이 폭발적으로 솟아올랐을지도 모른다는 생각이 들었다. 그렇다면 자신과 동료들은 곧 석호 바닥으로 내던져지고 이 콘크리트 벙커는 물에 잠긴 무덤이 되고만다. 책임 과학자인 존 클라크(John Clark) 박사는 육군 기술자 1명에게 상황 파악을 지시했다. 기술자는 방폭 철문에 만들어진 둥근 창문으로 걸어가 밖을 내다봤다. 기지 70은 물속에 잠기지 않았다. 여전히 땅에 고정되어 있었다. 벙커의 물은 파열된 수도관에서 흘러나왔다. 오키프는 방사선 측정기인 가이거(Geiger) 계수관을 들고 밖으로 나가 보겠다고 자원했다. 서너 명이 측정기를 들고 그를 따라나섰다.

밖의 상황은 예상보다 훨씬 더 나빴다. 야자수 나무들이 불길에 휩싸여 타오르고 있었고, 땅에는 죽은 새들이 흩어져 있었다. 주위에 살아 있는 생명체라고는 보이지 않았다. 어떤 생명체라도 살아남지 못했을 터였다. 태양은 핵폭발의 버섯구름 뒤로 사라져 버렸다.

"공기는 희끄무레한 가루로 가득차 있었고 손을 내밀자 마치 활석 가루에 손을 집어넣은 듯 재로 뒤덮였다"고 오키프는 말했다. 그가 방사선 측정기를 켜자마자 기기의 바늘이 치솟았다. 누군가 위험한 수준의 방사선 수치라고 외쳤다. 인간이 25분간 노출되면 사망에 이르는 수치였다.

측정기를 들고 나갔던 사람들은 다시 벙커로 뛰어 들어왔다. 그러나 1미터 가까운 콘크리트 벽 안의 벙커에서도 생명을 위협하는 수준의 방사선이 측정됐다. 이들은 벙커의 아주 뒤인, 소변기가 놓인 두 번째 콘크리트 블록 벽 안쪽으로 물러났다. 존 클라크 박사는 비상 탈출을 요청했으나 현재 엔유 섬으로 헬리콥터 조종사를 보내기엔 너무 위험하다는 답변을 들었다. 기지 70은 방사선 차단 계수 1만을 염두에 두고 설계됐다. 벙커 안에서 벌어지는 일들이 어떠하든, 밖의 상황은 그보다 1만 배나 더 나빴다. 벙커의 폭발 팀은 치명적인 방사선 수치가 떨어질 때까지 벙커 안에서 기다려야 했다.

동쪽으로 130킬로미터 떨어진 곳에서는 또 다른 재난이 발생하고 있었다. 일본의 트롤 어업선, 다이고 후쿠류마류(第5福龍丸)는 미군이 군사 제한 구역으로 지정한 지역에서 대략 24킬로미터 떨어진 곳에서 영문도 모른 채 핵폭발을 지켜보았다. 캐슬 브라보 폭발 이후, 선원 대다수가 갑판으로 뛰어나와 서쪽 하늘에 떠오르는 해처럼 보이는 신비로운 환영을 바라보았다. 그들은 자리에 선 채 경이로움에 사로잡혀 점점 커지는 핵 불덩이를 주시했다. 그 후 하늘에서 분필가루 같은 물질이 떨어졌다. 그 가루는 본래 산호였지만 수소폭탄의 폭발로 방사능이 대단히 높은 물질이 되어 버렸다. 일본으로 돌아간 어부들은 모두 방사선 피폭으로 고생했다. 다이고 후쿠류마루의 무선 통신 책임자인 쿠보야마 아이키치(久保山愛吉)

는 6개월 후에 사망했다.

캐슬 브라보는 전례가 없는 파괴력을 지닌 무기였다. 설계된 폭발력보다 250%나 더 강력했던 폭발은 역사상 최악의 방사능 재해가 되었다. 폭발 후 방사능이 너무 광범위하게 확산되어 이틀 뒤에는 미 해군이 폭발 지점으로부터 동쪽으로 120킬로미터에서 500킬로미터 떨어진 롱겔라프, 롱게리크, 아일링기나에(Ailinginae), 우터리크(Utirik) 환초의 주민들을 긴급 대피시켰다. 그곳에 살던 많은 주민들이 방사능 낙진에 노출되었다.

이와 같은 어마어마한 폭발 실험이 있었지만 세계의 27억 명은 마셜 제도에서 무슨 일이 벌어졌는지 몰랐다. 미국 원자력 위원회(Atomic Energy Commission)는 폭탄 후유증에 관한 보도를 통제하며, 4개 산호초에 살던 주민들의 대피와 광범위한 낙진에 대해 언급하지 못하게 했다. 캐슬 브라보는 연이어 진행된 일련의 수소폭탄 실험 중 첫 번째였을 뿐이었다. 일련의 실험은 대중에게는 단순히 "무기 실험"이라고만 알려졌다. 다른 모든 정보는 기밀로 분류됐다. 통신 위성이 발명되기 전인 1954년이었다. 1만 명의 인원과 전함, 항공기를 동원해 지구의 외진 곳에서 누구의 눈에도 띄지 않고 비밀리에 수소폭탄 실험을 할 수 있는 시절이었다.

본토의 미국인들은 이 중대한 사건에 대해 전혀 몰랐다. 1954년 3월 10일, 1,500만 톤의 폭발력을 보인 수소폭탄 폭발로 발생한 치명적인 방사능 낙진이 지구를 감싼 지 9일이 지난 후, 아이젠하워 대통령은 백악관 기자실 단상에 섰다. 주례 정례 회견에서 그는 "발표 사항이 딱 하나 있습니다. 대단히 약소한 문제입니다. 다음 주 중에 세금 문제에 대해 방송에서 이야기할 예정입니다"라고 말했다.

그러나 그 사이에 일본의 다이고 후쿠류마루 트롤 어선이 항구로 돌아왔다. 방사선에 피폭된 어부들의 사연이 세계의 주요 뉴스로 등장했다. 미국 원자력 위원회는 "마셜 제도에서 진행된 일상적인 원자폭탄 실험 기간 동안 약간의 방사선"에 몇몇 사람이 "예상 밖으로" 노출됐다는 짧은 성명만 발표했다. 3월 17일에 백악관 주례 기자회견에서 메리먼 스미스(Merriman Smith) 기자는 대통령에게 이 강력한 비밀 무기에 대한 설명을 요구했다.

"대통령님, 상하원 합동 원자력 위원회 사무국장은 어젯밤 우리는 수소폭탄을 보유했고 세계 어디로든 발사할 수 있다고 말했습니다. 이 문제를 논의해 주실 수 있습니까?" 그러자 대통령은 단호하게 대답했다. "아니오. 그 이야기는 하지 않겠습니다." 그리고 실제로 이야기하지 않았다. 이는 비밀이 지배적이던 냉전 시대의 전형적인 상황이었다.

아이젠하워 대통령이 막후에서 캐슬 브라보가 사람들의 상상을 넘어설 정도로 끔찍했다는 사실을 조금씩 알아 가던 시점이었다. 대통령의 과학 정책 자문들은 수소폭탄이 마셜 제도 전역에 만들어 낸 낙진의 패턴을 담은 일급비밀 지도를 보여 주었다. 그다음 과학자들은 낙진의 확산 형태를 미국 동부의 지도 위에 그대로 겹쳐 보여주며, 비키니 환초가 아닌 워싱턴 D.C.에서 폭발이 일어났다면 워싱턴-볼티모어 대도시권의 모든 주민들이 사망했을 것이라고 했다. 또한 기지 70과 같은 보호 벙커가 없다면 워싱턴 일대에 사는 전 주민이 5,000뢴트겐의 방사선에 노출되어 몇 분 만에 사망하게 된다고 설명했다. 240킬로미터 떨어진 필라델피아에서는 1시간만에 절반 이상의 주민이, 북쪽으로 360킬로미터 떨어진 뉴욕은 해질녘까지 주민의 절반이 죽는다고 했다. 캐나다 국경 근처에 있는 거주자들도 100뢴트겐 이상의 방사선에 노출되며, 그들은 다이고 후쿠류마루의 선원들과 비슷한 고통을 겪게 될 것이라고 했다.

아이젠하워 대통령은 이를 일반 국민에게 공개할 의사가 없었다. 그래서 논의할 내용이 하나도 없다고 말했다. 캐슬 브라보의 실제 낙진을 그린 지도는 수십 년간 기밀로 분류됐다. 하지만 대통령조차 캐슬 브라보 폭탄에 대한 국제적인 분노를 통제할 수는 없었다. 그는 곧 이 문제를 언급해야만 했다.

수소폭탄을 개발하겠다는 비밀스러운 결정은 5년 전인 1949년 8월 29일, 소련의 첫 번째 원자폭탄이 폭발됐을 때 내려졌다. 제2차 세계대전 이래 미국이 유지해 온 핵 독점 지위가 갑자기 상실되었기 때문이다. 이에 어떻게 대응해야 하느냐는 과제가 대단히 긴급해졌다. 미국은 강력한 대응력으로 맞서야 하는가? 아니면 자제하는 편이 더 바람직한가?

소련이 원자폭탄 실험을 한 지 한 달 뒤, 미국 원자력 위원회의 결정에 따라 엘리트 핵 과학자들로 구성된 총괄 자문 위원회(General Advisory Committee)가 비밀리에 열렸다. 미국이 서둘러 수소폭탄 개발을 추진해야 할지를 결정하는 모임이었다. 이 자문 위원회의 의장은 로버트 오펜하이머(J. Robert Oppenheimer)였다. 그는 맨해튼 프로젝트의 과학 국장이었으며 원자폭탄의 아버지로도 알려져 있었다. 위원회의 과학자들은 미국의 수소폭탄 개발을 "만장일치로 반대"했다. 반대 이유는 명확했다. "이 무기의 사용은 셀 수 없이 많은 생명을 파괴할 게 분명하다." "엄청나게 많은 민간인을 학살하는 결정을 수반한다." 히로시마와 나가사키에 떨어진 원자폭탄으로 수만 명이 사망했다. 수소폭탄은 단 한 번의 폭발로 수백만 명을 살상하게 된다. 수소폭탄은 "시민을 말살하는 정책"이 내재된 무기다. 총괄 자문 위원회는 그렇게 경고했다.

위원회의 물리학자 엔리코 페르미와 이지도어 라비는 트루먼 대통령에게 보내는 "부속서"를 추가할 필요를 느꼈다. "그러한 무기는 어떤 윤리적 근거에서도 정당화될 수 없음이 명백하다"고 그들은 기록했다. "이 무기의 파괴력에는 한계가 없기에 그 존재 자체와 제작 지식은 인류 전체에 가해지는 위험이 된다. 어떤 관점에서도 필연적으로 사악한 물건이다." 핵무기와 관련된 모든 문제에 대해 조언하는 공식 기관인 이 총괄 자문 위원회의 과학자들이 만장일치로 반대했으나, 그들만이 수도 워싱턴 D.C.에서 힘과 설득력을 지닌 유일한 핵 과학자들은 아니었다.

어떤 중대한 과학적 발견을 놓고 경주가 벌어질 때마다 언제나 격렬한 경쟁이 따라붙기 마련이다. 수소폭탄을 개발하는 일에 매진하는 또 다른 핵 과학자 집단이 존재했다. 이 집단의 리더는 헝가리 태생의 에드워드 텔러와 그의 스승인 미국 태생의 어니스트 로렌스(Ernest O. Lawrence)로, 둘 다 맨해튼 프로젝트에 참여했었다. 그러나 두 사람은 총괄 자문 위원회의 위원으로 선출되지 않았고 수소폭탄 개발을 반대하는 만장일치의 결정에도 참여하지 않았다.

텔러와 로렌스는 워싱턴과 국방부, 그리고 원자력 위원회에서 막강한 권력과 영향력을 가지고 있었다. 총괄 자문 위원회가 수소폭탄을 개발하려는 둘의 노력을 억누를 계획이라는 것을 인지한 에드워드 텔러는 상하원 합동 원자력 위원회(Joint Committee on Atomic Energy) 위원장인 상원의원 브라이언 맥마흔(Brien Mcmahon)을 개인적으로 만났다. 그는 "수소폭탄의 원리에 관해 더 알아야만 군사적으로 어떤 의미가 있는지 제대로 결정할 수 있다"고 말했다. 그는 오펜하이머가 무신론자인 공산주의자들과의 싸움에서 어리석게도 도덕적 주장을 앞세운다고 생각했다. 강력한 위원장이었던 브라이언 맥마흔은 텔러의 의견에 동의했다. 맥마흔은 텔러에게 오펜하이머 집단의 견해는 "그저 울화가 치밀게 한다"고 말했다.

어니스트 로렌스는 전 원자력 위원회 위원장이었던 데이비드 릴리엔솔(David Eli Lilienthal)을 만났다. 로렌스는 이렇게 경고했다. "이 멋진 놈(수소폭탄)을 먼저 갖지 못하면, 우린 끝장입니다. 싸워 보지도 못하고 항복하게 될 겁니다." 그는 원자폭탄을 "인류에게 주어진 위대한 축복의 하나"로 여겼다. 그리고 수소폭탄을 "전쟁에서 이득을 얻는 기술적 수단"이라고 보았다. 루이스 스트로스(Lewis Strauss) 원자력 위원회 위원장도 만났다. 로렌스는 이런 문제에 도덕적 원칙들을 갖다 대려는 사람들의 생각을 불쾌하게 여겼다. 그들의 대화 끝에 스트로스는 대통령에게 이 문제를 직접 호소하기로 했다. "무신론자들의 정부가 그 무기를 생산해서는 안 되는 '도덕적' 근거에 설득될 가능성은 전혀 없다"고 스트로스는 언급했다. 브라이언 맥마흔은 대통령과 국가 안보 보좌관에게 "'그 멋진 놈'은 반드시 만들어져야 한다. 소련이 그 멋진 놈을 먼저 갖게 허용한다면 재앙은 불 보듯 뻔해진다"고 했다. 국가 안보 위원회(National Security Commission)의 위원이었던 시드니 사워즈(Sidney Souers) 제독은 "우리가 만드느냐 아니면 소련이 경고 없이 우리에게 그놈을 투하할 때까지 기다리느냐의 문제"라고 했다.

1950년 1월 트루먼 대통령은 수소폭탄을 만드는 긴급 계획을 승인했다. 상하원 합동 원자력 위원회는 로스알라모스와 경쟁을 촉진시키려면 제2의 국립 핵무기 연구소가 필요하다고 결정했다. 경쟁이 수월성을 촉진하고 최고가 되기 위해 필수적이라는 생각은 이후로 수십 년 간 미국 국방 과학의 특징이 된다. 로렌스가 새로운 연구소의 수장이 되었다. 텔러는 그의 특별 과학 보좌관이 되었다. 연구소는 캘리포니아 대학 방사선 연구소(University of California Radiation Laboratory)의 분원으로 캘리포니아 주 리버모어(Livermore)에 위치했다. 캘리포니아 대학 버클리 캠퍼스에서 동남쪽으로 64킬로미터 떨어진 곳이었다.

리버모어 연구소는 1952년 봄에 123명의 인원으로 출범했다. 그들 중 3명은 캘리포니아 대학 방사선 연구소의 대학원생으로, 에드워드 텔러의 제자들이었다. 허브 요크(Herb York), 해롤드 브라운(Harold Brown), 그리고 존 포스터(John Foster)다. 허브 요크는 30세로 리버모어의 첫 번째 과학 국장이었다. 해롤드 브라운은 24세로 수소폭탄 제작을 담당하는 A 분야의 책임자였고, 29세의 존 포스터는 더 작고 더 효율적인 원자폭탄을 만드는 B 분야의 책임자였다. 돌이켜보면 세계에서 가장 강력한 핵무기를 개발하는 일을 담당하기엔 세 사람 모두 너무나 경험이 부족한 젊은이들이었다. 그러나 그들은 각자 DARPA의 역사에서 주요한 역할을 담당했고, 미국의 국가 안보에 결코 지울 수 없는 절대적인 족적을 남겼다.

리버모어 연구소의 핵무기 프로그램은 처음에는 서서히 진행됐다. 커다란 야망과 거대한 아이디어에도 불구하고 1953년에 네바다의 실험장에서 실시된 리버모어의 첫 번째 핵무기 실험은 실패였다. TNT(trinitrotoluene) 200톤에 해당하는 형편없이 낮은 파괴력을 보이며 폭발했기 때문에 핵무기가 놓여 있던 철탑이 구부러지고 구겨진 상태로 사막에 그대로 서 있을 정도였다. 흉하게 일그러진 철탑 사진은 리버모어의 무능을 놀리는 농담과 함께 전국의 신문들에 실렸다.

허브 요크는 "로스알라모스 과학자들이 큰 소리로 웃었다"고 회상했다. 세계 최초로 실전 배치가 가능한 수소폭탄을 만들겠다는 리버모어 팀의 강렬한 열망에도 불구하고 캐슬 브라보 개발을 담당하는 과학적 권한은 로스알라모스의 과학자들에게 주어졌다. 에드워드 텔러는 리버모어가 존재하기 전에 수소폭탄을 설계했기에 수소폭탄의 아버지로 여겨졌지만, 실험은 로스알라모스에서 관장했다.

1954년 겨울, 비키니 환초에서 추가적인 수소폭탄 실험들이 계획되었다. 브라보 폭탄은 3월 1일에서 5월 14일까지 예정된 캐슬 시리즈 6개 수소폭탄 실험 가운데 첫 번째일 뿐이었다. 6개 중 캐슬 브라보를 포함한 5개 폭탄을 로스알라모스가 설계하고 제작했다. 쿤(Koon)이라고 불린 폭탄만 리버모어에서 설계했다. 리버모어 연구소의 앞선 두 실험처럼 쿤 역시 실패했다. 계획됐던 수백만 톤의 폭발력이 아니라 겨우 110톤 정도의 폭발력을 보였다. 새로이 등장한 리버모어 연구소가 철폐될지도 모를 심각한 위기에 직면했다. 한쪽이 경쟁력이 없는데 경쟁 자체가 의미가 있을까?

텔러와 그의 제자 허브 요크는 실패를 받아들이지 않으려 했다. 모욕감에 불타오른 그들은 로스알라모스의 경쟁력을 뛰어넘을 계획을 세웠다. 캐슬 브라보 실험이 이루어진 지 4개월 후 총괄 자문위원회가 로스알라모스에서 수소폭탄의 개발 방향에 대한 기밀 논의를 위해 모였다. 이들 대다수는 불과 4년 반 전에 이 수소폭탄의 개발에 반대했던 사람들이었다. 한 사람, 로버트 오펜하이머가 보이지 않았다. 그는 공산주의자라는 이유로 기밀 접근 권한을 박탈당했으며 평생 공직 취임이 금지됐다. 오펜하이머의 강제 추방은 국방 과학자들에게 강력한 메시지를 보냈다. 이견을 피력할 여지는 거의 없었고, 도덕적 근거로 폭탄 제작을 반대하기는 더더욱 불가능했다. 윤리를 따지는 추가적인 논의는 사라졌다. 수소폭탄이 위험한 기계 장치라는 사실을 언급하는 일도 마찬가지였다. 수소폭탄은 이제 미군 무기의 일부였다. 이 과학자들은 총괄 자문 위원회 위원으로서 해야 할 일이 많았다.

이지도어 라비가 오펜하이머를 대신해 위원장이 되었다. 이제 라비는 "원자력 무기에 완전한 혁명"을 일으킨 존재로 수소폭탄을 받아들였다. 과학은 기술적으로 진보된 새로운 세대의 무기를 탄생시켰고, 수소폭탄이라는 완전히 새로운 "가족"을 맞이할 길을 닦았다. 그는 "전술 무기에서 수백만 톤의 전략 무기에 이르기까지 기존에 보유한 무기들의 상당수는 수소폭탄보다 낡았거나 거의 효용성이 없게 된다"고 말했다.

이처럼 빠른 과학 발전의 분위기에서 리버모어 연구소는 불안정한 지위로 남아 있었다. 연구소가 주관한 3번의 무기 실험은 모두 실패했다. 네바다 실험장에선 레이(Ray)와 루스(Ruth), 마셜 제도에선 쿤이란 암호명이 붙은 핵폭탄 실험이었다. 뉴멕시코에서 1954년 7월에 열린 회의에서 총괄 자문 위원회는 두 번째 연구소 설립이 실수였는지 논의했다. 이지도어 라비는 리버모어의 실험들을 "아마추어 같았다"고 평가했다. 특히 리버모어가 했던 일의 전부가 수소폭탄이었다는 사실로 인해 실패는 더욱 두드러져 보였다. 리버모어 연구소는 로스알라모스가 짊어졌던 핵무기 제조와 비축이라는 국가 안보의 부담을 전혀 나누어질 필요가 없었다고 라비는 말했다. 1954년 여름, 리버모어 연구소는 곧 문을 닫을 듯했다.

그러나 리버모어의 수석 과학자인 허브 요크와 어니스트 로렌스의 특별 과학 보좌관이었던 에드워드 텔러는 이미 대담한 대응책을 마련해 두었다. 그들은 총괄 자문 위원회에 자신들의 생각을 제시하려고 뉴멕시코로 왔다. 회의 3일째, 요크와 텔러는 리버모어의 새로운 무기 계획을 발표했다. 캐슬 브라보는 15메가톤 규모의 폭탄이었다. 리버모어는 두 개의 초강력 폭탄 제조 계획을 제시했다. 암호명은 그노몬(Gnomon)과 선디알(Sundial)이었다. 고대에 태양이 만들어 내는 그림자의 크기를 측정하려 만들었다는, 인간에게 알려진 가장 오래된 과학 장비들의 이름에서 따온 말이었다. 요크와 텔러는 리버모어의 초강력 폭탄의 폭발력은 각각 1만 메가톤급이라고 말했다. 이 무기는 단 한 번의 폭발로 대륙 전체를 파괴할 수 있었다.

총괄 자문 위원회의 과학자들은 경악했다. 남아 있는 회의 기록에 따르면 한 위원인 제임스 휘트먼(James Whitman) 박사는 충격을 드러내며 1만 메가톤이면 "지구를 방사능에 오염시킬" 수 있다고 했다. 텔러는 자신의 아이디어를 옹호하며 로렌스가 이미 공군을 접촉했고 공군이 관심을 보였다고 강조했다. 라비는 텔러의 계획을 "홍보를 노린 깜짝쇼"라고 말했다. 1만 메가톤 폭탄 제조 계획은 보류됐다. 그러나 리버모어는 존속이 허용됐다.

수십 년이 지난 후, 허브 요크는 미국이 15메가톤급 '캐슬 브라보' 폭탄으로 소련에 우위를 확보한 지 몇 개월도 지나지 않았을 때, 왜 그와 에드워드 텔러가 1만 메가톤급 폭탄 개발이 필요하다고 느꼈는지를 설명했다. 요크는 미국이 소련에 우위를 계속 유지하려면 미국 과학자들이 끊임없이 새롭고 더 큰 위험을 감수해야 하기 때문이라고 했다. "우리는 요청을 기다리지 않고 기술적 경계를 넘어서기 위해 노력하는 공격적인 연구 개발 조직 없이는 질적 우위를 유지할 수 없다. 이러한 노력은 더 빠른 속도의 군비 경쟁을 초래한다. 이는 적들의 양적 우위를 상쇄할 수 있는 질적 우위를 추구한 필연적인 결과다."

허브 요크는 과학 발전을 통해 미국이 세계에서 가장 강력한 군사력을 가진 국가라는 지위를 계속 유지할 수 있다고 믿었다. 미국 과학자를 가장 잘 활용하려면 그와 똑같이 뛰어난 학자들과 경쟁시켜야 한다는 게 그의 믿음이었다. 그것이 미국을 위대하게 만들었다고 말했다. 이는 미국이 하는 전쟁의 방식이다. 그리고 국방부가 소련 공산주의자들에 맞서 투쟁하는 과정에서 과학자들에게 요구했던 바로 그 관점이었다. 수소폭탄의 시대가 열렸다. 양측은 매우 빠른 속도로 엄청난 무기들을 만들어 갔다. 이젠 돌아갈 길이 없었다. 오직 앞으로만 갈 수 있을 뿐이다.

이것이 기술적 가능성을 계속 넓혀 가는 시대의 특징이었다.

2장

전쟁 게임과 계산 기계
War Games and Computing Machines

캘리포니아의 서부 해안, 화창한 산타 모니카의 햇살 아래에서 랜드 연구소(RAND Corporation)의 국방과학자들은 점심시간에 전쟁 게임을 즐겼다. 랜드는 "연구와 개발(Research ANd Development)"의 머리글자를 따서 만들어졌다. 이 연구소는 제2차 세계대전 이후 처음으로 국방부가 설립한 싱크탱크(정책 연구소)로, 미 공군의 무력을 받쳐 주는 두뇌들이었다. 1950년대 랜드 연구소 사무실과 회의실에서 분석가들은 핵무기를 다룬 보고서들을 매일 쏟아 냈다. 그리고 점심시간이 되면 밖으로 나와 세계 지도를 탁자 위에 펼치고는 상자에서 도구를 꺼내 크릭슈필(Kriegspiel)이라는 체스 비슷한 게임을 했다. 한때 강력한 군사력을 자랑했던 독일군이 즐겨하던 게임이다.

랜드 연구소는 과학자들과 분석가들이 벌이는 경쟁을 장려하고 높이 평가했다. 점심에 벌어지는 전쟁 게임엔 최소한 1명이 심판 역할을 맡았다. 그래서 대개는 경쟁이 과열되지 않게 막을 수 있었다. 그래도 여전히 감정이 격해졌고 때로는 게임 도구가 산지사방으로 흩어지기도 했다. 다른 때엔 의도적인 고요함이 있었다. 점심은 몇 시간이나 지속되기도 했다. 특히 존 폰 노이만(John von Neumann)이 왔을 때 그랬다.

1950년대에 폰 노이만은 국방 과학자들의 슈퍼스타였다. 아무도 그의 두뇌에 필적하지 못했다. 국방장관, 합참의장 등 미군 수뇌부 모두 폰 노이만을 무오류의 권위자로 보았다. "1950년대 초와 중반의 그 중대한 기간에 국방 분야에서 누구보다 더 많은 '신뢰'를 받았다고 일컬어질 만한 사람은 분명 조니밖에 없었다"고 폰 노이만의 절친한 친구였던 허브 요크는 말했다.

폰 노이만은 1903년에 헝가리의 유복한 유대인 가정에서 태어났다. 그는 타고난 천재였다. 초등학교 1학년 때 복잡한 수학 문제를 풀었고, 8세에는 미적분에 능통했다. 재능은 수학에 국한되지 않았다. 고등학교를 졸업할 무렵에는 7개 언어를 구사했다. 그는 한 번만 읽으면 수백 쪽의 책을 긴 숫자까지 포함해 암기했다. 수학자 이스라엘 햄퍼린(Israel Halperin)은 "그를 따라가기는 불가능했다"고 말했다. "마치 세발자전거를 타고 경주용 차를 쫓아가는 듯했다."

폰 노이만의 어린 시절 학교 교사이자 유명한 수학자인 조지 폴리아(George Pólya)는 "조니는 내가 유일하게 두려워했던 학생이었다"라면서 "강의 중에 내가 풀지 못한 문제를 제시하면 강의가 끝날 때쯤 노이만은 종이쪽지에 휘갈겨 쓴 완벽한 답을 내게 가져오곤 했다"고 말했다.

폰 노이만은 온화하고 친절했으며 따뜻한 성품과 예의, 또 매력으로 사랑받는 사람이었다. 허브 요크는 "그는 유쾌하고 통통했으며 자주 웃고 각종 행사나 파티에 참여하기를 즐겼다"고 전했다. 폰 노이만은 술을 즐겨 마셨고 음악을 크게 틀었으며 파티에 참석하고 장난감 수집을 좋아했다. 언제나 상하의에 조끼까지 갖춘 은행가용

정장을 입었으며 그의 볼록한 배 위로 시계 줄이 늘어져 있었다. 전설적인 스리피스 양복을 갖춰 입은 채로 노새에 올라 그랜드 캐니언 아래를 여행하는 폰 노이만의 사진이 남아 있다. 바지 주머니에는 풀리지 않는 중국의 수수께끼와 여러 장의 일급비밀 취급 인가증만 있었다고 한다.

폰 노이만은 인간이 폭력적이고 호전적이며 기만적이어서 전쟁을 일으킬 수밖에 없는 성향이 있다고 굳게 믿었다. "나는 미국과 소련의 갈등이 '전면적인' 무력 충돌로 이어질 가능성이 대단히 높기 때문에 최대한 빠른 군비 증강이 불가피하다고 생각한다." 폰 노이만은 원자력 위원회의 위원장인 루이스 스트로스에게 이렇게 편지를 썼다. 폰 노이만이 제작에 도움을 준 캐슬 브라보가 폭발하기 3년 전이었다.

아주 드물게 사적인 순간에만 그의 "깊게 냉소적이고 비관적이었던 속마음"이 드러나곤 했다고 그의 딸이자 닉슨 대통령의 경제 자문이었던 마리나 폰 노이만 휘트먼(Maria von Neuman Whitman)은 말했다. "아무런 경고 없이 분위기가 바뀔 때 나는 자주 혼란스러웠다…. 한순간 용감한 말장난으로 나를 웃기다가는 갑자기 매우 심각하게 왜 전면적인 핵전쟁이 불가피한지 이야기하곤 했다." 그에게 전쟁의 상처가 깊게 남았나? 그의 하나뿐인 딸이 어린 소녀였던 제2차 세계대전 당시, 존 폰 노이만은 미국의 원자폭탄이 일본의 어느 지역 주민을 목표로 삼아야 할지 결정하는 데 도움을 주었다. 더 놀라운 일은 히로시마와 나가사키 상공의 어떤 고도에서 원자폭탄이 폭발해야 지상의 민간인을 가장 많이 죽일 수 있는지 정확히 계산한 사람도 그였다는 점이다. 540미터 상공에서 폭발해야 한다고 그는 결정했다.

랜드 연구소에서 폰 노이만은 파트타임 컨설턴트로 근무했다. 독특한 성격의 보유자였던 랜드 연구소의 수학 분야 책임자 존 데이비스 윌리엄스(John Davis Williams)가 특별한 조건으로 그를 고용했다. 폰 노이만은 매일 아침 면도하면서 떠오른 자신의 생각을 써내려 간다. 그리고 그 대가로 그에게 매달 200달러씩 지급하는 조건이었다. 당시 랜드 연구소 전임 분석가들의 월급과 맞먹는 금액이었다. 폰 노이만은 대부분 뉴저지에서 일하고 살며 시간을 보냈다. 1930년대 이래 그는 알버트 아인슈타인과 함께 프린스턴 고등연구소(Institute for Advanced Study)의 연구원으로 일해 왔다.

점심시간에 전쟁 게임을 하던 랜드 연구소의 과학자들은 크릭슈필 게임에서 폰 노이만을 이기는 일을 제일 중요하게 여겼다. 그 다음으로는 그가 어떻게 게임을 분석하는지 지켜보는 일이 중요했다. "만약 정신적으로 더 우수한 인간들이 개발된다면 그들은 조니 폰 노이만과 유사할 것이다." 에드워드 텔러는 언젠가 말했다. "생각하기를 즐긴다면 당신의 두뇌는 개발된다. 폰 노이만이 한 일이 바로 그것이다. 그는 자신의 두뇌 가동을 즐겼다."

존 폰 노이만은 실내 게임에 집착했다. 첫 번째 대상은 포커였다. 포커 게임에도 전략이 필요하긴 했지만, 속임수에 크게 좌우된다는 점이 훨씬 더 중요했다. 경기에서 이기려면 기꺼이 상대편을 속여야 한다. 상대가 거짓을 참으로 생각하게 만들어야 한다. 미리 짐작하기도 승리에 꼭 필요한 전략이다. 포커를 하는 사람은 자신이 무엇을 하리라고 상대가 생각하는지 예측할 필요가 있다.

1926년 폰 노이만이 23세였을 때 그는 "실내 게임들의 이론(Theory of Parlor Games)"이라고 불리는 논문을 썼다. 수학적 관점에서 게임 놀이를 분석한 이 논문은 곧 유명해질 미니맥스 원리

(minimax theorem)*라고 불리는 증명을 담고 있었다. 그는 한 사람의 이득이 상대의 손실과 정확하게 일치하는 제로섬 게임에 참가하는 두 사람은 서로 자신들의 최대 손실을 최소화하려고 하고, 동시에 최소 이득을 최대화하려고 노력한다고 썼다. 전쟁 기간에 폰 노이만은 프린스턴의 동료 수학자인 오스카르 모르겐슈타인(Oskar Morgenstern)과 협력해서 이 개념을 더 탐구해 나갔다. 1944년에 두 사람은 673쪽에 달하는 《게임 이론과 경제 행위*Theory of Games and Economic Behavior*》를 출간했다. 이 책은 너무나 선구적이라는 평가를 받았으며 《뉴욕 타임스》는 책이 출판된 첫날에 도서 내용을 다룬 기사를 1면에 실었다. 그러나 폰 노이만과 모르겐슈타인의 책은 경제 이론을 혁명적으로 바꾸는 일 이상을 해냈다. 게임 이론을 세계 무대에 등장시켰고, 전쟁이 끝난 후 국방부의 관심을 사로잡았다.

1950년대 폰 노이만의 미니맥스 원리는 랜드 연구소에서 전설이 되었다. 폰 노이만과 게임 이론을 토론하는 일은 마치 성배를 받아 마시는 행위와 같았다. 랜드 연구소에선 그가 절대 풀 수 없어 보이는 난제를 그에게 제시하는 일이 인기 있는 오락이 되었다. 1950년대에 랜드 연구소의 연구원이었던 메릴 플러드(Merrill Flood)와 멜빈 드레셔(Melvin Dresher)가 그런 난제 하나를 생각해 냈다. 그들은 그 수수께끼를 위대한 폰 노이만에게 제시했다. 플러드와 드레셔는 자신들이 생각해 낸 난제를 '죄수의 딜레마(Prisoner's Dilemma)'라고 불렀다. 이는 수백 년이 된 딜레마 이야기에 근거했다.

현대판 죄수의 딜레마에서 2명의 범죄 혐의자는 감옥에 수감되어 있으며, 그들은 형량 절감 협상을 앞두고 있다. 이 두 사람은 범

---

* 어떤 행위 중 하나를 선택할 때 최악의 경우에도 그 손실을 최소화하려는 행동 원칙.

죄 조직의 일원으로 같은 범죄에 참여했으나, 각각 다른 감옥에 격리 수감되어 서로 소통할 수 없다. 따라서 그들은 다른 사람이 어떤 조건의 흥정을 제시받는지 알 수 없다. 경찰은 두 사람에게 증거가 불충분해 두 사람의 범죄 혐의를 입증하기 어려운 상황임을 통보한다. 하지만, 두 사람 모두 가석방 기간 동안 보호 관찰 위반으로 1년 간의 징역형에 처할 수 있음을 밝힌다.

경찰은 두 사람에게 각각 제안을 한다. 만약 한 사람이 다른 사람에게 불리한 증언을 한다면, 그 사람은 자유의 몸이 되고, 상대방은 10년의 징역을 살게 된다. 하지만, 만약 두 사람 모두 상대에게 불리한 증언을 하면, 두 사람은 각각 5년의 징역형에 처해진다. 반면, 두 사람 모두 이 제안을 거절하고 범죄를 부인할 경우, 각각 1년의 징역형에 처해진다. 이 상황에서 최선의 전략은 서로 신뢰하여 경찰의 제안을 거절하는 선택이며, 이는 최대의 손실을 최소화하고 최소의 이득을 최대화하는 방법이다. 경찰은 이 흥정이 제한된 시간 안에만 유효하다고 경고한다.

폰 노이만은 죄수의 딜레마를 풀 수 없었다. 그것은 풀리지 않는 역설로 최대 손실을 최소화하고 최소 이익을 최대화한다는 미니맥스 원리에 들어맞지 않았다. 정답은 없다. 딜레마 게임의 결과는 사람마다 다르다. 플러드와 드레셔는 수십 명의 랜드 연구소 동료와 외부 인사에게도 이 문제를 제시했지만, 어느 누구도 명확한 해답을 내놓지 못했다. 그러나 두 연구원들은 그 결과로부터 전혀 예상하지 못한 무언가를 알게 됐다. 딜레마 게임의 결과가 참여자의 인간성에 크게 좌우됐기 때문이다. 참여자가 상대방을 신뢰하는지 불신하는지에 따라 결과가 달라졌다. 또한 플러드와 드레셔는 참여자들의 선택이 그들의 정치 성향이나 철학적 세계관과 밀접하게 연관되어 있음을 발견했다. 대다수의 보수적인 연구원들은 상대방에게 불리한 증언을 선택했고 이는 공범이 협력하여 범죄를 부인하기보다는 자신의 상황을 개선하려는 개인적인 본능에 굴복하리라고 믿었기 때문이다. 그들은 서로 협력하여 모두에게 이익이 되는 최적의 결과(두 사람 모두 1년형을 받기)보다는, 각자가 독자적으로 행동하여 더 나쁜 결과(자기만 10년형을 받기)를 피하고자 했다. 랜드 연구소 연구원들은 거의 만장일치로 실형 5년이 10년보다 낫다고 답했다. 반대로 공범에 불리한 증언을 하지 않겠다고 선택한 소수의 응답자들은 거의 자유주의적 성향이었다. 이런 성향의 개인들은 자신과 동료 모두에 가능한 한 최선의 결과인, 1년 형을 받기 위해 기꺼이 위험을 감수하려 들었다.

플러드와 드레셔는 죄수의 딜레마가 국가 안보 문제 결정에도 적용될 수 있다고 보았다. 예를 들어, 자유주의자인 로버트 오펜하이머는 수소폭탄 개발에 나서지 않도록 대통령을 설득해 달라고 국무장관 딘 애치슨(Dean Acheson)에게 호소했다. 그는 미국의 자제가 "전쟁의 규모와 파괴력을 제한함으로써 인류의 두려움을 없애주고 희망을 끌어 올리게 된다"는 분명한 메시지를 스탈린에게 보낸다고 말했다. 보수주의자 애치슨은 상황을 매우 다르게 봤다. "우리가 '모범을 보여 군비를 줄인다'고 편집광인 적이 과연 설득되겠는가?"라고 되물었다.

폰 노이만은 핵무기 경쟁의 전략적 가능성들을 탐구하는 수단으로써 죄수의 딜레마에 흥미를 가졌다. 죄수의 딜레마는 제로섬 게임이 아니다. 한 사람의 이득이 반드시 다른 사람의 손실로 이어지지 않는다. 폰 노이만의 관점에서 보면 합리적인 두 사람이나 초강대국이 최선의 거래를 위해 협력할 가능성은 낮다. 대신 각자가 더 유리한 거래를 위해 더 큰 위험을 감수할 가능성이 높다. 핵무기 경쟁에 죄수의 딜레마를 적용하면, 양쪽 모두 상대방보다 한 발짝 앞서려는 노력만 지속된다. 이는 장기적으로 서로를 앞지르려는 끊임없는 게임으로 이어질 뿐이라는 의미다.

게임 이론과 핵 전략에 더해 랜드 연구소는 컴퓨터 연구에도 몰두했다. 1950년대로는 매우 드물고 비싼 연구 분야였다. 이 분야에서 세계적으로 선도적인 전문가는 존 폰 노이만이었다. 컴퓨터 발명을 전적으로 자신의 업적이라고 주장할 만한 사람은 없지만, 초기 개발에서 그의 중추적인 역할을 감안하면, 그는 종종 현대 컴퓨터의 아버지 중 하나로 여겨진다. 그의 계산 기계(computing machine) 연구는 제2차 세계대전으로 거슬러 올라간다. 당시 "컴퓨터"라는 용어는 숫자 계산을 담당하는 사람을 지칭했다.

전쟁 기간에 메릴랜드에 있는 육군 애버딘 성능 시험장(Aberdeen Proving Ground)에서 수십 명의 인간 컴퓨터들이 탄도 표를 작성하느라 24시간 계산에 매달렸다. 이들은 전장의 수많은 무기들이 좀 더 정확한 시점과 방법으로 발사되도록 노력하고 있었다. 폭탄과 포탄이 점점 더 빠른 속도로 목표물을 향해 발사됨에 따라, 애버딘의 인간 컴퓨터들은 탄도 표 계산을 제때 완료하지 못했다. 당시 탄도 미사일의 선구적 전문가였던 폰 노이만은 애버딘에 정기적으로 나타났다. 그곳에서 성능 시험장 최고의 "컴퓨터" 중 하나인 허만 골드스타인(Herman Goldstine) 대령과 이 문제를 두고 대화했다. 골드스타인은 육군 기술 사관이었으며, 이전에는 수학 교수였다. 그는 계산 작업이 너무 과중하다고 지적했다. 골드스타인은 폰 노이만에게 설명했다. 그가 작업하는 하나의 탄도 표에는 평균

3,000개 항목을 적어 넣고 곱해야 한다. 이를 수작업으로 계산하고 검증하는 데는 대략 12시간씩, 총 24시간이 소요된다. 또한 불가피한 인간의 실수 탓에 계산 속도는 더욱 느려진다. 폰 노이만은 대통령에게 언젠가 인간을 능가하는 기계 계산기가 등장하리라 믿는다고 말했다. 그렇게 된다면 육군의 탄도 계산 속도에 큰 변화가 온다고 했다. 우연히도 골드스타인 대령은 폰 노이만이 이론적으로 말했던 그런 종류의 계산 기계와 관련된 육군의 일급비밀 계획에 접근할 수 있었다. 골드스타인은 폰 노이만이 그 일급비밀 계획에 참여할 수 있도록 만들었다. 두 사람은 펜실베이니아 대학의 무어 스쿨(Moor School)*로 향했다. 그곳의 잠긴 방에서 육군의 자금 지원을 받은 기술자들은 기밀로 분류된 세계 최초의 계산 기계인 에니악(ENIAC, Electronic Numerical Integrator and Computer)을 개발하고 있었다.

에니악은 거대하고 다루기 불편했다. 가로 30미터, 세로 3미터, 폭은 거의 1미터였다. 1만 7,468개의 진공관이 있었고 무게는 27톤이 넘었다. 폰 노이만은 이 기계가 매우 흥미로웠다. 그는 에니악을 세계에서 "최초의 완전 자동, 다목적 디지털 전자 컴퓨터"라고 선언했다. 그는 에니악이 곧 컴퓨팅 분야에 혁명을 일으킬 것이라고 확신했다. 이제는 진실로 컴퓨터가 더이상 인간이 아닌 기계를 지칭하게 되리라고 말이다.

폰 노이만은 자신만의 전자 컴퓨터를 개발하려는 생각에 몰두했다. 에니악의 구조에서 아이디어를 빌려 오고 골드스타인 대령의 도움으로 두 번째 기밀 전자 컴퓨터를 설계하기 시작했다. 이 기계

* 펜실베이니아 대학의 전기공학 대학을 지칭한다.

는 에드박(EDVAC, Electronic Discrete Variable Automatic Computer)
이라고 불렸다. 폰 노이만은 에니악 컴퓨터의 기억 장치를 새로이 설
계하면서 거대한 가능성을 보았다. 그는 컴퓨터를 "전자 두뇌"로 바
꿀 방법이 있다고 믿었다. 에니악처럼 데이터와 명령어를 저장할 뿐
만 아니라, 컴퓨터가 스스로 다양한 계산 기능을 수행하게 만드는
추가 정보도 저장하게 된다고 말이다. 이는 프로그램이 저장된 컴퓨
터라고 불렸으며, "사물을 의미하는 숫자(데이터)와 행동을 의미하
는 숫자(명령어)의 구분을 없애 버렸다"고 폰 노이만의 전기 작가 조
지 다이슨(George Dyson)은 말했다. 그는 "이로써 우리의 세계는 완
전히 달라졌다"고 덧붙였다. 폰 노이만이 상상했던 "명령어"들은 현
재 우리가 알고 있는 소프트웨어의 원형이었다.

이론적으로는 이 컴퓨터가 뉴멕시코 로스알라모스에서 맨해튼
프로젝트의 동료 과학자들이 수행해 왔던 원자폭탄의 계산을 더
빠르게 해 주리라고 폰 노이만은 믿었다. 그와 무어 스쿨 연구진은
육군의 두 번째 기계, 폰 노이만이 에드박이라 명명한 기계를 만들
어야 한다고 제안했다. 그러나 에드박 제작이 마무리되기 전에 원자
폭탄이 완성됐고, 성공적으로 실험을 마쳤다. 제2차 세계대전이 끝
나자 에드박*은 고아가 되었다.

폰 노이만은 여전히 자신만의 컴퓨터를 처음부터 다시 만들고
싶어 했다. 원자력 위원회의 자금을 확보해 1945년 11월에 프린스턴
고등연구소의 풀드 홀(Fuld Hall) 지하실에서 전혀 새로운 컴퓨터
를 제작하기 시작했다. 1946년 겨울에 골드스타인 대령이 그를 도
우려 도착했다. 그리고 몇 안 되는 기술자들의 도움을 받아 폰 노이

---

* 제2차 세계대전이 종료되기 전인 1944년에 무어 연구진이 육군에 에드박 발주를 요청했으나
실제로 제작이 완료되어 미 육군에 납품되기는 1949년이었다.

만은 컴퓨터의 부품들을 테스트할 실험실과 기계 공장을 처음 세웠다. 공식적으로는 전자 계산 도구 컴퓨터(Electronic Computing Instrument Computer)로 명명됐으나 그는 이 기계를 수학적 숫자 적분기와 컴퓨터(Mathematical and Numerical Integrator and Computer) 혹은 매니악(MANIAC)이라 부르길 선호했다.

매니악은 30톤이었던 에니악보다는 훨씬 작고 발전된 형태였다. 에니악은 많은 제약이 있었다. 거대하고 복잡했으며 전력을 많이 소비했고, 과열되면 전선을 다시 깔아야 했다. 에니악 기술자들은 사람이 몇 분이면 계산할 만한 문제를 해결하려고 뒤얽힌 전선을 풀어헤치느라 며칠을 소비해야 했다. 매니악은 간결하고 효율적이며 1.8미터 높이에 2.4미터 길이로 무게도 454킬로그램 남짓이었다. 에니악과 매니악의 가장 큰 차이를 꼽자면 폰 노이만의 컴퓨터는 스스로의 명령어로 제어되도록 설계됐다는 데 있다. 이 명령어들은 마치 인간의 뇌처럼 기계 안에 저장되어 있었다.

폰 노이만은 정말 의도적으로 인간의 뇌를 본따 매니악을 만들었다. 그는 "문제를 정의하고 기계의 기능을 제어하는 코드화된 논리적인 명령어들"을 포함해서 "나는 기계가 기억해야 할 전부를 이 기억 장치에 저장하도록 제안한다"고 썼다. 이 방식으로 매니악은 세계 최초의 프로그램이 저장된 현대적인 컴퓨터가 되었다. 폰 노이만의 친구이자 동료인 에드워드 텔러는 여기서 거대한 가능성을 보았으며 매니악을 수소폭탄 계산에 사용했다.

2년 반 후 프린스턴의 연구 팀은 매니악과 폰 노이만의 두뇌를 경쟁시켰다. 처음엔 폰 노이만이 기계보다 빨랐다. 그러나 그의 조수가 점점 더 복잡한 계산을 요구하자 폰 노이만은 드디어 인간이 저지를 만한 일, 즉 실수를 했다. 컴퓨터는 그러지 않았다. 국방 과학의 역사에서 새로운 시대를 여는 순간이었다. 하나의 기계가 펜타곤이 의지했던 세계에서 가장 위대한 두뇌 소유자의 능력을 능가했기 때문이다.

1950년대 미 국방부의 핵 억제 전략은 상호 확증 파괴(mutually assured destruction, MAD)라는 개념에 기반했다. 이는 소련이나 미국 어느 쪽도 상대에게 핵 공격을 감행하지 않으리라는 가정에서 출발했다. 한쪽의 공격은 반드시 그에 상응하는 행동을 불러일으켜 궁극적으로 모두의 멸망을 초래하기 때문이다. 랜드 연구소의 분석가들은 핵 발사 문제에서 죄수의 딜레마를 적용하기 시작했고, 이때 주요 원칙은 불신이었다. 그러나 랜드 연구소의 앨버트 뵐스테터(Albert Wohlstetter)는 상호 확증 파괴가 제공하는 안전 개념의 허점을 파고들기 시작했다. 그의 관점으론 상호 확증 파괴가 분명히 안전을 제공하지 않았다. 뵐스테터는 한쪽이 이른바 "선제공격"으로 상대를 무력화시킬 방법을 찾아낸다면 상대의 도발이 없어도 자신의 우위를 확보하고자 선제공격을 가하고 싶은 유혹을 받게 된다고 주장했다. 따라서 소련이 선제공격으로 미국을 완전히 무력화시킬 수 없도록 미국 전역에 비밀리에 강화된 미사일 비축 기지를 세워, 그곳에 핵무기를 배치하는 새로운 전략을 수립해야 한다고 했다. 그의 유명한 이 이론은 "제2격(second strike)"으로 알려졌다. 제2격 전략에 따라, 적의 선제공격 후 살아남은 핵무기로 적에게 최대의 피해를 주도록 핵무기 목표를 선정하는 정책이 수립되었다. 반격으로 적을 궤멸시킬 수 있는 능력을 확보함으로써 적의 핵 선제공격을 억제하겠다는 이 정책은 핵 사용 목표 선정(Nuclear Utilization Target Selection)으로 NUTS라는 약자를 얻었다.

아이젠하워 대통령은 이 모든 이야기가 미친 짓이라는 것을 깨닫기 시작했다. 캐슬 브라보 실험 다음 해, 소련은 자체적으로 수소폭탄 실험에 성공했다. 군비 경쟁을 멈추려면 무언가 조치를 취하지 않으면 안 되었다. 아이젠하워는 각료들에게 핵무기 실험을 끝낼 방법이 있는지 묻고, 핵 과학 추진을 즉시 중단할 수 있는지 조사하도록 지시했다. 하지만 이 구상은 오래가지 못했다. 한 달여의 토론과 연구 끝에 국무부, 원자력 위원회, CIA, 그리고 국방부는 만장일치로 핵실험 종료에 반대하며 대기권 핵무기 실험은 계속되어야 한다고 입을 모아 말했다. 그들은 국가의 안전과 안보는 더 많은 핵무기와 더 많은 핵무기 실험에 달려 있다고 주장했다. 대통령의 보좌관들은 대신 대통령에게 소련의 핵 공격에 대비해 민간인을 보호하는 국가적 노력을 강화해야 한다고 권장했다. 이 인기 없는 민방위 프로그램은 3년 전에 설립되어 워싱턴에 본부를 둔 연방 민방위 관리청(Federal Civil Defense Administration, FCDA)에 떨어졌다.

1950년대의 민방위 계획이란 핵 공격이 발생하면 사람들이 일정 기간 지하에서 생활하도록 준비하는 일이었다. 이를 위해 전국적인 지하 벙커 네트워크를 구축하려는 노력이 간헐적으로 진행되고 있었다. 대통령의 보좌관들은 대통령의 지지가 시민들의 사기를 북돋울 것이라고 말했다. 그러나 이러한 민방위 강화 구상은 대통령을 매우 난처한 처지에 빠뜨렸다. 캐슬 브라보의 낙진 지도를 본 후 아이젠하워는 민방위 프로그램이 얼마나 무용한지 깨달았다. 핵 공격이 발생하면 고작 몇 시간 내에 수천만 명이 사망하기 때문이다. 민간 지하 벙커가 안전하리라는 개념은 근거가 불분명했다. 기지 70 벙커는 창문도 없고, 1미터 두께의 콘크리트와 철문으로 견고하게 건축됐으며 3미터 두께의 모래와 흙 아래에 묻혀 있었다. 바닷물이

해자처럼 둘러싸여 있었고 폭발을 막아주는 두 번째 벽도 있었다. 심지어 1만 계수의 방사선 차폐 장벽도 설치되어 있었다. 그럼에도 불구하고 내부의 방사선이 거의 치명적인 수준까지 도달했다. 그들은 벙커 소변기 뒤에 숨어서 11시간을 보낸 다음에야 가까스로 엔유 섬을 탈출할 수 있었다. 세심하게 조율된 이 작전에는 육군 헬리콥터 2대가 동원됐다. 헬리콥터 조종사들은 1만 명에 달하는 태스크 포스(Task Force)의 일원으로, 최첨단 구출 장비와 통신 장비를 무제한으로 사용할 수 있었다. 이 구조대는 이제껏 10여 차례의 훈련을 수행했다. 캐슬 브라보는 대단히 조직화된 과학 실험이었다. 그러나 실제 핵 공격에선 대규모 살육과 소요가 벌어지고, 이런 구조를 기대하기 어렵다. 각자 스스로 살아남아야 한다.

민방위 대피소로 가는 과정에서 외부에 노출된다면 폭발이 일어난 곳에서 64킬로미터 떨어졌다고 해도 생명에 위협을 받는다. 폭발과 충격파만으로도 폐를 파열시키고 고막을 찢고 장기를 파열시켜 출혈을 야기한다. 뿌리 뽑힌 나무, 철판 조각, 깨진 유리, 전선, 나무, 바위, 파이프, 기둥 등이 모두 찢겨져 시속 240킬로미터의 속도로 하늘로 치솟는다. 양심이 있다면 어떻게 대통령이 그렇게 많은 사람들을 죽일 가능성이 높은 민방위 프로그램을 지지해달라고 대중에게 촉구할 수 있겠는가?

반면 소련의 핵무기 공격에 대비해 대통령과 내각의 생존을 보장할 확고한 계획은 이미 마련되어 있었다. 행정부 각료들의 대피소로 건립된 기지 70 형태의 벙커가 캠프 데이비드(Camp David)*에서 북쪽으로 10킬로미터 정도 떨어진 펜실베이니아 주 경계선 바

---

* 메릴랜드 북쪽 워싱턴에서 100킬로미터 떨어진 곳에 있는 미국 대통령 별장이다.

로 너머에 완성됐다. 이 지하 통제센터는 레이븐 록 마운틴 콤플렉스(Raven Rock Mountain Complex)라고 불린다. 화강암 산 안에 묻혀 있으며, 보호벽의 두께는 300미터에 달한다. 레이븐 록 콤플렉스는 '사이트 R'로도 불린다. 15메가톤급 핵폭탄의 직격에도 견디도록 설계됐다. 대통령에게 지하 벙커를 제공한다는 개념은 미 육군 군사 정보국(G-2)이 제2차 세계대전 이후 제3 제국(Third Reich)의 지하 벙커를 조사하며 처음 마련됐다. 베를린에서 수많은 나치의 고위 인사가 살아남은 이유는 프란츠 자버 도어쉬(Franz Xaver Dorsch), 발터 쉬버(Walter Schieber), 게오르크 리카이(Georg Rickhey)를 포함한 몇몇 나치 과학자의 지하 공학 기술 덕분이었다. 미 육군은 세 사람을 모두 고용해 페이퍼클립 작전(Operation Paperclip)*의 일환으로 전쟁 후에 추진한 비밀 지하 시설 건립 프로젝트에 동원했다.

레이븐 록 계획은 1948년에 처음 리카이 등이 참여해 수립됐다. 서방에는 Joe-1로 알려진 원자폭탄을 소련이 터뜨린 직후인 1949년 8월에 작업이 시작됐다. 1950년에는 일급비밀 취급 인가를 받은 공사장 작업자들이 최초의 대통령 지하 벙커와 통제실을 건설하려고 24시간 작업에 투입됐다. 사이트 R은 3층짜리 단지였다. 대통령과 보좌관들이 생활하는 공간이 있고, 병원, 교회, 이발소, 도서관, 저수조가 있었다. 1954년 벙커 공사가 완공되었고, 건설비는 10억 달러가 들었다. (2015년 가치로 대략 90억 달러.)

핵 공격이 벌어질 경우 대통령은 백악관 잔디밭에서 헬리콥터를 타고 레이븐 록 착륙장으로 간다. 35분쯤 소요되는 이동이다. 그러

---

* 1945-1946까지 미국이 제2차 세계대전 이후 패전한 나치 독일 과학자 총 642명을 미국으로 데려가서 당시 독일의 최첨단 과학 기술을 파악하려던 목적의 작전이었다. 그 덕분에 미국 항공 우주국(NASA)이 건립됐다.

나 지하 대피 계획은 아이젠하워 대통령을 낙담하게 만들었고 그는 각료들에게 핵 공격 후 이뤄질 정부 운영에 대한 우려를 표현했다. "어떤 형태로 정부가 계속될지는 몰라도 그 정부는 장님의 나라에서 애꾸눈 같은 처지가 아니겠는가."

대통령이 자신만의 난제와 씨름하는 사이 민방위 프로그램은 점점 커졌다. 캐슬 브라보 실험의 구체적인 사항은 여전히 기밀이었고 대중은 민방위 훈련의 허점은 물론 레이븐 록 통제센터의 존재조차도 알지 못했다. 핵실험은 네바다와 마셜 제도에서 여전히 계속됐다. 그러나 캐슬 브라보의 낙진 토론에서 비롯된 언론의 관심은 민방위 훈련의 효과에 부정적인 반응을 가져오기 시작했다.

1955년 2월에 미 상원 군사 위원회는 민방위가 국민에게 실질적으로 어떤 의미가 있는지 연방 차원의 조사를 시작했다. 이 조사 위원회는 테네시 주 민주당 상원의원인 에스테스 케포버(Estes Kefauver)가 이끌었다. 그는 반독점법 위반과 조직 범죄에 맞서 싸워 온 인물로 알려졌다. 상원 조사 위원회는 케포버 청문회로 불렸으며, 이 과정에서 충격적인 새로운 정보가 대중에 공개됐다.

민방위는 두 갈래로 초점이 나뉘었다. 도시에 남아 있는 사람들과 도시를 떠나려는 사람들이었다. 핵 공격이 대도시를 겨냥할 가능성이 높을 때, 도시 중심부에 거주하는 사람들은 지하에 설치된 공습 대피소로 대피하도록 권고됐다. 연방 민방위 관리청은 도시를 떠날 수 있는 사람들에게는 도시를 떠나는 쪽이 더 나은 대안이라고 권장했다. 청문회가 진행되는 동안 상원의원들이 질문했다. 1950년대 중반에 미국 대도시 밖에 있는 대부분의 땅은 그저 드넓은 시골 평지에 지나지 않았다. 시민들이 어디로 가야 한다는 말인가? 그들은 뭘 먹어야 하나?

연방 민방위 관리 청장 프레더릭 "발" 피터슨(Frederick "Val" Peterson)이 발언대에 올라섰다. 전 네브라스카 주지사였던 그는 진실만을 말하겠다고 서약했다. 그는 전국의 대도시에서 빠져나가는 공공 고속도로 양옆으로 참호를 팔 계획이라고 했다. 참호들은 깊이 1미터 폭 60센티미터 규모라고 했다. 폭탄이 도시에 떨어지면 도심을 빠져나간 사람들은 운전을 멈추고 차량을 버린 채 참호에 엎드려 흙으로 몸을 덮어야 한다고 했다. 케포버 상원의원은 이 사실에 어이가 없었다. "과학과 기술을 활용해 태양이 만들어 낼 만한 엄청난 파괴력을 창조해 내는 정부가 민방위 차원에서는 이 정도가 최선책이란 말인가?" "이런 참호에서 어떻게 음식과 물을 확보하며 위생이 유지되겠는가?" 케포버가 묻자 피터슨은 우물쭈물 답했다. "비상 상태에서 건립된 참호들에 위생 설비는 없다"고 그는 인정할 수밖에 없었다. 그러나 대체 계획안이 있었다. 땅에 파는 참호 대신 직경 1.2미터의 콘크리트파이프를 고속도로 주변에 까는 방안이었다. 폭탄이 떨어질 때 이미 도시를 빠져나간 사람들은 차를 버리고 파이프로 기어들어 가면 된다. 피터슨은 잠시 후에 연방 긴급 구조대가 와서 흙으로 파이프를 묻는 방식이라고 설명했다.

이 말을 들은 매사추세츠 공화당 상원의원 레버렛 솔턴스톨(Leverett Saltonstall)은 경악했다. 그는 "수백만 명의 피난민들이 콘크리트파이프 안에서 핵전쟁이 끝나길 기다리는 모습"은 상상할 수조차 없다고 피터슨에게 말했다. 더구나 신선한 공기, 물, 위생 시설, 음식, 의료 보호도 없이 말이다. 이 상황이 얼마나 계속될지도 모른다. 솔턴스톨은 "나는 출구도 없는 1.6킬로미터 콘크리트파이프보다는 차라리" 흙구덩이에 엎드려 있겠다고 했다. 솔턴스톨은 살아남으려 동료 미국 시민들이 싸우는 참혹한 일이 벌어질 게 뻔하다고 말했다.

다음으론 식품 문제였다. 위원회 소속 의원들은 핵전쟁이 벌어지고 난 다음 피난민들에게 식량이 어떻게 지원되는지 알고 싶어 했다. 피터슨 청장은 연방 정부가 급식소를 열겠지만 제공할 음식은 거의 없을 것이라고 답했다. 방사선이 양철 통조림통을 관통하기 때문에 "우리는 통조림 음식을 먹을 수 없다"고 설명했다. 대부분의 전력이 차단되기 때문에 "냉장 식품은 먹지 못한다"고도 했다. 피터슨은 진실은 아름답지 않다고 토로했다. 오히려 진실은 "혹독하고, 원초적이며, 잔인하고 불결하고 비참하다"고 말했다. "우리는 들판에서 직접 채취한 밀이나 말린 옥수수로 요리된 묽은 죽이나 방사선에 피폭되기 전에 잡은 동물을 먹어야 한다." 위원회는 피터슨에게 관리청의 대피 계획이 부적절하다고 말했다. 몇 시간 지나지 않아 민방위라는 개념은 전국적인 웃음거리가 되었다. 그럼에도 핵실험은 멈추지 않고 계속됐다.

그다음 2년 동안 미국은 18번의 핵무기를 폭발시켰다. 소련에선 25번의 폭발이 있었다. 핵에 쓰는 돈은 역대 최고였으며 더 효과적이고 효율적인 폭탄을 만들어낼 독창적인 설계만이 관심사였다. 펜타곤은 캐슬 브라보 기간에 터졌던 폭탄과 같은 고위력 수소폭탄 탄두 수백 개와 더 가벼운 무게의 전술적 원자폭탄도 주문했다. 허브 요크는 리버모어의 최신 디자인인, 21킬로그램짜리 데비 크로켓 (Davy Crockett) 전술 핵무기의 실물 크기 모형을 기내 가방에 넣고 워싱턴 D.C.로 날아갔다. 데비 크로켓은 히로시마에 떨어진 원자폭탄과 마찬가지의 파괴력을 지녔으나 과학의 진보로 손에 들고 다닐 정도로 작아졌다. 야망과 독창성은 후일 리버모어 연구소를 핵무기 제작 분야의 선두 주자로 만들었다. 존 폰 노이만이 설계한 컴퓨터를 이용해 리버모어 과학자들은 새로운 핵무기를 만들기 전에 그들의 설계를 미리 가늠할 수 있었다.

1955년 여름 존 폰 노이만은 암 진단을 받았다. 그는 미끄러져 넘어졌고 의사들은 검진을 통해 그의 쇄골에서 많이 진행된 전이 가능성이 높은 암 종양을 발견했다. 11월엔 암이 척추로 전이됐다. 1956년 1월이 되자 폰 노이만은 휠체어 신세를 져야 했다. 3월에는 워싱턴 D.C. 외곽에 있는 미 육군의 최상급 의료 시설인 월터 리드 병원의 보초가 지키는 병실에 입원했다. 54세의 존 폰 노이만은 고통과 공포에 시달리며 죽어 갔다. 전쟁 기간 동안 로스알라모스에서 흡입한 플루토늄 입자 때문에 발병했을 가능성이 가장 컸다. 2명의 보초는 그의 곁을 떠나지 않았다.

한동안 폰 노이만의 정신은 또렷했다. 그러나 임종이 가까워지면서 정신적 능력이 쇠퇴하기 시작했다. 침대 옆에서 남동생 마이클이 큰 소리로 괴테의 비극《파우스트》를 낭독해 주었다. 마이클은 한 쪽을 읽고 잠시 쉬었다. 병상에 누워 눈을 감은 채, 지력은 떨어져 갔지만 폰 노이만은 동생이 책에서 빠뜨린 곳을 정확하게 집었다. 그러나 머지않아 불굴의 기억력조차 약해졌다. 친구들은 그가 정신적 능력의 쇠퇴를 고통스러워 했다고 말했다. 평생에 걸쳐 무신론자였던 존 폰 노이만은 신을 믿는 사람을 두고 종종 농담을 했다. 부인 클라라(Klara)에게 준 5행의 희시(戱詩)에서 그는 이렇게 썼었다. "이렇게 말하던 젊은 놈이 있었지, 도망쳐! / 세상의 종말이 시작됐어! / 내가 가장 무서운 건 / 빌어먹을 저 성령이야 / 난 성부와 성자는 어떻게 해볼 수 있으니까"* 그러나 폰 노이만은 마지막에 신을 찾았으며 로마 가톨릭 사제에게 병자성사를 요청했다.

마침내 죽음이 다가왔다. 두려움에 휩싸인 마지막 나날에는 심지어 사제도 일시적인 구원을 주지 못했다. 폰 노이만이 죽기 몇 주 전 허브 요크는 그에게 마지막 예의를 갖추려고 병원을 찾았다. 허브 요크는 "떨어지거나 혹은 스스로 나가지 못하도록 아기 침대처럼 높은 난간이 달린 침대에 조니가 있었다"고 회상했다. "나는 그가 흥미를 가질 만한, 그래서 주의를 돌릴 만하다고 생각한 어떤 기술적 주제를 빌미로 대화를 시도했으나 그는 안녕이라는 말 이외에는 하지 못했다." 더이상 폰 노이만의 뇌가 아니었다. 암은 그가 가장 가치 있게 생각한 정신을 빼앗아 갔다. 곧 그는 기억을 잃었다. 몇 주 동안 그에겐 아무것도 남지 않았다. 존 폰 노이만은 1957년 2월 8일에 사망했다.

그는 생애 마지막 몇 달에 걸쳐 작업한 미완의 원고를 남겼다. 〈컴퓨터와 뇌〉라 불린 원고였다. 그 원고의 사본은 로스알라모스 과학 연구 도서관에 보관되어 오늘날까지 전해지고 있다. 이 원고에서 폰 노이만은 컴퓨터와 인간의 신경계 사이의 공통점을 말했다. 그리고 언젠가 컴퓨터는 인간의 신경계를 무한히 뛰어넘는 성능을 발휘하게 되리라는 이론을 제시했다. 그는 이 발달된 컴퓨터를 "인간이 사용하려고 만든 인공 자동 장치"라고 불렀다. 존 폰 노이만은 컴퓨터가 언젠가는 생각할 능력을 갖게 되리라고 믿었다.

* 성부와 성자, 그리고 성령이 하나라는 삼위일체를 조롱한 내용으로 보인다.

3장

미래의 거대 무기 시스템
Vast Weapons Systems of the Future

1957년 10월 4일 오후 6시였다. 로켓 도시라 불리던 앨라배마 주 헌츠빌(Huntsville)의 미 육군 탄도 미사일국(Army Ballistic Missile Agency) 장교 클럽에서 저녁식사 시간 직전 칵테일이 오갔다. 의회가 기업가인 닐 맥엘로이(Neil H. McElroy)를 국방장관으로 승인하기 직전이었다. 그는 국방부의 고위 관리들을 이끌고 군용기로 막 도착했다. 장교 클럽 안에서는 자유롭게 술이 돌았고, 군인들 사이로 애피타이저도 전해졌다. 맥엘로이는 베르너 폰 브라운(Wernher von Braun)과 서서 담소를 나누었다. 브라운은 독일의 유명한 로켓 과학자였으며 당시 탄도 미사일국의 개발 및 운영 국장이었다. 그때 고든 해리스(Gordon Harris)라는 공보 장교가 뛰어 들어와 특별한 소식을 전했고 파티는 끝났다.

"소련이 방금 인공위성 발사에 성공했습니다." 해리스가 소리쳤다.

실내는 침묵에 휩싸였다. 한동안 배경 음악과 얼음 조각이 부딪히는 소리만 들렸다.

해리스는 "위성이 공용 주파수로 신호를 보내고 있습니다"라고 이어 말했다. "우리 지역의 '아마추어 무선 통신사(ham)' 1명이 신호를 듣고 있었습니다." 질문 공세가 이어졌다.

얼마 지나지 않아 스푸트니크(Sputnik) 뉴스가 공식화됐다. 소련 뉴스 통신사 타스(TASS)는 이스쿠스트벤니 스푸트니크 젬리(Iskusstvennyy Sputnik Zemli) 혹은 "지구의 인공위성"에 관한 기술 정보와 제원을 담은 성명서를 발표했다. 소련은 우주 경쟁에서 미국을 이겼다. 진주만 공습 이래 펜타곤이 이처럼 중차대하게 허를 찔린 경우는 이번이 처음이었다.

미국은 소련의 탁월한 과학적 역량으로 보이는 스푸트니크 발사로 인해 공포에 빠져들었다. 스푸트니크의 심각성을 최소화하려는 아이젠하워의 시도는 오히려 역효과를 냈다. 수많은 미국인은 대통령이 미국의 군사적 약점을 은폐하려 한다면서 비난했다. 스푸트니크는 무게가 83킬로그램 남짓 정도였다. 소련의 대륙간 탄도 미사일(ICBM)에 실려 우주로 발사됐다. 머지않아 소련의 ICBM은 예컨대 핵폭탄과 같은 훨씬 더 무거운 탄두를 실어 나를 수 있게 될 것이다. 그리고 지구 반대편에 있는 미국 내 어느 도시에도 보낼 수 있게 될 것이다.

1957년 12월 20일, 소련의 위협을 분석한 일급비밀 문서인 게이더 보고서(Gaither Report)가 《워싱턴 포스트》에 누출되자 상황은 더욱 악화됐다. 《워싱턴 포스트》는 이 보고서가 "미국이 역사상 가장 엄중한 위험에 놓여 있다고 묘사한다"라고 보도했다. 또한 "보고서는 미국이 미사일을 치켜세운 소련의 거의 즉각적인 위협에 노출됐음을 보여 준다"고 했다. 스푸트니크가 온건한 공포를 만들었다면 게이더 보고서는 국가적 히스테리를 낳았다.

그러나 게이더 보고서엔 그 자체로 물의를 일으킬 만한 뒷이야기가 있었다. 수십 년 동안 기밀로 분류되고도 남을 이야기였다. 1957년 봄, 스푸트니크가 발사되기 7개월 전에 아이젠하워 대통령은 국가 안보 자문 위원들에게 전면적인 핵전쟁에서 미국인을 보호할 방법을 찾을 팀을 구성하도록 요청했다. 랜드 연구소의 공동 창설자이자 벤처 캐피탈리스트인 호레이스 로완 게이더(H. Rowan Gaither)가 대통령 직속의 새로운 연구 위원회를 이끌 인물로 선택됐다. 이 위원회의 전문가 집단은 북미 방공 사령부(North American Air Defense Command, NORAD), 전략 공군 사령부(Strategic Air Command), 국방장관실, 연방 민방위 관리청, 로스알라모스 소속의 무기 시스템 엔지니어링 그룹(Weapons System Engineering Group)과 CIA 등에 소속된 관리들로 구성됐다. 리버모어, 산디아(Sandia), 레이시언(Raytheon), 보잉(Boeing), 록히드(Lockheed), 휴즈(Hughes), 랜드 등 민간의 국방 계약 사업체 대표들도 참여했다. 쉘 석유(Shell Oil), IBM, 벨 전화(Bell Telephone), 뉴욕 생명 보험(New York Life Insurance), 체이스 맨해튼 은행(Chase Manhattan Bank) 등의 기업에서 온 자문들도 있었다.

공식적으로 "핵 시대의 억제와 생존(Deterrence and Survival in the Nuclear Age)"이라는 이름을 붙여 만들어진 일급비밀 게이더 보고서에서 국방 산업 종사자와 국방 과학자들은 핵전쟁이 발생할 경우 미국 시민을 보호할 방법이 없다고 결론 내렸다. 대신 대통령에게 미국이 핵무기를 더욱 열심히 제작하고 비축하는 일에 몰두하도록 권고했다. 그들은 가장 절박한 위협은 소련의 ICBM에서 온다고 조언했다. 소련 미사일 위협의 정확한 규모를 계산한 사람은 리버모어 연구소의 과학 국장 허브 요크와 대통령 과학 자문이자 MIT 공대 교수였던 제롬 위즈너(Jerome Wiesner)였다.

이보다 더 중요한 숫자는 없었다. 소련이 카자흐스탄에 위치한 바이코누르 우주 기지(Baikonur Cosmodrome)에서 시베리아를 가로질러 5,000킬로미터 가까이 떨어진 장소에 최초의 장거리 미사일을 성공적으로 발사한 직후였다. 요크와 위즈너는 1957년 여름에 백악관 옆 행정동 안에 사무실을 마련하고 소련이 머지않은 미래에 얼마나 많은 대륙간 탄도 미사일(ICBN)을 생산해 낼지 계산하는 작업에 들어갔다. 요크는 "문제는 실제적이고 시급했다"라고 회상했다. "우리는 소련의 로켓 개발 프로그램의 최신 통계 자료들을 추리고, 미사일 제조에 필요하고 또 조달 가능한 공장 부지를 소련이 얼마나 보유했는지를 더해, 앞으로 몇 년 안에 수천 기의 ICBM 건설이 가능하다는 결론을 내렸다."

캐슬 브라보 규모의 폭탄 하나가 워싱턴 D.C.에 떨어지면 그 단한 발로 미국의 동해안은 사라져 버린다. 요크와 위즈너의 ICBM 분석은 소련이 미국에 그런 공격을 1,000번 정도 실행할 수 있다는 의미였다. 충격적이고 걱정스러운 정보였다. 소련이 ICBM 1,000여 기를 생산하려 한다면 미국이 내려야 할 합리적 결론은 하나였다. 소련은 전면적인 핵전쟁을 준비 중이다.

요크와 위즈너가 게이더 보고서에 제출한 숫자들이 거친 추측에 불과했다는 사정을 알기까지는 수년이 소요되었다. 1957년 여름에 소련은 ICBM을 모두 4기 제작했다. "앞으로 몇 년간" 소련은 100기쯤 더 만들 것이다. 요크와 위즈너가 보고서에서 말한 앞으로 몇 년간 소련이 생산하리라고 예상한 1,000여 기와는 크게 차이가 있다.

30년 뒤에 요크는 "추정이 크게 틀렸다"라고 인정했다. 그럼에도 자신의 실수를 옹호하면서 덧붙였다. "문제는 매우 단순했다. 나는 소련의 미사일 개발 프로그램에 관해 아는 게 거의 없었고, 소련의 산업계는 더더욱 몰랐다. 이런 추정을 하면서 나는 두 개의 의심스러운 분석 절차들을 결합했다. 최악의 경우를 상정한 분석과 미러 이미징, 즉 우리라면 어떻게 할까라는 입장에서의 분석이었다." 어떻게 그렇게 터무니없는 실수가 발생했느냐고 요크에게 묻자 그는 답했다. "핑계를 대자면 그런 주제가 처음이었고, 다른 전문가 집단과 마찬가지로 나 역시 소련의 극단적인 비밀주의의 피해자였기 때문이다. 그들은 항상 자신들의 활동을 숨기려 했다." 요크는 또한 게이더 보고서를 작성한 전문가 집단의 어느 누구도 자신과 위즈너의 수학적 접근에 의문을 제기하지 않았다고 지적했다. "나는 우리의 견해에 반대한 그 누구도 기억나지 않는다."

아이젠하워 대통령이 게이더 보고서를 받았던 1957년 11월 7일은 최악의 시기였다. 고작 한 달 전에 스푸트니크 발사가 이루어졌다. 아이젠하워는 보고서의 결론에 동의하지 않았다. 대통령은 CIA로부터 훨씬 더 고급 정보를 받아 봤다. 기밀로 분류됐기에 극소수의 사람들만 그 정보의 내용을 알았다. CIA 조종사 허베이 스톡만(Hervey Stockman)은 한 해 전 U-2 첩보기를 몰고 소련 영공 위에서 기밀 임무를 수행했다. 스톡만은 소련 지도 수천 장을 가지고 그 위험한 임무에서 돌아왔다. 소련이 전면전을 준비하지 않고 있음을 보여 준 최초의 사진들이었다. (코로나(Corona) 위성 프로그램이 있기 전이었다.) 게이더 위원회에서 이 정보를 알았던 유일한 사람은 CIA 부국장 리처드 비셀(Richard Bissell)이었다. 그는 U-2 프로그램의 책임자로 네바다의 51 구역(Area 51)이라 불린 비밀 기지에서 이 작전을 수행했다. 게이더 위원회의 누구도 일급비밀인 U-2 프로그램과 소련 상공 위를 날았던 여러 번의 임무를 알 필요가 없었다.

비록 잘못이었지만 게이더 위원회의 위원들은 소련의 ICBM에 관해서는 요크와 위즈너가 한 말을 믿을 수밖에 없었다.

아이젠하워 대통령이 이 위원회의 결론 대부분을 거부한 이후 누군가 일급비밀 보고서를 언론에 흘렸다. 요크와 위즈너가 발견한 미사일 문제에 대중의 관심이 모였다. 그래서 스푸트니크의 공포는 히스테리로 발전했다. 아이젠하워는 대통령 과학 자문 위원회를 만들어 앞으로 해야 할 일이 무언지 자문을 구했다. 구성원 중에는 최연소인 허브 요크도 있었다. 요크가 게이더 보고서에서 저지른 가장 큰 실수를 대통령이 알았는지 여부는 여전히 미스터리다. 요크는 곧 리버모어를 떠나 워싱턴 D.C.로 갔다. 그는 아이젠하워의 재임 기간 내내 워싱턴에 남았다.

소련의 공격이라는 담론이 걷잡을 수 없이 번져 가는 와중에 대통령은 국방장관 맥엘로이가 과감한 새 계획을 추진하도록 허락했다. 맥엘로이는 여론을 능숙하게 다뤘다. 프록터 앤 갬블(Procter & Gamble)에서 32년을 보낸 그는 브랜드 관리의 아버지로 여겨지는데, 집집을 돌아다니며 비누를 팔던 세일즈맨으로 시작해서 경영진까지 올랐다. 1950년대 중반 P&G는 4대 비누 브랜드 아이보리(Ivory), 조이(Joy), 타이드(Tide), 옥시돌(Oxydol)을 보유했다. 맥엘로이가 사내 브랜드 간의 경쟁을 촉진하고, 특정 고객층을 대상으로 하는 광고 개념을 도입할 때까지 회사는 판매 부진을 겪었다. 주부들이 TV를 보는 낮 시간에 TV 비누 광고를 하자는 제안도 그가 했다. 1957년 무렵 P&G의 판매는 연간 10억 달러로 증가했으며, 맥엘로이는 이른바 TV 연속극(soap opera)이라는 개념을 발명했다고 평가받는다. "연속극(soap opera)은 비누(soap)를 많이 판다"는 그의 말은 지금도 유명하다. 이제 맥엘로이는 국방장관이 되었다. 그는 분명한 비전을 가지고 취임했다. "나는 국방장관의 역할이란 아이젠하워 대통령 국방 팀의 수장이라고 생각한다." 수장으로서 그는 소련 과학 기술의 기습이란 위협을 없애는 일을 최우선으로 삼았다.

1957년 11월 20일, 장관에 취임한 지 5주 만에 맥엘로이는 대담한 생각을 지니고 의사당에 갔다. 그는 펜타곤 내부에 새로운 기구, 이른바 고등 연구 계획국(Advanced Research Projects Agency, ARPA)을 창설한다는 구상을 제시했다. 이 기구는 우주를 날아다니는 물체를 포함해 미국의 국방을 위해 연구되고 개발되는 기술적으로 발전된 모든 군사 프로젝트를 관장하게 된다.

맥엘로이는 의원들에게 이 기구가 "위성이나 우주 연구 및 개발 계획을 총괄"하는 조직체라고 말했다. 또한 이 조직은 "현재나 가까운 미래의 즉각적으로 예측 가능한 무기 시스템을 넘어서는 역할"까지 담당하고 있다고 했다. 맥엘로이는 멀리 내다보았다. 미국은 필요가 생기기 전에 국가의 필요를 미리 그릴 줄 아는 기구가 필요하다고 그는 말했다. "미래의 거대 무기 시스템"을 연구하고 개발하는 조직 말이다.

의회는 이 구상을 좋아했고, 맥엘로이가 구상을 실현하도록 격려했다. 그러나 군부는 완강하게 반대했다. 육군, 공군, 해군은 자신들 내부에서 진행되던 연구 개발의 통제권을 포기하려 하지 않았다. 이는 특히 우주라는 거대하고 새로운 개척 분야에서 두드러졌다. 맥엘로이는 최고위 군 지휘관들을 펜타곤 E-링(E-Ring)에 있는 자신의 사무실로 불러 "우주 공간이라는 새로운 분야"를 어떻게 다뤄야 최선일지 논의했다.

개별적으로 이루어진 회의에서 육군, 공군, 해군 사령관들은 각각 우주 공간은 자신들이 담당해야 할 영역이라고 주장했다. 육군에게 달은 단지 "높은 곳에 있는 육지"이므로 자신들이 관장해야할 영역의 일부였다. 공군 장성들은 그들이 이미 통제하고 있는 영역보다 "조금 더 높은 곳"이 우주라며 자신들의 새로운 "우주군 창설" 계획에 장관이 관심을 보이게 하고자 노력했다. 미 해군의 제독들과 부제독들은 "대양 위의 우주 공간"은 곧 "해군이 작전을 벌이는 해저, 표면, 공중 영역"의 자연스런 연장선상이므로 마땅히 해군의 관할 구역으로 간주되어야 한다고 주장했다. 미 공군의 버나드 슈리버(Bernard Schriever) 장군은 상원 군사 준비 소위원회(Senate Preparedness Subcommittee)에서 "ARPA에 강하게 반대"하는 자신의 입장을 기록으로 남기길 원한다고 말했다. 원자력 위원회(AEC)는 맥엘로이가 제안하는 새 기구를 보는 자신들만의 생각이 있었다. 더 많은 권한과 통제력을 원했던 원자력 위원회는 국방부의 우주 관할권을 완전히 떼어내 AEC의 관리 감독 하에 두려고 로비했다. AEC 위원장은 의회에 "우주부" 설치 법안을 제출했다. 국방 계약 사업자들도 맥엘로이 장관의 새 기관 설립 구상에 강한 반대 의견을 피력했다. 이들은 각 군과의 기존 관계가 위험에 빠질까 두려워했다. 리버모어의 어니스트 로렌스는 국방부로 뛰어 들어가 맥엘로이를 만났고, ARPA를 대체할 자신의 구상을 제시했다. 찰스 토마스(Charles Thomas) 몬산토화학(Monsanto Chemical Company) 사장이 로렌스와 동행했다. 이 회사는 후에 베트남전 동안 에이전트 오렌지(Agent Orange)라는 제초제 생산으로 욕을 먹었고, 1990년대에는 곡식 유전자를 조작한 최초의 회사로 악명을 떨쳤던 핵 관련 국방 사업 계약업체였다. 로렌스와 토마스는 장관실에서 맥엘로이를 만나 "스푸트니크의 도전에 대응하고 기존의 국방 분야에서 과학과 기술의 문제를 더 잘 대처해 나가려면… 어떤 새로운 근본적 조치들을 취해야 한다"는 그들의 생각을 교환했다. 그들은 맥엘로이에게 맨해튼 프로젝트를 본따 일급비밀로 분류되는 새로운 정부 기구를 창설하고 자신들이 관리하도록 해 달라고 제안했다. 회의는 몇 시간 지속됐지만 맥엘로이는 "평화 시에는 가능하지 않은" 생각이라고 두 사람의 구상을 거부했다. 로렌스는 따로 두 번째 제안을 가지고 있었다. 이 새 기관이 제대로 기능하려면 뛰어난 과학자가 이끌어야 한다는 생각이었다. 군과 산업계가 어떻게 미국의 최고 과학자들을 활용하여 국방 문제를 해결할 수 있는지 이해하는 사람이 필요했다. 로렌스는 여기 딱 들어맞는 인물이 허브 요크라고 말했다. 맥엘로이는 생각해 보겠다고 약속했다.

맥엘로이가 넘어야 할 마지막 장애물은 펜타곤 내 한 층 아래의 동료들이었다. 합동 참모 본부(Joint Chiefs of Staff)는 ARPA 구상을 증오했으며 1957년 12월 7일에 공식적인 반대 의견을 표명하고 기록했다. 그러나 ARPA에 가해진 군부의 공격은 무산될 수밖에 없었다. 초기 ARPA에서 일했던 존 클라크 제독은 "그들이 ARPA를 원치 않았다는 사실이 바로 아이젠하워가 그것을 추진한 이유 중 하나이다"라고 말했다.

아이젠하워 대통령은 각 군 사이의 경쟁에 넌더리가 났다. 제2차 세계대전 기간 동안 유럽에서 연합 원정군 최고 사령부를 지휘했던 그는 각 군의 단결이 주는 가치를 높이 평가하는 군은 신념이 있었다. 대통령으로서 그는 각 군의 중복에서 오는 자원의 지나친 낭비를 줄이려는 개혁가를 자처했다. 대통령 역사학자 셔먼 애덤스(Sherman Adams)는 "근거리 탄도 미사일(CRBM)을 중복해 제작하려는 육군과 공군의 '경쟁'은 대통령을 격노케 했다"고 썼다.

1958년 1월 7일에 아이젠하워 대통령은 1958년 회계 연도에

"국방부 장관이 승인하는 대로 ARPA 창설에 필요한 자금 1,000만 달러가 연구, 개발 및 실험 시설들의 건설과 장비 구입 등에 다 소진될 때까지 계속 쓰이도록" 승인하는 서한을 의회에 보냈다.

이틀 밤이 지나 상하원 합동 국정 보고에서 아이젠하워는 국민들에게 새 기구의 창설을 공표했다. "기술이 만들어 낸 일부 중요한 신무기들은 현존하는 군 형태에 딱 들어맞지 않는다." 그는 새 무기들은 "개발과 운용의 모든 단계에서 모든 군을 넘나들고, 포함하며, 초월해야 한다"고 했다. 급속한 기술 발전과 이 기술이 생산하는 혁명적 새 무기들은 비행기의 발명처럼 전쟁에 혁명과 같은 위협을 창조했다고 덧붙였다. 그러나 각 군은 협력하기보다는 "대중을 혼란스럽고 당황하게 만드는" 사소한 "관할 분쟁"이나 일삼아 "각 군의 차이가 국익을 해친다는 인상을 만들어 냈다". 아이젠하워는 "우리의 첨단 개발 계획이 단일하게 통제되어야 할 필요성을 인식"했기에 ARPA가 창설되었다고 말했다.

대통령이 공개적으로 각 군을 질책했다는 사실은 합참의장을 포함한 군 고위 간부들을 화나게 했다. ARPA 초대 행정 실장 로렌스 기즈(Lawrence P. Gise)는 아직 출판되지 않은 기구 창설을 다룬 역사서에 "이 기구는 만들어지기 전부터 논란을 불러일으켰다"고 썼다. "새로운 분야에서 시작부터 내부의 적에 포위되고, 외부의 비판적 압력 아래에 놓인 ARPA는 일하기에 신나고 동시에 소란스러운 곳이었다."

1958년 2월의 두 번째 주였다. 워싱턴 D.C.는 눈에 덮였다. 혹심한 눈보라는 수도를 엉망으로 만들었다. 영하의 기온에 바람은 차가웠고, 1.5미터의 눈은 교통을 마비시켰다. 월요일 아침 아이젠하위 행정부는 필수 인력이 아닌 모든 정부 공무원을 집에 머물게 했다. 허브 요크는 집에서 전화를 받았다. 맥엘로이의 개인 비서였다. 당장 펜타곤으로 와서 국방장관을 만나 달라는 요구였다. 눈보라는 전혀 개의치 않았다고 요크는 회상했다. 펜타곤으로 가겠다는 그의 결심은 굳건했다.

허브 요크는 놀라운 위치에 있었다. 비록 지금은 그가 얼마나 특별한 위치에 있는지 반추할 시간이 없을지라도, 그는 훗날 자신의 초라한 배경에도 불구하고 이룬 성취에 경의를 표해야 할지 모른다. 그는 가족 중 처음으로 대학에 다녔으며 지금 워싱턴 D.C.에 살면서 미국 대통령에게 과학 문제에 대해 조언한다. 요크의 아버지는 뉴욕 센트럴 철도의 수하물 계원이었다. 할아버지는 관을 만들어 생계를 꾸렸다. 허브 요크는 초라한 집안에서 태어났지만 두뇌가 뛰어났고 야망이 컸다. 그가 겨우 36세라는 것을 생각하면 놀라웠다.

"내가 기억하는 가장 어린 시절부터 아버지는 자신의 아들이 철도 회사에서 일하지 않기를 원했었다. 그 말은 내가 대학에 가야만 한다는 의미였다. 나는 그것이 실제 어떤 의미였는지는 거의 몰랐지만 말이다." 요크는 아버지의 권유를 따랐다. 뉴욕의 워터타운 도서관에서 신문과 책, 과학 잡지 등을 읽으며 대부분의 자유 시간을 보냈다. 장학금으로 로체스터 대학교에 다녔으며 스스로 선택한 물리학 분야에서 두각을 나타냈다. 그의 세대가 속한 대다수 명문 대학의 물리학과 졸업생들처럼 요크는 전쟁 기간에 맨해튼 프로젝트에 채용됐다. 1943년 봄, 그는 버스를 타고 멀리 캘리포니아의 버클리로 갔다. 그곳에서 우연히 어니스트 로렌스가 관할하는 연구에 배치되었다. 전쟁 기간 동안 요크는 로렌스의 입자 가속 장치에서 우라늄 생산을 도왔고 이 우라늄은 결국 히로시마에 터진 원자폭탄의 핵으로 사용되었다. 전쟁이 끝난 후에는 캘리포니아 대학 버클리로 돌아가 박사 학위를 취득했다. 박사 학위 논문 연구 중에 그는 π 중간자(pi meson)를 공동 발견하면서 핵 과학자 사이에서 엘리트 지위로 부상했다. 1952년에는 리버모어의 수석 과학자가 되었다. 그리고 겨울 폭풍이 몰아쳤던 1958년 2월, 허브는 자신의 앞날에 무엇이 놓여 있을지 궁금해했다.

"나는 어려움 속에 강을 건너 펜타곤으로 갔다. 푹푹 빠지는 눈을 이겨내며 많이 걸어야 했다." 그는 소리쳐 택시를 잡으려 했으나 주변에는 차가 한 대도 없었다. 펜타곤 주차장은 거의 텅 비어 있었다. 그러나 요크가 만나러 온 국방장관 맥엘로이는 자신의 사무실에 있었으며, 일하느라 바빴다. 요크는 자신이 ARPA의 수석 과학자 후보 물망에 올랐다는 느낌을 받았다. 눈보라 덕을 보았다고 말했다. "평소처럼 바쁜 날이라면 엄두도 못 냈을 텐데 장관과 느긋하게 1시간 정도 단둘이 대화"를 나누었기 때문이다.

이 만남 뒤에 요크는 집으로 갔고 맥엘로이는 자신의 선택지들을 따져 보았다. ARPA의 수석 과학자 자리를 두고 요크와 경쟁하는 인물은 베르너 폰 브라운이었다. 당시는 폰 브라운과 그의 팀이 미국의 첫 인공위성인 익스플로러 1호를 성공적으로 발사한 직후였다. 대중에게 폰 브라운은 막 떠오르는 스타나 다름없었다. 그러나 육군 정보국은 세상이 결코 몰랐던 폰 브라운의 불미스런 과거를 알게 됐다. 그는 제2차 세계대전 기간에 나치 준군사 조직인 SS의 장교였다. 또한 나치 독일의 노르트하우젠이라 불린 지하 강제 노동 수용소에서 V-2 로켓 건설에 동원된 노예 노동자 수천 명의 죽음에도 책임이 있었다.

맥엘로이가 ARPA의 과학 국장 자리를 놓고 숙고하는 동안 새로운 정보가 부상했다. 폰 브라운은 자신이 국방부로 넘어가 일해야 한다면 상당수의 독일 로켓 과학자 동료들을 데려가야 한다고 고집 했다. 육군 정보국은 폰 브라운의 동료 독일 과학자 113명의 신상 정보를 담은 기밀 문서를 보유했다. 그들은 모두 전후 나치의 과학 자들을 미국으로 데려온 비밀 정보 프로그램인 페이퍼클립 작전의 대상이었다. 폰 브라운 로켓 팀의 다수는 열렬한 나치로, 극단적 민 족주의적 준군사 조직인 SS와 SA의 조직원들이었다.

"한동안 베르너 폰 브라운이 ARPA의 과학 국장에 유력해 보였 다. 그러나 그를 데려오려면 독일 동료 10~15명도 함께 데려와야 했 는데 그것은 불가능했다." ARPA의 행정 실장 로버트 로프티스(J. Robert Loftis)가 기밀 해제된 보고서에서 밝힌 내용이다. 맥엘로이 장관은 허브 요크에게 이 자리를 제시했고 요크는 수용했다. 요크 는 일생일대의 기회였다고 말했다.

요크는 다음 달인 1958년 3월에 펜타곤의 사무실로 왔다. 그는 여전히 대통령의 과학 자문 위원으로 남아 있었다. 요크의 국방부 새 사무실 벽엔 커다란 달 사진이 걸려 있었다. 사진 옆에 빈 액자 도 하나 걸렸다. 방문객들이 왜 빈 액자를 걸어 두었느냐고 묻곤 했 다. 요크는 ARPA가 개발한 우주선에서 찍은 달의 뒷모습 사진으 로 채울 때까지 빈 액자로 남겨 두겠다고 말했다. 허브 요크가 국방 부에서 새로 맡게 된 이 기구는 앞으로 경이로운 일들을 수행하게 된다.

아이젠하워 대통령은 새롭게 설립된 ARPA와 함께 그 어느 때보 다 핵무기 실험을 끝내려는 의지가 강해졌다. 요크가 달 사진을 사 무실에 건 지 일주일 만에 아이젠하워는 허브 요크를 포함한 모든 과학 자문 위원을 푸에르토리코 라미(Ramey) 공군 기지에 불러 핵 무기 실험 금지 방안을 논의했다. 대통령은 핵 무기 실험 금지가 국가 안보에 도움이 되는지, 만약 그렇다면 실현 방법이 있는지 알고 싶어 했다. 모두 두 질문에 그렇다고 답했으나 요크만 두 번 다 답을 보류했다.

수십 년이 지나 요크는 자신의 생각을 설명했다. "'아니다'라고 말하고 싶었으나 당시 분위기에서 내가 할 수 있었던 최대한이 대답의 유보였다." ARPA에서 일을 시작한 지 몇 주밖에 안 된 요크는 심리적 갈등을 느꼈다. 그는 지금 대통령과 국방장관을 위해 일한다. 그러난 성인이 된 후 계속 같이 일해 왔던 어니스트 로렌스에게 아직도 충성심이 남아 있었다. 자신이 아는 핵물리학 대부분을 가르쳐 준 에드워드 텔러가 스승이었다면, 로렌스는 요크에게 아버지와 같은 존재였다. 요크는 "로렌스와 텔러는 모두 핵무기 프로그램에 참여하고 있었다"고 나중에 설명했다. "그들이 애지중지한 암소가 도살될지도 모를 처지였다." 만약 대통령이 핵무기 실험을 금지한다면 리버모어 연구소는 문 닫을 가능성이 매우 컸다.

다음 날, 다른 과학자들의 주장을 듣고 난 다음 요크는 자신의 입장을 바꿔 핵무기 실험 금지에 찬성표를 던졌다. 이 소식은 빠르게 리버모어에 도달했다. 에드워드 텔러는 분노해 "배신자!"라고 리버모어의 동료들에게 말했다.

푸에르토리코에 다녀온 지 2주 만에 아이젠하워 대통령은 행동을 취했다. 회고록에서 대통령은 밝혔다. "나는 니키타 흐루쇼프 의장에게 우리가 궁리해 오던 조치, 즉 어떤 정치 회의에 앞서 기술적 연구를 수행하는 전문가 집단의 회의를 공식적으로 제안했다." 오는 여름 미국과 소련의 과학 전문가들이 제네바에서 만나 핵무기 실험을 영원히 종식할 방안을 논의하자는 말이었다. 핵심은 상대의 실험 여부를 탐지하는 방법이었다. ARPA는 이 새로운 기술 개발의 감독을 담당하게 된다. 어느 쪽도 실험 금지를 위반하지 않도록 지진파나 대기 변화를 측정하는 기술이었다. 이 프로그램은 벨라(Vela)로 불렸다. 벨라는 고도의 기밀이었으며, 3개의 하위 프로그램을 포함했다. 벨라 호텔(Vela Hotel), 벨라 유니폼(Vela Uniform), 벨라 시에라(Vela Sierra)였다.

세계 초강대국 두 나라의 지도자들에겐 이 실험 금지를 성공시켜야 할 이해관계가 있었다. 두 사람은 핵무기라는 머리 위의 칼(sword of Damocles)*이 언제 떨어질지 모르는 상황에 신물이 났다. 아이젠하워와 흐루쇼프는 최고의 과학자들을 제네바에 보내 이견을 정리하고 핵실험 중지 임무를 수행하게 했다. 아이젠하워 대통령은 대담하고 탁월한 선택을 했다. 핵무기 실험의 금지를 원했던 대통령 과학 자문 위원 대신 핵실험 금지를 반대한 로렌스를 파견했다. 그는 핵무기 실험에 진심이었기 때문에 당시 의회에 다음과 같이 증언하기도 했다. "만약 우리가 핵실험을 중단한다면…. 글쎄…. 그런 일이 벌어지지 말아야겠지만… 우리는 죽지 않아도 될 5,000만 명을 죽이는 무기를 사용해야 할 것이다."

아이젠하워 대통령은 핵실험 금지를 꼭 이루어 내고 싶었으며, 동시에 소련이 미국을 속이려 들거나 속이지 못하게 하겠다고도 결심했다. 로렌스를 보내면서 아이젠하워는 그가 소련 과학자들의 의도를 그 누구보다 엄격하게 파헤치리라 기대했다. 캐슬 브라보 이후

---

* 고대 그리스 왕 디오니시우스가 연석에서 신하이자 친구인 다모클레스를 자신의 자리에 앉힌다. 다모클레스가 위를 보자 머리 위에 자신을 향해 매달린 칼을 발견한다. 왕이라는 자리가 얼마나 위험이 따르는 자리인지를 보여 주는 이야기다.

최초로 희망의 기운이 감돌았다.

한편 ARPA에서 허브 요크는 벨라 프로그램 개발에 착수했다. 벨라는 곧 디펜더(Defender)에 이어 ARPA의 두 번째로 큰 프로그램이 되었다. 디펜더는 탄도탄 요격 미사일 기술을 진전시키려는 ARPA의 어마어마한 노력이었다. 벨라는 원자력 위원회, 공군, 나중에는 항공 우주국(NASA)까지 참여한 첨단 탐지 기술 향상 프로그램이었다. 미국은 이 기술로 어떤 핵무기의 비밀 폭발 시험도 불가능하게 만들고 싶었다. 벨라 호텔은 핵폭발을 우주에서 탐지하는 고고도 위성 시스템을 개발했다. 벨라 유니폼은 지하의 핵폭발을 알아낼 지상 탐지기를 개발하고 지구에서 벌어지는 "지진 소음(seismic noise)"을 모니터링하고 판독하는 프로그램을 만들었다. 벨라 시에라는 우주에서 벌어질지 모르는 핵폭발을 감시했다.

제네바에서 열리는 전문가 회의의 성공을 많은 사람들이 기대했다. 핵무기 실험 종식은 군비경쟁을 늦추고 핵 전면전의 가능성을 극적으로 줄일 수 있다. 그러나 가능한 일일까?

4장

비상 계획
Emergency Plans

허브 요크가 푸에르토리코에서 워싱턴으로 돌아오면서 가졌던 희망찬 느낌은 그리 오래가지 않았다. 대통령이 핵실험 금지 계획을 공표한 직후 "비상 계획서(The Emergency Plans Book)"라고 이름 붙은 22쪽짜리 비밀문서가 그의 펜타곤 사무실 책상에 도착했다. 기밀로 분류된 문서의 내용은 세상의 종말을 알리는 그것과 다르지 않았다. 이 서류는 향후 40여 년 동안이나 기밀로 분류되었다. 1998년 L. 더글러스 키니(L. Douglas Keeney)라는 작가가 국립 문서 보관소의 기밀 해제된 미 공군 파일에서 "비상 계획서"의 사본을 발견하자, 이 사실을 안 국방부는 즉시 이 보고서를 다시 기밀로 분류했다. 키니는 우연히 발견한 보고서의 내용을 대중에 공개했으나 원래 문서는 여전히 기밀로 남아 있다.

국방 관련 관리들에게 "비상 계획서"는 미 영토에서 소련의 핵 공격이 발발하기 전과 후, 또 공격이 벌어지는 동안 무엇을 예상해야 하는지와 관련하여 "관계 부처와 기관에 주어진 유일하게 승인된 지침"이었다. 전시의 동원 활동을 조정하고 통제하는 연방 기관인 비상 계획청(Office of Emergency Planning)이 발급한 이 보고서는 가상의 전쟁 게임이 아닌 공식 절차였다. 이 내용에 익숙한 이들에게는 지구 최후의 날 시나리오로 알려졌다.

이 시나리오는 머지않은 시기에 벌어질 가상의 디데이(D-Day)에서 시작한다. 미국의 부적절한 대처 능력으로 기습 선제공격을 받은 상황이다. 소련의 고정 간첩은 미국 대륙 안에 수소폭탄 여러 발을 "비밀스러운 수단으로 설치"하는 임무를 수행하고, 이것들이 처음으로 폭발하게 된다. 수소폭탄 전쟁은 이렇게 시작한다.

이어서 소련의 잠수함이 신속하게 미국의 동부와 서부 해안에 집결해 내륙 지역 수십 군데에 핵미사일을 발사한다. 거의 같은 시각에 소련은 폭격기와 전투기를 동원해 미국에 대대적인 공격을 퍼붓는다. 항공 방위 사령부(U. S. Air Defense Command)는 공격을 퍼붓는 적 대다수를 파괴하지만 적어도 소련 항공기의 절반은 격추되기 전에 전술 핵무기를 발사한다. 개전 초기의 공격은 소련 본토에서 발사된 대륙간 탄도 미사일(ICBM) 수백 발이 미국 본토에 도착하면서 절정으로 치닫는다. 이들의 과반수는 미 육군 장거리 요격 미사일(Nike-Ajax) 시스템을 뚫고 미국 전역의 군용 시설이나 민간 목표물에 타격을 가한다. 채 1시간이 지나지 않아 미국인 2,500만 명이 사망한다.

"비상 계획서"의 저자들은 소련이 핵무기 시설, 해군 기지, 공군 비행장, 그리고 육군 기지들을 포함해 거의 모든 미군 시설을 무용지물로 만들어 버린다고 썼다. 또한 주요 통신 거점, 금융 시장, 교통의 요충지 등이 목표물이며, 시설들의 과반수는 엄청난 피해를 입는다. 미국의 기간 시설은 파괴된다. 수도인 워싱턴 D.C.는 사실상 초토화된다. 심지어 농촌 지역에 사는 미국인들도 대격변 규모의 사망자와 파괴를 경험한다. 자동 조준 장치의 오작동으로 상당수 핵무기는 의도된 목표에서 벗어날지 모르지만 대신 미국 중심부에 무작위 공격이 발생한다.

타격을 크게 입었지만 미군은 완전히 파괴되지 않았기에 반격이 시작된다. 저자들은 "군 병력과 물자의 심각한 손실과 민간인들의 대규모 희생에도 불구하고 적을 물리치려는 항공 작전은 계속되고, 육해군 병력이 전투에 대대적으로 투입된다. 양측은 전술 항공 지원과 지상 전투에 핵무기를 활용한다"라고 예상했다. 소련 지상군의 침공에 따라 리버모어 연구소가 개발한 데이비 크로켓 같은 경량급의 휴대용 핵무기가 미국 전역에 수천 개씩 배치된다. 그다음 마지막 전면적인 핵 공격을 주고받는다. 하늘에서는 대륙간 탄도 미사일 수백 발이 비처럼 쏟아진다. 해안의 해군 기지들은 수소폭탄의 잇단 공격을 받는다. 항구는 침몰하는 배로 가득찬다. 상선의 운항은 전면 중단된다. 수상, 해상, 공중 수송 능력은 전무하다.

미국 지상에는 이미 수백 군데에서 핵무기가 터졌다. 각각의 폭파 지점 직경 8~16킬로미터 안은 완전히 파괴된다. 불덩어리들이 일련의 거대한 화재 폭풍을 일으킨다. 숲과 도시는 불길에 휩싸인다. 불에 타 죽는 순간을 모면했더라도 사람들은 여러 치명적인 수준의 방사선에 노출된다. "지상 폭발은 고강도의 방사능 낙진을 광범위하게 퍼뜨려 미국의 상당 지역에서는 꽤 오랜 기간 대피소 피신이 유일한 생존 수단이 된다."

문서에 있는 "공격 이후 분석"에서 상황은 더욱 악화된다. 생존한 미국인 1억 명은 법의 지배가 전적으로 부재한 나라에 살게 된다. 정부는 마비된다. 대략 5,000만 명이 긴급 비상 의료 처치를 필요로 한다. 그중 절반은 최고 12주 동안 병원에 입원해야 한다. 또 다른 1,250만 명은 치사량의 방사선에 노출되어 어떤 치료를 받아도 수일 내 사망에 이른다. 의료 자원은 부족한 상태다. 1차 공격에서 살아남은 의사와 간호사들은 자신들에게 요구되는 임무를 완수할 엄두를 내지 못한다. 미국 병실의 침상 160만 개는 핵 공격 이후 10만 개 정도로 준다. 방사능 피폭은 질병의 하나일 뿐이다. "장티푸스, 천연두, 파상풍과 연쇄상구균 감염 등의 전염병이 창궐하기 시작한다." 일상적인 식량 생산은 중단된다. 남아 있는 저장 식품의 경우 대부분 오염된다. 남아 있는 무언가를 차지하려는 생존자들의 약탈이 사방에서 시작된다.

주택 사정도 위험에 빠진다. 수백 만 채의 집이 핵 공격으로 파괴되고, 수백 만 명이 집을 잃는다. 낙진으로 동부 해안의 광범위한 지역은 거주가 불가능해진다. 전기가 없으니 냉장 시설이 작동하지 않는다. 교통도 마비되고 마을의 상하수도 시스템도 작동되지 않는다. 배설물이나 하루아침에 죽은 수백만 구의 시체를 처리할 수 없는 상황에서 또 다른 치명적인 보건 위협이 생존자들에게 부상한다. 그다음 결정적인 타격이 기다린다. "생화학 무기를 사용한 소련의 2차 공격으로 해안을 따라 흑사병, 콜레라, 장티푸스 등이 창궐하리라 예상된다." 이 비밀문서의 작성자들은 소련이 무자비한 공격을 감행하리라고 분명히 믿고 있었다. 핵 아마겟돈에서 살아남은 미국인들은 이제 흑사병과 같은 불치병에 대비해야 한다.

21세기가 되자 지구 종말의 날 시나리오 같은 파국적 서사들이 종말 이후를 다룬 소설, 영화, 비디오 게임의 주제로 자주 등장했다. 그러나 1958년에는 이런 종류의 최초이자 유일하게 알려진 공식 문서가 "비상 계획서"였다. 산타 모니카의 랜드 연구소 분석가들은 정기적으로 전쟁 게임의 일환으로 1차와 2차 핵 공격의 시나리오를 그려 보았다. 공군 관리들은 이를 활용해 전략 공군 사령부에 더 많은 자원을 배분해 달라고 의회를 설득하려 했다. "비상 계획서"는 "만약에"가 아니었다. "이곳에 진짜 핵전쟁이 발발했다"는 이야기다. 정책이자 공식적인 참조 매뉴얼이었다.

무시 해버릴 만한 보고서도 아니었다. "비상 계획서"는 각 군의 최고위급 국방 관리들, 합동 참모 본부, ARPA 국장, 국방장관과 각 차관보, 국가 안보국(NSA) 국장 등에게 보내졌다. 표지에서 비상 계획청 청장은 문서 수신자들에게 수정 사항을 제출하거나 수정 사항이 없음을 밝혀 달라고 지시했다. 극단적인 재앙의 모습을 직면하고서도 허브 요크는 과학 국장으로서 이런 전략적 습격을 방지해야 한다는 ARPA의 사명을 놓치지 않았다. 따라서 비상 계획청에 메모를 제출하느냐 마느냐는 그에게 아무 의미가 없었다.

허브 요크는 또 다른 계획을 추진 중이었다. 얼핏 터무니없는 구상 같기도 했지만 이미 수년 동안 진행되어 왔던 계획이다. ARPA가 미국 전역에 방어망을 만들어 소련에서 날아오는 대륙간 탄도 미사일을 막는다면 좋지 않을까? 요크는 괴짜이자 탁월한 무명의 과학자인 니콜라스 크리스토필로스(Nicholas Christofilos)가 제기한 이론이 맞다면 그 일이 실제로도 가능하리라 믿었다고 나중에 설명했다. 크리스토필로스는 "대기권 바로 위 지구의 자기장에 가둔 고에너지 전자로 천문대의 둥근 지붕(Astro-dome) 같은 방어망"이 만들어질 수 있다고 믿었다. 마블 만화에서 튀어나온 이야기처럼 황당하게 들리나 요크는 구현이 가능할지 모른다고 여겼다.

1958년에 허브 요크는 일군의 초일류 과학자들을 불러 이 획기적인 아이디어를 설명해 주었다. 그리고 자신이 "크리스토필로스 효과"라 부른 개념을 초일류 과학자들은 어떻게 생각하는지 듣고 싶어 했다. 대통령은 이 일급비밀 프로그램을 진행시켜 보라고 이미 승인했다. 1958년 3월에 요크는 아이젠하워 대통령을 만나 개인적으로 크리스토필로스 효과를 시험하려는 ARPA의 작전 계획을 설명했다. 그해 여름 이것은 더이상 아이디어가 아니라 ARPA 최초의 전면적인 작전이 되었다. 일급비밀에다 자료 접근과 배포가 제한된 작전 명령 7-58은 프로젝트 플로랄(Project Floral)이라는 위장 명칭으로 불렸다. 진짜 이름은 기밀로 분류된 아르고스 작전(Operation Argus)이었다. 아르고스는 눈이 100개 달린 신화 속 거인의 이름이다.

1958년 7월 14일에 일급비밀 취급 인가를 받은 국방 과학자 22명이 "ARPA의 연구 1호(ARPA Study No. 1)"를 위해 워싱턴 D.C. 맥네어 기지(Fort McNair)의 국립 전쟁 대학(National War College)에 모였다. 이 모임은 자체 암호명인 프로젝트 137(Project 137)로 불렸다. 요크는 모임의 목적이 국가 안보의 영역에서 "현재 적절한 관심을 받지 못하는 문제들을 파악하는 것"이라고 설명했다.

프로젝트 137의 과학자 중 하나였던 마빈 "머피" 골드버거(Marvin "Murphy" Goldberger)는 "맥네어 기지는 일하기에 즐거운 장소"라고 기억했다. 이 시설은 미국에서 가장 오래된 육군 주둔지이자 가장 고상한 장소였다. 매일 아침마다 과학자들은 루스벨트 홀에 모였다. 화강암으로 마감된 붉은 벽돌의 이 신고전식 거대 건물은 포토맥 강을 내려다보았다. 그곳에서 과학자들은 "시급성에 따라 선정된 미국 국방 관련 문제들"을 설명하는 국방부 관리의 말에 귀기울였다. 그다음 여러 집단으로 나뉘어 방금 들은 이야기를 논의하고 과학에 토대를 둔 해결책을 브레인스토밍했다. 오후는 보고서를 쓰면서 보냈다. 초저녁에는 구내식당에 모여 소련의 위협을 논의하며 함께 식사했다. 과학자들은 잠수함 전투, 풍선 기구 전투는 물론 생물 무기, 화학 물질 탐지 문제, 레이저 빔 무기의 발명 가능성 등 모두 68개에 달하는 국가 안보 문제와 프로그램을 다루었다. 골드버거는 그중 가장 흥미로운 프로그램이 크리스토필로스 효과였다고 회상했다.

"그 문제의 설명을 들으려면 그것만의 특별 비밀 취급 인가가 필요했다."

프로젝트 137은 프린스턴 대학교 물리학 교수인 존 휠러(John Wheeler)가 이끌었다. "블랙홀"이라는 단어를 만들어 유명해진 인물이었다. 휠러와 함께 일하는 학자들로 프린스턴 대학에서 5명, 버클리 캠퍼스에서 4명, 일리노이 대학에서 3명, 스탠퍼드 대학에서 1명, 시카고 대학에서 1명, 그리고 캘리포니아 공대(CalTech)에서 1명이 참여했다. 또한 연방 정부가 자금을 지원하는 핵 연구소, 로스알라모스, 리버모어, 오크리지(Oak Ridge), 그리고 산디아에서 각 1명씩 4명이 참여했다. 그리고 2명이 국방 사업 계약업체에서 왔는데, 제너럴 다이내믹스(General Dynamics)와 듀퐁(DuPont) 화학에서 각 1명이 왔다.

이들은 가장 철저하고 심도 깊은 연구를 수행하는 뛰어난 과학 사상가들이자 자연과학의 초인들이었다. 입자 물리학자, 이론 물리학자, 천체 물리학자, 화학자, 수학자, 경제학자와 핵무기 기술자들로 헥사쿼크(hexaquark), 웜홀(wormhole), 양자 거품(quantum foam) 등의 단어를 만들어 낸 사람들이다. 그중 유진 위그너(Eugene Wigner)와 밸 피치(Val Fitch)는 노벨 물리학상을 받는다. 모두 국방부와 함께 일한 경험이 있었으며 상당수는 제2차 세계대전 기간에 맨해튼 프로젝트에 참여했다. 프로젝트 137 참여자들에게 요구된

자질은 "독창성, 실용성, 열의"였다.

"우리는 그(크리스토필로스) 효과를 논의하는 닉(크리스토필로스)의 말을 경청했다." 골드버거는 이렇게 회상했다. "그는 이상한 부류의 천재였다."

이론적으로 크리스토필로스가 소련에서 날아오는 대륙간 탄도 미사일을 방어하는 수단으로 삼겠다고 한 천문대 둥근 지붕 같은 방어망은 우주에 대규모로 핵무기들을 폭발시켰을 때 기대되는 효과였다. 크리스토필로스의 설명에 따르면 이것은 "대기권의 하층부에 매년 수천 발의 핵무기를 폭발시키는 것"을 의미할 가능성이 높다. 그는 이 폭발들이 "거대한 양의 방사성 원자"를 만들고 "이 원자들은 다시 고에너지 전자(베타 입자)를 방출하고, 이 전자는 지구의 자기장이 이들을 꽤 오랜 기간 가두어 붙잡아두는 공간에 주입된다"고 했다. 크리스토필로스는 이 전자기장이 여러 달 혹은 더 오래 지속되며 "가두어진 전자들은 인간이나 핵무기 등 해당 지역을 지나가려는 어떤 대상에도 심각한 방사선 손상이나 심지어 열 손상을 초래할 수 있다"고 계산했다. 짧게 말해 미국을 향해 날아오는 소련의 대륙간 탄도 미사일의 무장 또는 발사 장치를 지져 버리겠다는 구상이었다.

크리스토필로스는 수년 전 요크가 리버모어의 수석 과학자였을 때 이 구상을 제시했었다. 요크는 "그가 목표로 삼은 내용은 웅장한 규모였다"고 회상했다. "내가 알기로 그의 구상은 리버모어는 물론이고 국가 전체에서도 가장 독창적이고 놀라웠다." 요크는 그것은 "우리의 머리 위로 결코 뚫리지 않는 고에너지 전자 방어망, 우리에게 보내진 어떤 핵탄두도 파괴해 버리고 말 방어망"을 만들겠다는 계획이었다고 했다. 그러나 매년 우주에 수천 발의 핵무기를 폭발시킨다는 생각은 현실적이지 않았다. 요크는 "당시 닉이 이 제안을 제시했지만 나는 그 안을 실천할 방안을 생각해 낼 수가 없었다"고 말했다. "한마디로 닉의 발명을 채택할 곳은 아무데도 없었다." 그러다 요크가 ARPA의 수석 과학자가 되었다.

니콜라스 크리스토필로스의 성장 배경은 매우 독특하다. 그는 보스턴에서 그리스 이민자의 자녀로 태어났지만 7세에 가족과 함께 아테네로 돌아갔다. 그곳에서 학교를 다니며 과학을 동경했고 아마추어 무선 통신사가 되었다. 1938년에 아테네 국립 공과대학을 졸업하고 한 승강기 공장에서 일했다. 첫 번째 일은 승강기 설치기사였다. 나치가 아테네를 점령했을 때 크리스토필로스의 승강기 공장은 트럭 수리 시설로 바뀌었다. "할 일이 거의 없어진" 그는 독일어를 독학한 끝에 상사들이 공장 이곳저곳에 둔 독일어 물리학 교과서와 과학 잡지를 읽었다. 허브 요크에 따르면 닉 크리스토필로스의 관심이 "입자 가속 장치 같은 고에너지 가속기 설계에 집중"되기 시작했다.

제대로 훈련받지는 못했지만 수년이 지나지 않아 크리스토필로스는 승강기 기술자에서 현대의 가장 독창적인 과학자 중 하나가 되었다. 점령과 전쟁이라는 어두운 시기에 그가 어떤 일을 했는지에 관한 자세한 이야기는 거의 전해지지 않는다. 그러나 전쟁이 끝나고 3년 뒤인 1948년에 그는 버클리에 있는 캘리포니아 대학 방사선 연구소에 편지를 썼다. 요크에 따르면 "자신의 새로운 발명품을 설명하려는 목적"이었다고 한다. "편지는 당연히 해독이 쉽지 않았다." 그러나 요크는 리버모어의 어느 과학자가 마침내 편지의 "해독에 성공했을 때 이 편지가 입자 가속 장치를 설명하는 또 다른 방식임을 발견했다"고 전했다. 이 입자 가속 장치는 버클리의 화학자 에드원 맥밀런(Edwin Mcmillan)과 소련의 물리학자 블라디미르 벡슬레르(Vladmir Veksler)가 수년 전에 이미 독자적으로 개발했었다. 요크는 "이 장치를 설명하는 논문이 닉의 편지가 도착하기 1년도 더 전에 발표됐었다. 따라서 그의 편지는 무시되고 잊혔다"고 말했다. 편지의 필자가 학술 논문에 실린 정보를 알았을 수도 있다고 생각했기 때문이다. 그리고 2년이 흘러 리버모어의 과학자들은 크리스토필로스의 두 번째 편지를 받았다. 또 다른 형태의 입자 가속기를 설명하는 내용이었다. "그 가속기는 첫 번째보다 훨씬 더 복잡했으며 누구에게 읽혀도 무슨 말인지 전혀 이해하지 못했다." 따라서 첫 번째 편지와 마찬가지로 무시되고 말았다.

또 2년 뒤 롱아일랜드 브룩헤이븐 국립 연구소에서 일하는 핵물리학자 두 명이 가속기를 설명하는 논문을 발표했다. 요크는 이 가속기는 기술적으로 대단히 발전했기 때문에 과학 역사상 처음으로 "10억 전자볼트 이상의 에너지를 가진 입자를" 생산할 수 있었다고 말했다. 크리스토필로스는 이 무렵에 미국으로 이주했다. 그리고 과학 잡지에서 관련 기사를 읽고는 저자에게 연락해 자신이 이미 그 기계들을 이론상 발명했었다면서 리버모어 연구소의 자료로 남아 있던 편지 내용 그대로 기계를 설명했다. 크리스토필로스가 자신의 발명에 합당한 인정을 요구하자, 기록을 찾으려는 노력이 이루어졌다. 요크에 따르면 크리스토필로스는 이 발명에서 분명히 앞서 있었다. "대단히 정교한 이 발명품의 우선권이 어느 그리스의 승강기 설치 기사에 있다는 사실은 당연히 소란스런 관심과 반응을 만들었다." 1954년에 크리스토필로스는 브룩헤이븐 연구소로부터 일자리를 제공받았다. 그곳엔 그가 발명한 거대 가속기가 건설 중에 있었다. 그러나 크리스토필로스는 얼마 안 가 자신이 오래전 구상했던 발명에 싫증을 느끼고 다른 구상들로 넘어갔다. 허브 요크가 니콜라스 크리스토필로스의 놀라운 이야기를 알았을 때 그는 거대한 잠재력을 보았고 곧 그를 채용했다.

그러자 비밀 취급 인가를 심사하는 연방 정부 인사들이 저항해 왔다. "그들은 '승강기 기사'가 크리스토필로스가 주장하는 모든 업적을 달성했다는 사실을 믿을 수 없어 했다"고 요크는 말했다. "그들은 크리스토필로스가 소련이 이런저런 아이디어를 잔뜩 불어넣은 일종의 고정 간첩이 틀림없다고 생각했다." 비밀 취급 인가 심사관들은 마침내 일급비밀 정보에 대한 접근을 허용하면서 크리스토필로스가 리버모어에서 일해도 좋다고 승인했다. 그러나 과학자가 핵 비밀에 접근하려면 반드시 필요했고 모두가 원했던 Q 인가(Q clearance)*는 거부됐다. 크리스토필로스는 리버모어에서 연거푸 독창성 있는 아이디어들을 내놓았다. 결국 그에게도 주변의 다른 모든 사람과 마찬가지로 더 높은 정보 접근권이 주어졌다. 스푸트니크가 발사되었을 때 크리스토필로스는 소련이 미국에 비해 심대한 과학적 우위를 획득했다고 확신했다. 그들이 기습 공격을 계획할 가능성이 높다고 생각했다. 그는 자신의 에너지와 독창성을 모두 발휘해 이를 막을 방안을 발견하려 했다. 이제 프로젝트 137의 과학자들은 기로에 섰다. 위험하고 비싼 일이다. 그러나 크리스토필로스 효과가 작동한다면, 그것은 탄도 미사일 방어의 마법 같은 해결책이 될 것이다.

맥네어 기지에 모인 과학자들은 크리스토필로스 효과가 조사할 가치가 있다는 데 동의했다. 실질적인 측면에서 보면, 그것은 생

---

* 핵무기 관련 기밀 정보에 접근하기 위해 필요한 보안 인가로, 미 에너지부에서 발급하며 국방부의 일급비밀 취급 인가와 동급이다.

각할 수 있는 최선의 구상이었다. 미국이 직면한 국가 안보 위협의 범주는 프로젝트 137에 참여한 수많은 과학자 모두에게 불길한 예감의 깊은 그림자를 드리웠다. 존 휠러는 "책임 있는 사람들에게 잠 못 이루는 밤"을 선사했다고 말했다. 과학자들은 전에도 국방부의 프로그램에서 일한 경험이 있었으나 동시에 68개의 위협을 알게 되자 "양심이 무겁게 내리눌렸다"고 골드버거는 회상했다.

휠러는 ARPA에 제출한 사후 보고서에서 이렇게 썼다. "프로젝트 137의 많은 구성원은 심각하게 동요됐으며 그들이 직면했다고 발견한 문제들의 무게감에 충격을 받은 사람들도 있었다" "우리는 미국이 직면한 막중한 위기를 강하게 느끼고 심각하게 고민했다. 과학자들은 급속하게 증가하는 위험으로 미국이 어쩔 수 없이 나아가고 있다고 느꼈다."

따라서 지구의 아래쪽에서 벌어질 아르고스 작전의 성공이 매우 중요했다.

지구를 반 바퀴 돌아 남대서양 중간, 태스크 포스 88의 인력들이 남극을 제외하고는 문명에서 가장 멀리 떨어진 곳에 집결했다. 일반 선박의 항행 노선에서 벗어난 장소라서 선택됐다. 남아메리카의 끝과 아프리카의 끝 가운데 있는 외지고 광활한 지역으로, 남대서양 자기 이상(South Atlantic Anomaly)이라고 알려진 움푹 파인 자기장의 동쪽이다. 날씨는 예측하기 어려웠다. 높은 파고도 문제였다. 이 거친 대양에서 미군은 노턴 사운드(USS Norton Sound)라 불린 수상기 모함 뒤편에서 3발의 핵무기를 우주로 발사하려고 계획했다. 크리스토필로스 효과가 지구 자기장에, 전리층들에, 전자파들에 충분히 거대한 교란을 만들어 냄으로써 날아오는 미사일 내부의 섬세한 전자 장비를 망가뜨리겠다는 희망을 담은 계획이었다.

아르고스 작전에는 엄청나게 많은 사람과 장비가 참여했다. 미국 핵실험 역사상 유일하게 완전히 기밀로 분류되어, 실험의 어떤 부분도 대중에 공표되지 않았다. 《뉴욕 타임스》가 실험이 완수된 지 6개월이 지나 소식을 전할 때까지 대중은 아무것도 몰랐다. 군 요원 4,500명과 수백 명의 과학자와 기술자가 참가했으며, 고정익 항공기 21대, 시코스키(Sikorsky) 헬리콥터 8대, 구축함 3척, 유류 보급함 1척, 항공모함 1척, 수상기 모함 1척, 10여 발 이상의 록히드 X-17A 미사일, 핵탄두 3개가 동원됐다. ARPA가 작전 수행 책임 기관이었으며 공군, 육군, 해군의 관련 부서가 작전의 주요 부문을 담당했다. 실험이 실시되기 직전에 육군의 탄도 미사일국은 적도와 극궤도에 50킬로그램 상당의 기록 장비를 탑재한 위성들을 배치했다. 탐지기들은 효과를 기록하고 자료를 전송하게 된다. 여러 대륙에서 수많은 사람들과 장비가 움직이기에 일이 그릇될 가능성은 얼마든지 있었다.

날씨는 싸워야 할 대상 중 가장 주요한 요소였다. 아르고스 작전은 움직이는 배 위에서 핵이 탑재된 록히드 X-17A 미사일 3발을 발사해야 했다. 미 군함 노턴 사운드는 시속 74킬로미터의 바람 속에서도 미사일을 발사할 수 있는 능력이 있었다. 그러나 파도가 6미터까지 높이 오르리라고는 예상하지 못했다. 배는 바람의 영향을 상쇄하는 속도 조정이 가능했다. 그러나 파도는 이륙 단계에서 미사일의 탄도를 위험할 정도로 바꾸어 버릴 수도 있었다. 태스크 포스 88의 사령관이 대원들의 안전을 걱정할 충분한 이유가 있었다.

미사일 발사 예비 시험에서 미사일 X-17A 1발이 발사 직후 25초 만에 비행에 실패했다. 미사일에 핵탄두가 실렸었다면 엄청난 재앙이 벌어졌을 일이다. 미사일은 약 1,000미터 상공에 있었고 이 높이에서 폭발한다면 대원 상당수가 죽거나 다친다. 이어진 미사일 시험 발사에서는 발사 3초 만에 실패했다. 상황은 더욱 불안해졌다.

성공보다는 비밀 유지가 더 중요했다. 만약 크리스토필로스 효과가 달성된다면 지구의 대기권 상층부 전반에 대대적인 교란이 벌어진다. 이런 종류의 현상을 관찰하는 모든 나라, 특히 소련에게 즉시 발견된다. 완전한 비밀이란 그것이 소련을 격분하게 한다는 의미다. 왜 발생했는지는 전혀 모른 채 미국이 무언가 고고도*의 일급비밀 무기를 개발한 탓이라고 결론 내릴 가능성이 대단히 높기 때문이다. 이것이 미국이 원했던 결과의 한 가지였다.

최초의 핵무기 발사가 벌어지기 4일 전, 모든 배와 항공기는 정위치에 있었다. 미국의 정찰기는 남대서양 위 상공을 초계했다. 소련의 예측하지 못한 방해 공작에 맞서 대공 로켓을 실은 배들도 준비됐다. 태스크 포스 88의 사령관은 펜타곤의 ARPA 사무실로 최종 암호문을 발신했다. 작전이 곧 실행된다는 미리 약속된 신호였다.

"리빙스턴 박사시죠?" 사령관은 배에서 뭍으로 보내는 무선 마이크로 분명히 말했다. 첫 번째 실험은 1958년 8월 27일에 수행됐다. 당시 누구도 아직 그 이름을 몰랐지만 아르고스 작전은 세계 최초의 전자기 펄스 폭탄(electromagnetic pulse bomb, EMP) 시험이었다.

지구 반대편 스위스에서는 주목할 만한 일련의 사건이 발생하고

---

* 지상으로부터 7km-12km의 높이

있었다. 여름이 정점으로 치닫던 순간이었다. 어니스트 로렌스와 부인 몰리는 파르크 데조비브(Parc des Eaux-Vives) 호텔에서 열리는 역사적인 파티에 참석 중이었다. 이 호텔은 제네바 호수 주변에 위치한 18세기에 지어진 저택이었다. 호수에서는 물안개가 피어올랐다. 날씨는 멋졌다. 부부가 방탄유리를 뒤로 하고 앉은 테라스에서 바라보면 입이 떡 벌어지는 풍경이 펼쳐졌다. 어니스트와 몰리는 식사를 하며 불꽃놀이를 구경했다. 와인이 오고 갔다. 그러나 어니스트 로렌스에겐 괴로운 시간이었다.

핵무기가 도입된 이래 처음으로 미국과 소련 최고의 과학자들이 이곳 제네바에서 만나고 있었다. 가장 엄격한 보안 절차 아래 핵실험 중단에 필요한 기술적 조건들을 마련하려는 취지였다. 제네바 전문가 회의는 어니스트 로렌스의 화려한 핵무기 경력에서 최저점이었다. 20년 이상 그는 조력자인 에드워드 텔러와 함께 미국에서 핵무기 개발과 실험을 가장 소리 높여 옹호해 온 인물이었다. 아이젠하워 대통령이 처음 자신을 대변하도록 요청해 왔을 때 로렌스는 괴로웠다. 이제는 이 회의에 참가한다는 사실이 그를 더 불편하게 만들었다.

"대통령이 요청했어요. 나는 가야 합니다!" 그는 캘리포니아를 떠나기 전 몰리에게 말했다. 전기 작가 허버트 차일즈(Herbert Childs)에 따르면 그 생각이 로렌스를 "고통스럽게" 만들었지만 그는 "대통령의 요청을 수용하고" 나서 제네바에 가야 하는 게 "자신의 의무라 느꼈다." 회의는 여름 내내 계속됐다. 로렌스는 더 괴로워졌다. 각자 상대가 속이지 않는다는 사실을 확신하게 만드는 방법을 포함하여 합의를 이끌어 내야 할 중요한 기술적 측면이 너무 많았다. 그 때문에 로렌스는 리버모어에서 자신을 돕던 해롤드 브라운을 데리고 왔다. 젊은 물리학자로, 요크를 이은 리버모어의 수석 과학자였다.

제네바에서 브라운은 로렌스의 기술 자문 역할을 했다. 실험을 중지하려면 양 초강대국은 유럽 전역, 아시아와 북아메리카 전역 170개소에 지진 탐지 시설을 설치하는 문제를 합의해야 했다. 이 기술적 노력은 ARPA가 벨라 유니폼 프로그램을 통해 선도적으로 추진 중이었다. 1킬로톤 이상의 지상 핵실험을 거의 100퍼센트의 확실성으로, 5킬로톤 이상의 지하 실험을 90퍼센트의 확실성으로 탐지해 낼 만큼의 기술을 보유한 탐지 시설들이었다. 양측은 어떤 상황에서는 이 시설들이 지진과 지하 핵실험을 구분하지 못할 수도 있음을 알았다. 전문가들이 충분히 논의해 해결해야 할 자세한 검증 사항이 바로 거기에 있었다.

어니스트 로렌스는 낮엔 회의에 참석하고 밤엔 사교 모임에 다녔다. 그는 고통스러웠고, 결국 지쳤다. 로렌스는 자신의 건강에 문제가 생길까 걱정했다. 자신이 깊이 불신한 소련의 과학자들과 일했기에 아프게 됐을까? 그는 과거 전세 비행기와 운전기사가 모는 차를 타고 인도와 유럽을 여행했었다. 가족과 함께 인도의 정치인들이나 토후국의 왕들을 만나는 그 여행에서 자신이 건강하다고 느꼈다. 몰리는 알프스 근처 샤모니 몽블랑으로 하루 동안 스키 여행을 다녀오자고 제안했다. 로렌스는 여기 응해 길을 나섰다. 그러나 이 여행에서 돌아오자마자 로렌스는 열병에 걸렸고, 다음 날에도 침대를 벗어나지 못했다.

"그는 나아질 기미가 없었다. 그렇다고 심각하게 아파 보이지도 않았다"고 동료 로버트 바허(Robert Bacher)는 회상했다. 그는 미국을 공식적으로 대표하는 3명의 과학자 중 1명이었다. 남편이 폐렴에 걸렸을까 두려워하면서 몰리는 의사를 요청했다. 의사 버나드 비스머(Bernard Wissmer)는 로렌스를 진찰하고는 "열이 있지만 극심하게 아파 보이지 않았으며 쾌활했다"라고 기록했다.

로렌스는 스위스 의사에게 대장염으로 고통받지만 긴장하면 늘 그런 일이 벌어지곤 했다고 말했다. 비스머는 직장 내시경 검사를 하고는 문제가 없다고 했다. 다음 날 로렌스는 회의에 참석하려고 노력했다. 그러나 대부분은 해롤드 브라운을 대리로 참석시켜야 했다. 호텔 방문을 나서다 복도에서 쓰러지자 몰리는 집으로 돌아가야 한다고 말했다.

로렌스는 아내에게 "이 회의가 끝나기 전에 돌아간다면 평생 후회할 거예요"라고 말했다. 의사는 페니실린을 처방해 주었다. 그 주 후반에 버클리 캠퍼스의 교수이자 소련에서 이민해 온 통역가 레오니드 티슈빈스키(Leonid Tichvinsky)와 점심을 먹고 난 다음 로렌스는 자신이 할 만큼 했다고 여기고는 아내에게 말했다. "여기까지면 됐어. 오늘밤 집으로 갑시다."

캘리포니아에 도착하자 로렌스는 병원에 입원했다. 그리곤 병원을 떠나지 못했다. 수혈을 받았고 결장을 제거해야 한다는 진단을 받았다. 그의 전기 작가는 다시는 건강한 사람처럼 대변을 볼 수 없다는 생각이 그를 공포에 몰아넣었다고 나중에 밝혔다. 수술 직후 로렌스는 의식불명에 빠졌다. 그리고 8월 27일에 사망했다. 고작 57세였다. 리버모어 연구소는 로렌스 리버모어 국립 연구소로 이름을 바꾸었다.

그가 숨진 날, 세계를 반 바퀴 돌아 남대서양 한쪽 구석, 상선의 항로를 벗어나 자기장이 움푹 들어간 곳 가까이에서 아르고스 작전의 첫 번째 고고도 핵무기가 폭파됐다. 아르고스 1은 미사일 탄도에 오차가 있었고 지상 340해리(630킬로미터)라는 목표에서 360킬로미터 이상 벗어났다. 사흘 뒤 아르고스 2 역시 의도됐던 높이에 도달하지 못했으며 태스크 포스의 발사 지역 상공 84해리(156킬로미터) 가량에서 폭발했다. 최종 실험인 아르고스 3은 가장 불안했다. 강풍 속에서 처음엔 불발된 후 1958년 9월 6일 115해리(213킬로미터)의 고도에서 핵폭발이 발생했기 때문이다. 아르고스 작전은 커다란 실망 속에 끝났다. 니콜라스 크리스토필로스가 예언하고 허브 요크가 바랐던 결과에 전혀 근접하지 못했다. 크리스토필로스 효과가 일어나긴 했지만 강도는 제한적이었고 기간도 매우 짧았다. 더 많은 핵실험이 필요했다. 그러나 실험 중지가 다가오는 중이었다.

제네바의 전문가 회의에서 과학자들은 그들의 최종 보고서를 제출했다. 탐지 기술이 발전해 있었기 때문에 미국과 소련의 과학자들은 핵실험 중지가 가능하다고 합의했다. 만약 한쪽이 위반하면 금세 적발된다는 얘기였다. 아이젠하워 대통령은 기뻐했다. 바로 다음 날 그는 기자회견을 열어 소련이 실험 중지에 공식적으로 동의해 오면 미국은 10월 31일부터 핵실험을 전면 중지하겠다고 발표했다.

캘리포니아 리버모어 연구소의 에드워드 텔러는 분노했다. 그는 항의조차 없이 핵실험을 포기할 의사가 전혀 없었다. 동료이자 상사였던 로렌스가 사망한 지 이틀 후, 로렌스의 장례도 치러지기 전에 알프레드 스타버드(Alfred Starbird) 준장에게 기밀 전보를 보냈다. 그는 펜타곤에서 핵무기 실험을 담당했다. 전보에는 "긴급" 도장이 찍혔고 내용물 제목은 "실험 중지에 관련된 생각들"이었다.

텔러는 스타버드에게 실험 중지는 국가 안보에 위협이 된다고 말했다. 실험 중지는 약점과 취약성을 보여 주며 미국을 기습 핵 공격에 노출하는 셈이라고 했다. 그는 "(이 전보의) 목적은 부분적으로 연구소의 계획을 밝히고 부분적으로는 실험 중지와 관련한 미래의 논의에 따른 위험들을 지적하려는 것"이라고 썼다. "(대통령의) 명령을 준수하려면 연구소는 핵무기 연구와 개발을 반드시 계속해야 한다." 텔러는 명령을 따라도 안전하다는 걸 분명히 하려면 더 많은 실험이 진행되어야 할 필요가 있었다고 여겼다. 더욱이 리버모어의 핵실험은 실험 그 자체라기보다는 아르고스 작전처럼 과학 실험이기도 하다고 주장했다.

그는 합의 사항에 빠져나갈 허점이 내재한다고 말했다. "1킬로톤 이하의 폭발은 제네바 회의 참석자들이 현실적이라고 생각하는 어떤 방법으로도 규명되거나 탐지되지 않는다." 미국은 비밀리에 파괴력이 낮은 실험을 수행할 수 있었다. 합의 위반이긴 하지만 소련도 믿기 어려웠다. 분명 그들도 같은 짓을 하리라는 얘기였다.

5장

지구의 종말까지 1,600초
Sixteen Hundred Seconds Until Doomsday

유진 맥마너스(Eugene Mcmanus)는 전자 기술자로, 지구의 꼭대기에서 일했다. 그는 17세에 공군에 입대했다. 모험을 좋아하고 또 레이더 기술을 배우고 싶어서였다. 입대 4년이 지난 현재 그는 북극에서 1,440킬로미터 떨어진, ARPA가 운영하는 기밀 기지에서 일한다. 탄도 미사일 조기 경보 시스템(Ballistic Missile Early Warning System, BMEWS) 시설이다. 세계 최초로 만들어진 미사일 탐지 레이더 기지로, 북미 방공 사령부(North America Air Defense Command, NORAD)에 직접 연결되어 있었다. 맥마너스와 이곳에서 일하는 모든 사람은 이 외지고 고립된 시설을 J-기지(J-Site)라고 불렀다.

"J-기지에서 우리가 한 일의 90퍼센트는 권태와의 싸움이고, 나머지 10퍼센트는 공포에 싸여 어쩔 줄 모르는 허둥지둥"이었다. 유진 맥마너스는 회상했다. "전기가 나가거나 미사일이라는 두려움이 생기면 공포에 빠진다."

J-기지는 ARPA의 비밀 임무를 진행하는 474L 시스템 프로그램실(474L System Program Office)의 일부였다. 이곳은 우주의 모든 물체와 북극 위를 넘어오는 대륙간 탄도 미사일을 추적하는 기술과

장비 개발을 목표로 했다. 공군이 기지를 운용했으나 서류상으로 맥마너스는 미국의 전자 회사 RCA(Radio Corporation of America)의 국방 사업을 담당하는 자회사인 RCA 서비스 소속이었다.

그는 극지방의 환경이 모든 분야에 영향을 주었다고 설명한다. J-기지는 그린란드의 툴레(Thule)에 소재한 국방부의 주요 기지에서 20킬로미터 남짓 떨어져 있었다. 1년에 9개월은 얼음으로 둘러싸인 지역이다. 그중 4개월 정도는 지평선 위로 태양이 거의 떠오르지 않으며 온도는 섭씨 영하 40도로 떨어진다. 하루 온종일 캄캄하고 검은 하늘은 낮게 떠오르는 달로 잠시 희뿌옇게 변한다. J-기지에서 일하는 200명은 출퇴근을 "바퀴 위에서 보내는 가장 추운 20킬로미터"라고 부른다.

대부분 레이더 기술자와 정비 요원들인 J-기지 근로자들은 BMEWS 기지까지 일렬로 바짝 붙어 가는 12대의 버스를 나눠 탄다. 만약 버스 하나가 뒤처져 고립되거나 엔진이 고장나면 승객들이 동사하기까지 그리 오래 걸리지 않는다. 보통 만나는 1단계의 눈보라에서 버스 기사들은 시속 110킬로미터의 바람과 싸워야 하며 시야는 전방 15미터에 그친다. 그러나 3단계인 최악의 눈보라가 닥치면 시속 200킬로미터 바람과 싸워야 했고 시야는 10센티미터쯤으로로 좁아진다. 도로는 거대한 눈더미로 바뀐다. 버스 기사는 엉금엉금 기어가는 정도인 시속 16킬로미터로 속도를 줄여야 한다. 버스를 천천히 몰면 엔진이 멈출지 모른다. 하지만 버스를 빠르게 몰면 도로 밖 눈구덩이에 깊게 처박힐 수도 있다. 어느 크리스마스에 맥마너스와 동료들은 3단계 눈보라에 갇혔다. 보통 30~40분 걸리던 통근 시간이 13시간이나 걸렸다. "BMEWS 기지의 풍속계는 시속 265킬로미터에 고정됐다." 그들은 J-기지에 갇혔다. 억세게 재수가 없었다. 코미디언 밥 호프 위문 공연단이 툴레 공군 기지를 방문했기 때문이다. J-기지에 붙잡혀 있던 그들은 갈라 쇼를 현장 공연을 보는 대신 구내 방송으로 들어야 했다.

J-기지는 세계에서 가장 최첨단의 고성능 기술 장비를 갖춘 미래 지향적 시설로 울스턴홈 피요르드(Wolstenholme Fjord)를 내려다보는 나무 하나 없이 얼어붙은 절벽 위에 높이 자리잡고 있다. 가로 120미터, 세로 50미터 길이의 대형 레이더 안테나 4대가 5,000킬로미터 떨어진 물체의 움직임을 추적하도록 설계되었다. 맥마너스가 1961년 봄에 도착했을 때 근로자들은 레이더 돔을 건설하는 중이었다. 오각형과 육각형 모양의 조각들로 만들어진, 거대한 골프공처럼 보이는 50미터 높이의 밝고 흰색의 마이크로파 레이더 돔이었다.

여름에는 경치가 아름다웠다. 맥마너스는 "빙하에서 떨어져 나오는 빙산을 보곤 했다. 피오르드가 해빙될 때 물은 투명한 푸른색"이었다고 기억한다. 그와 동료 대원들은 여름엔 J-기지 주변을 산책했다. 북극권 위의 풍광은 황폐했지만 눈이 녹는 6월에서 9월 초까지 툰드라에는 이끼, 목화, 양귀비가 한창이었다. 눈이 예리하다면 때때로 북극여우나 토끼도 볼 수 있었다.

J-기지에는 터널처럼 밀폐된 도로들로 연결된 건물이 아홉 채 있었다. 대지는 언제나 얼어 있었기에 지하에는 무엇도 건설되지 못했다. J-기지는 자급 시설이었다. 식당, 짐을 받는 곳, 그리고 정비창이 있었다. 모두 BMEWS의 심장인 컴퓨터실을 지원하기 위한 것이었다. 이 변방 기지의 레이더와 보조 장비, 전등, 컴퓨터 등에 충분한 전력을 공급하려면 85메가와트의 전력이 필요했다고 맥마너스는 설명했다. 미국의 1만 5,000가구에 공급해도 충분한 전력량이었

다. J-기지는 만에 정박한 해군 선박에서 전용 석유 터빈으로 전기를 생산했다. "전력 선박이 만들어 낸 열 때문에 선박이 상시 정박해 있는 지역의 물은 언제나 녹아 있었다. 심지어 섭씨 영하 40도의 기온에서도 말이다."

전자 기술자로서 유진 맥마너스의 일은 J-기지의 전선을 관리하는 것이었다. 이것들은 옛날의 전선과는 너무 달랐다. "제어, 통신, 레이더가 수집하는 정보들을 담는 2.5센티미터 굵기의 다심 케이블(multiconductor cable) 수백 킬로미터가 완벽하게 가지런히 전선 통에 놓여 있어서 서로 위아래로 결코 교차하지도 않았다." 그는 "각 선은 정확한 간격으로 묶여 있었으며 전선을 묶는 매듭은 모두 한쪽 방향을 바라봤다. 전선이 코너를 돌아갈 때 모든 선의 구부림 반지름은 정확하게 같았다"고 회상했다. 정확성이 가장 중요했다. 이 전선을 통해 흐르는 정보가 제3차 세계대전을 막거나 촉발할 수 있었기 때문이다.

"일의 10퍼센트인 공포로 허둥지둥했던 사례는 전기에 이상이 발생했을 때였다." "한번은 안테나 중 하나에 누수가 발생해 도파관(導波管)에서 물이 샜다. 전력이 15분간 차단됐다." 맥마너스는 머리털이 곤두섰다. 그러나 1960년 10월 5일 J-기지가 24시간 운영되기 시작한 지 사흘째 되던 날에 비하면 아무 일도 아니었다.

J-기지에서 4,800킬로미터 떨어진 콜로라도 스프링스의 샤이엔(Cheyenne) 산 깊은 곳, 벽시계는 오후 3시 15분을 가리켰다. 공군 대령 로버트 L. 굴드(Robert. L. Gould)는 북미 방공 사령부의 전시 상황실에 앉아 있었다. NORAD는 1958년에 소련의 공격에 맞서려고 미국과 캐나다가 함께 세운 조직이다. 전시 상황실에서 군 요원들은 날아오는 소련의 군용기나 대륙간 탄도 미사일을 감시했

다. 굴드 대령은 벽에 걸린 가로 세로 3.6미터의 투명한 대형 플라스틱 전광판을 보고 있었다. 북미와 유라시아 지도가 그려져 있었고 경보 수준을 알리는 빨간색 비상등이 5개 있었다. 인근에는 툴레의 BMEWS J-기지에서 오는 정보를 모니터링하는 공군 기술자들이 있었다.

갑자기 3단계 비상경보등이 깜박였다. 1단계 비상경보등이 켜지면 NORAD의 규정에 따라 당직인 굴드 대령은 "전투 참모를 소집하고 상황을 긴밀하게 지켜봐야 한다." 2단계 비상경보등이 켜지면 "상황이 심각하며 즉시 대응이 가능하도록 준비해야 한다." 그런데 비상경보 3단계가 발동됐다. 굴드는 즉시 워싱턴의 합동 참모 본부, 오타와의 참모 위원회, 네브라스카 오마하의 전략 공군 사령부 본부에 연락을 취해야 했다. 비상경보 4단계는 전시 상황실에 있는 누구나 그 의미를 다 알고 있지만, 실제로 맞닥뜨릴까 두려워했던 상황이다. "명백하게 공격을 받고 있다"는 의미이기 때문이다. 4단계 비상경보등이 깜박이면 당직 사관은 "방어 무기를 작동시키고, 전략 공군 사령부에 대륙간 탄도 미사일(ICBM) 발사를 준비하도록 경고하고, 폭격기를 이륙시키며, 공중 경계 부대를 출동시켜야 한다." 5단계는 최후의 상황이다. 그것은 "ICBM의 공격을 받고 있는 것이 99.99% 확실하다"는 의미다.

3단계 비상경보등이 깜박이자 굴드 대령은 전시 상황실의 전화기를 집어 들었다. 북미 방공 사령부(NORAD) 사령관 로렌스 쿠터(Laurence Kuter) 공군 장군과의 연결을 기다리는 사이 비상경보등이 갑자기 4단계, 5단계로 격상됐다. 굴드 대령은 쿠터 장군이 지금 사우스다코타(South Dakota) 상공을 비행 중이며 통화가 불가능하다는 사실을 알고 대신 NORAD의 부사령관이자 캐나다의 공군

중장인 찰스 로이 슬레몬(Charles Roy Slemon) 장군에게 연락을 취했다. NORAD의 정보 책임자인, 공군 준장 해리스 B. 헐(Harris B. Hull)도 함께 연결됐다.

"흐루쇼프는 지금 어디 있나?" 슬레몬 중장이 헐 준장에게 물었다.

"뉴욕에 있습니다." 헐은 재빠르게 답했다.

이 대답이 모든 상황을 바꾸어 버렸다. 잠시 정적이 감돌았다.

ICBM 공격이라는 "레이더 보고에 부합하는 어떤 정보라도 입수했는가?"라고 슬레몬은 물었다.

"전혀 없습니다. 각하." 헐이 말했다.

그다음 말은 아직도 기밀로 분류되어 있다.

슬레몬 장군이 생각하기에 흐루쇼프가 뉴욕의 UN에 있는 상황에서 소련이 미국을 공격할 가능성은 거의 없었다. 그러나 공격 가능성을 완전히 배제할 수는 없으니 BMEWS의 J-기지와 통화해야 한다고 믿었다.

레이더에서 수신한 정보를 분석하고 계산하는 IBM 7094 컴퓨터들을 조작하는 J-기지의 기술자들은 매우 낯선 레이더 수신 신호를 보고 있었다. 날아오는 ICBM을 맞고 되돌아오는 레이더 전자파 에코는 수신에 8분의 1초가 걸렸다. 그러나 지금 화면으로 보는 레이더 반향 신호 감지엔 75초나 걸렸다. 도대체 어떤 물체가 그렇게 멀리 있다는 건가? 그게 무엇이든 컴퓨터에 따르면 지금 지평선 너머로 수천 개가 다가오고 있다. J-기지는 환경에 전적으로 좌우된다. 누군가 밖을 내다봐야겠다는 생각을 했다. 노르웨이 쪽 지평선 너머 거대한 달이 떠오르고 있었다.

BMEWS는 오작동을 하지 않았다. "단지 누구도 상상하지 못했을 만큼 강력했을 뿐이다." NORAD의 대변인은 1960년 12월 7일, 이 이야기가 언론에 보도된 이후 이렇게 말했다. 존 허블(John Hubbell) 기자는 "당초 반경 4,800킬로미터를 탐지하리라 여겨졌던 BMEWS는 거의 40만 킬로미터 떨어진 달을 탐지했다"고 설명했다. J-기지의 컴퓨터들은 그 정도로 긴 거리를 읽거나 나타내도록 프로그램되지 않았다. 따라서 "달까지의 정확한 거리를 4,800킬로미터로 나눈 다음 그 나머지 거리인 3,520킬로미터를 탐지 반경으로 보고한 셈이다."

무기 개발의 역사에서, 또 인간과 기계의 미래에서 결정적인 순간이었다. 컴퓨터는 1,000여 발이 넘는 소련의 ICBM이 공격해 온다고 보고했다. 인간이, 이 경우 찰스 로이 슬레몬 공군 중장이, 그의 판단력을 발휘해 개입했고, 컴퓨터의 보고를 묵살했다. J-기지에서는 ARPA 474L 시스템 프로그램실이 기술자들과 함께 BMEWS 컴퓨터가 달에서 오는 전자파 반향을 무시하도록 가르쳤다.

1960년 10월 5일의 핵 아마겟돈은 피했다. 그러나 국방의 근본적인 현실은 과학자들이 방어할 방법이 없는 무기, 즉 수소폭탄을 창조했다는 것이다. 정부 기구로서 ARPA의 최초 몇 년간 최대의 프로그램은 디펜더였다. 그 임무는 탄도탄 요격 미사일 기술 향상과 툴레의 J-기지 같은 "조기 경보 시스템"의 추가 개발이었다. 디펜더는 첫해 1억 달러의 예산을 공표하면서 시작했다. ARPA 1년 예산의 대충 절반에 가까웠다. 그러나 이 숫자는 오해의 소지가 있었다고 요크는 지금은 기밀 해제된 메모에서 설명했다. 연구 개발비만 포함했지 운영 비용은 포함하지 않았기 때문이다. 그는 처음 2년 동안 국방부는 디펜더에 9억 달러 가까이 지출했다고 말했다. 2015년에는 약 73억 달러를 썼다.

탄도 미사일 방어(Ballistic Missile Defense)라고도 불리는 디펜더 프로그램은 ARPA의 가장 중요한 국가 안보 프로그램으로, 언론의 관심을 가장 많이 받았다. 사람들은 애초에 대량 살상 무기를 만들었던 뛰어난 과학자들이, 특히 소련도 자신들만의 무기를 손에 넣은 만큼, 이제는 그것을 막을 수 있는 수단을 만들어 내리라 믿었다. 허브 요크에게 상황은 긴박했다. 주어진 시간이 촉박했기 때문이다. 요크는 ARPA의 과학자들에게 1메가톤의 핵탄두를 실은 소련의 ICBM이 소련의 발사대에서 워싱턴 D.C.의 목표물로 날아오는 데 걸리는 정확한 시간을 계산하라고 지시했다.

지금까지 보도됐다고 알려진 바 없고 정보의 자유법(Freedom of Information Act, FOIA)에 따라 취득된 "탄도 미사일 방어 프로그램의 평가"(PPD 61-33)라는 비밀문서에 따르면 ARPA의 수학자들은 단지 1,600초에 불과하다고 계산해 냈다. 불가능해 보일 정도로 빨랐다. 발사에서 전멸까지 고작 26분 40초다.

ARPA 보고서는 핵무기 장착 ICBM의 경로를 추진, 중간, 종말의 3단계로 기록했다. 초기의 추진 단계는 300초가 걸린다. 5분이다. 이 단계는 로켓이 발사대에서 발사되어 하늘로 치솟아 순항 고도에 이르는 시기까지다. 두 번째인 중간 단계는 1,200초, 20분간 지속된다. 미사일이 해발 1,300킬로미터 상공의 지구 위를 둥글게 날아가는 시간이다. 마지막은 종말 단계다. 1.6분, 100초의 비행에 해당한다. 이 단계는 탄두가 지구 대기권에 재진입하면서 시작하여 미국의 도시를 가격하며 끝난다. 그것이 1,600초의 처음과 끝이다.

비밀문서인 "탄도 미사일 방어 프로그램의 평가"엔 엄중한 사전 경고가 붙어 있었다. "핵무기가 장착된 ICBM들이 우리를 전멸시키겠다고 위협한다. 상황이 그러하니 우리는 군사적 대비를 강화할 모든 가능한 대안을 반드시 모색해야 한다." 이 거대한 비극 혹은 어이없는 상황의 하나는 ICBM 1발을 방어하는 일은 실제로 그리 어렵지 않은 과업이라는 점이다. ARPA 보고서를 쓴 사람에 따르면 나이키-제우스(Nike-Zeus)라 불리는 육군의 탄도 미사일 요격 시스템은 "높은 확신으로… 목표(날아오는 소련의 ICBM)들을 파괴해 버릴 수 있다". 문제는 ICBM의 숫자가 너무 많은 것이라고 보고서 작성자는 말했다. 상황을 절망적으로 만든 것은 메가톤급 무기의 양이 현재도 너무 많고 여전히 더 만들어지고 있다는 점이다. "나이키-제우스의 가장 중요한 한계는 소련과의 전면전에서 합리적으로 예상되는 동시 다발 목표물의 수를 감당할 수 없다는 점이다." 그 과학자는 이렇게 썼다.

허브 요크는 자연과학의 초인들에게 다시 찾아가야 할 때라고 생각했다. ARPA 1호 보고서를 생산한 프로젝트 137에 참여했던 몇몇은 그들만의 방위 자문 그룹을 결성했다. 그들은 스스로를 제이슨(Jason) 과학자들이라고 불렀다.

"내가 제이슨을 시작했다고 말해도 된다." 머피 골드버거(Murphy Goldberger)는 91세였던 2013년의 한 인터뷰에서 말했다. 몇몇 인상적인 경력을 말하자면 그는 맨해튼 프로젝트의 구성원이었고, 존슨 대통령의 과학 자문이었고, 미국 과학자 연맹(Federation of American Scientists)의 회장이었으며, 정부가 공식 후원하는 과학적 임무를 수행하려고 공산 중국을 여행한 최초의 미국 과학자였다. 그는 정신 능력에 아무런 문제가 없었음에도 캘리포니아의 라호야(La Jolla)에 있는 까사 드 마냐나(Casa de Mañana) 혹은 '내일의 집'이란 이름의 양로원에서 살고 있었다. 거대한 태평양을 내려다보는 경관이 압도적이었던, 비슷한 연배의 사람들로 가득찬 식당에서 헝가리 음식 굴라시(goulash)*를 먹으며 골드버거는 이렇게 설명했다. "나는 제이슨의 첫 번째 프로젝트 책임자이자 회장이었다. 대단히 인상적인 집단이었다. 우리는 국방 문제 해결에 헌신한 과학자들이었다."

머피 골드버거는 22세 때부터 핵물리학에 종사했다. 제2차 세계대전 기간에는 대학생이자 입대한 예비군으로서 특출한 과학적 자질을 주목받으며 육군 특별 공병 파견대(Special Engineer Detachment)의 맨해튼 프로젝트에 차출됐다. 전쟁이 끝난 후 엔리코 페르미 밑에서 물리학 박사 학위를 취득했다. 페르미는 트루먼 대통령에게 수소폭탄은 "사악한 물건"이라고 말했던 과학자다. 머피 골드버거는 프로젝트 137에서 핵심 역할을 담당했다. 당시 그는 존 휠러, 오스카르 모르겐슈타인, 유진 위그너 등과 함께 프린스턴 대학의 물리학 교수였다. 가장 중요한 과학자를 다룬 미국의 잡지《라이프》의 기사는 이 4명의 사진을 실었으며 일종의 외경심을 담아 이들을 묘사했다. 1950년대의 과학자들은 우주의 비밀을 풀어 주는 현대의 마법사이자 연금술사였다. 미국의 과학자들은 전쟁을 이기고, 소아마비를 퇴치하며, 심지어 달까지 여행할 수도 있었다.

프로젝트 137이 끝나고 프린스턴으로 돌아온 골드버거는 곧 하나의 생각을 떠올렸다. 그는 비슷한 생각을 지닌 동료들을 묶어 방위 자문 그룹을 만들고 싶었다. 골드버거는 프린스턴 대학의 울타리 밖에 있는 4명의 친구와 접촉했다. 제2차 세계대전 이후 서로의 연구 분야에서 협력하거나 영향을 주고받은 과학자들이었다. 캘리

---

* 소고기와 채소를 섞어 만드는 헝가리 수프 혹은 스튜로 헝가리 국민 음식이다. 중유럽과 동유럽 국가에서도 겨울에 즐겨 먹는다.

포니아 대학 버클리의 핵물리학자 케네스 왓슨(Kenneth Watson) 은 에드워드 텔러의 제자이며 프린스턴 고등연구소에서 박사 후 과 정을 했다. 물리학자이자 기상학자이며 로스알라모스에서 무기 개 발에 참여했던 키스 브루크너(Keith Brueckner)는 버클리의 방사선 연구소에서 왓슨, 골드버거와 함께, 또 프린스턴 고등연구소에서는 존 폰 노이만과 공부했다. 가장 어린 회원이었던 머리 겔만(Murray Gell-Mann)은 맨해튼 프로젝트의 거인 빅토어 바이스코프(Victor Weisskopf)의 박사 과정 학생이었으며 골드버거가 천재로 여겼던 인 물이다. 이 4명의 물리학자는 영리 목적의 방위 자문 회사를 시작 하기로 합의했다. 그들은 처음에 이 집단을 주식회사 이론물리학이 라고 부르기로 작정했다. "우리는 단지 자문가로만 활동하겠다는 생 각이 아니라 공식 집단으로, 작은 회사처럼 일하겠다는 구상이었 다." 키스 브루크너는 1986년 구술 기록에서 이렇게 말했다.

골드버거는 자신의 구상을 네 번째 동료이자 친구인 물리학자 찰스 H. 타운스(Charles H. Townes)에게 타진하기로 했다. 타운스 는 2년 전에 스스로 마이크로파 레이저 혹은 분자 증폭기라 부른 내용을 다룬 최초의 학술 논문을 발표했다. 머지않아 이 분자 증폭 기는 레이저로 알려진다. 20세기의 가장 주요한 발명의 하나로 여 겨지며 방위 산업과 민간 분야에서 두루 쓰인다. 그는 그 무렵 컬 럼비아 대학 교수직을 휴직하고 국방 연구원(Institute for Defense Analyses) 부원장으로 자리를 옮긴 참이었다. 이곳은 연방 정부가 자금을 대는 연구소로 고객은 국방부가 유일하며 버지니아 알렉산 드리아에 위치해 있다. 구체적으로 국방 연구원은 국방장관실과 합 동 참모 본부에 보고한다. 만약 다른 곳에서 문제 해결을 위해 국방 연구원의 연구 지원을 받으려면 우선 국방장관실과 합동 참모 본부의 허락을 받아야 한다. ARPA 초기 몇 년간 ARPA 부서장들과 프로그램 관리자들의 연봉은 국방 연구원을 통해 지급됐다. 타운스는 골드버거의 방위 자문 그룹이라는 구상이 탁월하다고 생각했다. 그리고 골드버거에게 허브 요크와 이야기해 보라고 제안했다. 아마도 ARPA가 자문 그룹에 기금을 댈지 모른다고 타운스는 말했다. 그는 자신이 알아봐 주겠다고도 했다.

골드버거는 "타운스는 다시 전화를 걸어와 ARPA가 그 구상을 좋아한다고 말했다"고 기억했다. 대부분 대학 교수였던 과학자들은 여름 동안 맥네어 기지의 국립 전쟁 대학에 머물렀기에 자유롭게 자문에 응할 수 있었다. 이 그룹은 미 국방부의 생각에 얽매이지 않고 독립적이고 유연한 태도를 유지할 수 있었다. 관료주의와 형식주의를 피하려고 국방 연구원을 통해 보수를 받았다. 또한 작업 대부분이 기밀로 분류됐다. 국방 연구원은 이 그룹에 행정 지원 인력을 제공했다.

골드버거와 동료들은 방위 자문 그룹에 참여할 만하다고 생각하는 과학자들의 명단을 함께 만들어 갔다. 동료들은 참여 대상을 이론 물리학자들로 국한하고 싶어했다고 골드버거는 말했다. 다양한 분야의 지식을 지니고 수학적 모델과 추상화를 통해 자연계의 현상을 이해하고 설명하고 예측하는 만능 선수들로 말이다. "매우 엄선된 사람들의 모임이었다." 브루크너는 이렇게 회상했다. 골드버거 역시 "참여를 요청받는다면 영광이었다", "모두 흥분했으며 아이디어가 넘쳤고 매우 애국적이었다"고 기억했다. 머피 골드버거, 키스 브루크너, 케네스 왓슨, 그리고 머리 겔만은 가장 존경받는 동료들의 명단을 만들고 참여를 요청했다.

이 그룹의 최초 회의는 1959년 12월 17일 버지니아의 국방 연구원 본부에서 열렸다. 아이젠하워 대통령의 과학 고문 중 1명이었던 조지 키스티아코프스키(George Kistiakowsky)가 회의를 이끌었다. 키스티아코프스키는 자신의 생각을 기록한 일일 탁상 일기를 가지고 있었다. "'똑똑한 젊은 물리학자들'과 국방 연구원 본부에서 만났다. 군사 문제에서 상상력이 풍부한 사고를 하도록 찰스 H. 타운스가 만든 그룹이다." 그는 일기에 이렇게 적었다. "엄청나게 똑똑한 약 30명의 집단이었다." 최초의 회의가 끝나고 골드버거는 매우 흥분해 프린스턴 대학의 집으로 돌아갔다고 회상했다. "우리는 그 그룹이 국방 문제에서 매우 크게 기여하리란 걸 알았다."

3주가 지난 1960년 1월 1일에 ARPA 프로젝트 과제 11번(ARPA Project Assignment number 11)인 이 그룹은 공식 조직이 되었다. 머피 골드버거는 조직을 무엇이라 부를까 고민했다. 그는 "국방부는 프로젝트에 암호를 부여하는 기계를 보유했다"고 말했다. 국방부의 작명 과정이 무작위였는지 체계적이었는지는 아직도 불분명하다. 그러나 그 기계는 이 과학 자문 그룹의 이름을 프로젝트 선라이즈(Project Sunrise)로 결정했다. 골드버거는 실망하며 말했다. "그 이름은 맞지 않았다." 그날 밤 자신의 느낌을 동료 과학자이기도 한 부인 밀드레드 골드버거(Mildred Goldberger)와 나누었다. 두 사람은 제2차 세계대전 기간에 맨해튼 프로젝트에서 일하면서 만났다. 골드버거는 "밀드레드는 프로젝트 선라이즈가 끔찍한 이름이라고 생각했다"고 회상했다. 이 그룹은 역동적인 문제 해결과 획기적인 자문 활동을 수행하는데, 프로젝트 선라이즈는 감상적이고 밋밋하게 들렸다. 골드버거는 앞에 있는 책상에서 종이 한 장을 집어 들었던 밀드레드를 회상했다. 국방 연구원의 서류에서 나온 종이로 상단에는 고대 그리스 파르테논 신전 같은 건물의 문양이 있었다. 고대 그리스 때문에 밀드레드 골드버거는 제이슨과 아르고노트(Argonaut)를 생각해 냈다. 제이슨은 아르고노트의 지도자였으며 신화 속 영웅이고 원정에 나서는 남자의 원형과 같은 인물이다. 아르고노트는 전사들의 무리로 제이슨을 좇아 황금 양털을 찾아 나섰다.

"당신들은 스스로를 제이슨이라고 불러야 해." 밀드레드 골드버거는 말했다. 이렇게 해서 미 국방부 산하의 가장 비밀스럽고 은밀하며, 가장 강력하고 영향력이 컸던 과학 자문 집단의 하나가 이름을 갖게 됐다. 향후 55년간 제이슨 그룹은 다른 어느 과학 자문 집단보다 더 의미 있게 ARPA와 이후의 DARPA에 영향을 미친다. 제이슨 최초의 선임 자문들은 한스 베테(Hans Bethe), 조지 키스티아코프스키, 그리고 에드워드 텔러였다.

1960년 4월 제이슨의 모든 구성원들은 일급비밀 혹은 그 이상의 비밀 취급 인가를 받았다. 제이슨 과학자들의 첫 번째 공식 회의는 워싱턴 D.C.에서 열렸다. 여기서 그들이 고려해야 할 일련의 도전이 무엇인지 보고받았다. 목록의 최상층에는 탄도 미사일 방어 문제가 있었다. 제이슨 그룹은 디펜더 프로그램의 기밀로 분류된 요소들에 대해 설명을 들었고 현재 다른 과학자들이 탐구 중인 가능성의 테두리 밖에서 그 문제들을 생각해 봐 달라고 요청받았다.

공식 브리핑 회의가 있고 두 달 뒤에 제이슨 그룹은 캘리포니아의 로렌스 버클리 국립 연구소(Lawrence Berkeley National Laboratory)에서 여름 연구 모임을 가졌다. 이 연구소는 과거 라드랩(Rad Lab)이라 불렸다. 모임은 1960년 6월 1일부터 8월 15일까지 지속됐으며 제이슨 과학자 20여 명이 참석했다. 골드버거는 회의 기간에 ARPA가 그들에게 공격과 방어에서 조치와 대응 조치에 관해 생각해 보길 원한다는 사실을 알게 됐다고 회상했다. 제이슨 과학자들은 기밀로 분류된 아르고스 작전과 크리스토필로스 효과의 결과를 설명받았다. 그들은 앞으로 연구와 개발이 될 만한 새로운 프로그램들을 생각해 달라고 요청받았다. 또한 소련의 과학자들이 몰두 중일 만한 프로그램들을 상상해 봐 달라는 부탁도 받았다. 1960년 여름 연구 모임은 여러 기밀 보고서를 생산했다.

골드버거는 일반적인 용어로 한 개념을 설명했다. 크리스토필로스 효과의 변형이었다. "적군이 [대기권] 높은 곳에 핵무기를 폭발시켜 위성의 탐지 능력에 혼란을 줄 수 있겠느냐는 아이디어가 [제이슨] 연구 그룹에 제시됐다." 제이슨 그룹은 아르고스 실험 동안에 관찰된 전자기 펄스와 유사한 효과를 만들 수 있을지 생각해야 했다. 회의에 참석했던 제이슨 과학자 중 1명인 시드니 드렐(Sidney Drell)이 1986년 구술 기록에서 그 개념을 설명하려고 했다. "핵무기가 고고도에서 폭발해 산화질소(NO) 분자들의 거대한 구름이 만들어지고 그 구름이 충분히 크고 오래 지속되면, 우리가 미사일 공격 발사를 탐지하지 못하고 조기 경보를 받지 못하게 될까?" 첫 번째 여름 연구 모임에서 제이슨 과학자들은 그 구름의 규모, 그 속에 있는 산화질소의 양, 주변의 미국 위성 시스템의 전자 장비에 부정적으로 영향을 주는 데 필요한 그 구름의 분포율을 계산해 달라고 요청받았다. 제이슨의 과학자들은 계산 끝에 전자 신호에 심대한 영향을 미치려면 "다수의 메가톤급 핵탄두"을 폭발시켜야 하며, 이는 "현실적이지 않다"고 결론을 내렸다. ARPA에게는 반가운 소식이었다.

제이슨 과학자들은 이런 자연과학의 문제들을 탁월하게 풀었다. ARPA는 이 그룹이 이런 형태의 "상상력 넘치는 사고"를 탄도 미사일 방어를 위한 디펜더의 난제에도 적용해 주기를 원했다. 이에 그들은 트로이 목마처럼 적을 오도하고 따돌리려는 장치, 교란용 미끼를 사용하는 오래된 전쟁 개념에 입각한 새로운 구상을 떠올렸다. 제이슨 과학자들은 대륙간 탄도 미사일의 탄두에 소련의 탄도탄 요격 미사일 방어 시스템을 회피하고 속이는 미끼를 장착할 새로운 기술의 개발을 제안했다. 만약 미국의 모든 미사일 탄두에 5개나 6개의 미끼를 단다면 미국의 ICBM이 소련의 목표물에 명중할 확률이 5-6배 더 커진다는 의미다. 제이슨의 과학자들은 이 개념을 "침투 도우미(Penetration Aids)"라 불렀다.

제이슨 과학자들의 작업을 토대로 ARPA는 침투 도우미를 줄여 명명한 펜에이즈(PENAIDS)라는 새로운 프로그램을 만들었다. 펜에이즈는 상호 확증 파괴의 딜레마를 극복하는 방법으로 더욱 공격적인 공세 전략을 취할 것을, 이를 위해 미국의 미사일이 소련의 탄도 미사일 방어를 속이는 새로운 방법을 발명할 것을 제안했다. 1962년부터 뉴멕시코의 화이트 샌즈(White Sands) 미사일 기지와 마셜 제도의 콰잘레인(Kwajalein) 환초에서 벌어진 펜에이즈 검증 실험 결과는 긍정적이었다. 제이슨의 과학자들은 추후 이를 자세히 살펴보았다. 펜에이즈는 ARPA의 "Pen X"라는 또 다른 연구로 이어졌다. 이는 다탄두 각개 목표 재돌입 미사일(Multiple Independently Targetable Reentry Vehicles, MIRVs)이라고 불리는 신형 수소폭탄 탄두의 개발을 지지하는 연구였다. 미소 양측이 더 정확하고 더 강력하며 더 기만적인 탄두인 MIRVs의 제작에 돌입하면서 이 무기의 탄생은 핵무기 증강 경쟁을 매우 치열하게 만들었다. 처음엔 기밀로 분류됐으나 대중에 공개됐을 때 MIRVs는 핵 선제공격에 이점을 부여한다는 이유로 안정을 깨뜨리는 매우 위험한 존재로 비난을 받았다.

제이슨 그룹의 두 번째 여름 연구는 1961년에 메인의 보든 대학 (Bowdoin College) 교정에서 열렸다. ARPA의 신임 국장 잭 루이나 (Jack Ruina)는 국방 연구원의 찰스 H. 타운스에게 전화를 걸어 자신이 여름 연구 모임에 참석할 수 있도록 조율해 달라고 부탁했다. 그러면서 ARPA의 프로그램 관리자들을 여러 명 데려 가고 싶다고 말했다.

"글쎄요. 당신 말고는 ARPA의 다른 사람이 회의에 참석하길 원치 않습니다." 타운스는 말했다.

루이나는 깜짝 놀랐다. 제이슨 그룹은 ARPA를 위해, 아니 ARPA만을 위해 일한다. "무슨 말인가요? 우리가 참석할 수 없다고요?" 루이나가 말했다. "우리가 모든 비용을 댑니다. 당신이 사적인 회의를 하겠다고 말할 수는 없어요. 그 회의에 드는 비용을 정부가 모두 대는데요."

"미안합니다. 당신 말고는 우리 회의에 참석할 수 없습니다." 타운스는 반복했다.

"찰리, 그건 말이 안 돼요." 루이나가 타운스에게 말했다.

타운스는 이것이 제이슨 과학자 자문 그룹이 작동하는 방식이라고 설명했다. 제이슨은 객관성을 추구하며, 그들은 정부의 관료주의와 복잡한 절차에서 벗어나 자유롭기를 원한다는 말이었다. 그들은 국방부가 자신들의 여름 연구 모임 동안 간섭하지 않기를 바랐다. 제이슨 그룹은 국방에 관련된 문제를 풀려고 함께 모였다. 그게 다였다.

한동안 밀고 당기다 두 사람은 합의점에 도달했다. 이미 말한 대로 ARPA의 국장으로 잭 루이나만 제이슨의 여름 연구 모임에 참여하기로 했다.

　메인에서 열린 여름 연구 모임의 초점은 또다시 디펜더 프로그램에 모아졌다. 프린스턴 대학의 물리학자 존 휠러는 보든 대학의 교정에서 멀지 않은 곳에 여름 별장을 가지고 있었다. 하이 아일랜드라고 불리는 해안에 인접한, 숲이 우거진 섬이었다. 휠러는 그해 여름 자신의 별장으로 제이슨 그룹의 과학자들을 초대해 해산물 파티를 열어, 랍스터를 먹으며 또 다른 고도의 기밀 프로그램을 논의했다. 지향성 에너지라는 개념과 관련된 내용이었다. "이는 매우 낯선 과학이었다." 루이나는 이렇게 회상했다. 지향성 에너지 빔(directed energy beam)은 두 가지 형태다. 레이저를 포함하는 빛과, 전자 또는 양성자를 포함하는 하전 입자이다. 그는 "입자 빔 무기는 비밀스런 무기 시스템이다"라고 설명했다. 그 무기들엔 "별들의 전쟁 속 죽음의 광선이란 이미지"가 있다고 ARPA의 초기 요약문은 주목했다. "광속으로 작동하며 순식간에 살상이 이루어지기" 때문이다.

　제이슨 과학자들은 날아오는 적의 ICBM을 지향성 에너지 빔으로 격추할 수 있을지 궁금했다. 루이나에 따르면 난제는 "지상에서 발사되는 입자 빔을 사용해 대기권을 통과하는 하나의 빔을 형성하고 이 빔으로 날아오는 탄두를 파괴할 수 있겠느냐"였다. 이 개념의 창시자는 닉 크리스토필로스였다. 그는 이 구상을 프로젝트 137에서 처음으로 제시했었다고 골드버거는 회상했다. 리버모어 연구소의 과학자들은 이미 시소(Seesaw)라는 암호명 아래 초기 형태의 검증 실험을 진행했었다. 기밀로 분류된 실험 결과를 공유한 제이슨 과학자들은 깊은 인상을 받았다. 그리고 지향성 에너지 무기의 연구 개발 가치가 충분하다고 결정했다. ARPA는 최초의 지향성 무기 프로그램인 프로젝트 시소를 계속 추진해 나갔다. 그 프로그램은 고도의 기밀로 분류되어 제이슨의 모든 과학자들이 후속 작업에 참가하도록 승인을 받지는 못했다고 골드버거는 회상했다.

"시소는 접근이 제한된 민감한 프로젝트로는 가장 오래 지속된 단일 프로젝트로 ARPA의 역사에 언급될 만하다." 기관의 한 평가서는 그렇게 지적했다. ARPA의 임무는 과거나 지금이나 프로그램을 발굴하고 관리하며, 군이나 다른 정부 기관이 현장에서 활용하도록 결과물을 넘겨주는 일이다. 프로젝트 시소는 ARPA에서 15년간 개발이 추진됐다. 그리고 1974년에 이 기술은 원자력 위원회로 넘겨졌다. 일부 기밀 해제된 요약본이 대중에 공개됐다. 이후 55년간 ARPA의 지향성 에너지 무기 프로그램은 개발되고 성장해 왔다. 그러나 무기들의 대다수는 아직도 고도의 기밀이다.

"지향성 에너지는 미래의 무기다." 전역한 4성 장군 폴 고만(Paul Gorman)은 2014년 이 책을 쓰려고 만났을 때 말했다. "그러나 국가 기밀에 관련된 분야라 자세히 말할 수 없다."

6장

심리 작전
Psychological Operations

　　윌리엄 H. 고델(William H. Godel)은 검은 머리의 미남이었다. 이 전쟁 영웅이 캘리포니아 반덴버그 공군 기지 야외에서 기자단의 관심을 사로잡고 있었다. 1959년 6월 3일이었다. 고델은 지식인처럼 메탈 소재의 안경을 썼고 약간 절룩거렸다. 해병으로 참여한 남태평양 과달카날 섬의 지옥 같은 전투에서 입은 부상 때문이었다. ARPA의 정책 기획 실장으로서 그는 미국의 가장 작은 우주 개척자, 검은 쥐 4마리에 관한 몇 가지 사실을 기자단과 공유했다. 고델이 서 있는 연단에서 멀지 않은 곳에 23.4미터의 토르 아제나(Thor Agena) A 로켓이 생명 유지 위성 디스커버러(Discover) III을 탑재하고 하늘 높이 세워진 채 있었다. 4마리의 쥐는 로켓의 원꼴 두부(頭部)에 있었다. 그들은 곧 우주로 발사될 예정이었다.

　　고델은 쥐들이 "행복하고 건강하다"고 발표했다. 모두 수놈이고 생후 2개월이었다. "평범한 쥐들"은 아니고 C-57 혈통에 속했다. 이 쥐들은 "우주여행과 이후 지구 귀환을 위해 특별히 훈련되고 선발된, 실험실 동물 중에서도 특별 혈통에 속한 최고의 종자"였다. 비슷하게 훈련된 쥐들 중 무작위로 선발됐다. 그들이 들어가 있는 통은 길이와 폭이 각각 60센티미터쯤 되었으며 방음과 냉방 장치를 완비했다. 사료로 무염 땅콩 분말, 오렌지 주스, 오트밀이 공급되었다. 쥐마다 등에 작은 장비가 든 가방을 멨다. 안에는 체온, 심장 박동의 형태와 수 등을 기록하고 또 이를 지상의 공군 수의사들에게 보내는 장치가 있었다.

고델은 쥐들의 운명을 현실적으로 생각하라고 했다. 쥐들이 살아서 지구로 돌아올 가능성은 거의 없다는 말이었다. 우주비행사 쥐들이 이 여행에서 살아 돌아올 가능성은 대충 700분의 1이었다.

"어떤 식으로든 그들을 인간처럼 생각하지 않기를 바랍니다." 고델의 동료인 어느 공군 장교가 한 말이다. 쥐들의 이름은 일부러 짓지 않았다. 그것이 "이 쥐들에 친밀감을 느끼는 사람들을 불편하게 만들 뿐이기" 때문이다.

그럼에도 이 임무의 성공에 거는 기대는 높았다. 우주 경쟁은 상대를 절멸시킬 수 있는 대륙간 탄도 미사일 개발을 둘러싸고 벌어졌지만 그에 못지않게 인간과 과학 양 측면에서 누가 최고냐를 겨루는 심리적인 경쟁이기도 했다. 미국과 소련은 우주에 동물을 보내는 데 성공했다. 그러나 어느 쪽도 중력을 벗어나 궤도에 안착할 만큼 충분한 속력으로 쏘아 올리지는 못했다. 궤도에 진입하려면 위성을 끌어 당기는 중력과 위성 고유의 관성 사이 어딘가에서 신비스러운 균형을 이루어야 한다. 위성은 시속 2만 7,200킬로미터의 속도로 날면서 지표면의 고도 240킬로미터까지 올라가야 한다. 속도가 너무 늦으면 위성은 다시 지구로 떨어진다. 너무 빠르면 깊은 우주로 사라져 버린다. 계획은 생명 유지 장치가 달린 디스커버러 III이 궤도에 진입해 지구를 17바퀴 돌고 난 다음 지구로 되돌아오는 것이었다. 쥐들이 모두 살아 있는 채로. 해군은 쥐들이 담긴 캡슐이 바다에 떨어졌을 때를 대비해 "극적인 구조 연습"을 진행했다.

냉전 시기에 양측은 우주 경쟁에서 각자 특정한 과학적 기념비를 먼저 세우려고 했다. 쥐들을 궤도에 진입시키는 일은 거대한 기념비적 성과였다. 이 디스커버러 프로그램은 "위성 기술을 향한 노력"으로, 궁극적으로 인간의 우주여행을 가능케 하겠다는 과학적 실험이었다. 모두 맞는 말이지만 또 다른 측면이 하나 더 있었다. 디스커버러 Ⅲ에는 고도의 기밀로 분류된 첩보 임무가 있었다. 코로나(Corona)라고 불린 미국 최초의 우주 기반 정찰 위성 프로그램이었다. 초기에는 CIA가 공군의 도움을 받아 코로나의 어려운 문제들을 담당했다. ARPA는 1958년 공군으로부터 이 프로그램을 인계받았다. 코로나의 임무는 우주에서 소련을 촬영해 지상에 있는 소련 군사 장비를 더 잘 파악하는 것이다. 코로나는 가장 철저하게 보호된 비밀로, 1995년 2월까지 36년간 비밀이 유지되었다. 역시 최고 기밀로 분류된 CIA 프로그램인 U-2 정찰기처럼 코로나 프로그램에는 기술 개발, 첩보 수집, 그리고 수집된 첩보를 활용한 군사적 우위 추구 등이 섞여 있었다.

ARPA의 과업은 정보 수집을 목적으로 우주에 위성을 올려놓는 일이었다. 고델은 초기에 이 프로그램을 총괄했다. 위성 기술은 정보 수집 분야에서 완전히 새로운 차원을 열었다. 예컨대 코로나 같은 이미지 정보(imagery intelligence, IMINT), 신호 정보(signals intelligence, SIGINT), 지리 공간 정보(geospatial intelligence, GEOINT), 징후 계측 정보(measurement and signature intelligence, MASINT) 등 완전히 새로운 정보 수집 분야를 탄생시켰다. ARPA의 가장 성공적인 초기 위성 프로그램들에는 SAMOS(신호 정보), GEODESY(지도 작성), NOTUS(통신), TRANSIT(항법), MIDAS(조기 경보)등이 있다. 이들은 대부분 고도의 기밀로 분류됐었다. 그러나 예컨대 텔레비전 적외선 관측 위성 프로그램(Television-Infrared Observation Satellite, TIROS)은 탁월한 방식으로 새로운 정보를 제공해 대중들을 놀라게 했다.

TIROS는 세계 최초의 날씨 위성이었다. ARPA는 JANUS라 불리는 육군 프로그램의 기술 상당 부분을 인계받았다. 1세대 원격 탐사 장비인 TIROS 위성은 미국 민간 전자 회사인 RCA가 개발했다. 이 장비의 무게는 122킬로그램이며 지구 날씨 이미지를 전송하는 텔레비전 시스템이 탑재됐다. 고도 720킬로미터 상공 궤도에서 가장 주요하게는 구름의 분포를 뉴저지 몬머스(Monmouth) 기지로 보냈다. 이 위성의 최초 발사는 1960년 4월 1일에 이루어졌다. 그 무렵 이 프로그램은 새로 만들어진 NASA로 이관됐다. 작동했던 76일 동안 TIROS는 지구로 2만 2,952장의 이미지를 보냈다. 각 이미지는 혁명적이었다. 대양의 폭풍은 나선으로 묶인 구조였고, 산과 파도 같은 구름의 구조는 거대했으며, 구름의 패턴은 예기치 못한 속도로 빠르게 변했다. 일찍이 아무도 보지 못한 것들이었다. 과거엔 볼 수 없었고, 또 이해할 수도 없었던 지구의 모습이 기술의 발전 덕분에 제공됐다. TIROS 전에는 전혀 알려지지 않았던 지구의 새롭고 환상적인 장면이었다.

최초의 사진들은 미국 세인트 로렌스 강(St. Lawrence River)을 따라 형성된 구름, 멕시코 바하(Baja) 반도 위, 홍해 인근 이집트를 가로질러 형성된 구름들이었다. NASA 국장이 아이젠하워 대통령에게 이 장엄한 사진을 직접 보여 주었다. 대통령은 기자회견을 자청해 이 숨막힐 듯한 사진들의 자세한 내용을 미국 대중과 공유했다. 《뉴욕 타임스》는 1면에 TIROS를 다룬 4단 크기의 기사를 실었다.

대륙을 강타하기 전 바다에서 막 형성된 폭풍의 사진을 볼 수 있다는 사실 자체가 수많은 사람을, 적어도 수백만 명을 믿을 수 없을 정도로 놀라게 만들었다. 현대 과학의 놀라운 업적이었다. 잡지《내셔널 지오그래픽*National Geographic*》은 1960년 8월호의 상당 부분을 이 기념비적인 이미지에 할애했다.

위성들 덕분에 윌리엄 H. 고델은 해외 정보 분야에 접근할 수 있었다. ARPA 창립 몇 주 후에 채용된 그는 허브 요크에 이어 두 번째로 중요한 일을 맡았다. 고델의 모호한 첫 직함, 해외 개발 실장은 정책 기획 실장으로 바뀌었는데, 이는 그에게 부여된 기밀 업무의 성격을 의도적으로 숨기기 위해서였다. 고델은 ARPA의 심리전 프로그램의 책임자였으며 동시에 해외 연구 프로그램도 총괄했다. 이 두 분야는 베트남전 기간에 강화됐다. 고델이 재정 비리로 FBI의 조사를 받으며 1964년 ARPA를 떠난 사건은, 조직의 55년 역사상 가장 논란이 많았고 치명적으로 유해한 유산이 되었다. ARPA의 공식 기록에서 그의 존재는 명백하게 지워졌다. "국방부 도서관이 수장하는 자료에 고델을 다룬 정보는 없다." 펜타곤 사서 마이론 "마이크" 핸선(Myron "Mike" Hanson)은 2013년에 그렇게 말했다. 국립문서보관소(National Archives)에서 기밀 해제된 문서와 정보의 자유법(FOIA)에 따라 다른 곳에서 얻어진 자료들은 흥미로운 이야기를 전한다.

윌리엄 H. 고델은 첩보 분야에서 일을 시작했다. 검은 쥐 4마리를 실은 디스커버러 Ⅲ이 발사될 당시 그는 첩보원들과 함께 일한 경험이 이미 10년을 넘었다. 그는 군과 민간 정보 분야를, 즉 국방부와 CIA를 오가며 당당하고 자신감 넘치는 태도로 일했다. 해병 정보 장교에서 시작해 1958년 2월 ARPA에서 일하게 될 때까지 고델은 미 정보기관들의 최상층부에서 이미 탁월한 업적을 쌓았다. 그는 애국심이 높고, 용맹했으며 지적으로 대담한 인물이었다. 1940년 19세의 나이로 미 해병에 입대해 21세 1개월에 태평양의 정글이 뒤덮인 외진 섬인 과달카날에서 전투에 참여했다. 연합군이 일본군과 맞선 대대적인 공세에서 처음으로 승리한 전투였다. 과달카날에서 고넬은 다리에 총을 맞고 치명적인 부상을 당했다. 다리에 버팀 쇠를 박아야 했고 평생 절룩였다.

전쟁이 끝난 뒤에 고넬은 국방부의 군 정보 분야에서 일했다. 상관인 그레이브스 B. 어스킨(Graves B. Erskine) 소장은 이미 두 번의 세계대전에 참전했던 용맹한 전쟁 영웅이었다. 제2차 세계대전에서 47세의 어스킨 장군은 해병 제3사단을 이끌고 이오지마 전투를 치렀다. 1950년 봄 어스킨 장군은 중요 임무를 맡아 동남아시아로 파견될 때, 고넬이 자신을 수행하게 했다. 이 임무 덕에 윌리엄 H. 고넬의 세계를 보는 눈이 달라졌으며, 이는 향후 14년간 국방부에서 일하는 방식에도 영향을 미쳤다.

1950년 7월에 어스킨과 외교관 존 F. 멜비(John F. Melby)의 임무는 표면적으로는 동남아시아에서 미국이 장기적으로 추구해야 할 목표의 본질을 파악하는 일이었다. 그러나 비밀로 분류된 실제 목적은 공산주의자의 지원을 받는 반군 또는 게릴라들이 베트남에서 어떻게 프랑스의 식민 통치에 저항하고 약화시켰는지를 살펴보는 일이었다. 멜비와 어스킨 팀이 베트남에 도착했을 때 프랑스군 장교들은 어스킨 장군과 그의 동료들에게 읽어 보라며 5,000페이지 가량의 보고서를 주었다. 어스킨은 이를 어처구니없다고 생각했다.

그는 고넬과 동료들에게 프랑스군은 "나폴레옹 이래 전쟁에서 이겨 본 적이 없다"고 했다. "전쟁에서 지고 있는 2류의 말을 들을 필요가 있을까?" 어스킨 장군은 보고서를 읽는 대신 팀원들에게 프랑스 원정군의 남베트남 부대원들과 함께 현장에 나가 직접 군사 정보를 평가하라고 했다. 몇 주 동안 어스킨 팀은 베트남과 인접한 라오스와 캄보디아 국경 지대의 군 기지들을 돌아보는 베트남 병사들을 따라다녔다. 어느 날 밤 어스킨 일행은 공산 반군 캠프를 매복 공격하는 남베트남 부대를 따라 나갔다. 프랑스 측은 남베트남 부대에 베트민이라 불리는 공산주의자 병사들을 생포해 프랑스 원정군 본부에서 심문하라고 명령했다. 프랑스 측은 베트민 병사들을 심문해 전략적 우위를 얻을 만한 정보를 빼낼 수 있다고 믿었다.

매복은 성공했으나 임무는 실패였다. 사후 보고에서 고델의 동료 닉 소프(Nick Thorpe) 대위는 이유를 이렇게 설명했다. "베트남군은 머리와 몸이 붙은 채로 반군을 데려오라는 명령을 거부했다." 고델에게 이것이 주는 함의는 대단히 깊었다. 프랑스는 반군의 정신을 원했으나 남베트남 군인들은 그들의 머리만 가져왔다. 프랑스 지휘관들은 정보를 원했으나 남베트남 병사들은 복수를 원했다.

고델은 프랑스 식민주의자들이 식민지 전쟁 규칙에 따라 베트민 게릴라들과 싸우려 했다고 보았다. 그러나 프랑스군의 무기로 무장하고 훈련을 받는 남베트남군은 다른 규칙에 근거해 다른 종류의 전쟁을 수행하고 있었다. 게릴라전은 비합리적이며 비대칭적이었다. 이는 적의 머리를 잘라 그들의 본거지에 경고 메시지를 보내는 것과 같은 행동을 포함했다. 1950년 봄 베트남에서 게릴라전을 직접 목격한 윌리엄 H. 고델은 미국이 미래 전쟁에서 어떻게 싸울지에 대한 그의 관점을 바꾸었다. 게릴라전은 심리전을 포함하고 있었고 이는 고델에게 승리를 위한 필수 요소였다.

세계를 반 바퀴 돌아 한국에서, 한국 전쟁의 가장 치열한 전투가 벌어지는 동안 ARPA의 가장 특이한 심리전 프로그램이 벙커힐 전진 기지(Outpost Bunker Hill)라 불린 언덕 근처에서 시작됐다. 1952년 가을 서부 전선, 미 해병 1사단 병사들은 쥐가 들끓는 참호에서 추위와 피로에 지쳐 있었다. 몇 달간 해병대원들은 이 지역 고지를 놓고 적과 전투를 벌이던 중이었다. 언덕배기 하나를 점령하면 해병들은 삽으로 땅을 파 벙커와 참호를 건설했다. 때때로 휴식을 취하기도 했다.

한국 전쟁은 수많은 다른 전쟁과 마찬가지로 북과 남의 내전으로 시작됐다. 1950년 6월 이 내전은 국제전이 되었다. 남한을 도우려고 UN이 참전했고 북한을 도우려고 중화인민공화국이 참전했다. 국제전은 더글러스 맥아더(Douglas MacArthur) 장군이 이끄는 UN군과 함께 기동전으로 시작됐다. 초기 육상 공격은 미군 공군력의 도움을 받았다. 그러나 2년 이상의 전투가 지속되던 1952년 가을, 전쟁은 제1차 세계대전을 규정하고 교착 상태를 상징하게 된 고통스러운 전쟁 방식인 참호전으로 옮겨 갔다.

"땅 파기를 싫어했다." A. 로버트 아부드(A. Robert Abboud), 벙커 힐 전진 기지의 해병 1사단 중대장은 회고했다. 아부드는 "중국군들은 땅을 정말 잘 팠다. 그들에겐 트럭이 돌아다니는 땅굴도 있었다"고 말했다. "그들은 항상 지하에 있었기 때문에 공군력을 사용할 수도 없었다."

그러나 벙커 힐 전진 기지의 해병들에게 이런 땅굴들은 생명줄과 같았다. 그들은 삽으로 파고 또 파서 적의 공격으로부터 어느 정도 안전을 확보해 주는 참호와 땅굴의 미로를 만들어 냈다. 아부드는 "우리가 만든 참호엔 진짜 가로 세로 15센티미터짜리 목재가 있었다. 이것으로 지붕을 만들고 그 위에 모래주머니를 쌓아 두었다"

고 설명했다. 이런 식으로 해병은 지형지물을 따라 진지를 구축했다. 개개의 해병대원은 자신들의 언덕을 지켜야 했다. "누구도 자신의 지역을 침범하지 못하도록 확실하게 지켰어야 했다." 아부드의 말이다. 해병대원들은 서로 의지했다.

침투하는 적을 막는 일은 혹독하고 잔인한 작업이었다. 날씨는 지옥 같고 추웠다. 눈이 올 때가 많았으며 참호엔 쥐가 돌아다녔다. 아부드가 "대검을 찬 어린아이들"이라고 부른 젊은 병사들은 늦은 밤 어둠 속에서 언덕 아래의 논으로 내려가 순찰을 돌아야 했다. 그들은 대검으로 땅을 찔러 중국군이 설치한 지뢰를 찾았다. 때로는 장교들이 경계 철선이 훼손되지 않았는지 확인하는 위험한 순찰을 이끌었다. 아부드 자신도 몇 번을 나갔는지 기억하지 못할 정도로 자주 순찰을 돌아야 했다. 기관총을 담당한 젊은 장교인 부중대장이 순찰에 나설 때도 있었다. 아부드는 부중대장 앨런 매이시 덜레스(Allen Macy Dulles)의 안전에 특별히 책임감을 느꼈다. 이 젊은 장교의 아버지인 앨런 웰시 덜레스(Allen Welsh Dulles)가 CIA의 부국장이었기 때문이다.

개인적인 인연도 있었다. 아부드와 매이시 덜레스는 소년 시절부터 알고 지냈다. "앨런이 엑서터(Exter)*에 다녔고 토론 팀에 있어 그를 알았다"라며 아부드는 "나도 록스베리 라틴(Roxbury Latin)**의 토론 팀에 있었다"라고 말했다. 이곳은 보스턴의 유서 깊은 사립학교다. 두 소년은 고전에 대한 열정과 고대 그리스에 대한 열망을 공유하며 친구가 됐다. 실제로 둘은 고전을 공부했다. 앨런 매이시 덜레스는 프린스턴에서, 아부드는 하버드에서 공부했다. 그리고 이제

---

* 미국 뉴햄프셔의 명문 공립 고등학교다.
** 1645년에 설립된 미국에서 가장 오래된 남자 사립학교라 자칭한다.

는 해병으로 한국에 있다. 아버지가 CIA 부국장이었지만 매이시 덜레스는 한국에서 어떠한 특별 대우도 바라지 않았다. 아부드는 위험한 저녁 순찰에서도 자신이 동등한 몫을 담당해야 한다고 고집했다고 전했다.

두 사람 모두 부유층 출신이지만 덜레스는 그 정도가 각별했다. 아버지가 CIA에서 높은 지위에 있었고, 큰아버지 존 포스터 덜레스 (John Foster Dulles)는 얼마 후 미국의 국무장관이 되었다. 고전을 공부했기에, 아부드는 카르타고에서 현대에 이르기까지 전쟁의 역사에는 적군에게 포로로 잡혀 협상 카드로 사용된 왕자들의 이야기가 가득하다는 것을 알고 있었다. 이런 이야기들은 거의 비극으로 끝나고 만다. 젊은 앨런 매이시 덜레스가 생포되어 중국 공산당의 전쟁 포로가 될 거라는 생각이 아부드를 괴롭혔다. 때때로 잠을 이루지 못할 정도였다.

아부드는 그럼에도 "우리는 교대로 나가 전선을 점검했다"고 회상했다. 아부드는 앨런에게 이것이 좋지 않은 생각이라고 이야기했다. "내가 '앨런, 너를 밖으로 내보낼 수 없다. 네 아버지는 CIA 부국장이다. 네가 생포되면 어떻게 하나?'고 말하면, 그는 '나는 해병대 장교다. 내가 밖에 나가야 할 차례면 내가 나간다'고 말하곤 했다."

앨런 매이시 덜레스는 1952년 11월의 어느 운명적인 밤에도 그 일을 했다.

"제발 다치지 말게." 아부드는 친구의 등 뒤에 대고 말했다.

덜레스는 벙커를 벗어나 밖으로 나갔다. 아부드는 앨런이 모래주머니 위를 올라 언덕의 가파른 경사 아래로 기어 내려가는 모습을 보았다. 그다음 무전기에 귀를 기울였다.

"심장이 목구멍으로 치밀어 오르는 듯했다." 아부드는 기억했다.

"신이여! 제발 이곳에서 아무 일도 일어나지 않게 해 주십시오"라고 기도했다.

덜레스는 해병이 설치한 간이 철조망 울타리까지 꽤 멀리 걸어 내려갔다. 적이 그곳의 나선형 철조망 울타리 일부를 잘라 놓았다. 덜레스는 주머니에서 장비를 꺼내 수리하기 시작했다. 그때 갑자기 그 일대는 귀가 막힐 정도의 소음에 휩싸였다. 적이 박격포로 공격해 왔다.

"덜레스 중위가 맞았다!" 무전을 통해 외치는 소리가 들렸다.

로버트 아부드는 해병 4명과 들것을 차출했다. 덜레스를 찾고자 벙커를 나가 언덕 아래의 개활지로 뛰어 내려갔다. 울타리에서 멀지 않은 곳 땅바닥에 누워 있는 덜레스가 발견됐다.

"그를 찾았다." 아부드는 회고했다. 상황은 처참했다. 덜레스의 전투 헬멧은 머리에서 튕겨져 나가 있었다. 피와 파편이 땅을 뒤덮었다. 그는 의식이 없었다. 맥박도 희미했다. 아부드는 친구의 전투 헬멧을 집어 들었다.

아부드는 "전투 헬멧에 그의 머리가 꽤 담겨 있었다"고 말했다.

구조대는 부상당한 덜레스를 수습해 들것에 누이고 벙커로 돌아왔다. 구조 헬리콥터가 도착하자 덜레스를 그 안으로 옮겼다. 아부드는 시코르스키 헬리콥터가 날아가던 모습을 기억했다. 이 소식은 빠르게 워싱턴 D.C.에 도착했다.

"해병 중위 앨런 매이시 덜레스, CIA 부국장의 아들이 한국에서 중상을 입었다." AP뉴스가 사고 다음 날에 보도했다. 구조 헬리콥터는 덜레스를 한국의 바다 외곽에 떨어져 정박해 있던 병원선인 콘솔레이션(USS Consolation)으로 이송했다. 덜레스는 맥박 등 생명의 징후는 있었지만 의식이 돌아오지 못한 채 그곳에 머물렀다. 그는 22세였다.

"의식이 없었다. 3주였는지, 한 달이었는지 모르겠다." 앨런의 누나 조앤 덜레스 톨리(Joan Dulles Talley)는 90세였던 2014년에 회고했다. "처음엔 아무런 의식이 없었다. 사람이나 환경적 자극에 어떤 반응도 보이지 않았다. 그러나 반응이 서서히 돌아왔다. 의사들은 한쪽 귀의 청력을 잃었지만 정상인처럼 말은 할 수 있다고 했다. 처음에는 희망이 있었다. 그를 집으로 데려왔을 때 앨런은 정상처럼 보였다. 그러나 시간이 지나도 정상적인 생활을 영위할 수 없었다. 그제야 우리는 그가 정신을 다쳤다는 사실을 깨달았다."

덜레스는 치명적인 뇌 손상을 입었다. 장래가 촉망되던 젊은 학자이자 용감한 해병이었던 CIA 부국장의 아들은, 조앤 덜레스 톨리의 말에 따르면 "두 개의 세계에 갇혔다. 어느 먼 곳에 붙잡혀 있는 듯했다." 톨리는 이어 말했다. "앨런은 그곳에 있었으나 진짜 있지는 않았다. 너무나 가슴 아픈 비극이었다. 그는 너무 젊었다. 그는 머리가 매우 좋았던 사람이었다. 다른 수많은 젊은 병사처럼 무엇이든 할 수 있는 미래를 가졌었지만 이제는 아니다."

1952년 11월 이 당시에 인간의 뇌는 아직 미지의 영역이었다. 정신과 그 과정을 연구하는 인지과학은 아직 암흑기였다. 생물학, 화학, 유전학, 컴퓨터 과학 등을 아우르는 학제적 연구 분야인 신경과학 또한 아직 존재하지 않았다. 그로부터 3개월이 지나서야 제임스 D. 왓슨(James D. Watson)과 프랜시스 H. C. 크릭(Francis H. C. Crick)이 자신들이 유전자를 운반하는 분자, 즉 DNA의 구조를 규명했다고 발표했다. 인간 뇌를 묘사하고 초정밀 이미지를 만들어 내는 최첨단 컴퓨터는 개발 전이었다. 미국 병원에서는 정신병을 치료하는 수단으로 뇌의 전두엽 일부를 제거하는 신경외과적 수술인 전두엽

절제술이 시행되고 있었다. 1952년에 뇌 과학은 지구의 중심이나 달의 표면처럼 신비의 영역이었다. 우주에서 미아가 되어 버린 사람처럼 앨런 매이시 덜레스가 지구로 되돌아올 희망은 거의 없었다.

매이시가 미국으로 후송된 지 몇 주 지나지 않은 1953년 1월에 아이젠하워 대통령은 그의 부친 앨런 웰시 덜레스를 CIA 국장으로 선택했다. 그는 뇌를 다친 아들을 돕는 일이라면 자신이 할 수 있는 모든 일을 하기로 작정한 터였다. 그중 가장 눈에 띈 일은 세계적인 명성을 가진 신경학자이자 뉴욕병원 소속 코넬 메디컬센터 소장이며, 최고의 뇌 전문가인 해롤드 G. 울프(Harold G. Wolff) 박사를 고용한 것이었다. 편두통 연구의 세계 최고 권위자였으며 뇌 활동 전반의 연구에서도 선구자였던 울프 박사는 1953년에는 아직 큰 진전이 없었던 심리적 질병 혹은 정신병 전문가였다. 박사는 표면적으로는 저명한 인사였다. 개인적으로는 어두운 그림자가 깃든 인물이었지만 이 사실은 수십 년이 지나서야 알려진다. 1923년에 하버드 의과대학을 졸업한 그는 유럽으로 건너가 오스트리아에서 신경 병리학, 즉 신경계 질병을 공부했다. 그리고 레닌그라드로 가 고전적 조건화(classical conditioning)의 발견으로 유명한 러시아의 생리학자 이반 파블로프(Ivan Pavlov) 밑에서 일했다. 고전적 조건화란 인간의 행위는 보상이나 벌칙으로 강화되거나 약화된다는 개념이다. (파블로프는 1904년에 노벨 의학상을 수상했으며 그의 유명한 조건반사의 개척 덕분에 영원히 기억될 것이다.)

앨런 매이시 덜레스 중위가 뇌 손상을 입고 미국으로 왔을 때 CIA 국장 앨런 웰시 덜레스는 뉴욕의 울프 박사와 접촉했다. 그가 매이시를 회복시켜 줄지도 모른다는 희망이 있었기 때문이다. 울프 박사는 기꺼이 자신이 무엇을 할 수 있는지 모색해 보겠다고 답했다. 그러나 그다음 달에 국가 안보 위기가 미국을 괴롭혔고 웰시 덜레스는 여기 매달려야 했다. 1953년 2월 23일, 미 해병 대령 프랭크 S. 슈와블(Frank S. Schwable)이 북한의 전쟁 포로로 TV에 등장했다. 그는 미국의 제1해병 항공단 소속으로 7개월 전인 1952년 7월 북한으로 전투 임무에 나섰다가 격추됐다. 중국의 라디오에서 방송된 6,000단어 분량의 진술서에서 슈와블 대령은 놀라운 고백으로 세계를 경악에 빠트렸다.

슈와블 대령은 "세균전의 다양한 영역"에 참여하도록 상관들의 매우 세세한 명령을 받았다고 말했다. 또 이미 시행된 구체적인 "현장 실험들"을 열거했으며 군 지휘관들이 "정규 전투 작전"에서 북한의 민간인을 대상으로 생화학 무기를 사용할 계획들을 자신과 논의했다고 말했다. 슈와블은 그들의 이름을 거론했고, 회의를 묘사했으며, 전략을 말했다. 슈와블이 말한 모든 내용이 사실이라면 제네바 협약* 위반이었다. 한국의 UN군 총사령관 마크 클라크(Mark W. Clark) 장군은 슈와블의 주장이 날조라며 즉각 의혹을 부인했다. 그러나 국방부 관리들은 그런 이야기가 얼마나 빨리 통제 불능 상황으로 번질지 알았다.

국방부에서 이 상황의 통제를 맡은 담당자는 윌리엄 H. 고델이었다. 그는 심리 전략 위원회(Psychological Strategy Board, PSB) 담당 부국장이었다. PSB는 국방부와 CIA 사이에서 심리전 작전들을 조율했다. 슈와블 대령의 사태에 대응해 고델은 PSB의 비상 회의를 소집했다. 고델은 슈와블 사례가 최악의 심리전 상황이라고 선언했

---

* 스위스 제네바에서 조인된 4개의 조약으로 이루어진 협약으로, 전쟁 포로나 민간인의 무고한 희생을 줄이려는 노력의 일환이었다. 1864년에 처음 체결되었고 1949년에 4차 협약이 이루어졌다. 이후 2005년까지 수정된다.

다. 기밀 해제된 PSB 비상 회의록에 따르면 참석자들은 여기에 동의했다. 당시나 지금이나 미 정부의 입장은 한국에서 결코 생물학전을 벌이지 않았다는 것이다. 미국은 어떻게 대응해야 할까?

국방부 장관 찰스 윌슨(Charles Wilson)은 "북한을 깎아내리는 전면 공세"를 제안했다. 그는 공산주의자들이 "새로운 형태의 전쟁 범죄, 새로이 정제된 학살 기술, 말하자면 정신 살해 혹은 심리적 살해"를 저지른다고, 국방부가 비난하고 나서길 원했다. 하지만 CIA는 이를 나쁜 생각이라고 판단했다. 덜레스 국장은 "심리적 살해"는 너무 강력한 단어라고 주의를 환기했다. 공산주의자들의 힘을 너무 크게 인정하는 어감이기 때문이다. 그러나 국방부는 어떤 형태로든 하루 빨리 대응해야 했다. PSB 구성원들은 윌슨 장관이 제안한 표현을 조금 순화하는 데 합의했다. 몇 시간 후, 국방부는 슈와블 대령의 발언은 "어떤 말이든 자신들이 원하는 대로 이끌어 내려고 공산주의자들이 정신을 말살시킨" 결과라는 내용의 성명서를 발표했다. 국방부 관리들은 공산주의자들이 미군 병사들에게 하는 짓을 지칭하는 매우 구체적인 이름을 붙였다. CIA가 추천한 단어에 따르면 공산주의자들이 미군 병사들을 "세뇌(brainwashing)"하고 있다고 국방부는 말했다.

이런 CIA의 작전은 3년간 이루어진 노력의 결과물이었다. 사실 "세뇌"라는 단어는 CIA 덕분에 1950년 9월 사전에 등재되었다. 에드워드 헌터(Edward Hunter)라는 기자가 작성한 기사가 마이애미의 일간지《마이애미 뉴스》에 올랐을 때다. 기사 제목은 "세뇌 수법이 중국인들을 공산당 대열에 합류하게 만들어"였다. 헌터는 수십 년간 기자로 활동했지만 동시에 CIA를 위해서도 일했다. CIA는 그와 계약을 맺고 주류 언론을 통해 세뇌 기사들을 대중에 전파했다.

헌터는 "세뇌"가 공산주의자들이 사용하는 교활한 새 도구로 인간성을 박탈해 사람을 "로봇이나 노예로 만들어 버린다"고 썼다. 이 개념이 미국인들의 목을 움켜쥐었다. 정부가 정신을 통제한다는 프로그램은 예브게니 자먀찐(Yevgeny Zamyatin)의 1921년 고전《우리들We》에서 1932년의 베스트셀러, 올더스 헉슬리(Aldous Huxley)의《멋진 신세계Brave New World》까지 수십 년간 디스토피아적 공상과학 소설의 주요 내용이었다. 그러나 헌터는 그건 어디까지나 소설이고 이건 진짜라고 썼다. 핵폭탄 공격으로 모두 불타 죽을지 모른다는 냉전의 위협은 상존했지만 또한 추상적이기도 해서 개인 차원에서는 개념화하기 어려웠다. 1950년에는 사악한 마법사의 주문으로 인간이 통제된다는 이야기처럼 인간이 세뇌당한다는 생각이 대중에게 훨씬 더 쉽게 받아들여질 수 있었다. 세뇌는 사람들을 공포로 몰아넣었다. 그들은 더 알고 싶어 했다.

에드워드 헌터는 이 주제를 다룬 기사들을 거듭 쓴 끝에 한 권의 책으로 만들었다. 그는 공산주의자들이 "인간의 마음을 안개 속으로 몰아넣어 진실이 아닌 것을 진실로, 옳지 않은 일을 옳은 일로 기꺼이 받아들이도록 하는" 술책을 개발했다고 선언했다. 세뇌는 인간을 기억상실로 몰아넣어 "옳고 그름을 기억하지 못하게" 만들 수 있다. 기억이 새로이 심어져서 세뇌된 인간은 "궁극적으로 공산당이 조작하는 대로 움직이는 로봇이 될 때까지 벌어지지 않은 일이 실제로 일어났다고 믿게 된다"고 헌터는 경고했다.

1950년 9월《마이애미 뉴스》기사에서 헌터는 중국이 약물, 최면, 그리고 다른 사악한 수단을 사용해 인간을 "악마 혹은 꼭두각시"로 만드는 "세뇌를 담당하는 전문가 그룹"을 만들었음을 증명하는 정보를 입수했다고 주장했다. 또 공산주의자들의 목적은 미국 시민을 정복하고 난 다음 미국을 정복하려는 것이라고 말했다. 같은 주제를 다룬 또 다른 책에서 헌터는 "세뇌라 불리는 정신 학살"을 뒷받침하는 과학을 설명했다. 조건 형성을 통해 공산주의자들은 인간의 본성을 바꾸려고 한다. 인간을 개미로 만드는 것이다. 헌터는 "전체주의 국가는 인간을 곤충으로 만들려 한다"고 선언했다. "뇌를 바꾸는 것은 모든 사악한 과정의 정점이다." "뇌는 과학을 만들어 냈고 이제 그에 종속되려 한다." 심지어 의회는 공산주의자의 심리전(세뇌)을 논의하는 비미 활동 위원회(Committee on Un-American Activities)에서 증언하도록 헌터를 초빙했다. 그는 작가와 해외 특파원 자격으로 출석했으며 CIA 스파이라는 그의 역할은 전혀 언급되지 않았다.

미국 전역의 심리학자들이 헌터의 생각을 그대로 반복해 심리 통제라는 점증하는 두려움을 더욱 키웠다. 《뉴욕 타임스》에 실린 기사에서 저명한 심리학자이자 과거 나치의 포로였던 요스트 메이를로(Joost A. M. Meerloo)는 세뇌가 실제이고 가능하다고 동의했다. "전체주의자들은 자신들의 목적을 위해 인간의 정신이 작동하는 방식에 관한 지식을 남용했다."

헌터가 1950년 가을 이 개념을 처음 언급하면서 시작된 세뇌와 그 사악한 힘에 대중의 관심이 집중되면서, 1953년 겨울 세뇌당한 해병 대령 프랭크 슈와블의 이야기는 놀랍도록 빠르게 사라져 버렸다. 처음에는 언론의 관심이 상당히 쏠렸지만 곧 시들었다. 이는 윌리엄 H. 고델이 막후에서 노력한 덕분이었다. 고델은 슈와블을 포함한 수천 명의 전쟁 포로를 석방하기 위해 미 국방부와 북한 정부 사이를 오가는 연락책 역할을 담당했다. 국립 문서보관소에 있는 자료의 수는 매우 제한되어 있고 많은 내용이 아직 기밀로 분류되어 있다. 그러나 윌리엄 H. 고델이 이 일을 매우 효과적으로 수행했다고 드러나 있다. 1953년 여름, 포로로 잡힌 조종사 대다수는 돌아왔다. 이들 상당수가 TV에 등장해 거짓 자백을 강요하는 고문을 받았다고 했다. 이로써 견고한 하나의 담론이 부상했다. 사악한 공산주의자들은 미국인들을 "세뇌"하려 했다. 강조점은 "하려" 했으나 실패했다는 데 있었다. 슈와블은 자신이 말한 전부를 번복했으며 리전 오브 메리트(Legion of Merit) 공로훈장을 받았다. 슈와블이 체력과 인격에서 자신을 세뇌하려 했던 공산주의자들보다 더 강하고 우월했다는 개념을 미국 대중은 팔 벌려 환영했다.

앨런 매이시 덜레스 상태는 더 나아지지 않았다. 뇌 손상은 그의 전두엽 피질에 손상을 가해 영원한 단기 기억상실증, 혹은 순행성 기억상실 환자로 만들어 버렸다. 그는 단기 기억으로 만들어진 새로운 정보를 장기 기억으로 이전하는 능력을 상실했다. 자기 자신이 누구인지는 알지만 자신이 어디에 있었는지 등의 내용을 기억하지 못했다. 혹은 그게 어떤 날이었는지, 혹은 자신이 20분 전에 무엇을 했는지 기억하지 못했다.

"그는 그 순간에 있다. 100% 현존할 뿐이다." 조앤 톨리의 말이다. "그러나 지금 발생하는 그 무엇에도 더이상 머물지 못한다. 그는 전쟁까지, 부상의 순간까지를 전부 기억한다. 그다음엔 기억하는 게 전무하다." 엑시터에서 보낸 10대 소년 시절 기억은 모두 선명하며 가장 즐거운 추억이다. 프린스턴에서 공부한 고전 지식과 고대 그리스의 전쟁사도 꽤 많이 기억했다. 해병에서의 훈련도 기억했지만 부상당한 순간부터는 암흑만 존재할 뿐이다. 완전히 백지였다. "당신이 그에게 말하고 난 10분 뒤에 그는 당신이 한 말을 전혀 기억하지 못한다." 조앤 톨리는 말했다. "불쌍한 앨런이 편집증적인 행동을 보이기 시작했다." 음모론적인 사고가 그의 마음을 괴롭혔다. 그는 모두 나치의 잘못이라고 주장했다. 유대인들의 잘못이며 자신의 아버지는 아버지가 아니고 나치의 스파이라고 생각했다. "정신과 의사들은 정신병이라고 말하려 했다. 앨런은 지금 정신분열증으로 고통을 받는다고 말이다. 그 병은 당시엔 새로운 진단이었다. 문제만 있으며 모조리 정신분열증 탓을 했다."

야망이 컸던 해롤드 울프 박사도 앨런 매이시 덜레스는 돕지 못했다. 매이시의 아버지가 고용했던 어떤 의사도 마찬가지였다. 매이시는 정신병원으로 옮겨졌다. 메릴랜드 록빌(Rockville)에 있는 체스트넛 롯지(Chestnut Lodge)였다. 이곳은 정신적 붕괴를 경험한 CIA 간부들이 가는 악명 높은 곳이었다. 이곳에서 얼마나 많은 진료가 이루어졌는지는 여전히 논쟁의 여지가 있지만, 이 시설은 안전하고 보안이 철저했으며 사생활을 보호해 주었다. 조앤 톨리는 그곳에 갇혀 있는 앨런을 보는 게 고통스러웠지만 규칙적으로 방문했다.

"앨런은 심각한 뇌 손상에 시달렸다." 그녀는 말했다. "물론 그는 미치지 않았다…. 앨런은 뇌 손상을 입기 전, 전쟁 전에는 매우 총명했다. 그는 자신이 한때 대단히 지적이었으나 더이상 그렇지 않다는 걸 마음속 깊은 곳에서 아는 듯했다. 그의 삶에서 총명함은 끝났다. 더이상 그런 총명함은 없으리라는 생각이 그를 미치게 만들었다." 앨런 매이시 덜레스는 이 병원에서 저 병원으로 옮겨 다녀야 했다. 마침내 그는 해외로 보내졌다. 스위스 어느 호숫가 요양원이었다. 이곳에서 전쟁 전처럼 조용하고 사적인 삶으로 돌아갔다. 조앤 톨리는 심리학을 공부하려고 취리히로 이사했고 매주 그를 방문했다.

해롤드 울프 박사는 사라지지 않았다. 그는 기억상실증에 시달리던 아들을 치료하면서 CIA국장 덜레스와 친해졌다. 울프 박사는 CIA에 대담한 제안을 했다. 유사한 분야의 연구 계획이었다. 세뇌가 자신이 한때 소중하게 생각했던 것을 잊게 만드는 시도 이상의 것이 아닐까? 울프는 이 주제엔 연구할 거리가 많다고 여겼다. 한국전 전쟁 포로들이 초래한 세뇌 위기는 지나갔다. 그러나 세뇌 기법에서 배워야 할 게 많이 있었다. 인간은 정말 개미, 로봇, 노예로 바뀔까? 인간은 진짜 기억을 잃게 될까? 그렇다면 심리전의 주요 수단이 될 수 있다. CIA는 흥미를 느꼈고 윌리엄 H. 고델도 그랬다.

1953년에 울프 박사는 CIA와 계약을 맺어 뉴욕 시 코넬 의과대학의 동료인 로렌스 힝클(Lawrence Hinkle) 박사와 함께 세뇌 기법을 탐구했다. 작성에 2년 이상이 걸린 그들의 기밀 보고서는 공산주의자들의 세뇌 기법에 대한 결정적 연구였다. 거기서 작업은 더 확장됐다. 두 사람은 곧 CIA의 지원을 받아 행동 수정과 마인드 콘트롤 분야의 실험을 수행했다. 이 프로그램은 인간 생태 조사 학회(Society for the Investigation of Human Ecology)로 불렸다. 그들의 과업 중에는 한국전 기간 전쟁 포로가 됐던 병사들을 연구하는 내용도 있었다. CIA와 DARPA는 2005년에 이 연구를 다시 들여다본다.

국방부에서 전쟁 포로들의 세뇌 추문을 능숙하게 다룬 윌리엄 H. 고델은 더 강력한 지위로 옮겨 갔다. 1953년부터 그는 국방부 장관 직속 특수 작전국의 부국장이 되었다. 고델의 상관은 그레이브스 B. 어스킨 장군이었다. 고델은 국방부와 CIA, 그리고 국가 안보국을 이어 주는 연락 담당자였다. 윌리엄 H. 고델에 대한 신임이 높아 때때로 그는 중요한 회의에서 국방부 부장관을 대리하기도 했다. 비밀 해제된 국무성의 메모에서 고델은 "심리전의 기법과 실천에 관한 국방부의 전문가"라는 찬사를 들었다. 그는 1955년부터 1957년까지 여러 가지 다른 기밀 프로그램들에 참여해서 전 세계에 많은 족적을 남겼다. 정부 내 합동 정보단(Joint Intelligence Group) 소속으로 그는 "전 세계 공산 국가에서 포로로 잡힌 미국인들의 구출 활동을 지원하는 정보의 수집과 평가, 배포"를 담당했다. 고델은 특수 작전국의 부국장으로 해군에 복무하면서 남극의 지도를 작성하는 해군의 임무 중에 기밀로 분류된 영역을 담당했다. 1956년 3월 남극의 퀸 모드 랜드(Queen Maud Land)의 해안에서 떨어져 나온 폭 8킬로미터짜리 얼음 덩어리가 그의 이름을 따 고델 아이스포트(Godel Iceport)로 명명되기도 했다. 그러나 그의 진정한 열정은 반군 진압에 있었다.

1957년에 고델은 미국 전역의 군사 대학들을 돌면서 미국이 조만간 베트남처럼 구석진 곳에서 전쟁을 하게 될 것이라는 견해를 발표했다. 여러 방식으로 군 관계자인 청중들에게 미국은 공개적이지는 않지만 이미 이런 전쟁을 하고 있다고 이야기하곤 했다. 강의에서 그는 디엔비엔푸*에서 프랑스가 패배할 때까지 미국은 "전쟁 비용의 80퍼센트를 지불했다"고 언급했다. 고델은 미국이 "핵무기를 사용하지 않고, 북부 독일 평원 같은 지역이 아닌 곳에서 벌어지며, 미군이 반드시 참전할 필요가 없는 전쟁에서 싸우는 방법을 배워야 한다"고 믿었다.

고델은 자신이 미래의 전쟁이 어떤 모습일지 안다고 믿었다. 적군이 어떻게 행동할지 말이다. 그들은 베트남에서 목격한 매복과 참수 같은 비정규전 전술을 사용한다고 확신했다. 고델은 미국이 치르는 미래의 전쟁에서는 미군 군복을 입은 사람들이 직접 싸우지

---

* 베트남 북부 라오스 인근에 붙은 디엔비엔성의 성도다. 1953년 프랑스는 호치민이 이끄는 베트민과의 전투에서 패한 후 인도차이나에서 손을 떼게 된다.

않는다고 말했다. 이 전쟁에서는 미군의 노하우와 전술을 훈련받고 미군의 무기를 든 현지 전투원들이 싸우게 된다. 미 국방부는 핵 기술뿐만 아니라 다가오는 위협에 대처할 수 있는 기술에 토대를 둔 고도로 발전된 무기들을 개발해야 할 필요가 있다고 고델은 생각했다. 고델은 그가 자랑스럽게 "대담한 요약"이라고 부르는 하나의 이론을 형성했다. 반군은 우월한 규율, 조직, 동기가 있다고 말했다. 그러나 과학과 기술이 "우리" 편에 우월한 이점을 줄 수 있다.

1958년 2월 윌리엄 H. 고델은 새로 만들어진 ARPA의 핵심 보직에 고용된다. 고델은 해외 개발실의 실장으로 ARPA의 해외 비밀 군사 작전을 다루었다. 1950년 베트남에서의 경험을 통해 고델은 미국이 공산주의의 확산을 패퇴시키려면 대반란전(對叛亂戰) 혹은 COIN(counterinsurgency warfare)이라 불리는 새로운 종류의 전쟁을 수행할 필요가 있다고 확신하게 되었다. 이제 자신이 전국 군사 대학의 청중들에게 창설될 필요가 있다고 말해 왔던 바로 그 프로그램들을 만들고 수행하는 자리에 올랐다. 공산주의의 위협을 받는 외국 땅에서, 발전된 과학과 기술에 기반한 미국의 군사력으로 민주주의가 승리하고 공산주의가 실패하게 만들겠다는 취지였다. 이 사명은 곧 고델의 집착이 되었다.

1959년 ARPA 해외 개발실은 정책 기획실로 이름을 바꾸었지만 고델은 책임자 자리를 유지했다. 허브 요크는 ARPA의 수석 과학자에서 국방부 연구 공학(Defense Department of Research and Engineering, DDR&E) 국장으로 자리를 옮겼다. ARPA의 모든 프로그램 관리자는 여전히 그에게 보고했다. 허브 요크와 윌리엄 H. 고델은 비슷한 견해를 공유했다. 미국은 최첨단 기술을 사용해 외국에서 벌어지는 반공산주의 투쟁을 지원하기 위한 잠재적인 연구 개발 능력을 공격적으로 추구해야 한다고 말이다. 대부분의 기술은 아직 존재하지 않았기에 개발되어야 했다. 1960년대 초 요크는 자신의 대리인이자 신임 부국장인 존 매콜리(John Macauley)와 고델의 장기 출장을 허가했다. 아시아와 호주를 돌며 그곳에서 과학과 기술에 기반한 작전을 수립하는 임무였다. 고델은 여전히 ARPA와 국가 안보국, CIA 사이를 연결하는 연락 담당관이었다.

고델은 우메라(Woomera)라고 불리는 남호주의 외진 지역으로 갔다. 국방부는 그곳에 소련을 제외하고는 가장 큰 미사일 사격 연습장을 건설 중이었다. 이 기지는 ARPA의 디펜더 프로그램에 결정적인 역할을 했다. 다음으로 그는 동남아시아로 갔다. 그곳에서, 가장 두드러지게는 베트남에서 계속 증대되는 공산주의 반란 상황을 전반적으로 살펴보고 평가했다. 미국으로 돌아오자마자 고델은 자신이 관찰한 내용의 윤곽을 메모로 정리했다. 1960년 남베트남군은 15만 명으로, 베트민이나 베트콩으로 불리는 3,000에서 5,000명 정도로 추산되는 공산주의자 반군에 비해 숫자에서는 대단히 앞서 있었다. 그럼에도 남베트남은 반군을 통제하지 못하고 있으며 오히려 반군은 점차 더 빠르게 증가하는 추세였다. 남베트남 대통령 응오딘지엠(Ngo Dinh Diem)의 "늘 해 오던 대로 훈련된, 재래식으로 조직된, 그리고 늘 있던 장비로 무장된 군사 조직으로는 반 게릴라 작전을 수행하지 못한다"고 고델은 썼다.

윌리엄 H. 고델은 반군의 독특한 특성에 관한 긴 메모를 국방장관에게 보냈다. 그는 베트남과 인접국인 라오스에 공산주의자들을 지지하는 게릴라가 늘고 있는 상황에서 "문제 해결에 과학적 능력을 이용하는 것의 잠재적 가치"를 강조했다. 고델은 베트남으로 보내져 심리전을 수행할 "집단 수준의 자급적 유사 군사 조직"을

ARPA가 만들어야 한다고 제안했다. 그리고 ARPA가 현지인들에게 무기를 제공해 그들을 미 국방부의 반군 진압 전사로 변신시켜야 한다고 생각했다. "이런 병력들에게 3급에서 4급 수준의 정비를 요하는 재래식 무기가 아니라 낮에는 농부나 택시 운전사지만 밤에는 반 게릴라 전사가 될 능력을 제공해야 한다." 윌리엄 H. 고델은 지금까지 CIA의 특수 작전 부서나 미 육군의 특수 부대 팀들이 담당해 온 영역을 ARPA가 물려받아야 한다고 제안했다. 고델은 낮에는 민간인으로 보이지만 밤에는 유사 군사 조직원의 역할을 담당하는, ARPA의 재정 지원을 받는 자체 군대를 만들어야 한다고 믿었다. ARPA 역사의 새로운 장이 시작됐다.

베트남에서 돌아오자마자 고델은 국방부의 여러 곳을 돌아다니며 자신의 반군 퇴치 방안에 대한 지지를 얻으려 했다. "고델은 정부 내의 여러 사람에게 자신의 견해를 계속해 밀어붙였다. 고델의 인맥이 워낙 좋았고 그들 중 상당수는 고위 요직에 있었다." ARPA의 동료였던 리 허프(Lee Huff)의 말이다. 그러나 아이젠하워 행정부는 고델의 생각에 관심이 없었다. 그의 생각은 대체로 무시됐다. 그는 곳곳에서 가로막혔다. 그러나 새로운 대통령의 등장으로 상황이 달라졌다.

새 대통령이 취임하면 일반적으로 많은 인물들이 교체된다. 존 피츠제럴드 케네디(John Fitzgerald Kennedy)의 취임은 허브 요크의 사직을 의미했다. "케네디가 1960년 선거를 이겼을 때 나는 정치인들이 말하는 레임덕을 겪었다." 요크는 나중에 이렇게 말했다. 물론 물러나는 일이 아쉽지는 않았다고 덧붙였다. 더이상 "급한 일을 해결하려고 발을 동동거릴 필요가 없어졌다." 요크는 자신이 ARPA에 있으면서 성취한 업적에, 그가 국방부에서 관리 감독한 "진정으로 혁명적인 변화들"에 자부심을 느꼈다. 제일 위에는 그가 제작을 도운 핵무기가 있었다. "아이젠하워 임기 말에 우리는 대략 대륙간 탄도 미사일 1,075개(미니트맨 805개, 아틀라스와 타이탄 270개)를 배치한다는 확고한 계획과 결심을 지녔다"고 요크는 자랑스레 언급했다.

그는 이런 업적이 모순적인 현상을 가져왔음도 인정했다. "우리의 핵 전략과 기저에 깔린 객관적 상황은 끔찍한 딜레마를 만들어 냈다." ARPA의 디펜더 프로그램을 몇 년간 추진한 다음 그는 "핵무기의 시대에 민간인 방위는 과거에도 그리고 앞으로도 불가능한 영역에 남게 되리라고 결론을 내렸다"고 했다.

1960년 1월 20일 정오, 존 F. 케네디가 미국의 35대 대통령으로 취임했다. 그로부터 일주일 남짓 만에 요크는 공식적으로 직무에서 손을 뗐다. 요크는 대통령이 취임하던 "그 순간 나는 국방부의 고위 잔류자로 국방장관이 됐다"고 설명했다. 포드 자동차의 최고 경영자였던 로버트 맥나마라(Robert McNamara)가 케네디 정부의 국방장관으로 지명됐지만 청문회의 인준 절차가 얼마나 걸릴지 몰랐다. 그 기간 동안 누군가 미국의 핵무기를 관리해야 했다. 대통령이 언제든 핵을 발사할 수 있게끔 암호와 다른 자료가 담긴 서류 가방, 이른바 핵 가방을 늘 들고 다녀야 하는 관례가 아직 만들어지지 않았을 때였다. 1961년 1월 그 가방을 들고 다니며 "대통령이 명령할 때 핵무기가 발사되도록 준비하는" 역할은 국방장관이 담당했었다고 요크는 말했다. 이 말은 그 순간 미국의 모든 핵무기는 허브 요크의 손에 있었다는 뜻이다.

워싱턴 교외 요크의 집 침실에는 특별히 빨간 전화기가 설치되어 있었다. 이 전화기엔 빨간 플라스틱 등이 크게 달려 있어서 요크가 필요한 순간에 깜빡거렸다. 연결된 곳은 단 한 곳으로, 국방부 지하에 설치된 전시 상황실이다. 케네디가 취임한 다음 날 요크는 전시 상황실에서 어떤 일이 벌어지는지 보기로 했다.

"내가 문을 두드렸을 때, 어느 소령이 문을 조금 열었다"고 요크는 전했다.

문틈 뒤에서 그 사람이 물었다. "무엇을 원하십니까?"

"나는 국방장관 대행입니다." 요크는 답했다.

"잠시 기다리십시오." 그 사람이 말했다. 그는 요크 앞에서 문을 부드럽게 닫았다. 잠시 뒤 그 남자, 육군 소령은 돌아와 허브 요크를 어떤 허세도 없이 문 안으로 들여보내 주었다. 요크는 둘러보았다. 이곳에서 국방부는 미국의 안보에 가장 위협이라고 여겨지는 세계의 상황들을 특별히 "주시"하고 있었다. 한 곳은 아직 자이르(Zaire)라고 불리지 않았던 콩고 중앙아프리카 공화국이었다. 그곳의 광물이 풍부한 지역인 카탕가(Katanga)에서 반군이 활동하고 있었다. "다른 곳은 라오스"로 베트남의 혼란스런 이웃 국가였다고 요크는 회상했다. 미국의 다음 대통령 3명의 임기는 베트남 전쟁이 좌우했다. 그러나 당시 미국의 보통 사람들에겐 "라오스나 베트남 어느 쪽에도 특별한 일이 벌어지지 않았다. 그리고 베트남은 대중의 관심사가 아니었다."

그다음 주에 로버트 맥나마라가 새 국방장관으로 인준됐다. 하지만 아무도 요크의 집에 가서 빨간 전화를 철거하지 않았다. "그 전화기는 내가 워싱턴을 영원히 떠날 때까지, 4개월 뒤에도 그대로 남아 있었다." 요크의 말이다.

2부

베트남 전쟁

THE VIETNAM WAR

7장

기술과 장비
Techniques and Gadgets

베트남 전쟁에서 기습공격이 벌어져 처음으로 군사 고문 2명이 사망했다. 데일 뷔스(Dale Buis) 소령과 체스터 오브난(Chester Ovnand) 상사는 사이공 북쪽으로 40킬로미터 떨어진 남베트남 육군 주둔지의 식당에서 6명의 미군 병사들과 앉아 있었다. 이들은 불을 끈 채로 할리우드 영화를 보고 있었다. 《너덜너덜 해진 옷*The Tattered Dress*》이라는 누아르 스릴러 영화였다. 필름 통을 교환해야 했을 때, 기술병이 불을 켰다.

밖에선 일군의 공산 게릴라 전사들이 미 육군 주둔지를 살피면서 공격의 적기를 기다리고 있었다. 불빛으로 현장이 밝아지자 그들은 창문 안으로 반자동 무기를 들이대고 사격을 시작했다. 남베트남 육군 초병 2명과 여덟 살짜리 베트남 소년은 물론, 뷔스 소령과 오브난 상사도 현장에서 사망했다. 방어 조치로 잭 헬렛(Jack Hellet) 소령이 소등하자 공산 게릴라들은 그들이 왔던 정글로 도망갔다.

케네디 대통령은 취임 두 달 만에 국가 안보 분야에서 가장 많은 시간을 베트남과 이웃 라오스 문제에 사용하게 되었다. 아이젠하워 대통령이 전적으로 무시했던 대반란전이 새로운 대통령에겐 최우선 관심사였다. 겨울이 되면서 윌리엄 H. 고델의 말이 먹히기 시작하여 ARPA는 전술 분야에 과감하게 첫발을 내딛었다. 취임 8일째가 되던 날 아침, 대통령은 최고위 측근들을 소집했다. 부통령, 국무장관, 국방장관, CIA 국장, 합참의장, 국방부 부장관을 비롯해 여러 명이 백악관에 모였다. 주제는 "베트남 반군 진압 계획"이었다. 당시 미국에게 베트남은 낯설고 먼 지역이라 그 공식 메모에 비엣-남(Viet-nam)이라 표기될 정도였다. 회의가 끝난 지 이틀 만에 케네디 대통령은 남베트남 육군을 늘리고 훈련하는 비용으로 4,110만 달러 증액을 승인했다. 2015년 기준으로 약 3억 2,500만 달러다. ARPA에 더 중대한 의미가 있었던 건 공식적인 "반군 진압 계획"에 대통령이 서명을 남겼다는 사실이다. 이 중요한 회의로 베트남에서 공산 반군과 싸우는 데 있어 가장 기밀한 측면을 다루는 두 개의 고위급 집단, 베트남 태스크 포스(Vietnam Task Force)와 특별 그룹(Special Group) 창설의 길이 열렸다. 윌리엄 H. 고델은 두 집단의 구성원이었다.

임기 초부터 케네디 대통령은 전통적이고 낡은 군사적 사고방식과는 거리를 두려 애썼다. 퇴임 시 나이가 71세였던 아이젠하워 대통령은 5성 장군에다 제2차 세계대전 당시 동맹군 최고 사령관을 역임했다. 케네디 대통령은 이상과 열정에 충만한 젊고 씩씩한 전쟁 영웅으로, 고작 43세였다. 케네디는 국가 안보 문제에서 보다 융통성 있고 집단 합의제적 정책 형성을 추구했다. 아이젠하워 독트린은 상호 확증 파괴에 근거했다. 케네디 독트린은 추후에 "유연한 대응"으로 알려지게 된다. 신임 대통령은 공산주의가 민주주의를 위협하는 세계 어디에서든 빠르고 유연하게 제한적인 전쟁들을 치를 능력이 미국에 있어야 한다고 믿었다. 그 접근법을 설명하면서 국가라면 "전면전이나 제한전, 핵전쟁이나 재래식 전쟁 등 크거나 작은 모든 전쟁을 억지"할 태세를 갖추고 있어야 한다고 했다.

신임 대통령은 국가 안보 회의(National Security Council)의 구성원을 20명 이상 줄였고, 작전 조정 위원회(Operations Coordinating Board)와 기획 위원회(Planning Board)를 없앴다. 대신 부처 통합 태스크 포스를 만들었다. 이 태스크 포스는 대부분 케네디의 최측근 인사들, 백악관이나 국방부의 아이비리그 지식인들이 좌장을 맡았다. 케네디의 국방장관 로버트 맥나마라는 하버드 경영대학원 출신이었고, 부장관 로스웰 길패트릭(Roswell Gilpatric)은 예일대 법대를 졸업했다. 대통령의 남동생이자 법무장관을 맡은 로버트 케네디는 대통령과 마찬가지로 하버드를 졸업했다. 국가 안보 부보좌관 월트 로스토우(Walt Rostow)와 국제 안보 담당 국방부 부차관보 윌리엄 번디(William Bundy)는 형이자 국가 안보 보좌관 맥조지 번디(McGeorge Bundy)와 함께 예일대를 나왔다. 윌리엄 번디는 하버드 법대도 졸업했다. 역대 대통령 행정부와 비교해 아이비리그 졸업생이 많이 참여했다. 워싱턴 사람들에게 케네디 대통령은 인간의 지적 능력이 다른 모든 능력보다 중요하게 평가되어야 한다고 분명하게 선언하는 듯 보였다. 전쟁은 사고하는 인간의 게임이라고 말하는 것 같았다. 지성이 전쟁을 승리로 이끈다. 맥나마라 국방장관의 정예 요원들은 전직 랜드 연구소 연구원들을 포함해 국방 분야의 지식인들이었다. 그 집단은 맥나마라의 신동이라고 알려졌다.

대통령의 고위 보좌관들은 "비엣-남" 문제가 현안이라는 데 동의했다. 1961년 4월 12일 대통령에게 보낸 메모에서 월트 로스토우는 베트남의 현지 게릴라들과 싸우기 위한 "9개 실행 계획"을 제안했다. 윌리엄 H. 고델이 작성한 "다섯 번째 실행 계획"은 "비엣-남에 연구 개발팀과 군사 장비팀을 보내 현재 동원 가능하거나 연구 중인 다양한 기술과 '장비'들 중에 무엇이 베트남 내 작전에서 유용하거나 적용 가능한지 라이오넬 맥가(Lionel McGarr) 장군과 함께 탐구해야 한다"고 제안했다. 맥가 장군은 베트남 군사 지원 고문단(Military Assistance Advisory Groups, Vietnam, MAAG-V)과 현재 진행 중인 "비엣-남 작전"의 사령관이었다. 이 작전에는 남베트남 육군에 미국의 전쟁 기술을 가르치는 일도 포함되어 있었다. 고델은 기존의 MAAG-V의 노력에 "기술과 장비"를 결합시켜야 한다고 ARPA에 촉구했다.

케네디 대통령은 고델의 제안을 반겼고 개인적으로 추가 정보를 요청했다. 그다음 주 국방부 부장관 로스웰 길패트릭은 "실행 계획 5번"을 자세히 설명한 메모를 대통령에게 제출했다. 그에 따르면 메모엔 공산 반군과의 싸움에 첨단 기술을 활용하는 방안이 들어 있었다. 그는 ARPA가 사이공에 자체 연구 개발 센터를 설립해 정글전에 필요한 특별 맞춤형 신무기를 개발하도록 제안했다. 길패트릭이 말하길 고델의 제안에는 "기술적" 요소와 다른 프로젝트들, 사회학적 연구 프로그램과 심리전 캠페인도 있었다. 베트남 군사 지원 고문단(MAAG-V) 인근의 건물에 세워진 ARPA 시설은 전투 개발 시험 센터(Combat Development and Test Center, CDTC)라 불렸다. ARPA와 MAAG-V, 남베트남 무장 세력이 함께 운영했다. ARPA의 이 프로그램은 유연하고, 능숙하며, 기민하다는 의미의 민첩 프로젝트(Project Agile)로 불렸다.

그다음 달 케네디 대통령은 부통령 린든 B. 존슨(Lyndon B. Johnson)을 보내 남베트남 대통령 응오딘지엠을 직접 만나 "기술과 장비들"이라는 개념에 지지를 얻도록 했다. 하얀 턱시도를 맞춰 입고 사이공에 있는 응오딘지엠의 독립궁전(Independence Palace)에 나란히 선 두 사람의 사진은 전 세계 신문에 실렸다. 자그마한 응오딘지엠은 193센티미터에 가까운 장신이었던 존슨의 어깨에도 머리가 닿지 못했다. 두 사람은 활짝 웃으며 양국 간 지속적인 협력에 대한 굳은 결심을 드러냈다. 미국은 남베트남과 손잡고 두통거리인 공산주의의 뿌리를 뽑으려 했다.

응오딘지엠 대통령은 공공연한 반공주의자이고, 영어에 능숙하며, 가톨릭이고, 교육을 잘 받았으며, 근대 의식이 철저했다. 이 때문에 미국 정부의 강력한 동맹자였으나 대다수 자국민과는 소원했다. 1960년대 초에 대부분의 베트남 사람들은 불교나 도교 신자로 쌀농사를 지으면서 사이공에서 멀리 떨어진 농촌 공동체에서 최저 생활 수준을 영위했다. 응오딘지엠 대통령이 존슨 부통령을 만나서 공산 반군을 물리칠 기술과 장비들을 논의하던 무렵 그는 집권 6년차였다. 응오딘지엠의 정부는 압제적이었고 부패로 악명 높았으나 케네디 행정부는 그럭저럭 꾸려 나가리라 믿었다.

이 회의에서 존슨은 응오딘지엠에게 "[사이공에] 현대 기술과 신 기법을 사용해 공산주의자에 맞서 싸우는 [양국의] 노력을 돕는 [무기를] 개발하고 시험하는 시설을 공동으로 설립하도록 고려하겠다"는 공식 양해각서에 동의해 달라고 요구했다. 응오딘지엠은 동의했고 두 사람은 악수를 교환했다. 이에 따라 민첩 프로젝트가 작동하기 시작했으며 ARPA는 사이공에 무기 실험 시설을 설립할 수 있게 됐다.

"[응오딘지엠은] 아시아의 윈스턴 처칠이다!" 존슨의 이 선언은 유명해졌다.

그다음 달인 1961년 6월 8일, 윌리엄 H. 고델은 민첩 프로젝트의 첫 번째 연구 개발팀과 함께 ARPA의 전투 개발 시험 센터(CDTC)를 설립하러 베트남으로 갔다. 민첩 프로젝트는 이제 "대통령의 관심사"라는 권위를 얻었기에 추진에 탄력이 붙고 고델은 필요한 권한을 가지게 되었다. 새로운 연구 개발 센터는 사이공 강의 해군 공창을 마주한 1층짜리 석조 건물에 위치했다. 각 건물의 창과 문에는 두꺼운 차단막을 쳐 사이공의 맹렬한 열기를 막아 냈다. 모든 건물 내부 천장에는 선풍기가 달려 있었고 타일 바닥에는 야자수 화분이 놓여 있었다. 벽에는 헬멧, 날개, 닻, 그리고 별이 섞인 CDTC의 로고를 담은 포스터 액자가 커다란 베트남 지도와 함께 걸려 있었다. 거의 모든 탁자 위엔 소형 미국 국기 모형과 커다란 유리 재떨이가 놓여 있었다. 일부 건물들엔 ARPA의 행정 요원들이 있었지만 다른 건물들은 과학자들과 기술자들이 작업하는 실험실들이었다. 국립 문서보관소의 사진들은 굵은 활자체로 ARPA라고 찍힌 철제 책상과 탁자, 그리고 접이식 의자를 보여 준다.

출장 기간 동안 고델은 응오딘지엠 대통령을 세 차례 만났다. 어느 방문에서 응오딘지엠은 CDTC를 돌아보았다. 사진에 비친 그는 서구식 복장의 하얀 상의와 모자를 착용한 전형적인 모습으로 자신감이 넘치며 만족스러운 듯 자갈 깔린 복도를 돌아다니고 있다. 응오딘지엠을 수행하던 사람들은 언제나 그의 옆을 지키던 군사 고문단 일행, 항공 선글라스와 반짝이는 군화를 신은 단정한 카키색 군복의 군인들이었다. 고델은 첫 번째 현장 보고서에서 응오딘지엠 대통령이 남베트남에서 미군의 개입은 은폐되어야 한다고 고집했다고 기록했다. 응오딘지엠은 그것이 두 나라가 성공적인 협력 관계를 유지할 유일한 방법이라고 경고했다. 민첩 프로젝트의 성공은 신중

함과 비밀 유지에 달려 있었다. 고델은 여기에 동의했다. 이에 따라 CDTC 인근에 비행기 정비창처럼 보이는 거대한 개방형 작업장이 건설됐다. 베트남 현지 노동자들이 이곳에서 눈에 띄지 않게 민첩 프로젝트의 여러 비밀 무기의 부품을 만드느라 땀을 흘렸다.

8월 무렵 ARPA의 CDTC는 미국인 25명이 참여해 운영되고 있었다. 윌리엄 브룩스(William P. Brooks)가 ARPA의 연구 개발팀을 지휘했으나 공식적으론 응오딘지엠의 합참 참모 부이쾅트락(Bui Quang Trach) 대령이 "책임자"로서 CDTC와 관련된 문서에 서명했다. ARPA의 첫 번째 종사자들엔 군 장교와 민간 과학자, 기술자, 그리고 학자들이 포함됐다. 어떤 사람들은 연구 개발 경험이 있었고 다른 이들은 전투 경험이 있었다. CDTC는 민첩 프로젝트의 사무실인 국방부 2B-261호실과 비밀 전화선으로 연결되어 있었다. 이 프로젝트의 첫해 예산은 상대적으로 약소한 1,130만 달러로, 당시 ARPA의 가장 큰 프로젝트인 디펜더의 10분의 1 수준이었다. 다음 해 민첩 프로젝트의 예산은 전년 대비 2배가 됐고, 그 결과 디펜더와 벨라에 이어 ARPA의 세 번째로 큰 프로젝트가 됐다.

사이공에서 워싱턴 D.C.로 돌아오자마자 고델은 국무부, 국방부, CIA를 돌아다니며 민첩 프로젝트를 설명했다. 1961년 7월 6일 그는 외교관 교육 기관인 포린 서비스 인스티튜트(Foreign Service Institute)에서 비공개 강연을 했다. 그곳에서 그는 베트남 정글에 처음으로 은밀하게 도입될 4개의 군사 장비 프로그램 - 보트, 비행기, 총과 군용견 - 을 논의했다. 겉보기엔 첨단 무기와 무관했다. 보트와 군용견은 전쟁만큼이나 낡은 도구였다. 그러나 ARPA의 "늪 보트(swamp boat)"는 사탕수수 알코올을 태워 작동하는 증기 엔진이 외륜을 돌리는 형태로 독특하게 설계된 보트이며 20명에서 30명

가까이 탑승할 수 있었다. 이 보트가 특이한 이유는 물 깊이가 8센티미터만 되어도 운항이 가능하며 거의 무음으로 작동하도록 설계됐기 때문이다. 1961년 베트남의 밤은 베트콩 공산 반군들이 지배했다. 따라서 메콩 강 삼각주 수로들을 따라 조용히 움직일 만한 보트가 필요했다. 그것을 타고 남베트남 병사들과 미군 특수 부대들이 매복을 피해 적진에 침투해야 했기 때문이다.

ARPA의 군용견 계획은 전통적인 경비견 역할보다 훨씬 더 야심만만했다. 남부 베트남 현지 농부들과 베트콩 전사들을 구분하기가 거의 불가능하다는 사정을 적시하면서 ARPA의 화학자인 피터스(A. C. Peters)와 알톤(W. H. Allton Jr.)은 공식적인 보고서에 다음과 같이 적었다. "[베트남에서] 가장 도전적인 문제의 하나는 적 요원들을 찾아내고 확인하는 일이다." ARPA의 군용견 계획은 인간은 못 하지만 군에서 훈련된 개들은 감지할 수 있는 화학 물질을 개발하는 작업이었다. 꼬리표를 붙여 추적하는 프로그램의 일환으로 남베트남군이 몰래 이 화학 물질을 대규모 집단에 뿌리고 나중에 군사 기지와 같은 의심스러운 장소에 나타난 사람들을 개를 이용해 추적하겠다는 계획이었다.

ARPA의 군용견 계획은 어마어마한 과업이었다. 이 화학 물질은 덥고 습한 기후에서도 효과가 있어야 했다. 개의 후각 추적이 가능하도록 충분한 "흔적"을 남겨야 하며 항공기 살포에 적합해야 했다. ARPA 과학자들이 작업에 집중한 첫 번째 화학 물질은 스쿠알렌(squalene)이라는 상어와 생선의 간에서 나온 기름의 혼합물이었다. 조지아의 베닝 기지(Fort Benning)에서 훈련된 독일 셰퍼드들이 사이공의 CDTC로 보내졌다. 그러나 계획에 차질이 빚어졌다. 육군의 군용견 훈련병들이 "섭씨 37.7도 이상의 기온"을 간과했기 때문이다. 베트남의 정글에서 45분쯤 작업을 진행하고 나자 ARPA의 군용견들은 "더이상의 탐색에 흥미를 잃은 듯 보였다". 정글의 혹심한 열기에 독일 셰퍼드들의 날카로운 후각은 유지되기 어려웠다.

전쟁터에 도입된 민첩 프로젝트의 첫 번째 항공기는 동력 글라이더로, 소리가 전혀 안 들리게 설계됐다. 가볍고 조작이 대단히 간편하지만 휘발유 한 통으로도 정글의 나무 꼭대기 바로 위를 장시간 비행할 수 있었다. 그래서 고델은 이 비행기를 "공중의 폭스바겐"이라 불렀다. 나무 위에 거의 붙어서 날아가기 때문에 게릴라 전사들이 발견해 격추시키기가 거의 불가능했다. ARPA의 동력 글라이더는 무인기(드론)를 포함해 비재래식 군용기라는 전혀 새로운 분야의 길을 닦게 된다.

민첩 프로젝트 초기에 등장한 가장 중요한 무기는 AR-15 반자동 소총이었다. 1961년 여름 응오딘지엠의 키 작은 군인들은 미 군사 고문단이 가지고 다니던 커다란 반자동 무기의 조작에 어려움을 겪었다. AR-15에서 고델은 희망을 보았다. "덩치가 작은 베트남인들이 넘어지지 않고 발사할 만한 무언가"였다고 설명했다. 고델은 전설적인 소총 디자이너 유진 M. 스토너(Eugene M. Stoner)와 함께 개당 3킬로그램 남짓의 가벼운 AR-15 소총 시제품 10개를 만들어 냈다. CDTC의 베트남 지휘관들은 이 새 무기에 열광했으며, 그들이 들고 다니던 반자동 소총 M1 개런드와 브라우닝 바(BAR)보다 선호한다고 고델은 맥나라마 장관에게 말했다.

국방부 내부에선 한국전 이래 보병이 들고 다닐 새 무기에 대해 논쟁이 있었다. 민첩 프로젝트의 "대통령 관심사"라는 권위 덕분에 고델은 수년간의 관료주의를 가로질러 지체 없이 AR-15 1,000자루를 CDTC에 보낼 수 있었다. 미국 특수 부대는 AR-15를 전투 지역으로 보내 실전 시험했다. "대략 15미터 거리에서 [어느 미군 병사가] 카빈, 수류탄, 지뢰로 무장한 베트콩 2명에게 발사했다"고 340 레인저 중대의 사후 보고서는 전했다. "한 발로 [베트콩의] 머리가 떨어져 나갔다. 다른 한 발로 오른팔도 떨어져 나갔다. 오른쪽에 맞은 한 발은 직경 12.7센티미터의 구멍을 만들어 냈다. 그 어느 한 발로도 죽음을 초래할 만한 부상을 입으리라 추정됐다"고 보고서를 작성한 중대 지휘관은 기록했다.

1963년 AR-15는 미 육군의 표준 소총이 되었다. 1966년엔 완전 자동 소총으로 수정되어서 M16 돌격 소총이란 새 이름을 받았다. 아직도 미군 병사들이 사용하는 소총이다. "ARPA의 존재가 없었다면 M16 개발은 분명히 거의 불가능했다." 발표되지 않은 1974년의 ARPA 내부 검토 보고서의 언급이다.

전투 개발 시험 센터(CDTC)는 앞서 설명한 4개의 무기 프로그램 외에도 12개 이상의 무기 프로그램을 진행 중이었다. 민첩 프로젝트가 준비하는 "기기"들엔 산탄총(shotgun), 총류탄(rifle grenade), 짧아진 탄띠(shortened strip bullets), 고성능 소리 대포(high-powered sound cannon)가 있었다. ARPA는 항공기에서 정글에 투하된 폭탄이 지상 바로 위에서 폭발할 수 있도록 75밀리세컨드 추가 지연의 근접 신관(proximity fuse)을 원했다. ARPA는 크고 작은 프로젝트가 모두 필요했다. 까다로운 정글 수색에 맞게 육군의 수송 수단 전부가 개조되고 다시 설계될 필요가 있었다. ARPA는 짧은 거리에서 이륙과 착륙이 가능한 보급용 항공기가 필요했다. 고공 헬리콥터와 낮게 나는 무인기를 개발할 계획도 있었다. ARPA는 보급품을 공중에서 투하할 때 필요한 일회용 낙하산을 만들 과학자들, 독사에 물렸을 때 쓸 해독제와 거머리 방지 키트를 만들 화학자들, 돌덩이처럼 보이나 정글에서 게릴라 전사들의 움직임을 추적하는 감청 장비나 땅의 진동을 지속적으로 측정하는 기기들을 만들 기술자들이 필요했다. ARPA는 베트남 공산주의자들에 맞서 싸우는 모든 군대가 서로 더 원활하게 소통하도록 기존 각 군의 데이터 수집과 저장 시스템을 다시 설계하고 구축해 줄 일군의 컴퓨터 과학자들도 필요했다.

그러나 고델이 다른 어떤 프로그램보다 더 많은 관심을 기울였던 고도의 기밀로 분류된 무기 프로그램이 있었다. 이 특별한 프로그램은 민첩 프로젝트의 다른 무기와는 달리 반군이라는 극도로 복잡다단한 문제를 한방에 끝내버릴 해결책, 즉 은색 탄환(silver bullet)이 될 잠재력이 있었다. 이 무기는 화학 물질이나 농작물과 관련이 있으며 목표물은 정글이었다. 결과적으로 그 무기는 에이전트 오렌지(Agent Orange)로 알려진다. 그러나 에이전트 오렌지는 은색 탄환이 되기는커녕 무시무시한 독극물이 된다. 1961년 제초제를 사용하는 전쟁은 여전히 수용 가능한 개념이었다. 윌리엄 H. 고델은 ARPA에서 이 프로그램의 진행을 책임지고 있었다.

메릴랜드의 데트릭 기지(Fort Detrick)에서 ARPA는 독물학 (Toxicology) 지부를 운영했다. 이곳에서 미 육군 화학 부대 생물학 연구소(Army Chemical Corps Biological Laboratories)의 농작물 분야 부책임자인 제임스 W. 브라운(James W. Brown) 박사가 화학 무기 관련 프로그램들을 진행했다. ARPA는 브라운 박사에게 다양한 제초제를 연구하도록 했는데, 그 목표는 두 가지 기능을 한번에 수행하는 화학 복합물의 발견이었다. ARPA는 나무에서 잎을 다 떼어 베트콩들에게서 정글 덮개라는 보호막을 빼앗으려 했다. 동시에 게릴라들의 주식이었던 정글의 뿌리 식물 마니옥(카사바)을 유독하게 만들어 굶주림으로 베트콩을 굴복시키고자 했다.

1961년 7월 17일 고델은 베트남 태스크 포스를 만나 당시로선 고도의 기밀로 분류된 고엽제 프로그램을 설명해 주고 그다음에 취해야 할 단계를 논의했다. 고델은 "이는 매우 값비싼 작전이다. 최상의 결과를 얻으려면 3년이 걸릴지도 모른다"고 말했다. 제네바 협약으로 생화학 무기 사용이 금지되었기에, 고델은 한국전의 경험을 통해 제네바 협약 위반이라는 주장에 국제 사회의 이목이 얼마나 쉽게 집중되는지 알고 있었다. 이런 이유로 고엽제 작전에 관해 설명을 들은 사람들과 CDTC에서 일하는 모든 사람들에게 "한국에서 세균전을 했다는 공산주의자들의 주장과 같은 정치 심리적 제약을 염두에 두고" 프로그램을 추진해 나가도록 권고됐다. 기밀로 분류된 이 프로그램은 적의 식량 공급을 파괴하는 일이 전쟁의 규칙에 어긋나지 않는다는 듯 "작물 파괴 전술 연구"로 불렸다. 현장에서의 관련 작전 활동들은 "CDTC 과업 넘버 20(Task Number 20)" 혹은 "과업 20(Task 20)"이라고 불렸다.

이 논란이 벌어질 만한 작전을 진행하기로 한 결정에서 ARPA와 베트남 태스크 포스의 의견 일치는 흥미로운 일이다. 그러나 기록에 따르면 그 회의는 요식 행위였으며 고델은 이미 작전을 진행해도 된다는 허락을 받았다. 고델이 베트남 태스크 포스를 만난 날 첫 번째 작물 제거용 화학 물질인 디녹솔(Dinoxol)이라 불린 고엽제가 사이공의 CDTC에 도착했다. 며칠 뒤 살포용 항공기가 도착했다. 그 일주일 뒤 데트릭 기지의 작물 분야 부책임자인 브라운 박사가 고엽제의 첫 현장 실험을 감독하려고 사이공의 CDTC에 도착했다.

고엽제를 베트남 정글에 살포하는 첫 번째 임무는 1961년 8월

10일에 실시됐다. 미국제 헬리콥터 H-34는 남베트남 군대의 색깔로 칠이 돼 있었고, 미국제 헬리콥터용 액체 살충제 살포 기구(Helicopter Insecticide Dispersal Apparatus, Liquid, HIDAL)가 장착되어 있었으며 베트남 공군 조종사가 몰았다. 응오딘지엠 대통령은 고엽제의 열렬한 옹호자였다. 2주 후 그는 개인적으로 두 번째 목표지를 선택했다. 8월 24일 고정익 항공기가 사이공 북쪽으로 80킬로미터 떨어진 루트 13번을 따라 길게 늘어선 정글에 유독 물질인 디녹솔을 살포했다.

펜타곤은 고엽제 시험을 면밀히 관찰했다. 베트남 조종사들이 마니옥 숲과 맹그로브 늪지에 고엽제를 계속 살포하는 동안 CDTC의 연구 개발 현장 실무진이 그들을 감독했다. 고델과 그의 팀원들은 보다 야심찬 추가 계획을 세웠다. 미래의 다단계 살포 지역으로, 베트콩이 가장 많이 거주하는 지역 중 하나로 여겨진 메콩 삼각주 일부 "D 지역(Zone D)"이 선정됐다. 1단계는 30일간 진행되며 마니옥 숲과 맹그로브 늪지의 20퍼센트를 고엽제로 없애겠다는 목표였다. 2단계에선 D 지역의 나머지 80퍼센트, 북베트남과의 경계 지역 전부를 고엽제로 초토화시키겠다는 목표였다. 2단계 작전은 모두 합해 90일에 걸쳐 진행되어야 완수된다. 1, 2단계가 완성되면 또 다른 8만 937제곱킬로미터 정글에 고엽제를 살포하는 3단계가 기다린다. 이는 남베트남의 절반에 해당한다. 마지막에는 남아 있는 죽은 나무들을 불태워 자연 정글을 인공 농장으로 변화시키도록 ARPA의 연구 개발 현장 실무진이 파견된다. 고델의 팀은 이런 식으로 반란이 진압되면 다시 불타오를 가능성은 없다고 설명했다. 민첩 프로젝트의 고엽제 작전에 동원될 비용은 7,500만 달러에서 8,000만 달러로, 2015년 기준으로는 5억 달러가 넘는다. 실무진은 예상 가능한 문제가 하나 있다고 썼다. 이 작전의 야심찬 작전 범위가 미국에서 현실적으로 생산 가능한 양 이상의 화학 물질을 요구한다는 점이다.

1961년 미 행정부의 핵심 고위직을 제외하고 베트남에서 벌어지는 일을 아는 사람은 거의 없었다. 워싱턴 안에서 백악관과 펜타곤의 간극이 커지면서 공산 반군을 어떻게 처리하는 게 최선인지를 두고 권력 투쟁이 격화되고 있었다. 취임한 지 3개월밖에 안 되었지만 케네디 대통령은 씁쓸한 저점을 경험하던 무렵이었다. CIA가 후원하고 군이 지원한 쿠바 피그만 침공이 실패로 돌아갔기 때문이다. 100여 명 이상이 죽었고 1,200여 명이 포로로 붙잡혔다. 큰 실패는 대통령과 CIA의 관계만이 아니라 합동 참모 본부와의 관계에도 타격을 주었다. 대통령은 공개적으론 모든 비난을 자청했다. "나는 이 정부에서 이번 일에 책임이 있는 유일한 당국자다"는 유명한 말을 남기기도 했다. 그러나 백악관의 최측근 참모들에겐 합동 참모 본부가 자신을 실망시켰다고 말했다.

케네디는 "후임자에게 제일 먼저 하고 싶은 충고가 있다면 장군들을 지켜보고, 그들이 군인이라는 이유만으로 군사 문제를 판단하는 그들의 견해가 조금이라도 가치가 있다고 느끼지 말라는 것"이라고 《워싱턴 포스트》 편집국장 벤 브래들리(Ben Bradlee)에게 말했다. 지적으로 우수한 집단인 백악관이나 국방부의 민간인 참모들, 소위 말하는 맥나마라 장관의 신동 집단이 군사적인 문제에서도 군인들보다 더 믿을 만하고, 더 나은 생각을 가졌다는 케네디의 인식이 갈수록 강화되어 가는 듯 보였다.

피그만 침공 이후인 1961년 여름 케네디 대통령은 백악관에 대통령 군사 문제 대리인이라는 새로운 자리를 만들었다. 맥스웰 테일러(Maxwell Taylor) 장군을 꼭 집어 만들어진 자리였다. 그는 여러 언어를 구사하는 제2차 세계대전의 영웅이며 아이젠하워 행정부에 비판적인 책을 썼다. 대통령 군사 문제 대리인으로 테일러 장군의 임무를 개략적으로 정리한 메모에 따르면, 그는 "군의 최고 통수권자에 전달되는 군사 문제에서 대통령을 돕고 자문"한다. 테일러 장군은 또한 "대통령이 결정을 내리는 데 도움이 될 개인적 견해를 제시"하고 "정보 분야에서 조언"하는 역할을 맡게 되어 있었다. 막중한 영향력이 있는 자리이며 특히 다가오는 베트남 전쟁을 고려할 때 더 그랬다. 테일러 장군은 모든 군사 문제에서 대통령에 조언을 하지만 국방부가 아닌 백악관 소속이었다.

테일러 장군은 테일러 로스토우(Taylor-Rostow) 사절단으로 알려진 대표단의 책임자로 베트남에 파견됐다. 사절단의 임무는 앞으로 그곳에 필요한 정치적이고 군사적인 조치들을 조사하는 것이다. 이 사절단에서 테일러 장군을 수행한 사람이 윌리엄 H. 고델이었다. 두 사람은 반군 진압 문제에서 비슷한 견해를 공유했다. 사실 테일러 보고서의 주요 부분은 고델이 작성했다. 고델은 테일러 장군을 ARPA의 새 전투 개발 시험 센터(CDTC)로 데려가 개발 중인 기기와 기술 일부를 보여 주었다. 케네디 대통령에게 제출된 테일러 보고서에서 그는 CDTC의 과업을 높이 평가하면서 "미국 과학 연구소들과 산업의 특별한 재능"이 드러났다고 강조했다.

테일러 로스토우 사절단은 1961년 10월 15일 일요일 워싱턴을 떠나 호놀룰루에 잠시 들러 보고받은 다음, 10월 18일 사이공에 도착했다. 고델은 일행과 사이공에서 합류했다. 테일러 장군은 민간인 복장이었고 기자회견이나 발표, 사교 행사는 물론 군사 의전도 일체 금지해 달라고 요구했다. 대통령에게 테일러 장군은 베트남 상황이 "1954년 초 이래 가장 암울하다"고 보고했다. 1954년이란 프랑스가 디엔비엔푸에서 패퇴한 해다. 테일러는 "베트콩의 전력이 1961년 1월 추산 1만 명이었으나 10월에 1만 7,000명으로 증가했다. 그들은 중북부 해안의 평지를 따라, 메콩강 삼각주와 중부 고원 지대에서 의심할 여지없이 활동 중이다"라고 하면서 그 나라가 얼마나 위험해졌는지 경고했다. 테일러 장군은 남베트남 정부가 직면한 상황을 가장 암울한 단어들로 묘사했다. 응오딘지엠 대통령과 그의 장군들은 "이웃 라오스의 상황과 제네바에서 진행 중인 협상을 실망스럽게 지켜본다. 그들은 라오스의 수도 비엔티엔에 공산주의 정부가 곧 들어서리라고 확신하게 됐다"라고 썼다. 그러면서 대통령이 "단호한 행동"을 단번에 취해야 한다고 제안했다.

"베트남이 넘어간다고 동남아시아를 지키는 일이 불가능하지야 않겠지만 극도로 힘들어진다"고 테일러는 경고했다. "결정적인 땅덩어리뿐 아니라 미국이 이 지역에서 공산주의자들의 공세를 극복해 낼 의지와 능력이 있다는 믿음도 잃게 된다." 테일러 장군의 메시지는 분명했다. 미국은 베트남에서 은밀한 군사 작전을 확대할 필요가 있었다. 케네디 대통령에게 보낸 보고서에서 테일러는 "CDTC의 개발이 임박한 '비밀 병기' 몇 개"를 비롯해 ARPA의 기기와 기술들을 사용해야 한다고 제안했다. 그러한 "비밀 병기"의 하나가 고엽제였다. 그러나 걸림돌이 하나 있었다.

1961년 가을 북베트남의 하노이 라디오 방송은 ARPA의 비밀 고엽제 실험을 폭로했다. 하노이 라디오는 미국이 "작물과 인간을 죽이는 독가스를 사용했다"고 논평 방송에서 선언했다. 이 방송은 모스크바와 북경의 라디오에서 재방송됐다. 하지만 놀랍게도 베트남 태스크 포스가 7월 17일 회의에서 경계했던 국제적인 소란은 만들지 못했다. 케네디 대통령의 참모들은 ARPA의 고엽제 작전을 진행할지 중단할지 공식 결정을 내려야 한다는 데 동의했다. 베트남 태스크 포스는 합동 참모 본부에 이 문제를 검토해 달라고 요청했다.

11월 3일 합동 참모 본부는 반대 의견을 피력했다. 제네바 의정서(Geneva Protocols)*를 의식하면서 "합동 참모 본부는 식량 재배지역을 [대상으로] 고엽제 살포 항공 작전들이 수행될 때 미국이 생화학 무기를 사용했다는 비난의 대상이 되지 않도록 주의를 기울여야 한다는 의견을 가지고 있다"고 적었다. 일찍이 제시된 베트남 태스크 포스의 우려를 반복하면서 합동 참모 본부는 세계가 엄중한 비난으로 반응할지 모르며 "미국을 향한 국제적인 반발이 매우 심각해질 수 있다"고 경고했다.

심지어 국가 안보 보좌관 월트 로스토우도 테일러 장군, 윌리엄 H. 고넬과의 베트남 여행에서 돌아오자마자 고엽제 살포 이면의 현실을 대통령에게 알려야 한다는 강박을 느꼈다. "잡초 살해자"라는 주제가 달린 메모에서 로스토우는 케네디에게 "이는 일종의 화학전이기 때문에 대통령의 결정이 필요하다"라고 썼다. 월트 로스토의 단어들엔 불분명한 구석이 없었다.

1961년 11월 30일 케네디 대통령은 베트남에서의 화학적 고엽제 작전을 승인했다. 그러나 그는 이 작전이 ARPA가 애초에 제안했던 규모보다 훨씬 더 작아야 하며 그에 따라 400만 달러에서 650만 달러 사이의 예산을 써야 한다고 말했다. 케네디의 축복을 받으며

---

* 1925년에 체결된 제네바 의정서는 생화학 무기의 사용을 금지하는 국제 조약이다. 제1차 세계대전 중 화학 무기의 사용으로 인한 참혹한 피해를 배경으로, 이러한 비인도적인 무기의 사용을 방지하기 위해 만들어졌다

요술 램프의 지니는 항아리를 빠져나왔다. 전쟁이 끝날 때까지 대강 7,192만 리터의 고엽제가 베트남 정글에 뿌려졌다. 2012년의 의회 보고서에는 전쟁 기간 동안 베트남인 210만 명에서 480만 명 정도가 에이전트 오렌지에 직접 노출됐다고 나와 있다.

국방부의 ARPA 사무실에서 윌리엄 H. 고델은 "비밀"이라고 도장이 찍힌 메모를 데트릭 기지의 군 과학자 제임스 브라운 박사에게 보내 당장 자신을 보러 오라고 요청했다. 회의 동안 브라운 박사는 이제 그가 공식적으로 베트남의 고엽제 작전의 책임자가 됐으며 국방부의 대리인이기도 하다고 통보받았다. "그는 모든 다른 기술적인 문제에 무지한 채로 있어야 한다고 권고받았다." 또한 "우호적인 당국들이 생물학적 작물 제거나 인마 살상용 약품이나 화학적 약품 혹은 보호 조치나 검출 장비 등등에 관해 정보를 요청할 경우, 브라운 박사는 그러한 내용을 전혀 모른다고 말해야 하며 그런 요청들은 군사 지원 고문단장에게 하라고 제안해야 했다"고 기밀 해제된 메모는 기록하고 있다.

ARPA 민첩 프로젝트의 대부분과 마찬가지로 고엽제 작전은 "대통령의 관심사"였다. 작전의 구체적인 사항, 관련 내용, 달성하려는 목표 등은 모두 국가 안보의 문제들이었으며 이를 둘러싼 어떤 이야기도 엄격하게 통제될 필요가 있었다. 월트 로스토우의 말에 따르면 에이전트 오렌지 작전은 "일종의 화학전"이었다. 그러나 그것은 또한 "비밀 병기"였으며 베트남의 공산 반군들에 맞서는 마법의 탄환이 될 잠재력이 있었다.

8장

랜드 연구소와 대반란전
RAND and COIN

1961년 캘리포니아의 햇살 가득한 산타 모니카에 위치한 랜드 연구소에서는 존 폰 노이만과 점심시간의 크릭스필(Kriegspiel) 대결이 벌어지던 때 이래 크게 확대된 전쟁 게임이 벌어졌다. 지난 몇 년간 랜드 연구소는 미군과 베트남 게릴라 전사들 간의 대반란전 게임을 모의실험해 왔다. 이 반군 진압 게임들은 에드 팩슨(Ed Paxon)의 머리에서 나왔다. 그는 수학부에 소속된 공학자로 이 게임 시리즈를 프로젝트 시에라(Project Sierra)로 불렀다. 과거의 점심시간 대결과 달리 시에라 게임들은 몇 달간 때로는 1년 이상 지속됐다. 다양한 시나리오가 검토됐는데 어떤 경우엔 미군이 베트남 공산 반군을 상대로 핵무기를 사용하기도 했다. 1950년대 중반 어느 날 시에라 전쟁 게임을 지켜보던 조지 탄함(George Tanham)이라는 분석가가 날카롭게 논평했다. 그는 랜드의 분석가들이 베트남 공산 전사들도 미군처럼 싸운다고 전제하기 때문에 게임 전체가 비현실적이라고 했다. 실제로 베트콩들은 미군처럼 싸우지 않았다.

1950년대 중반 반군 진압 분야에선 탄함이 최고라는 데 랜드 연구소의 대부분이 동의했다. 프린스턴 대학을 졸업하고 미 공군 장교로 복무했던 탄함은 제2차 세계대전에서 많은 훈장을 받은 퇴역 군인이었다. 전쟁 후에는 스탠퍼드 대학에서 비정규전을 주제로 박사 학위를 받고 1955년 랜드 연구소에 합류했다. 시에라 전쟁 게임에 관한 탄함의 지적은 랜드 연구소의 소장이었던 프랭크 콜봄 (Frank Collbohm)에게 깊은 인상을 남겼다. 콜봄은 탄함을 파리로 보내 반군 진압 전술을 공부시키고, 어떻게 그리고 왜 1954년 디엔비엔푸에서 프랑스가 베트남을 잃었는지 배워 오도록 했다. 탄함의 연구는 펜타곤의 자금 지원으로 이루어졌으며 비밀로 분류됐다. 1961년에 기밀이 해제된 탄함의 연구 내용이 등장했을 때 조지 탄함은 공산주의 혁명 전쟁을 다룬 책을 출간한 최초의 미국 저자가 되었다.

펜타곤에서 탄함의 책은 해롤드 브라운의 눈을 사로잡았다. 허브 요크의 국방부 연구 공학 국장직을 넘겨받은 브라운은 ARPA 소속 프로젝트 책임자들의 보고를 받았다. 허브 요크처럼 해롤드 브라운도 워싱턴으로 오기 전에 리버모어 연구소의 수석 과학자였다. 브라운은 탄함에게 사이공에 있는 ARPA의 전투 개발 시험 센터(CDTC)를 방문하고 진행 상황을 평가하는 보고서를 써 달라고 요청했다. 탄함의 1961년 보고서는 기밀로 분류되었다. 그러나 3년 뒤 기밀이 해제되자 자신의 평가 내용을 어느 보고서에서 언급했다. 탄함은 베트남의 ARPA 무기 프로그램인 CDTC의 "기기"들은 더 확대될 필요가 있다고 말했다. CDTC의 "기법"인 심리전 노력들도 마찬가지다. 하지만 탄함은 이 전쟁을 미국 국민들에게 어떻게 설명하는지도 마찬가지로 중요하다고 강조했다. 그는 베트남의 분쟁을 "지구에서 반 바퀴 떨어진 곳에서 선의를 지닌 미국인들이 총을 들지 않고 벌이는 전쟁"으로 소개해야 한다고 제안했다.

탄함이 사이공에서 돌아왔을 때 그는 베트남 태스크 포스, 특별 그룹, CIA 등과 만났다. 그다음 달 해롤드 브라운은 프랭크 콜봄에게 기밀 서한을 보내 랜드 연구소가 베트남의 민첩 프로젝트에 합류해 함께 일하자고 요청했다. 랜드 연구소는 베트남 사람들의 정신과 가슴을 얻으려 기획된 프로그램인 "설득과 동기부여" 기법들을 개발해 달라고 요청받았다.

"설득과 동기부여" 작전에서 ARPA는 사회과학 연구 방법을 차용해 상대적으로 전통적이지 않은 국방 과학 프로그램을 추구하기 시작했다. 인류학의 지류로 받아들여지긴 했으나 제이슨 자문단의 핵물리학자들 같은 사람들이 대체로 무시했던 사회과학은 사회 그 자체와 그 사회 내의 집단 및 공동체를 구성하는 사람들의 관계를 연구했다. 해롤드 브라운은 프랭크 콜봄에게 펜타곤의 군사와 국방 업무 담당자들을 곤혹스럽게 만드는 질문에 답해 주는 연구를 진행할 필요가 있다고 했다. 베트남인들은 어떤 사람들인가? 왜 어떤 베트남 농부는 공산주의자가 되는데 다른 농부는 응오딘지엠 대통령에게 충성하는가? 이 외국인들은 어떻게 살고, 일하고, 전략을 세우고, 조직하고, 사고하는가? 무엇이 베트남 사람들의 동기를 부여하는지 ARPA가 이해만 한다면 펜타곤은 베트남인들을 설득해 민주주의가 정부 형태로선 공산주의보다 우월하다고 인정하게 만들 수 있다고 생각했다.

랜드 연구소에겐 매력적인 제안이었다. 사회과학 연구는 랜드 연구소의 브랜드인 핵전쟁 분석과 대응 전략이나 게임 이론에서도 아주 멀리 떨어진 분야였다. 그러나 국방 사업 계약자로 살아남으려면 어쨌든 국방부에 계속 의미 있는 집단이 되어야 했다. 또한 프랭크 콜봄은 케네디 대통령의 임기 동안 반군 진압 연구와 전략 분야에서 새로운 사업 기회가 많이 생길 것이라고 생각했다. 랜드 연구소가 국방부의 사업을 더 따낼 기회가 여기에 있었다.

랜드 연구소는 해롤드 브라운의 요청에 가장 잘 부응하는 전략을 세우려고 반군 진압 위원회를 두 개 구성했다. 첫 번째 위원회는 제3 지역 분쟁(Third Area Conflict)으로 앨버트 뵐스테터가 이끌었다. 그는 핵 사용 목표 선정(NUTS)으로도 알려진 랜드 연구소의 전설적인 "제2격(Second Strike)" 핵 전략을 만든 인물이다. 두 번째 위원회는 랜드 연구소의 부소장이자 미사일, 위성, "무기 시스템 철학" 전문가인 조지 클레멘트(George H. Clement)와 항공 우주 분야 수장인 밥 부크하임(Bob Bucheim)이 공동으로 운영했다. 제안서들이 마련됐고 몇 달 만에 ARPA와 랜드 연구소는 4년간 400만 달러(2015년 기준으로는 약 3,200만 달러) 규모의 계약을 체결했다. 자금이 확보되고 사이공의 CDTC 내부에 전용 사무실이 주어졌다. 전화를 받고 편지를 타자 치며 우편물을 수발하는 비서도 1명 상주했다. 랜드 연구소의 분석가들은 파스퇴르 가 176번지의 베트남 군사 지원 고문단 본부에서 가까운 프랑스풍 빌라에 거주했다. 혹은 자신들만의 아파트를 따로 얻기도 했다. 1962년 초 랜드 연구소는 사이공에 학자, 분석가, 인류학자들을 보내기 시작했다. 곧 CDTC에서 일하는 랜드 연구소의 직원들이 펜타곤 직원들 수보다 2배 이상 많았다.

1962년 1월 사이공에 도착한 랜드 연구소 소속 분석가는 제랄드 히키(Gerald Hickey)와 존 도넬(John Donnell)이었다. 두 사람은 탁월한 자격을 갖춘 인류학자로 베트남어가 유창했다. 히키는 예일 대학에서 베트남 문화를 전문으로 가르쳤고 도넬은 다트머스 대학에서 사회과학을 가르쳤다. 모두 정부의 자문역으로 베트남에서 일한 경험이 있었다. 랜드 연구소에서 일하기 전에 히키는 미시간 주립대학 그룹의 일원이었다. 이 그룹은 국무부의 요청으로 응오딘지엠 정부가 더 나은 행정을 펴도록 조언했다. 중국어도 했던 도넬은 아시아 문제를 국무부에 자문해 주기도 했다.

1962년 1월의 사이공은 아름다운 도시였다. 프랑스 식민지 때 지어진 건물이 즐비했기에 여전히 동양의 파리로 불렸다. 넓은 대로엔 잎사귀가 큰 가로수가 줄지어 심어져 있고 거리는 자전거와 인력거, 자동차로 가득찼다. 현지인들은 공원이나 유럽풍 카페에서 느긋함을 즐겼다. 노점상들은 꽃을 팔았고 응오딘지엠 대통령의 경찰들이 거리를 순찰했다. 그러나 히키와 도넬에겐 1950년대 말 자신들의 마지막 방문 이래 사이공의 상황이 크게 변했다는 뚜렷한 징후가 보였다. "평화의 감정 대신 분쟁의 징후가 들어섰다." 히키는 나중에 썼다. "모두 안전을 걱정했다."

공항에서 CDTC의 랜드 연구소 사무실로 가는 길은 군용차들로 붐볐다. ARPA와의 계약으로 사이공에 온 첫날 저녁 카라벨(Caravelle) 호텔 옥상 카페에 앉아 있을 때, 저 멀리 박격포의 폭발 소리가 들렸고 조명탄으로 도시 가장자리가 밝아졌다. "반군의 진격으로 달라진 사이공의 분위기에 존과 나는 깜짝 놀랐다."

두 인류학자는 원래 중부의 고원 지대로 찾아가 그곳에 사는 산악 부족(montagnards)을 연구할 계획이었다. 응오딘지엠 대통령은 미국 측에 산악 지역에 사는 사람들의 충성도를 의심한다고 이야기했다. 그래서 히키와 도넬이 상황을 평가하도록 보내졌다. 산악 지대에 도착하기 전에 그들은 CDTC에 들렀고, 거기서 길버트 레이톤(Gilbert Layton)이라는 CIA 담당관을 만났다. 레이톤은 그들에게 계획에 변화가 생겼다고 말했다. CIA가 이미 산악 부족과 관련된 프로젝트를 진행 중이며 두 사람까지 끼어들 여지가 없다는 얘기였다. 히키와 도넬은 연구 대상으로 다른 집단을 찾아야 했다.

히키와 도넬은 산타 모니카의 랜드 연구소 본부와 상의해서 다른 연구를 진행하기로 했다. 국방부와 CIA가 응오딘지엠 대통령과 함께 진행하는 또 다른 주요 프로그램인 전략촌 프로그램(Strategic Hamlet Program) 혹은 "농촌 평정화(Rural Pacification)"이다. 남베트남군이 마을 사람들을 "베트콩에 감염된" 농촌 지역에서 새로운 마을, 안전하다고 여겨지는 촌락으로 이전시키는 계획이었다. 전략촌 프로그램은 마을 사람들에게 재정적 유인책을 제공했다. 미 국방부의 자금을 사용해 응오딘지엠의 육군은 마을 사람들이 새로운 정글 정착지 주변에 높고 성채 같은 벽을 건설하도록 했다.

이런 울타리를 건설하는 데는 몇 주의 강도 높은 노동이 필요하다. 우선 각각의 새로운 마을 주변으로 깊은 도랑을 파야 한다. 다음으로는 그 도랑 안에 콘크리트 기둥을 보통 3미터 간격으로 박는다. 마지막으로 마을 사람들은 정글 숲으로 들어가 수백 개의 두꺼운 대나무를 잘라 창을 만든 다음 울타리로 만들어야 한다. 남베트남 군대는 마을 사람들에게 펜타곤이 지원한 콘크리트 기둥과 둥글게 말아 둔 철조망 뭉치를 제공했다. 나머지 노동은 마을 사람들이 직접해야 했다.

국방부 관리들은 전략촌 프로그램에 투자하는 미국의 돈이 농촌 지역 평정화 작업의 효과적 수단이며 응오딘지엠 대통령이 그 지역의 통제권을 다시 확보하도록 돕는 방안이라고 보았다. 주민들의 안전을 대가로 응오딘지엠을 향한 베트남 농부들의 충성심을 일구겠다는 계획이었다. 그러나 훨씬 더 야심찬 계획도 있었는데, ARPA가 전략촌에 대한 충분한 정보를 수집하여 향후 그곳 농민들의 활동을 '지속적으로 감시'할 수 있게 되는 것이었다.

CIA가 산악 부족 프로젝트를 취소시킨 뒤 히키와 도넬은 전략촌 프로그램을 연구하기로 결정했다. 그들이 ARPA의 지속적 감시 계획을 알았을 가능성은 희박하다. 히키와 도넬은 프랑스 승용차 시트로엥을 빌려 쿠치(Cu Chi)라고 불리는 사이공 북서부 마을로 출발했다.

쿠치의 작은 가게에서 그들은 차를 마시는 마을 사람들과 마주쳤다. 처음에 마을 사람들은 두 사람에게 무뚝뚝하게 굴었다. 그러나 베트남어로 며칠 대화를 나누고 난 다음엔 조금씩 말이 많아졌다. 인류학자로서 히키와 도넬은 베트남의 농업 기술에 익숙했다. 그리고 그들은 마을 사람들이 깊이 믿었던 정신 문화, 즉 초자연적인 힘이 물질 세계를 조직하고 활력을 불어넣는다는 애니미즘(animism)을 이해하고 있었다. 몇 차례 더 오후 방문을 마치자 마을 사람들은 히키와 도넬에게 전략촌 프로그램과 관련해 마을에서 어떤 일이 벌어져 왔는지 정보를 제공하기 시작했다.

"우리가 묻지도 않았는데 사람들은 전략촌 프로그램을 불평하기 시작했다." 히키는 자신의 보고서에 이렇게 썼다. 이 프로그램 때문에 마을 사람들은 살던 곳에서 멀리 떠나 정글 깊숙한 곳, 자신들이 삶의 터전으로 생각하지 않았던 새 마을로 옮겨 가야 했다. 강제 이주는 파괴적인 결과를 가져왔다. 사람들은 조상들의 고향과 무덤을 강제로 떠나야 한다는 사실에 괴로워했다. 농부들은 새로운 마을의 낯선 땅에서 농작물을 키워야 하는 새로운 도전에도 직면했다. 마을 사람들은 응오딘지엠 정부에 화가 났다. 처음엔 도랑을 파고 벽을 건설하는 대가로 매일 10피아스터(베트남 화폐 단위)를 주고 점심도 제공된다고 했다. 또한 응오딘지엠 대통령의 군인들은 콘크리트 기둥과 울타리용 철조망을 제공하기로 되어 있었다고 한다. 그러나 사람들은 응오딘지엠의 병사들이 남자들을 모아서 강제로 일하게 하면서 음식도 제공하지 않고 오히려 건설 자재 공급을 빌미로 돈을 받았다고 말했다. 강제 노역은 5일간의 구정 휴가 기간만 빼고 대체로 3개월간 계속됐다. 더구나 강제 노역 기간은 그해 농민에게 가장 중요한 계절인 씨 뿌리는 기간과 겹쳤다. 따라서 많은 농부가 농작물을 심지 못했다. 그 결과 그들은 평년 생산량의 고작 10분의 1 정도만 수확하는 처지가 됐다. "한 해 수확이 나빠지면 베트남 농부들은 몇 년간 빚에 쪼들려야 한다. [농부들이] 매우 근근이 살아왔기 때문"이라고 히키는 썼다. 근근이 살아가는 농부들은 가족들을 가까스로 먹일 식량을 생산하면서 남겨 두거나 저축할 식량이 거의 없이, 한철 농사 지어 한철을 살아갔다.

마을 사람들을 만날 때마다 히키와 도넬은 전략촌 프로그램에 대한 그들의 폭넓은 불만을 발견했다. 마을 사람 대부분은 애초에 고향을 떠나고 싶어 하지 않았다. "강제 재편성"이나 "장기간의 강제 노역"은 이들에게 큰 감정적 고통을 초래했다. 응오딘지엠 대통령은 정치적, 경제적 개혁을 약속했지만 아무 결실이 없었다. 실질적 차원에서도 전략촌 프로그램은 실패했다. 한 무리의 사람들이 히키와 도넬에게 베트콩이 판 깊은 지하 동굴을 보여 주었다. 동굴은 마을 주변의 방어벽을 직접 가로질러 마을의 중심까지 이어졌다. 베트콩은 그들이 원하는 대로 전략촌 중심부를 오갔다고 사람들은 말했다. 실제로도 그랬다.

히키와 도넬은 쿠치에서 3개월간 머물며 마을 사람들과 이야기를 나누었다. 그들은 전략촌 프로그램의 미래가 매우 암울하다고 결론을 내렸다. 1962년 겨울에 전략촌들은 매달 200개 이상 건설됐다. 국방부는 그다음 해 1년간 남베트남 전역에 1만 개에서 1만 2,000여 개의 전략촌을 수립한다는 목표를 세웠다.

히키와 도넬은 자신들이 발견한 내용을 폴 하킨스(Paul Harkins) 장군에게 제시했다. 그는 베트남 군사 지원 사령부(Military Assistance Command Vietnam, MACV)로 개칭된 부대의 신임 사령관이었다. 두 인류학자는 하킨스 장군이 자신들의 소식을 달가워하지 않겠지만 마을 사람들의 정당한 우려는 진지하게 받아들이리라 믿었다. 몇 년이 지나 ARPA의 보고서가 마침내 기밀에서 해제됐을 때 히키는 그 회의를 기억했다. "내 말의 요점은, 전략촌들은 농촌 사람들에게 안전을 가져다줄 잠재력이 있긴 하지만 그들에게 경제적이고 사회적 부담을 부과한다면 성공하기 어렵다는 얘기였다." 응오딘지엠 대통령이 지지를 원한다면 합의된 대로 근로자들에게 임금을 지불해야 한다. "하킨스 장군은 모든 사람이 베트콩으로부터의 보호를 원하기 때문에 그들은 전략촌을 환영한다고 답했다." 하킨스가 논의는 끝났다고 히키와 도넬에게 말했고 둘은 하킨스의 사무실을 떠났다.

히키와 도넬은 펜타곤으로 날아와 해롤드 브라운과 국가 안보 보좌관 월트 로스토우에게 전략촌 프로그램을 평가하는 보고를 하게 되었다. 펜타곤에서 지구 반 바퀴를 돌아야 사이공이나 쿠치에 이르지만 인류학자들은 국방부가 하는 일이 그곳에 사는 마을 사람들에게 어떤 영향을 미치는지 직접 보았다. 그들은 보안 절차를 거쳐 메자닌(mezzanine) 층으로 갔고, 음식점들과 선물 가게들 그리고 은행들을 지나쳤다. 그들은 계단을 오르고 복도를 따라가서 E-링의 국방부 장관실과 합동 참모 본부에서 멀지 않은 곳에 있는 해롤드 브라운의 사무실로 들어섰다. 브라운의 사무실은 넓고 장식이 잘되어 있었다. 커다란 가죽 의자와 소파가 놓여 있었고 포토맥 강이 내려다보였다.

히키는 자신이 작성한 ARPA 보고서의 글을 인용해 말했다. "현재 벌어지는 전쟁에서 베트남 농부는 자기가 사는 지역을 통제하는 측을 지지할 가능성이 높다. 자신에게 더 나은 삶의 가능성을 제공하는 측에 더 우호적인 성향을 지녔다." 히키와 도넬은 브라운과 로스토우에게 응오딘지엠의 군대는 단순하게 말해 자신들이 담당해야 할 의무를 다하지 않고 있다고 보고했다. 그 결과 전략촌 프로그램이 좋은 의도에서 만들어진 노력임에도 불구하고 현지의 베트남 농부들은 베트콩의 편에 설 가능성이 더 높았다.

그러자 이상한 일이 벌어졌다. "우리가 해롤드 브라운에게 첫 번째 보고를 시작하려 할 때, 그가 무거운 의자를 한 바퀴 휙 돌려 창밖을 보았으며 우리는 그의 의자 등받이를 보면서 계속 말해야 했다"고 히키는 말했다. 그 상태로 히키와 도넬은 계속 이야기했다. 그들은 브라운이 상황의 심각성을 곰곰이 따지느라 그랬다고 생각했다.

인류학자들은 "농부들은 그 프로그램에 열정을 쏟지 않으려 했다. 그리고 그들에게 부과된 노동과 물질적 희생이 그에 상응하는 만족을 가져올 수 있는지 강하게 의심하는 듯 보였다"고 설명했다. 조치가 취해지지 않는다면 전략촌 프로그램은 붕괴될 수도 있는 위험한 상황이었다. 히키와 도넬은 펜타곤이 응오딘지엠의 군대에 압력을 가해 농부들에게 소액의 보상금을 즉시 지급하도록 해야 한다고 제안했다.

해롤드 브라운은 반응하지 않았다. 만남이 진행되는 대부분의 시간 동안 그는 두 사람을 등지고 있었으며 심지어 보고가 끝났을 때에도 그랬다. 브라운은 여전히 그들을 마주하려고 돌아서지 않았다. 주의 깊게 듣던 국가 안보 보좌관 월트 로스토우도 눈길을 돌렸다. 보좌관 한 명이 방으로 들어와 히키와 도넬을 문으로 안내했다.

해롤드 브라운의 사무실에서 나온 두 사람은 해병대 중장 빅터 "브루트" 크룰락(Victor "Brute" Krulak)에게 보고하도록 안내되었다. 크룰락 중장은 반군 진압과 특별 활동을 담당한 특별 보좌관이었다. 그는 돌진형의 군사 전략가였다. 제2차 세계대전 동안 태평양 지역에서 벌어진 최대 상륙작전이자 전쟁의 마지막 전투였던 오키나와 침공을 지휘했다. 한국전에서는 전투에 헬리콥터를 사용하는 데 선구적인 역할을 했다. 크룰락은 히키와 도넬이 해야 했던 말이 달갑지 않았으며, 부정적인 감정을 드러냈다. 그는 두 사람에게 베트남 농부들의 지원에 보답하는 돈을 지불하지 않겠다고 말했다. "그는 책상을 주먹으로 내려치면서 [말했다]. '우리는' 전략촌이 성공하는 데 필요한 일을 농부들이 하도록 만들겠다." 히키는 그렇게 회고했다.

랜드 연구소에서 온 인류학자들은 방을 나가도록 안내되었다. 그들이 준비한 30페이지 분량의 보고서는 처음 ARPA에 보내려 작성됐을 때는 기밀이 아니었으나 이제는 비밀로 분류되었다. 앞으론 정부의 허가가 없으면 누구도 그것을 읽을 수 없다는 의미다. 해롤드 브라운은 랜드 연구소의 소장 프랭크 콜봄에게 전략촌 프로그램을 지나치게 비관적으로 분석한 히키와 도넬의 보고가 불만스럽다고 말했다. ARPA의 관리들은 인류학자들의 발견이 "너무 부정적"이라고 불평했다. 그러면서 백악관과 펜타곤에 보낼 사본에 첨부할 공식적인 반박을 준비했다.

히키와 도넬이 저지른 피해를 복구하겠다고 결심한 콜봄은 새로운 랜드 연구소 분석가들을 사이공으로 보내면서 전략촌 프로그을 재평가하라고 구체적으로 지시했다. 이들 중에는 시스템 분석 분야의 빅 스터드반트(Vic Sturdevant)와 풀브라이트 학자로 랜드 연구소에서 비용 분석에 참여했던 조 캐리어(Joe Carrier)가 포함됐다. 동남아시아에 대한 사전 지식이 전혀 없었고 베트남어 능력도 없었던 두 사람은 1962년 겨울에서 1963년 9월에 걸쳐 베트콩이 전략촌에서 도발했던 사건들을 연구했다. 그들의 연구 결과는 히키와 도넬의 그것과는 판이하게 달랐다. ARPA의 새로운 보고서에서 캐리어와 스터드반트는 국방부가 "보다 인내심 있게 접근"하기만 하면 장기적으로 전망이 밝다고 결론을 내렸다.

또 다른 랜드 연구소 분석가로 비슷한 주제로 보고서를 쓰도록 파견된 조지 B. 영(George B. Young)은 미사일 설계, 항공 역학, 핵 추진 분야의 전문가였다. 영은 중국계 미국인으로 사이공의 전투개발 시험 센터(CDTC)에 전임 상근자로 파견된 최초의 랜드 연구소 직원이었다. 전략촌 프로그램에 대한 그의 분석은 열정적이었다. 영은 마을 사람들이 프로그램 참여에 헌신적이라고 말했다. 그가 "베트남에 관한 노트"로 적어 ARPA에 제출한 보고서에서 영은 물 흐르는 듯한 "첩보의 전달"에 관해 썼다. 프로그램에 참여한 현지인들은 그들이 관찰한 베트콩의 활동을 서면으로 작성하도록 배웠다고 영은 보고했다. 그다음 정보는 마을의 원로들에게 전해졌고 그들은 응오딘지엠 정부에 보고서를 써 올렸다. 이런 정보 전달 덕분에 베트콩 세력은 곧 "지리멸렬하게 될" 것이라고 영은 선언했다.

조지 탄함은 ARPA와의 장기 계약으로 1963년 사이공의 CDTC로 돌아왔다. 해롤드 브라운을 대신해 1961년 여름에 처음 방문했을 때와는 많이 변했다. 그가 쓴 "파견 보고서: 베트남 1963"에서 탄함은 베트남의 사정을 대단히 낙관적으로 봤다. CDTC의 공군 장교는 비행기로 탄함을 태워 사이공 외곽 전략촌 지역들을 돌아봤다. 제럴드 히키와 존 도넬에게 비관적인 보고서를 쓰게 만들고, 그 결과 해롤드 브라운이 그들에게 등을 돌리게 했던 지역이었다. 탄함은 아래에 펼쳐진 작은 마을들에 경탄했다. 대나무 지붕, 철조망으로 만든 담장, 심지어 마을 둘레의 도랑도 선명했고 전부 다 대단해 보였다고 말했다. 탄함은 국방부가 "앞으로 2, 3년 안에 아니면 그보다 더 빨리 전쟁을 성공적으로 끝낼 것이다"라고 평가했다. 그는 공군이 "베트남 전쟁에 기여한 것을 자랑스럽게 생각한다"며 "베트남을 떠날 때 헬리콥터와 비행기를 남겨 둘 계획이며, 이상적으로 1964년쯤에 떠날 것"이라는 공군 장교와의 인터뷰를 포함시켰다. 탄함은 상황이 매우 긍정적이라고 썼다. 그는 "운이 조금 따라 준다면 1년 안에 이 모두를 마무리지을 수 있다"고 자신에게 말한 고위 장군을 인용하기도 했다.

9장

지휘와 통제
Command and Control

1962년 10월 47세의 조용한 민간인 과학자가 ARPA에서 새로운 일을 시작하려고 미주리를 떠나 펜타곤에 도착했다. 그리고 그의 연구는 세계를 바꾸게 된다. 2015년에는 지구상의 70억 인구 중 30억 명이 그가 고안한 기술을 일상적으로 사용한다. J. C. R. 리클라이더(J. C. R. Licklider)라는 이름의 이 남자는 인터넷의 개념을 발명했다. 처음에 그것은 ARPANET이라고 불렸다.

리클라이더가 인터넷을 만들겠다는 의도로 펜타곤에 온 건 아니다. 그는 지휘 통제 시스템을 연구 개발하도록 고용됐다. 당시에는 대부분 핵무기와 관련됐다. 케네디 대통령 취임 첫 주에 허브 요크의 침실에 설치된 빨간색 전화기가 국가 원수들이 핵 발사 시나리오에서 "실행 혹은 중단"이란 엄중한 결정을 전달하는 유일한 방법이라는 생각은 터무니없었다. 단추를 눌러 시작되는 전쟁의 세계에서는 몇 분의 1초가 중요했다. 세계 지도자들은 1962년형 전화기 다이얼을 돌리는 몇 초도 지체할 수 없었다.

C2로 알려진 지휘 통제(command and control) 시스템을 최첨단으로 만들라는 임무는 대통령에게서 왔다. 취임 몇 달이 지나지 않

아 케네디는 의회에 미군 지휘 통제 시스템을 신속하게 현대화하는 예산을 배정해 달라고 요청했다. 구체적으로는 이 시스템을 "더 유연하고, 더 선택적이고, 더 신중하고, 더 안전하게, 언제나 최종 결정은 민간의 권위 아래 놓이도록" 만들어야 한다는 주문이었다. "새로운 장비와 시설"을 요구하는 대통령의 지시가 펜타곤으로 보내졌고 ARPA에 이 임무가 맡겨졌다. 이 일을 맡을 적임자로 리클라이더가 채용됐다.

리클라이더는 훈련된 심리학자로 음향심리학이란 희귀한 전공의 소지자였다. 음향심리학은 방을 가로질러 있는 사람이 박수를 칠 때 뇌는 그 소리가 어디서 오는지 어떻게 알게 되는가와 같은 질문을 탐구한다. 이 학문은 생리학과 심리학이란 두 요소를 전부 고려한다. 소리는 기계적 음파로 귀에 도착하지만 지각하는 사건이기도 하기 때문이다. 사람들은 상황에 따라 다르게 듣고 그러한 "상황들이 결과로 이어진다"고 리클라이더는 즐겨 말했다. 제2차 세계대전 기간에 하버드의 음향 심리학 실험실에서 일한 리클라이더는 군대에서 쓰일 더 나은 통신 시스템을 개발하기 위해 군 항공기 조종사들을 상대로 모든 종류의 비행 시나리오에서 실험을 진행했다. 항공기엔 아직 기압을 일정하게 유지해 주는 기술이 도입되지 않았을 때였으며 고도 1만 668미터에서 조종실의 온도는 영하로 떨어졌고 이는 조종사들이 소리를 듣고 말하는 방식에 큰 영향을 미쳤다. 리클라이더는 B-17, B-24 폭격기 조종사들과 수백 번의 실험을 진행하고 자료를 분석해 자신이 발견한 내용을 발표했다. 전쟁이 끝날 무렵에는 인간 청각 신경계의 세계적 권위자로 여겨졌다.

전쟁이 끝나고 리클라이더는 하버드를 떠나 MIT 링컨 연구소로 갔다. 그곳에서 그는 컴퓨터가 인간의 소통을 어떻게 도울까라는 문제에 흥미를 갖게 됐다. 링컨 실험실의 공학자들은 공군을 위해 반자동 지상 환경(Semi-Automatic Ground Environment) 혹은 SAGE라 불린 IBM 기반의 컴퓨터 시스템을 연구하고 있었다. 이 시스템은 북미 방공 사령부(NORAD) 방공 시스템의 중추로 기능하도록 제작되는 중이었다. SAGE는 레이더와 컴퓨터 기술을 통합해 수신, 해석, 대응이라는 세 가지 핵심 기능을 동시에 수행하는 최초의 컴퓨터 시스템이었다. SAGE 시스템은 추적 레이더로부터 정보를 수신해, 정보가 들어오는 즉시 해석하고, 이를 통해 다가오는 위협을 미국의 방위 미사일 시스템에 전달했다. 이 거대한 기계는 너무 커서 기술자들이 작업하려면 컴퓨터 안에 걸어 들어가야 했다. SAGE 시스템 조작자들은 조종간에 앉아 대형 화면을 바라보며 자판을 치고, 새로운 정보가 전화선을 통해 SAGE 시스템으로 들어올 때 스위치를 조작했다. SAGE 시스템 조작자들은 세계 최초로 다양한 업무를 수행하는 컴퓨터를 사용한 사람들이었다.

SAGE 시스템은 리클라이더에게 영감을 주었다. SAGE 시스템은 컴퓨터가 단순히 데이터를 모으고 계산을 수행하는 이상의 일을 할 수 있다는 걸 보여 주었기 때문이다. 그는 인간과 기계가 교류하고 지금보다 훨씬 더 큰 문제를 해결하는 미래가 오리라 상상했다. 그는 "인간과 컴퓨터의 공생"이라 부른 이 개념의 대략적인 내용을 밝힌 논문을 썼다. 논문에서 그는 인간과 "그 협력 관계의 전자적 구성원"인 컴퓨터의 협력 관계를 묘사했다. 리클라이더는 컴퓨터가 인간의 "조력자"가 되는 때가 온다고 꿈꾸었다. 컴퓨터가 "질문에 답하고, 시뮬레이션을 수행하고, 그 결과를 그래픽으로 나타내고, 과거의 경험에서 새로운 상황의 해결책을 도출"하리라고 말이다. 존 폰 노이만과 마찬가지로 리클라이더는 컴퓨터와 인간의 두뇌에 공통점이 있다고 보았다. 그리고 인간과 기계의 공생을 보았으며 그 덕에 인간의 짐, 즉 "단순 암기 작업"의 수고가 덜어질 수 있다고 생각했다. 그 결과 인간은 중요한 결정에 더 많은 시간을 쏟게 된다고 리클라이더는 말했다.

리클라이더는 컴퓨터가 언젠가 더 나은 세계를 만들 것이라 믿었다. 그는 사람들이 그 앞에 앉아 그들이 원하는 모든 것을 배우는 "가정용 컴퓨터 콘솔"을 상상했다. 《미래의 도서관*Libraries of the Future*》이라는 책도 썼다. 이 책에서 그는 도서관 자료들이 단일한 데이터베이스를 통해 원격 사용자들에게 제공되는 세상을 묘사했다. 1960년엔 아직 급진적인 생각이었지만 오늘날 하루 24시간 인터넷 도서관을 손끝에 두고 있는 수십 억 인구에게는 당연하게 받아들여지고 있다. 리클라이더는 컴퓨터가 인간을 더 많은 정보를 가진 존재로 만들어 준다고 썼다. 그리고 "앞으로 그리 멀지 않은 미래에 컴퓨터와 인간의 두뇌가 동기화되고… 그 결과 만들어지는 협력 관계는 인간이 일찍이 생각하지 못했던 방식으로 사고하도록 만들 것"이라고도 했다.

바로 이런 혁명적 사고 때문에 ARPA는 흥미를 보였다. 지휘 통제 시스템을 발전시키려면 컴퓨터 성능이 현재의 수준을 훨씬 뛰어넘어 확장될 필요가 있었다. 그리고 리클라이더가 바로 그 일을 맡게 됐다. ARPA의 국장 잭 루이나는 리클라이더에게 전화해 워싱턴으로 와서 국방부 관리들에게 컴퓨터를 설명하는 일련의 세미나를 진행해 달라고 요청했다. 그다음 일자리를 제안했다. 몇 달 뒤 리클라이더가 일하려고 펜타곤에 도착한 첫날, 그의 문에는 "ARPA 지휘 통제 연구실 실장 리클라이더"라고 적힌 명패가 붙어 있었다. 당시엔 중요성에서나 크기에서나 모두 다 자그마한 사무실이었다. 그때는 지휘 통제 프로그램이 얼마나 거대해질지 상상조차 불가능했다. 1962년에는 그저 아이디어에 지나지 않았다.

1962년 가을 리클라이더가 펜타곤에 도착했을 때 국방부는 세계 어느 나라의 기관보다 더 많은 컴퓨터를 사들였고 ARPA는 이제 막 첨단 컴퓨터 연구에 뛰어든 상황이었다. ARPA는 공군에게서 오래된 공룡 같은 4대의 Q-32 기계들을 물려받았다. 각 컴퓨터는 작은 집채만 했다. 1954년부터 MIT 링컨 연구소에서 SAGE 프로그램을 돌린 컴퓨터가 바로 이들이었다. 펜타곤이 이들을 내다 버릴 다른 방법은 없었다. 랜드 연구소의 산하 기관이었던 SDC(System Development Corporation)가 만든 Q-32는 제작비가 믿을 수 없을 만큼 비싸서 대당 600만 달러(2015년으로 환산하면 약 5,000만 달러)가 들었다. ARPA가 그 기계들을 물려받았고 리클라이더에게는 이들을 잘 사용해야 하는 일이 주어졌다.

리클라이더가 펜타곤에 도착하고 15일 뒤, 세계를 초긴장에 몰아넣은 가장 끔찍한 충돌이 발생했다. U-2 정찰기가 촬영한 사진으로 소련이 핵 미사일을 플로리다 해변에서 고작 140여 킬로미터 떨어진 쿠바에 은밀히 배치했다는 게 드러났기 때문이다. 케네디 대통령이 미사일의 철수를 요구했으나 니키타 흐루쇼프 서기장은 이를 거부했다. 10월 16일부터 미국과 소련은 핵무기 치킨 게임을 벌였다. 위기가 정점에 이르렀을 때인 10월 24일, 미국은 쿠바를 군사적으로 봉쇄했고 해상 대치가 이어졌다. 모든 면에서 이 13일간이야말로 세계가 핵전쟁에 가장 가까이 다가간 기간으로, 전에도 그 후에도 그와 유사한 일은 없었다. 대통령은 방위 태세를 데프콘 2(DEFCON 2)로 사상 처음 격상시켰다. ARPA 역사를 통해 새로이 드러난 정보에 따르면 쿠바 미사일 위기는 전에 알려진 바와 달리 훨씬 더 극적인 측면이 있었다.

"쿠바 미사일 위기 동안 핵미사일이 몇 발이나 폭발됐을까?" 이 책을 집필하려고 DARPA 국장 아라티 프래바카의 특별 보좌관 폴 코젬착(Paul Kozemchak)을 만났을 때 그가 내게 물었다. 코젬착은 DARPA에서 30년간 일했던, 가장 오래 근무한 인물이었다. "그 답으로 '전혀 없었다'가 아니라는 건 말해 줄 수 있다." 코젬착은 이렇게 말했다. "그 답은 '몇 발'이다." 여기서 "몇 발"이란 4발을 지칭한다.

쿠바 미사일 위기 무렵 아이젠하워의 핵폭발 실험 금지는 이미 좌초됐다. 미국과 소련은 각자 핵무기 실험을 재개했다. 쿠바 미사일 위기가 진행되던 1962년 10월 20일과 10월 26일, 미국은 두 번이나 핵무기를 우주에서 폭발시켰다. 각각의 핵무기에 부여된 암호는 체크메이트(Checkmate)와 블루길 트리플 프라임(Bluegill Triple Prime)이었다. 이 실험들은 ARPA가 크리스토필로스 효과를 탐구하는 과정에서 지식을 더 발전시키려는 목표로 이루어졌다는 기록도 있고, 대중에게도 알려졌다. 펜타곤 밖으로 알려지지 않은 사실은 미국의 이 실험에 대응해, 소련도 1962년 10월 22일과 10월 28일에 우주에서 크리스토필로스 효과를 확인하려는 목적으로 두 발의 핵무기를 폭발시켰다는 내용이다. 최근 기밀에서 해제된 백악관의 비상회의 동영상 자료를 보면 국방장관 맥나마라가 소련의 핵폭탄 실험을 대통령과 그의 최측근 참모들 앞에서 논의하는 소리가 들린다. "소련이 사거리 1,600킬로미터 미사일 3발을 어제 카푸스틴 야르(Kapustin Yar)에서 발사했다"고 맥나마라가 말했다. 그중 1발에 300킬로톤의 핵탄두가 탑재됐었다. "그들은 핵폭발 상황에서 미사일 방어 시스템의 기능들을 시험했다."

무엇이 더 충격적인지 판단하기는 어렵다. 1990년대 초 러시아 과학자들이 공개한 일반적으로 잘 알려지지 않았던 이 정보인가 아니면 DEFCON 2라는 방위 태세가 발령된 쿠바 미사일 위기 동안 핵무기 4발이 우주에서 폭발됐다는 사실인가? 툴레의 J-기지에 있던 탄도 미사일 조기 경보 시스템은 소련의 미사일 발사를 핵 선제 공격으로 오판하기 십상이었다. 소련 미사일 발사 전문가인 전직 CIA 요원 레이몬드 가르토프(Raymond Garthoff) 박사는 이렇게 말했다. "양쪽 지도자들이 알지 못하거나 심지어 통제하지 못하는 사건이나 사고 때문에, 상황이 통제 불능 상태가 되어 전쟁으로 이어질 수도 있었다."

소련의 고고도 핵실험 정보는 베를린 장벽이 붕괴되고 나서야 기밀에서 해제됐다. 1962년 10월 28일 카자흐스탄의 제즈카즈간(Zhezqazghan) 상공 149킬로미터에서 폭발한 소련의 핵무기는 엄청난 영향을 미쳤다. 러시아 과학자들에 따르면 "그 핵폭발은 땅속에 묻힌 전선을 포함해 카자흐스탄 전체에 영향을 미친 전자기 펄스(electromagnetic pulse, EMP)를 초래했다".

쿠바 미사일 위기로 지휘 통제 시스템이 개선되어야 할 뿐만이 아니라 새로이 고안되어야 할 필요가 있다는 사정이 분명해졌다. 낡은 생각에서 벗어나 컴퓨터가 월급이나 회계 같은 계산 업무를 넘어 사용될 가능성을 생각해 보라고 ARPA의 동료들을 밀어붙인 최초의 인물이 리클라이더였다. 리클라이더는 여러 사용자가 이용할 수 있는 방대한 시스템, 즉 여러 플랫폼에서 정보를 수집하는 컴퓨터 "네트워크"의 개발을 제안했다. 이 네트워크는 레이더와 위성에서부터 첩보 보고, 통신 내용, 심지어 날씨 정보에 이르기까지 다양한 출처의 정보를 통합할 수 있다. 이를 위해 인간과 기계, 군과 나머지 세계의 협력이 필요하다고 했다.

리클라이더는 다음과 같이 썼다. "군이 필요로 하는 것은 기업인과 과학자들도 필요로 한다는 나의 철학을 ARPA의 상사들에게 확신시키려 거듭 노력했다." ARPA에 도착한지 6개월 만에 그는 이 네트워크를 "은하계 컴퓨터 네트워크"라 지칭한 메모를 내보냈다. 당시엔 컴퓨터마다 서로 다른 프로그래밍 언어를 사용했는데 리클라이더는 이것을 시급하게 극복해야 할 장애물이라고 생각했다. 그는 이것이 "공상과학 소설가들이 논의해온, 서로 전혀 모르는 지적 존재들이 어떻게 소통할 수 있는가?"라는 지극히 어려운 문제라고 썼다. 그 답을 찾는 데 수십 년이 걸렸지만 시작은 1962년, ARPA였다.

리클라이더는 디지털 혁명의 첫 씨앗을 심은 현대 컴퓨터의 "조니 애플시드(Johnny Appleseed)*"로 불리기도 한다. 리클라이더에 대해 잘 알려지지 않은 사실은 그가 펜타곤에서 행동 과학 프로그램을 개발하는 두 번째 사무실을 운영했다는 것이다. 이 사무실은 나중에 감시 프로그램과 관련된 훨씬 더 전체주의적인 업무를 맡게 되었다. 이 프로그램은 허브 요크가 처음 "국방에 사용될 인간 행동 기술의 개발"이라는 이름으로 의뢰한 연구에서 발전했다. 이 연구는 컴퓨터 또는 "인간-기계 시스템"이 분쟁 지역에서 어떻게 가장 효과적으로 쓰일 수 있는지를 검토했다. 그 결과는 오늘날 매우 광범위한 분야에서 영향력을 행사하고 있다.

---

* 1774년에 출생한 인물로 본명은 존 채프먼이다. 이 미국인 묘목상은 오하이오 주, 인디애나 주, 그리고 일리노이 주 등 많은 지역에 사과를 소개하는 선구적인 역할을 했다.

행동 과학 프로그램에서 ARPA는 컴퓨터를 활용해 "심리학에서 다른 사회과학으로 가는 다리를 놓기"를 원했다고, 초기 ARPA 보고서는 전한다. 잭 루이나는 리클라이더가 훈련된 심리학자였기에 적임자라고 믿었다.

행동 과학 프로그램의 과업 중 하나는 컴퓨터가 국방부의 교육 도구로 사용되는 미래의 세계를 상상하는 일이었다. 컴퓨터가 방 하나를 다 차지하고 제작과 운용에 수백만 달러가 드는 1962년을 감안하면 원대한 사고였다. "국방에 관련이 있다고 여겨져 선택된 인간 수행(human performance) 연구의 사례가 컴퓨터 지원 교육 시스템과 컴퓨터 지원 게임 및 시뮬레이션 연구들이었다"고 ARPA의 내부 보고서는 언급한다. 응오딘지엠 대통령의 남베트남 군대를 훈련시키는 일이 그 구체적인 사례였다. ARPA는 베트남인들을 모집해 보다 훌륭한 병사들로, 보다 효율적인 행정 관리들로 훈련시켜 공산주의를 패퇴시키려고 했다. 이는 수고롭고 노동 집약적인 과업이었다. 언어와 문화 장벽이 과업을 한층 더 수고롭게 만들었다. 행동 과학 프로그램이 추진된 배경에는 언젠가 컴퓨터가 이런 종류의 일을 떠맡을 수 있으리란 생각이 놓여 있었다.

행동 과학 프로그램은 여러 프로젝트를 출범시켰다. 이런 프로그램들은 공개적인 측면도 있었지만, 대단히 기밀인 부분들도 포함하고 있었다. ARPA는 비밀리에 두 번째 전투 개발 시험 센터(CDTC)를 사이공에서 북서쪽으로 800킬로미터 떨어진 태국 방콕 교외에 설립했다. 베트남의 CDTC와 마찬가지로 새 CDTC도 기술과 기기들을 연구하고 개발했지만, 보다 장기적인 반군 진압 작전에 초점을 맞추었으며 리클라이더의 컴퓨터가 지원하는 교육, 게임 및 시뮬레이션 연구 계획을 포함했다. 미국 정부는 의회에 방콕의 새 CDTC

를 보고하지 않았다. 하원의 세출 위원회도 몰랐다. 법률상으로는 국방부는 새 시설을 건설하기 전에 이를 고지해야 한다.

"태국은 사회과학적 사안을 다루는 실험실이었고 베트남의 실험실은 자연과학적 사안, 즉 빵 하고 터지는 기기들을 다루는 실험실이었다." 태국의 CDTC에서 일했던 전 ARPA 요원 제임스 L. 우즈(James L. Woods)는 말했다.

아직까지도 알려지지 않은 더 큰 계획이 당시 진행 중이었다. 맥나마라 국방장관은 세계 각지에 CDTC를 추가적으로 만들라고 ARPA를 재촉했다. 그는 CDTC가 유연 대응이라는 대통령의 국가안보 정책의 중요한 부분이라고 여겼다. 테러 조직으로도 불리는 반군 집단들이 동남아시아, 라틴 아메리카, 아프리카, 중동 전역에서 부상하고 있었다. "미국은 이 구석진 지역들에서 벌어지는 제한적인 전쟁들을 지원해야 한다"고 민첩 프로젝트의 한 보고서는 선언했으며 "유사한 조직을 세계의 다른 지역에 설치하는 문제를 국방장관실이 고려 중이다"고 덧붙였다. ARPA는 세계 각지로 확장하는 프로그램을 "외딴 지역 분쟁(Remote Area Conflict)으로 불렀으며 국방 사업 계약자인 바텔(Battelle Memorial Institute)을 고용해 두 곳의 외딴 지역 분쟁 정보 센터(RAC Information Center)를 각각 워싱턴 D.C.와 오하이오 컬럼버스에 세우고 운영"하도록 했다. 이 센터들의 임무는 사이공과 방콕의 CDTC를 포함해 미래의 모든 CDTC에서 진행되는 프로그램들을 추적해 진행 상황 요약 보고서와 성과 평가 분석 보고서를 작성하는 것이었다. ARPA는 1962년 초 "외딴 지역 분쟁"이라는 새 깃발 아래 베이루트와 테헤란에 CDTC를 건설하는 계획을 마련했다. 국립 문서보관소에 보관되었던 기밀이 해제된 CDTC 서류는 분류가 잘못되어 분실됐다. 알려진 유일한 복사본이 바텔에 남아 있었다. 그러나 50여 년 전에 만들어진 복사본이 었지만 바텔은 "안타깝게도 바텔은 자체 보고서를 공개하지 않는다는 정책을 가지고 있다"며 공개를 거부했다.

태국의 새 CDTC는 번창했다. 리클라이더의 행동 과학 프로그램 사무실의 ARPA 공학자들은 컴퓨터를 사용하여 사회적 행동의 모델을 만들 수 있다고 믿었다. 데이터를 수집하고 수집된 데이터를 분석해 모델을 수립하도록 알고리즘이 설계된다는 얘기다. 이는 리클라이더의 또 다른 중요한 아이디어로 이어졌다. 수집된 데이터에 근거해 컴퓨터가 인간의 행동을 예측할 수 있다면 어떨까? 예측할 수 있다면 통제도 가능하다. "하는 일의 대부분이 이론적이고 실험적이었다. 한동안은 하드웨어가 아닌 분야에 주로 집중했다"고 방콕 CDTC의 첫 번째 책임자였던 T. W. 브런디지(T. W. Brundage)는 말했다. 브런디지는 새 센터에서 처음 수행된 리클라이더 이론의 첫 번째 프로그램을 언급했다. 그것은 "태국 왕립 군대의 인체 계측 조사"로 불렸고 태국 육군, 해군, 공군의 2,950명을 대상으로 했다. 겉으로 드러난 명분과 달리 기밀인 동기가 숨은 CDTC 프로그램의 전형적인 사례였다. 태국 정부는 이 프로그램의 목표가 "태국 군인들의 신체 규격 정보 제공"이며 미래에 태국군의 "장비와 의복의 크기나 디자인"에 사용된다고 통보받았다. ARPA의 실무자들은 2,950명을 상대로 52개의 항목, 예컨대 눈높이, 앉은 키, 팔뚝에서 손끝까지 길이, 복숭아 뼈의 둘레 등을 측정했다. 그러나 참가자들은 개인적인 질문들에도 답해야 했다. 언제 어디서 태어났느냐 외에도 조상이 누구이고 종교는 무엇이며 태국 왕을 어떻게 생각하느냐 등이었다.

"태국 왕립 군대의 인체 계측 조사"의 실제 목적은, 또 그와 유사한 10여 개의 다른 조사의 목적은 "데이터 수집과 처리"였다. 수집된 정보는 매사추세츠 주 네이틱(Natick)에 있는 미 육군 네이틱 연구소(Natick Laboratories)의 컴퓨터 부서로 보내졌다. "개인 프로필 정보를 코드로 바꾼 다음 모든 데이터가 도표에서 천공 카드로 옮겨졌다"고 기밀 해제된 보고서에 쓰여 있었다. 그 후 "일련의 조사에 참여한 개개인"의 디지털 프로파일이 만들어졌다. ARPA는 이를 통해 제3 세계 국가의 군대를 감시하는 목적으로 미래에 사용할 만한 하나의 프로토타입을 만들어 향후에 활용하고자 했다. 이 정보는 보안이 유지되는 군사 시설의 컴퓨터들에 저장되었다. 1962년에 태국은 상대적으로 안정된 나라였으나 소요나 반군 활동이 있는 나라들에 완전히 둘러싸였다. 만약 태국이 전투 지역이 된다면 ARPA는 태국 군인의 정보가 있었으므로 그들 각자를 추적하는 일이 가능해졌다. 누가 태국군에서 탈영해 적군으로 전향했는지를 확인할 만한 정보가 확보됐기 때문이다. 컴퓨터 모델을 사용해 ARPA는 '외딴 지역' 인간의 행동을 설명하는 알고리즘도 만들 수 있었다. 궁극적으로 이러한 패턴은 예측 가능한 컴퓨터 모델링으로 이어진다고 리클라이더는 믿었다.

예측 모델링 프로그램 분야에서 리클라이더와 함께 또는 그 밑에서 일한 사람들도 있었다. 그중 한 사람이 사회과학계에서 좌편향 혁명가로 알려진 이티엘 드 솔라 풀(Ithiel de Sola Pool)이었다. ARPA와의 계약 사업을 수행하면서 풀은 컴퓨터를 사용해 인간 행동를 분석하는 모델을 만든 최초의 사회과학자 중 1명이 되었다. 그는 장차 대중 매체의 사회적 영향을 다룬 최초의 권위자가 된다. 리클라이더와 이티엘 드 솔라 풀은 ARPA에 일련의 제안을 제시하며 검토를 요청했다. 컴퓨터 모델은 중요한 질문의 답을 마련하는데 쓰일 수 있다고 두 사람은 말했다. 그들은 "농민들의 태도와 행동," "몇 몇 나라의 '안정과 무질서'," "문화적 패턴"을 연구해 보자고 제안했다.

폴과 리클라이더는 ARPA의 행동 과학 패널에도 참여했다. 그 자격으로 그들은 히키와 도넬의 전략촌 프로그램 연구를 검토했다. "그들(히키와 도넬)은 대단히 유용한 정보를 산출했으며 탐구할 가치가 있는 분야를 개척했다. 그러나 이 중요하고 복잡한 문제들의 해결책으론 거죽만 살짝 건드린 셈이다." 폴과 리클라이더는 그렇게 썼다. 또 두 사람은 히키와 도넬이 수집한 마을 사람들의 정보도 컴퓨터 모델을 만드는 데, 그리고 이러한 종류의 개인들이 미래의 분쟁 상황에서 어떻게 행동할지 예측하는 데 쓰일 수 있다고 인식했다. "이는 중요한 도구들이다." 왜냐하면 "조건에서 결과로 이어지는 필연적인 흐름"을 더 잘 이해하도록 해 주기 때문이라고 리클라이더는 말했다. 기초 자료가 국방부 컴퓨터에 있는 만큼 마을 사람들의 행동을 은밀하게 모니터링하고 분석하며 모델링할 수 있었다. 이는 효과적인 지휘 통제 수단이었다.

그러나 전쟁의 역사를 볼 때 통제의 욕망과 능력은 종종 상충한다. 사람들에게 영향력을 행사하려는 정부의 창의적인 노력에도 불구하고 군사적 통제 밖에 있는 일들이 벌어지기 마련이다. 베트남에서 다음에 발생한 일은 돌이킬 수 없는 결과를 낳았다.

1963년 5월 8일은 부처 탄신 2,527돌이었다. 신도들이 후에(Hue) 마을에서 이 날을 축하하려고 모였다. 저항의 분위기가 감돌았다. 응오딘지엠 대통령의 가톨릭 독재 정권은 불교 신자들을 탄압했다. 후에에 모인 사람들은 부처의 깃발들을 휘날리지 말라는 말을 들었으나 무시했다. 축제 분위기였고 거의 1만 명에 가까운 군중이 후에 라디오 방송국 근처에 모였다. 무장한 장갑차 8대와 경찰차 서너 대가 현장에 도착했고, 경찰이 흥청망청 떠드는 군중에게 해산을 명령했으나 그들은 거부했다. 경찰이 소화전과 최루 가스를 사용했으나 효과가 없었다. 누군가 라디오 방송국 현관에 수류탄을 던져 아이 4명을 포함하여 9명이 죽고 14명이 중상을 입었다. 거대한 항의 시위가 이어졌다. 이 사건은 남베트남 전역에서 응오딘지엠 대통령과 그의 동생이자 비밀경찰 우두머리인 응오딘누(Ngo Dinh Nhu)에 대한 광범위한 분노를 표출하는 계기가 되었다. 불교 신자들은 깃발을 휘날릴 권리와 가톨릭 교회에 주어진 종교의 자유를 똑같이 갖게 해 달라고 요구했다. 정부가 거부하자 틱꽝득(Tich Quang Duc)이란 노승을 포함한 300명 이상의 비구승과 비구니가 사이공에 모여 항의 행진을 했다. 승려들은 조용히 사이공의 가장 번화한 대로를 따라 교차로까지 내려왔고, 그곳에서 승려들은 모두 멈추어서 기다렸다. 틱꽝득은 길 한가운데 방석을 깔고 가부좌를 틀어 앉았다. 그를 중심으로 군중이 모여들었다.《뉴욕 타임스》의 기자 데이비드 할버스탬(David Halberstam)도 그중 하나였다. 승려 2명이 각각 20리터 가량의 통을 들고 틱꽝득에게 걸어가 그에게 휘발유를 부었다. 1명은 성냥을 전해 주었다. 그는 성냥을 그어 자신의 몸에 불을 붙였다. 데이비드 할버스탬은 눈앞에서 승려가 불길에 싸여 사이공의 길바닥에서 죽음으로 타들어 가는 모습을 보면서 느낀 정신적 충격을 묘사했다. "불길이 인간에게서 나오고 있었다. 그의 몸은 서서히 시들고 오그라들었으며 얼굴은 검어졌고 숯이 되어 갔다." "살이 타는 냄새가 공기로 번져 갔다. 인간의 몸은 놀랍게도 빠르게 불탔다. 내 뒤에 모여든 베트남 사람들의 흐

느끼는 소리가 들렸다. 나는 너무 충격을 받아 울지도 못했으며 너무 혼란에 싸여 노트에 적거나 물어볼 수도 없었다. 생각조차 하지 못할 정도로 당황스러웠다. … 그는 타들어 가면서 단 하나의 근육도 움직이지 않았고 단 한마디도 내뱉지 않았다. 겉으로 드러난 그의 태연자약한 모습은 주변의 흐느끼는 사람들과 극명하게 대조를 이루었다."

분신하는 동안 스님은 완벽하게 정지한 채 움직이지 않았다. 그는 몸을 비틀거나 비명을 지르거나 어떤 고통의 징표도 드러내지 않았다. 불에 휩싸인 채로도 틱꽝득은 가부좌를 틀고 반듯하게 앉아 있었다. 마침내 새까만 잔해가 되어 뒤로 넘어질 때까지 그의 몸은 10분 정도 타들어 갔다.

AP 통신의 사이공 지사장이자 언론인 말콤 브라운(Malcolm Brown)은 타들어 가는 승려의 사진을 찍었고, 이 사진은 세계 각국의 신문에 실렸다. 전 세계 사람들이 분노했다. 하룻밤에 응오딘지엠 대통령은 국제적인 따돌림을 받았다.

그러나 응오딘지엠 대통령은 불교 신자들의 요구에 공감하거나 굴복하는 대신 동생 응오딘누와 그의 부인인 마담 누와 함께 불교 신자들을 비방하기 시작했다. 마담 누는 검은색 드레스에 진주를 걸치고 국영 TV에 나와 접이식 부채를 흔들며 불교 지도자들이 틱꽝득을 술에 취하게 만들어 정치적 음모로 자살하도록 유도했다고 말했다.

"불교 지도자들이 도대체 무슨 짓을 한 거죠? 그들은 자신들이 술에 취하게 만든 승려 하나를 통구이로 만든 겁니다. … 심지어 그 통구이조차 자족적 수단으로 하지 못했어요. 수입 휘발유를 사용해야 했기 때문이죠." 마담 누가 한 말이다. 그해 여름이 끝날 무렵 위기는 절정에 치달았다. 백악관은 응오딘지엠 대통령에게 불교 신자들과 즉각 화해하도록 권고했다. 대통령은 요청을 무시하고 1963년 8월에 계엄령을 선포했다.

10월 말 남베트남 주재 미국 대사 헨리 캐벗 로지 주니어(Henry Cabot Lodge Jr.)는 케네디 대통령에게 응오딘지엠의 장군들 일부가 쿠데타를 조직하고 있다고 말했다. 지금은 유명해진 "힐만 전문"에서 대통령과 대사, 그리고 외교관 애버렐 해리만(Averell Harriman)과 로저 힐만(Roger Hillman)은 응오딘지엠을 무너뜨리는 군부의 쿠데타에 개입하지 않기로 했다. 전문에서 로지 대사는 남베트남 장군들에게 백악관이 그들의 쿠데타를 용인한다는 메시지를 은밀히 전해주었다.

1963년 11월 1일 응오딘지엠의 장군 집단은 남베트남 정부를 전복했다. 응오딘지엠 대통령과 남동생은 사이공의 촐론(Cholon) 지역으로 도피해 가톨릭교회 안에 은신했다. 이들은 다음 날 아침 발견되었다. 둘은 미국제 장갑차 뒷좌석에 태워져 어디론가 사라졌다. 그리고 얼마 지나지 않아 처형됐다. 총탄으로 구멍이 난 그들의 시신이 사진으로 찍혔고 로지 대사 집 근처의 땅에 묘비도 없이 묻혔다.

베트남 공산주의 운동의 지도자 호치민(Ho Chi Minh)이 이 사실을 알았을 때 놀라며, "나는 미국인들이 그렇게 멍청하다는 게 믿기지 않는다"고 말했다.

남베트남 전역의 시골에서 응오딘지엠 대통령과 미 국방부가 건설한 요새가 무너져 내리기 시작했다. 논농사를 짓는 농부든 신념이 굳은 베트콩이든 간에 현지인들은 응오딘지엠 정권이 전략촌 프로그램의 일부로 건설하도록 강제한, 억지로 만들어진 마을들을 뜯어내기 시작했다. 세계에 두루 알려진 뉴스 영상 자료에 따르면 농부들은 강화 대나무 벽을 대형 쇠망치, 삽, 몽둥이로 부쉈고 전략촌들은 그렇게 사라져 갔다. 기회를 잡은 공산주의자들은 수천 명의 베트콩들을 남베트남 마을로 보내기 시작했다. 그들은 북에서 도로를 걸어서 오거나 정글의 오솔길을 따라 내려왔다. 이 오솔길은 나중에 호치민 루트(Ho Chi Minh Trail)로 알려진다. 얼마 지나지 않아 신념이 굳은 공산주의 반군과 중립적 농부를 구분하는 일은 불가능해졌다.

지휘 통제는 베트남에선 환상이었다. 수백만 달러를 쓰고 또 수백 명이 동원됐으며 고엽제라는 치명적인 화학 물질을 사용했음에도 불구하고, 최첨단 기기와 반군 진압 기술 등을 동원한 ARPA의 민첩 프로젝트는 남베트남 전역으로 번져 가는 공산주의 반란에는 아무 영향도 미치지 못했다. 사이공에 있는 미국인들은 응오딘지엠 대통령의 몰락은 내다보았을지 모르지만 그 직후 지구 반 바퀴 떨어진 텍사스에서 벌어진 일을 예측하지는 못했을 것이다. 응오딘지엠 형제가 처형된 지 20일 후인 1963년 11월 22일 무개차를 타고 댈러스의 딜리 플라자(Dealey Plaza) 공원 앞을 지나가던 케네디 대통령은 암살자의 총에 죽었다.

후임 대통령 린든 B. 존슨이 베트남이라는 말벌 집을 물려받았다.

10장

동기부여와 사기
Motivation and Morale

인류학자 제럴드 히키는 낮게 나는 군용기 옆으로 몸을 숙여 바다뱀이 헤엄치는 모습을 내려다보았다. 날씨는 포근했고 바다는 잔잔했다. 그가 ARPA 관리들과 함께 탄 항공기가 시암(Siam) 만의 푸꾸옥(Phu Quoc) 섬에 가까워지자 바다는 청록색이었다. 1964년 겨울 히키는 베트남으로 돌아와 랜드 연구소가 ARPA와 계약한 업무에 투입되었다. 이번에는 미군 고문들이 베트남군과 어떻게 협력하는지를 연구하는 것이었다. 공식적으로는 존재하지 않는 전쟁이 계속되고 있었다.

ARPA의 관리들은 무기와 장비를 테스트하러 섬으로 가는 길이었다. 테스트가 끝난 무기와 장비는 베트남 현지 어부들로 이루어진 범선 함대(junk fleet)의 지휘관들에게 넘겨지게 된다. 미 국방부는 이들에게 돈을 주어 해안을 순찰하며 베트콩이 출몰하는지 지켜보도록 했다. 히키는 양측 참가자들을 인터뷰하려고 왔다. 히키는 이렇게 회상했다. "가는 길에 ARPA 직원들은 긴 바다뱀을 향해 사격하면서 신형 AR-15, 즉 초기 형태의 M-16을 테스트했다. 총에 맞은 바다뱀이 위로 튀어 올랐다."

섬에 도착하자 일행은 해변에 캠프를 세우고 ARPA가 제작한 해먹들을 야자수 사이에 고정한 다음 ARPA가 제작한 텐트를 쳤다. 그리고 가파른 해안 절벽으로 넘어가 ARPA가 제작한 군용 장화의 견고성을 테스트했다. 히키는 노트북을 손에 들고 따라다니며 늘 하던 대로 질문하고 답을 적었다. 하루 일과가 끝나면 일행들은 불 구덩이 주변에서 숯불에 구은 상어와 커다란 바다거북을 먹고 밥과 베트남 라뤼(La Rue) 맥주로 속을 씻어 내렸다.

푸꾸옥 섬에 다녀온 이후 히키는 사이공으로 돌아갔다가 다시 다낭의 미군 시설로 올라가면서 수십 번의 인터뷰를 했다. 1964년 7월 4일에는 H-34 해병 헬리콥터를 타고 타라우(Ta Rau) 계곡으로 향했고, 국경 지대인 남동(Nam Dong)에 위치한 특수 부대의 기지에 도착했다. 히키는 일기장에 "베트콩의 지배력이 강하다고 알려진 곳"이라고 적었다.

남동에 주둔한 부대의 지휘관인 로저 돈론(Roger Donlon) 대위는 헬리콥터가 흙먼지를 일으키는 착륙장에서 히키를 맞았다. 히키는 이 부대가 중무장으로 얼마나 요새화됐는지 적었다. 부대 주변엔 저격병을 막으려는 모래주머니가 쌓여 있었고, 기관총 진지와 박격포가 설치된 구덩이, 콘크리트 참호 등이 있었다. 히키는 이곳 남동 특수 부대 팀원 12명 전원과 그들의 베트남 상대역들을 모두 인터뷰할 계획이었다. 베트남인들은 젊은이들로 대부분 중국계 혈통의 소수 민족인 눙(Nung)족이었다.

남동에 있던 팀원들은 주변 지역에 살던 베트남인 5,000명을 보호하기 위해 타라우 계곡에 주둔하고 있었다. 정글을 순찰하는 일에 더해 특수 부대 팀원들은 우물을 파거나 학교를 건설하는 등 마을 사람들을 도와주었다. 그 밖의 일은 거의 없었다고 회상했다. 따라서 "특수 부대 팀원들은 인류학자를 반갑게 맞이했다".

남동에서의 첫날 히키는 돈론 대위를 따라서 항공기로 화학 약품이 뿌려졌다고 보고된 마을들 중 하나로 갔다. "쌀농사는 망쳤고 마을 사람들은 아팠다." 히키의 기록이다. 돈론 대위는 그들의 불만을 상부에 전달하겠다고 사람들에게 말했다. 히키는 자신의 보고서에 돈을 대는 ARPA가 마을 사람들과 쌀 경작지에 화학 제품을 뿌려 댄 과학 프로그램의 뒤에 있던 조직이라는 사실을 꿈에도 몰랐다.

두 사람은 어두운 밤이 되기 전에 부대에 도착해야 했기에 군용 지프차로 돌아왔다. 해가 산 뒤로 넘어가면 계곡은 칠흑처럼 어두워지며 이동은 어렵고 위험해진다. 남동으로 돌아온 히키는 랜드 연구소가 매주 제출하라고 요구한 시간표를 지휘 본부의 우편함에 넣었다. 그는 눙족 병사들과 저녁을 먹고 그들의 말로 인터뷰했다. 눙족 병사들은 히키에게 베트콩의 공격이 임박했다고 믿고 있다고 말했다. 히키는 그것을 돈론 대위에게 전했다. 팀원들의 회의가 소집됐고 돈론은 베트남인 공격 부대에 외곽 경계를 2배로 강화하라고 지시했다. 또한 헬리콥터 착륙장 역시 경계를 강화하도록 명령했다. 돈론은 히키에게 AR-15를 주고 침대 옆에 가까이 두고 자라고 말했다.

한밤중인 새벽 2시 26분, 거대한 폭발이 히키를 침대 아래로 떨어뜨렸다. 폭발은 계속 이어지더니 갑자기 기지는 백린 연기로 가득찼다. 사방에서 자동 무기 발사 소리가 들려오자 히키는 안경과 AR-15를 들고 뛰기 시작했다. "갑자기 총탄이 대나무 벽들을 뚫고 들어왔다"고 나중에 그는 회상했다.

숙소 밖, 구내식당과 비품 보관실이 불타기 시작했다. "박격포탄이 사방에 떨어졌고 수류탄이 폭발했다. 총소리가 가득했다. 몇 분도 지나지 않아 기지는 전쟁터가 됐다." 히키는 자세하게 이야기했다. 잠시나마 그는 모든 것이 끝났다고 느꼈다. 남동에서 곧 죽게 되리라 생각했다. 하지만 그는 AR-15를 들고 특수 부대원, 능족 전사들과 함께 밤새 전투를 벌였다.

날이 밝고 베트콩이 정글로 퇴각했을 때 히키는 참혹한 현장을 둘러보았다. 능족 60명, 미군 2명, 호주인 1명이 피살됐다. "주검과 주검의 조각들이 사방에, 엉망이 된 연병장과 잔디 위에, 그리고 부대의 경계 철조망에도 있었다." 그가 전날 함께 저녁을 먹은 능족 병사 1명이 사망했지만 그의 셔츠에 있는 휘장으로만 식별이 가능했다. "연기 자욱한 공기엔 주검의 냄새가 짙었다"고 히키는 회상했다. 그는 밀려오는 구역질에 압도되어 구토했다.

"1964년 7월의 남동 전투는 베트남 전쟁으로 알려진 격심한 전투의 전조였다"고 히키는 썼다. "현대 기술과 무기, 그리고 대규모 병력이 동원된 이 전쟁이 남베트남 전역을 소용돌이로 몰아넣고 세계의 이목을 사로잡으면서 남동 전투는 잊혀 갔다." 미국인들은 그들이 베트남에서 전쟁을 벌이고 있다는 사실을 아직 몰랐다. 로저 돈론 대위에게는 베트남전 최초의 의회 명예 훈장이 주어졌다. 제럴드 히키는 ARPA에서 계속 일하면서, 전투에서 AR-15의 역할과 베트남 사람들에게 미친 에이전트 오렌지의 영향 등의 주제를 다룬 12개가 넘는 보고서를 썼다.

미국 본토에서, 랜드 연구소의 소장 프랭크 콜봄은 돈벌이가 되는 ARPA와의 새 계약을 확보하는 데 관심을 집중하고 있었다. 콜봄과 분석가 가이 포커(Guy Pauker)는 워싱턴 D.C.로 날아가 ARPA 관계자들을 만났다. 랜드 연구소의 제3 지역 분쟁 위원회는 연구소의 사회과학자들이 반군 집단들과 연계된 "인간의 문제들"을 연구하고 분석해 베트콩의 반란을 저지하려는 펜타곤에 도움을 줄 거라고 믿었다. 그들이 추진하는 광범위한 주제의 계약은 잠재적으로 막대한 가치를 지녔으며 결과적으로 베트남 전쟁이 지속되던 12년간 랜드 연구소의 단일 최대 계약이 되었다. 이는 베트콩의 동기와 사기 프로젝트(VietCong Motivation and Morale Project)로 워싱턴 D.C.에서 단 한 차례의 회의로 계약이 체결됐다.

워싱턴에서 콜봄과 포커는 ARPA 국장 해롤드 브라운의 신임 반군 진압 분야 특별 보좌관 시모어 디치먼(Seymour Deitchman)을 만났다. 디치먼이 이 직책을 맡기 전에 ARPA의 민첩 프로젝트는 윌리엄 H. 고델이 관장하고 있었다. 그러나 고델의 처지가 이상하게 변해 갔다. 18개월간 고델은 반군 진압 분야에서 백악관과 펜타곤의 높은 평가를 받으면서 권위 있는 연방 우수 공무원단 상을 수상하고, 1962년에는 최우수 공무원 10명 중 하나로도 선정됐다. 그러나 어느 날 갑자기 민첩 프로젝트의 해외 경비 계좌에서 재무적 부조리가 발견되어 맥나마라 국방장관의 주의를 끌었고, FBI가 이를 조사하게 되었다. 수사 대상의 중심에 고델이 있었다. 반군 진압 문제는 너무나 중요하여 의혹을 받는 사람의 손에 맡길 수 없었다. 따라서 국방 연구원에서 항공 기계 공학자로 일하던 디치먼이 고델의 후임자로 선택됐다.

이 회의에 참석한 또 한 사람은 윌리엄 설리번(William H. Sullivan)으로, 직업 외교관이자 존슨 대통령이 새로 임명한 베트남 관련 부처 통합 태스크 포스(Interagency Task Force on Vietnam)의 수장이었다. 몇 달 뒤 설리번은 라오스 대사가 될 예정이었다. 설리반과 디치먼 두 사람과 함께 있던 방의 관계자들은 누구와도 중요한 반군 진압 계약을 체결할 수 있는 권한을 가지고 있었다. 이번 경우는 랜드 연구소였다. 바로 이것이 그다음에 벌어진 일이라는 걸 기록이 보여 준다.

윌리엄 설리번은 종이 한 장을 빼서 콜봄과 포커 앞에 놓았다. 부처 통합 태스크 포스와 국방부가 원하는 25개 연구 주제의 항목이 적혀 있었다. 명단의 거의 끝부분에 있는 주제 하나가 가이 포커의 눈길을 끌었다.

"베트콩은 누구인가? 그들을 싸우게 하는 원인은 무엇인가?"

포커는 감전된 듯했다. "도대체 어디서 이런 질문이 나왔느냐?"고 포커가 물었다.

"국방장관 로버트 맥나마라에게서 나왔다. 그는 계속 이 질문을 한다"고 설리번이 대답했다.

"콜봄과 나는 현장에서 랜드 연구소가 국방장관의 질문에 답하도록 노력한다는 데 동의했다." 포커는 이렇게 회상했다.

가이 포커는 루마니아 태생이라 철저한 반공산주의자였다. 그는 동남아시아 연구로 하버드에서 박사 학위를 받았다. 예컨대 나바호(Navajo) 같은 석기 시대 문화들이 왜 현대 세계에 적응을 하거나 못하는지를 연구하는 전문가였다. 그는 반군 진압이라는 도전에 흥미를 느꼈다. 포커는 베트콩이 석기 시대 사람 같다고 믿었다. 그는 무엇이 베트콩을 싸움에 내모는지 알아낼 기회를 반겼다. 콜봄과 포커는 산타 모니카의 랜드 연구소 본사로 돌아와 새로운 프로젝트의 개요와 입찰 제안서를 작성했다.

펜타곤에서도 "무엇이 베트콩을 싸움에 자발적으로 나서게 하느냐?"는 질문이 ARPA를 곤혹스럽게 만들고 있었다. 시모어 디치먼이 나중에 설명하기를 랜드 연구소 프로그램의 "당초 의도"는 베트콩 혁명 운동의 본질을 이해하려는 목적에서 "어느 계층의 사람들이 지지자가 되었나, 그들은 왜 지지자가 되었나, 그들의 집단 응집력은 어떻게 형성됐나, 그들은 주민들과 어떻게 교류하는가 등등의 질문"에 답을 찾는 것이라고 했다. 1964년 여름, 국방장관은 민첩 프로젝트의 "기법(techniques)" 분야에서 진전이 거의 이루어지지 않자 더욱 좌절하였다. 분쟁이 3년에 접어들었는데도 베트콩들이 진정 누군지 아직 아무도 확실히 이해하지 못하는 듯했다. ARPA는 적 전투원에 대한 양질의 정보가 필요했다고 디치먼은 말했다. 랜드 연구소의 새 연구를 촉진하려고 국방장관은 CIA와 거래했다.

초기에 베트콩의 동기와 사기 프로젝트를 이끌던 선임 사회과학자는 조셉 자슬로프(Joseph Zasloff)였다. 2014년 그는 랜드 연구소의 연구가 진행되던 여건을 회상했다. "남베트남에 CIA의 구치소와 감옥이 있었다." 존재해서는 안 되는 시설이었다. CIA는 이 비밀 억류 시설에 공산주의자 전쟁 포로들을 가두었고 다양한 분야의 관련자들이 그들로부터 정보를 얻으려고 노력했다. "우리도 연구를 진행하려고 이들을 인터뷰했다"고 자슬로프는 설명했다. "우리는 어떤 일이 벌어지는지 그들로부터 많이 알게 됐다. 어떤 사람들은 늙었고 디엔비엔푸에서도 싸웠다. 어떤 친구들은 고작 10대였다. 그들은 모두 다 헌신적이었다. 규율도 결의도 대단했다. 그들은 공산주의 사고방식에 세뇌되어 있었다."

조셉 자슬로프와 그의 부인 텔라(Tela)는 1964년 여름, 베트콩의 동기와 사기 프로젝트를 추진하려고 사이공에 도착했다. 동남아시아 문제 전문가인 자슬로프는 한 해 전 "남부 반란에서 북베트남의 역할(The Role of North Vietnam in the Southern Insurgency)"이라는 미 공군에 보내는 랜드 연구소의 보고서 작성에 1년간 참여했다. 산타 모니카의 사무실에서 만든 이 보고서에서 자슬로프는 남부의 반란을 부채질한 책임이 북베트남에 있다고 결론지었다. 역사의 눈으로 보자면 이는 거의 뉴스가 아니다. 그러나 1964년 자슬로프의 발견은 독창적이라고 간주되었다. 그는 랜드 연구소의 이 새로운 연구를 이끌도록 사이공에 보내졌다. 자슬로프는 제랄드 히키나 존 도넬과 달리 현장에서 이루어지는 사회과학 연구 경험이 없었다. 그러나 1950년대 말 사이공 시내에 있던 법과대학에서 사회과학을 가르치는 교수로 베트남에 왔던 적이 있다.

자슬로프가 베트남 군사 지원 사령부(MACV)의 최고위층 인사들과 일하게 되었기 때문에 그에겐 군 장군과 동등한 민간인 지위가 주어졌으며 그에 상응하는 지원이 이루어졌다. 자슬로프 부부는 전투 개발 시험 센터가 있는 거리에서 얼마 내려오지 않은 파스퇴르 가 176번지에 있는 ARPA의 우아한 2층짜리 빌라에 거주했다. 앞마당엔 나무가 심어졌고 매끄러운 잔디가 있었다. 넓은 나무 베란다와 2층 발코니, 그리고 하인들이 프랑스 식민지풍 느낌을 더했다. 텔라 자슬로프는 하녀들을 시켜 유령이 거주한다고 소문난 정원 도처에 하얀 등을 매달게 했다. 추가 안전 예방 조치로 빌라 주위에 3미터짜리 콘크리트 벽이 세워졌다.

빌라 1층 내부는 넓어서 고급 호텔 로비 같았고 등나무로 만든 가구와 야자수가 담긴 화분이 있었다. 1층은 출퇴근하는 랜드 연구원들의 작업장으로 사용됐다. 밤이 되면 자슬로프 부부는 자주 만찬 파티를 열었다.

자슬로프 부부가 사이공에 도착해 빌라에 자리잡은 지 한 달이 지나 히키와 함께 전략촌 프로그램을 비판적으로 평가한 보고서를 쓴 존 도넬이 도착했다. 도넬은 공산주의자의 동기와 사기를 분석하는 ARPA의 새 프로젝트를 함께 추진하는 자슬로프의 동료였다. 이 연구가 성공하려면 전쟁 포로들에게서 정확한 정보를 얻어야 했다. 도넬은 베트남어를 할 줄 알았다. 자슬로프는 프랑스어를 할 줄 아는 베트남 지식인들이자 베트남 현지 기준으로는 부유한 학자들을 통역으로 고용했다. 베트남 통역사들은 자슬로프의 만찬 파티에 자주 초대됐고 자슬로프는 그들의 생각과 인식을 자유로이 전해 달라고 요청했다. 통역사들은 사이공 밖의 시골 마을에 사는 베트남 농부들이 어떤 사람들인지 거의 모른다고 인정하는 등 솔직하고 거리낌이 없었다. 이들은 모두 같은 나라의 시민이었으나 공통점은 거의 없었다. 대부분의 농부들은 꿈이나 야망이 없고 일반적으로 현재에 만족한다고 통역사들은 말했다. 농사일 말고 달리 무엇인가 하겠다는 야망이 없다고도 했다. 농부들이 바라는 전부는 가족들과 함께 평화로이 농촌 마을에서 누구의 방해나 괴롭힘 없이 살아가는 것이라고 했다.

통역사들은 자슬로프나 도넬과 함께 남베트남 전역의 CIA 비밀 감옥으로 전쟁 포로들을 인터뷰하러 다녔다. 이들은 사이공의 악명 높은 치호아(Chi Hoa) 감옥뿐만 아니라 주로 지방에 있었던 작은 규모의 구치소에서도 죄수들을 인터뷰했다. 대부분의 전쟁 포로 인터뷰는 자슬로프와 도넬, 그리고 베트남 통역사 1명이 진행했다. 통역사는 속기사도 겸해서 공책에 받아 적었다. 정복을 입은 군인들이 배석하지 않았기에 죄수들은 종종 느슨해져 자유롭게 말했다.

"우리는 모든 종류의 죄수를 인터뷰했다. 누구는 북에서 왔고 누구는 남에서 왔다"고 자슬로프는 회고했다. 북쪽에서 태어난 전사들은 대부분 호치민 루트를 통해 남쪽으로 내려왔다. 그들이 이야기하기 시작하면서 사이공에서 온 통역사들의 인식, 즉 베트남 농부들은 작은 땅을 소유하고 평화롭게 사는 것을 원한다는 당초 생각이 바뀌기 시작했다. 연구가 진행되면서 랜드 연구소의 연구원들은 실제로 반란을 부채질하는 원인이 무엇인지 조금씩 알게 되었다. 죄수들 사이에 공통적으로 나오는 답변은 상대적으로 단순했다. 베트콩 전사들을 움직이는 힘은 불의, 즉 "농부들이 사이공 정부에 느끼는 불만"에서 온다고 죄수들은 말했다. 죄수들은 자슬로프와 도넬에게 공산주의로 부패를 척결해 좀 더 나은 삶을 갖게 되리라 믿는다고 말했다. 자슬로프와 도넬은 죄수들이 "자신과 후손들에게 교육과 경제적 기회가 주어지고, 평등과 정의가 실현되길 간절히 열망한다"고 피력했다고 썼다.

전쟁 포로들은 남베트남 정부에게 고문을 받았다고 말했다. 어떤 죄수들은 랜드 분석가들에게 감옥 간수에게서 끊임없이 받은 고문의 결과라고 주장하는 상처를 보여 주었다. 또 아무런 설명이나 재판 없이 동료 죄수들이 즉결 처형되는 모습을 지켜봐야 했다고 말했다. 자슬로프나 도넬은 자신들이 듣는 이야기들의 진상을 검증할 방법은 없었지만 제네바 협약 위반 사항들을 랜드 연구소의 가이 포커에게 보고하지 않을 수 없다고 느꼈다. 포커가 이 정보를 "남베트남의 전쟁 포로, 망명자, 피의자들의 처우"라는 제목의 메모로 펜타곤에 보냈을 때 시모어 디치먼이 개입했다.

그는 질문했다. 자슬로프와 도넬은 죄수들의 말이 거짓말이 아닌지 어떻게 알았는가? 왜 애초에 죄수들의 말을 믿는가? 자슬로프와 도넬의 주장을 살펴보는 대신 디치먼은 베트콩 죄수의 거짓말을 간파하는 방법을 조사해 랜드 연구소가 보고서를 써 달라고 나중에 주문했다. "잘못 분류된 데이터에서 추정하기(Estimating from Misclassified Data)"라는 보고서에서 랜드 연구소 분석가 제임스 프레스(S. James Press)는 전쟁 포로들의 인터뷰가 언제나 신뢰할 만하다는 개념을 반박하려고 베이즈 정리(Bayes' theorem)라 불리는 확률 정리를 사용했다. "이 작업은 전쟁 포로들의 인터뷰에서 발견될지도 모를 부정확한 답변을 보완하려는 욕구에서 비롯됐다"고 프레스는 썼다. 48페이지나 되는 수학적 계산을 통해 베트콩 포로들의 답변을 가상의 범주로 배치한 후, 프레스는 "적대적인 전쟁 포로가 최선의 전략을 목표로 한다면, 그들은 어떤 분야를 막론하고 모두다 거짓말을 하리라는 점이 분명하다"고 결론지었다.

자슬로프와 도넬이 그들의 우려를 시모어 디치먼에게 제시했던 같은 해 여름, 펜타곤에서 전혀 예상치 못한 일이 벌어졌다. 50년 이상이 지난 지금까지 조셉 자슬로프를 어리둥절하게 만들었던 상황이었다. 랜드 연구소에 일찍이 제출한 "남부 반란에서 북베트남의 역할"이 펜타곤의 상층부에 회람되기 시작했다. 이 보고서에서 자슬로프는 남부에서 발생하는 대부분 반군 활동의 배후엔 북베트남이 있다고 결론지었다. 그는 "오늘날 남베트남 반군 조직의 힘과 정교함은 대부분 북베트남이 전반적인 작전을 계획하고 지휘하고 조정하며 물질적 지원, 정신적 리더십, 도덕적 정당성을 제공하기 때문에 비롯된 것이다"라고 썼다. 이 보고서 한 부가 공군 참모총장 커티스 르메이(Curtis Lemay) 장군에게 갔다. 당시 전반적인 전쟁 정책은 "단계적 압력(graduated pressure)"이었는데, 이는 로버트 맥나마라가 베트남 전쟁을 공식화하지 않으려는 존슨 대통령 때문에 개발한 전략이었다. 11월 대통령 선거까지 몇 달밖에 남지 않았던 존슨은 당시 펜타곤에서 "11월까지 보류"로 알려진 자신의 정책을 간절히 유지하고 싶어 했다. 이 전략은 소위 맞불 공습으로, 공산주의자들의 활동에 맞서 미 공군의 소규모 공격은 허용했다. 그러나 그때까지 북부의 수도 하노이는 공습 대상이 아니었다.

자슬로프의 "남부 반란에서 북베트남의 역할"을 읽은 르메이 장군은 이 보고서야말로 북베트남을 폭격해야 한다는 자신의 주장에 힘을 실어 줄 완벽한 근거라고 판단했다. 자슬로프도 모르게 그의 보고서는 르메이 장군이 국방장관에게 보고한 새로운 전략의 중심이 되었다. 아직 미국이 공식적으로 참전하지 않고 있는 이 비정규전에서, 폭격의 역할은 그동안 논쟁의 대상이었다. 1964년 여름 미 공군은 지상에서의 작전을 이끄는 육군에 종속적인 역할을 담당해 왔다. 르메이 장군은 공군력이 반군 진압의 길이라고 주장해 왔으나 누구도 귀담아 듣지 않았다. 르메이 장군이 맥나마라 장관에게 자슬로프의 보고서에 기반한 새로운 전략을 제시하려던 때, 전쟁의 주요 사건이자 전환점이 발생했다.

1964년 8월 첫째 주 통킹만에서 미 해군 군함들이 북베트남의 어뢰 보트들과 충돌했다. 이것은 전쟁을 정당화하는 사건으로, 전쟁의 명분(casus belli)으로 사용됐다. 존슨 대통령은 잠시 정규 방송을 중지하고 TV에 나와서 북베트남의 공격을 발표하고 의회에 군사 행동을 취할 수 있는 권한을 요청했다. 베트남전의 공식적인 시작이었다. 며칠 만에 의회는 통킹만 결의를 통과시켜 무력 사용을 포함해 대통령이 필요하다고 보는 모든 행동을 취할 수 있는 권한을 존슨에게 주었다. 펜타곤에서 자슬로프의 연구는 이제 급박한 국면의 한가운데 놓였다. 1964년 8월 17일 르메이 장군은 합참의장 얼 "버스" 휠러(Earle "Bus" Wheeler) 장군에게 메모를 보냈다. 르메이는 베트남 전쟁에서 승리할 "최선의 기회"는 펜타곤이 공산주의자들에게 "중요"하다고 판단한 북베트남의 94개 목표물을 파괴하는 것이라고 썼다. 휠러 장군에게 동봉된 자슬로프의 보고서는 르메이 논점의 핵심이었다. 당시 자슬로프는 전혀 몰랐던 일이다.

사이공에서는 ARPA의 발주로 실시된 베트콩의 동기와 사기 프로젝트의 첫 번째 보고서인 자슬로프와 도넬의 전쟁 포로 연구가 막바지로 치닫고 있었다. 그들은 다섯 달 동안 CIA의 여러 전쟁 포로 시설에서 145회의 인터뷰를 실시했다. 1964년 12월 가이 포커는 이 정보를 압축하는 일을 돕고자 사이공으로 날아왔다. 파스퇴르가 ARPA 빌라에서 세 사람은 54페이지 분량의 최종 보고서를 몇 주에 걸쳐 다듬었다.

보고서가 일단 완성되자 랜드 연구소의 분석가들은 바로 길 아래에 있는 베트남 군사 지원 사령부의 윌리엄 웨스트모어랜드(William Westmoreland) 장군에게 내용을 설명했다. 베트콩 반군들은 미국을 침략자로 보며 미국이 포기하고 떠나게 하기 위해 어떤 일이라도 하겠다는 자세를 가진 것처럼 보인다고 자슬로프와 도넬은 말했다. 이들은 10년 전 프랑스를 쫓아내려 싸웠고, 그들을 쫓아내는 데 성공했던 바로 그 사람들이다. 이제 그들은 같은 명분을 앞세워 싸운다. 두 사람은 그 반란이 현지 주민들에게는 반란이 아니었다고 말했다. 그것은 베트남 국민을 위한 민족주의 투쟁이었다. 반군들은 자신들이 "가난한 사람들을 위한"다고 생각했으며, 미국인들을 악당으로, 구체적으로 말하면 "미 제국주의자들과 그들의 앞잡이, 베트남 정부"를 악당으로 본다고 두 사람은 말했다. 자슬로프와 도넬은 전쟁 포로들과의 인터뷰를 통해 공산주의가 무엇을 의미하고 무엇을 추구하는지 아는 반군들은 거의 없다는 사실을 알게 됐다고 했다. 칼 마르크스를 들어 본 베트콩조차 거의 없었다.

베트콩의 배후에 중국 공산주의자가 있으며 그들이 북베트남을 도와 무기를 지원하고 전쟁 기술을 가르쳤다는 건 사실이었다. 그러나 베트남 현지인들은 독립을 추구했다. 남베트남 농부들도 열망이 있었다. 그들은 사회 정의와 경제적 기회를 원했다. 그리고 전략촌 프로그램 같은 의심스러운 작전 때문에 빼앗긴 자신들의 땅을 되찾고 싶어 했다. 그것이 베트콩을 준동하게 한다고 자슬로프와 도넬은 웨스트모어랜드 장군에게 말했다.

그다음에는 존슨 대통령이 베트남 대사로 임명한 맥스웰 테일러 장군에게 설명했다. 그 이후 베트남 군사 지원 사령부 본부의 고위 간부와 전투 개발 시험 센터의 ARPA 간부들에게도 설명했다. 각 시설에서 개인과 그룹에 자슬로프와 도넬은 똑같은 말을 했다. 베트콩은 강적이다. "만약 가능하다 해도, 엄청난 대가를 치러야만 그들을 패퇴시킬 수 있다."

베트콩의 동기와 사기 프로젝트를 발판으로 ARPA는 무엇이 베트콩을 준동하게 만드는지 규명하고자 시도했다. 그러나 ARPA는 베트콩을 굴복시킬 수 없다는 말을 듣고 싶지는 않았다. 시모어 디치먼은 몇 년 전 히키와 도넬이 전략촌 프로그램을 수행하면서 보였던 행태와 마찬가지로 자슬로프와 도넬의 연구도 목표에서 벗어났다는 견해를 취했다. 랜드 연구소 관계자들에 따르면 디치먼은 전쟁 포로 보고서가 도움이 되지 않는다고 생각했다. 랜드 연구소는 베트콩은 굴복시킬 수 있고 굴복된다는 펜타곤의 확신과 보다 잘 어울리는 보고서를 써 줄 연구자들을 현장에 보낼 필요가 있었다. 프랭크 콜봄은 자신이 운영하는 산타 모니카의 랜드 연구소 본부로 향했다. "나는 동남아시아의 혼란상을 파악하기 위해 베트남으로 보낼 3명의 상상력이 풍부한 고위 연구원들을 찾고 있었다"고 말했다. 자슬로프를 교체할 필요가 있었기에 베트콩의 동기와 사기 프로젝트를 넘겨받을 능력 있는 분석가를 찾았다. 콜봄은 논란의 여지가 있었던 핵 전략가 레온 구레(Leon Gouré)에게서 자신이 찾고 있던 무언가를 발견했다.

레온 구레는 1922년 모스크바에서 태어난 소련 전문가로 소련 공산주의를 혐오했다. 그는 유대인으로 레닌주의자들이 폭력적으로 탄압했던 멘셰비키 일파의 사회주의 지식인 가정에서 태어났다. 구레가 한 살이 되던 무렵 가족들은 베를린으로 망명했고 히틀러가 독일 총리가 되자 10년 만에 다시 도망쳐야 했다. 구레의 가족들은 파리로 이사했지만 1940년 또다시 도망쳐야 했다. 구레는 가족과 파리를 떠나는 마지막 열차에 몸을 실었고 미국에 도착했을 때 마침내 집으로 돌아온 느낌이었다고 《워싱턴 포스트》에 말했었다. 구레는 미군에 입대했고 시민권자가 되었으며 벌지 전투(Battle of the Bulge)에서 나치와 싸웠다. 미 육군 정보 부대인 방첩 부대(Counterintelligence Corps)의 일원으로 독일어와 프랑스어에 유창했다. 또 포로들에게서 정보를 빼내고 정보 보고서를 쓰는 방법을 배운 매우 유능한 심문관이었다.

제2차 세계대전이 끝난 후 구레는 뉴욕 대학에서 학부를 졸업하고 컬럼비아 대학에서 석사 학위를 취득했다. 1951년에는 랜드 연구소의 분석가가 되었으며 곧바로 앨버트 웰스테터와 허만 칸(Herman Kahn) 등 연구소의 국방 분야 엘리트들과 핵전쟁 이후 시나리오의 작성에 참여했다. 구레의 전문 분야는 핵전쟁으로 멸망한 이후의 민방위였으며, 1960년 랜드 연구소의 민방위 연구를 위해 현지 조사차 모스크바를 여행했다. 1961년 자신이 발견한 내용을 책으로 묶어 출판했을 때 전국적인 소란이 일었다.

구레는 자신이 모스크바를 여행하는 동안, 소련이 미국을 향해 첫 번째 핵 공격을 하고 난 다음 소련 사람들을 보호할 대규모 지하 벙커 네트워크가 구축됐음을 나타내는 직접 증거를 보았다고 주장했다. 소련의 행위는 불가피하게 미국의 핵 대응으로 이어지게 된다. 상호 확증 파괴는 초강대국들이 모두 핵 공격에 균등하게 취약하다는 전제 하에 상대에게 공격을 가하지 않으리라는 인식에 근거했다. 구레의 경악스러운 주장은 소련 정치국이 핵전쟁을 이겨내고 자국민도 대부분 보호할 수 있다고 믿는다는 이야기였다. 앨버트 빌스테터의 제2격 이론처럼 구레의 발견은 소련이 스스로 살아남는다고 믿기에 치명적인 선제공격을 시도할지 모른다는 의미였다.

구레를 비판하는 사람들은 그의 연구를 믿기 힘들다고 했다. 그가 소련 공산주의를 격정적으로 미워하는 만큼 맹목적으로 편향될 우려가 있다는 것이다. 1961년 12월 《뉴욕 타임스》에 구레의 책을 공격하는 글이 등장했다. 제목은 "소련의 대피소: 신화인가 사실인가?"였다. 해리슨 솔즈베리(Harrison E. Salisbury) 기자는 소련 전역을 한 달간 대략 1만 9,200킬로미터나 여행하면서 취재했다. 그는 "소련의 폭탄 대피소 증거를 단 하나도 찾아내지 못했다"고 말했다. 모스크바 전역에 설치됐다고 주장된 지하 폭탄 대피소들은 지하철 터널에 불과했다. 그는 "레온 구레, 랜드 연구소의 연구 전문가"를 콕 집어 그가 "소련엔 인구와 산업을 핵 공격에서 보호하는 광범위한 프로그램이 있다고 주장하는 연구를 여러 차례 발표했다"고 썼다. 솔즈베리는 기사를 작성하려고 수십 명의 러시아인을 인터뷰했고, 구레의 보고서에 "현장의 관찰자들이 단호하게 의문을 제기한다"는 사실을 알게 됐다. 이들을 면밀히 조사해 보니 어떤 대피소도 건설된 바 없었다고 솔즈베리는 썼다. "소련을 두루 널리 여행한 외교관, 외국 무관, 특파원들은 광범위한 대피소 프로그램이 운영되었다는 가시적인 증거가 없다고 보고한다." 구레의 보고서는 폭격 편대를 크게 확장할 목적으로 펜타곤에게서 수천만 달러를 더 타내려는, 랜드 연구소의 단일 최대 고객인 미 공군에게만 도움이 된다고 솔즈베리는 암시했다.

구레가 제출한 민방위 보고서의 타당성을 두고 몇 달간 격렬한 토론이 벌어지다 사그라졌다. 구레는 신문 기사의 제목에서는 사라졌지만 랜드 연구소에서 여전히 보고서를 쓰고 있었다. 1964년이 끝나가는 시점에 프랭크 콜봄은 사이공에서 벌어지는 ARPA 주관 베트콩의 동기와 사기 프로젝트의 선임 사회과학자 조셉 자슬로프를 대체할 인물로 레온 구레를 선정했다. 자슬로프는 이 임명이 곧 재앙을 초래하리라 보았다.

자슬로프는 2014년 말했다. "50년이 지난 아직도, 레온 구레가 저지른 일을 생각하면 얼굴이 달아오른다." 몇 주 후 구레는 사이공에 도착했다. 그는 일을 시작할 준비가 됐다.

혼란이 도시를 휘감으면서 사이공의 안정과 치안은 빠르게 악화됐다. 1964년 크리스마스 이브에 2명의 베트콩 반군이 90킬로그램이 넘는 폭탄을 가득 채운 차량을 몰고 브링크 독신 장교 숙소(Brink Bachelor Officers Quarters) 건물 지하 주차장으로 돌진했다. 국방부가 사이공에 거주하는 미군 장교들을 위해 임대한 7층짜리 호텔이었다. 폭탄은 이 건물의 3개 층을 무너뜨려 군인 2명이 죽고 미국인 63명, 호주 군 장교 1명, 베트남 민간인 43명이 부상을 입었다.

사이공이 베트콩에게 함락될 가능성이 커지자 국방장관 맥나마라가 존슨 대통령에게 행동을 취하라고 압박했다. 1965년 2월 7일 불타는 과녁 작전(Operation Flaming Dart)이라는 제한적인 폭격 작전이 시작됐다. 11일이 지난 후 존슨 대통령은 르메이 장군이 주장해 왔던 공습 작전, 우르르 꽝꽝 천둥(Rolling Thunder) I을 개시하라고 합참의장에게 명령했다. 3월 8일 해병대가 다낭 시에 상륙했다. 이제 공식적으로 미국의 전쟁이 시작됐다.

레온 구레는 자슬로프 부부가 살았던 사이공의 랜드 연구소 소속 빌라에 정착해서 일을 시작했다. 베트콩의 동기와 사기 프로젝트 일환으로 제일 처음 제출한 보고서에서 그는 자슬로프와 도넬이 발견한 내용과는 정반대의 결론을 도출했다.

"대체로 베트남의 농부들에겐 강한 정치적 견해가 없었다"고 구레는 썼다. 오히려 "농부들의 이념적 무관심" 때문에 베트남 사람들은 정치적 추구가 아니라 "개인적 생존"에 집중하게 된다고 기록했다. 베트남 사람들의 과반수는 중립적이며 서구 사람들과 달리 "자신들에게 진정한 선택의 자유가 있다"는 민주적 개념이 투철하지 않다고도 썼다. 구레는 폭격이 베트남에서 승리로 가는 길이라고 주장했다. 폭격은 베트콩의 사기를 약화시킨다고 말했다.

"구레는 [베트남] 폭격에 관해 공군이 듣기를 원했던 그대로 펜타곤에 말해 주었다." 자슬로프의 말이다. 그러나 자슬로프에게 너무 터무니없었던 점은 구레가 자슬로프와 도넬의 죄수 인터뷰 기록만 읽고 자신의 결론을 이끌어 냈다는 사실이었다. 이런 결론들은 "진짜 그 기록에 없었다"고 자슬로프는 말했다. 구레는 베트콩 전쟁 포로를 직접 인터뷰하지 않았다.

1965년 겨울 랜드 연구소의 가이 포커는 워싱턴으로 날아가 합동 참모 본부를 만나 현재 레온 구레가 진행하는 베트콩의 동기와 사기 프로젝트의 확장을 제안했다. "베트콩 핵심 세력의 중추를 무너뜨리는" 최선의 방법을 찾아내자는 게 이 연구의 배경이라고 포커는 말했다. 이 새로운 연구에서 구레는 베트콩 포로들을 직접 인터뷰할 것이며, 이를 통해 공군력과 중화기가 베트콩에 미치는 심리적 효과를 가장 잘 파악할 수 있을 것이라고 했다. 포커는 "신중한 탐구"가 전쟁을 이길 방법에 관해 "상당한 가능성을 제시할 것"이라고 말했다. 합동 참모 본부가 동의했고 ARPA의 프로젝트는 확장됐다. 동남아시아를 연구한 경험이 없는 랜드 연구소의 선도적 소련학자이자 민방위 전문가였던 레온 구레가 확장된 베트콩의 동기와 사기 프로젝트의 책임자가 됐다.

파스퇴르 가의 빌라는 긴 전쟁 기간 동안 여러 ARPA 프로젝트에 참여한 랜드 연구소 인류학자와 사회과학자가 정기적으로 만나는 장소가 되었다. 제럴드 히키도 여기 포함됐다. 그는 사이공에 돌아와 "우주적 힘"을 믿는 베트남 사람들의 태도가 전쟁에 어떤 영향을 미치는지, 그리고 특수 부대가 산악 지대 사람들과 어떻게 협력하는지 등의 연구들을 수행하고 있었다. 회고록에서 히키는 다니엘 엘즈버그(Daniel Ellsberg)라는 펜타곤의 떠오르는 신성이 랜드 연구소의 빌라에 정기적으로 찾아왔다고 회고했다. 히키는 엘즈버그를 1964년 여름에 만났으며 그가 외교가 어떻게 협박과 유사한지에 관해 흥미진진한 논문을 쓴 뛰어난 하버드 경제학자임을 알고 있었다. 엘즈버그는 국방부의 요청으로 베트남에서 일하고 있었다. 다니엘 엘즈버그와 함께 한 어느 저녁식사가 히키의 마음 속 깊이 자리잡았다.

"1965년 12월 사이공에서 나는 경비가 삼엄한 윌리엄 웨스트모어랜드 장군의 관사 옆 엘즈버그의 빌라에서 열린 비공식 만찬에 초대받았다"고 히키는 회고했다. "다니엘은 베트남과 관련된 여러 주제를 이야기하면서 붙임성 있는 모습이었다. 그러면서 그는 존 폴 밴(John Paul Vann) 중령과 함께 시골로 나갔을 때 찍은 사진을 한 묶음 보여 주었다. 그 사진에서 엘즈버그는 자동 소총을 들고 있었다. 그는 길을 따라가다 베트콩이 숨어 있을지도 모를 깊은 정글로 자동 소총을 자주 발사했었다고 말했다." "다니엘은 허세와 모험에 점점 더 흥분하게 되었다. 나는 베트남에 온 다른 남자들에게서도 비슷한 모습을 보았는데, 프랑스인들은 그들을 실패한 전사라 불렀다. 그들이 베트남에 온 이유를 나는 결코 이해할 수 없었다."

베트남은 복잡하고 미로처럼 얽힌 일터이자 생활의 터전이다. 전문가들은 자신들이 진행하는 프로젝트의 진정한 의미도 모른 채 다양한 발주자에 봉사하고 있었다. 이것이 기밀로 분류된 국방 관련 사업의 본질이다. 숨어 있는 이유를 알지 못한 채 자신의 일을 수행해 나갈 정도의 단편적 진실만 받아드는 과학자와 군인들이 이 사업에 종사한다. 엘스버그의 허세는 1965년의 히키에게는 큰 의미가 없었을지도 모른다. 그러나 1972년 가을 엘즈버그가 펜타곤에 맞서 행동을 취하면서 그의 의도가 명확해졌고 그는 한때 미국에서 최우선 순위의 지명 수배자가 되어 잠적해야 했다.

레온 구레는 ARPA에 보내는 보고서를 계속 생산해 냈다. 거의 모든 보고서는 베트콩 전사들이 동기와 사기를 급속히 상실해 가는 조짐이 보인다고 펜타곤에 알리는 내용이었다. "베트콩의 취약성을 보여 주는 몇 가지 인상: 중간 보고서(Some Impressions of Viet Cong Vulnerabilities: An Interim Report)"에서 구레와 공저자 톰슨(C.

A. H. Thomson)은 베트콩 병사들이 "사기가 위축됐고 지쳤다"라면서 "베트콩의 삶은 1964년보다 더 위험해지고 더 피폐해졌다"고 선언했다. 이러한 발견들은 베트콩 포로들과 450차례나 인터뷰한 기록들을 토대로 하며, "베트콩이 보여주는 현재의 취약점들에 대해 다소 믿을 만한 인상들을 제공하는 증거들"이라고 구레는 말했다. 더욱이 베트콩 간부들도 희망을 잃었다고 자신에게 털어났다고 썼다. 구레는 최근 몇 달 사이 베트콩 "병사들은 다음 전투에서 죽을지도 모르고 가족들을 다시 못 볼지 모른다고 더 자주 말했다"고 했다. 그러나 이 보고서에는 베트콩 전사들이 민족주의적 사명을 위해 기꺼이 죽겠다는 의지를 피력했다는 언급은 없다. 대신 구레의 보고서는 계속적인 공군의 폭격 작전을 간결하게 정당화하는 도구로 사용됐다. "공군력의 공포가 베트콩을 굴복시킬 것"이라고 구레는 약속했다.

1965년 레온 구레는 맥나마라 장관의 참모가 된다. 구레는 파스퇴르 가의 랜드 연구소 빌라에서 헬리콥터를 타고 베트남 해안에 정박한 항공모함으로 날아가 랜드 연구소가 ARPA와 펜타곤을 위해 연구하는 과제를 야전 사령관들에게 자주 설명했다. 워싱턴으로 불려 갔을 때도 구레는 똑같은 환영을 받았다. 국방 관련 지식인들 사이에 존슨 대통령이 구레의 보고서 사본을 뒷주머니에 넣고 백악관을 돌아다닌다는 말이 돌았다.

"구레가 베트남에서 산타 모니카의 랜드 연구소 본부로 돌아오면 그는 셔츠를 갈아입을 동안만 잠시 머물다 워싱턴으로 날아가 맥나마라에게 보고했다"고 가이 포커는 회상했다. 당시 그는 이미 구레 보고서의 진실성에 의문을 품기 시작했다. 백악관과 펜타곤에서 구레가 존중받는 만큼 랜드 연구소 안에서는 그의 적이 생기고 있었다. 구례의 몰락은 1965년 말 베트콩의 동기와 사기 프로젝트가 의회의 조사를 받게 되면서 시작되었다. 국제 조직과 운동을 다룬 소위원회의 청문회에서 피터 프릴링하이젠(Peter H. B. Frelinghuysen) 하원의원은 그들이 하는 일이라곤 "직접적인 군사 정보"를 수집하는 행위로 보일 뿐인데 왜 랜드 연구소가 베트콩 관련 일을 그렇게 많이 하느냐고 물었다. 그 일은 "군이 해야지 랜드 연구소의 고액 연봉자들인 컨설턴트들이 해야 할 일이 아니다"는 게 프릴링하이젠의 주장이었다.

"편의상 군사 시스템의 한 부분으로 그 연구를 수행하도록 [우리는] 랜드 연구소와 계약을 맺었다"고 시모어 디치먼은 말했다. ARPA는 디치먼 같은 조직의 구성원들을 직접 현장에 보내길 원치 않았다. 왜냐하면 "전쟁과 관련된 운영 문제들에 깊게 개입되어 있어서 이런 중요하지만 세부적인 문제에 몇 달씩 매달릴 수 없었기" 때문이라고 디치먼은 설명했다. 랜드 연구소 같은 정책 연구소엔 인력과 전문성과 시간이 있었다.

프릴링하이젠 의원은 동의하지 않았다. 작업이 비쌌을 뿐만 아니라 결론들도 유치하기 짝이 없다고 말했다. 그는 작업이 너무 평범해서 "어린아이가 생각해 냈을 만한 내용이다"라고 구례의 보고서 일부를 인용했다.

프릴링하이젠의 비난은 윌리엄 풀브라이트(J. William Fulbright) 상원의원의 주의를 끌었다. 그는 스스로 구례의 보고서를 살펴보곤 구례가 저지른 전쟁 포로들과의 인터뷰 내용 조작에 경악했다. "[우리는] 베트콩 투항자와 포로들의 태도에 관해 랜드 연구소와 여러 사람들이 수행한 최근의 조사 보고서를 받았다"고 풀브라이트는 맥나마라 장관에게 썼다. 그는 "프로젝트의 책임을 담당한 사람들이 결과에 영향을 미칠 만큼 인터뷰 내용을 조작했을 수도 있다"는 생각이 들었다. 풀브라이트 상원의원은 랜드 연구소의 모든 작업 결과를 재검토해야 한다고 요구했다.

맥나마라 장관이 한 공군 장교에게 조사를 명령했을 때 공군은 랜드 연구소의 작업에는 아무 문제가 없다고 판단했다. 그러나 의회가 랜드 연구소에 전국적인 주목이 쏠리도록 만들자 연구소가 난처해졌다. 랜드 연구소는 처음엔 레온 구레를 지지했지만 그를 둘러싼 논란은 더이상 무시되기 어려웠다. 구레를 제거할 필요가 있었다. 랜드 연구소의 소장 프랭크 콜봄은 분석가 거스 슈버트(Gus Shubert)를 사이공에 보내 ARPA의 계약 사업을 넘겨받게 했다. 베트콩의 동기와 사기라는 프로젝트는 계속됐지만 구레는 업무에서 배제됐다. 1968년 랜드 연구소의 분석가들은 베트콩 전사와 관련해 2,400회 인터뷰를 진행했고 6만 2,000쪽 이상의 기록을 남겼으며 ARPA 보고서 50개 이상을 생산해 냈다.

레온 구레만 추락한 게 아니었다. 민첩 프로젝트를 출범시킨 윌리엄 H. 고델도 ARPA의 자금을 개인 계좌에 불법으로 이전했다는 혐의로 1964년 8월 FBI에 체포됐다. 12월 16일 연방 대배심은 고델과 전 펜타곤 동료 2명을 미국 정부에 대한 배임과 국방부 자금 5만 7,000달러를 횡령한 혐의로 기소했다. 고델과 그의 변호사는 고델의 더럽혀진 이름을 깨끗하게 씻으려 노력했다. 그를 변호하려고 베트남 대사 맥스웰 테일러 장군과 다른 사람들의 진술서가 만들어졌다. 판사는 고델이 베트남으로 직접 가 베트남의 장군과 태국 왕자의 진술을 얻을 수 있게 허락했지만 소득은 없었다. 재판에서 미국 정부는 그에게 불리한 150개의 증거 자료를 제시하고 증인을 세웠다. 8일간의 법정 심리와 배심원들의 10시간에 걸친 토론 끝에 윌리엄 H. 고델은 횡령과 정부 기금을 유용하려는 음모에 참여했다는 두 가지 죄목으로 유죄 평결을 받았다. 판사는 두 개 항목의 죄를 이유로 5년간 복역하라고 명령했다.

전쟁 영웅, 첩보원, 외교관이자, 반군 진압과 에이전트 오렌지를 동원한 고엽제 작전 등 베트남에서 가장 논란이 많았던 ARPA 프로그램의 설계자인 윌리엄 H. 고델은 펜실베이니아의 알렌우드(Allenwood)에 있는 낮은 감시 수준의 연방 교정 시설로 보내졌다. 횡령으로 그가 얻은 금전적 이득은 1만 6,922달러로, 2015년의 가치로 환산하면 약 13만 5,000달러이다.

11장

제이슨 그룹의 베트남 개입

The Jasons Enter Vietnam

베트남 전쟁 기간 랜드 연구소는 ARPA가 발주한 연성 과학 프로그램을 다루었다. 그러나 경성 과학 프로그램들, 계량화 가능한 통계 자료의 사용과 방법론적 엄격함이 적용되는 분야에서 ARPA는 제이슨 과학자들을 활용했다. 제이슨은 세계의 다른 사람들에게는 불가능해 보이는 문제들의 해결에 흥미를 느끼는 물리학자와 수학자들이 주로 참가하는 엘리트 학자들의 집단이었다. 1960년대 내내 그들의 유일한 고객은 ARPA였다. 이 말의 의미는 그들의 모든 보고서가 대부분 비밀, 일급비밀, 또는 제한 비밀 자료(핵 비밀 관련)를 포함한 내용으로 국방장관의 책상 위에 올려졌다는 것이다. 제이슨 그룹은 존 폰 노이만, 어니스트 로렌스, 그리고 에드워드 텔러의 뒤를 잇는 전형적인 국방 과학자들이었다. 마빈 "머프" 골드버거, 머리 겔만, 존 휠러, 윌리엄 니렌버그(William Nierenberg) 등을 포함한 핵심 그룹은 제2차 세계대전 기간의 맨해튼 프로젝트 이래 학문적으로 긴밀하게 연결되어 있었다. 1960년대 초 제이슨 그룹은 젊은 지구 물리학자 고든 맥도날드(Gordon MacDonald) 등 자신들의 박사 제자들을 끌어들이며 확장되었다.

제이슨 과학자들은 창립 초기 4년간 고고도 핵폭발, 전자기 펄스 현상, 입자 빔 레이저 무기 등 펜타곤이 직면한 가장 신비스러운 문제들을 다루는 ARPA의 과학적 연구를 수행했다. 그들의 보고서 제목은 다음과 같았다. "자기 유체 역학에서 에이코날 방법(The Eikonal Method in Magnetohydrodynamics)"(1961), "간섭계 기술에 따른 파동의 레이더 분석(Radar Analysis of Waves by Interferometer Techniques)"(1963), "호스 불안정성 분산 관계(The Hose Instability Dispersion Relation)"(1964).

"우리는 국방 문제 해결에 관심이 있었다. 가장 도전적인 과제였기 때문이다." 2013년, 마빈 "머피" 골드버거는 이 책을 쓰려고 만난 어느 인터뷰에서 말했다. 첫 몇 해 동안은 이 말이 대체로 사실에 부합했다. 그러다 베트남이 등장했다. "제이슨 과학자라는 개념을 처음 생각해냈던 사람들의 고매한 목표가 모두 달성됐을 때 베트남 전쟁이 끼어들었다." 고든 맥도날드의 말이다. 그는 1963년 여름에 제이슨 과학자에 합류했다. "머리 겔만이 전화를 걸어 제이슨에 합류하길 원하는지 물었다. 나는 그를 대단히 존중했기 때문에" 합류하겠다고 답했다. 맥도날드는 제이슨의 구성원으로서 첫해에 "내 기여는 주로 [핵 효과]에 관련된 일로 핵폭발이 일어나면 전리층에 어떤 일이 벌어지느냐 같은 연구였다." 그러나 제이슨 과학자들이 개인적으로 베트남에 관심을 가지면서 그룹 전체가 관심을 갖게 됐다. 제이슨에서 베트남에 가장 먼저 관심을 보인 사람은 머리 겔만이었다.

겔만은 제이슨 그룹에서 가장 존중받는 사상가이자 가장 신비스러운 존재 중 하나였다. 그는 대부분의 사람이 이해하기 어려운 본질을 지닌, 아원자 입자인 쿼크의 발견으로 1969년에 노벨 물리학상을 받았다. 그러나 겔만의 관심 분야는 또한 믿을 수 없을 만큼 상식적이었다. 그는 신화나 선사 시대, 인간 언어의 진화 같은 모든 사람에게 공통된 사안들을 생각하는 일도 좋아했다. 1961년 여름에 메인에서 진행된 연구 모임 동안 겔만은 "백 호랑이(White Tiger)"라 불린 세미나를 이끌었다. 그 세미나는 "부족 전쟁(tribal warfare)"의 관점에서 베트남에서 점증하는 반군 운동을 다루었다. 이는 다른 제이슨 과학자들이 베트남 문제를 생각하기 훨씬 전의 일이었다고 골드버거는 회고했다.

겔만은 자신이 교수로 재직하는 캘리포니아 공대를 설득해 행동 과학과를 설치하려 했으나 실패했다. 겔만에게 게릴라 전쟁은 분석해볼 가치가 있는 주제였다. "그가 흥미를 가졌기에 제이슨 그룹도 흥미를 느꼈다." 골드버거는 이렇게 회상했다. "만약 제이슨 그룹이 반란의 이면에 있는 사회학을 이해한다면 아마도 베트남 문제"를 해결할 수 있을 것이라고 우리는 생각했다. 그래서 1964년 여름 ARPA는 제이슨에 베트남 연구를 공식적으로 요청했다. 과거 맨해튼 프로젝트의 과학자였던 윌리엄 니렌버그가 라호야 지역에서 연구를 이끌도록 선택됐다. 골드버거가 "베트남 문제"라 칭한 사안을 제이슨이 전에도 따져보긴 했지만, 관련 보고서를 작성하기는 이번이 처음이었다.

머리 겔만은 여름에 존경받는 종군 기자이자 정치학자인 버나드 폴(Bernard Fall)을 라호야에 초청해 제이슨 과학자들에게 강연하도록 했다. 1964년 폴은 동남아시아 문제를 가장 많이 아는 전문가 중 하나로 여겨졌다. 1961년에 출간된 그의 책 《즐거움이 없는 거리 Street Without Joy》는 디엔비엔푸에서 프랑스의 참담한 패배로 끝난 프랑스 군대와 베트남 공산주의자들의 끔찍한 8년간의 분쟁을 기록했다. "즐거움이 없는 거리"는 프랑스군이 붙인 이름으로 공산주의자들이 장악한 후에와 쾅찌(Quang Tri) 마을 사이를 잇는, 길게 뻗은 거리를 말한다.

폴은 반군에, 또 반군 진압에도 참여했던 개인적인 경험이 있었다. 1926년 비엔나에서 태어난 유대인으로 나치의 오스트리아 합병 이후 부모와 함께 파리로 도망쳤다. 폴의 아버지는 프랑스 레지스탕스에 가입했다 포로로 잡혀 고문을 받고 독일의 비밀경찰 게슈타포에 의해 살해됐다. 폴의 어머니는 아우슈비츠로 보내졌다가 그곳 가스실에서 살해됐다. 16세에 고아가 된 폴은 프랑스 레지스탕스에 합류해서 저항운동이 무엇인지 직접 배웠다. 1944년 프랑스가 해방된 이후 프랑스군에 입대했다. 전쟁이 끝난 후에는 뉘른베르크 전범 재판소에서 분석가로 일했다. 풀브라이트 장학금을 받고 미국으로 건너온 폴은 처음엔 학자이자 정치학자로 알려졌다. 그러다 인도차이나의 게릴라 전쟁을 자세히 보고 싶어 종군 기자가 되었다. 프랑스 국적이었던 1950년대에도 그는 프랑스 군인들과 함께 적진으로 들어가 전장에서 보도했다. 버나드 폴은 군인의 삶이 어떤지 잘 알았다. 그래서 병사들과 학자들 모두 그를 존경했다. 그는 미국 국적을 취득했고 호치민을 인터뷰하도록 초대된 몇 안 되는 미국인 중 하나였다.

폴은 미국이 베트남에서 반군 진압 전술을 개발해야 한다고 믿었고 옹호했다. 비대칭 전쟁에서 직군은 강력한 상대였고 폴은 그것을 직접 목격했다. 디엔비엔푸에서 프랑스군은 훨씬 더 세련된 무기를 지녔으나 삽과 석기 시대의 도구를 능숙하게 사용한 공산주의자 베트민(Viet Minh)이 전투를 이겼다. 공산주의자들은 글자 그대로 프랑스군 주둔지 주변에 참호를 파서 그들을 포위했다. 그다음 중화기를 가져와 갇혀 있는 프랑스 군인들을 향해 포격을 가했다. 디엔비엔푸 전투는 프랑스의 베트남 지배를 극적으로 끝냈으며, 제네바 협정으로 베트남은 17도 선을 기점으로 분단되었다. 북쪽 지역의 통제권은 호치민에게 갔고 남쪽은 총리 응오딘지엠과 바오다이(Bao Dai) 황제에게 갔다.

폴은 베트남에서 프랑스에게 벌어진 일을 답습하지 않으려면 미국이 게릴라 전술에 상응하는 독창성을 발휘해야 한다고 믿었다. 폴의 설명이 끝난 뒤 제이슨 그룹은 "내전에 관한 연구 보고서(Working Paper on Internal Warfare)"라는 제목의 보고서를 작성했다. 이 문서는 기밀 해제된 적이 없으나 해군 항공 개발 센터(Naval Air Development Center)를 위한 공개 보고서엔 "전술적 탐지기 시스템 프로그램(tactical sensor system program)"을 담은 보고서였다고 언급되어 있다. 대반란전이 벌어지는 전장에서 "전술적 탐지기"를 사용한다는 제이슨의 독창적인 개념은 장차 전쟁을 승리하려는 노력의 핵심이 된다. 그러나 1964년 당시로는 너무나 장기적인 관점이어서 보류되었다.

제이슨의 라호야 여름 연구에 참가해 물리학자와 수학자들에게 베트남에서의 반군 진압 작전을 교육한 지 2년 반 만에 버나드 폴은 베트남에서 지뢰를 밟아 사망한다. 끔찍한 운명의 장난처럼 폴이 사망한 곳은 그의 책 제목이었던 바로 그 길이었다. 폴의 책은 베트남 전쟁 동안 미군 장교들이 가장 많이 읽었던 책 중의 하나였다. 2012년 은퇴한 콜린 파월(Colin Powell) 장군은 《뉴욕 타임스》 북리뷰에 폴의 책이 젊은 병사에서 합참의장과 국무장관까지 성장하는 과정에서 자신의 사고에 가장 깊게 영향을 미친 책이라고 했다. "케네디 대통령이 베트남에 파견한 첫 번째 군사 고문단이었던 우리에게 버나드 폴이 지은 《즐거움이 없는 거리》는 교과서 같은 책이었다"고 파월은 말했다.

제이슨 과학자들은 베트남 전쟁에 점점 더 몰두해 갔다. 이 과정에서 구체적으로는 사회과학이라고 불리는 과학적 회색지대에서 어떻게 일을 해 나가야 할지에 대한 의견 차이가 커지고 있었다. 머리 겔만 같은 사람은 인간의 동기를 이해하는 일에서 희망을 보았다. 다른 이들은 첨단 기술의 사용이 전쟁을 이기는 유일한 방법이라고 믿었다. 고든 맥도날드는 날씨를 무기로 사용하는 등 모든 분야에 독창성이 발휘되어야 할 필요가 있다는 의견이었다. 기후 변화는 과거에도 그랬듯 현재도 "전쟁의 원인이자 양상을 변화시키는 힘"이라고 그는 믿었다. 가뭄, 전염병, 홍수, 기근은 종종 생존의 한계까지 사람들을 밀어붙여 얼마 남지 않은 자원을 둘러싼 전쟁으로 이어지고 만다. 전쟁이 격화되면서 펜타곤은 날씨를 무기로 사용할 새로운 방법을 추구했다. 제이슨의 과학자 맥도날드는 이러한 상황이 전개되는 과정을 가장 가까이에서 지켜보았던 거의 유일한 인물이었다. 어떤 일이 벌어졌는지는 대부분 아직도 기밀로 분류되어 있다. 그러나 그동안 몇 가지 사실이 밝혀졌다. 그것은 고든 맥도날드의 이야기에서 왔다. 그는 20세기 가장 영향력 있는 국방 과학 자문가이지만 가장 적게 기억되는 사람이다.

고든 맥도날드는 1929년 멕시코에서 태어났다. 아버지는 스코틀랜드 사람으로 멕시코시티 소재 캐나다 은행의 회계사였다. 어머니는 인근 미국 대사관에서 비서로 일했다. 그가 처음으로 열정을 보인 대상은 암석이었다. 질병으로 그의 유년기가 산산조각이 나기 전까지 지질학자가 되겠다는 열정 넘치는 소년으로 암석에 관심을 가졌다. 초등 2학년 때 맥도날드는 두 다리와 한 팔이 일시적으로 마비되는 정체불명의 질병에 감염됐다. 그는 1930년대 멕시코에서는 바로 진단이 불가능했던 바이러스 감염병인 급성 소아마비에 걸렸다. 그는 기차로 댈러스로 옮겨졌고 다른 수많은 소아마비 환자들처럼 병원에 홀로 방치됐다고 느꼈다. 이것은 "즐거운 경험이 아니었다"고 1986년 어린 시절에 겪은 마음의 상처를 드러낸 아주 드문 대화에서 그는 동료 과학자에게 털어놓았다. 비극에서 영감이 샘솟는다. 텍사스의 병원에서 회복하는 동안 맥도날드는 그의 인생을 형성해 주는 두 개의 기술을 발전시켰다. 주어진 글을 모두 읽는 것과 그 내용을 지성이 자기와 같거나 더 뛰어난 사람과 논의하고 토론하는 것이었다.

"그 [경험]에서 나온 매우 긍정적인 점 하나는 외삼촌 더들리 우드워드(Dudley Woodward)였다"고 맥도날드는 회고했다. 우드워드는 병원에서 그리 멀지 않은 곳에서 살았다. "그는 거의 매일 나를 보러 왔다." 더들리 우드워드는 다양한 분야에 흥미를 가진 사람으로 텍사스 대학 이사회 의장이기도 했다. "나를 위해《댈러스 모닝 뉴스Dallas Morning News》를 구독해 주었다." 맥도날드는 말했다. "나는 매일 아침 신문을 읽고 그와 세계에서 벌어진 일들을 논할 준비를 했다. 매일 아침마다 했다." 당시 그는 고작 9세였다.

소년은 극심한 신체적 장애를 안고 고향 멕시코로 돌아갔다. 7년이란 긴 시간 동안 그는 학교를 가지 못했다. "내 교육에는 간극이 있다. 2학년부터 9학년까지⋯ 나는 교회 소속의 멕시코 학교에서 1학년을 마친 다음에는 공식 교육을 받지 못했다. 대신 집에서 많은 책을 읽었다." 텍사스의 병원에서 더들리 우드워드 삼촌이 그에게 가르쳐 준 덕분에 맥도날드는 공식적인 가르침을 받지 않고도 배울 수 있는 능력을 날카롭게 다듬어 갔다. 그의 어머니도 가정교사로 도왔다. 마침내 학교에 다시 갈 수 있을 만큼 건강해졌다. "고등학교로 바로 들어갔다." 그리고 그는 "매우 잘할 수 있었다"고 겸손하게 덧붙였다.

그는 집을 떠나 멕시코시티에서 기차로 하루 반이나 떨어져 있는 멕시코 시골의 산 마르코스(San Marcos) 침례 아카데미라는 군사 기숙 학교에 입학했다. 그는 학교 생활이 "장애 때문에 어려웠다"고 말했다. "나는 여전히 신체적 결함으로 고통받았지만 동료 사관생들과 어깨를 나란히 하려고 노력했다." 산 마르코스는 종교적인 학교였다. 그러나 풋볼 팀이 있었다. "내 신체적 결함을 극복하려는 소망이 간절했기에, 그곳에 있던 마지막 해에 풋볼 선발팀의 일원이 된 것을 매우 위대한 성취로 여겼다." 여름방학 기간 동안 그는 바다가 있는 산 루이스 포토시(San Luis Potosí)에 있는 미국 제련 정련 회사(American Smelting and Refining Company)에서 일했다. 들판의 광물 표본을 연구소에 수거해 오는 일이었다. 이 기간 동안 암석에 두었던 관심사를 구체적인 몇몇 광물과 결정체로 세분화했다. 그러면서도 세계에서 벌어지는 일들을 따라가려고 단파 방송까지 열심히 들었다. 고등학교 2학년 때 하버드에 지원하기로 결정했고 풋볼 장학생으로 합격했다.

맥도날드는 텍사스의 병원에 있었던 때를 제외하고는 멕시코를 벗어난 적이 없었다. 그는 산 루이스에서 기차를 타고 뉴욕 시에서 내려 이모네 집에 잠시 머물렀는데, 그때까지 멕시코 밖 도시를 방문하거나 지하철을 타 본 적이 없었다. 1946년 마침내 케임브리지 매사추세츠의 하버드 대학 캠퍼스에 도착했다. "대단히 운이 좋아서 나는 매사추세츠 홀로 배치받았다. 하버드에서 가장 오래된 기숙사였다. 내 방은 제임스 코넌트(James Conant) [하버드] 총장 집무실 바로 위의 방이었다." 그는 미국의 유명 화학자이며 맨해튼 프로젝트에서 일을 마치고 방금 돌아왔다. "나는 나중에 [코넌트]를 아주 잘 알게 됐다"고 맥도날드는 말했다. 그러나 그들의 첫 만남은 훨씬 더 진부했다. "그는 자신의 집무실 바로 위에서 산다는 사실을 내게 주지시키며 낮 시간에는 조용히 지내 달라고 당부했다."

맥도날드는 물리학과를 선택했으나 하버드가 "형편없는" 물리학 교수진을 보유했다고 판단했다. "어려운 과목에서는 기억과 이해에 차이가 있다는 사실을 깨닫기 시작했다"고 말했다. 즉, 단순히 사실을 암기하는 것과 달리 개념을 근본적으로 이해하려면 진지한 지적 훈련이 요구된다는 의미였다. 물리학을 배운 지 6개월 만에 맥도날드는 전공을 지리학과 수학으로 돌리기로 결정했다. 교우관계도 힘들었다. 많은 학생이 세인트 폴스(Saint Pual's), 앤도버(Andover)와 엑서터(Exeter) 등 명문 기숙 학교 출신이었다. 멕시코의 기독교 학교에서 온 그는 뭔가 부류가 다른 집단에 끼어 있다는 느낌을 가졌다. 풋볼 팀에서 운동을 한다는 건 거의 불가능해 보였다. 그러나 그는 포기를 거부하고 견뎌 냈다.

2학년에 접어들며 그가 날씨에 보인 흥미는 방문 교수와의 대립에서 정점으로 치솟았다. 세계에서 가장 위대한 해양학자의 하나로 존경받던 월터 뭉크(Walter Munk) 박사는 변하기 쉬운 지구의 자전을, 또 뭉크가 기억하기로 "얼마 전 발견된 고고도 제트 기류에서 자전과 계절의 변화가 어떻게 연관되어 있는지"를 설명하는 세미나를 열고 있었다. 그래서 "청중 중에 누구도 이를 알지 못하리라고 합리적으로 확신하고 있던 차에 첫 번째 줄의 어떤 학생이 조류와 변화하기 쉬운 해류 등을 무시했다는 무례한 논평과 함께 [나를]

방해했을 때 나는 놀랐다." 뭉크 박사는 유쾌하지 않았기에 학생의 질문들을 의미 없다고 무시했다. 그 학생이 바로 고든 맥도날드였다. "4년 뒤 나는 MIT에서 훨씬 더 발전된 설명을 하고 있었다. 그곳에서도 첫 번째 줄에 앉아 있던 그는 내가 4년 전 질문에 답을 하지 않았다고 불평했다."

1950년 맥도날드는 하버드를 최우등으로 졸업했다. 지리학 과목에서 이런 성적을 거둔 첫 학생이었다. 신체적 한계에도 불구하고 그는 풋볼과 조정 선수로 활동했다. 그에게는 하버드의 전설적인 소사이어티 오브 펠로우(Society of Fellows) 회원 자격이 주어졌다. 전 세계 24명의 학자 중 하나로 선발되어 3년간 모든 비용을 지불받으며 무엇이든 자신이 원하는 일을 할 완벽한 자유가 주어졌다. 그는 현재까지도 이 회원이 된 기록상 최연소 학자이다. 맥도날드는 미국과 세계를 두루 여행하다 하버드에 돌아와 1952년 석사 학위를, 1954년엔 지리학과 지구 물리학 박사 학위를 받았다. 이 시기 인생에서 그가 아주 좋아했던 기억들의 몇몇은 소사이어티 오브 펠로우가 주최하는 월요일 밤의 만찬이었다. 저녁을 먹는 동안 그는 엔리코 페르미 같은 물리학의 거인들과 오래 대화를 나누었다. 맥도날드는 페르미와 함께 지구의 자전, 지구의 핵과 지표면 등을 토론했다. 1959년에는 아직 신비스러운 개념들이었다. "그리고 대통령 후보였던 애들레이 스티븐슨(Adlai Stevenson)과 과학 정책을 두고 이야기했다." 맥도날드는 말했다. "나는 암석이나 광물, 열역학 관계 이상의 더 큰 세상이 있다는 사실을 알게 됐다." 갑자기 그 모두가 "서로 맞아 들어갔다". 그는 지구 물리학적 세계를, 지구에 사는 사람들이 자신의 이익을 위해 어떻게 과학을 사용하는지 자신이 할 수 있는 한 전부 배우고 싶었다.

그의 학문적 업적은 엄청났다. 맥도날드는 그 전에 과학자들이 보지 못했던 방식으로 지구의 요소들이 어떻게 연결되어 있는지 볼 수 있었다. "고생물학은 천문학과 다르지 않다"고 그는 말했다. 1959년 미국 예술 과학 아카데미(American Academy of Arts and Sciences)는 그의 혁신적인 연구들을 상찬하며 상을 주고 그의 연구가 "지구 물리학의 매우 다른 분야들, 기상학, 해양학, 지구 내부, 지구 자전의 천문학적 관찰들을 하나로 묶었다"고 선언했다. 1958년에는 월터 크롱카이트(Walter Cronkite)의 프로그램 "내일의 세계(The World Tomorrow)"에 등장해 인간이 어떻게 곧 달을 탐사하게 될지 미국 텔레비전 사상 처음으로 언급했다. 그러고 나서 곧 펜타곤, ARPA, NASA의 자문을 맡게 된다. "나는 매우 열정적이었다"고 그는 말했다. "나는 달을 관찰하면 지구에 관해 매우 많이 배울 수 있겠다고 느꼈다. 그리고 그 작업에 매우 참여하고 싶었다."

지구 과학에 열정적으로 빠져드는 만큼 한 주제에 흥미를 빠르게 잃기도 했다. 1960년 "기후 문제를 다루면서 나는 대기에 더 흥미를 느끼게 됐다"고 말했다. 캘리포니아 대학 로스엔젤스는 대기 과학 분야의 프로그램을 개발 중이었으며 그는 이 대학의 대기 연구 실험실(Atmospheric Research Laboratory) 책임자 자리를 수락했다. 캘리포니아 대학 로스엔젤스에서 그는 날씨와 전리층을 공부했다. 덕분에 기후 제어에 빠져들었다. 1962년에는 미국 국립 과학원(National Academy of Science)과 그 산하의 대기 과학 위원회(Committee on Atmospheric Science)에 지명됐다. 1963년 맥도날드는 역시 국립 과학원의 한 분야인 날씨와 기후 변경(Weather and Climate Modification) 패널의 의장에 선출됐다.

1963년 날씨 변경은 아직 합법적이었다. 이 패널의 일은 "관련 분야에서 벌어지는 현재의 연구 현황과 활동, 그것이 미래에 가져올 잠재력과 한계를 주도면밀하고 사려 깊게 평가하는 일이었다"고 맥도날드는 썼다. 대중에겐 국립 과학원이 "선의의 목적으로만" 구름을 심어서 비가 오게 하는 등의 날씨 변경 문제를 조사한다고 말했다. "구름의 씨를 심는 기술에 따라 어떤 형태의 구름이나 폭풍 시스템에서 강수량을 다소 증가시키거나 강수 위치를 조정하는 일이 가능하다는 증거들이 증가하는 추세였지만, 다소 모호하다"고 맥도날드는 1963년의 보고서에서 썼다.

동시에 기밀로 분류된 그의 연구에서 고든 맥도날드는 날씨 변경 문제에 깊은 흥미를 느끼게 됐다. 그는 "미국 통계협회 학술지 (Journal of the American Statistical Association)"에 이렇게 말했다. "과학자들이 환경 변경 질문을 보다 적극적으로 파고들어가야 한다고 점점 더 확신하게 됐다. 또한 연방 정부는 이 문제에 보다 조직적으로 접근해야 한다. 연구는 공공 부문과 사적인 부문에서 진행되겠지만 연방 정부는 대규모 현장 실험과 감시에, 또 사적 부문이 앞서나갈 때를 대비한 적절한 법률적 틀을 갖추는 일에 선도적으로 나서야 한다."

펜타곤에서 날씨를 무기로 사용할 가능성이 탐구되는 동안 맥도날드는 또 다른 직업인 과학 컨설턴트로 일하고 있었다. 1965년 겨울 펜타곤에서는 베트남전을 어떻게 진행해야 할지 "주저하는" 느낌이 있었고 늦은 가을 그 느낌은 그가 "복잡성(complexity)"이라 부른 쪽으로 옮겨 갔다. 국방장관 맥나마라와 그의 동료들은 "전쟁의 확산을 막을 수단을 거의 필사적으로 찾고 있었다"라고 맥도날드는 1984년 제이슨의 동료 과학자들에게 말했다. 1965년 12월 합참의장과 국방장관은 ARPA가 베트남에서 "산불을 군사적 무기"로 개발하고 연구하도록 승인했다.

프로젝트 EMOTE로 불린 그 비밀 프로그램은 ARPA가 추진했다. 표면적으로는 "환경 변경 기술"의 사용을 연구하는 일이었다. 연구는 ARPA 명령 818에 따라 농림부의 산림청과 협력해 진행됐다. 프로그램의 핵심적 전제는 식물이 빠르게 자라는 대규모 정글을 불길로 파괴하는 방법을 찾는 일이었다. 정글은 원래 습하고 불이 잘 붙지 않는다. ARPA 과학자들은 정글의 자연 조건을 "연소에 우호적으로" 변경하려면 정글의 빽빽한 지붕을 화학 물질로 먼저 파괴해야만 한다는 것을 발견했다. ARPA는 이미 진행되던 민첩 프로젝트의 고엽제 작전에서 이를 실행할 화학 제품들을 확보했다. 고엽제는 구성 성분이 각각 달라서 이제는 에이전트 오렌지, 에이전트 퍼플, 에이전트 핑크 등 무지개의 여러 다른 색깔로 불렸다. 프로젝트 EMOTE를 수행하려면 정글 숲에 에이전트 오렌지를 1,000만 리터쯤 뿌려야 했다. 그리고 이 살포는 "날씨 변경 작전"의 일부였다.

역사가 기록된 가장 이른 시대부터 산불은 무기로 사용됐다. ARPA 연구의 저자들은 이 점을 드러내려 성경을 인용했다. "싸움은 에프라임 숲에서 일어났다; 칼이 삼켜 버린 사람들보다 숲이 삼켜 버린 사람들이 더 많았다." 그들은 『사무엘기』 하권 18절을 옮겨 적었다. 베트남의 숲은 기억하지도 못할 오랜 과거부터 적에게 엄폐물을 제공했다. "숲은 도적과 반군과 역도 무리에게 천국이자 피난처였다"고 보고서는 기술했다. "로빈 후드와 티토 그리고 카스트로에 이르기까지 지도자들은 모두 숲의 동굴에서 성공적인 군사 작전 수행 방법을 배웠다." 마오쩌둥 의장은 반군들이 "농부의 바다에서 헤엄치는 물고기" 같다고 자랑했다. 그러나 날씨 변경을 연구하는 ARPA 과학자들에게 반군들은 숲에 숨어서 순박한 마을 사람들을 먹이로 삼는 정글의 고양이 같았다. "최근의 베트콩 기지 연구에 따르면 기지의 83퍼센트가 빽빽한 숲에 있었다"고 보고서는 지적했다. 역사를 돌아볼 때 숲은 언제나 적에게 도움을 주었다. 이제 현대 과학이 그것을 끝장내려 나섰다.

1965년 3월 말 제315 공수 특공대(Air Commando Group)가 소이탄 공습을 한차례 수행했다. 암호명은 작전 셔우드 숲(Sherwood Forest)으로, 대상은 사이공에서 서쪽으로 40킬로미터 떨어진 보이 로이(Boi Loi) 숲이었다. 항공기에 실린 30만 리터 가까운 에이전트 오렌지가 정글 위로 뿌려졌다. 그다음 B-52 폭격기가 M35 소이탄들을 투하했다. 그러나 그날 일찍 비가 왔다. 따라서 실험은 그들이 희망했던 만큼 "숲의 덮개를 파괴하는 바람직한 결과"로 이어지지는 않았다. ARPA는 그다음 실험을 10개월 뒤인 건기의 최절정기까지 연기했다. 1966년 1월 24일에 진행된 핫 팁 작전(Operation Hot Tip)은 앞서의 작전을 모방했지만 거의 비가 내리지 않아 결과는 조금 더 좋았다.

첫 번째의 전면 작전은 암호명 핑크 로즈(Pink Rose)로 1년 뒤 건기가 한참일 때 벌어졌다. 이번에는 특별히 변경된 수송기 UC-123B와 UC-123K을 이용해 첫 번째 비행에서는 고엽제를, 두 번째 비행에서는 건조를 촉진하는 화학 물질을 살포했다. 그다음 공군은 B-52 폭격기를 출격시켜 화학 물질을 발화시킬 집속탄을 투하했다. 목표물에는 "알려진 적의 기지 지역"뿐 아니라 마을의 전기선도 포함됐다. 정글과 그 안의 수많은 거주자들을 "죽이며" 한차례 대규모 화재가 발생했을 뿐 '스스로 지속되는 화재 폭풍'은 발생하지 않았다. 고려해야 할 환경적인 요소가 너무 많았다고 ARPA의 과학자들은 결론지었다. 비와 습기가 늘 방해물이었다.

1년 뒤 암호명 지옥 작전(Operation Inferno)이란 비밀 작전이 어둠의 숲으로 불리는 우민(U Minh) 숲을 대상으로 추진됐다. 고엽제를 사용하는 대신 공군은 14대의 C-130 수송기를 정글의 지붕 위로 낮게 띄워 210리터짜리 드럼통에 담긴 석유를 각 목표 지점에 네 번씩 뿌렸다. 전방 항공 관제사가 이 각 목표 지점에 백린 로켓들을 발사해 연료에 불을 붙였다. 지옥 같은 불길이 일어났다. 그러나 연료가 다 소비되자 불은 죽고 사라졌다.

당초 비밀로 분류됐던 ARPA의 170쪽짜리 최종 보고서는 메릴랜드 미 농림부의 특별 수장고(Special Collections)에 보관됐었다. 보고서는 숲의 가연성이 주로 두 가지 요소에 의존한다고 시사했다. 하나는 통제 범위 밖에 있는 날씨다. 다른 하나는 "지표 위나 그 주위에 죽은 식물의 양이 얼마나 많으냐"이며 이는 통제될 수 있다고 과학자들은 판단했다. "모든 덤불 식물을 죽이고 연소에 가장 최적인 날씨를 선택해 미리 선정된 패턴으로 불을 지피면 숲의 가연성은 크게 증대된다"고 ARPA의 과학자들은 썼다. 그러나 덤불 식물을 다 죽이는 일은 심지어 ARPA에게조차 너무 큰 과업이었다. 따라서 산불을 군사 무기로 사용하겠다는 생각은 보류됐다.

베트남 전쟁이 확산되면서 제이슨 과학자들은 공산 반군을 패퇴시킬 수 있는 과학적 아이디어에 대한 자문을 계속 요청받았다. 1965년 그들은 호치민 루트에 집중해달라고 요청받았다. 북베트남에서 라오스와 캄보디아를 거쳐 남베트남으로 이르는 2,400킬로미터의 도로와 오솔길을 통칭해 펜타곤이 붙인 이름이다. 어떤 도로는 트럭이나 소달구지가 통과할 만큼 넓었으나 다른 곳은 맨발이나 자전거만 다닐 수 있었다. 국방 정보국(Defense Intelligence Agency)

은 북에서 남으로 이어지는 공산주의자들의 보급로인 호치민 루트를 통해 매일 200여 톤의 무기와 보급품이 내려온다고 판단했다. 루트 곳곳에는 보관 창고, 보급품 벙커, 지하의 지휘 통제 시설은 물론 심지어 병원까지 있었다. 2007년에 비밀에서 해제된 미국 국가 안보국의 일급비밀 보고서는 호치민 루트를 "20세기 군사 건축의 위대한 업적 가운데 하나"로 묘사했다.

지도 제작자, 지리학자, 지도 디자이너 등 수많은 사람이 제이슨 과학자들에게 호치민 루트와 지형을 설명했다. 과학자들은 이 루트에서 어떤 일이 벌어지는지 더 배우고자 랜드 연구소의 조셉 자슬로프와 존 도넬이 맨 처음 작성해 쌓아 둔 전쟁 포로들과의 인터뷰 기록을 읽었다. 여전히 민첩 프로젝트를 감독하는 ARPA의 시모어 디치먼은 제이슨 과학자들에게 호치민 루트를 연구한 10여 개 기밀 또는 공개 보고서를 보냈다. 제이슨 과학자 윌리엄 니렌버그에게 이 루트는 거의 살아 있는 인체나 나무처럼 "하나의 접합된 구조"로 보였다. 즉 핏줄이나 나뭇가지의 도관처럼 "서로 연결된 채널의 네트워크"로 거의 생명체처럼 보였다고 썼다. 펜타곤은 제이슨의 과학자들에게 이 루트의 동맥을 자를 방법을 찾아 달라고 요구했다.

ARPA는 제이슨의 연간 예산을 25만 달러에서 50만 달러로, 2015년의 달러 가치론 370만 달러로 늘렸다. 과학자들은 호치민 루트에서 이루어지는 이동을 방해하는 데 유용한 전술적 기술들을 개발하려 노력했다. 적어도 이 기간 동안 세 차례나 진행된 제이슨의 연구는 2015년까지 비밀로 분류되어 있다. 그 보고서들은 "베트남 내전에 관한 연구 보고서(Working Paper on Internal Warfare, Vietnam)", "반군 진압을 위한 야간 투시(Night Vision for Counterinsurgents)", "베트콩/북베트남군의 물류와 인력에 관련된 데이터 연구(A Study of Data Related to Viet Cong/North Vietnamese Army Logistics and Manpower)"라는 제목으로 작성됐다고 추정된다. 여전히 비밀로 분류되어 있기 때문에 맥나마라 장관이 이들을 어떻게 평가했는지도 모른다. 그러나 마빈 "머피" 골드버거에 따르면 맥나마라는 제이슨이 제안한 아이디어를 실현하려면 시간이 너무 오래 걸리겠다고 느꼈다고 한다. "우리는 전쟁이 몇 년간 지속되리라는 상대적으로 장기전을 전제로 연구를 진행했다." 그러나 국방장관은 보다 직접적인 결과를 원했다. 그래서 맥나마라는 제이슨 과학자들에게 호치민 루트를 파괴하는 데 핵무기가 효과적일 수 있는지 판단해 달라고 요청했다.

제이슨의 일급비밀 제한 자료 보고서인 "동남아시아에서의 전술 핵무기"는 캘리포니아 버클리의 노틸러스 인스티튜트(Nautilus Institute)가 정보의 자유법(FOIA)에 근거해 사본을 하나 얻었던 2003년까지 기밀로 분류되어 있었다. 그 보고서에 사람들이 격분하자 시모어 디치먼은 2003년 "펜타곤에서 그런 생각이 논의가 됐었다"고 말했다. 맥나마라 장관은 핵무기 사용이 현명한지 판단을 내려야 한다면 제이슨 과학자들이 누구보다 자격 있는 사람들이라고 믿었다고 디치먼은 회상했다. 디치먼에 따르면 "맥나마라 장관은 말하곤 했다. '라오스로 가는 통로를 차단하려면 전술 핵무기를 사용해야 한다는 이야기가 있다. 그 생각을 어떻게 판단하는지 말해 달라.'" 디치먼은 제이슨 과학자들이 "라오스를 경유하는 호치민 루트를 따라 물자와 사람이 오가지 못하도록 차단하기 위해 핵무기를 사용하는 게 타당한지" 판단해 달라고 요청받았다고 전했다.

제이슨은 핵 공격이 가능한 목표로 베트남과 라오스 사이의 가파른 산악 지역을 통과하는 무기아(Mu Gia) 통로를 생각했다. 무기와 보급품은 물론 베트콩 수천 명이 이곳에서 움직였다. 제이슨 과학자들은 이 지역이 "가파른 사면을 깎아 낸 길로 미국 콜로라도 아스펜의 남동쪽 인디펜던스 패스(Independence Pass)를 지나는 길과 유사했다"고 설명했다. 호치민 루트에서 핵무기가 사용되어야 한다면 가벼워서 손으로 들고 다니는 데이비 크로켓 같은 전술 핵무기여야 한다고 결론지었다. 실제 허브 요크는 1959년에 이 무기의 모형을 상업용 민간 비행기 안에 들고 타는 가방에 넣어서 캘리포니아에서 워싱턴 D.C.로 운반했다.

그러나 제이슨 과학자들은 호치민 루트 파괴에 핵무기가 얼마나 필요한지 계산하는 일은 생각만큼 쉽지 않다고 보았다. "필요한 전술적 핵무기의 개수는 매우 많아질 것"이라고 썼다. "적어도 하나의 목표에 전술 핵 하나가 필요하며 목표들은 대개 작고 사소하다. 필요한 무기 수준의 규모를 합리적으로 추산한다면… 하루 10개, 1년에 3,000개쯤이다." 또한 통로가 핵 공격으로 파괴된다 해도 전투로 단련된 집요한 공산주의 전사들은 새로운 통로, 새로운 보급로를 건설할 가능성이 있다. 따라서 대안으로 제이슨 과학자들은 루트의 중요한 요충지에 방사능 폐기물을 투하해 그곳을 통과하지 못하도록 만들라고 제안했다. 하지만 방사능도 감소하기 때문에 통과 불가능한 기간도 끝나게 된다. 결국 제이슨 과학자들은 베트남과 라오스에서의 전술 핵 사용에 반대했다. 그들은 만약 미국이 전술 핵을 사용한다면 중국과 소련이 자신들의 무기 창고에서 유사한 전술 핵무기를 베트콩과 북베트남 정부에 제공할 가능성만 더 높아진다고 미국 정부에 경고했다. "매우 심각한 장기적 문제도 발생한다. 세계 각지의 반군 집단들이 모든 수단을 다 써서 전술 핵무기를 손에 넣으려 할 것"이라고 경고했다.

이 보고서는 펜타곤에서 널리 읽혔다. 수천 개의 핵폭탄을 투하하는 일은 선택지가 아니었다. 제이슨 과학자들은 호치민 루트 문제를 해결할 다른 아이디어를 만들어 내라는 요청을 받았다. "우리는 머리를 쥐어짜며" 일했다고 마빈 "머피" 골드버거는 회상했다. 그들의 다음 아이디어는 미군이 전쟁을 수행하는 방식을 혁명적으로 바꾸게 된다.

12장

전자 울타리
The Electronic Fence

전쟁이 벌어지는 지역에서 전투 임무 비행을 했던 리처드 "립" 제이콥스(Richard "Rip" Jacobs) 중위의 별명은 끔찍했다. RIP이라는 별명은 VO-67 해군 비행단의 다른 조종사와 부대원들에게 사람이 죽었을 때 쓰이는 구절인 "고이 잠드소서(Rest in peace. RIP)"를 떠올리게 했다. 그러나 제이콥스가 'Rip'이라고 불린 진짜 이유는 몇 년 전 고등학교 시절에 조지아에서 벌어진 불행한 일 때문이었다. "고등학교 댄스 파티에서 여학생의 치마를 밟았고 이 사고로 치마가 찢어졌다"고 립 제이콥스는 설명한다. "그래서 그 별명을 갖게 됐다."(rip은 찢다는 의미다.)

1968년 2월, 24세의 립 제이콥스는 베트남 국경에서 29킬로미터 떨어진 태국 왕실 나콘파놈(Nakhon Phanom) 공군 기지의 활주로에 서 있었다. 제이콥스는 자신도 거의 알지 못하는 고도의 기밀 임무를 준비하고 있었다. 무장된 정찰기 OP-2E 넵튠(Neptune) 아래의 선반에 달린 하이테크 탐지기를 호치민 루트에 투하하는 일이었다. 그는 럭키 크루 세븐(Lucky Crew Seven)의 일원이었다. 오늘 부여된 목표는 반 카라이 고개(Ban Karai Pass)에서 남서쪽으로 24킬로미터쯤 떨어진 라오스의 캄무안 주(Khammouane Province)에 있었다. 적군의 깊숙한 영역이었다. 제이콥스는 이런 임무를 12번이나 수행했으나 최근 들어 사정이 나빠졌다.

6주 전인 1968년 1월 11일 크루 투(Crew Two)가 사라졌다. 9명이 현장에서 사망했다. 시신도 수습하지 못했다. 그들은 아침 일찍 탐지기 투하 임무를 수행하러 출발했다. 오전 9시 57분, 항공기는 무전과 레이더 교신이 끊겼고 기지로 돌아오지 못했다. "그들이 돌아오지 못하리라고는 전혀 생각하지 못했다." 제이콥스는 2013년 회고했다. 늘 그랬듯이 그들은 그날 아침도 일상적인 임무를 수행하러 출발했다. 그들에겐 크루 투 고유의 마스코트도 있었다. 흑백 얼룩 강아지로 모두들 공군의 스누피 시그램이라 불렀다. "일상이 되어버렸다. 그러다 소식이 퍼졌다. '크루 투가 격추됐다.' 낙하산도 긴급호출도 없었다. 수색 헬기도 뜨지 않았다." 수색이나 구출해야 할 대원이 없다는 의미였다.

2월 17일에 비슷한 일이 또 벌어졌다. 이번엔 크루 파이브(Crew Five)가 실종됐다. 그들은 첫 번째 임무를 끝마쳤다. 두 번째 임무를 수행하던 OP-2E 넵튠의 우현 엔진이 발사체에 맞아 불이 났다고 호위 중인 다른 항공기가 보고했다. 마지막 무전 교신에서 넵튠의 조종사 1명이 "우린 심하게 맞았다"라고 하는 말이 들려왔다. 그러곤 아무 소식이 없었다. 9명이 현장에서 사망했다. 시신은 회수되지 못했다. 긴급호출이나 낙하산도 없었고, 수색 헬기도 없었다. 이 지역은 베트콩으로 가득했다.

1968년 2월 27일 아침, 대원 8명과 지휘관 1명으로 구성된 크루 세븐은 지휘관인 해군 대위 폴 밀리우스(Paul L. Milius)가 항공기를 조종했다. 립 제이콥스 같은 해군 항공 대원들은 임무 수행 시 정신을 집중하고 즐거운 마음가짐을 가져야 한다는 사실을 충분히 안다. 그러나 때로는 불길한 기운이 엄습하기도 한다. 13번째 임무였다. 제이콥스는 자신의 항공복, 장비, 그리고 임무의 핵심인 탐지기들이 담긴 선반도 점검했다.

각 임무는 살포 장비에 따라 다르다. 때로는 OP-2E 넵튠이 호치민 루트 위를 낮게 날아야 한다. 예컨대 음향 탐지 부표라 불리는 감청 장비를 떨어뜨릴 때 그렇다. 각각의 탐지기는 저마다 작은 낙하산이 부착되어 항공기에서 투하된다. 이런 임무를 수행하는 항공기는 낮게 날 필요가 있다. 고도가 너무 높으면 너무 많은 공기 때문에 낙하산 줄이 얽히거나 나무 지붕에 안착하지 못할 수도 있기 때문이다. 이렇게 낮고 평행으로 나는 경우 호치민 루트를 따라 널리 퍼져 있는 베트콩 고사포의 손쉬운 목표가 되고 만다.

1,500미터 상공처럼 보다 높은 고도에서 투하되어야 하는 탐지기들도 있었다. 오늘 크루 세븐의 임무가 바로 그런 경우였다. 그들은 공중 투하 진동 침입 탐지기(Air Delivered Seismic Intrusion Detectors, ADSID)를 투하할 예정이다. ARPA의 요청으로 산디아 무기 연구소가 제작했다. 일찍이 ARPA 프로그램이었던 벨라 호텔(Vella Hotel) 때문에 개발된 핵실험 탐지 지상 감지기 기술을 기반으로 만들었다. ADSID들은 대개 길이 75센티미터에 직경 13센티미터 정도다. 각각의 탐지기는 소형 미사일이나 대형 창처럼 생겼고, ADSID가 땅에 박히면 바깥에서 펼쳐지는 꼬리 못이 탐지기를 지면에 단단히 고정시킨다. ADSID는 OP-2E 넵튠에서 낙하산 없이 떨어져 빠른 속도로 땅에 박히도록 설계되었다.

활주로에 서서 장비 점검을 마친 제이콥스가 낙하산을 다시 한 번 확인했다. 그리고 비행기에 올라탔다.

크루 세븐은 정시에 활주로를 떠났다. 임무를 시작하고 1시간쯤 지나서 폴 밀리우스 대위는 현재 반 카라이 고개에서 그리 멀지 않은 곳에 있다고 보고했다. 립 제이콥스는 비상구 근처에 서서 장비 투하를 관찰했다. 톰 웰스(Tom Wells) 소위가 튼튼한 장갑 의자에 앉아서 항공기의 속도와 방향을 표시하는 기기를 바라보며 위도와 경도를 소리 높여 외칠 때, 항공기가 갑자기 불길에 휩싸였다. "그렇게 상황이 발생했다." 웰스는 2013년에 설명했다. "비행을 잘하다가 갑자기 쾅 고사포에 맞았다."

베트콩이 발사한 대공 화기의 사출물이 항공기 바닥을 뚫고 올라와 기내에서 폭발했다. "전부 불타고 있었다." 웰스는 회고했다. "유압 패널 옆의 소화기를 집어 들었다. 그러나 그것에도 불이 붙어서 내 손의 피부를 태워 버렸다." 순식간에 항공기 바닥은 짙고 검은 연기로 가득찼다.

부조종사 바니 월쉬(Barney Walsh) 중위가 자기 자리에서 기어 기체 뒤로 나왔다. 그는 조종석에서 "아무것도 통제가 안 돼"라고 말했다. "나는 고함쳤다. '나가!' 그게 유일한 선택이었다. 그게 다였다." 누군가 또 외쳤다. "비상구 열어! 낙하산 준비, 뛰어!"

사방에 피가 흥건했다. 혼란 속에서 립 제이콥스는 무슨 일이 벌어지는지 확인하려 했다. 그때 기술병 존 하츠하임(John F. Hartzheim) 부사관이 심하게 부상당한 걸 깨달았다.

"그는 낙하산을 메지 않고 있었다." 웰스는 말했다.

"날씨가 너무 더웠기에 벗고 있었다." 제이콥스가 설명했다.

"그는 피를 심하게 흘리고 있었다. 치명상을 입었다. 그에게 낙하산을 입히려고 생각했지만 연기와 불꽃이 너무 강했다. 중력가속도도 문제였다. 나는 [하츠하임의] 피가 흥건한 곳에 서 있다 미끄러져 바닥으로 넘어졌다. 비행기는 추락 중이었다. 마음속으로 '지난 번 크루는 아무도 비행기를 탈출하지 못했지'라고 생각했다."

누군가 다시 외쳤다. "낙하산, 준비, 뛰어!"

립 제이콥스는 바닥의 비상구로 향했다. 곧 불타는 비행기에서 뛰어내려 땅으로 떨어지기 시작했다. 낙하산 고삐 줄을 당기자 낙하산이 펼쳐졌다. 그다음 어떤 일이 벌어졌는지는 기억이 없다. 시간이 흘렀다. 제이콥스는 죽었을까? 잠시 후 정신을 차려 보니 나무에 걸려 있었다.

"나는 살아 있었다. 안 아픈 곳이 없었다. 몸을 내려다보니 피범벅이었다." 정글의 나무 지붕 위에 착륙한 모양새 때문에 그의 몸은 땅바닥과 평행을 이루었다. 낙하산 줄이 몸에 엉켜 자유롭게 몸을 비틀 수도 없었다. "내가 공중에서 떨어질 때 위치 추적 장치 단추를 잊지 않고 눌렀을까?" 제이콥스는 속으로 이 생각을 거듭했다.

그는 턱으로 버튼을 누르려 노력했지만 닿지 않았다.

"나는 내가 위치 추적 장치 버튼을 눌렀으리라 확신했다." 제이콥스는 회상했다.

"그러나 안 했다면? 내가 위치 추적 장치를 작동시키지 않았다면? 여기서 죽게 되겠지. 내가 여기 있는 걸 아무도 모른다면 어떻게 될까?"

그러다 더 나쁜 생각이 몰려왔다. 그는 소리를 들었다. 분명히 총소리였다. 한 발. 그리고 나서 또 한 발. 점점 다가왔다. 땅에는 그들이 방금 격추시킨 비행기를 탈출한 VO-67 승무원들을 찾으려는 베트콩들이 있었다. 총소리가 더 들렸다. 베트콩이 나무 위에 있는 그를 발견한다면?

"나는 정말 조용히 있어야 했다." 제이콥스는 회상했다. "내가 조금이라도 움직이려 할 때마다 주위의 모든 죽은 것들이 땅바닥으로 떨어졌다." 임무가 진행되는 동안 F-4 팬텀 제트 전투기들이 혹시나 적의 미그기가 접근해 올까 OP-2E 넵튠을 엄호했다. "F-4 한 대가 머리 위로 날아갔다. 그가 나를 봤을까?" 3시간 아니 4시간쯤 흘렀다. "내겐 거의 영원 같았다."

갑자기 어디선가 희미하게 헬리콥터 소리가 들렸다. 제이콥스의 상상이었을까? 그러다 그는 확신했다. 헬리콥터 날개 소리가 분명히 들렸기 때문이다. 구조 헬기였다. 멀리서 날아오고 있었다. 구조대다. 그러다 갑자기 절망이 엄습했다. "나를 보지 못하면 어쩌지?" 위치 추적기를 안 눌렀다면 아무도 그가 이 나무에 있다는 사실을 모를 텐데 말이다.

그때 눈 한쪽으로 헬리콥터가 서서히 내려오는 모습이 보였다. 더 천천히. 더 가깝게. 구조 헬기가 머리 위를 맴돌았다.

헬리콥터에서 낙하 구조대원의 모습이 나왔다. 그는 강철선에 부착된 작은 의자에 앉아 있었다. 강철선이 점차 더 길어졌다. 그리고 립 제이콥스가 매달린 나무로 서서히 내려오면서 그와 가까워졌다.

"그가 내게로 팔을 뻗었다. 나는 그의 두 팔을 보았다. 그다음 그는 자기 옆에 있는 작은 의자를 접고는 칼을 꺼내 낙하산 줄들을 잘랐다."

립 제이콥스는 구조대원 옆의 의자에 올라탔다. "그에게 아무 말도 안 했다. 헬리콥터 소리로 귀가 먹을 지경이었다. 우리는 매우 높이 떠올랐다. 몸속에서 아드레날린이 솟구쳤다. 나는 피범벅이었다." 제이콥스는 구조 헬기 안으로 끌어올려졌다. "안에는 의무병들이 있었다. 그들은 출혈이 심하다고 말했지만 내 몸에 묻어 있는 피는 대부분 하츠하임의 피였다."

구조 헬기는 나콘파놈 공군 기지로 되돌아왔다. 헬리콥터가 착륙하자 수백 명이 활주로로 몰려나왔다. VO-67 해군 비행 대대 소속 전원이 쏟아져 나온 듯했다. 숨이 막힐 지경이었다고 제이콥스는 회상했다. "공포에서 안도로 극과 극의 변화라니." 제이콥스는 방으로 옮겨져 상황을 설명해야 했다. 하츠하임은 비행기 안에서 죽었다. 밀리우스 대위는 실종됐다. 나머지는 살아서 탈출했고 모두 구조됐다. "공군 장교 하나가 많은 질문을 하기 시작했다. 그가 탐지기에 관해 묻는다는 것을 인식하기까지 꽤 시간이 걸렸다. 그 기기들은 일정한 간격으로 배치되어 있었다. 그는 기기들이 어떻게 됐는지 계속 물었다. 나는 그 당시 그 기기들이 어디에 있는지 전혀 신경쓰지 않았다. 그러나 그는 계속해서 기기들에 대해 이야기했다. 정말 어이없었다."

당시 립 제이콥스는 자신도 일부 참여했던 탐지 기술 프로그램이 전쟁에서 가장 우선순위가 높았던 작전이라는 사실을 꿈에도 몰랐다. 10억 달러 이상의 돈이 들어간 일급비밀 프로그램이라는 것도 전혀 몰랐다. 불과 2년도 안 된 1966년 산타 바버라(Santa Barbara)의 여름 연구 모임에서 제이슨 과학자들이 생각해 낸 아이디어의 결과물이었다.

제이슨 과학자들은 자신들의 아이디어를 "침입 차단 장벽(Anti-Infiltration Barrier)"이라고 불렀다. 펜타곤은 이 개념이 이론에서 현실로 옮겨 갈 때 일련의 암호명을 붙였다. 처음엔 프로젝트 프랙티스 나인(Project Practice Nine), 그다음엔 일리노이 시티(Illinois City), 다이어 마커(Dyer Marker), 이글루 화이트(Igloo White), 머슬 숄(Muscle Shoal) 등으로 불렀다. 전쟁이 끝난 뒤 일부가 대중에 공개됐고 종종 맥나마라의 전자 울타리로 불리면서 놀림도 받았다.

이 전자 울타리 개념은 1966년 여름에 태어났다. 호치민 루트를 따라 오가는 무기를 차단하려면 펜타곤이 핵무기를 사용해야 하느냐에 대한 연구를 끝낸 직후였다. 국방부는 베트남 전쟁을 승리로 이끌 새로운 방법들을 절실하게 찾고 있었다. 폭격 작전은 실패를 거듭했다. ARPA의 민첩 프로젝트는 공산 반군에 어떤 영향도 미치지 못했다. 날씨 전쟁도 효과가 없었다. 핵무기는 선택지가 아니었다. 곧 남베트남에 미군 병사 38만 5,000명이 주둔하게 된다. 이러한 어마어마한 숫자와 수많은 사람이 개입된 노력에도 불구하고 호치민의 사람과 물자는 호치민 루트를 통해 꾸준히 무자비하게 쏟아져 흘러들었다.

국방장관 맥나마라는 논쟁의 여지가 없는 해결책을 원했다. 그는 제이슨 과학자들에게 호치민 루트의 동맥을 자를 방법을 찾도록 도와 달라고 요청했다. 그들은 중부와 동부 라오스를 거쳐 베트남에 이르는 호치민 루트를 따라 주요 접근로들에, 일련의 전자 울타리, 이른바 "차단 지역(denial fields)"을 만들자는 구상을 했다. 제이슨 과학자들은 전쟁터를 도청해서 호치민 루트에서 어떤 일이 벌어지는지 "들을 수 있게" 되면 폭격기를 보내 베트콩 부대와 이동하는 군용 트럭들을 폭격하자고 제안했다.

ARPA의 반군 진압 부문 책임자인 시모어 디치먼이 제이슨 과학자들의 여름 연구를 조직하고 산타 바버라로 날아가 연구를 총괄했다. 맥나마라 장관은 베트남 대사인 맥스웰 테일러 장군과 라오스 대사인 윌리엄 설리번이 산타 바버라로 가서 펜타곤의 전자 울타리 계획을 제이슨의 과학자들에게 설명하도록 했다. 그해 여름 대사들의 방문은, 비록 외교관들이 개인적으로는 전자 울타리를 멍청한 아이디어라고 생각했음에도 불구하고, 펜타곤이 이 개념을 얼마나 절실하게 필요로 했었는지를 잘 보여준다. "맥나마라 장관이 내게 산타 바버라에 가서 테일러 장군과 함께 어떤 전자 장비를 만드는 제이슨 과학자들과 대화를 나눠 달라고 요청했다." 설리번 대사는 나중에 회고했다. "테일러나 나는 그것을 그다지 중요하게 생각하지 않았다. 내 기대는 결코 높지 않았다."

전자 울타리엔 두 얼굴이 있었다. 대중에 공개된 얼굴과 기밀로 분류된 측면이 따로 있었다. 대중에게는 호치민 루트의 통행을 방해할 목적으로 펜타곤이 건설하려는 물리적 장벽이나 울타리라고 알려졌다. 이 울타리는 육군 공병대가 건설하고 육군 병사들이 지킨다. "기계적 장벽은 철사를 파도 모양으로 묶은 울타리, 가시 철사, 파수탑, 무인 지대 등으로 건설된다." 제이슨의 과학자 윌리엄 니렌버그는 나중에 이렇게 묘사했다. 그러나 제이슨 과학자들이 설계한 비밀 울타리는 병사가 보초를 설 필요가 없었다. 대신 첨단 기술에 기반한 탐지기들이 루트를 따라 은밀하게 심어지게 된다.

1960년 만들어진 이래 제이슨 과학자들은 ARPA가 시작한 여러 기밀 탐지 프로그램들, 해군의 음파 탐지기와 자기 탐지기 개발, 산디아 국립 연구소의 지진 탐지기 개발, 육군의 적외선 탐지기 개발 등에 참여했다. 이제 1966년 여름의 연구 모임에서 제이슨 과학자들은 해군이 사용하는 잠수함 탐지 전술을 차용해 다양한 탐지 기술들을 혼합하고 섞어 하나의 시스템으로 작동하게 만드는 계획을 세웠다. 거대한 대양의 광활한 공간에서 소련 잠수함을 탐지하는 대신 이 침입 차단 장벽은 정글 속 호치민 루트라는 바다에서 베트콩 반군의 움직임을 탐지한다.

1958년 여름 워싱턴 D.C. 맥네어 기지의 국방대학에서 진행된, 프로젝트 137로도 불렸던 ARPA 연구 1호가 산타 바버라 여름 연구 모임의 원형이었다. 산타 바버라에서 과학자들은 태평양이 내다보이는 캘리포니아 대학의 기숙사에서 숙식했다. 아침엔 대학 강의실에 모여 일일 브리핑을 받았다. 오후엔 보고서를 썼고 저녁에는 다시 모여 저녁을 함께 먹으며 서로의 생각을 공유했다. 그들은 예루살렘 주변의 성벽에서 중국의 만리장성과 나치의 지크프리트선(Siegfried Line)까지 역사상 가장 위대한 장벽과 지난 2000년 동안 세워진 성벽을 공부했다. 휴식 시간에는 테니스를 쳤다고 마빈 "머피" 골드버거는 회상했다. 입자 물리학자 헨리 켄달(Henry Kendall)은 태평양에서 파도타기를 했다. 핵물리학자 밸 피치와 실험물리학자 레온 레더맨(Leon Lederman)은 운동장 주변을 오래 걸었다. 전자 울타리는 흥미로운 아이디어였다. 그러나 실현할 수 있을까?

제이슨 과학자들은 "항공 지원 침입 차단 장벽(Air-Supported Anti-Infiltration Barrier)"이라는 제목의 기밀로 분류된 보고서를 작성했다. 그들은 사실상 호치민 루트를 따라 전역에 전자 울타리가 설치될 수 있다고 결론을 맺었다. 이 장벽은 당시 미국에서 활용 가능한 최첨단 탐지기들, 예컨대 음향과 지진 탐지기뿐 아니라 체온, 엔진 열, 그리고 심지어 냄새의 변화까지 탐지가 가능하도록 설계된 열, 전자기 및 화학 탐지기들로 건설된다. 우선 이런 탐지기들은 OP-2E 넵튠 같은 항공기가 호치민 루트를 따라 낮게 날면서 떨어뜨려 지상에 심어진다. 작고 위장된 탐지기들 꾸러미는 작은 낙하산으로 지상에 투하되고 다른 탐지기들은 마치 창처럼 지상으로 던져진다. 호치민 루트를 따라 움직이는 적 부대들의 움직임과 소리가 이 탐지기에 포착된다. 그다음 탐지기들은 이 정보를 상공의 정찰 감시 항공기에 전달하고, 항공기는 이를 다시 지상의 정보 처리 "두뇌"인 고도로 기밀화된 침입 감시 센터(Infiltration Surveillance Center)의 컴퓨터로 가득한 방에 전달한다. 침입 감시 센터는 아마도 태국의 미공군 기지에 있었을 가능성이 높다.

제이슨의 과학자들은 컴퓨터들이 핵심 역할을 담당해야 한다고 구상했다. 컴퓨터들은 탐지기들의 자료를 분석하고 해석한다. 기술병들은 이 정보를 활용해 공산 반군들, 트럭 혹은 자전거나 달구지 같은 다른 이동 수단들까지 정확한 위치를 특정한다. 군 지휘관들은 항공기를 보내 호치민 루트에서 움직이는 정글 반군들에게 SADEYE 집속탄을 투하하도록 한다. 이 유도되지 않는, 즉 "멍청한" 폭탄은 한 발에 450그램 가량의 테니스공 크기의 BLU-26B 파편 폭탄 665개를 포함한다. 각 파편 폭탄은 지연 뇌관 덕에 지상 바로 위에서 폭발해 면도칼처럼 날카로운 철강 파편을 살포하기 때문에 살상 반경이 대개 240여 미터쯤이다. 제이슨 과학자 리처드 가윈(Richard Garwin)은 핵물리학자이자 장비 전문가로, 오래 전 캐슬 브라보 수소폭탄 디자인 작업을 돕기도 했다. 그가 호치민 루트의 탐지기들과 함께 사용될 때 가장 효과적인 SADEYE 집속탄과 다른 폭탄들을 설명하는 세미나를 열었다. 제이슨 과학자들은 호치민 루트에 단추 같은 소형 폭탄, "아스피린 크기"의 미니 폭탄을 뿌려야 한다고 판단했다. 밟으면 폭죽 같은 소음을 만들어 공중에서 투하된 음향 탐지기들이 작동되도록 말이다. 두 개의 트럭 공격용 폭탄도 설계에 포함됐다. 동전 크기의 "자갈 지뢰(Gravel Mine)"가 하나고, 다른 하나는 용 이빨 지뢰(Dragontooth Mine)라는 더 큰 지뢰가 있었다. 진짜 커다란 이빨처럼 생겨 그런 이름이 붙었다. 트럭 공격용 폭탄들은 바퀴에 타격을 가하도록 설계되었다. 이동 시간을 늦추어 항공기들에게 목표물 공격 시간을 더 주려는 취지였다. 그러나 사람이 밟으면 발목이 날아갈 정도로 강력했다.

전자 울타리라는 개념은 고려해야 할 부분이 많은 거대 과업이었다. 제이슨 과학자들은 그 개념이 요구하는 폭탄의 개수를 매우 구체적으로 제시했다. "자갈 지뢰 매월 2,000만 개, 단추식 미니 폭탄은 매달 아마도 2,500만 개, SADEYE-BLU-26B 집속탄은 매월 1만 개" 같은 식이었다. 그 총합은 운용비만 "지금까지의 주요 부문을 감안하면 1년에 약 8억 달러로 추산된다." "이런 형태의 공중 지원 장벽이 가져올 효과를 평가하기는 어렵다"라고 제이슨 과학자들은 보고서에서 결론지었다. "우리는 이 시스템이 호치민 루트를 거의 사용 불가능하게 만들 것이라는 확신은 없지만, 이 시스템이 수년에 걸쳐 그런 기반을 마련할 개연성이 크다고 느낀다." 마침내 선견지명이 있는 경고가 나왔다. "우리는 전쟁이 매우 길어질 가능성이 있다고 본다."

작업이 완수되면서 여름 연구 모임도 끝났다. 1966년 9월 1일 골드버거, 디치먼과 여러 명의 제이슨 과학자들은 펜타곤으로 날아가 맥나마라 장관에게 자신들이 마련한 전자 울타리의 최종 구상을 설명했다. 울타리를 세우고 운용하는 비용은 대략 10억 달러로 증가했다고 말했다. 건설에 소요되는 기간은 1년 반 정도라고 했다. 맥나마라 장관은 만족해했다.

한편 같은 해 여름 맥나마라 장관은 동부 해안에 별도의 과학자 집단을 모았다. 하버드와 MIT 소속의 제이슨 과학자도 있었고 아닌 사람도 있었다. 이들도 전자 울타리라는 개념을 연구했다. 동부의 제이슨(East Jason)이라고 불린 이 집단은 매사추세츠의 웰즐리(Wellesley) 여자대학의 데이나 홀(Dana Hall) 캠퍼스에서 연구를 진행했다. 동부와 서부의 두 연구 집단엔 비슷한 기밀과 비기밀 정보가 주어졌다. 그리고 두 집단 모두 이 프로젝트에서 무엇이 가장 잘 작동할지 그리고 왜 그럴지 유사한 구상에 이르게 됐다. 양측의 제안 모두에 만족한 맥나마라는 두 연구를 하나로 통합했다.

두 번째 설명회는 1966년 9월 6일 동부 제이슨의 구성원이었던 제로드 자카리아스(Jerrod Zacharias)가 소유한 케이프 코드(Cape Cod)의 여름 별장에서 열렸다. 맥나마라 장관, 국방차관보 존 맥노튼(John McNaughton), 국방부 연구 공학 국장 존 포스터 등이 헬리콥터를 타고 케이프 코드에 집결했다. (포스터는 전임자 허브 요크와 해롤드 브라운처럼 리버모어 연구소의 국장을 역임하고 펜타곤에서 ARPA와 국방장관 사이의 연락관으로 임명되었다.) 고든 맥도날드가 이 비밀 브리핑에서 제이슨 그룹을 대변했다. 이 회의를 기록한 유일하게 알려진 글에서 맥도날드는 "회의가 대단히 스스럼없었다"고 기억했다. "지도들이 바닥에 펼쳐져 있고 참석자들에게 음료가 주어졌으며, 일급비밀 사항이 논의되는 동안 개 한 마리가 비무장 지대를 계속 오갔다. 비록 주제는 제이슨의 연구였지만 내가 유일한 제이슨 학자로 현장에 있었다." 시모어 디치먼이 거의 모든 말을 했다. "그것은 말하자면 전형적인 사교 모임이었다." 맥도날드는 회고했다. 참석자들이 "그저 … 베트남 전쟁의 앞날을 결정한다"는 걸 제외하고는 말이다.

대부분의 장성들은 맥나마라의 전자 울타리 개념을 비웃었다. 맥나마라가 제이슨의 최종 보고서를 얼 "버스" 휠러 장군과 합동 참모 본부에 검토해 보라고 보냈을 때 그들은 거부했다. 휠러 장군은 이것이 너무 비싸다고 생각했고, 그 때문에 전선에서 소중한 자산들이 빠져나갈지 모른다고 두려워했다. "울타리 시스템 건립에 필요한 엄청난 기금은 현재 사용되는 자원에서 충당되어야 하며 그 결과 현재 진행되는 매우 중요한 작전에 부정적으로 영향을 미치게 된다." 휠러 장군은 평가서에 이렇게 썼다. 태평양 사령부 총사령관 (CINCPAC) 율리시스 샤프(Ulysses Sharp) 제독은 전반적인 건설 계획이 "비현실적"이라고 보았다. 합동 참모 본부는 맥나마라의 전자 울타리가 너무 많은 시간과 자원을 요구하며, 일부는 아직 존재하지도 않는 기술에 크게 의존한다고 느꼈다. "공습과 공중 감시 활동을 통한 울타리의 유지는 치열한 '울타리 전투'를 초래하고, 울타리 시스템에 새로운 장비를 도입하려면 연구 개발이나 생산 능력뿐 아니라 적절한 시간과 장소에 장비를 배치하는 능력도 필요하다는 게 태평양 사령부 총사령관의 의견이다." 쉽게 말해 운영도 창조도 너무 복잡하다. "설사 미국이 울타리 계획에 막대한 시간, 노력, 자원을 투입한다고 해도 이 울타리가 베트남 공화국에서 미국의 지위를 현저하게 개선하리라 보기는 어렵다고 태평양 총사령부 사령관은 결론 내렸다." 베트남 군사 지원 사령관은 그의 견해를 간명하게 피력했다. "울타리를 만들고 인력을 투입하겠다는 결의에 강하게 반대한다고 강조하지 않을 수 없다."

1966년 9월 15일 맥나마라는 합동 참모 본부와 태평양사령부 총사령관 등의 부정적 견해를 검토한 후 그들의 의견을 묵살했다. 국방장관은 군 사령관들의 지원이 있거나 없거나 관계없이 전자 울타리 계획을 진행시킬 권한이 있었고, 일급비밀로 분류된 이 프로그램을 추진했다. 같은 날 맥나마라는 알프레드 스타버드 중장을 합동 태스크 포스(Joint Task Force) 728의 책임자로 임명했다. 스타버드는 국방장관이 친애하는 육군 장성이었다. 그는 수천 명과 수십억 달러가 드는 최고의 기밀이자 대단히 민감한 군사 작전을 어떻게 처리해야 하는지 잘 알고 있었다. 스타버드는 쿠바 미사일 위기가 정점일 때, 우주에서 진행된 암호명 체크메이트(Checkmate)와 블루 길 트리플 프라임(Bluegill Triple Prime)이란 핵폭발을 감독했었다. 이제 그는 울타리를 개발하고 그것을 전장에 배치하는 일을 감독하게 됐다. 그는 1년이라는 불가능한 시한을 부여받았다.

스타버드 장군은 탁월한 관료, 군인, 정부 자문이자 공학자였다. 빠르고 철저하며 탁월한 두뇌를 소유한 최고의 운동선수였던 그는 1936년 히틀러가 주최한 올림픽에서 5종 경기에 참여했다. 제2차 세계대전에서 복무한 이후 스타버드는 유럽 주둔 육군 공병부대 책임자로 근무했다. 수소폭탄을 개발하는 동안 그는 원자력 위원회의 군 실행 책임자였으며 국방부와 원자력 위원회 사이의 연락 담당관이었다. 그는 사진기 같은 기억력의 소지자였고 언제나 냉정함을 잃지 않았다.

국방 통신 기획단(Defense Communications Planning Group)으로도 불린 합동 태스크 포스 728은 전자 울타리의 기획, 준비, 실행을 담당했다. 스타버드는 미국 지휘 본부로 워싱턴 D.C.의 미 해군 천문대에 사무실을 만들고 즉각 일에 착수했다. 그는 이번 작전의 윤곽을 그리고 임무를 나누며 일정을 짰다. 자신의 과학 자문위원회(Science Advisory Committee)에 머피 골드버거와 고든 맥도날드를 포함해 처음 산타 바버라의 여름 연구 모임에 참여했던 제이슨 과학자 15명 중에서 7명을 고용했다. 능숙한 외교관이기도 한 스타버드는 육해공군과 해병대, 4개 군 부문에서 유능한 사람들을 뽑아 하나로 묶었다. 그는 어마어마한 과업을 마주했지만, 그에게는 익숙한 종류의 작전이었다. 기술, 탄약, 항공기, 지상 시스템, "고속" 컴퓨터 등을 사용했기 때문이다. 10월에 맥나마라와 스타버드는 현장의 지휘관들을 만나러 베트남으로 갔다. 맥나마라가 돌아왔을 때 그는 존슨 대통령에게 처음으로 울타리 작전을 공식 설명했다. 1967년 1월 12일 기밀로 분류된 국가 안보 행동 지침(National Security Action Memorandum) 358번은 당시 프로젝트 프랙티스 나인이란 암호명이 붙은 일급비밀의 전자 울타리 작전에 비용 지출과 중요도 부문에서 "국가 최고의 우선순위" 지위를 부여했다. 설명되지 않은 이유들로 월트 로스토우가 미국 대통령을 대신해 서명했다. 스타버드는 10억 달러를 임의로 사용해 1년 안에 전자 울타리를 세울 권한을 갖게 됐다. 단일 작전으로는 베트남 전쟁에서 가장 비싼 하이테크 사업 기획이었다. 1년 뒤인 1968년 1월 VO-67 해군 비행 대대가 실제로 전투 임무 비행을 했다는 사실이 그저 놀라울 따름이었다.

탐지기 투하 임무가 시작되기 몇 달 전 스타버드 장군은 사이공에 연락관이 필요하다고 결정했다. 미군이 호치민 루트에 어떤 군사적 작전을 벌이기로 했다는 사실이 베트콩의 귀에 들어갔는지 판단하려면 CIA 감옥과 억류 시설 안에서 벌어지는 일을 꿰뚫고 있을 만한 사람이어야 했다. 자격이 있는 사람을 찾기 어려웠다. 스타버드는 ARPA를 두루 탐문했으며 랜드 연구소의 조지 탄함을 소개받았고, 그는 스타버드에게 레온 구레를 추천했다. 그는 의회 청문회에서 ARPA의 베트콩의 동기와 사기 프로젝트의 실속 없는 본질 때문에 망신을 당한 이후 랜드 연구소에서 조용히 지내 왔었다. 스타버드 장군은 구레에게 국방 통신 기획단이 ARPA에 요청한 중요한 새 연구를 담당해 달라고 했다. 일급비밀인 전자 울타리 작전과 관련된 연구였다. 새 계약이 체결된 후 1967년 8월에 구레는 사이공으로 돌아와 비밀 CIA 감옥에 수감된 베트콩 죄수들과의 인터뷰를 실시했다. 구레에 따르면 적은 최첨단 울타리를 건설하려는 미국의 계획을 전혀 몰랐다고 한다.

제이슨 과학자들이 "침입 차단 울타리"라 불렀던 맥나마라의 전자 울타리는 호치민 루트를 따라 18억 달러(2015년의 가치로 하면 대략 120억 달러)의 비용으로 건설됐다. 그것이 베트남 전쟁의 결과에 미친 효과는 매우 적었고 적의 보급을 차단하려는 목적을 달성하는 데도 도움을 주지 못했다. 대부분의 실패는 기술적인 이유였다. 탐지기는 기온에 민감했다. 정글 속 극한의 열기로 건전지는 빠르게 소모됐고 탐지기는 금세 먹통이 됐다. VO-67 부대원들은 종종 루트를 따라 정확하게 탐지기를 설치하지 못했다. 1968년 당시에는 첨단 레이저 유도 기술 같은 건 없었다. 립 제이콥스와 그의 동료 해군 항공 대원들은 탐지기들이 루트를 따라 떨어져야 할 곳에 떨어지기를 바라면서 "피클 스위치(pickle switch)*"라는 전자 장비에 의지해 OP-2E 넵튠에서 탐지기들을 방출했다. 실제로는 수많은 탐지기가 목표에서 100미터 멀리 떨어지거나 때로는 1킬로미터씩 벗어났다. 그러나 이것이 가져온 파급효과는 거대했다.

지휘관들은 맥나마라의 전자 울타리에 대한 견해를 서서히 바꾸었다. 1969년 워싱턴 D.C.의 쉐라톤 파크 호텔에서 열린 미 육군 협회 오찬 회동에서 퇴역한 4성 장군이자 전 베트남 군사 작전 사령관이었던 윌리엄 웨스트모어랜드는 전자 울타리의 힘을 평가하는 언급을 했다. "우리는 전적으로 새로운 전장 개념의 문턱에 서

---

* 폭탄이나 비행기에 실린 무언가를 풀어서 떨어뜨릴 때 사용되는 빨간 스위치를 지칭한다.

있다." 웨스트모어랜드는 전직 군인들이었던 청중들에게 말했다. "나는 실시간 통신을 통해, 우리가 찾아내는 그 무엇이든 즉시 치명적인 화력을 적용해 파괴해 버리는 전장을 보고 있다."

1985년 제이슨 프로그램의 25주년을 기념하는 연회에서 고든 맥도날드는 울타리 개념의 개발이 역사에서 얼마나 심오한 순간이었는지를 논의했다. 그는 "울타리 연구에서 가장 중요한 요소는 시스템 개념의 정의였다"라고 말했다. 전쟁 지역에 은밀히 배치된 작은 탐지기들이 눈, 귀, 손가락 끝처럼 작동해서 그 정보를 멀리 있는 컴퓨터 시스템에 전달하고 컴퓨터 시스템은 이를 분석하여 지휘관이 다음에 취할 전술적 행동을 결정하도록 했다. 이것이 "시스템 복합 체계(system of systems)*"를 창조하겠다고 처음으로 생각한 사례였다고 맥도날드는 지적했다. 또한 "폭탄 투하를 관리할 목적으로 사용되는 전술 정보를 수집하는 무인 탐지기의 기본 개념"을 탄생시키기도 했다. 존 폰 노이만이 처음으로 상상하고 J. C. R. 리클라이더가 나중에 이야기한 대로, 이것이 인간과 기계 그리고 전장 사이에 형성된 최초의 진정한 공생 관계였다.

처음엔 국방 관리 대다수가 전자 울타리를 무시했다. 그들은 그것을 최신 기계 장치로 보았다. 그러나 1980년대에 전자 울타리 개념은 선구적이었다고 재해석됐다. 1990년대 들어서 전자 전장(electronic battlefield)이란 개념은 수소폭탄 이래 20세기의 가장 혁명적인 군사 기술로 변모하기 시작했다.

미 공군 대령 워렌 H. 피터슨(Warren H. Peterson)은 항공 대원들이 호치민 루트를 따라 전자 탐지기를 투하한 VO-67 해군 비행

---

* 독립적인 기능을 지닌 시스템들을 더 큰 시스템들에 통합시켜 단일한 시스템으로는 수행하지 못할 특별한 능력을 만들어 내는 시스템을 지칭한다.

대대가 수행한 일을 요약해서 일급비밀 전문과 총사령관에게 보내는 64쪽짜리 보고서를 썼다. "작전 자체는 선구적이었다고 평가할 만하다"고 피터슨 대령은 말했다. "시작부터 [전자 전장 개념은] 극한으로 세련된 기술을 놀랍도록 원시적인 상황에 결합시켰다. 예컨대 이 시스템은 현대적인 최첨단 전기 음향 탐지기를 사용하는데, 이 탐지기는 적군이 밟을 것으로 예상되는 폭죽의 폭발로 작동한다. 이런 말을 보통의 교육받은 사람이 들었을 때 처음 어떤 반응을 보일까? 그러나 이 보고서는 개발이 진행되는 오랜 기간 중에서 초창기였던 오직 석기 시대만 다루고 있음을 기억해야 한다."

피터슨 대령은 ARPA의 총체적인 모습, 그들이 무엇을 하고 있고, 하게 될지를 언급했는지도 모른다. ARPA는 옛 기술을 채택해 미래의 전쟁 방식에 빠르게 접합시키는 일에 점점 더 익숙해져 갔다. 21세기에 들어서 전자 전장이라는 개념은 어디에나 있다.

13장

베트남의 종말
The End of Vietnam

베트남 전쟁 기간에 벌어진 제이슨 과학자들의 몰락은 소문과 의회로 걸려 온 익명의 전화 한 통으로 시작됐다. 1968년 2월 12일 상원 외교 위원회 사무국장 칼 메이시(Carl Macy)는 펜타곤이 왜 핵무기 전문가인 컬럼비아 대학의 리처드 가윈 박사를 베트남으로 보냈는지 의회가 살펴봐야 한다는 제보를 들었다. 제보자는 케산(Khe Sanh) 전투가 치열해지면서 펜타곤이 베트콩을 상대로 핵무기 사용을 검토한다는 소문이 있다고 전했다.

《뉴욕 타임스》는 "소문은 일주일 안에 전 세계를 돌아서 미국 대통령과 영국 총리 그리고 의회 지도자들이 미국이 베트남에서 전술 핵무기를 사용할지 여부를 놓고 논의를 했다"고 보도했다. 백악관은 그런 주장이 "거짓"이고 "무책임"하며, "우리 군에 부당"하다고 분노를 표했다. 그러나 이면에는 일말의 진실이 있었다. 제보자는 최고 기밀로 분류된 "동남아시아에서의 전술 핵무기(Tactical Nuclear Weapons in Southeast Asia)"라는 제이슨의 보고서를 언급했을 가능성이 있었다. 이 보고서에서 제이슨 과학자들은 전술 핵무기 사용에 반대하는 조언을 했다. 상원 외교 위원회는 확신이 들지 않자 비공개 회의를 열었고 상원의원들은 비슷한 우려를 반복했다. 《뉴욕 타임스》는 한 상원의원이 "행정부가 케산을 방어하려고, 그곳의 미 해병대 주둔 기지를 구하기 위해 필요하다면 베트남에서 전술 핵무기 사용을 고려한다는 소문을 들었다고 말했다"라고 보도했다.

펜타곤은 가윈 박사와 다른 과학자들이 베트남으로 파견된 이유는 "신무기 효과"를 감독하기 위해서이며 "어떤 종류의 핵이나 원자력 시스템과도 무관하다"는 내용의 성명서를 발표했다. 이는 사실이었다. 비록 이 성명서가 기밀 프로그램 그 자체를 밝히지는 않으나 펜타곤이 언급한 "신무기"는 맥나마라의 전자 울타리에 반드시 필요했다.

리처드 가윈, 헨리 켄달, 고든 맥도날드 등 제이슨 과학자들은 탐지기 기술과 관련된 문제를 해결하기 위해 베트남에 갔다. 구정 대공세가 진행되면서 베트콩은 케산의 해병 기지에 이르는 접근로를 차단하는 작업을 진행하고 있었다. 펜타곤에서는 1954년 디엔비엔푸에서 프랑스군에 벌어졌던 일이 케산의 해병에게도 벌어지지 않을까 하는 두려움이 일었다. 유사성이 두드러졌다. 디엔비엔푸에서 공산주의자의 승리를 이끌었던 베트남의 장군 보응우옌잡(Vo Nguyen Giap)이 케산 전투에서 공산주의 전사들을 다시 지휘하고 있었다.

VO-67 비행 대대 승무원들의 지원이 요청됐다. 탐지기 250개 이상이 케산의 해병 전초 기지 주변으로 원을 그리며 투하됐다. 언제 어디에서 베트콩이 다가오는지 알아내려는 목적이었다. 케산의 표적 정보 장교 해리 베이그(Harry Baig) 대위는 기술적 장애로 어려움을 겪었다. 이에 리처드 가윈, 헨리 켄달, 고든 맥도날드가 도움을 주려고 태국 나콘파놈의 기밀로 분류된 정보 감시 센터 (Information Surveillance Center)로 날아갔다. 태국에서 문제를 해결하지 못했던 맥도날드는 헬리콥터로 위험한 케산의 해병 기지에 투입되길 자청했다.

"두려운 곳이었다"고 맥도날드는 나중에 회상했다. "고립되어 있다는 사실을 알기 때문이다. 그곳엔 약 4,000명 규모의 해병이 있었고 그 많은 사람의 탈출은 희망이 거의 없어 보였다. 끔찍한 상황이었다." 주목할 만한 사실은 애초에 그런 전투의 한가운데로 맥도날드가 진입하길 자청했다는 사실이다. 소아마비를 겪었고 현재 대통령 자문이었던 그는 켄달이나 가윈과 함께 이웃나라인 태국의 안전한 곳에 남아 있어도 괜찮았다. 핵물리학자이자 장비 전문가 리처드 가윈은 나중에 자신이 제이슨의 몰락을 촉발시킨 정보 유출의 근원이었을 가능성이 있다고 했다. "내가 베트남에 간다는 말을 사람들에게 했지 싶다. 그러지 말았어야 했다"고 가윈은 1991년 핀 아세루드(Finn Aaserud) 닐스 보어 문서보관소(Niels Bohr Archive) 국장에게 말했다. "상상력이 과열되고 사명감이 넘쳤던 동료들이 누군가 이를 알아야 한다고 생각했음에 틀림없다"고 그는 추측했다.

기자들이 가윈의 배경을 캐면서 제이슨 과학자들이나 ARPA와의 연결 고리가 부상했다. 울타리 기술을 담은 기밀 보고서는 아직 수면 위로 올라오지 않았다. 그러나 제이슨 보고서의 제목, "동남아시아에서의 전술 핵무기"는 떠올랐다. 펜타곤이 실제로 핵무기 사용을 검토했다는 이 정보는 반전 시위자들을 분노하게 했다. 많은 제이슨 과학자가 대학에서 가르쳤다. 그들은 이제 반전 시위자들의 추적 조사와 비난의 대상이 되었다.

베트남 전쟁 종식 동원 위원회(Mobilization Committee to End

the War in Vietnam) 또는 "모브(Mobe)"로 불린 강력한 반전 연합이 전국적으로 대규모 시위를 조직해 왔다. 바로 한 해 전 봄 수십만 명이 뉴욕 시의 반전 시위에 참석해 센트럴 파크에서 UN 본부 건물까지 걸어간 뒤 징집 영장을 불태웠다. 마틴 루터 킹 주니어 박사가 이끈 이 행진은 전 세계의 주요 뉴스가 되었다.

1967년 가을 펜타곤 광장에서 벌어진 모브의 행진은 건물을 보호하려고 배치된 중무장 헌병대 및 연방 보안관들과 충돌했을 때 폭력적으로 변했다. 작가 노먼 메일러(Norman Mailer)와 UPI 통신사 기자 2명을 포함해 682명이 체포됐다. 많은 대학 교수가 국방 과학자로서 기밀 무기 프로젝트에 비공개적으로 참여하고 있다는 사실이 밝혀지고 난 후에 모브의 지하 신문《스튜던트 모빌라이저*Student Mobilizer*》는 탐사 취재를 시작해 "대학 캠퍼스 안의 반군 진압 연구, 폭로되다(Counterinsurgency Research on Campus, Exposed)"라 제목이 달린 기사로 끝맺었다. 기사엔 교수의 열려 있는 서류함에서 훔쳤다고 보도된 제이슨의 여름 연구 모임 회의록 발췌문이 등장했다. 방콕에 있는 ARPA의 전투 개발 시험 센터에 제출하려고 작성된 기밀 문서의 발췌도 추가로 실렸는데 역시 훔쳤다고 주장했다.

1968년 3월 프린스턴 대학의 학생들은 제이슨의 자문 위원회가 국방 연구원(IDA)이며, 연방 기금으로 운영되는 이 싱크탱크가 국방부를 돕는다는 사실을 알게 됐다. 그리고 IDA가 프린스턴 캠퍼스 안의 (존 폰 노이만을 기려 그의 이름을 붙인) 폰 노이만 홀에 이 "극히 비밀스런 싱크탱크"를 유지했다는 것도 말이다. 학생 기자들의 추가적인 탐사 취재로 이 건물들의 창문은 모두 방탄유리로 만들어졌다고 폭로되었다. 학생 기자들은 국방부가 기금을 대는 건물에서 최신 컴퓨터를 사용하는 "수학자들이 국가 안보국의 첨단 암호 과제 해결에 몰두하고" 다른 "전쟁 관련 과제"에 매달린다고 학생 신문 《데일리 프린스토니안*Daily Princetonian*》에 폭로했다. 대학 당국의 기록 에 따르면 여기 사용되던 1.5톤의 CDC-1604*는 "트랜지스터로만 만든 세계 최초의 슈퍼컴퓨터"였다. 1960년 캠퍼스에 도착했을 때 그 슈퍼컴퓨터는 "어마어마한 32K 메모리" 능력을 보유했다. 학생 기자들은 또 프린스턴에서 IDA는 "국방부 소속 ARPA와 …통신 분 야에서 장기 프로젝트들"을 추진하고 있다고 폭로했다.

학생 기자들은 프린스턴 대학의 총장 로버트 F. 고힌(Robert F. Goheen) 역시 IDA 이사 22명 중 1명이고 존 휠러와 마빈 "머피" 골 드버거, 샘 트레이먼(Sam Treiman), 유진 위그너를 비롯해 과거 프리 스턴의 물리학 교수들이 전쟁이나 무기와 연계된 IDA-ARPA 사업 에 참여해 왔다는 사실을 밝혀냈다. 폭로의 결과로 반전 집단인 민 주 사회를 위한 학생(Students for Democratic Society)은 IDA를 캠 퍼스에서 쫓아내라고 요구하는 농성 시위를 벌였다. 교수회도 프린 스턴은 IDA와의 관계를 종식해야 한다고 의결했다. 그러나 대학 이 사회가 이 요구를 거부하자 학생들은 폰 노이만 홀의 현관문을 쇠 줄로 감아 봉쇄했고 며칠간 아무도 드나들지 못하게 했다. 이 문제 는 그다음 해가 되어서야 잠잠해졌다. 하지만 학생들이 IDA가 여전 히 대학에서 운영된다는 사실을 알게 되자 시위대는 폰 노이만 홀 을 닷새간 점령하면서 건물 전면에 닉슨에 반대하는 스프레이 낙서 를 했고 경찰과 대치하면서 "컴퓨터를 죽여라"는 구호를 외쳤다.

그럼에도 여전히 제이슨 과학자들의 존재와 그들이 펜타곤의 엘 리트 자문 그룹이라는 점, 그리고 그들의 모든 자문료를 ARPA가

---

* 48비트 컴퓨터이며 상업적으로 성공한 최초의 트랜지스터 컴퓨터였다.

지급한다는 사실을 공개적으로 언급하는 경우는 거의 없었다. 그러나 프린스턴과 다른 대학에서 벌어진 일은 실제론 매우 거대한 빙산의 일각에 지나지 않았으며 대학 교수들과 국방부 사이의 연계가 알려진 1971년 6월 13일이 되어서야 그 전모가 폭로된다.

펜타곤에게 반전 시위란 지휘 통제의 악몽이었다. ARPA에게는 고통스럽지만 치명적이지 않은 무력을 사용해 시위자들을 억제하는 방법을 연구하고 개발하는 "비살상 무기" 프로그램의 가속화를 의미했다. 당면한 상황은 긴박했다. 시위대들이 지지와 동력을 얻고 있었을 뿐만 아니라 베트남 전쟁의 서사를 주도하고 있었다. "세계가 지켜보고 있다!" 1968년 시카고에서 열린 민주당 전당 대회장 밖에서 벌어진 반전 시위에서 군중들은 외쳤다. 그 구절은 들불처럼 번졌고 시카고와 다른 지역에서는 시위자들을 총과 대검으로 위협한 주 방위군이 주목을 받았다. 이러한 반전 시위에서, 그리고 전국적으로 벌어진 민권운동 시위에서, 주 경찰과 헌병, 그리고 주 방위군은 군중을 통제하고 위협하려고 물대포, 폭도용 곤봉, 전기 충격기, 말, 개 등을 사용했다.
ARPA의 비살상 무기 연구는 기밀로 분류됐고 논란의 소지가 컸다. 이 연구를 비밀로 유지하고자 해외에 해외 국방 연구(Overseas Defense Research)라는 눈에 띄지 않는 이름으로 실험실을 만들었다. 이 연구는 방콕의 전투 개발 시험 센터(CDTC)에서 수행됐다. 이 센터는 이제 군사 연구 개발 센터(Military Research and Development Center)로 명칭이 바뀌었다. 연구 진행 보고서는 ARPA의 프로그램 관리자들에게 "이 문서는 간첩법의 저촉 범위 안에서 미국의 국방에 영향을 주는 정보를 담고 있다"라고 쓰인 표지가 달린 채 전달됐다. 이 프로그램은 오하이오 콜럼버스의 국방 사업 계약자인 바텔이 감독했으며 민첩 프로젝트의 외딴 지역 분쟁 프로그램의 일부로 진행되었다. 1971년 4월에 작성된 이 보고서의 기밀 해제된 사본은 정보의 자유법(FOIA)으로 입수한 휘귀본이다.

"비살상 무기는 개인이 일반적으로 바람직하지 않은 행위에 참여하지 못하게 하려는 의도로 만들어진다". 공동 저자인 E. E. 웨스트브룩(E. E. Westbrook)과 L. W. 윌리엄스(L. W. Williams)는 썼다. "도덕적 주장을 떠나, 공공 부문 관리자들은 현재 또는 미래에 비살상 무기의 사용을 검토할 때, '순진한 구경꾼'들의 안전 보호가 중요하다는 것을 신중하게 고려해야 한다." 해외의 CDTC들에서 ARPA의 화학자들은 구토와 피부 손상, 일시적 마비에 이르기까지 다양하고 폭넓은 효과를 지닌 위험한 화학 물질을 포함해 향후 시위대를 상대로 사용할 다양한 무능화 물질(incapacitating agents)을 분석했다.

시위대를 상대로 사용될 만한 자극성 물질로는 최루 가스(CN)… 폭동 통제 최루제(CS)… 물집 발생 가스(CX, phosgene oxide) 등이 있었다. 특히 CX는 강력한 화학 무기로 일시적인 실명과 폐 손상, 급속한 국부 피부 괴사 등을 유발한다. 호치민 루트의 땅굴에서 베트콩을 몰아내려고 이미 680만 리터 이상을 사용한 CS가 가장 실용적인 선택지였다. CX도 군중 통제 목적으로 추천됐다. 그것은 "세포 조직 손상을 비롯해 피부에 부식성 상처를 내지만" 최악의 타격은 폐 안에서 이루어지기에 그 폐해는 밖으로 보이지 않는다. 육체적 붕괴를 촉발하는 화학 물질 항콜린제도 고려됐다. "아마도 항콜린제(부교감 신경계를 통한 자극의 전달을 차단하는 물질)에서 가장 바람직한 물질은 "빠른 심장 박동, 운동 실조, 흐릿한 시야, 정신착란, 구토, 사용량이 많아지면 의식불명" 등을 낳는 혼합물이라고 그들은 썼다. 구토를 유발하는 구토제도 또한 추천됐다.

두 번째 프로그램은 전달 시스템을 다루었다. 직경 30cm짜리 액체를 12미터까지 뿜어내는 분사기나, 손으로 던지거나 작은 로켓으로 발사되는 수류탄도 포함됐다. 더 강력한 선택지는 E8-CS 휴대용 전술 발사기와 탄창이었다. 전기나 손으로 발사되는데 사정거리가 최대 230미터까지 나온다. "영향을 미치는 범위에서는 치명적 위험을 낳지 않지만 발사 시엔 속도가 매우 빨라 총구에서는 치명적 위험을 만들어 낸다"고 과학자들은 썼다.

독극물 화살이 "적들에게(시위대) 무능화 유도 화학 약품을 주입하는 수단"으로 논의되기도 했다. 역사적으로 야생 또는 놀라 날뛰는 동물의 제압에 효과적인 마취용 작은 화살도 추천되었다. 문제는 "이러한 종류의 작은 화살을 사용할 때는 동물의 체중에 따라 정확한 용량이 결정되기 때문에 전적으로 안전하지는 않다"는 점이라고 ARPA의 화학자들은 경고했다. 그러나 화살이 주는 장점은 "특별히 파괴적인 사람이나 집단의 우두머리 개개인을 목표로 선정할 수 있고 주변 사람에게 피해를 주지 않는다는 것"이라고 했다. 나아가 화살이 가진 "다른 여러 수단이 갖지 못한 심리적 이점"에 과학자들은 주목했다. "희생자는 자신이 무엇에 맞았는지, 해독제가 꼭 필요한지 궁금해 할 것이다." 그러나 이 이점은 머리나 목에 맞을 경우 치명적일 수 있다는 다른 위험과 비교해야 한다. 많은 사람들이 마취용 작은 화살을 '수용 가능한' 무기로 여기지 않았다고 과학자들은 썼다. 보고서는 이어서 소몰이용 전기 충격기를 인간에게 사용해도 정당한지 여부를 길게 논의했다.

130쪽의 보고서는 시위대를 죽이지 않고 무력하게 만들 만한 수백 가지 추가적인 개발 아이디어를 제공했다. 현재 전장에서 사용하려고 연구되고 있지만 아직 베트남에 배치되지 않은 방법들이다. 예컨대 "광음파 군중 퇴산(photic driving)"은 특정 주파수 범위 안에서 섬광 같은 빛을 단속적으로 쏘여 사람의 뇌파를 "깜빡이는 그 불빛과 같은 주파수로 동기화시키는" 방법이다. 그러나 최근 연구 결과에 따르면 이러한 깜빡거리는 불빛은 인구의 오직 30퍼센트에서만 효과가 있다. 인간의 눈을 순간적으로 멀게 하는 잠재적 방법으로 레이저의 방사가 제안되기도 했다. ARPA 과학자들은 "레이저 광선이 직접적으로 눈을 겨냥해야 한다"며 그 경우 "대치 상황에서는 현실성이 떨어진다"는 단점이 있다고 지적했다. 마이크로파도 피부를 태워서 개인들을 무기력하게 만드는 데 사용될 만하다고 예상되었지만 아직 과학이 그에 맞게 적절하게 발전하지는 못했다. 과학자들은 "마이크로파를 사용한 피부 화상은 전술적 이점을 만들 만큼 빠르게 형성되지 않을 것"이라고 썼다. 또한 마이크로파 광선은 "두껍게 옷을 입었거나 물체 뒤에 있는 사람들에게는 효과가 없다"고 썼다.

또 다른 일련의 시험은 "사람들을 놀라게 하거나 의사소통을 방해하려는 거대한 소음"이었다. ARPA 과학자들은 이 소리는 "너무나 공격적이고 불쾌해서 그것을 듣는 사람이 현장을 떠나게" 만들어야 하며, 그럴 경우 음량이 너무 높아 항구적인 청력 손실의 위험이 있다고 주의를 주었다. "대부분의 실험 대상자들은 140데시벨에서 고통을 경험했고 160데시벨에서 고막이 찢어졌다."

표식을 붙이는 방법도 하나의 선택지였다. 시위가 끝난 후 경찰의 체포를 돕기 때문이다. "추후 연행을 목적으로 사람들에 표식을 붙이는 방법도 특정 상황에서 시도된 또 다른 기술이다"라고 과학자들은 썼다. "자외선 빛에만 반응하는 보이지 않는 표식"이나 "개나 가스 분석기로 탐지되고 구별되는 냄새 식별 표식"이 포함된 구체적인 물질들을 제안했다.

군중 통제는 펜타곤이 아주 오래 씨름해온 공학적 도전이었다. 효과적이려면 비살상 무기들이 군중을 해산시킬 만큼 충분한 파괴력이 있어야 하지만 동시에 심각한 부상이나 상해를 초래하지는 말아야 했다. 미국에서 비살상 무기 사용의 역사를 설명하는 대부분의 경우는 1968년의 포괄 범죄 통제와 안전한 거리 법(Omnibus Crime Control and Safe Streets Act)을 전환점으로 인용한다. 이 법으로 법집행 지원 행정청(Law Enforcement Assistance Administration, LEAA)이 설립되었다. 이 관청은 법무부 소속의 연방 기구로 전국의 주 경찰을 도와 폭동 통제 장비와 관계자 훈련 프로그램의 수준을 높이자는 취지로 만들어졌다. 이 법은 10년간 120억 달러의 기금을 제공하도록 명문화했다. 이에 따라 미국 전역의 경찰력은 폭동 통제 시스템, 헬리콥터, 유탄 발사기, 자동 소총 등을 포함해 군용 장비로 개선되었다. LEAA는 1960년대 후반 로스앤젤레스에서 최초로 창설된 특수 무기 및 전술 개념, 즉 SWAT을 탄생시키며 유명해졌다. "이들은 민간 소요가 벌어지는 동안 경찰 시설의 경비를 담당했다"고 로스앤젤레스 경찰 역사가는 말했다. 그러나 이 책이 등장하기 전까지 이 모든 장비의 대부분을 베트남 전쟁 당시 베트남과 태국의 정글에서 ARPA가 연구하고 개발했다는 사실은 알려지지 않았다.

미국에서 반전 시위는 점점 격화됐다. 컴퓨터조차 펜타곤과 반전 시위대 사이의 적대감을 피해가지 못했다. 1970년 초 어바나 샴페인의 일리노이 대학에 있던 국방부 컴퓨터 일리악(ILLIAC) Ⅳ가 공격받았다. 당시로선 세계에서 가장 빠른 컴퓨터였다. ARPA

의 사업을 맡아서 진행하던 과학자는 다니엘 L. 슬로트닉(Daniel L. Slotnick) 교수로 수학자이자 컴퓨터 설계자였다. 존 폰 노이만의 학생이었던 슬로트닉은 노이만과 함께 프린스턴 고등연구소에서 1952년부터 매니악을 연구했었다. 그곳에서 슬로트닉은 중앙 통제되는 병렬식 컴퓨터들이라는 생각을 최초로 발전시켰다. 이 분야의 선구자였던 슬로트닉은 병렬 컴퓨팅이라는 개념을 처음으로 개발한 사람 중 1명이었다. 다양한 계산을 여러 컴퓨터가 동시에 수행해서 동시에 해결하는 방식의 컴퓨팅 형태다. 슬로트닉은 1958년에 이 주제를 다룬 첫 번째 논문을 공저했다. 일리악 IV로 그가 세운 목표는 초당 10억 개의 명령을 수행해 내는 기계를 만드는 것이었다. 비록 존 폰 노이만이 생각해 낸 설계 방식을 사용했지만 일리악 IV는 컴퓨팅 능력에서는 매니악에 비해 훨씬 더 성능이 좋았다.

일리악 IV는 길이가 15미터, 높이가 3미터쯤이며 폭은 2.5미터쯤이었다. 전원 공급 장치는 너무나 거대해 그에 맞게 제작된 지게차로 옮겨야 했다. 이 슈퍼컴퓨터는 64개의 처리 엘리먼트(processor element)로 구성되었으며 최대 256개까지 추가될 수 있었다. 당시로서는 획기적인 개수의 처리 장치였다. 이 기계는 기본적인 계산 과학과 공학(computational science and engineering) 작업을 완수하는 데 걸리는 시간을 기하급수적으로 줄이도록 설계되었다. 이 컴퓨터 사용의 3분의 2가 "탄도 미사일 방어의 계산적 필요"를 포함해 국방부의 무기 프로그램을 수행하는 일에 할당되었다. 구체적으로 그 계산은 배경 소음과 미사일을 구분하기 위해서였다. 제이슨 과학자들이 1960년 이 문제를 처음 연구하기 시작한 이래 계속 그들을 괴롭혀 온 문제였다. 일리악 IV는 또 기후 모델링과 날씨 변경 계획에도 쓰였다. 나일 블루(Nile Blue)라고 불리기도 했으며 여전히 기밀로 분류되어 있는 ARPA의 프로그램이었다. 1972년 7월이 되어서야 적대적 목적으로 날씨 변경 기술을 사용하겠다는 생각을 포기하게 된다. 1977년 5월 국제 협약인 환경 변화 기술의 군사적 사용이나 기타 적대적 사용의 금지에 관한 조약(Convention on the Prohibition of Military or Any Other Hostile Use of Environmental Modification Techniques)이 제네바에서 48개국의 참여로 서명됐기 때문이다. 그때까지 날씨 변경 기술은 계속 추구됐다.

슬로트닉과 그의 팀원은 일리악 IV를 "궁극적인 숫자 계산기"로 불렀다. ARPA 관리들은 이런 컴퓨터가 2대만 있으면 그들의 능력이 "지구상의 모든 계산적 수요"를 충당하리라 믿었다. 일리악 IV의 제작 팀은 대부분 대학원생들로 이루어졌으며 일리노이 대학 역사상 가장 크고 가장 수지맞는 계약 사업이었다. 1969년 말 일리노이 대학은 2,400만 달러의 기금을 받았다. 2015년 달러로 환산하면 대개 1억 5,500만 달러다. 기계를 보관할 새로운 호화 시설의 건설 계획이 마련됐으며 그다음 해 언젠가 첫 삽을 뜰 축하 행사들이 예정되어 있었다. 슬로트닉과 ARPA 사이에 어떤 구체적인 업무 협약이 있었는지는 기밀이었으나 대학에서 슈퍼컴퓨터가 만들어지고 있다는 건 비밀이 아니었다.

그것이 무엇에 쓰일지는 1970년 1월 5일까지도 불투명했다. 일리노이 주의 고등 교육 위원회가 예산 검토 회의를 열고 학생 기자가 참석했던 날이었다. 회의 다음 날인 1970년 1월 6일 학생 신문《데일리 일리니Daily Illini》는 "국방부의 핵무기 제조에 일리노이 대학의 컴퓨터를 사용한다"는 제목의 기사를 실었다.

대학이 국방부와 함께 핵무기 연구를 하고 있다는 폭로는 이미 흥분해 있던 학생 단체에 폭발적인 영향을 미쳤다. 급진 동맹

(Radical Union)이라는 이름의 반전 단체는 "대학이 중립적 기관이 아님을 증명했다"고 선언하며 "오히려 적극적으로 군산 복합체의 노력을 지원한다"고 비난했다. 기사 하나가 뜨면 또 다른 기사로 컴퓨터의 진정한 본질이 무엇인지 학생들에게 숨기려 했던 슬로트닉 교수와 대학원장 대니얼 앨퍼트(Daniel Alpert) 측의 악의적 의도를 거듭 비난했다. "일리악 IV가 이 나라 군사 지도자들의 손을 통해 세계에 풀어놓는 공포"는 과소평가될 수 없다고 《데일리 일리니》는 주장했다. "우리는 군부가 두렵다. …군은 사람을 죽이는 더 많은 방법을 개발하느라 컴퓨터를 사용하고 사람들의 돈을 쓴다." 다른 기사에서는 이를 우려하는 한 학생 단체가 "우리 군이 최근 몇 년 사이 드러낸 악마성을 고려할 때 우리는 대학이 그에 동조하기보다는 저항하기를 원한다"고 썼다.

슬로트닉 교수는 국방부가 아닌 다른 기관들은 슈퍼컴퓨터 제작이라는 대단히 중요하고 장기적인 프로그램에 기금을 기꺼이 지원하려 들지 않는다고 지적하면서 펜타곤의 지원을 정당화하려고 노력했다. 그는 "내가 적십자사에서 3,000만 달러를 지원받을 수 있었다면 국방부와 얽히지 않았을 것이다"라고 말했다. ARPA는 이에 모욕감을 느끼며 슬로트닉을 "변덕스러운 몽상가"라고 불렀다. 주의 고등 교육 위원회는 이 컴퓨터의 "더 중요한" 부분은 "비군사적 부문"이라고 선언하면서 사건을 무마하려 시도했다. 그럼에도 불구하고 논란은 커져만 갔다. 일리악 IV의 문제점을 적시하고 비판하는 교수와 학생 사이의 정치적 토론이 조직됐다. 학생들은 그 기계를 없애고 싶어했다.

1970년 2월 23일 불특정 다수의 시위대가 교정의 무기고에 화염병을 던져서 2,000달러의 손해를 끼치며 항의 시위는 폭력적으로 변했다. 3월 2일 시위대 500여 명이 국방 사업 계약자이자 일리악 IV의 제작을 돕던 제너럴 일렉트릭(GE)의 채용 설명회를 방해했다. 창문이 깨지고 3명이 부상을 입었다. 시위대를 체포하려던 관계자들이 진흙 더미 공격을 받았다. 군중이 3,000명 가량으로 늘었다. 반전 시위대가 총장실의 창문을 깼을 때 시위 진압 장비를 장착한 주 경찰이 현장에 나타났다. 그날 밤 늦게서야 평화가 회복됐다. 3월 9일 대학 교수 평의회는 일리악 IV에 반대하는 투표를 했지만 부결되었다. 이틀 뒤 어버나의 공군 신병 모병소에 화염병이 던져졌다. 그 달에만 이 지역에서 발생한 6번째 방화 공격이었다.

1970년 봄은 미 전역의 대학 캠퍼스가 소란스런 시기였다. 1970년 4월 30일 닉슨 대통령은 전국에 방영된 TV에 나와 미국의 캄보디아 침공을 발표했다. 베트남 전쟁의 또 다른 확장이었다. 15만 명이 더 징집된다는 대통령의 발표는 전국 각지에서 대규모 시위를 촉발시켰다. 4일 뒤인 5월 4일 오하이오의 켄트 주립대학에서 학생 4명이 주 방위군의 총에 맞아 숨졌다.

그다음 날 일리노이 대학의 일리악 IV 항의 시위는 2,000명의 시위대가 캠퍼스에 정차된 경찰 차량에 돌을 던지며 더욱 격화됐다. 5월 6일 아침 주 방위군이 들어왔고 5월 7일 교수와 학생 1만 명이 평화 시위를 벌였다. 대학 당국이 총격으로 사망한 켄트 주립대학 학생들을 추도하는 조기를 게양하라는 요구를 거부하자 학생들은 대학의 소방서 게양대에서 휘날리던 미국 국기를 끌어내려 불태워 버렸다. 5월 9일 시위대가 일리악 IV가 보관된 건물 앞에서 농성을 벌였다. 시위와 검거가 5월 12일까지 계속됐다.

6월 대학 관계자들은 ARPA에 슈퍼컴퓨터의 안전을 더이상 보장하기 어렵다고 했다. ARPA는 일리악 IV를 보관할 다른 시설을 찾기 시작했다. 그리고 1971년 캘리포니아에 위치한 연방 연구 시설과 새로운 계약에 들어갔다. 양측(시위대와 정부)은 각자 자신들의 입장에 정당성이 있다고 강하게 믿었다. 일리노이 대학과 전국 각지의 학생들은 전쟁에 반대하는 시위를 계속했다. 국방부도 무기 연구와 베트남에서의 전쟁을 계속했다.

슈퍼컴퓨터는 포장되어 캘리포니아로 옮겨졌다. 1972년 봄 일리악 IV는 NASA의 에임스 연구 센터(Ames Research Center) 소속 고등 계산원(Institute for Advanced Computation)에서 다시 활발하게 가동됐다. 미 해군의 서부 해안 쪽 시설에 인접한 이 기관에서는 기밀로 분류된 잠수함 탐지 전술 연구가 진행되고 있었다. 일리악 IV는 음향을 이용해 잠수함을 추적하는 기밀 프로그램인 해군의 프로젝트 시가드(Project Seaguard)에 필요한 계산을 시작했다. 이는 또 다른 ARPA의 프로그램으로, 아이다호(Idaho) 주 북부 어느 호수의 깊은 수중에 있는 ARPA의 기밀 음향 연구 센터(Acoustic Research Center)에서 실시됐다.

잠수함 연구 시설은 ARPA의 최고 기밀 중 하나였고 수중 시험 기지는 아이다호 베이뷰(Bayview) 지역 펜드 오레이(Pend Oreille) 호수 주변의 작은 리조트 촌 남쪽 끝에 위치했다. 호수의 길이는 70킬로미터고 깊이는 곳에 따라 350미터가 넘어 비밀 잠수함 연구를 수행하기에 완벽한 장소였다. 호수 바닥 곳곳에 놓인 음향 탐지기가 기록하고 처리된 자료는 일리악 IV에 전달되었다. 이를 통해 냉전 기간 동안 대잠수함 전쟁에서 주요한 진전을 이루었다.

일리악 IV 논란은 ARPA 역사의 주요 전환점과 일치한다. 치솟는 인플레이션과 더불어 대중의 베트남 전쟁 반대는 ARPA에 달갑지 않은 관심을 불러일으켰다. 특히 반전주의자이자 몬타나 주 민주당 상원의원인 마이크 맨스필드(Mike Mansfield)가 "구체적인 군사적 기능에 직접적인 관계가 없는 연구나 프로젝트의 수행에 자금 사용을 금지"하는 법안을 발의했을 때 그랬다. 1969년 말 국방 수권법(Military Authorization Act)의 수정안으로 도입된 맨스필드 법안은 펜타곤이 베트남전을 끝내지 못하고 있을 뿐 아니라 국방비 지출도 통제를 벗어났다는 생각에 따라 "실질적 성과에 대한 대중의 요구"를 반영했다. 수정안에 따라 군의 연구 개발이 집중 조사를 받았고 ARPA에 직접적인 영향을 미쳤다. 왜냐하면 ARPA의 일 대부분이 10년 내지 20년 후의 미래를 내다보는 관념적인 연구였기 때문이었다. 이제 ARPA의 부문별 책임자들은 예산이 통과되기 전에 의회에 훨씬 더 구체적인 정보를 제시해야만 했다.

1970년 2월 ARPA는 또 다른 치명타를 맞았다. 국방장관은 ARPA 전체가 펜타곤 내 인기 있는 사무소에서 4킬로미터쯤 떨어진 버지니아 알링턴 지역 로슬린(Rosslyn)의 우중충한 건물로 옮기는 결정에 서명했다. 책상, 의자, 자료함 등 일체의 가구가 포장된 채 이사했다.

펜타곤은 권력의 중심부였다. 짧은 거리나마 더 멀어지는 것은 어느 내부자가 표현했듯 "전형적으로 조직의 위상이 격하됐다"는 징후였다. 그것은 소속 직원들에게 ARPA가 문을 닫을지도 모른다는 의미로 전해졌다. 당시 ARPA의 책임자였던 전자 공학자이자 원거리 통신 전문가인 에버하르트 렉틴(Eberhardt Rechtin)조차 자신이 담당한 조직의 미래를 확신하지 못했다. 렉틴은 어느 동료에게 "갑자기 [장관이] ARPA를 죽이기로 결정한다 해도 놀랍지 않다"고 털어놓기도 했다. 1958년 조직이 생긴 이래 ARPA는 언제나 아이디어보다 돈이 더 많았던 곳이었다. 그런데 갑자기 "재정 상황이 너무 나빠져 [조직에] 돈보다 아이디어가 더 많아졌다"고 렉틴은 말했다. 돈이 없으면 힘이 적어지고 힘이 없으면 긴장이 더 높아진다.

ARPA의 많은 직원들에게 렉틴은 조직의 존속에 특별한 관심이 없는 듯 보였다. "구성원들은 다음에 어떤 일이 벌어질지 몰랐다"고 어느 프로그램 관리자는 1974년 정부 역사가에게 말했다. "직원들은 누가 책임자인지 몰랐다. 누구를 따라야 할지 몰랐다. 아무도 신경쓰지 않는 듯했다"고 그는 말했다. "적어도 무언가를 죽이려면 그래야 하지 않겠어요. 벽에다 세워놓고 조준하고 그 일에 5분 정도만 쓰면 제대로 죽일 수 있죠. 그러나 [신경이라도 쓰는] 국장도 없이 시들어 가게 내버려둔다면 거의 [더 나쁘죠]. 느낌은 이랬어요. 그가[렉틴] 더이상 신경쓰지 않는구나. … 우리를 도매금으로 넘기려 하네. … 우리는 그저 장기의 졸이 되어 중심에서 멀어지는구나." "지구 종말의 느낌"이 ARPA 직원들을 압도했다. 신원을 밝히지 않은 다른 직원은 "이게 끝이라는 끔찍한 느낌만 있었다"고 말했다.

ARPA의 국장으로서 렉틴은 베트남 전쟁에서 왜 이 조직이 수많은 난관에 부딪혔는지 안다고 믿었다. 그는 그것을 맨스필드 수정안과 관련된 의회 증언에서 "닭과 달걀의 문제"라고 불렀다. ARPA를 "국방부 안에 있는 군사 이전의(premilitary) 연구 조직"이라고 묘사하는 일이 적절한지 묻는 위원회 소속 의원의 질의에 렉틴은 "군사(military)"라는 단어를 "필요(requirement)"라는 단어로 바꾼다면 그 평가는 정확하다고 답했다. 일반적으로 군사적 기능에 직접 부응하는 경우와 달리, ARPA는 그 구체적 필요에 앞서 연구를 수행하는 "사전 필요(pre-requirement)" 확인 조직이라고 말했다. 또 "이 말로 내가 의미하려는 내용은 각 군이 제 역할을 하려면 구체적 수요에 토대를 둔, 대개는 우리가 이해하는 기술들에 입각한 매우 공식적인 필요가 확인되어야만 한다"고 했다. 그러나 ARPA는 이와 달리 군부가 또다시 스푸트니크 같은 기술적 기습공격에 더이상 무방비로 맞닥뜨리지 않게 하려는 존재였다. 렉틴은 적은 항상 미래를 겨냥하고 더 앞서가려고 첨단 기술을 추구한다고 말했다. ARPA는 국방부에 필요 이전의 수요를 제공하려고 만들어졌다.

그는 "다른 말로 하자면 기술과 필요에서 일종의 닭과 달걀의 문제다"라고 설명했다. "그 문제를 해결할 기술이 없으면 공식적인 필요를 확인하기 어렵다. 또한 필요가 없다면 그 기술을 개발할 수 없다는 게 어려운 점이다." 렉틴은 ARPA의 딜레마를 이렇게 요약했다. 수요가 발생하기 전에 연구해야 한다. 수요가 있을 때는 이미 연구가 끝나 있어야 하기 때문이다.

렉틴은 ARPA의 사명을 옹호했으나 국장으로 오래 있지 못했고, 곧 국방부 내 더 높은 자리로 옮겨 갔다. 1970년 12월에 펜타곤으로 돌아가 국방부 연구 공학(DDR&E)의 국장 대행이 되었다. ARPA 국장의 보고를 받는 자리다.

폭탄이 떨어졌다. 1971년 6월 13일 《뉴욕 타임스》 1면에 펜타곤 페이퍼 시리즈 첫 번째가 등장했다. 그 기밀 문서들은 전 국방부 직원이자 랜드 연구소 분석가인 다니엘 엘즈버그가 흘렸다. 베트남 전쟁의 비밀스런 역사가 담긴 문서였다. 4,000쪽의 기밀 메모와 보충 서류와 함께 전쟁의 비밀을 담은 3,000쪽의 이야기가 총 47권으로 분류되어 있었다. 1967년 국방장관이었던 로버트 맥나마라는 랜드 연구소에 "베트남 전쟁의 백과사전과 같은 역사"를 쓰도록 비밀리에 지시했다. 그러나 대통령에게는 그러한 과업을 벌인다는 사실을 보고하지 않았다. 펜타곤 페이퍼는 제2차 세계대전 종전 이래 미국의 베트남 개입을 모두 다루었다. 이 문서는 베트남에서 실제로 벌어지는 일을 두고 트루먼, 아이젠하워, 케네디, 존슨, 그리고 닉슨까지 역대 대통령이 모두 국민을 속였음을 말해준다. 레온 구레와 함께 베트콩의 동기와 사기 프로젝트에서 폭넓게 작업해 온 랜드 연구소 동료 안토니 루소(Anthony Russo)의 도움을 받은 엘즈버그는 이 기밀 문서를 모조리 복사했다. 엘즈버그와 루소는 처음에는 베트남 전쟁을 지지했으나 나중에 반대하게 됐다.

펜타곤 페이퍼는 비밀 폭격 작전들, 응오딘지엠 암살에서 미국의 역할, CIA의 산악 부족(Montagnard) 포섭 등 수많은 사실을 폭로했다. ARPA와 관련해서 펜타곤 페이퍼는 탐지기 제작, 공격 항공기 개조, 전자 울타리용 집속탄 설계 등 전쟁 기간 제이슨 과학자들이 한 일을 구체적으로 드러냈다. 과학자들은 무기아 고갯길에 전술 핵무기 사용 가능성을 검토했다는 추문이 불거졌을 때인 1968년 2월에 처음으로 대중의 관심을 받았었다. 전쟁 기간에 벌어진 수많은 논란처럼 추문은 불거졌다 사라졌다. 그러나 이제 펜타곤 페이퍼의 폭로와 함께 제이슨 과학자들은 더욱 비판적인 관심을 받게 됐다. 전직 ARPA 국장 잭 루이나의 말에 따르면 제이슨 과학자들은 이제 "악마"로 그려졌다.

나라 전체에서, 심지어 해외에서도 제이슨 과학자들은 반전 시위대의 목표가 되었다. 버클리 캠퍼스 교수 케네스 왓슨의 집 바깥 포장도로에 페인트로 "전쟁 범죄자"라는 말들이 쓰였다. 누군가는 고든 맥도날드의 산타 바버라 창고에 불을 질렀다. 허브 요크는 살해 위협을 받았다. 콜로라도에 있던 제이슨의 하계 연구 사무소는 파괴됐다. 뉴욕 시에서는 컬럼비아 대학교 교수 연합체가 나서 제이슨에서 사퇴하지 않겠다면 대학에서는 물러나라고 요구했다. 머리겔만은 파리에서 야유로 단상에서 쫓겨 내려왔다. 제이슨 과학자 유진 위그너가 명예 연사로 등장한 이탈리아 트리에스테(Trieste)에서 열린 물리학 심포지엄에는 폭동 진압 경찰이 출동했다. 뉴욕 시에서는 마빈 "머피" 골드버거가 미국 물리학회에서 연설하려 하자 거대한 군중이 그를 공공연하게 방해했다. 골드버거는 당시 국무부가 최초로 중국에 파견한 미국인 과학자 대표단을 이끌었다. 그러나 그가 발언하려 하자 시위대는 "전쟁 범죄자"라 쓰인 커다란 플래카드를 흔들었다. 그는 냉정을 유지하고 중국 문제를 계속 말하려 했으나, 시위대는 그가 제이슨 과학자들과 베트남 전쟁에서 무기를 설계한 일을 큰 소리로 따져 물으며 계속 방해했다.

"보세요, 난 중국에 관해서만 이야기하지 다른 말은 안 할 겁니다." 골드버거는 군중에게 말했다. 그러나 그의 목소리는 야유 소리에 잠겨 버렸다. 그래서 그는 다른 전술을 사용했다. 자신이 연설을 끝내고 시위대가 인근에 대화할 만한 장소를 확보하면 기꺼이 제이슨과 베트남에 대해 토론하겠다고 했다. 시위대는 동의했다. 골드버거는 중국 강연을 끝마치자마자 뉴욕 힐튼 호텔의 이스트 볼룸(East Ballroom)으로 옮겨 가서 수많은 기자를 포함한 200명 이상의 청중에게서 오는 질문을 정중하게 받았다.

"제이슨은 끔찍한 실수를 했다"고 골드버거는 말했다.《필라델피아 인콰이어러*Philadelphia Inquirer*》신문에 따르면 그는 "괴로워하고" 도덕적 죄책감에 찌든 목소리로 말했다. 우리는 "맥나마라에게 지옥에나 가 버려라 말하고 전혀 개입하지 말았어야 했다"고 골드버거는 말했다.

모든 제이슨 과학자가 수모를 당했다. 일단의 반전 시위대들은 뉴욕 주 북부에 있는 리처드 가윈의 집 주소를 알아낸 뒤 비난 팻말을 들고 앞마당에 나타나기도 했다. 가윈이 비행기에 탔을 때엔 옆자리에 앉은 여성이 알아보고는 벌떡 일어나 "이 자식이 가윈이다. 아기 살해자다"라고 소리쳤다.

나폴리의 이론 물리학 연구원(Institute of Theoretical Physics) 소속 이탈리아의 물리학자 브루노 비탈레(Bruno Vitale)는 국제적인 반 제이슨 운동을 이끌었다. 비탈레는 제이슨 과학자들을 언급한 펜타곤 페이퍼의 폭로에서 "기성 물리학자들의 벌거벗은 위선, 그들의 권력과 특권을 향한 탐욕, 대중을 무시하는 오만함의 완벽한 사례"를 보았다고 했다. "전쟁 물리학"이라는 제목의 논문에서 그는 과학자들의 세계는 내부자와 외부자로 나뉘었다고 주장했다. "제이슨 사람들은 내부자다"라고 비탈레는 썼다. "그들은 여러 정부 기관의 비밀 정보에 접근권이 있었다." 그러나 동전의 반대편에서 "그런 내부 접근권이라는 특혜 없이 정부 정책의 비판에 종사하는 사람들은 외부자다." 비탈레는 과학자들이 단결해 분노하고 거짓 주장을 받아들이지 말아야 한다고 주장했다. "내부자와 외부자 사이에 논쟁이 발생할 때 오직 내부자만이 진정한 사실을 알기 때문에 외부자들의 견해를 심각하게 받아들여서는 안 된다는 주장이 반드시 먹힌다."

비탈레의 개혁 운동은 국제적인 지지를 얻었으며 1972년 12월 노벨상 수상자 3명을 포함 일군의 유럽 과학자들이 제이슨 과학자들에게 공개적으로 편지를 썼다. 이 편지는 《원자력 과학자 회보 Bulletin of the Atomic Scientists》에 실렸다. 그들은 전자 울타리의 일부였던 지뢰가 "베트남 민간인들에게 끔찍한 상처를 입혔다"고 주장하면서 제이슨의 과학자들이 이에 답해야 한다고 요구했다. 편지가 실린 이후 몇 주간 편집자에게 보낸 편지에서, 다른 과학자들마저 제이슨 연구자들은 그들의 지뢰 설계 행위를 "양심에 비추어 어떻게 정당화할 수 있는지 설명하라"고 요구했다. 유명한 영국의 물리학 교수 E. H. S. 버홉(E. H. S. Burhop)은 이렇게 썼다. "과학자들은 어느 정도 그들이 속한 집단의 포로가 된다. … 어떤 시점에 그들이 그만두었어야 했을까?" 잡지 《사이언스》에서 어느 독자는 제이슨 과학자들이 "전쟁 범죄로 재판을 받아야 한다"고 썼다. 제이슨 과학자들은 이에 대해 아무런 반응을 보이지 않았다. 2013년에 그가 공동으로 창립했던 집단을 돌아보면서 골드버거는 "우리는 베트남에 결코 개입하지 말았어야 했다"고 말했다.

1973년, ARPA의 신임 국장 스티븐 루카식(Stephen Lukasik)은 ARPA가 제이슨 과학자들과 거리를 두어야 할 때라고 느꼈다. 그는 지난 몇 년간 이 집단은 "기술적 기습 공격을 당하지 않으려고 우리가 했던 모든 일에서 지적인 최전선"에 있었다고 나중에 언급했다. 그러나 그 역시 제이슨 과학자들이 지적 우월감에 빠져 있었다고 느꼈다. "'오만한'이라는 단어는 제이슨을 떠올리게 했다"고 루카식은 인정했다. 그는 벨라(Vela) 프로그램을 담당했던 ARPA의 핵실험 감지실 책임자로 일했던 시기부터 제이슨 과학자들과 10년간 일해 왔다. 루카식은 제이슨 과학자들이 적어도 한 번 이상 "오만한 행태"를 반복했다고 느꼈다. 그들은 자화자찬하는 집단이었다. "그들은 스스로 구성원을 선발했다. 따라서 1959년에 있었던 구성원들이 1969년에도 그대로였다." 루카식은 새로운 피를 원했다. 제이슨엔 여전히 "컴퓨터 과학자가 없었다. 소재 분야의 과학자들도 없었다. 그들은 새로운 구성원을 영입하지 않았다." 루카식은 국방 연구원의 관리 감독 위원회를 통해 제이슨 과학자들에게 이제는 다음 단계로 나아갈 때라고 통보했다. "제이슨의 적으로 보였을지 모른다"고 루카식은 인정했다. 1973년 겨울 제이슨 과학자들은 아무런 저항 없이 국방 연구원을 떠나 캘리포니아의 스탠퍼드 연구소로 갔다. "좋은 결정이었다"고 골드버거는 회상했다. 국방 연구원을 떠나기 전 제이슨 과학자들의 고객은 오직 하나, ARPA였다. 이제 제이슨 과학자들은 "우리가 원하는 사람이라면" 누구를 위해서도 일할 수 있게 됐다고 골드버거는 말했다.

ARPA에 소속된 모든 사람이 해방감을 느끼지는 않았다. 펜타곤에서 떨어져 새로운 사무실로 옮긴 곳에서 ARPA의 직원들은 기로에 서 있었다. 권력의 중심부에서 밀려났다고 느끼고 예산도 삭감되자 그들은 ARPA의 미래가 과거 그 어느 때보다도 더 불투명하다고 두려워했다. 이 불안했던 시기가 ARPA 역사상 가장 영향력이 있고 가장 번성한 시대를 열어줄 줄 누가 상상이나 했을까?

1. 1954년 마셜 군도에서 폭발한 15메가톤급 캐슬 브라보 수소폭탄은 미국이 터뜨린 가장 큰 핵무기였다. 만약 오늘날 미국 동해안에서 이러한 폭발이 일어나면 약 2,000만 명이 사망하게 된다. 비밀리에 제작이 허용된 이 무기와 함께 군산 복합체와 DARPA의 탄생이 확실해졌다. (미국 에너지부)

2. 일군의 엘리트 무기 엔지니어들이 암호명 기지 70(Station 70)이라 불린 이 벙커 안에서 캐슬 브라보 수소폭탄의 폭발을 견뎌냈다. 폭발 지점에서 30킬로미터 남짓 떨어진 곳이었다. (리버사이드의 국립 문서보관소)

3. 수학자이자 물리학자, 게임 이론가이며 발명가이기도 했던 1950년대의 존 폰 노이만(John von Neumann)은 슈퍼스타 국방 과학자였다. 아무도 그의 두뇌를 따라오지 못했다. (미국 에너지부)

4. 경쟁이 수월성을 낳는다. 1950년대 초 두 번째 국립 핵무기 연구소가 로스알라모스와의 경쟁을 부추기려고 만들어졌다. 어니스트 로렌스(왼쪽)와 에드워드 텔러(가운데)는 로렌스 리버모어 국립 연구소를 공동 설립했다. 허브 요크(오른쪽)가 첫 번째 과학 국장이었다. 1958년 요크는 새로운 기관인 ARPA의 과학 국장이 되었다. 이 기관은 나중에 DARPA로 개칭된다. (로렌스 리버모어 국립 연구소)

5. 1961년 1월 대국민 고별 연설에서 아이젠하워 대통령은 군산복합체의 "총체적 영향력"을 국민에게 경고했다. 그 경고는 10년이나 때늦었다. (드와이트 아이젠하워 대통령 기념 도서관)

6. 리버모어의 동료 루이스 알바레즈와 함께 모습을 드러낸 에드워드 텔러와 허브 요크는 소련 인구의 상당 부분을 멸절시키려는 목적의 1만 메가톤급 핵무기를 구상했다. (로렌스 리버모어 국립 연구소)

7. 해롤드 브라운이 리버모어에서 수소폭탄 제작의 책임자였을 때 그의 나이는 24세였다. 그는 허브 요크를 따라 펜타곤으로 가서 베트남 전쟁 기간 ARPA의 무기 프로그램들을 관장했다. 1977년 해롤드 브라운은 과학자로는 처음으로 국방장관이 된다. (미 국방부)

8. 물리학자이자 대통령 과학 자문이었던 마빈 "머프" 골드버거는 베트남 전쟁이 끝나기 전까지 ARPA가 유일한 수입원이었던 제이슨 자문 그룹을 1959년 공동 창설했다. 제이슨 그룹은 아직도 활동하며 미국에서 가장 영향력 있고 비밀스러운 국방 과학자들이라고 여겨진다. 2013년 아흔의 나이에 자신의 사진을 살펴보는 골드버거. (저자의 자료)

9. 존 F. 케네디 상원의원이 LBJ 목장으로 린든 B. 존슨 상원의원을 방문했다. 두 사람은 각자 대통령으로서 베트남 전쟁에서 가장 논란을 야기하는 ARPA의 무기 프로그램을 개인적으로 허용했다. (린든 B. 존슨 대통령 기념 도서관, Frank Muto 촬영)

10. 1961년 케네디 대통령은 존슨 부통령을 베트남에 보내 남베트남의 대통령 응오딘지엠이 사이공에 ARPA의 무기 실험실 설립을 허용하도록 재촉했다. 버드 존슨 여사와 마담 누, 린든 존슨, 응우옌녹토(Nguyen Ngoc Tho), 진 케네디 스미스(Jean Kennedy Smith), 스티븐 스미스(Stephen Smith)와 응오딘누 비밀경찰 수장. 1963년 디엠과 누는 백악관이 승인한 쿠데타로 살해당한다. (린든 B. 존슨 대통령 기념 도서관, 베트남 공화국 촬영 사진)

11.응오딘지엠 대통령의 키 작은 군인들은 베트남에서 미군 고문단이 들고 다니던 커다란 반자동 소총을 다루기 힘들어 했다. ARPA의 윌리엄 고델은 관료주의를 타파하고 AR-15 자동 소총 1,000자루를 사이공에 보냈다. 1966년 그 무기는 완전 자동 소총으로 수정되었고 M16 돌격 소총으로 새롭게 불리었다. "그 무기의 성공을 재는 하나의 척도는 그것이 아직도 전 세계에서 사용된다는 점이다"라고 DARPA는 말한다. (국립 문서 기록 관리청, Dennis Kurpius 촬영)

12. 고엽제 화학품인 에이전트 오렌지의 사용은 ARPA가 고안한 계획이었다. "이는 일종의 화학전이기에 당신의 결정이 요구된다"고 월트 로스토우는 케네디 대통령에게 말했다. 케네디는 1961년 이 계획을 승인했다. 2012년 의회는 베트남인 210만에서 480만 명이 에이전트 오렌지에 직접 노출됐다고 판단했다. 그러나 미군 참전 용사의 경우엔 그 숫자가 아직도 논쟁의 대상으로 남아 있다. (국립 문서 기록 관리청, Brian K. Grigsby 촬영)

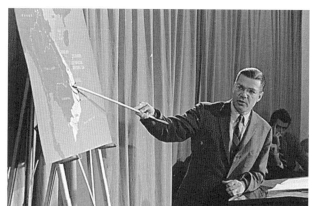

13. 국방장관 로버트 맥나마라가 1965년 2월 기자회견에서 베트남 상황을 설명하고 있다. 오늘날 사용되는 첨단 기술 무기 시스템의 상당수는 ARPA가 베트남전 기간 개발했다. (미 국방부)

14. 1965년 제이슨 과학자들은 호치민 루트의 보급로를 차단하려고 전술 핵무기 사용을 연구했다. (미 육군)

15. 베트콩의 호치민 루트 이동을 탐지하려고 설계된 첨단 탐지 시스템인 맥나마라의 전자 울타리는 제이슨 과학자들의 두뇌가 만들어냈다. 처음에는 웃음거리였지만 나중에 환영을 받았으며 DARPA가 '보이는 전투 지대'로 그 개념을 발전시켰다. 이 사진에서 공중 투하 진동 침입 탐지기가 케산 인근 호치민 루트 위로 투하되려고 한다. (미 공군)

16. 베트남전 항의 시위대들의 담론 장악을 어떤 기술도 저지하지 못했다. (린든 B. 존슨 대통령 기념 도서관, Frank Wolfe 촬영)

17. 17대 국방장관 리처드 딕 체니는 이라크의 걸프전을 감독했다. 걸프전은 DARPA가 수십 년간 개발한 첨단 무기 기술들을 과시하는 계기였다. (국방장관실)

18. M1 에이브럼스 탱크의 SIMNET 시뮬레이터에서 훈련하는 학생들. 이 시뮬레이터는 DARPA 잭 소프의 머리에서 나왔다. (미 국방부)

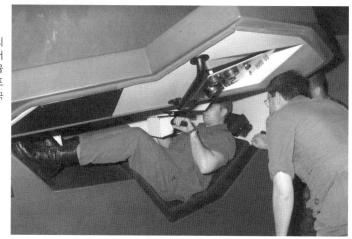

19. M16A2 공격 무기로 무장한 하사가 급유 중인 F-117 스텔스 전투기를 지키고 있다. (미 국방부)

20. 걸프전에서 사용된 미국 무기 기술의 우월성은 이라크의 80번 고속도로, 혹은 "죽음의 고속도로"를 따라 두드러지게 과시됐다. (국방부, 기술 하사 Joe Coleman 촬영)

21. 1992년 모가디슈의 주택가 위를 날아다니는 미 해병 헬리콥터. 다음 해 모가디슈 전투 때문에 DARPA는 도시의 근접전에서 앞으로 어떤 무기 시스템이 필요하게 될지 다시 생각하게 됐다. (미 국방부, 기술 하사 Perry Heimer 촬영)

22. 1990년대 초 펜타곤이 생각한 도시 전투 시나리오의 토대가 되는 도시 모델이 도시 지형 작전 훈련 센터에 전시됐다. 그러나 모가디슈, 팔루자, 카불과 같은 실제 전투 지역은 이와 전혀 다르게 생겼다. (미 국방부 시각 정보 센터)

23. 이란-콘트라 사건에 연루되어 유명해진 퇴역 해군 제독 존 포인덱스터는 2001년부터 DARPA의 정보 인식실의 책임자로 일했다. 폐쇄된 것으로 추정되는 많은 전자 감시 프로그램들은 국가 안보국으로 이전됐다. (국립 문서 기록 관리청)

24. 911 테러 공격 다음 날 조지 W. 부시 대통령과 도널드 럼즈펠드 국방장관이 무너진 펜타곤 건물 앞에 서 있다. (미 국방부, R. D. Ward 촬영)

25. 물의 궁전이라고도 불렸던 사담 후세인의 알 포(Al Faw) 궁전 밖에 미국과 연합국의 기가 휘날린다. 미군이 이 궁을 점령하고는 캠프 빅토리로 이름을 바꿨다. 크레이그 마쉬 원사가 이곳에 거주하며 폭발물 처리반 기술 요원들과 DARPA 로봇의 폭발물 해체 활동을 감독했다. (미 국방부, Caleb Barrieau 하사 촬영)

26. DARPA의 탈론 로봇이 이라크 라자(Rajah)에서 치명적인 급조 폭발물에 접근하고 있다. (미 육군, Jeffrey Sandstrum 기술 부사관 촬영)

27. 소형 드론이 2005년 이라크에서 첫 번째 전투 임무를 준비 중이다. DARPA의 첨단 소형 드론의 상당수는 이제 손바닥 위에 올려놓을 만큼 작다. (미 국방부, Doug Roles 하사 촬영)

28. 200그램짜리 와스프 드론은 DARPA의 보이는 전투 지대 프로그램의 일부로 무리 지어 날아다니며 실시간 영상 정보를 수집한다. (미 국방부)

29. 부인과 딸을 대동한 부통령 체니가 2008년 바그다드에서 데이비드 페트라우스(David Petraeus) 장군의 영접을 받는다. 페트라우스 장군은 베트남전 이래 미 육군의 첫 번째 반군 진압 교범을 썼으며 "주민들의 마음과 정신 그리고 인정을" 얻으려는 데 초점을 맞춘 DARPA가 만든 인간 지형 시스템 프로그램을 지지했다. (미 국방부, 사진 Jeffrey Allen 상사 촬영)

30. 2009년 네바다 크리치(Creech) 공군 기지 격납고 안에 있는 프레데터(Predator) 드론. (저자 자료)

31. 아프가니스탄 체헬 가지(Chehel Gazi)의 불타버린 골목. 이곳에서 탈레반 간첩이 인간 지형 팀원 폴라 로이드를 불태워 죽였다. (미군 범죄 수사 사령부)

32. DARPA 국장 아라티 프래바카와 해병대 사령관 제임스 아모스(James F. Amos) 장군이 DARPA의 LS3 지상 로봇과 포즈를 취했다. 이 로봇은 2014년 험준한 지형 위로 무거운 짐을 실어 나르도록 설계됐다. (미 해병대, Mallory S. VanderSchans 하사 촬영)

33. 공격용 소총이 위에 탑재된 장갑 트럭이 로스알라모스 국립 연구소 밖을 지키고 있다. 이곳 에서 개릿 케넌 박사와 그 팀이 DARPA가 발주한 인공지능 연구를 수행하고 있다. (저자의 자료)

34. 2008년 IBM의 로드러너 슈퍼컴퓨터가 로스알라모스에 만들어졌을 때 세계에서 가장 빠른 컴퓨터였다. 반도체 기술의 진보로 이 컴퓨터는 2013년 이미 구닥다리 기계가 되어버렸다. 2014년 로드러너의 남은 일부가 DARPA의 인공지능 프로젝트를 가동하는데 사용된다. (로스알라모스 국립 연구소)

35. DARPA의 모듈형 의족. 이 과업은 로봇 공학을 진전시켰다. 그러나 사지를 잃은 전사들도 도울까? (미 국방부, 존스 홉킨스 응용 물리학 연구소 제공)

36. DARPA의 아틀라스(Atlas) 로봇은 인간형으로 작동성이 대단히 좋으며 보스톤 다이내믹스가 제작했다. "머리에 유기적으로 장착된 탐지기들"엔 입체 카메라와 레이저 거리 측정기도 있다. (DARPA)

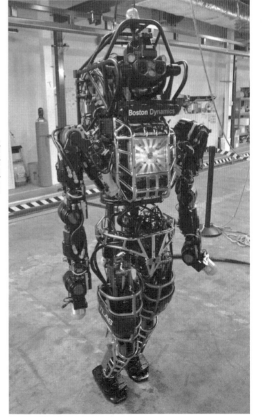

37. 앨런 메이시 덜레스와 그의 누나 조앤 덜레스 톨리. 1952년 한국전에서 뇌 손상을 입은 그는 새로운 기억을 전혀 하지 못했다. DARPA의 인공두뇌 프로그램은 덜레스처럼 뇌 손상을 입은 전사들을 돕는다고 한다. 그러나 프로그램의 자세한 내용은 고도의 기밀 사항으로 남아 있다. (저자의 자료)

38. MAARS(Modular Advanced Armed Robotic System) 로봇은 거의 3.2킬로미터 떨어진 인간 목표물을 살상할 수 있다. MAARS 로봇엔 움직임과 음향을 탐지하는 탐지기가 있으며 경보기와 확성기 시스템, 일시적 실명 상태로 만드는 비살상 레이저인 대즐러, 치명적이지 않은 수류탄, "뛰어난 안전성을 제공하면서도 적군이 악용하지 못하도록" 암호 기술 등이 장착됐다고 DARPA는 말했다. (미 육군)

39. 버지니아 알링턴에
있는 DARPA 본부. 외부
에 어떤 표지도 없으며 보
안을 목적으로 "군사 보
호 환경"을 유지하고 있다.
(저자 자료)

40. 펜타곤. (마 국방부, Perry Aston 공군 상병 촬영)

3부

전쟁 이외의 작전
OPERATIONS OTHER THAN WAR

14장

기계의 부상
Rise of the Machines

한국 전쟁 기간에 앨런 매이시 덜레스가 벙커 힐 전진 기지의 참호를 떠나 철조망 울타리를 점검하러 내려갔을 때, 그는 병사들이 수천 년이나 해 왔던 일을 하고 있었다. 경계 순찰임무였다. 누군가 잘라 버린 가시철조망을 보았을 때, 그는 위험이 임박했다고 느꼈을 것이다. 그러나 다른 사람들에게 침입 사실을 알리기 전에 22세의 군인은 외상성 뇌 손상을 입고 기억상실증에 시달리게 되었다. 앞선 수없이 많은 병사의 운명과 마찬가지로 그도 전쟁의 희생자가 되었다. 그런데 베트남 전쟁 기간 구상되어 급하게 건설된 전자 울타리가 이 모든 것을 바꿀 기회를 만들었다. 그동안 인간이 계속해 왔던 순찰과 신고라는 기능을 기술이 대신 수행하게 됐기 때문이다. 이 울타리는 인간 보초를 필요로 하지 않는다. 스스로 지킨다. ARPA의 연구 개발이라는 관점에서 볼 때 전자 울타리라는 개념은 획기적인 변화였다. 이 개념은 전장의 근본적 변화를 촉발시켰다. 하룻밤에 이루어지지는 않았지만 2015년에는 이미 돌이킬 수 없게 됐다.

1973년 겨울, 미국의 어느 누구도 더이상 베트남전과 얽히고 싶지 않아 했다. 1월 27일 파리 평화 협정이 체결됐고 미군은 베트남에서 완전 철수 단계로 접어들었다. 2월 12일 오래 수감되어 있던 미군 전쟁 포로 수백 명이 하나둘 고향으로 돌아오기 시작했다. 펜타곤의 연구 개발 프로그램은 "구체적인 군사적 기능"을 필요로 한다는 맨스필드 수정안에 발맞춰 ARPA의 이름에 "국방(defense)"이라는 단어가 추가됐다. 이제부터 ARPA는 국방 고등 연구 계획국(DARPA)으로 불리게 된다.

　DARPA가 살아남고 더 번성하려면 외부의 인식 개선을 포함해 스스로 재탄생될 필요가 있었다. 이에 베트남전과 연결된 모든 프로그램은 버려졌다. 민첩 프로젝트가 희생양이자 샌드백이 됐다. DARPA 내부 면담에서 베트남전 기간에 민첩 프로젝트를 관장했던 전임 ARPA 국장 3명 모두 이 프로그램을 맹렬히 비난했다. 에버하르트 렉틴은 "우리는 반군 진압 사업을 하려고 노력했으나 실패했다. 우리가 시도한 모든 일들, 레이더 시스템, 보트 등 무엇도 효과가 없었다"라며 탄식했다. 또 찰스 헤르츠펠드(Charles Herzfeld)는 "민첩 프로그램은 구제불능의 실패였다. 화려한 실패였다"고 했다. 훌륭한 수감 태도로 연방 교도소에서 풀려난 윌리엄 H. 고넬도 "우리는 실패할 때 크게 실패한다"며 솔직하게 실패를 인정했다. "우리는 게릴라전의 방식을 배우지 못했다. 진압군을 돕는 방법도 제대로 습득하지 못했다"라고 1975년 7월, 드물게 보도를 전제한 인터뷰에서 그는 말했다. "우리는 하지 못했고, 우리에게 그런 선의가 있었다는 인상도 남기지 못했다. 심지어 제대로 설명하지도 못했다." 그럼에도 반군 진압이란 문제는 실재했고 점점 커지고 있으며 당분간 사라지지 않을 것이라고 강조했다. "우리는 그런 문제를 해결하는 데 정말 형편없었다. 그리고 그런 일은 내가 책임자로 있는 동안 일어났다."

　그러나 DARPA에게 베트남은 결코 실패가 아니었다. 어느 한쪽으로만 평가되어선 안 된다. 엄청난 양의 돈이 투입됐고, 기밀로 분류된 프로그램들이 꽤 많았다. 과학자, 기술자, 학자, 분석가, 국방 사업 계약자들, 기업인들 수천 명이 짧게는 수개월에서 몇 년, 길게는 10년 이상 과학적, 산업적 통찰력을 수많은 프로그램에 적용해 보려고 노력했다. 어떤 프로그램은 작았지만 어떤 것은 거대했다. 어떤 프로그램은 감독을 받았지만 어떤 것은 받지 않았다. 이 모든 노력의 결과를 성공 또는 실패로 일반화할 수 없으며, 좋거나 나빴다고 단순하게 치부하기도 불가능하다. 그렇다 치더라도 베트콩이 왜 저리 결의에 차 있는지 알아보려는 베트콩의 동기와 사기 프로젝트는 포로, 농부, 촌로들과 수천 시간이나 인터뷰를 하고도 그 성과는 제로에 가까웠다. 얻고 잃은 게 일치할 때 도달하게 되는 신비스러운 숫자다. 전략촌 프로그램, 농촌 보안 시스템 프로그램(Rural Security System Program), 반군 진압 게임, 동기와 사기 연구들을 멍청했다거나, 낭비였다거나, 제국주의적이었다고 한마디로 재단하는 건 쉽다. 그러나 ARPA의 모든 베트남 프로그램을 실패라고 간주하거나 보기는 어렵다. 그 먼 정글 환경에서 태어나고 개발된 장비들 가운데 국방부 관점에서는 높이 살 것들이 많았다.

　1973년 의회에서 증언하면서 스티븐 루카식 국장은 DARPA의 목표는 중립적인 비군사 조직으로의 재탄생이며, "혁명적인 효과가 예상되는 고위험도 프로젝트"에 중점을 두고 있다고 말했다. 오직 혁신적이고 획기적인 프로그램들, "임무 이전(pre-mission) 과제"나 "필요 이전(pre-requirement) 연구"로 보일 만한 프로그램들만 수행하겠다고 했다. DARPA는 설립 초기의 임무로, 미국이 다시는 스푸트니크 같은 기습 공격으로 당황하는 일이 없도록 하겠다는, 원래의 사명으로 돌아갈 필요가 있었다. DARPA의 중점 사업은 경성 과학과 장비로 모아졌다.

민첩 프로젝트는 철폐되고 대신 전술적 기술이라는 새 사무실이 들어섰다. 그 안에서 전자 울타리의 구성 요소들이 전쟁의 폐허에서 살아남았다. 첩보 세계에 명백하게 적용되리라 보이는 이 프로그램은 고도의 기밀로 분류됐다. 1975년에 DARPA 감찰 보고서 작성의 필요에 따라 탐지기 프로그램 관련 질문을 받자, 국장 대행 피터 프랑켄(Peter Franken) 박사는 동료들에게 심지어 자신도 비밀 취급 인가를 받지 못해 충분히 알지 못한다고 말했다. 프랑켄은 "프로그램을 이해하기가 매우 어려웠다"고 보고서 작성자에게 말하면서, 탐지기 연구의 수수께끼 같은 본질은 "특별 비밀 취급 자격이 없어 탐지기 프로그램에 접근하지 못한다"는 사실에 기인한다고 설명했다. 첨단 기술을 개발해 군사적으로 활용하도록 넘겨준다는 취지에 걸맞게 탐지기 프로그램들은 이제 모든 군은 물론 주요 정부 기관들이 모두 수행하고 있다. 모두 베트남 전쟁에서 만들어졌다.

1958년에 DARPA의 초기 과업들은 최소한 6가지 탐지 기술을 강화했다. 벨라 프로그램 때문에 개발된 지진 탐지기는 지구가 전달하는 지진파를 감지하고 기록한다. 베트남에서 지진 탐지기들은 호치민 루트를 통해 이동하는 대형 트럭과 군부대의 움직임을 탐지해 냈지만 자전거나 개인의 움직임은 탐지하지 못했다. 토양에 가해지는 더 가벼운 움직임, 가시적으로는 사람이 움직일 때 나타나는 압력 정도를 탐지해 내는 변형 탐지기가 추가로 개발되고 있다. 자기 탐지기는 사람이 입었거나 들고 다니는 물체의 잔여 자기를 검출한다. 적외선 감지기는 빛의 경로가 차단될 때 침입을 탐지한다. 전자기 감지기는 무선 주파수를 만들고 이것이 차단될 때 침입을 탐지한다. 음향 탐지기는 소음을 듣는다. 이 모든 프로그램은 이제 새로운 도약을 맞이했다.

1970년대 초에 해병대는 탐지기 분야의 선두였다. 케산 전투에서 땅에 설치했던 지진 탐지기의 성공은 전장에서의 탐지기 사용을 바라보는 군 사령관들의 의견을 바꾸었다. 케산 전투 전에는 대다수가 탐지기 기술에 반대했다. 그러나 전투가 끝난 후에는 거의 만장일치로 받아들였다. 전쟁이 끝나기 전에 해병대는 자신들만의 탐지기 프로그램이 있었다. 프로젝트 스팀(Project STEAM), 혹은 해병대에 적용된 탐지 기술(Sensor Technology as Applied to the Marine Corps)이라고 했다. STEAM은 SCAMPs 혹은 탐지기 제어 측정 부대들(Sensor Control and Management Platoons)이 들어설 자리를 만들어 주었다. SCAMP 내부에는 탐지기 사용 분대와 탐지기 사용 팀이 있었다. 해병대는 경계와 순찰뿐 아니라 감시와 정보 수집에서도 감지기 기술의 엄청난 잠재력을 보았다. 이런 프로그램들이 발전하고 이 프로그램들의 열매에서 새로운 프로그램들이 자라날 것이다.

미래의 전쟁에서 미국이 싸우는 방식에 크게 영향을 미칠 다른 두 가지 기술이 베트남의 잔해에서 부상했다. 야간 투시 기술은 폭넓은 다층적 프로그램들로 확장됐으며, 각 군은 어둠 속에서 적을 탐지해 내는 능력에서 커다란 전략적 가치를 발견했다. 적의 눈에 뜨이지 않는 스텔스 기술도 사정은 마찬가지다. 이 근본적 혁신은 원래 CIA가 정찰 목적으로 개발했다. 1957년 U-2 정찰기의 레이더 반사 면적을 줄이려는 시도에서 비롯됐다. ARPA의 오디오 스텔스 연구는 1961년 윌리엄 H. 고델의 소형 글라이더 비행기 아이디어에서 시작됐다. 이는 민첩 프로젝트가 초기에 개발하던 장비 4개 중 하나로 나머지는 AR-15 자동 소총, 얕은 강을 오르내리는 보트, 냄새로 적을 식별하는 개였다. 베트남 전쟁 동안 민첩 프로젝트의 글라이더 비행기는 성공적으로 발전해 QT-2라는 "조용한 비행기"가 만들어졌다. 이 비행기는 단발 엔진 프로펠러 비행기로 정글 지붕의 바로 위를 나르며 지상에서 소리로는 탐색하지 못했다. 정찰 전용으로 탐지기 기술이 탑재된 QT-2는 엔진을 끄고 베트콩 지역 위를 조용히 활강하곤 했다. 1968년 ARPA는 그 프로그램을 육군에 넘겼다. 육군은 그 항공기에 약간 변형을 가했고 이제는 록히드 YQ-3, 조용한 별로 불린다. 전쟁이 끝난 후 ARPA는 그 스텔스 프로그램을 소리가 들리지 않는 작은 글라이더에서 적의 최첨단 레이더에도 탐색되지 않는 항공기로 확장하려 했다. 1974년 DARPA의 전술기술실(Tactical Technology Office)은 "첨단 스텔스 항공기"를 만드는 고도의 기밀로 분류된 프로그램을 시작했다. 다음 해 DARPA는 스텔스 작업에 가장 자격이 있다고 여긴 두 국방 사업 계약자 맥도널 더글라스(McDonnell Douglas), 노스롭(Northrop)과 계약을 체결했다.

여기에는 흥미로운 뒷얘기가 있다. 1970년대 중반 록히드는 CIA가 요구한 A-12 소달구지(Oxcart) 정찰 비행기를 개발해 스텔스 기술에서 주요한 기념비적 성과를 이미 거두었다. (고도의 기밀로 분류된 A-12는 나중에 SR-71 정찰 비행기로 개량되어 기밀 해제되었으며 공군이 운용한다.) 기밀로 분류된 CIA의 스텔스 프로그램은 접근이 매우 통제되어서 DARPA 국장 조지 헤일마이어(George Heilmeier)조차 그 내용을 알지 못했다. 1974년 항공기 제작사 록히드 스컹크 웍스(Lockheed Skunk Works)의 경영진은 DARPA의 "첨단 스텔스 항공기"개발 계획을 알았지만 참여해 달라는 초대를 받지는 못했다. 그들은 A-12 소달구지에 관해 헤일마이어와 논의하게 허락해 달라고 CIA에 요청했다. 그 논의가 있고 나서야 록히드는 경쟁에 참여하도록 초대되었고, 결국 DARPA의 스텔스 계약을 따냈다.

나중에 F-117 스텔스 전투기가 되는 비행기를 설계도면에 처음 구현했을 때, 그것은 희망 없는 다이아몬드(Hopeless Diamond)라고 불렸다. 모양이 호프 다이아몬드*와 닮은 이 비행기가 날아오르리라 록히드의 공학자들이 확신하지 못했기 때문이다. 선임 물리학자로 참여한 에드워드 로빅(Edward Lovick)은 이렇게 기억한다. "우리는 평평한 다면체 패널을 설계했다. 그것들이 거울처럼 작동해 레이더 파를 비행기에서 산란시키게 했다." 희망 없는 다이아몬드가 몇 차례의 초안 작업을 거치면서 해브 블루(Have Blue)라는 암호명을 부여받은 DARPA의 기밀 프로그램이 되었다. 캘리포니아의 버뱅크(Burbank)에 있는 록히드 스컹크 웍스의 시설에서 시제기 2대가 제작되어 1977년 4월 네바다의 지역 51(AREA 51)이라는 곳에서 시험비행을 했다. 항공기의 낮은 관측 가능성에 만족한 미공군은 1978년에 이 프로그램을 넘겨받았다. 스텔스 기술은 민간과 군 인력 1만여 명 이상이 참여한 거대한 기밀 작업이었다. 이 무기의 힘은 비밀 유지에 달려 있었다. 공군은 그들만의 일급비밀 시설을 네바다 토노파(Tonopah) 외곽의 지역 51 바로 북쪽에 만들어 F-117을 비행시켰다. 기지의 별명은 지역 52(Area 52)였다.

1970년대는 역사적 관점에서 DARPA의 형성기였다. 펜타곤에서

---

* 세계 4대 다이아몬드 중 하나로 지금은 미국 스미소니언박물관에 전시되어 있다. 예전 인도에서 황무지를 개간하던 농부의 호미로 발굴되었다.

떨어져 DARPA는 독자적인 모습을 갖추게 되었다. 의회는 여전히 ARPA에서 시행했던 일군의 사회과학 프로그램들을 싫어했다. 의회는 전후 여러 베트남 감독 위원회에서 그 프로그램들이 터무니없는 낭비에 멍청하고 또 제대로 된 관리 감독도 없이 진행됐다고 비판했다. 펜타곤에서 "마음과 정신"이라는 구절이 언급되면 사람들은 눈을 찡그렸다. 행동 과학을 다루는 ARPA의 프로그램들은 의회의 "규제"를 회피하기 위해 명칭이나 포장을 바꾸었다.

ARPA의 사회과학실(베트남 전쟁 기간에 실제로 존재했다)은 인적 자원 연구실(Human Resources Research Office, HumRRO)로 불렸다. 그러나 베트남전 이후의 HumRRO 프로그램들은 생리학적이고 심리학적 관점에서 인간의 수행 능력을 개선하는 일에 초점을 맞추었다. 두 개의 중요한 아이디어가 부상했다. 첫 번째로는 전장에서 군인이 입은 부상에 연관된 통증의 심리적 기제를 연구하는 일이었다. ARPA의 과학자들은 병사들이 전투 중에 통증을 억누를 수 있을지 그렇다면 어떻게 그렇게 하는지 이해하고 싶었다. 두 번째는 전에는 비자발적이라고 여겨졌던 신체 기능의 "자기 조절"을 다루는 연구 프로그램이었다. 이를 일반적이고 미래지향적 질문으로 바꾸자면 이렇다. '어떻게 군인이 전쟁이라는 근본적으로 도전적인 상황에서 최고의 수행 능력을 유지할 수 있을까?'

DARPA가 변화하던 시기였다. 1950년대엔 우주와 탄도 미사일 방어에 중점을 두다가 1960년대엔 베트남 전쟁에서 가장 논란이 많은 프로그램을 집행하는 기관으로 변모했다. 그리고 이제 DARPA의 전환을 쉽게 만들어 준 일련의 사건들이 발생하면서 다시금 변화의 과정을 시작했다. 물리학자 스티븐 루카식의 지휘 아래,

1970년대 중반 DARPA는 새로운 방향으로 전환한다. 루카식이 점차 말하기를 즐겨 했던 새로운 "추진(thrust)"이 이뤄졌다. 가속과 혁신의 1970년대 중반에 DARPA는 국방부 안에서 가장 강력하고 존중받는 기관의 하나로 성장할 수 있는 몇몇 씨앗을 심었다.

"지휘와 통제의 열쇠는 통신에 있다." 스티븐 루카식은 DARPA를 장악한 직후 이렇게 말했다. 지휘와 통제, 혹은 C2는 이제 지휘, 통제, 통신이란 C3로 확장됐다. 이 개념은 루카식의 지휘 아래 DARPA가 수행하는 임무의 새로운 중심 개념이 되었다. 지휘, 통제, 통신 기술의 진전은 컴퓨터에 크게 의지했다. 1965년 이래로 집적 전자 회로(integrated electronic circuits)라 불린 마이크로 칩의 성능은 매년 2배씩 늘어 갔다. 컴퓨터 공학자인 고든 무어(Gordon E. Moore)가 《일렉트로닉스Electronics》라는 잡지에 썼던 개념이다. "집적 회로에 더 많은 요소를 욱여넣기(Cramming More Components into Integrated Circuits)"라는 글에서 그는 매년 2배로 증가하는 이 추세가 앞으로 10년간은 계속되리라고 예견했다. 이는 무어의 법칙으로 알려졌다. '2배씩 는다'는 강력한 개념이었다. 2014년에 애플은 아이폰 6에 트랜지스터 20억 개를 밀어 넣었다.

1974년 캘리포니아의 에임스 연구 센터에서 가동되던 DARPA의 슈퍼컴퓨터 일리악 IV는 당시 세계에서 가장 빠른 컴퓨터였다. 병렬식 처리 능력은 실시간 비디오 처리, 잡음 감소, 이미지 향상, 데이터 압축 같은 기술들의 개발을 가져왔다. 21세기엔 당연하게 여겨지는 기술들이지만 모두 DARPA 과학이 원천이다. 루카식의 C3 프로그램은 또한 새로 떠오르던 DARPA의 기술인 ARPANET에 크게 의존했다.

J. C. R. 리클라이더가 "은하계 간 컴퓨터 네트워크(Intergalactic

Computer Network)"라 부른, 서로 연결된 컴퓨터 네트워크의 창설을 펜타곤에 제안하는 엉뚱한 메모를 보낸 지는 10년이 훨씬 더 지났다. 리클라이더는 1965년 펜타곤을 떠나면서 지휘와 통제(C2) 연구 사무실을 이어받을 2명의 통찰력 있는 인물을 채용했다. 연구실은 정보 처리 기술실(Information Processing Techniques Office)로 이름이 바뀌었다. 컴퓨터 그래픽 전문가로 다니엘 L. 슬로트닉과 일리악 Ⅳ 제작 및 운용을 함께했던 이반 서덜랜드(Ivan Sutherland)와 실험 심리학자 로버트 W. 테일러(Robert W. Taylor)는 컴퓨터가 세상에 혁명을 가져오고 컴퓨터 네트워크가 그 혁명의 열쇠가 되리라 믿었다. 개인 컴퓨터 사용자들은 네트워킹을 통해 다른 사람들의 데이터에 접근할 수 있을 뿐만 아니라, 근본적으로 새로운 방식으로 다른 사람과 통신할 수 있게 될 것이다. 리클라이더와 테일러는 1968년에 "몇 년 안에 인간은 대면 방식보다는 기계를 통해 보다 더 효과적으로 소통하게 된다"고 예언하는 글을 공동 집필했다. 2009년이 되면 지구상에 있는 사람들 수보다 더 많은 전자 문자 메시지가 매일 오고간다.

서덜랜드와 테일러는 전국 여러 대학의 DARPA와 계약한 사업자들에게 네트워크로 연결된 컴퓨터를 어떻게 생각하느냐고 묻기 시작했다. 반응은 만장일치로 우호적이었다. 일반적으로 과학자와 공학자들은 대학의 컴퓨터에 접근할 기회가 매우 적다는 사실에 좌절해 왔다. 이 때문에 서덜랜드와 테일러는 생각하게 됐다. 이 대학들에 있는 여러 대의 컴퓨터를 서로 연결해 DARPA의 계약 사업자들이 자원을 공유하도록 할 방법은 없을까? 그렇게 하려면 수백 킬로미터씩 떨어진 서로 다른 컴퓨터들의 전자적 연결이라는 시스템을 구축할 필요가 있었다. 획기적 과업이었으나 두 사람은 실현 가능하다고 믿었다.

테일러는 DARPA의 찰스 헤르츠펠드 국장을 찾아가 4개 대학의 컴퓨터들, 즉 컴퓨터 접속점(node)을 연결할 네트워크 구축에 필요한 자금을 충분히 지원해달라고 요청했다. 헤르츠펠드는 테일러에게 좋은 발상처럼 들리나 신뢰성이 우려스럽다고 했다. 4개 대학의 컴퓨터가 서로 연결된다면 이후 문제가 발생했을 때 컴퓨터 4대가 모두 작동을 멈추게 되지 않겠느냐고 질문했다. 즉석에서 혼자 생각하던 테일러는 네트워크 중복(network redundancy)이라는 개념을 시스템에 포함시키겠다고 답했다. 하나의 연결이 차단되면 컴퓨터 사이를 오가는 메시지는 다른 경로를 택한다는 뜻이었다. 헤르츠펠드는 얼마나 돈이 필요하냐고 물었다. 테일러는 100만 달러라고 말했다.

"하기엔 어려워요?" 헤르츠펠드는 물었다.

"아니요. 우리는 방법을 이미 압니다." 사실 추측하고 있었을 뿐인데도 그렇게 답했다.

"훌륭한 생각입니다." 헤르츠펠드가 말했다. "100만 달러보다 조금 더 넣어드리죠." 그다음 테일러에게 즉시 착수하라고 이야기했다.

테일러는 헤르츠펠드의 사무실을 떠나 자신의 사무실로 돌아왔다. 그는 나중에 시계를 보았을 때 느꼈던 놀라움을 기억했다. "와, 고작 20분 걸렸네." 사실 네트워크 중복이라는 개념이 훨씬 더 중요하다. 이 회의에서 부상한 개념으로, 어느 한 컴퓨터에서 발생한 문제가 시스템 전체의 먹통으로 이어지지 않도록 하는 방안이었다. 이에 따라 현재는 어느 한 조직이나 기업, 혹은 국가라도 인터넷으로 알려진 서로 연결된 컴퓨터 네트워크의 전 지구적 시스템을 완벽하게 통제하거나 소유하지 못한다. 이 엄청난 개념이 단 한 번의 회의에서 스쳐 지나가듯 나왔다.

　제일 처음 선택된 대학 4곳은 캘리포니아 북부 스탠퍼드 리서치 인스티튜트(SRI), 캘리포니아 대학 로스앤젤레스, 캘리포니아 대학 산타 바버라, 솔트 레이크 시의 유타 대학이었다. 1969년 ARPA의 계약 사업자 볼트 베라넥과 뉴먼(Bolt Beranek and Newman)이 동부 지역의 첫 번째 컴퓨터 접속점이 됐다. 1972년 무렵엔 펜타곤을 포함한 24곳의 접속점이 생겨났다. 대부분의 접속점 연결을 담당한 사람은 전기 공학자 로버트 칸(Robert Kahn)이었다. 당시 칸은 자신이 하는 일을 "internetwork"이라고 불렀다. 머지않아 이 명칭이 인터넷으로 줄어들었다.

　ARPA의 컴퓨터 접속점들을 연결하는 네트워크는 커져 갔으며, 칸은 공통의 언어, 혹은 규약(protocol)을 고안해 모든 새로운 컴퓨터들과 기존의 컴퓨터들이 같은 언어로 소통하도록 만들고 싶어 했다. 이를 위해 칸은 DARPA의 다른 프로그램 관리자 빈트 서프(Vint Cerf)와 함께 전송 제어 규약(Transmission Control Protocol, TCP)과 인터넷 규약(Internet Protocol)이란 개념을 발명해 새로운 컴퓨터들이 기존의 ARPANET에 물 흐르듯 접속하도록 해 주었다. 오늘날에도 TCP/IP는 인터넷의 핵심 통신 규약으로 남아 있다. 1973년 무렵 전화선으로 ARPANET에 연결된 컴퓨터는 36대가 있었으며, 하와이에 있는 37번째 컴퓨터는 인공위성을 통해 연결되어 있었다. 같은 해 노르웨이 노르사르(Norwegian Seismic Array, NORSAR)*의 컴퓨터가 ARPANET에 연결됐으며 마침내 리클라이더의 "은하계 간 컴

---

* 노르웨이와 미국의 지진과 핵실험 탐지를 위한 조약의 일부로, 1968년에 설립된 노르웨이 국립 데이터센터. 기초적인 지진학 연구를 수행한다. 1999년 이후 독립적인 연구소가 되었다.

퓨터 네트워크"라는 꿈이 국제적 실체가 되었다.

1975년 DARPA는 ARPANET 시스템을 국방 통신국(Defense Communication Agency)으로 넘겼다. 1982년에 이메일을 주고받는 표준이 만들어졌다. 1983년 펜타곤은 국방부만 사용하는 네트워크, MILNET를 분리해 나갔다. 오늘날 ARPANET은 종종 "DARPA가 수행한 가장 성공적인 프로젝트"로 불린다.

컴퓨터 기술, 네트워킹 파워, ARPANET 등의 발전과 함께 DARPA는 전적으로 새로운 C3 기반의 무기 시스템을 개발할 적기를 맞이했다. 1974년의 어느 날, DARPA는 소련의 서유럽 침공에 미국이 어떻게 대비해야 최선인지 연구하는 여러 기밀 사업을 추진했다. 그중 한 분석 팀을 이끌던 전략가가 과거 랜드 연구소의 수학자였던 앨버트 뷜스테터로, 제2격(Second Strike) 혹은 NUTS라는 개념을 창안한 사람이다. 당시 시카고 대학의 교수로 있던 뷜스테터는 "거대한 핵 파괴 공격의 대안"으로 대통령에게 다양한 선택지를 줄 새로운 군사 기술들이 있는지 "규명하고 특정"하려 했다. 뷜스테터는 전략적 대안 그룹(Strategic Alternatives Group)이라는 연구자 모임을 만들어 도움을 받으려 했다. 1975년 2월 이 모임이 "장기 연구 개발 계획 프로그램의 요약 보고(Summary Report of the Long Range Research and Development Planning Program)"라는 평이한 제목의 보고서를 완성했다.

여기에서 뷜스테터는 베트남전 기간 수행된 DARPA의 프로젝트 가운데 새롭게 주목해야 할 사업이 몇 가지 있다고 결론지었다. 목록의 가장 위에 있는 사업은 레이저 유도 폭탄과 미사일의 유효성이었다. 베트남 전쟁의 마지막 해에 미 공군은 북베트남에 1만 500발의 레이저 유도 폭탄을 투하했다. 이들의 절반인 5,100발이 대체로 "명중"했으며 4,000발이 "25피트(7.6미터) 원형 공산 오차(CEP)" 안에 들어왔다. 뷜스테터는 한국전과 제2차 세계대전과 베트남전 등 앞서의 전쟁에서 쓰인 유도되지 않은 "멍텅구리" 폭탄의 성공률에 비해 이 수치는 "어마어마하게 좋다"고 해석되어야 한다고 썼다. 최고의 사례가 하노이의 남쪽으로 112킬로미터쯤 떨어진 송마(Song Ma) 강을 165미터쯤 가로질러 놓인 철제 교량 탄호아(Thanh Hoa) 다리 폭격이었다. 이 다리는 전쟁 기간 동안 북베트남의 중요한 보급 루트였다. 그들은 이 교량을 요새 같은 무력으로 보호해 왔다. 교량을 방어하려고 300대의 대공포가 원형으로 배치됐고, 85대의 지대공 미사일 시스템이 갖추어져 있었다. 인근에는 소련이 공급한 미그 전투기 비행단이 주둔했다. 1960년대 말 몇 년간 미 공군과 해군은 탄호아를 파괴하려 했으나 성공하지 못했다. 1968년 무렵에는 미 항공기 11대가 교량을 폭격하려다 격추됐다. 그러다 1972년 5월, 4년 반 만에 재개된 폭격에서 새롭게 개발된 레이저 유도 폭탄이 장착된 F-4 폭격기 14대가 이 교량에 폭탄을 투하하는 임무를 부여받고 출격했다. 이때 서너 발이 명중하면서 교량은 파괴됐다. "임무에 실패할 가능성이 거의 없는 비핵무기가 실현 가능하고 군사적으로 효과적일 수 있다"고 뷜스테터는 이 "똑똑한" 신무기들에 찬사를 보냈다.

뷜스테터가 흥미를 느낀 또 하나의 사업은 소형 드론들을 개발하려는 DARPA의 초기 노력들이었다. 군 역사를 다룬 책에서는 대체로 과소평가되지만 바로 그 노력들이 레이저 유도 무기 기술의 진보에 주요한 역할을 담당했다. DARPA의 베트남 드론 프로그램은 모형 비행기와 원격 조정에 대한 국방부 연구 공학 국장 존 포스터의 애정에서 비롯되었다. 프레이리(Praerie)와 칼레르(Calere)로 명명된 소형 드론 2대가 뷜스테터의 눈을 사로잡았다. 프레이리와 칼레르는 당시 기준으론 지극히 작았다. 각각 카메라와 작은 폭탄 혹은 "전자전 장비" 등 13킬로그램 가량의 적재 화물을 포함해 34킬로그램 남짓한 무게였다. 이들의 동력은 잔디 깎기 엔진이며 두 시간 가량 비행이 가능했다. 프레이리는 TV 카메라를 탑재하고 레이저 목표 추적 기술을 사용했다. 또 대포에서 발사된 유도 발사체를 탱크에 명중시키도록 방향을 조정하는 데 처음 사용된 드론이었다. 이는 애리조나의 후아추카(Huachuca) 기지에서 날짜가 기록되지 않은 야외 시험 중에 이룬 기념비적 성과였다. 클레어 드론도 동일하게 획기적이었다. 클레어에는 베트남 전쟁 기간에 발명된 전방 감시 적외선(forward-looking infrared, FLIR) 카메라가 실렸다. 덕분에 밤의 어둠을 뚫고 저고도에서 "볼" 수 있는 능력이 있었다.

DARPA는 또 다른 훨씬 거대하고 "보다 복잡한" 드론을 개발했으며 1974년 DARPA의 잘 알려지지 않은 내부 평가서에 드러난 대로 뷜스테터는 여기에도 관심을 가졌다. 나이트 팬더(Nite Panther)와 나이트 가젤(Nite Gazelle)은 헬리콥터 드론으로, "장갑 철판과 자율 밀폐가 가능한 보조 장거리 연료 탱크를 포함해 전투 현장의 주야간 정찰 능력을 갖추었다." 이들은 해병대의 긴급한 작전상 요청으로 1968년 3월부터 실전에 투입됐다. DARPA는 나이트 팬더 드론을 만들려고 해군의 QH-50 DASH 대잠수함 헬리콥터를 변형했다. 원래는 수중에 있는 잠수함에 어뢰 공격을 가하고자 설계됐다. DARPA는 이 헬기를 변형하면서 지상 기지 역할을 담당하는 이동식 지프차에 실시간으로 동영상을 보내는 "정찰 관측 시스템"이란 원격 통제 텔레비전 시스템을 추가했다. 이 지프차엔 원격 통제와 텔레비전 장비, 안테나와 전원 공급 장치 등이 가득 실려 있었다. 이제 드론 운영자는 지프차에 앉아 이착륙을 포함해 헬기 드론을 조종하고 입수되는 정보를 검토할 수 있었다. 적이 장악한 지역 위를 나르며 드론이 잡아내는 영상들은 지프차의 장비에 기록되고, 다시 선상 통제 기지로 전달된다. 선상의 지휘관들은 드론으로 확인된 목표물을 폭격할 고성능 공격 비행기를 파견할 수 있다. 획기적인 기술이었다. 1974년에 뷜스테터는 드론의 미래 잠재력을 알아보았다. 컴퓨터가 더 작아지고 데이터를 더 빨리 처리하게 되면 드론은 적진 깊숙이 보내져 목표물을 촬영하고 그것을 지휘관들에게 실시간으로 보낼 수 있게 된다고 생각했다.

베트남전의 무기 시스템들을 통합시킨 또 하나의 중요한 DARPA 기술은 범지구적 위치 측정 시스템(Global Positioning Systems, GPS)이라는 위성 기반 항법 기술이었다. GPS는 기밀 군사 프로그램으로 시작됐다. 무기를 목표물에 정확하게 유도하려는 목적이었다. DARPA의 이 선구적 프로그램은 TRANSIT이라고 불렸다. 이 프로그램은 ARPA가 1959년 존스 홉킨스 응용 물리학 연구소(Johns Hopkins Applied Physics Laboratory)와 계약을 맺어 위성 3개는 위치 확정에, 다른 위성 3개는 예비용으로 사용해 최초의 위성 위치 확인 시스템을 만들어 달라고 요청했을 때 시작됐다.

몇 번의 실패를 거쳐 1963년 6월 TRANSIT은 마침내 우주에 자리잡는다. 이와 같은 정확한 목표 정보를 적들이 사용하지 못하게 하려고 이 시스템이 출범할 당시 특수한 기능, 나중에 선택적 가용성이라고 불린 보정 기능을 끼워 넣었다. 개인이 민간 수신기로 GPS 시스템에 접근하게 되면 위치 정보가 실제와 100여 미터 이상 차이가 나도록 한 장치다.

그 이후 10년간 해군과 공군은 위성 기반 항법 시스템들을 각자 개발했다. 각 시스템은 서로 호환되지 않았다. 1973년 펜타곤은 합동 프로그램 사무소를 설립해 모든 군이 공유하는 단일한 시스템을 만들도록 명령을 내렸다. 이에 따라 NAVSTAR GPS라 불린 새 프로그램이 등장했다. 이는 기술적 장애들과 로켓 발사의 수없는 실패가 동반된 어마어마한 과제였다. 마침내 1989년 모든 위성을 동기화시킬 목적으로 각각 원자 시계에 맞춰진 위성 24개가 우주로 보내졌고, 무리를 지어 지구 궤도를 돌기 시작했다. 미군은 이제 지구 어느 곳에서도 어떤 날씨에서도 실시간으로 정확한 위치 정보를 확보하게 됐다.

1990년대 내내 위성 기반 GPS 기술은 발전해 갔으며 유럽의 회사들도 민간 사용을 목적으로 GPS와 유사한 시스템을 개발하기 시작했다. 이 번창하는 산업에서 미국이 계속 선두를 달리게 하려는 노력의 일환으로 2000년 5월 클린턴 대통령은 GPS에 있는 선택적 가용 장치의 작동을 중단시켰다. 그 결과 수십 억 명이 DARPA가 개발한 정확한 GPS 기술 정보를 사용하게 되었다.

1970년대 DARPA 분석에 참여했던 앨버트 뵐스테터에게 베트남 전쟁 시대의 여러 기술, 다시 말해 탐지기, 컴퓨터, 레이저 유도 무기, ARPANET, 드론 등의 융합은 그가 "시스템 복합 체계(system of systems)"라 부른 개념의 개발에 엄청난 가능성과 잠재력을 제공했다. 그다음 해 "장기 연구 개발 계획 프로그램의 요약 보고"에 적시된 제안을 토대로 DARPA는 어썰트 브레이커(Assault Breaker)라는 시스템 복합 체계를 구현할 새로운 무기 프로그램을 출범시켰다.

한때 전혀 다른 종류의 기술들이라 간주됐던 일련의 기술을 하나로 묶어 루카식의 "지휘, 통제, 통신" 구상을 완성하려는 목적이었다. 레이더 추적, 카메라 확인 등의 기술들을 사용해 어썰트 브레이커는 언젠가 지휘관들이 적진 깊숙이 있는 목표물, 심지어 움직이는 목표물을 정확하게 타격하게 해 줄 것이다. 이런 종류의 무기와 기술들이 함께 작동하는 시스템을 구상하는 일은 전례가 없는 일이었다. 모두 베트남 전쟁에서 부상했다.

1970년대 소련은 워싱턴 D.C. 주변에 간첩망을 유지하기로 악명 높았다. 오래지 않아 소련은 DARPA의 기밀 어썰트 브레이커 계획을 알게 됐다. 이에 소련 군부는 이 개념을 공부하고 대응책을 강구하기 시작했다. 1978년 어썰트 브레이커에 관한 글이 소련의 기밀 군사 잡지《군사 사상*Military Thought*》에 등장했다. 앤드류 마샬(Andrew W. Marshall)의 날카로운 눈이 없었다면 소련이 DARPA의 "시스템 복합 체계" 구상을 알고 있다는 사실을 미국이 몰랐을지도 모른다. 마샬은 랜드 연구소의 전 분석가이자 뵐스테터의 수제자로 당시엔 펜타곤에 자신의 사무실을 갖고 있었다. 마샬은 1973년 닉슨 대통령의 백악관이 만든 총괄 평가실(Office of Net Assesment) 책임자로 근무하면서 미래의 전쟁을 예견하는 일에 매진하고 있었다. 랜드 연구소에서 마샬은 게임 이론의 달인이라는 평판을 얻었다. 펜타곤에서는 예측과 예견에서 보인 마법으로 전쟁에 뛰어난 요다 또는 제다이 마스터라는 명성이 주어졌다. 덕분에 DARPA의 국장들이나 프로그램 관리자들과 정기적으로 접촉했으며 이후에도 40년간 계속 그들을 만나 왔다.

1970년대 앤드류 마샬이 하는 일의 일부는 소련의 장성들이 그들의 기밀 저널에 쓰고 있는 글을 모니터링하는 것이었다. 그는《군사 사상》을 읽으면서 소련이 어썰트 브레이커 같은 시스템 복합 체계의 가능성에 위협을 느끼면서 대응책을 훈련하고 있음을 알았다. 소련이 DARPA의 어썰트 브레이커 개념을 알고 느낀 두려움은 군 장성들에 멈추지 않고 군 지휘 체계의 정상까지 이르렀다. 1984년에 소련군 참모총장 니콜라이 오가르코프(Nikolai Ogarkov)는 기밀 메모에서 어썰트 브레이커가 미국에 "자동화된 정찰과 타격의 복합체"를 수행할 능력을, "군사 기술적 혁명"으로 간주되어야 마땅한 역량을 주지 않겠느냐고 우려했다. 오가르코프 원수는 이를 "군사 혁명(revolution in military affairs)"이라 다시 명명했고, 이는 펜타곤이 기뻐했던 명칭이 되었다. 이 말이 한 나라나 전투 세력이 다른 모든 세력을 굴복시킬 기술이나 전술을 개발하여 상대편의 기존 무기 시스템을 구닥다리로 만들어버리는 현상을 적확하게 가리켰기 때문이다.

10년 전 베트남 전쟁 이후 조직의 예산이 삭감되었을 때 스티븐 루카식은 의회에 DARPA가 "혁명적 결과를 낳을 고위험 프로젝트"를 추구하게 해 달라고 호소했다. 루카식은 의회에서 현대 세계에서 가장 강력한 무기를 지닌 국가가 반드시 가장 앞서가는 나라는 아니라고 말했다. 그는 21세기가 다가오면서 최첨단이란 우위는 최고의 정보를 손에 넣고, 그에 따라 재빨리 계획하고 조정하며 공격할 수 있는 국가에 속한다고 주장했다. 11년 뒤, 그의 전망은 옳았음이 증명됐다. 소련은 DARPA의 C3에 기반한 군사 혁명에 크게 위협받고 있다고 느꼈다.

기술은 매우 빠른 속도로 계속 발전해 갔다. 1977년 해롤드 브라운은 카터 대통령의 국방부 장관이 되었다. 핵물리학자가 국방부를 이끈 최초의 사례다. 브라운은 군사적 지배력을 유지하려면 기술적 우위가 절대적이라고 믿었다. 또한 기술의 진보가 경제적 번영의 열쇠라고도 믿었다. DARPA 역사학자 리처드 반 아타(Richard Van Atta)는 이렇게 지적한다. "해롤드 브라운은 기술 지도력을 국가 전략으로 변화시켰다." 인플레이션과 실업의 증가에도 불구하고 DARPA의 예산은 2배로 늘었다. 미세 처리(microprocessing) 기술들이 놀라운 진보를 이루고 있었다. 고속 통신망과 GPS 기술들은 회오리바람처럼 빠르게 발전되어 나갔다. 스텔스, 첨단 탐지기, 레이저 유도 폭탄, 드론 등 고도의 기밀로 분류된 DARPA의 고위험 고부가가치 프로그램들이 비밀리에 추구됐다. 곧 어썰트 브레이커 기술들이 전투에 투입될 준비를 마치게 된다. 이 모든 과업에서 전적으로 새로운 산업들이 형성되어 갔다.

1978년 가을, 심리학 박사 학위를 소지한 34세의 공군 장교 잭 소프(Jack A. Thorpe) 대위(나중에 대령이 된다)는 애리조나의 윌리엄 공군 기지 내 비행 훈련 부서의 비행 시뮬레이터 안에 앉아 있다가 획기적인 생각을 떠올렸다. 이곳 인적 자원 연구소에 있는 비행 시뮬레이터는 이 나라에서 가장 발달된 장치 두 개 중 하나로, 제작에 2,500만 달러가 들었다. 2015년 물가로 환산하면 1억 달러쯤이다. 컴퓨터로 작동하는 비행 시뮬레이터는 놀이공원 시설처럼 움직이는 유압식 동작기 위에 얹혀 있었다. 소프 대위가 앉아 있던 비행 시뮬레이터는 두 번째 컴퓨터에 연결되어 있었다. 그 둘은 모두 최신 기술의 결정체였다.

"다른 조종사가 운전하는 항공기가 마치 만화처럼 작은 형상으로 내가 보는 모니터 화면의 구석에 나타났다"라고 소프는 기억한다. "1978년에 이 말이 무슨 뜻이었냐 하면 비행 훈련 연구 작전에

2명의 조종사가 동시에 참가하는 모의 비행 장치는 미국이 유일했다는 뜻이다."

갑자기 하나의 생각이 떠올랐다. 만약 공군 조종사가 자신처럼 작은 방 안에 앉아 있지만 컴퓨터 화면을 오가는 만화 같은 형상이 아니라 3차원의 실제 세계를 본다면 어떨까? 만약 그가 실제로 비행기 안에 있고 윙맨이 함께 비행하는 듯 느껴진다면 어떨까? 잭 소프에겐 자신이 방금 해낸 상상에 붙일 이름이 있었다. "고충실(high-fidelity) 시뮬레이터", 즉 가상 세계였다.

소속 부대인 워싱턴 D.C.의 볼링(Bolling) 기지로 돌아온 소프는 자신의 생각을 종이에 옮겼다. "미래의 전망: 항공기 승무원 훈련, 1980-2000"에서 그는 비행 대대 소속 조종사들이 모두 함께 전투 태세를 갖추는, 조종사별 개별 훈련이지만 각 시뮬레이터가 네트워크로 연결된 비행 훈련 상황을 묘사했다. 각 조종사가 별도의 항공기를 조종하지만 하나의 전투 공간에서 비행하게 된다는 말이다. 이 가상 현실에서 조종사들은 시각적으로 서로 마주보고 원격 정보 센터의 지휘관과 소리로 교신한다. 실제 장소로 상상된 원격 정보 센터를 소프는 전술 개발 센터(Tactical Development Center)라 명명했다. 소프의 전술 개발 센터는 "3차원 입체 형상의 전자 사판(electronic sand table)"을 갖게 된다고 썼다. "이곳에서 전술가와 전략가들은 각 조종사가 자신의 시뮬레이터에서 무슨 일을 하는지 볼 수 있다." 컴퓨터가 만들어 낸 환경에서 지휘관은 데이터를 전달하는 상공의 위성 덕분에 전투 공간에서 어떤 일이 벌어지는지 실시간으로 "보"게 된다. 이 새로운 가상 세계에서 조종사들은 훈련하고 지휘관들은 전략을 짠다.

소프는 이 시뮬레이터들이 "실시간으로 실전 연습"을 가능하게 한다고 썼다. 조종사들에게 실제 전투의 긴박성이 있지만 치명적인 결과는 피하는 방식으로, 집단으로 훈련하는 방법을 가르치게 된다는 말이었다. 여러 시뮬레이션 결과를 토대로 지휘관들은 각 조종사가 어떤 행동을 취해야 하는지 신속하게 결정할 수 있게 된다. DARPA의 다른 프로그램들을 알 리도 없고, 새로이 형성되는 어썰트 브레이커 프로그램의 자세한 기밀 사항을 알지도 못했지만 소프는 뷜스테터의 상상과 거의 비슷한 내용을 마음에 품었다. 소프의 고충실 시뮬레이터는 가상 세계에서 작동하는 전쟁에 대비한 훈련 도구였지만, 어썰트 브레이커는 실제 전쟁에 배치되려고 개발되는 10억 달러의 무기 시스템이었다.

소프는 자신의 생각을 고위 장교 집단에 설명하도록 초대받았다. "그들은 모두 지휘조종사들이었고 각자 수천 시간의 전투 경험이 있었다." 소프는 회상했다. "반면 비행 날개 배지도 없는 내가 공군 장교의 비행 훈련 시간을 뺏어버리자는 제안을 하고 있었다. 나는 내 생각을 명료하게 전달하지 못했다. 모두 나를 무시했다." 고위 장교들은 내 생각을 듣고 껄껄 웃어댔다.

소프는 그가 구상하는 과제의 핵심을 제대로 전달하지 못했음을 깨달았다. 그러나 그게 무엇인지 아직은 알지 못했다. "남의 질책만큼 더 열심히 생각하며, 더 숙고하게 만드는 방법은 없다." 소프는 말했다. "나는 비행 훈련 시간을 뺏을 수 없다는 걸 깨달았다. 시뮬레이터는 실전 말고는 훈련하지 못할 특정 전투 기술을 연마하기에 더 좋은 곳이었다." 그는 이어 말했다. "예를 들어, 평시에는 절대 켜지 않는 방해 전파 발신기 같은 장비를 상대방이 보는 상황에서 연습할 수 있다. '아하 그렇구나'라는 깨달음, 즉 시뮬레이터의 진정한 가치는 실제 전투가 벌어지는 첫날까지 연습하지 못할 기술을 가르치고 연습하는 데 있다는 사실을 깨닫자마자, 시뮬레이터를 설계할 방법이 분명해졌다."

소프는 그 생각을 몇몇 고위 장교에게 제시했으나 대부분의 사람들이 시각적으로 떠올리기엔 너무 어려운 개념이었다. 그때 "우연히 펜타곤 그래픽 디자이너의 도움을 받았고, 그는 내가 제안한 개념들의 중요 요소를 그림으로 그려 주었다"라고 소프는 말했다. 이제 멋진 그림들까지 포함된 소프의 논문을 펜타곤의 고위 관리들이 검토하게 되었다. "모두들 멋지다고 말했다." 소프는 회상했다. "또한 그들은 '사실 기술이 아직 거기까지 가지는 못했어'라고 했다." 소프의 그림을 본 대부분의 동료가 그에게 말했다. "우리는 그와 같은 건물을 어떻게 지어야 할지 아직 몰라."

1978년 소프의 구상에 등장하는 가장 큰 장애물의 하나는 시뮬레이터들을 어떻게 서로 연결시키느냐는 문제였다. "멀리 떨어진 군사 시설을 서로 연결시키는 네트워크라는 생각은 아직 구상되지 않았다." 소프는 말했다. "대학 사이의 몇 안 되는 컴퓨터들을 서로 연결시킨다는 ARPANET이란 실험이 진행되고 있었지만 그 결과는 아직 잘 알려지지 않았었다." ARPANET은 대부분에게 여전히 기밀이었다. 그의 미래 구상이 과학보다는 공상과학에 더 가까워 보이게 되면서 소프의 논문은 선반에 처박혔다.

소프는 로드아일랜드(Rhode Island)의 뉴포트(Newport)에 있는 해군 참모 대학(Naval War College)으로 돌아갔다. 1981년 1월에는 공군 파견으로 DARPA에서 근무하게 됐다. 그는 시스템 과학 분야(Systems Science Division)의 프로그램 매니저였다. 바로 옆 사무실은 정보 처리 기술실이었으며 빈트 서프와 함께 전송 제어 규약과 인터넷 규약을 개발한 로버트 칸이 운영하고 있었다. 소프는 "온갖

기기가 다 모이는" DARPA에 있었던 때가 자신에게는 매우 흥미로운 시간이었다고 회상했다. DARPA는 버지니아 알링톤(Alrington)의 윌슨 블루버드(Wilson Boulevard) 1400번지에 있었으며, 시스템 과학 분야는 길 건너에 전시 시설을 갖고 있었다. "이곳에서 모든 기기가 시험 운영되고, 분해되거나 재조립되고 혹은 다른 시스템과 통합되었다." 소프는 세계 최초의 CD(compact disc) 플레이어 한 대가 1981년 혹은 1982년 DARPA에 도착했을 때가 그런 경험의 하나라고 기억한다. 일본의 작은 전자 회사가 보낸 것이었다. "당시 세계엔 CD가 몇 장 없었다." 소프는 회상했다. "CD엔 음악이 담겨 있었다. 국장은 음악 감상에는 흥미가 없었다. 그러나 우리는 데이터 저장에 이 기술을 사용하는 방안을 생각하며 흥미를 느꼈다." 당시 CD 플레이어는 여행용 가방 정도의 크기였다.

DARPA 빌딩 안 소프의 사무실에서 복도 아래로 인공두뇌 기술실(Cybernetics Technology Office)이 있었다. 그곳에서는 DARPA의 인공지능 연구가 진행되고 있었다. 하루는 소프의 상관이자 전에 인공두뇌 기술 프로그램 책임자였던 크레이그 필즈(Craig Fields)가 소프에게 뭔가 반짝이는 아이디어가 없느냐고 물었다.

"나는 과거의 고충실 시뮬레이터 그림을 꺼냈다"고 소프는 회상했다. "필즈는 총기가 뛰어난 사람으로, 나중에 DARPA 국장이 된다. 그가 '좋은데'라고 했다. 또 래리 린(Larry Lynn) 국장에게 함께 찾아가 이야기해 보자고 제안했다." 소프는 린에게 자신의 생각을 설명했고 린도 좋아했다.

"이 모의 세계를 건설하는 데 얼마나 들지?" 소프는 린이 그렇게 물었다고 회고했다.

"1,700만 달러요." 소프가 답했다.

"합시다." 래리 린이 말했다.

"그래서 우리는 즉시 이 프로그램을 시작했다." 소프의 말이다.

잭 소프 대위의 논문은 이제 DARPA의 프로그램이 되었고, 시뮬레이터 네트워킹(Simulator Networking, SIMNET)으로 불렸다. 폭넓게 말해 SIMNET의 목표는 말하자면 지휘 통제(C2)에 훈련이라는 새로운 요소를 추가하는 일이었다. C2는 결과적으로 C2U가 되었다. 소프는 "U는 대학을 지칭한다"고 말했다.

1983년 4월에 SIMNET은 그저 DARPA 프로그램의 하나였다. 그와 비슷한 일이 시도된 적은 한 번도 없었다. 그리고 DARPA의 다른 공상과학 같은 시도와 마찬가지로 SIMNET은 성공하거나 실패할 여유가 주어졌다. "DARPA는 대부분의 정부 기관과 달리 일정 기간 실패가 허용되는 조직이다." DARPA의 프로그램 매니저를 지냈던 조 망가노(Joe Mangano)의 말이다.

퇴역 대령 닐 코스비(Neale Cosby)는 2014년에 이렇게 회상했다. "1980년대 초 국방 분야에 있던 사람들 대부분은 경제적으로 타산이 맞고, 대규모이며, 무력과 무력이 자유롭게 작동하는, 세계적으로 네트워크화 된 전투 시스템을 만들어 내기는 불가능하다고 생각했다." 코스비는 당시 DARPA에서 SIMNET의 주요 연구자로 5년간 일했다. 그러나 SIMNET은 모든 사람을 놀라게 했다. 군사적 적용뿐 아니라 그것이 창출한 수십억 달러짜리 산업 때문이었다. 잡지 《와이어드Wired》는 1997년에 "윌리엄 깁슨(William Gibson)은 가상공간(cyberspace)을 발명하지 않았다"고 보도했다. 비록 그 공상과학 소설가가 1982년에 이 말을 만들었지만 말이다. 가상공간은 "공군 대위 잭 소프가 발명했다." SIMNET은 가상공간의 첫 번째 구현이었다. 그리고 대대적으로 수많은 사람이 참여한 세계 최초의 온라인

롤 플레잉 게임(massively multiplayer online role-playing game)이었다. MMORPG 혹은 보다 대중적으로는 MMO로 알려져 있다.

MMO는 1990년대 게임 공동체에서 처음 인기를 얻었고, 2003년 무렵 주류에 진입했다. MMO들은 이제 동시에 어마어마한 게임 참여자들을 지원할 수 있게 됐으며 각 개인 참여자는 인터넷으로 게임에 연결된다. MMO 중 가장 인기 있는 게임의 하나는《월드 오브 워크래프트*World of Warcraft*》다. 이 게임은 발표 후 10년간 25억 달러 이상의 구독 서비스를 팔았다. 매달 게임 구독자 1,000만 명이 환상적인 가상공간을 탐구하며 괴물과 싸우고 아바타를 사용해 퀘스트를 완수한다.

2008년 MMO 사용자들의 수가 너무 많아져서 CIA, 국가 안보국, DARPA는 프로젝트 레이나드(Project Reynard)로 불리는 은밀한 데이터 마이닝 작업을 시작했다.《월드 오브 워크래프트》구독자들을 추적해 가상의 세계에서 그들이 어떻게 존재하고 상호작용하는지 파악하는 노력이었다. 이에 CIA 분석가들은 아바타로 게임 세계에 진입했다. CIA가 MMO 사용자들을 염탐한다는 사실은 기밀로 분류됐으나 과거 국가 안보국의 계약 사업자였던 에드워드 스노든(Edward Snowden)이 2013년 영국의 첩보 기관도 개입된 이 프로젝트의 자세한 내용을 기록한 일급비밀 문서를 폭로하면서 대중에게 알려졌다. "온라인 게임이 순수한 형태의 오락으로 보였으나 기본적 기능과 능력들을 분석해 보면 잠재적으로는 정보 수집 대상이 많이 활동하는 통신 네트워크가 될 수 있다"고 한 일급비밀 보고서는 기록했다. "WoW(《월드 오브 워크래프트》)는 신호 정보(signal intelligence, SIGINT) 수집 대상들이 일반 게이머들 속에 숨어 지낼 방법을 제공하기 때문이다."

그러나 1983년 SIMNET은 그저 시작됐을 뿐이다. MMO들은 아직 먼 미래의 일이고, 당시에는 상상의 산물에 지나지 않았다. SIMNET은 전사들을 전투에 적합하게 훈련시키려는 방안이었다. 잭 소프는 앞으로도 10년 이상 더 일해야 했다.

15장

별의 전쟁과 탱크 전쟁

Star Wars and Tank Wars

1983년 3월 23일 저녁, 길고 검은 리무진이 로널드 레이건의 백악관 남문 앞에 멈춰 섰다. 뒷자리엔 이제 75세가 된 에드워드 텔러가 앉아 있었다. 텔러는 자신이 왜 불려 왔는지 정확히 알지 못했다. 캘리포니아에서 비행기를 타고 막 백악관에 도착한 건 사흘 전 백악관 보좌관의 전화 때문이다. 그는 레이건 대통령이 오늘 밤 텔러가 있어야 할 중요한 일이 있다고 생각한다고 전했다.

텔러는 지팡이를 짚고 절뚝이며 백악관 로비를 지나 계단을 올라 블루 룸*에 들어갔다. 대통령 국가 안보 보좌관실의 군사 담당 보좌관인 존 포인덱스터(John Poindexter) 제독이 그를 맞았다. 포인덱스터는 텔러에게 자리를 권했다. 줄을 맞추어 36개의 의자가 놓여 있었다. 다른 자리엔 레이저의 주요 발명자인 제이슨 과학자이자 노벨상 수상자 찰스 H. 타운스가 앉아 있었다.

저녁 8시, 전국에 TV로 생중계된 연설에서 레이건 대통령은 소련의 대륙간 탄도 미사일(ICBM)을 비행의 여러 단계에서 요격하는

---

* 백악관 1층에 있는 응접실 3개 중 하나. 타원형 모양이 특징으로 리셉션과 간단한 식사 등에 사용된다. 위층에과 아래층에 응접실이 두 개 더 있다.

새로운 대규모 연구 개발 프로그램을 출범시키겠다는 자신의 결정을 전 세계에 발표했다. 전략 방위 구상(Strategic Defense Initiative, SDI) 프로그램 대부분은 아직 개발 단계에 있는 수많은 첨단 기술 시스템을 필요로 했다. SDI 프로그램이 자체 조직을 갖게 될 때까지 DARPA가 이 프로그램을 이끌게 되었다.

레이건은 구상의 이유가 단순하다고 말했다. 대통령으로 취임했을 때, 소련이 핵 공격을 하는 경우 군 최고 통수권자인 자신에게 주어진 선택지가 소련을 향한 전면적인 핵 공격 뿐이라는 사실을 알고 충격받았다고 했다. 레이건은 상호 확증 파괴라는 핵 아마겟돈(지구 종말)의 그림자 속에 살고 싶지 않았다고 말했다. 미국은 소련의 미사일이 도착하기 전에 그것을 격추시킬 능력이 필요했다. 이 대담한 새 SDI가 그걸 가능하게 해 줄 것이다.

수십 년간 제이슨 과학자들과 같은 국방 과학자들은 탄도 미사일 방어라는 난제와 씨름해 왔으며, 날아오는 ICBM의 공격을 방어할 방법이 없다고 결론을 내렸다. 하지만 레이건은 기술 발전으로 멀지 않은 미래에 가능해진다고 믿었다.

SDI에는 우주에 설치하는 거대한 거울들, 우주 기반 감시와 추적 시스템, 우주 기반 전투 기지 외에도 더 많은 내용이 담겨 있었다. 그러나 즉시에 가장 많은 주목을 받았던 사항은 로렌스 리버모어 국립 연구소의 과학자들이 1970년대 이래 연구해 왔던 X레이 레이저였다. 리버모어 연구소 밖에선 매우 소수만이 그 뒤에 숨은 과학을 이해했다. 그리고 이것이 핵폭발로 만들어진다는 사실을 아는 사람은 그보다 더 적었다.

레이건이 연설한 며칠 뒤, 국방장관 캐스퍼 와인버거(Caspar Weinberger)는 의회에 SDI를 더 자세히 보고하러 가는 중이었다.

그와 나란히 걷고 있는 사람은 탄도 미사일 전문가 리처드 디로어(Richard D. DeLauer) 차관이었다. 와인버거 국방장관은 SDI 뒤에 있는 과학을 이해하는 데 어려움을 겪고 있었고, 디로어는 그것을 그에게 설명하려고 노력하는 중이었다.

"그러니 그게 폭탄이오?" 와인버거 장관은 물었다.

디로어는 솔직했다. 미사일 회사 TRW의 부사장이었고 항공 우주 공학 박사였던 그는 X레이 레이저 뒤에 있던 과학을 이해하고 있었다. "우주에서 핵폭탄을 터뜨려야 합니다." 그가 국방장관에게 말했다. "그래야 X레이를 얻게 됩니다."

와인버거는 난처했다. 대통령은 자신의 새 프로그램이 우주 핵무기와 무관하다고 대중에게 강조했다. "폭탄이 아닌 거죠? 그렇죠?" 와인버거는 두 번째로 물었다.

디로어는 조심스럽게 단어를 선택했다. 그는 X레이 레이저는 폭탄이라 불릴 필요가 없다고 했다. 그것은 "핵 사건(nuclear event)"이라고 설명할 수 있다고 했다.

1985년 《로스앤젤레스 타임스》와의 인터뷰에서 디로어는 이 대화를 단어 그대로 옮겼다. 그는 "대부분의 사람들과 마찬가지로" 국방장관도 "그 기술을 이해하지 못했다"고 말했다.

이 레이저는 1950년대 말에 찰스 H. 타운스가 발명했다. 타운스는 1964년에 노벨 물리학상을 받은 학자다. 가장 기본적인 의미로 레이저는 빛을 방출하는 장치다. 그러나 전구처럼 빛을 방출하면서 분산되는 다른 광원과 달리 레이저에서는 모든 광양자가 일렬의 같은 방향으로, 서로 정확하게 평행이 되어 일탈 없이 움직인다. 많은 사람에게 레이저는 공상과학에서 곧장 튀어나올 법한 이야기였다. 2014년에 이 책을 쓰기 위해 인터뷰했을 때, 찰스 H. 타운스는 98세였다. 그는 알렉세이 톨스토이가 1926년에 쓴 공상과학 소설《가린의 살인광선Garin Death Ray》에서 영감을 받았다고 확인해 주었다. "섬광 같은 죽음의 광선이라는 이 생각은 사람의 관심을 사로잡는 신비스러움이 있다." 타운스는 말했다. "그래서 우리는 신화 속 주피터의 번개와 공상과학에 나오는 죽음의 광선을 가지게 되었다." 톨스토이가《가린의 살인광선》을 소설로 쓴 지 50년이 지나 조지 루카스가 이 개념을 SF 영화《스타워즈Star Wars》에서 루크 스카이워커의 광선 검으로 현대화했다.

레이저, 거울, 우주와 관련한 첫 실험은 1969년에 진행되었다. 그리고 역사에서 거의 잊혀졌다. 이 실험은 사상 처음으로 2명의 인간이 달에서 걸었을 때인 1969년 7월 21일 시작됐다고 타운스는 말했다. 달의 표면에 있는 동안 "우주인 닐 암스트롱(Neil Armstrong)과 에드윈 [버즈] 올드린(Edwin [Buzz] Aldrin)은 달 표면에 여러 개의 작은 반사경들을 지구를 향해 설치했다." 달에서 38만 4,000킬로미터 떨어진 지구에서 두 팀의 우주 물리학자들은 우주인들이 거울을 설치한 정확한 위치를 주의 깊게 기록했다. 한 팀은 해밀턴 산(Mount Hamilton) 위에 있던 캘리포니아 대학 릭 천문대(Lick Observatory)에서, 다른 팀은 록 산(Mount Locke) 위에 있던 텍사스 대학 맥도날드 천문대(McDonald Observatory)에서 작업했다. 타운스는 말했다. "약 열흘 후 릭 팀이 천체 망원경을 거울이 놓인 정확한 위치로 맞추었다. 그리고 천체 망원경에 부착한 조그만 장비에 지속 시간이 극히 짧은 전력을 보냈다." 그러자 천체 망원경 안에서 "대단히 순수한 붉은 빛"의 광선이 합성 루비의 결정체로부터 나와 하늘을 뚫고 거의 진공 상태 속의 우주로 진입했다. 레이저 광선이었다.

초당 29만 7,600킬로미터인 빛의 속도로 날아간 레이저 광선이 암스트롱과 올드린이 달에 남겨 놓은 거울에 맞기까지는 채 2초가 안 걸렸다. 그리고 릭 팀은 같은 시간이 걸려 지구로 되돌아오는 "광선의 희미한 반사를 검출했다"고 타운스는 설명했다. 이 실험은 과학적 데이터를 많이 가져다주었다. 그중에서도 한 묶음의 정보는 진정으로 경이로웠다. "광선 발사에서 빛이 지구로 되돌아온 시간의 간극은 달과 지구의 거리를 센티미터의 오차 범위로 계산하게 했다. 이전에는 없었던 정확도의 측정이었다"라고 타운스는 말했다. 이 레이저 광선은 기억하지도 못할 오래전부터 천문학자나 별을 관측하는 사람이 궁금해 왔던 질문, 즉 '달이 지구에서 정확하게 얼마나 떨어져 있는지'를 알려 주었다.

우주 물리학자들이 평화적 목적으로 레이저 기술을 사용하는 동안, 국방부는 이미 레이저를 광선 무기로 사용할 방법을 찾고 있었다. 1968년 ARPA는 여덟 번째 카드(Eighth Card)라고 불린 기밀 레이저 프로그램을 만들었다. 이름조차 기밀로 분류된 다른 많은 레이저 프로그램과 마찬가지로 아직도 기밀이 해제되지 않았다. 광선 무기는 여러 장점이 있지만 속도가 가장 큰 이점이었다. 빛의 속도로 움직인다는 말은 광선 무기가 달에 있는 목표를 2초 안에 명중시킨다는 의미다.

백악관 블루 룸의 앞자리에서 레이건의 역사적인 선언을 듣고 난 다음 에드워드 텔러와 찰스 H. 타운스는 결정적으로 다른 반응을 보였다. 텔러는 그 구상을 적극 받아들여 전략 방위 구상(SDI)과 반짝이는 자갈(Brilliant Pebbles)이라 불렸던 후속 프로그램을 선도하는 과학자가 되었다. 찰스 H. 타운스는 레이건의 SDI 개념이 작동하리라 믿지 않았다.

타운스는 "기술을 모르는 대통령에게 왜 그것이 먹혀들었는지 이해할 수 있다"고 했다. "내게는 그다지 매력적으로 보이거나 해볼 만하다고 여겨지지 않았다. 그러나 원칙적인 관점에서 레이건에겐 좋은 아이디어로 들렸을 것이다. 그것은 마치 상상 속 이야기처럼 들린다."

연설이 있었던 다음 날 에드워드 케네디 상원의원은 대통령의 구상을 비판하며 "무모한 '스타워즈' 계획"이라고 지칭했다. 이 명칭이 그대로 고착됐다. 이후 대통령의 프로그램은 전 세계에 "스타워즈(Star Wars)"로 알려졌다. 공상과학과 과학이 또다시 만났다. 일반인이 실세계의 레이저, 죽음의 광선, 광선 무기를 과학적으로 이해하기는 거의 불가능하다. 그러나 공상과학은 그리 어렵지 않다.

의회는 SDI가 기술적으로 실현 불가능하고 정치적으로 무책임하다고 우려했다. 기술이 성공적이라 한들 소련과의 위험한 새 무기 경쟁을 촉발하리라고 여겼기 때문이다. 그러나 그 문제를 토론한 다음에 의회는 레이건 정부의 SDI를 승인했고, 그 이후 10년간 거의 200억 달러가 지출되었다. 흔히 클린턴 행정부가 SDI 프로그램을 철폐했다고 말한다. 사실은 SDI의 일부 요소만 철폐했다. SDI는 결코 사라지지 않았다. 2012년 《피스칼 타임스*Fiscal Times*》는 레이건 대통령이 이 구상을 처음 제안한 이래 30여 년간 1,000억 달러 이상이 SDI 기술 개발에 사용됐으며 그중 800억 달러가 지난 10년 사이에 쓰였다고 했다.

우주를 지배하려는 각축은 계속되었지만 우주에서 전면전이 벌어진 적은 아직 없었다. DARPA의 시뮬레이터 네트워킹(SIMNET)

프로그램에 참여한 과학자들과 공학자들의 관심사는 여전히 땅 위에 있었다. 래리 린 국장이 승인한 이래 SIMNET 프로그램은 꾸준히 발전해 오고 있었고 이제는 육군도 참여하고 있었다. 1984년 봄 소령이 된 잭 소프는 켄터키의 녹스 기지(Fort Knox)에 있는 전설적인 기갑학교 뒤 소나무 숲 속의 진흙 언덕을 60톤짜리 M1 에이브람스 탱크를 직접 조종해 올라가야 했다.

"우리가 SIMNET을 시작했을 때 위협은 소련 무기, 탱크와의 전쟁이었다"고 소프는 말했다. 탱크 전 시뮬레이션 구현이 우선순위의 첫 번째였다. 바람직한 목표는 진짜처럼 느껴지는 가상현실의 창조였다. 그래서 소프와 DARPA 팀은 녹스 기지 진흙 밭에서 탱크를 몰고 다니며 "탱크의 느낌을 담으려" 했다고 소프는 말했다. DARPA는 SIMNET을 구현하려는 거대한 계획이 있었다. SIMNET 센터 4개를 건설해서 각 센터마다 90대의 시뮬레이터, 총 360대의 시뮬레이터를 가동하겠다는 구상이었다. 당시 소프와 DARPA 팀은 M1 에이브람스 탱크를 모델로 최초의 시뮬레이터 2대를 개발 중이었다.

이 시뮬레이터에는 움직임이 없기 때문에 소리에 중점을 두었다. 라호야에 위치한 사이언스 어플리케이션스 인터내셔널(Science Applications International Corporation, SAIC)이 측정 장치가 설치된 훈련장에서 현장 부대와 협업하여 데이터를 수집했다. 국방 사업 계약자인 캘리포니아의 퍼셉트로닉스(Perceptronics Corporation)는 합판과 유리섬유로 만들어지는 시뮬레이터를 설계하고 음향 시설을 입혔다. "밖에 있는 사람에게 105밀리미터 탱크 포가 목표에 발사되는 소리는 믿을 수 없게 크지만 정작 탱크 안에 있는 사람의 경험은 완전히 다르다." 소프의 말이다. 포가 발사될 때 발생하는 압력 상승 때문에 소음은 거의 없다. "믿기 힘들만큼 조용하다." 내부에는 움직임만 있기에 "전혀 다른 종류의 소리"라고 소프는 전했다. 퍼셉트로닉스의 음향 전문가들은 대포가 발사될 때 진동하는 느슨한 부품들에서 나는 소리를 모사해 탱크 안의 느낌을 재현했다. "장갑차 안 박스에 놓인 동전들, 느슨한 나사, 무엇이든 꽉 조여지지 않는 것들이 떨리며 나는 소리"라고 소프는 회상했다. 덜그덕대는 소리를 전달하려고 연구소의 음향 기술자들은 금속으로 만든 파이 구이용 쟁반에 너트와 볼트를 넣어 탱크 시뮬레이터의 유리섬유 뒤에 숨긴 보조 우퍼 위에 붙여 두었다. 그다음에 ARPANET의 주 사업 계약자였던 보스턴의 볼트 베라넥과 뉴먼이 시뮬레이터의 그래픽과 네트워킹 기술을 개발했다.

1986년 녹스 기지에서 열린 연례 장갑무기 회의는 SIMNET 역사의 기념비적 사건이었다. 그곳에서 사상 처음으로 DARPA의 SIMNET 시뮬레이터 2대가 시험 가동됐기 때문이다. 프레더릭 "릭" 브라운(Frederic "Rick" Brown) 장군과 다른 장군이 시험을 맡았고, 이 모의 전쟁 게임을 그들이 어떻게 보느냐에 사업의 미래가 달려 있었다. 소프는 첫 번째 시뮬레이터 2대가 "유리섬유와 합판으로 만들어졌고 포신을 조종하는 손잡이가 하나 있었으며 완성도로 따지자면 약 80퍼센트"였다고 회고했다. 2대의 탱크 시뮬레이터는 6미터 정도 떨어져 설치되었다. 장군들은 각자 자리에 앉았고 DARPA 팀원들도 우르르 들어갔다.

"누구에게도 가상 세계의 경험은 없었다." 소프는 말했다. "브라운 장군이 앞에 있는 화면에 표시된 다른 탱크의 아이콘을 보고 있었다. '저기 탱크가 있습니다. 그게 [적] 장군입니다'라고 말했다. 그는 잘 모르는 듯했다. 그래서 내가 말했다. '포신을 돌려 상대 탱크를 겨냥하십시오.' 그러자 포신이 돌아갔다. 브라운 장군은 약간 어리둥절하다 무언가 알아차린 듯했다. 나는 그렇게 생각했다." 소프의 회상이다. "나는 그에게 포를 장전하라고 말했다. '장군, 여길 격발하면 상대 장군을 쏠 수 있습니다'고 했다."

브라운 장군은 가상의 무기를 발사하고는 화면 위에 다른 장군의 탱크가 폭발하는 모습을 보았다. 가상 세계가 "전부 어두워졌다." 소프는 회상했다. "상대 장군과 그의 승조원들은 모두 '죽었다.'" 유리섬유와 합판으로 만들어진 다른 탱크에서 소프는 상대 장군이 외치는 소리를 들었다. "다시 해!" 그의 시뮬레이터 안에서 두 번째 장군의 탱크가 다시 살아났다. 그는 포신을 돌려 브라운 장군을 향해 발사했다.

"다시 해!"라는 소리가 들린 순간, 두 장군이 모두 SIMNET을 긍정적으로 본다고 확신하게 됐다고 소프는 말했다. "가상 세계에서의 행동은 실제 세계에서의 행동과 같았다"고 소프는 전했다.

첫 시운전이 있고 나서 두 육군 장군의 추인과 함께 SIMNET 프로젝트는 중대한 계기를 맞았다. DARPA 팀은 이제 생산 단계로 접어들었다. 9개월 만에 DARPA는 녹스 기지에 작은 코스트코(Costco) 매장 같은 건물을 하나 건설했다. 그 안에 70대 가량의 탱크 시뮬레이터들이 있었다. 각 시뮬레이터는 유리섬유로 만들어졌고 크기는 실제의 M1 에이브람스 탱크나 브래들리(Bradley) 전투 장갑차 정도였다. "건물은 아이스하키 경기장처럼 설계됐다"고 소프는 말했다. 전력선과 시뮬레이터를 이어 주는 연결선은 천장에서 떨어져 내렸다. "독립 전차 대대 전부가 SIMNET 센터에 들어오고 마치 실제 탱크전을 치르듯 함께 훈련을 시작한다." 실제 세계의 문제들이 그대로 주어진다. "만약 가상 전원을 밤새 켜 두면 아침에 당신 탱크의 배터리는 방전되고 만다." 소프는 회상했다. "만약 지형지물에 주의를 집중하지 않고 독도법을 훈련해 두지 않으면 가상 전투 지역에서 길을 잃고 만다. 그것은 힘 대 힘의 싸움이다. 한 집단과 다른 집단이 맞서는 양상이었다." 경쟁은 그 훈련을 전혀 다른 수준으로 끌어올렸다. "이기려는 욕구는 적을 어떻게 타격하느냐에 관한 새로운 개념을 생각해 내도록 강제했다."

두 번째 SIMNET 센터가 조지아의 베닝 기지에 건설됐고 공격용 헬기 훈련을 목적으로 또 다른 센터가 앨라배마의 러커 기지(Fort Rucker)에 세워졌다. 1988년에는 전투 장갑차용 네 번째 SIMNET 센터가 독일 그라펜보어(Grafenwoehr) 미 육군 주둔지에 세워졌다. DARPA의 SIMNET 센터에서 미 육군은 전쟁을 준비하는 전혀 새로운 방법을 보았다. 그러다 국방부가 전혀 예상하지 못한 새 센터의 건립을 요청해 왔다.

"펜타곤의 고위 인사들이 그들만의 시뮬레이션 센터를 원했다." 이 센터의 엔지니어링을 담당한 닐 코스비의 회상이다. 이 센터를 건립할 장소로 DARPA의 오랜 동반자였고 알렉산드리아의 DARPA에서 그리 멀지 않은 곳에 있던 국방 연구원이 선정됐다. 국방 연구원은 노스 보르가드 가 1801번지의 노란 벽돌과 유리로 만들어진 대학처럼 보이는 건물에 있었다. 1988년 DARPA는 식당을 포함한 건물 1층 대부분을 넘겨받아 그곳에 펜타곤 고위직이 사용할 시뮬레이션 센터를 건립했다. 코스비는 건설 과정을 회상했다. "우리는 모든 창문을 위장막으로 가렸다. 발포 고무로 가상의 활주로를 건설하고 유리섬유 헬리콥터, 탱크, 항공기 조종석을 설치한 다음 그 모두를 네트워크로 연결하고 음향 설비를 갖추었다." 마침내 다른 어떤 SIMNET 센터에도 없던 신비스러운 장치가 하나 추가됐다. 코스비와 소프는 그 장치를 "하늘을 나는 카펫(flying carpet)"으로 불렀다.

"그것은 비행 조종사나 탱크 운전자나 포수가 아니라 [참가자가] 스스로 가상 세계 어느 곳에도" 비행 상태로 존재하게 해 준다고 코스비는 말했다. "그것은 당신을 투명인간처럼 만들어 준다." 당시 이 보이지 않는 요소의 자세한 내용은 기밀로 분류되어 있었다. 하늘을 나는 카펫이란 장치가 보안 등급이 높은 펜타곤의 고위 관리들에게 스텔스 전투기를 타고 가상의 전쟁터 위를 비행하는 경험을 제공했기 때문이다. DARPA가 1974년에 시작한 "첨단 스텔스 항공기" 프로그램의 결과물이었다.

10년의 세월을 거쳐 DARPA와 육군은 3억 달러를 지출해 시뮬레이션 기술을 개발했다. 1990년 여름 SIMNET 시스템은 육군으로 넘겨졌다. 그 첫 번째 대규모 사용은 플로리다 탬파(Tampa)에 있는 미 중부사령부(U. S. Central Command, CENTCOM)가 실시한 전쟁 게임 연습이었다. 몇 년간 중부사령부는 격년으로 전쟁 게임 훈련을 해 왔다. 현실 세계의 위기 대응 계획에 토대를 둔 훈련으로 인터널 룩(Internal Look) 작전이라 불렀다. 이 게임을 통해 중부사령부 전투 지휘관과 부대원들은 지휘, 통제, 통신 기술을 훈련했다. 이 훈련은 미군이 특정 지역을 침공한 가상의 소련군에 맞서 신속하게 대응하는 미리 짜여진 전쟁 시나리오를 포함한다. 과거에는 이란의 자그로스 산악 지역(Zagros Mountains)이나 독일의 풀다 갭(Fulda Gap)과 같은 냉전 시대의 장소에서 진행되었다.

1990년 여름, 냉전의 분위기가 바뀌었다. 8개월 전 베를린 장벽이 무너졌다. 중부사령부 총사령관 노만 슈워츠코프(Norman Schwarzkopf) 장군은 1990년 인터널 룩 훈련에서 소련이 아닌 다른 적을 상대로 SIMNET 기반 전쟁 게임을 실시하기로 결정했다. 사담 후세인 이라크 대통령과 세계 4대 대군이기도 한 그의 군대를 상대로 한 가상 전쟁 계획이 수립됐다. 이 계획에서 이라크는 이란과의 8년간의 전쟁을 끝내고 사우디아라비아의 유전 지역을 공격한다. 이에 맞서 미군은 미국의 동맹 사우디아라비아를 도우려 참전한다. 새로운 SIMNET 기술이 활용되기 때문에 사우디아라비아, 이라크, 그리고 이웃 국가인 쿠웨이트의 현실적인 데이터, 가령 지리적인 사항, 건물들, 도시 인구 등이 사상 처음으로 전쟁 게임 시나리오에 반영되었다. 전쟁 게임을 실시하면서 중부사령부 전투 참모들은 컴퓨터로 만들어진 가상의 중동 도시들과 광활한 사막 지형에서 탱크를 몰고 항공기를 조종하며 병력을 이동시켰다. 이는 SIMNET 시뮬레이션의 놀라운 정확성과 정밀함으로 수행되었다.

"우리는 에글린(Eglin) 공군 기지에 컴퓨터와 통신 장비로 완벽하게 가상의 사령부를 구축하고 1990년 7월 말 인터널 룩 전쟁 게임을 실시했다." 슈워츠코프 장군은 회고록에 썼다. 그리고 모두에게 놀라운 일이 전쟁 게임 훈련이 벌어지던 마지막 날인 1990년 8월 4일 발생했다. 이라크가 석유 자원이 풍부한 이웃 소국 쿠웨이트를 침공했다. 가상이 아니라 실제였다. 기괴한 사건의 전개였다. 과학과 공상과학이 또다시 서로 만났다.

몇 달 지나 걸프전이 시작되고 끝났다. 슈워츠코프 장군은 실제 전쟁이 시뮬레이션에서 벌어졌던 전쟁과 이상하리만치 비슷했다고 언급했다. "걸프전이 진행되면서 이라크의 현실 속 지상군과 공군의 움직임들은 전쟁 게임의 가상 시나리오와 섬뜩하게 평행을 이루었다."

16장

걸프전과 전쟁 이외의 작전들
The Gulf War and Operations Other Than War

국방장관 딕 체니(Dick Cheney)는 펜타곤 집무실에 앉아 중국 음식을 먹고 있었다. 1991년 1월 16일 오후 6시 직후였다. 앞에 놓인 원탁엔 종이 상자에 담긴 음식이 있었다. 채소 볶음, 춘권, 그리고 밥이었다. 벽에 걸린 TV에서는 CNN의 기자들이 아직 한밤중인 이라크 바그다드에서 전장의 소식을 전하고 있었다. 저녁을 먹으며 체니 장관은 기자들의 보도를 주의 깊게 들었다. 그가 뉴스를 보던 바로 그 순간, 기자들을 비롯해 바그다드에 있던 모든 사람들이 곧 벌어질 현실을 전혀 모르고 있다는 게 이상하고 심지어 비현실적으로 느껴졌다고 나중에 회고했다. 바그다드를 공격하기 위해 DARPA가 개발한 엔진을 탑재한 지상 공격용 토마호크(Tomahawk) 미사일이 발사되었고, DARPA 프로그램으로 탄생된 F-117A 스텔스 전투기들이 비행을 시작했다. 특히 토마호크는 돌이킬 수도 없었다. 전쟁은 한 시간도 채 남지 않았다.

국방장관 집무실 바로 아래층에서는 합참의장 콜린 파월 장군이 타격 목표들을 검토하고 있었다. 미사일과 폭탄은 사담 후세인의 각 군 사령부, 통신 탑, 발전소, 레이더 기지 등을 타격해 파괴하도록 설정되어 있었다. 체니 장관은 "첫날밤에 충분히 폭탄을 안겨주자"가 작전이었다고 나중에 말했다. 어떤 방식이든 단계적인 전쟁 확대는 베트남 전쟁의 악취를 풍겼다. 이라크 전쟁 계획은 야심찬 전략이었다. 바그다드는 정교한 방공망 때문에 모스크바 다음, 즉 세계에서 두 번째로 항공 방어가 튼튼한 도시였다.

바그다드 시간으로 새벽 2시 30분이 갓 지난 시각, 달이 없는 하늘 아래 도시는 어둠에 잠겨 있었다. 그레그 "비스트" 피스트(Greg "Beast" Feest) 소령은 걸프전의 첫 폭탄을 투하할 준비를 하고 있었다. F-117A 스텔스 전투기를 몰아 목표 지점으로 가면서 피스트 소령은 엄습하는 두려움에 압도됐다.

"두 가지 생각이 오갔다." 피스트는 나중에 회상했다. "첫 번째는 내가 목표물을 식별할 수 있을까? 두 번째는 공군은 내가 이 폭탄을 투하하길 원할까?" 그러나 의문은 몇 초만 머무르고는 순식간에 사라졌다. "목표 지역에 접근하면서 아드레날린이 솟구쳤다. 본능이 치고 올라왔다. 폭탄이 장전되었다."

피스트 소령의 목표물은 바그다드 남서쪽 누카이브(Nukayb) 공군 기지의 정보 작전 센터다. 이라크 레이더 네트워크와 방공 본부를 연결하는 핵심 고리인 이 센터가 파괴되면 스텔스 기능이 없는 항공기들도 이라크에 무사히 진입할 수 있게 된다. 피스트는 눈 앞에 있는 화면을 내려다보았다. 그는 "내가 목표물을 추적하자 레이저가 발사되기 시작했다"고 말했다. "내가 한 일이라곤 고도로 정교한 비디오 게임이라고 부른 그 놀이를 잠시 했을 뿐이었다. 30분 뒤, 나는 사우디아라비아로 돌아왔다."

정확하게 현지 시간 새벽 2시 51분에 F-117A 무장창의 문이 열리고 900킬로그램이 넘는 레이저 유도 GBU-27 폭탄이 전투기에서 떨어져 나와 목표물로 향했다. 피스트 소령은 앞에 있는 화면을 통해 그다음에 어떤 일이 발생했는지 보았다. "십자선을 지나 벙커를 관통하는 폭탄을 보았다. 폭탄이 만든 구멍에서 폭발이 일어나 벙커의 문들을 날려 버렸다." 피스트의 폭탄 공격으로 누카이브 센터의 절반이 파괴됐다.

"비디오 게임은 끝났다." 피스트는 당시 자신의 생각을 회고했다. 그러나 이건 비디오 게임이 아니라 전쟁이었다. 피스트 소령은 그 첫 폭탄을 투하했을 뿐이다.

정확하게 1분 뒤에 두 번째 레이저 유도 폭탄이 두 번째 F-117A에서 투하되어 누카이브 빌딩의 나머지 절반을 날렸다. 피스트는 스텔스 전투기를 몰아 기지로 돌아오면서 놀라운 광경을 목도했다. 하늘에는 그를 향해 맹목적으로 발사되는 수없이 많은 방공포가 있었다. "나는 하늘로 발사되어 내 고도의 앞뒤로 날아가는 여러 발의 지대공 미사일을 보았다." 그러나 어느 하나 그를 향해 유도되지 않았다. F-117A는 레이더에 잡히지 않았다. DARPA의 스텔스 기술 프로그램은 전쟁에 혁명을 일으켰다.

10대의 F-117A가 추가로 바그다드 시내에 있는 목표물에 폭탄을 투하하러 비행에 나섰다. 전쟁이 시작된 첫 24시간 내에 미 공군력의 2.5퍼센트에 지나지 않는 총 42대의 스텔스 전투기가 작전에 투입됐고, 이라크 목표물의 31퍼센트를 파괴했다. 전투에 기술이 투입된 셈이며 이는 미국에 전술적 우위만이 아니라 심리적 우위까지 주었다. 스텔스는 은색 탄환(silver bullet), 완벽한 해결책이었다. 그 덕에 미국의 제트 전투기들은 몰래 이라크 영공으로 들어가 적의 방공망을 파괴하고 아무 손실 없이 되돌아왔다. 하지만 이라크 대통령 사담 후세인은 이렇게 선언했다. "거대한 대결이 이제 시작됐다! 모든 전투의 어머니*가 벌어진다."

바그다드에 대한 미공군의 작전은 후세인의 바트당 군사 시설을 초토화시켰다. 레이저 유도 폭탄, 적외선 야간 폭격 장비, 그리고 스텔스 전투기에 이라크 공군은 속수무책이었다. 보복에 나선 이라크는 이스라엘과 사우디아라비아를 향해 스커드 미사일을 발사했으나 미국의 패트리엇 미사일이 대부분 곧바로 격추시켰다. 패트리엇 미사일이 전투에서 미사일 요격용으로 처음 발사된 사례였다. 국방부는 패트리엇이 거의 완벽에 가까운 수행 능력을 보였다고 대외적으로 강조했다. 그러나 기밀 통신에서는 다른 이야기가 오고간다. 사우디아라비아와 이스라엘에 27개 포대를 운영 중인데, 각 포대는 날아오는 스커드 미사일 1대당 거의 10발의 패트리엇 미사일을 발사했다. 처음에는 납득이 안 되는 숫자였다. 특히 합참 부의장 고든 설리번(Gordon R. Sullivan) 장군은 어이가 없었다. '하늘에서 날아오는 스커드 미사일 한 발을 맞추는 데 왜 패트리엇 미사일을 10발이나 쏴야 하지?' 기밀 조사에 따르면 이라크의 스커드 미사일은 조잡한 제작 품질 때문에 최종 단계에서 파열되어 지상에 떨어질 때 여러 조각으로 나뉜다고 한다. 이 여러 개의 파편이 패트리엇 미사일 시스템을 혼란에 빠트려 각 조각이 추가 탄두라 착각하게 만든다고 한다. 형편없는 제작 능력이 의도치 않게 가난한 자의 매우 정교한 다탄두 무기를 만들어 낸 셈이다. 독립적으로 목표물에 재진입하는 다수의 탄두로 적을 혼란시킨다는 개념은 30년 전에 제이슨 과학자들이 꿈꾸었던 방법이다.

---

* 최악의 전쟁이라는 의미로 한 말로, 'the mother of all battles'는 이라크가 걸프전을 지칭하는 말이다.

미군에게 걸프전은 시스템 복합 체계의 능력을 과시하는 기회였다. 첨단 기술이란 측면에선 스텔스 전투기가 가장 많은 관심을 받았지만 그에 못지않게 혁명적인 DARPA의 다른 장비들도 이라크 상공을 날아다녔다. 스텔스 전투기처럼 날렵하거나 눈에 두드러지지는 않았지만 말이다. 많이 보도되지는 않았지만 드론은 시스템 복합 체계에서 눈에 띄는 역할을 했다. 드론은 원격으로 조종되는 크고 작은 장비로, 지리 정보를 수집해 토마호크가 목표물을 정확히 찾아가도록 도움을 주었다. 드론은 522번이나 출동해 모두 1,641시간을 비행했으며 그중 다수는 베트남전에서 비롯된 DARPA의 기술에 근거했다. 적외선 탐지기를 장착한 드론의 카메라는 위장막에 가려 있거나 모래 둔덕 뒤에 숨은 장비들이나 지상군을 쉽게 찾아냈다. 드론들은 정보를 보내 왔고 해당 목표물을 제거하는 데 활용됐다. 한 사례를 보자면 일군의 이라크 병사들이 은거지에서 나와 항복의 의사로 흰색 기를 휘날리는 모습이 인근 상공을 날던 드론에 잡혔다. 적군의 투항 모습이 기계에 기록된 최초의 사례다.

또 다른 DARPA 기술의 주력은 전장의 상공 1만 2,000미터를 맴돌던 4발 엔진의 보잉 707-300이다. DARPA의 합동 감시 표적 공격 레이더 시스템(JSTARS)으로, 전투 현장의 상공을 경기장을 돌듯 비행하면서 지상의 상황을 관리하는 지휘, 통제, 통신 센터였다. JSTARS는 육군과 공군이 함께 운영하며 동체 앞부분 아래 약 12미터짜리 카누 형태의 레이더 돔이 장착된 항공기였다. 돔 안에 있는 2층 집 높이의 레이더 안테나가 지상의 육군 기지에 정확한 목표 정보를 송출한다. 이 레이더는 적진 깊숙이 돌아다니는 차량들을 탐지, 탐사, 추적할 수 있었다. JSTARS는 "군단 규모의 전장 지역 위에서 실시간 감시"를 해냈던 최초이자 유일의 공중 플랫폼이었다.

JSTARS에 실린 컴퓨터 소프트웨어는 너무 복잡해서 명령어 라인이 60만 줄이나 필요했다. 앞서 미군이 개발한 다른 C3 시스템보다 대략 3배 이상 많은 명령어 라인이었다. 16년 전에 DARPA는 자동화된 정찰과 타격용 프로그램인 어썰트 브레이커 때문에 이 시스템 복합 체계를 개발하기 시작했는데, 이제 전쟁터에서 실제로 활약하고 있었다.

JSTARS는 하늘에 떠서 모든 상황을 한눈에 보는 사령관 같았다. 지상 5만 제곱킬로미터에서 벌어지는 상황을 지켜보며 320-400킬로미터 밖에서 움직이는 목표물도 탐색해 낸다. 구름과 모래폭풍 등 기상 악화나 어둠 속에서도 "탐지"가 가능하다. DARPA의 역사 문헌은 JSTARS의 최초 제품 2대가 걸프전에서 비행하며 "전쟁 역사상 처음 실시간으로 전장을 지켜보고 전술적 결정을 내릴 수 있는" 정보를 제공했다고 기록했다. 2월 1일 16킬로미터나 계속된 이라크의 기갑 탱크 행렬이 사우디아라비아로 향했다. JSTARS는 이를 본 다음, 연합군 항공기를 출격시켰다. 공중에서 폭격이 계속되면서 출격 회수는 4만 회를 넘어섰다. 미 공군이 제2차 세계대전 마지막 14개월 동안 일본을 향해 출격했던 횟수보다 1만 번이나 더 많았다. 펜타곤은 미군의 시스템 복합 체계가 무엇을 얼마나 파괴했는지 어안이 벙벙해지는 통계를 제공했다. 이라크의 탱크 4,280대 중 1,300대, 대포 3,110문 중 1,100문, 기갑 차량 2,800대 중 800대였다.

그다음으로 지상전이 사우디아라비아 시간으로 2월 24일 일요일 오전 4시에 시작되었다. 사담 후세인은 라디오 방송을 통해 "모든 힘을 다해" 죽이라고 병사들을 독려했다. 이틀 뒤 걸프전을 끝낸 결정적인 전투는 20세기의 마지막 위대한 탱크전인 73 이스팅 전투 (Battle of 73 Easting)로 나중에 알려졌다. 역사상 위대했던 수많은 탱크전이 전투가 벌어진 도시의 이름으로 명명됐던 사례와 달리 73 이스팅 전투는 GPS 좌표로 이름이 지어졌다.

2월 25일 M1A1 에이브람스 탱크 800대가 사우디아라비아와 맞닿은 이라크 남부 국경에 포진했다. 다음 날 아침 사담 후세인의 공화국 수비대 타와칼나(Tawakalna) 탱크 사단에 퍼부은 공격은 제2 장갑 기병 사단(Second Armored Cavalry Division)이 시작했다. 선봉에서 공격을 이끈 3개 부대는 귀신(Ghost), 독수리(Eagle), 강철(Iron) 이었다. 제2 장갑 기병 사단은 독일 그라펜뵈르에 주둔해 있었으며, 페르시아만에 파견되기 전에 DARPA의 SIMNET 시뮬레이터로 훈련했었다. 잭 소프와 그의 DARPA 동료가 녹스 기지 주변에서 몰았던 M1 에이브람스 탱크는 새로운 강력한 무장 시스템인 열화상 야간 투시경을 장착했다.

걸프전을 끝낸 전투가 벌어졌던 날 아침은 내내 악천후가 계속 됐다. 간밤에 쏟아진 비로 평평하고 길 없는 사막은 짙은 안개와 구름으로 뒤덮여 있었다. 오후 3시 30분경 잠시 해가 떠올랐다. 그러나 다시 모래 폭풍이 불어왔다. 이 악천후와 쿠웨이트 유전에서 타는 불 때문에 사막을 가로지르는 짙고 검은 연기로 사방이 깜깜했다. 이라크 타와칼나 탱크 사단 포수들은 앞을 볼 수가 없었다. 그러나 제2 장갑 기병 사단은 그렇지 않았다. 열화상 시스템으로 무장한 M1A1 탱크들 때문에 미군은 어둠 속에서도 볼 수 있었다. 야간 투시경은 1966년 ARPA가 그 주제를 처음 언급한 안내서, "군사 적외선 기술 편람(Handbook of Military Infrared Technology)"이 발표된 이래 DARPA가 계속 발전시켜 온 과학이었다. 적외선 투시경은 베트남전 당시 빽빽한 정글의 어둠 속에서 시야를 확보하는 데 도움을 주려고 개발되었다. 이제는 사막에서 사용된다.

"우리는 열화상을 가졌다." 표범(Cougar) 대대의 대대장으로 현장에서 73 이스팅 전투를 지켜본 더글러스 맥그리거(Douglas Macgregor) 소령은 말했다. "이라크군은 없었다. 따라서 우리의 화력은 극히 정확했다. 점을 찍듯. 우리는 우리가 파괴하려는 목표물을 보았고, 상대는 보지 못했다." 2월 26일 오후 4시 10분쯤 제2 장갑 기병 사단의 독수리 중대가 공격을 개시했을 때, 이라크 공화국 수비대는 전혀 알아차리지 못한 채 기습당했다. 30분이 채 지나지 않아 독수리 중대는 이라크 탱크 T-72 28대, 장갑 수송차 16대와 트럭 39대를 파괴했고, 미군의 피해는 전무했다. "전투 승리에 고작 23분이 걸렸다." 퇴역 4성 장군인 폴 고만은 의회에서 말했다. "미국만이 GPS와 이미지, 그리고 열화상 발사 통제 시스템의 이점을 누렸다."

이라크 육군은 압도당했다. 이라크 병사들은 기지에서 집단으로 탈출하기 시작했다. 이라크군이 쿠웨이트 도시에서 대량으로 탈출하는 동안 JSTARS는 도망치는 수천 대 차량들의 위치 정보를 항공기가 폭격하도록 정확하게 전달했다. 이라크의 80번 고속도로를 따라 늘어선 파괴된 차량의 선명한 사진들은 시스템 복합 체계가 얼마나 잘 작동했는지 시각적으로 잘 보여준다. JSTARS 정찰기와 스텔스 항공기, GPS 위성 항법, 폭격기, 레이저 유도 폭탄, 야간 투시경 등 미국과 미국의 기술이 부여해 준 화력은 엄청난 살상력을 발휘했다. 1,500대에서 2,000대에 이르는 불타고 버려진 이라크 탱크와 벤츠 세단, 훔친 쿠웨이트 소방 트럭과 미니밴 등이 길 위에 방치됐다. 불타 버린 시신과 나뒹구는 슬리퍼, 여행용 가방과 과일 상자

등이 널려 있었다. 희생자 일부는 유명한 폼페이의 시체들처럼 엎드려 무언가를 향해 팔을 뻗는 모습으로 불타 죽었다. 세계 언론은 이라크와 쿠웨이트를 잇는 4차선 고속도로를 "죽음의 고속도로"라 불렀다.

언론에 부정적인 이야기들이 번지는 상황을 염려한 콜린 파월 합참의장은 슈워츠코프 장군을 만나 이 문제를 논의했다.

"텔레비전 보도는 우리가 마치 무작정 살육에나 몰두하는 집단으로 보이도록 만들기 시작했다." 파월은 말했다.

"저도 같은 문제를 생각해 왔습니다." 슈워츠코프 장군이 답했다.

파월은 슈워츠코프 장군에게 어찌하고 싶은지 물었다. 그는 자신이 하루 더 폭격하도록 승인했다며 "하루만 더 하면 됩니다"라고 말했다.

그다음 날인 2월 27일 늦은 밤, 조지 H. W 부시 대통령은 페르시아만에서 "공격 전투의 중지"를 선언했다. 그리고 이라크와의 영구적인 휴전 조건을 제시했다. 걸프전은 1달 12일간 지속됐다.

휴전 일주일 만에 워싱턴 D.C.에서 DARPA 국장 빅터 레이스(Victor Reis)는 합참 부의장 고든 설리번 장군과 오찬을 했다. 설리번 장군은 전에 녹스 기지의 장갑 센터에서 부사령관으로 근무했었으며 SIMNET의 지지자였다. 점심 자리에 설리번 장군은 국방부에서 발간하는 군사 전문 일간지인 《성조지 Stars and Stripes》 한 부를 들고 왔다. "고스트 중대의 73 이스팅 전투"라는 헤드라인을 가리키며 레이스에게 DARPA가 73 이스팅 전투를 다시 시뮬레이션으로 만들어 훈련 도구로 사용하게 할 수 있느냐고 물었다. 레이스는 가능한

지 알아보겠다고 답했다.

레이스는 이 아이디어를 국방 연구원 SIMNET 센터의 닐 코스비에게 타진했다. "나는 빅에게 좋은 생각이라고 말했다." 코스비 대령은 2014년에 회상했다. "우리는 시뮬레이션을 만들 수 있고 만들어야 한다고 말했다." 그는 73 이스팅 전투를 시뮬레이션으로 만드는 일은 "궁극적인 사후 보고서"가 되리라고 생각했다. 기술을 통해 배울 게 많았다.

며칠 만에 개리 블로돈(Gary Bloedorn) 대령이 이끄는 DARPA 팀이 구성되어 전투에 참여했던 병사들을 인터뷰하고자 이라크로 떠났다. 블로돈과 DARPA 팀원들은 다양한 설명을 들었고, 노트와 무전 통신을 읽었으며, 지휘 차량에서 한 병사가 만든 음성 녹음도 들었다. 팀원들은 GPS의 73 이스팅 좌표로 이동하여 전장을 돌아다니며, 현장 증거를 기록하고, 미군의 탱크 포 발사 지점과 파괴된 이라크 차량까지의 거리를 측정하기도 했다. 그러고 나서 국방 연구원으로 돌아와 취합한 자료를 입력하고 전투를 초 단위로 재구성했다. 6개월이 걸렸다.

초안이 완성되자 재구성 팀은 독일로 넘어갔다. 73 이스팅 전투에 참여했던 사람들 대부분이 거기 주둔해 있었기 때문이다. DARPA 팀원들은 병사들에게 실제 벌어진 전투를 SIMNET이 어떻게 재구성했는지 보여 주었다. 그들의 반응을 메모하고 정확도를 기하려고 조정 작업까지 마쳤다. 국방 연구원으로 돌아온 팀원들은 또다시 6개월간 더 작업한 후 전투에 참여했던 지휘관들을 만나 최종 검토를 거쳤다. 재구성 팀은 사후에 "실제 전투를 재구성하는 일"이 가능하다는 사실을 증명했다고 코스비는 말했다. 이제 그 쇼를 의회로 가져갈 때가 됐다.

1992년 5월 21일 상원 군사 위원회 위원들에게 DARPA의 SIMNET 시뮬레이션을 보여 주었다. 퇴역 장군 폴 고만이 모두발언을 했다. SIMNET 시뮬레이션을 틀기 전에 고만은 시뮬레이터를 가리키며 기계를 소개했다.

"여러분 앞에 있는 다소 위압적인 그래픽 장치는 전쟁 도구입니다." 고만은 위원들에게 말했다. "인간에게 전투의 복잡성과 혼란 그리고 운동학을 이해시키려고 설계된 장비입니다." 고만은 한때 조지 패튼(George Patton) 장군이 했던 말을 청중에게 상기시켰다. "전쟁에서 싸우고 승리하는 건 사람이지 기계가 아닙니다." 고만은 그러나 세상은 변했고 이제는 기계가 전장에서 인간을 돕는다고 했다. 과거에는 전쟁 이야기가 전투의 유일한 기록이었지만 컴퓨터 시뮬레이션이 그것을 바꾸었다.

"시뮬레이션이 전쟁 준비의 핵심이라는 점을 촉구하려고 이 자리에 왔습니다." 고만의 말과 함께 73 이스팅 전투의 시뮬레이션이 23분간 플레이되었다. 의회의 반응은 "와우"였다고 코스비는 회상했다. 군은 컴퓨터 시뮬레이션을 전쟁 훈련의 주요 도구로 도입하기 시작했다.

DARPA의 어썰트 브레이커 개념은 걸프전에서 그 결과를 보여 주었고, 펜타곤의 공기는 새로워진 흥분으로 가득했다. 베트남 전쟁 이래 국방부는 무능과 불신에 뿌리박은 군에 대한 대중의 인식 때문에 괴로워했다. 걸프전이 그것을 바꾸어 놓았다. 펜타곤은 이제 다시 능력 있는 존재가 되었다. 걸프전은 빠르게 끝났고 사망자 수는 놀랍도록 적었다. 전투 중에 미군은 390명이 사망했고 458명이 부상을 입었다. 연합군에서는 모두 510명의 사상자가 있었다. 조지 H. W. 부시 대통령은 심지어 승리에 겨워 선언했다. "마침내 우리는 베트남 증후군을 완전히 극복했다!"

그러나 그 낙관은 오래가지 못했다.

1993년 10월 3일 이른 오후였다. 소말리아의 모가디슈(Mogadishu)는 무법천지의 기근에 찌든 도시로, 무장 민병대와 군벌들의 지배를 받았다. 10개월 전에 평화 유지로 시작된 임무는 점차 일련의 긴급 특수 부대 작전들로 발전해 갔다. 바로 그 날 태스크 포스 레인저(Task Force Ranger)라 명명된 합동 특별 작전팀은 육군 레인저(Army Ranger), 네이비 실(Navy Seal), 델타 포스(Delta Force) 등의 엘리트 미군 요원으로 구성됐으며, 고위급 소말리아 장교 둘을 생포하는 임무에 나섰다. 이 둘은 전쟁 군벌이자 대통령 당선자인 파라 아이디드(Farrah Aidid) 장군의 부하였다. 아이디드의 부하들은 시내 올림픽 호텔에서 멀지 않은 2층 빌딩에 숨어 있었다.

임무가 시작된 지 15분이 지났고 모든 일은 작전대로 흘러갔다. 지상 병력이 목표 지역에 도착했고 생포한 24명의 소말리아 민병대들을 호송 트럭에 싣고 있을 때, 일련의 치명적인 사건이 벌어지기 시작했다. 호출명이 슈퍼 61(Super 61)인 블랙호크 헬리콥터 한 대가 미군 병사를 기지로 다시 수송하려고 목표 건물에 접근하고 있을 때, 갑자기 소말리아 민병대들이 인근 지붕에 몰려들어 헬리콥터를 향해 로켓 추진 유탄 한 발을 발사했다.

특별 작전 팀장 중 1명이었던 놈 후텐(Norm Hooten)이 경악하며 이를 바라봤다. 블랙호크가 "꼬리 쪽에 명중되자 서서히 회전하기 시작했다." 후텐은 회상했다. "치명적인 충격이었다." 슈퍼 61은 통제 불능 상태의 회전에 빠져들었다. 헬기는 거리로 추락했고, 조종사 둘이 충격으로 즉사했다. 국방부가 2013년 공개한 추락 현장을 녹화한 영상에서 군 통신 시스템으로 누군가 외치는 목소리가 들렸다. "블랙호크 하나가 추락한다! 블랙호크 하나가 추락한다!"

15명의 전투 수색 구조팀과 MH-6 리틀 버드(Little Bird) 헬기가 지원을 위해 추락 현장에 달려갔다. 그러나 성난 소말리아 군중 수백 명이 인근 거리에 모여들어 불타는 타이어와 쓰레기 등으로 바리케이드를 만들고 접근을 방해했다. 총격전이 이어지면서 미군은 갇혔고 폭력적인 군중과 대치하게 됐다. 호출명 슈퍼 64인 두 번째 블랙호크 한 대가 더 격추되면서 상황은 더욱 나빠졌다. 또 다른 소말리아 군중들이 두 번째 추락 현장 근처로 몰려들었다. 군중들은 조종사 중 1명인 마이클 듀런트(Michael Durrant)를 제외하고 나머지 미군을 다 죽여 버렸다. 레인저와 델타 포스 팀원들이 거리로 나서 포위된 동료들을 엄호하고 수색 구조 작업을 벌이려 시도했다. 혼란스럽고 치명적인 전투가 그다음 날 아침까지 밤새 계속됐다. 모두 끝났을 때 미군 18명, 파키스탄과 말레이시아 병사 각 1명이 죽었고 전부 80명이 부상을 입었다. 대충 3,000명으로 추산되는 불명의 소말리아인들이 사망했다.

이는 비대칭 전쟁이다. 근본적으로 다른 수준의 군사력을 지닌 두 집단의 전투다. 우월한 군사력을 보유한 집단인 미국이 훨씬 많은 적들을 사살했지만 미군의 손실이 전 세계의 텔레비전 화면에 그대로 드러났다. 길거리에서 반쯤 나체이고 피투성이인 미군 조종사와 병사들의 시체들을 끌고 다니는 소말리아 폭도들을 찍은 이미지는 충격적이었다.

모가디슈 전투는 현대 미국 군사 문제에 있어 전환점이자 분수령이었다. 걸프전에서 과시됐던 미 군사력의 힘과 사기는 다시 약화됐다. 약 2,500년 전에도 모든 전쟁 계획가는 사람이 가득한 장소에서는 전투를 피해야 한다는 걸 알고 있었다. 중국의 손자는 "도시 공격은 최악의 전략이다"라고 말했다. 이번에 발생한 일을 대비한 연습은 전혀 없었다. 미군은 지옥 같은 상황으로 끌려들어 갔다. 그 결과는 베트남전 이래 그 어느 전투 상황보다 많은 희생자였다.

"미국인들은 초인이 아니었다." 소말리아의 부족 지도자 아덴(Aden) 대령은 논평했다. "이 먼지 나는 거리에서 전투는 소총 대 소총의 대결로 축소됐고, 그들은 소말리아 사람처럼 쉽게 죽었다." 기술적으로 선진화된 무기들은 막대기와 돌, AK-47 소총과 몇몇 로켓 추진 유탄들로 무력화됐다.

모가디슈 전투가 끝난 후, DARPA는 고위 실무자 그룹을 소집해 소말리아에서 벌어진 일을 분석했다. 향후 유사한 성격의 '전쟁 이외의 군사 작전(Military Operations Other Than War)'이라 불리는 상황이 발생할 경우 어떻게 대처하는 게 최선인지 건의안을 마련해 전달했다. 미 특수 작전 사령부 사령관을 지냈던 칼 스타이너(Carl W. Stiner) 장군이 이끈 이 그룹은 새로운 기술 개발이 필요한 해결책에 초점을 맞추었다. 두 달에 걸쳐 10번의 연구 모임이 열렸고 보고서 작성에 6개월이 걸렸다.

보고서의 첫 줄은 평계처럼 들렸다. "세상은 더이상 양극화 시대가 아니다." 고위 실무자 그룹은 이렇게 썼다. "탈냉전 시대의 전략 환경은 분명치 않고 역동적이며 불안정하다." 냉전 기간 미국은 누가 적인지 알았지만 더이상은 아니다. 테러 조직, 유사 군사 집단, 민병대 등이 세계 각지의 여러 혼란스럽고 복잡한 도시에서 등장하리라 예견된다. 제3세계의 불안정성, 이념적이고 종교적인 극단주의, 국제 테러, 마약 테러는 전 세계가 새로운 전장이 되었음을 의미한다. 전쟁 이외의 미래의 군사 작전에서 비정규 적군에는 핵, 화학, 생화학 무기 일부를 포함해 "점점 더 정교한 무기들로 무장된 다양한 종류의 적들"이 포함될 것이다. 미국은 이렇게 부상하는 새로운 위협에 대처할 준비가 적절히 되어 있지 않다고 고위 실무자 그룹은 경고했다. DARPA는 도시 전쟁(urban warfare)에 다시 집중해야 했다. 제3세계 국가 전반에서 늘어 가는 위협에 대처할 새로운 무기 시스템를 연구하고 개발할 필요가 생겼다.

보고서 일부에서 고위 실무자 그룹은 DARPA가 당장 보완해야 할 부족한 항목을 열거했다. "핵·생물·화학 무기의 부족한 탐지 능력, 부족한 지하 벙커 탐지 능력, 소규모 단위를 안전하게 실시간 지휘 통제할 능력의 한계, 제한된 정보·감시·정찰과 전파 능력, 부족한 지뢰·부비 트랩·폭발물 탐지 능력, 부족한 비살상 능력, 연습 및 작전을 위한 모델링·시뮬레이션 능력 부족, 음성 인식과 언어 통역 부재, 저격에 대처하는 능력 부족" 등이다. 고위 실무자 그룹은 DARPA에게 이 모든 분야에서 활동을 가속화하고 로봇과 무인기, 인적 표식(human tagging)과 추적, 그리고 군중을 통제할 비살상 무기 시스템 분야의 노력도 강화하라고 제안했다.

DARPA에게 아주 딱 맞는 과업들이었다. DARPA는 수십 년간 탱크와 중무장을 갖춘 군대라는 적을 상대로 연구 개발을 선도해 왔다. 새로운 초점은 도시 전쟁이었다. 모가디슈에서 발생한 일은 경각심을 일깨워주는 이야기였다. "10년 전에는 전혀 고려하지 않았던 군사 작전들이 이제는 주요 관심사항이 되었다"라고 고위 실무자 그룹은 경고했다.

그다음 해 DARPA는 랜드 연구소에 전쟁 이외의 군사 작전을 연구해 기밀 보고서를 써 달라고 요청했다. 랜드 연구소의 보고서는

"지옥에서의 전투: 제한된 도시 전쟁의 고려 사항(Combat in Hell: A Consideration of Constrained Urban Warfare)"이라고 불렸다. 보고서는 앞을 내다보는 말들로 시작한다. "역사적 조언은 일관된다. 손자는 '도시 공격은 최악의 선택이다'고 조언했다." 따라서 도시 전쟁은 피해야 한다.

17장

생물 무기
Biological Weapons

1991년 12월 11일 41세의 신비로운 소련 과학자 카나트잔 알리베코프(Kanatjan Alibekov) 박사가 소련 대표단 13명 중 하나로 워싱턴 D.C.에 도착했다. 미국과 영국 과학자들을 포함하는 3자 대표단 자격이었다. 방문 목적은 수십 년 전 생물 무기 프로그램에 관련됐었던 각국 군사 시설의 조사였다. 1972년에 체결된 생물 무기 금지 협약(Biological Weapons Convention)은 세균 무기를 불법으로 규정했으며, 3국은 생물학전을 포기하기로 약속했었다. 그러나 최근 미국 정보 당국은 소련이 생물 무기 개발을 포기하기는커녕 오히려 서방 세계의 군사 과학자들이 상상하지 못할 만큼 훨씬 더 극악하고 끔찍한 프로그램을 만들었다는 사실을 발견했다. 이 정보는 2년 전인 1989년 10월 처음 알려졌다. 이후로 미국과 영국은 어찌해야 할지 고민해 왔다. 3자 대표단은 이 문제 해결의 한 방편이었다.

1991년 12월 소련은 미국과 영국의 정보 당국에 바이오프레파라트(Biopreparat)라는 그들의 은밀한 생물 무기 프로그램이 이미 들통났다는 사실을 몰랐다. 또 미국의 정보기관들이 카나트잔 알리베코프 박사가 바이오프레프라트 부국장이며 40개 시설에서 4만여 명이 종사하는 무기 프로그램의 부책임자라는 사실과 40개 시설 중에서 12개 시설은 전적으로 공격용 생물 무기 작업에 동원되고 있다는 사실까지 모두 알고 있는 줄도 몰랐다.

소련 대표단이 미국에 있다는 사실만으로도 대단히 민감한 문제였다. 국방장관 딕 체니는 자세한 내용이 대중에 알려지길 원치 않았다. 장관실은 사절단의 움직임에 관한 보도 통제를 발령해 비밀을 유지했다. 국방부 밖 인사들 중에서 소련 과학자들의 행방을 아는 사람들은 안내를 담당한 미 육군 전염병 연구소(Medical Research Institute of Infectious Diseases, USAMRIID) 직원들뿐이었다.

소련 대표단은 유타(Utah)에 있는 더그웨이 시험장(Dougway Proving Grounds)으로 갔다. 한때는 치명적 병원균을 야외에서 시험했던 이 냉전 시기의 건물들은 이제 방치돼 있었다. 그들은 아칸소(Arkansas)의 파인 블러프스 아스날(Pine Bluffs Arsenal)에도 갔다. 미국은 한때 이곳에서 생물 무기를 산업적인 규모로 제조했었다. 지금은 아무것도 없고 잡초가 무성한 들판과 녹슨 철로만 있었다. 메릴랜드 프레더릭(Frederick)에 있는 데트릭 기지(Fort Detrick)에도 갔다. 과거 미국의 생물 무기 연구 개발 장소로 지금은 USAMRIID의 본부가 위치해 있다.

몇 년이 지나 알리베코프 박사는 1991년의 여행을 묘사하는 회고록에서 과거의 무기 생산 시설보다 수많은 미국인이 누리는 풍요로운 생활에 더 많은 관심이 갔다고 했다. 그는 "잘 닦인 고속도로들, 물건이 가득 쌓인 상점들, 그리고 보통 사람들이 살았던 호화로운 주택들"을 경이롭게 바라봤다. 그리고 민주주의가 공산주의보다 시민들에게 더 많은 걸 제공했다고 결론지었다.

알리베코프 박사는 1991년에 처음 미국을 방문했다. 영어는 한 마디도 못했고, 평생 고작 13명의 서구인을 만났을 뿐이었다. 그들 모두 1991년 초에 소련을 방문했던 3자 대표단의 일원들이었다. 알리베코프 박사는 대표단 안내자 중 하나였다. 당시 소련은 세균 무기를 생산하고 있었지만 알리베코프는 소련의 불법 무기 제작 작업의 낌새가 전혀 드러나지 않도록 서구 과학자들을 속이는 임무를 담당했었다.

1950년에 카자흐스탄에서 태어난 알리베코프는 감염병 담당 의사로 훈련됐으며 전문 분야는 미생물학과 전염병학이었다. 24세에 시베리아의 톰스크 의학 연구소의 군사 요원이 되었는데 나중에 이 시설을 "소련의 가장 구석진 곳에 있는 일련의 비밀 시설과 연구소"라고 묘사했다. 각 과업마다 금전적 특혜가 주어졌으며 이는 러시아인이 아닌 사람에게는 예외적인 일이었다. 냉전 기간에 카자흐스탄 사람들은 대개 2급 시민으로 간주되었다. 그러나 알리베코프 박사는 실력 있는 미생물학자였으며 열심히 일하는 사람이었기에 좋은 평가를 받았고 월급도 많았다. 그는 1990년대 무렵 "고위 관료와 군 장교로서 받는 월급을 합하면 소련 정부의 장관이 버는 만큼 벌었다"고 썼다.

미국 시설들을 둘러보는 여행이 계속되는 동안 러시아는 아수라장이었다. 베를린 장벽은 2년 전에 무너져 내렸으나 소련의 적기는 여전히 크렘린 궁전 위를 휘날렸다. 초강대국 사이의 지정학적 환경은 유동적이었다. "[소련 지도자들이] 재결성되지 않는다고 확신할 수 없었다." 당시 DARPA의 국장이었던 크레이그 필즈 박사는 기억했다. "그들의 재결집 가능성을 많이 불안해 했었다." 두 나라는 관계 정상화를 향해 나아가고 있었다. 그러나 펜타곤으로선 대단히 불안정한 시기였다. 전 세계는 모두 베를린 장벽의 붕괴를 반겼지만 국방부는 국가 안보의 수많은 불확실한 문제와 씨름해야 했다. 통일 독일은 나토(NATO)에 가입할까? 유럽 전역의 주둔군 축소는 어떻게 해야 하나? 소련이 보유한 핵무기들은 어떻게 되는가? 소련은 지난 50년간 대량 살상 무기를 제조하면서 미국과 어깨를 맞대며 무기 경쟁을 벌여 왔다. 이제 누가 소련의 대량 살상 무기를 통제하는가? 러시아는 주의 깊게 선정된 미국 내 목표물들을 겨냥하고 있는 1만 1,000개 이상의 핵탄두를 보유했으며, 기차 차량으로 이동이 가능한 탄두를 포함해 러시아 전국에 1만 5,000개 핵탄두가 더 있었다.

이와 같은 종류의 질문과 숫자, 그리고 위협들을 잘 알고 있는 사람은 리사 브론슨(Lisa Bronson)이었다. 그녀는 당시 소련 과학자들의 시찰 방문을 이끌던 펜타곤 관리였다. 아직 30대로 변호사이자 군축 문제 전문가였다. 국방장관실 소속 다자 협상 부국장으로서 브론슨은 소련 대표단의 방문을 기획하고 계획을 세우는 데 기여했다. 그해 초 미국과 영국의 과학자들이 소련의 시설들을 시찰하러 갔을 때도 동행했고, 알리베코프 박사가 이번 여행에 앞서 만났던 13명의 서방인 중 하나이기도 했다. 대표단의 임무가 끝나 갈 때 브론슨은 소련 과학자들을 데리고 수도 워싱턴 D.C.의 거리 산책에 나섰다.

그때 알리베코프 박사와 리사 브론슨 사이에 뜻밖의 대화가 오고갔다. 알리베코프는 자신의 회고록에서 이 대화를 기억해 냈다. "산책을 멈추었던 여러 군데에서 그녀는 우리에게 소련의 생물 무기 프로그램 문제를 제기했다." 그는 이렇게 썼다. "당연하게도 우리는 생물 무기 프로그램이 없다고 부인했다. 그러나 나는 그녀의 집요함을 존경했다."

백악관에서 조금 떨어진 펜실베이니아 애비뉴 위에 멈춰 서서 알리베코프의 일행 1명이 브론슨에게 미국의 과학자는 1년에 돈을 얼마나 버느냐고 물었다.

"경력에 따라 다르다." 그녀는 답했다. "정부에 속한 과학자는 5만에서 7만 달러 정도이고, 민간 부문의 과학자는 1년에 10만 달러까지 번다." 2015년 달러로 환산하면 35만 달러쯤이다.

알리베코프는 깜짝 놀랐다. 여행 내내 그는 공공시설에서 개인적인 삶의 조건들에 이르기까지, 미국의 전반적인 사정이 소련보다 낫다는 데 깊은 인상을 받아 왔다. 그는 모스크바에서의 자신의 삶을 생각해 보았다. 열심히 일하지만 버는 돈은 보잘 게 없었다. 무엇보다 베를린 장벽이 무너진 이후의 미래는 암울하기만 했다. 그는 이렇게 썼다. "당시 최상급 소련 과학자는 한 달에 100달러쯤 벌었다." 용기를 낸 알리베코프는 리사 브론슨에게 물어보기로 결정했다. 통역을 통해 브론슨에게 하고 싶었던 질문을 던졌다.

"나 정도의 경력이면 이곳에서 직업을 찾을 수 있을까요?"

브론슨은 영어를 먼저 배워야 할 거라고 알리베코프 박사에게 부드럽게 답했다.

통역을 통해 알리베코프는 펜타곤에서 나와 자신들을 이끌어 주는 브론슨에게 감사를 표했다. 그다음 알리베코프는 농담했다. "좋아요. 여기 오게 되면 당신에게 도움을 청하겠소."

리사 브론슨은 미소를 지었다.

"나를 포함해 모든 사람이 웃기 시작했다." 알리베코프는 회고했다.

카나트잔 알리베코프 박사는 소련 대표단과 함께 모스크바로 돌아갔다. 며칠 뒤인 1991년 12월 25일에 미하일 고르바초프(Mikhail Gorbachev) 대통령이 사임했다. 새해가 밝기 전날, 노란 별 아래 망치와 낫 문양이 있는 소련의 적기는 크렘린 궁전의 게양대에서 내려졌다. 대신 새로이 형성된 러시아 연방의 삼색기가 게양됐다. 이제 더이상 소련은 존재하지 않는다.

2주 뒤에 알리베코프 박사는 모스크바에서 바이오프레파라트 책임자인 유리 칼리닌(Yury Kalinin) 장군에게 사직서를 제출했다. 그리고 중개자를 통해 리사 브론슨에게 미국 망명 의사를 알려 왔다. 펜타곤으로선 군사 정보 획득의 쾌거였다. 한동안 바이오프라페라트의 모든 정보는 그것의 존재 자체를 포함해 모두 단일한 원천에서 왔다. 당시 영국의 보호를 받고 있던 블라디미르 파세츠니크(Vladmir Pasechnik)라는 전 고위 소련 과학자다. 미국만의 고위 망명자를 원했던 국방부는 머지않아 카나트잔 알리베코프 박사를 품에 안았다.

블라디미르 파세츠니크의 망명은 느닷없었다. 1989년 10월 파세츠니크는 실험 장비 구입이라는 공식 업무 때문에 파리로 출장을 나왔다. 그는 공중전화 부스에서 영국 대사관에 전화를 걸어 자신이 소련의 세균전 과학자인데 영국으로 망명하길 원한다고 말했다. 영국의 비밀 정보국 요원들은 그를 차에 태운 다음 영국으로 날아갔고, 교외의 안가에 데려갔다.

파세츠니크의 담당자는 영국 국방 정보국 생물전 전문가인 크리스토퍼 데이비스(Christopher Davis)였다. 파세츠니크는 의외의 사실들로 데이비스를 경악시켰다. 51세의 파세츠니크는 레닌그라드에 있었던 초순수 생물학적 제제 연구소(Institute of Utra-Pure Biological

Preparations)라는 바이오프레파라트 시설에서 알리베코프 박사의 부하로 일했다. 초순수 연구소에서 고위 과학자였던 파세츠니크는 그곳에서 너무나 중요한 기여를 했기에 명예 군 장성 계급이 주어졌다. 바이오프레파라트에서 과학자들은 생물 무기 프로그램의 고전적 운영 절차에 따라 탄저균, 야토병(野兔病)균, 보툴리누스균 같은 고전적 병원균을 무기화했다. 그러나 초순수 연구소에서 과학자들은 백신이나 항생제에 저항성이 있도록 병원균을 유전적으로 변형하는 작업을 벌여 왔다. 파세츠니크는 초순수 연구소에서 모든 병원균의 어머니로 알려진 선(腺)페스트가 항생제 내성을 가지도록 연구하는 임무를 부여받았다고 데이비스에게 말했다.

소련은 자신들이 실험실에서 공학적으로 만들어 낸 역사상 전파력이 가장 강력한 살인자를 초강력 흑사병(Super Plague)이라고 불렀다. 13세기에 흑사병은 유럽인 3명 중 1명의 남자 혹은 여자 어린아이를 죽였다. 그러나 20세기에 들어 과학자들이 항생제 스트렙토마이신이 전염병에 효과적이라는 사실을 발견하면서 잠재적 위험성이 사라졌다. 소련이 유전 변형을 통해 항생제에 내성을 가진 흑사병균을 개발한다는 사실을 알게 된 크리스토퍼 데이비스는 그것이 단 하나를 의미한다고 해석했다. "다른 나라 사람들을 모두 제거해 버리려고 흑사병균을 선택했다." 데이비스는 말했다. "모든 사람을 죽인 다음, 그 땅을 차지한다. 그게 전부다. 그 개발 계획은 바로 그것을 목표로 한다."

몇 달간 크리스토퍼 데이비스와 영국 해외 정보국(M16)의 동료들은 파세츠니크의 진술을 꽤 오래 청취해야 했다. 이 정보는 미국 정보기관과 공유됐다. 파세츠니크는 첫 달에만 영국과 미국의 정보기관들이 지난 25년 이상 수집해 왔던 소련의 생물 무기 프로그램 관련 정보보다 더 많은 정보를 영국 정부에 제공했다. 이 과정에서 미국의 방대한 첨단 탐지 기술 네트워크가 소련의 생물 무기 검출에는 무용지물이었음이 증명됐다. 생물 무기는 건물 안이나 지하에 숨겨진 실험실에서 만들어질 수 있었다. 발사 때문에 위성이나 항공기로 쉽게 관측되는 미사일 프로젝트와 달리, 생물 무기 프로젝트는 발각되지 않은 채 수십 년간 지속된다. 바이오프레파라트에서 그런 일이 벌어졌다.

미군과 정보기관들이 신호 정보(SIGINT), 징후 계측 정보(MASINT), 공개 출처 정보(OSINT), 지리 공간 정보(GEOINT) 및 다른 형태의 기술 기반 정보를 수집하려고 지상, 공중, 우주의 고도 정찰 감시 시스템에 수천 억 달러를 쏟아부었음에도 1명의 인간이 입을 열고서야 알려지지 않았던 수많은 정보가 전해졌다. 파세츠니크는 인간이 물어오는 정보(HUMINT)를 제공했다.

"블라디미르 [파세츠니크]의 망명은 소련 붕괴와 냉전 종식의 모든 과정에서 가장 핵심적인 사건 중 하나였다." 데이비스는 말했다. "우리가 맞이한 가장 위대한 돌파구였다." 데이비스가 미국의 동료들에게 파세츠니크의 정보를 전달해 주면서 상황은 빠르게 움직였다. 미국은 미생물학 분야에서 노벨상을 받은 조슈아 레더버그(Joshua Lederberg) 박사에게 파세츠니크를 인터뷰하라는 비밀 임무를 부여해 영국으로 파견했다. 레더버그는 불안한 마음으로 돌아왔다. 소련이 초강력 흑사병균을 개발하려 한다는 사실은 충격적이었다. 또한 레더버그는 바이오프레파라트의 과학자들이 천연두를 무기로 만들려 한다는 사실도 알게 됐다. 1970년대 말에 소련의 의사들을 포함해 국제 의료 공동체는 이 치명적 바이러스를 없애려고 세계적 협업을 벌였었다. 1980년 세계 보건 기구(WHO)는 천연두가 소멸했다고 선언했다. 그래서 소련이 천연두를 대량으로 무기화하는 건 특히 사악해 보였다.

레더버그는 블라디미르 파세츠니크가 믿을 만하고 온건하며 흠잡을 데 없는 기억력의 소유자라고 펜타곤에 확인해 주었다. "그는 절대로 과장하지 않았다"고 데이비스는 말했다. 펜타곤은 수십 년 전의 사진들을 포함해 기밀로 분류된 CIA 위성 데이터를 사용하여 파세츠니크가 진술한 다수의 생물 무기 시설들을 찾아내고 확인했다. 핵심적인 사진들의 상당수는 기술 개발 초기에 상공으로 띄운 ARPA의 위성들이 촬영했다. 확인 작업을 마쳤기에 이제 조지 H. W. 부시 대통령에게 소련의 거대하고 불법적인 생물 무기 프로그램을 보고해야 했다.

베를린 장벽이 무너져 내린 지 아직 몇 개월 지나지 않았다. 펜타곤의 관점으로는 국제 안보가 불확실한 시기였다. 고르바초프 대통령이 러시아 군부에 대한 통제권을 상실해 간다는 우려가 커져 갔다. 이런 사정을 감안해 1990년 겨울에 부시 대통령은 소련의 생물 무기 프로그램을 비밀로 유지하는 게 최선이라고 결정했다. 그것을 공개하면 고르바초프만 취약하게 만들 뿐이라고 여겼다. 고르바초프가 개혁가로서 국제적인 칭송을 받을 때였다. 그가 냉전적 사고에서 벗어나 나라를 계속 이끌어 가려면 신뢰가 필요했다. 세계는 러시아가 다시 혼란에 빠지는 걸 허용할 수 없었다. 소련의 생물 무기 프로그램의 공개는 역효과를 낼 수도 있었다. 적어도 지금은 비밀로 할 필요가 있었다.

이 시점에서 가장 궁금한 질문은 과연 고르바초프 대통령이 생물 무기 프로그램을 실제로 얼마나, 아니 조금이라도 알았을까 하는 점이다. 블라디미르 파세츠니크는 확실하게 말할 수 없었다. 펜타곤은 두 번째 정보원이 필요했다. 1989년 가을과 1990년 겨울만 해도 두 번째 정보원은 존재하지 않았다. 파세츠니크는 처음에는 말수가 적었으나 점차 영국 측 담당자들과 편안하게 지내기 시작했다. 이후 그는 바이오프레파라트의 부책임자인 카나트잔 알리베코프 박사를 포함해 다른 사람들의 이름을 거명하기 시작했다.

펜타곤은 3자 대표단 구성 작업을 시작했다. 대표단으로 알리베코프와 12명의 동료들이 1991년 12월 데트릭 기지에 왔다. 미국을 방문하고 난 다음 러시아로 돌아간 지 3주 만에 알리베코프는 미국 망명을 결심했다. 모든 조율과 채비는 끝났다. 한밤중에 아내, 아이들과 러시아를 떠나 다시는 돌아가지 않았다.

고르바초프가 퇴임하던 무렵 미 정보 당국은 그가 소련의 생물 무기 프로그램을 알고 있었다는 사실을 확인했다. 고르바초프는 미국 사찰단을 속이려는 작전을 언급한 기밀 메모도 받았다. CIA는 또한 러시아의 새 대통령 보리스 옐친(Boris Yeltsin)도 이 프로그램을 알고 있으며, 그것을 계속 진행하도록 승인했다는 사실도 확인했다. 1992년 1월 20일에 영국 대사 로드릭 브레이스웨이트(Rodric Braithwaite)와 더글러스 허드(Douglas Hurd) 외무장관은 모스크바에서 옐친 대통령을 만났다. 파세츠니크가 망명한 이래 브레이스웨이트는 러시아에 생물 무기 프로그램의 존재를 인정하라고 종용해왔으나 성공하지 못했다. 생물 무기 인정이 안전한 해체로 이어지는 첫 걸음이었다. 그래서 이번 방문에서 옐친이 바이오프레파라트의 존재를 알고 있다고 인정했을 때, 영국 외교관들은 깜짝 놀랐다.

"나는 소련의 생물 무기 프로그램을 전부 안다." 옐친은 고백했다. "지금도 진행되고 있다." 그는 생물 무기 프로그램을 진행하는 러시아의 과학자들이 이 작업을 계속하겠다는 결심이 단호하다고도 했다. "그들은 미치광이들입니다. 자발적으로 멈추려 들지 않아요." 하지만 옐친은 이 프로그램을 종식시키겠다고 다짐했다. "나는 그 연구소들을 폐쇄할 겁니다. 그 [바이오프레파라트] 프로그램의 책임자를 은퇴시키겠습니다." 옐친은 이렇게 약속했다.

"우리는 놀랐다. 그저 그에게 감사하는 수밖에 없었다"고 브레이스웨이트는 회고록에서 언급했다.

보리스 옐친은 고르바초프를 포함해서 다른 모든 소련 지도자가 23년간 거짓말을 해 왔다고 인정했다. 이 정보가 공개되면서 미 의회도 관심을 보였다. 미국 언론도 마찬가지였다. 생물 무기에 대응하는 일이 기록적인 속도로 성장하고 확산되어 거대한 새 산업이 되어갈 태세였다. DARPA가 그 길을 선도할 것이다.

미국에서 카나트잔 알리베코프(Kanatjan Alibekov)는 보다 미국인 이름처럼 들리도록 이름을 바꾸었다. 그는 켄 알리벡(Ken Alibek)이 되었다. 가족들은 워싱턴 D.C. 교외의 집으로 이사했다. 알리벡은 소련 과학자로서 수십 년간 박테리아 감염 질병인 비저병(鼻疽病)을 무기화했다. 또한 마르부르크(Marburg) 출혈열의 실험을 총괄해 왔고, 소련의 첫 야토병(tularemia) 폭탄 제작을 감독했으며, "인류에게 알려진 가장 유독하고 사악한 종류의 탄저균"인 836 균주(Strain 836)라는 "전투 종자"를 창조했다. 지금은 미 행정부를 위해 일한다.

알리벡은 매일 잘 닦인 고속도로 위를 운전해 커다란 집과 물건이 잔뜩 있는 상점을 지나 미국의 수도에서 20분 떨어진 버지니아 외곽의 건물로 출근한다. 2층의 보안 장치가 마련된 방에서 그는 수많은 미 정보기관 및 군 기관과 민간 조직에서 파견된 사람들이 러시아의 생물 무기 프로그램에 관해 묻는 질문에 답한다.

알리벡은 블라디미르 파세츠니크가 영국 정보기관에 털어놓은 소련 생명 공학 기술의 발전과 초강력 흑사병균의 개발 정보를 확인해 주었다. 그러나 그는 바이오프레파라트의 부책임자로서 세균 폭탄의 전달 시스템을 비롯해 파세츠니크보다는 훨씬 더 많은 기밀 프로그램들을 알고 있었다. 알리벡은 이 작업이 소련 총참모부 작전국 안에 위치한 바이오프레파라트의 일급비밀 조직인 생물 그룹(Biological Group) 안에서 이루어졌다고 말했다. 이곳에서 무기 설계가들이 미국을 상대로 한 생물전 공격에 맞게 특별 설계된 미사일을 제작한다. 무기화된 병균들 대부분은 다루기 까다로운 미생물이다. 이 미생물들은 비행 중에 발생하는 극단적인 온도 변화를 견디지 못했기에 소련은 우주인 탑승용과 같은 소형 우주 캡슐을 대륙간 탄도 미사일에 부착해 이 문제를 해결했다고 알리벡은 말했다. 다탄두 각개 목표 재돌입 미사일(MIRV)이었다. 1만 킬로미터를 날아가는 대륙간 탄도 미사일 하나에 탄두가 10개나 실렸다. 나토는 이를 SS-18 사탄(Satan) 미사일이라고 보고했다.

알리벡은 또한 키메라(Chimera)라고 불리는 소련 생물 무기 프로그램의 소름 끼치는 세부 사항을 제공했다. 2개 이상의 다른 유기체에서 추출한 유전체를 묶어 보다 유독한 세균을 만드는 계획이다. 알리벡은 담당자들에게 이 프로그램을 특히 염려해야 한다고 했다. 그는 1980년대 말에 시험 개발된 키메라 혹은 혼종 세균을 직접 다뤄 본 지식이 있다고 말했다. 이것은 천연두에 베네수엘라 말의 뇌척수염 유전자를 삽입하여 창조된 변종이었다. 알리벡은 키메라의 궁극적 목적은 천연두와 이볼라(Ebola)의 괴물 혼종을 만드는 데 있었다고 했다. 또 소련은 유전적으로 변형된 생물 무기의 비밀을 리비아, 이란, 이라크, 인도, 쿠바와 과거 위성국이었던 동유럽 국가들에게 팔았다고 경고했다. 미국 관리들은 열심히 그의 말을 메모하고 경청했다. 그러나 알리벡은 이들이 재앙을 초래할 소련 프로그램의 잠재력을 이해하지 못하는 듯해 좌절감이 컸다고 나중에 말했다.

"그들은 우리의 유전자 조작 작업을 그다지 염려하지 않았다." 알리벡은 탄식했다. 조사관들은 "전략적 질문의 분야에서" 그가 어떤 말을 하더라도 관심이 없다고 알리벡에게 말했다. "우리는 오직 당신이 무엇을 알고 있는지에만 관심이 있다. 어떤 일이 벌어질지에 대한 당신의 생각엔 관심이 없다." 펜타곤은 알리벡이 알고 있는 바이오프레파트의 내부 사항을 파악하자 만족해했다. 또 알리벡의 정보는 유용했으나 그의 의견은 달갑지 않아 했다고 했다. 그러나 곧 바뀌게 된다.

펜타곤과 DARPA에는 냉전의 아주 초기부터 맹점이 하나 있었다. 생물학자들의 의견에 보이는 냉담한 무관심이었다. 백악관과 국방부의 관리들은 제이슨 과학자들처럼 물리학, 화학, 수학자들이 말하는 내용에 훨씬 더 많은 관심을 보였다. 돌이켜보면 1968년 노벨상 수상자였던 조슈아 레더버그는 《워싱턴 포스트》에 썼던 정기 과학 칼럼에서 미국 정부가 "생물학 발전의 속도에 무지하고, 재앙에 가까운 종족 학살의 실험이 얼마나 가까이 와 있는지 간과하고 있다"고 성토했었다. 레더버그의 말은 생물 무기를 지칭했다. 원자폭탄의 등장과 함께 펜타곤은 1945년 이래 첨단 무기에서 물리학자와 수학자들의 조언에 대체로 의존해 왔다. 생물학자들의 말은 거의 듣지 않았다.

제1차 세계대전이 화학자들의 전쟁이었다면 제2차 세계대전은 물리학자들의 전쟁이었다. 이제 펜타곤이 직면한 위협을 보았을 때, 제3차 세계대전은 생물학자들의 전쟁일까?

알리벡의 소련 생물 무기 폭로를 접한 DARPA는 즉시 맹점을 간파하고 행동에 나섰다. 1990년대 초 "국방부는 생물학적 역량이 거의 없었다"라고 1995-1998년에 DARPA의 국장을 지낸 래리 린 (Larry Lynn)은 회고했다. 이제 DARPA는 생물학과 생명 과학 전반이 군사 문제에서 차기 혁명을 이끌 수도 있다는 사실이 얼마나 우려스러운지를 인식했고, 국방부가 뒤처져 있다는 현실도 인정했다. 펜타곤은 생물학의 첨단을 달리는 미국 과학자들로 구성된 핵심 자문 그룹이 필요했다. 국방부는 제이슨 과학자들에게 연락을 취했다.

1973년 국방 연구원을 떠난 이후 제이슨 과학자들은 여러 시설로 옮겨 다녔다. 처음 8년간은 캘리포니아의 먼로 파크(Menlo Park)에 있는 SRI(Stanford Research Institute)를 통해 국방 사업 계약을 받았다. SRI는 ARPA의 오랜 계약 사업자였으며 정보 기술의 선구자로, ARPANET의 첫 4개 컴퓨터 접속점의 하나였다. 1970년대에 SRI 아래에 있으면서 제이슨 과학자들은 컴퓨터 과학자와 전기 공학자들을 자신들의 휘하로 받아들였다. 그리고 더 이상 ARPA 전속으로 일하지 않으면서 고객 명단을 확장했다. SRI의 이름 아래 제이슨 과학자들은 CIA, 해군, NASA, 에너지부, 핵 방위국(Defense Nuclear Agency), 미국 국립 과학 재단(National Science Foundation) 등을 위해 연구를 수행하고 보고서를 써 주었다.

1981년 제이슨 과학자들은 본부를 다시 동부 해안으로 옮겼다. 이번에는 마이터 코퍼레이션(MITRE Corporation)의 깃발 아래였다. 그곳에서 고든 맥도날드는 스스로 제이슨 과학자이자 MITRE의 수석 과학자로 일했다. 사업은 계속 성장했고 제이슨 과학자들은 여전히 그들의 일 대부분을 여름 연구 모임을 통해 수행했다.

1986년에 국방 사업 계약자인 제너럴 다이내믹스는 제이슨 과학자들에게 캘리포니아 라호야 캠퍼스에 위치한 48만 5,600제곱미터의 넓은 부지에 그들만의 공간을 내주었다. 2014년에도 여전히 사용 중이다. "그것은 하나의 SCIF였다." 마빈 "머피" 골드버거는 2014년의 인터뷰에서 설명했다. SCIF란 "민감 특수 정보 시설(sensitive compartmented information facility)"이다. 다시 말해 이 시설은 국방부 보안 규정에 맞추어 지어졌으며 주변을 가시 철망으로 둘러쌌다. 제너럴 다이내믹스에 있던 방은 태평양을 바라보는 대학의 기숙사 방과는 달랐지만 골드버거가 지적하듯 "시대가 변했다".

베를린 장벽이 무너지고 생물 무기의 위협이 증가된 이후로 제이슨 과학자들은 "생물학자를 연구원으로 포함시키는 게 현명하다는 말을 들었다"고 골드버거는 말했다. DARPA의 래리 린 국장은 개인적으로 조슈아 레더버그와 접촉했다. 수십 년의 사전 경고 끝에 레더버그는 마침내 국방 과학자로 참여하게 됐다. 그는 이제 DARPA의 생물학 자문 과학자들의 수장이 되었다. 1994년에 래리 린과 일군의 과학자들은 소련에서 벌어지는 일을 추적하려면 기술을 어떻게 활용해야 할지 궁리하면서 모스크바를 여행했다. 여행의 구체적인 사항은 여전히 기밀로 분류되어 있다.

생물 무기는 국가 안보의 새로운 걱정거리였다. 1995년 가을, 이라크에 부과된 제재에서 벗어나고자 했던 사담 후세인은 UN에 이라크가 보툴리누스균 독극물, 낙타 독감, 출혈성 결막염균을 포함해 생물 무기를 대량으로 생산했다고 밝혔다. 이라크는 일부가 지하에 있어서 걸프전에서도 파괴되지 않은, 적어도 5개의 개별 시설에서 수백 명의 과학자가 생물 무기 생산에 참여했다고 인정했다. 1996년 CIA는 클린턴 대통령에게 북한, 이란, 이라크, 리비아, 그리고 시리아 내부에 존재한다고 여겨지는 생물 무기 프로그램을 조사한 보고서를 제출했다. 이 보고서는 2015년까지 기밀로 분류되어 있다. 1997년 제이슨 과학자들은 여름 모임에서 생물 무기 위협을 다뤄 달라고 요청받았다. 제이슨 그룹에는 새 과학자인 미생물학자 스티븐 M. 블록(Stephen M. Block)이 합류했는데, 그는 몇 년 후 제이슨의 여름 연구 가운데 기밀에서 해제된 내용 일부를 출판했다.

블록은 가장 중대한 위협은 분자 생물학 분야의 새 발견들이 굉장히 빠른 속도로 이루어진다는 점이라고 주장했다. 그는 이렇게 썼다. "생명 과학에서 벌어지는 최근의 발전은" "불가피하게 어두운 면"을 드러내면서 미생물학의 "성격과 영역을 바꾸어 버렸다." 제이슨 과학자들은 유전 공학적으로 만들어진 병원균이 얼마나 위험한지 경고했다. 현대 생명 과학은 "사상 유례가 없는 파괴력을 갖춘 전혀 새로운 종류의 대량 살상 무기 탄생을 가능하게" 했다고 블록은 썼다. "[이 호들갑은] 과장인가, 아니면 대체로 타당한가?"라고 그는 물었다. 제이슨 과학자들은 "후자"라고 결론을 내렸다고 블록은 말했다. 블록의 견해로는 "그러한 무기는 결국 존재할 가능성이 높아 보인다. 한탄스럽게도 쉽게 만들어지기 때문이다." 그것들은 싸고 쉽게 만들어지며, 무엇을 찾는지 알면 만드는 방법도 대중에 공개된 영역에서 자유롭게 손에 넣을 수 있기 때문이다.

유전 공학으로 병원균을 조작할 수 있게 되면서 위협의 수위가 높아졌다. 무기로 사용될 가능성은 무한하다. "치료가 불가능해지게 계속 변이하도록 이볼라 바이러스를 홍역의 전염성과 섞으면" 이볼라의 전파율과 감염률은 치솟게 된다고 블록은 썼다. 알리벡이 키메라라고 불렀던 이러한 스텔스 바이러스는 심리적 관점에서 더 위협적이라고 말했다.

블록은 다음과 같이 썼다. "스텔스 바이러스를 뒷받침하는 기본 아이디어는 인간 세포에 침투해 확산되지만 오랜 기간 눈에 띄는 해를 입히지 않고 머무를 수 있는 벡터(운반체)를 사용하는 것이다. 이는 철저히 조절된, 쉽게 감지하기 어려운 바이러스 감염을 일으키는 것이다." 그는 이를 "침묵의 바이러스 탑재"라 불렀다. 자연적으로 존재하는 하나의 사례는 단순 헤르페스 바이러스, 즉 흔한 입술 포진이 있다. 이 바이러스는 스트레스나 햇볕 화상 같은 육체에 미치는 환경적 공격이 가해져 촉발될 때까지 휴면 상태로 잠복해 있다가 어느 날 활성화된다. 마찬가지로 사람들은 부지불식간에 "오랜 기간, 아마도 몇 년간 서서히 스텔스 바이러스에 사전 감염됐다가 동시에 발병될 수 있다"라고 블록은 썼다. 이런 사악한 개념은 심리전 영역에서 어마어마한 잠재력이 있다. 제이슨 과학자들은 스텔스 바이러스를 무기로 사용하는 문제를 이중적으로 우려했다. 그들은 스텔스 바이러스가 "전통적 생물 무기보다 더 많은 유용성이 있다"고 결론지었다. "예를 들어 스텔스 바이러스는 일단 전파된 다음 발병을 근거로 사람들을 협박할 수 있다."

스텔스 바이러스 혹은 침묵의 바이러스 탑재라는 개념이 현실성 없게 들린다면 1950년대 말과 1960년대 초에 소아마비 퇴치 백신 캠페인을 둘러싸고 벌어진 잘 알려지지 않은 논란을 생각해 보라고 블록은 말했다. 그에 따르면 이 백신 캠페인 기간에 미국인 수백만 명이 아무 설명도 듣지 못한 채 원숭이 바이러스의 "비밀스런 인간 감염" 위험에 노출됐다고 한다. "백신은 살아 있는 아프리카 녹색 원숭이의 신장 세포를 이용해 제조됐다. 그리고 일부 소아마비 백신 배양액은 원숭이 바이러스, 즉 시미안(Simian) 바이러스 40(SV40)에 오염됐다. 바이러스의 농도가 낮아 당시의 품질 관리 절차에서 걸러지지 않았다. 그 결과 상당히 많은 사람, 사실상 수백만 명이 의도치 않게 SV40에 노출됐다." 블록은 이 의학적 재난에서 파생될 두 가지 예상 가능한 결과는 아직도 논쟁 중이라고 말했다. 한쪽은 백신을 접종한 9,800만 명이 무사했다고 말한다. 그러나 다른 한쪽은 백신이 해를 끼쳤다는 증거가 있다고 믿는다. "[시미안 바이러스가] 어떤 질병의 원인이 됐다는 수많은 추측이 제기됐다." 블록은 암을 비롯해 백신을 맞은 사람들의 노년기에 뒤늦게 발병되는 질병의 원인이 됐다는 말이라고 썼다. 여전히 논쟁이 한창이라서 백신 제조사나 국립 보건원(National Institute for Health)은 인간의 암 종양에서 SV40 바이러스를 발견한 과학자들과 격렬한 토론을 벌이고 있다.

1997년 생물 무기를 다룬 제이슨의 보고서는 아직도 기밀로 분류되어 있다. 보고서가 완성된 직후 클린턴 대통령은 생물 무기 위협을 다루었으며 2015년에도 기밀로 분류된 대통령 결정 지침(Presidential Decision Directives, PDD) 62와 63을 발령했다. 생물학전 방어는 이제 "DARPA에서 우선순위가 대단히 높아졌다." 1996년 DARPA는 비재래식 대응책 프로그램(Unconventional Countermeasure Program)이라 불리는 새로운 사무실을 열었다. 의회는 "우선순위가 높은 과업"을 추진하는 이 사무실의 첫해 예산으로 3,000만 달러를 긴급 지원했다. "DARPA는 연구 커뮤니티, 생명공학 및 제약 회사들과 협력해 생물학전의 위협에 맞서는 혁신적인 새 치료법, 예방과 진단 전략을 개발하고자 한다"고 프로그램의 극초기에 준비된 개괄적인 메모는 밝히고 있다.

처음 DARPA의 주요 관심사는 미군의 보호에 있었다. 어느 내부 메모에는 이렇게 적혀 있다. "군대, 항구, 비행장, 보급창 등등은 생물 무기 공격에 취약하다." 역설적으로 "[생물 무기]가 처음으로 사용될 가능성이 가장 높은 대상은 우리나 동맹국들의 인구 밀집 지역이다." DARPA에겐 "그 위협에 대처하는 폭넓은 전략"을 개발해야 할 임무가 있었다. 이런 노력은 탐지, 보호, 진단, 대응책이란 4개 영역에서 탐구되었다. 그러나 처음의 3개 분야인 탐지, 보호, 진단을 통해서는 "부분적으로만 보호"될 뿐 위험을 완벽하게 해결하거나 제거할 수 없다. 첨단 연구 개발에 헌신하는 조직이었기에, DARPA는 소속 과학자들이나 연구자들이 혁명적인 목표로 나아가 지금까지 존재하지 않았던 혁신적인 대응책을 마련하길 바랐다. 래리 린은 레이건 대통령의 전략 방위 구상을 상기시키며 "생물학 차원에서 별들의 전쟁(Star Wars of biology)"을 창조해 주길 원한다고 프로그램 매니저들에게 말했다. 린은 DARPA 과학자들을 현존하는 생명 공학 기술의 한계까지 밀어붙여서 병원균이 숙주를 병들게 하기 전에, 생물학적 전달체 자체를 인간의 몸이 스스로 "무력화해 버리거나 약화시키는" 백신이나 유전자 혹은 화학 물질을 만들어 내도록 촉구했다. 눈부시고 대담한 생각이었다. 그러나 가능할까? 그럴 시간이 있을까?

1994년 리처드 프레스톤(Richard Preston)이 쓴 논픽션 분야의 세계적인 베스트셀러 《핫 존*The Hot Zone*》은 이볼라 바이러스의 기원과 그것을 둘러싼 사건들을 다루었다. 3년 뒤인 1997년에 프레스톤은 뉴욕 시에서 벌어진 가상의 생물 무기 테러를 다룬 소설 《코브라 사건*The Cobra Event*》을 발간했다. 유전 공학적으로 만들어진 생물 무기, 코브라라고 불린 키메라 바이러스는 물론 프레스톤의 상상력이 만들어 낸 산물이었지만 그의 정보는 실제 보고서들에 토대를 두었다. 그는 블라디미르 파세츠니크의 최초 담당자였던 영국 왕실 해군 의사 크리스토퍼 데이비스는 물론, 켄 알리벡과 미 육군 전염병 연구소의 수많은 선임 과학자들을 인터뷰했다.

클린턴 대통령은 《코브라 사건》이 발행되자마자 읽고는 놀랐다. 그는 국방장관 윌리엄 코헨(William Cohen)에게 책을 읽어보라고 요청하고 소설 속 사건이 실제로도 가능한지 정보 분석 보고서를 써 달라고 지시했다. 보건복지부 장관 도나 E. 샬랄라(Donna E. Shalala) 역시 이 소설을 읽고 질병 통제 예방 센터(Center for Disease Central and Prevention, CDC)에 기고한 글에 소설의 개요를 요약했다. 그다음 해인 1998년에 리처드 프레스톤은 상원의 한 청문회에서 "미국을 향한 위협: 우리는 준비됐는가?"라는 주제로 증언했다.

"바이오프레파라트는 계란과 같다." 프레스톤은 소련의 프로그램을 이렇게 평가했다. "외관은 평화적인 의료 연구에 헌신한다. 그러나 숨겨진 내부, 노른자는 천연두, 흑사병, 탄저균, 야토병, 마르부르크 바이러스, 특정 뇌 바이러스 등 정교한 생물 무기 분말의 창조와 생산에 매진한다." 이 공개적인 토론장에서 프레스톤은 소련이 미국에 어떤 생물 무기 공격을 가할 능력이 있는지 윤곽을 그려 보였다. 프레스톤은 천연두를 예로 들면서 수년 전만 해도 특별히 다탄두 각개 유도탄두가 장착된 소련의 대륙간 탄도 미사일이 발사 준비된 채로 대기 중이었다고 말했다. 그러한 탄두들엔 "냉동 분말 천연두균 20톤"이 탑재되어 있었고 "아마도 비슷한 숫자의 흑사병균 탄두들"이 있었다고 덧붙였다. 베를린 장벽이 무너지기 전에 소련이

미국을 향해 생물 무기 공격을 가하기로 결정했다면, 자신의 연구로
는 "천연두와 흑사병의 치명적인 결합 발병으로 미국 100대 도시
에 대규모 핵전쟁과 맞먹는 인명 피해를 초래했을 것"이라고 증언
했다. 소련은 더이상 존재하지 않는다. 그러나 탄두와 내용물은 여
전히 존재한다. 의회 청문회는 생물학전이 곧 발생할 수도 있는 지
구 종말의 악몽이라고 판단했다. 무언가 근본적인 조치가 이루어져
야 했다. 생물 무기 방위 산업은 막 잠에서 깬 거인이었다.

　　켄 알리벡이 미국에 체류한 지 6년째였다. 그는 이제 영어로 말
한다. 친구도 있고 돈을 잘 버는 국방 사업도 있다. 공개적으로 활동
할 준비도 되어 있었다. 1998년 2월에는 ABC TV 뉴스 프로그램인
《프라임타임 라이브*Primetime Live*》에도 등장했다. 제3차 세계대전을
준비하면서 러시아는 생물 무기 "수백 톤"을 마련했다고 알리벡은
말했다. 베를린 장벽이 무너졌음에도 러시아는 "새로운 생물학적 제
제를 개발하려는 연구를 계속한다"고도 했다. 3월에 리처드 프레스
톤은《뉴요커*New Yorker*》잡지에 알리벡 박사를 소개했다. 기사 사본
은 의회 의사록을 통해 의원들에게도 배포됐다.
　　《프라임타임 라이브》가 방영되기 전에 켄 알리벡은 공인이 아니
었다. 그는 미 행정부, 군부, 정보기관 사이를 조용히 오가며 자신과
비슷한 국가 안보 비밀 취급 인가를 받은 사람들과만 정보를 교환
했다. 하지만 이제 그의 의견에 귀 기울이는 사람이 훨씬 많아졌다.
미국 국민들은 그가 하는 말에 관심을 보였고, 합동 참모 본부도 그
랬다. 1998년 5월에 알리벡은 테러와 정보에 관한 의회 청문회에서
증언했다. 심지어 펜타곤의 E-링에서 합참 부의장이자 미군에서 두
번째로 직급이 높은 조셉 랄스톤(Joseph W. Ralston) 장군과 개인적

으로 만나 설명하기도 했다. 주류 언론에서도 생물 무기의 위협이라는 담론에 관심을 보이기 시작했다. 1998년 6월 클린턴 대통령은 생물 무기 테러를 방어하는 프로그램에 2억 9,400만 달러를 지원해 달라고 의회에 요청했다. 10월 알리벡은 공영 TV인 PBS 다큐멘터리 《프론트라인*Frontline*》의 "페스트 전쟁(Plague War)"에 등장했다.

　망명 이래 6년 동안 켄 알리벡은 직업적으로 바쁜 사람이었다. 미국에서 살았던 첫 몇 년간 그는 국립 보건원, CIA, 국방 사업 계약자들이 주는 다양한 연구와 자문 업무를 담당했다. 특히 그는 미 육군 전염병 연구소의 수석 과학자였던 찰스 베일리(Charles Bailey) 박사와 돈독한 관계를 맺었다. "나는 알리벡이 군에서 명성을 쌓는 데 도움을 주었다." 베일리는 말했다. "많은 사람이 알리벡을 인상 깊게 봤으며 나도 그랬다." 베일리는 앨라배마의 헌츠빌에 있는 국방 사업 계약자와 일할 때 알리벡 박사를 데리고 갔다. 1996-1998년에 알리벡은 캘리포니아에 위치한 정보 기술 회사인 SRS 테크놀로지스의 프로그램 매니저로 일하게 된다. 1998년에 두 사람은 베트남전 당시 ARPA의 민첩 프로젝트 보고서를 담당했던 바텔(Battelle Memorial Institute)의 프로그램 매니저로 일했다. 1999년 4월 알리벡은 버지니아 마나사스(Manassas)에 위치한 하드론 첨단 바이오시스템즈(Hadron Advanced Biosystems)의 사장이 되었다. 이 회사는 "지적인 무기 시스템과 생물 무기 방어를 포함해 … 정보 공동체를 위한 혁신적인 해결책을 개발"하는 데 목적을 두었다. 베일리 박사가 부사장이었다. 하드론은 알리벡이 바이오프레파라트에서 함께 일했던 몇몇 전직 소련 생물 무기 공학자와 미생물학자들이 몰려드는 곳이 되었다. 그중 세르게이 포포브(Sergei Popov)가 있었다.

포포브는 합성 생물 무기 전문가였으며 유전자를 재합성해 스텔스 바이러스를 만드는 키메라 프로그램을 운영한 바이오프레파라트 팀의 구성원이었다. 포포브는 "치료가 어렵고 식별도 어려운 새롭고 특이한 특질을 지닌" 생물 무기를 창조하는 일을 도왔다. 1998년 포포브는 PBS 프로그램 《노바Nova》에서 말했다. "본질적으로 나는 더 많은 죽음과 더 많은 병리적 증상을 발생시키는 더 극악한 병균을 개발하는 연구를 진행했다." 알리벡처럼 포포브는 더 이상 소련이 존재하지 않을 때 미국으로 망명했다.

하드론에서 알리벡, 포포브, 베일리는 모든 생물 무기를 막을 만병통치약을, 위험한 병원균이 인간 숙주를 감염시키기 전에 몸속에서 모조리 죽여 없애는 광범위하게 효과가 있는 해독제를 찾겠다고 결의했다. 이는 래리 린 DARPA 국장이 프로그램 매니저들에게 만들어 달라고 요청했던 "생물 무기의 스타워즈"와 유사했다. 《노바》에서 포포브는 박사들이 "폭넓은 범위의 여러 다른 질병들을 막아낼 소위 '포괄적인 면역 능력'을 만들어 낼" 대응책을 연구한다고 설명했다. 알리벡은 그 개념을 "면역 강화"라고 불렀다. 군의 다른 연구 과학자들은 불가능한 일이라고 말했다.

주목할 만한 회의론자는 필립 러셀(Philip K. Russell) 박사였다. 그는 육군 의학 연구 개발 사령부의 사령관을 지냈던 인물로, 《월스트리트 저널》에 면역 강화제를 찾는 일은 "매우 복잡하고 위험하기 짝이 없다. 면역 강화제가 반대로 뒤집히면 보호 기능 못지않게 신체에 해가 될지 모른다"고 말했다. 러셀 박사는 알리벡 박사가 실험보다는 이론에 강하다고 진술했다. 과거 소련의 생물 무기 공학자였던 알리벡이 "개인으로서도 과학자만큼이나 수수께끼 같은 인물"이라고도 했다.

알리벡은 자신의 연구 목적에 집중했다. 1999년 그는 기꺼이 위험을 감수하려는 조직인 DARPA에 접근했다. 최근 의회가 자금을 지원했기에 생물학전 방어 분야에서 새로이 맺을 계약들이 많았다. 국방 사업 계약자인 하드론의 수석 과학자로서 켄 알리벡은 DARPA의 계약을 따낼 유리한 위치에 있었다.

1999년 가을 하드론 첨단 바이오시스템즈는 DARPA와의 첫 계약으로 330만 달러를 받았다. 알리벡은 보도자료에서 "우리는 이 [DARPA] 프로그램이 정부가 자금을 지원하는 새롭고 혁신적인 연구의 시작이 되길 희망한다"고 했다. 알리벡은 동료들에게 언젠가 소련의 일부였던 우크라이나에 제약 공장을 건설하고 싶다고 말했다. 테러리스트들이 생물 무기를 손에 넣으면 미국 전역은 위험에 빠진다고도 했다.

1999년 10월 DARPA는 알리벡 박사를 하원 군사 위원회의 연구 개발 소위원회와 조달 소위원회에서 증언하도록 초청했다. 모두 발언에서 알리벡은 의원들에게 분명한 어조로 말했다. "어떤 테러 조직"의 손에 든 생물 무기를 "우리는 예상해야 할 필요가 있다." 바로 그러한 일이 2년 뒤인 2001년 10월에 발생한 탄저균 사건에서 일어났을 수도 있고 아닐 수도 있다.

18장

인간을 전쟁용으로 변형시키기
Transforming Humans for War

퇴역 4성 장군 폴 F. 고만(Paul F. Gorman)은 1950년대 젊은 군인 시절 "전쟁터의 약골"이란 말을 처음 알았다고 회고했다. 고만이 베트남에서 싸우기 전, 합참 특별 보좌관으로 근무하기 전, CIA에 파견되기 전, 그가 특정 군에 속한 복무를 마치고 미 남부사령부의 사령관이 되기 훨씬 전이었다.

"병사들은 지친다. 그리고 두려움을 느낀다." 고만은 말했다. 2014년 89세의 나이로 이 책 때문에 인터뷰했을 때였다. "빈번하게, 병사들은 싸우고 싶어 하지 않는다. 병사들에게 언제나 주의를 기울여야 한다." 1958년 창설된 이래 DARPA는 미래의 광범위한 무기 시스템의 연구 개발에 초점을 맞추어 왔다. 1990년부터는 고만 장군과 같은 인물들 덕분에 각 군의 병사들에게 새로운 초점이 맞춰졌다. 전쟁에 맞게 인간을 변형시키는 것에 관심이 집중되었다.

고만 장군은 제2차 세계대전 기간 미 육군 전투 역사가인 S. L. A. 마샬(S. L. A. Marshall) 준장의 책을 읽으며 전쟁터의 약골을 알게 됐다. 노르망디 상륙 작전에 참여한 병사들을 인터뷰하고 나서 마샬은 이렇게 결론지었다. "전쟁터에서 사람은 생각하는 동물일 뿐

만이 아니라 짐을 짊어진 짐승이기도 하다." 그는 피로가 압도적인
사상자를 낸 원인이라는 사실을 알게 되었다.

"나는 해안에 도달하고 나서야 내 힘이 다 빠졌음을 알게 됐다."
브루스 헨슬리(Bruce Hensley) 병장은 말했다. "나는 기관총을 질
질 끌고 다녔다. 정상적이라면 그것을 들고 뛰었어야 했다. … 그러
나 그걸 들고 걷지도 못하는 나를 발견했다. … 그래서 질질 끌면서
모래를 가로질러 기어갔다. 나 자신의 나약함이 부끄러웠다. 주변을
둘러보니 다른 사람들도 정상적이라면 들고 다녔을 무게를 질질 끌
면서 기어다녔다."

토마스 터너(Thomas B. Turner) 하사는 말했다. "전투를 겪으며
우리는 한 번도 듣지 못했던 사실을 배웠다." 해변을 돌진하는 경
우처럼 "어떤 진격을 할 때 두려움과 피로가 미치는 영향은 거의
같다."

전투를 하며 지니고 다녔던 장비의 무게 때문에 겪게 되는 탈진
을 설명하는 병사들의 이야기를 읽으며 폴 고만의 머리에는 하나
의 생각이 자리잡았다. 수십 년 뒤인 1970년대에 고만은 뉴멕시코
의 로스알라모스 국립 연구소에서 "기밀 프로그램을 연구하면서"
전쟁터의 약골을 강하게 만들 하나의 아이디어를 얻었다. 그는 기능
성 군복으로 물리적 힘을 증가시킬 수 있다고 생각했다.

"로스알라모스는 방사능 환경에서 일하는 사람들을 보호할 복
장을 개발하고 있었다." 고만은 회고했다. 그 옷들은 납이 들어간
천으로 만들어져 무겁고 불편했다. "과학의 대부분은 어떻게 하
면 무게를 줄이느냐에 초점을 맞추었다." 그러나 고만은 또 다른 면
에 주목했다. "옷 속에 있는 [사람]은 감각의 박탈로 애먹는다." 그
는 말했다. "그리고 감각의 자극이 박탈되면 사람은 오랫동안 제 능

력을 발휘할 수 없다." 병사들은 힘과 지구력을 필요로 하기 때문에 고만은 미래의 전투복에 대한 선구적인 아이디어를 갖게 된다. "두 발로 움직이며 싸우는 병사들을 위한 전형적인 인간-기계 인터페이스(man-machine interface)"였다.

고만 장군은 1985년에 육군에서 퇴역하고 DARPA에서 일했다. 그리고 1990년 전쟁터의 약골을 진정한 슈퍼 병사로 바꾸어 주는 "통합 동력 외골격(integrated powered exoskeleton)" 전투복을 설명하는 논문을 썼다. 고만의 슈퍼 부대(SuperTroop) 개념은 병사를 더 강하게 만들고 그에게 증강된 지휘, 통제, 통신과 정보 능력을 부여한다. 이것이 DARPA 외골격 전투복의 근원이다.

고만이 제안한 외골격 전투복은 화학, 생물, 전자기 위협은 물론 12.7밀리미터 구경 총탄으로부터도 병사들을 보호한다. 눈에는 열화상 카메라, 귀에는 소음 억제 장치, 머리에서 발끝까지는 광섬유로 덮여 있으며 "음향, 광학, 촉각 감지기를 모두 통합했다"고 고만은 설명한다. 전투복 내부엔 온도 조절 장치가 갖춰져 있고 각 병사는 자신의 군번 인식표에 심은 칩에 생리적 특징을 모두 담아 둔다. "병사가 슈퍼 부대 전투복을 입게 되면 그는 자신의 인식표를 장갑 전투복의 가슴 아래 있는 장치에 집어넣는다. 자신의 개인 정보를 전투복의 컴퓨터에 입력해" 21세기 병사로서 보고, 듣고, 움직이고, 쏘고, 통신하는 비상한 능력을 획득한다. 고만은 "외골격 전투복은 매우 강력한 컴퓨터를 필요로 한다"고 추측했다. 그러나 이 기술이 아직 존재하지 않았기에 슈퍼 부대라는 개념을 우선 SIMNET 시뮬레이터에서 구현해 보자고 제안했다. 이에 따라 솔저 시스템 모델과 시뮬레이션(Soldier System Model and Simulation)이라 불린 프로그램이 탄생했고, DARPA의 외골격 전투복 연구가 시작됐다.

DARPA는 앞서 30여 년간 무기 형태와 시스템을 발전시키는 데 집중해 왔다. DARPA는 이제 보병에 적용할 기술을 연구 개발한다. 생물 무기 위협 때문에 DARPA는 생물학자들을 불러들였다. 그리고 생명 과학을 중심으로 병사들을 내부에서부터 변형시킬 수 있는 과학적 능력을 찾으려 인간의 신체 안을 들여다보기 시작했다.

1990년대에 일어난 생명 공학, 정보 기술, 나노 기술이라는 세 기술의 외연적 발전이 이를 가능케 했다. 1999년에 DARPA는 국방 과학실(Defense Science Office)을 만들고 마이클 골드블라트(Michael Goldblatt)를 책임자로 앉혔다. 그 밑으로 28명의 프로그램 관리자가 있었다. 골드블라트는 1999년 140개 프로그램이 진행되던 DARPA에서 프로그램 관리자를 가장 많이 관리하는 사람이었다.

마이클 골드블라트는 DARPA에 매우 급진적인 비전을 가지고 왔다. 그는 첨단 기술의 발전으로 20년 혹은 50년 후에는 인간이 역사상 처음으로 "진화를 통제하는 첫 번째 종족"이 된다고 믿었다. 2014년 이 책을 집필하려고 만났던 골드블라트는 자신이 DARPA에 도착했을 때의 분위기를 묘사했다. "생물학은 국방부에 그다지 도움이 되지 못했던 분야다. 전쟁의 양상이 바뀌고 있었다. 전투의 형태가 바뀌고 있었다. 사고도 마찬가지였다." 세기의 전환기는 "DARPA에서 일하는 사람들에겐 급진적인 변화의 시기"였다고 골드블라트는 말했다. 그리고 이 획기적 변화의 시기에 그는 많은 기회를 보았다. "갑자기 동물학자들이 사무실에 나타났다." DARPA의 국방 과학실 책임자로서 골드블라트는 국방 과학이 "다음 개척지는 우리 육체 내부에 있다"는 사실을 보여 줄 수 있다고 믿었다. 이런 방식으로 DARPA에서 골드블라트는 군 기반 트랜스휴머니즘

(transhumanism)*, 즉 기계와 다른 수단들로 인간의 능력을 확장시켜 인간의 조건을 근본적으로 변화시킬 수 있다는 개념의 선구자가 되었다. 골드블라트가 1999년 DARPA에 도착했을 때 생물학전 방어 프로그램은 이미 2년 반 동안 계속되어 왔다. "위협은 해결책이 마련되는 속도보다 훨씬 더 빨리 증가했다. 어려운 문제였다." 골드블라트는 회고했다. "클린턴 대통령은 비재래식 병원균들을 대처하는 프로그램에 많은 돈을 배정했다.""DARPA의 생물학 프로그램에 많은 돈이 쓰였다." 골드블라트는 21세기의 전투에 맞는 슈퍼 병사의 탄생이 당면과제라고 봤다. DARPA에 도착하고 나서 몇 주 지나지 않아 골드블라트는 프로그램 관리자들에게 말했다. "육체적, 생리적, 인지적 제약이 없는 병사들이 미래의 생존과 작전에서 우위를 유지하는 관건이 된다."

어떻게 중서부의 벤처 투자가이자 생물학자인 마이클 골드블라트가 21세기 초에 가장 의미 있는 국방 과학 프로그램이 될 분야를 관장하게 됐을까?

"1990년대 중반까지도 나는 DARPA를 알지 못했다"고 골드블라트는 말했다. 당시 세계에서 가장 큰 패스트푸드 체인인 맥도날드의 연구 개발과 영양 담당 부사장이자 수석 과학자로서 그는 식품과 관련된 전국적 보건 공포 사태의 동향을 잘 알고 있었다. 1993년 잭인더박스(Jack in the Box)라는 햄버거 체인점에서 대장균에 감염된 햄버거를 먹은 어린아이 4명이 죽고 623명이 크게 아팠다. 골드블라트도 극도로 신경을 쓰지 않을 수 없었다. 전에는 알지 못했던 대장

---

* 과학 기술을 이용해 사람의 정신적·육체적 성질과 능력을 개선하려는 지적·문화적 운동이다.

균 O157:H7을 갑자기 "모든 사람이 알게 됐다"고 그는 말했다. 패스트푸드 사업에 종사하는 모든 사람은 "병원균을 경계하게 됐다."

골드블라트에게 한 아이디어가 떠올랐다. "식품의 안정성을 강화하고 원치 않는 병원균을 제거하는 방법을 모색하는 과정에서 알빈 차우(Alvin Chow)와 나는 현장에서 제품을 살균하는 자율 살균 포장 기술을 떠올렸다. 하지만 맥도날드는 두 사람이 개발한 기술을 사용하지 않기로 결정했다. 그래서 그들은 다른 구매자를 찾아 나섰다. "우리는 이 기술이 정부에 유용하리라고 생각했다." 골드블라트는 말했다. "우리는 약간의 조사를 통해 DARPA를 발견했다. 그들에게 전화를 했지만 회신이 없었다. 그래서 편지를 썼다. 또 답장이 없었다. 다시 전화를 걸어 '맥도날드의 마이클 골드블라트인데 래리 린과 통화하고 싶다'고 했다." 국장 래리 린에게 메시지를 남긴 지 "얼마 지나 그가 내게 전화를 걸어왔다. 그는 내가 맥도넬 항공기 제작사(McDonnell Aircraft)에서 일하는 줄 생각했다. 그래서 내가 아니다 '난 햄버거 회사에서 일한다'고 했다. 갑자기 유쾌한 웃음소리가 터졌다." 골드블라트는 회상했다. "나는 자율 살균 포장 이야기를 했다. 야전 병원이나 전쟁터에서 어떻게 사용될 수 있을지 말이다. 래리는 깜짝 놀랐다. 그는 '당신이 DARPA에 오길 원한다'고 했다. 그래서 갔다."

DARPA에서 골드블라트는 상상 가능한 거의 모든 일을 적어도 시험은 해볼 수 있겠다고 생각했다. 국방 과학실에서 전사라고도 불리는 병사들을 더 강하고 똑똑하고 능력 있게 만들고 그들에게 더 강한 지구력을 제공하는 기술을 개발하려는 프로그램들이 가동됐다. 그중 하나는 전투 지속력(Persistence in Combat) 프로그램으로 전쟁터에서 병사들의 활력을 떨어뜨리는 3개 분야인 통증, 부상, 과다 출혈 문제를 다루었다.

골드블라트는 생명 공학 회사를 고용해 통증 감소 백신을 개발하도록 했다. "그 백신은 통증의 원인인 신체의 감염 반응에 작용한다." 골드블라트는 2014년에 이렇게 설명했다. 백신이 작동하는 방법은 다음과 같다. 병사가 총에 맞는다. 그 병사는 "처음 10초에서 30초간 극심한 고통을 겪지만 이후 30일간은 아무런 통증도 없다. 백신은 감염과 붓기로 야기되는 통증을 줄여 준다." 따라서 출혈만 멈추면 전사는 계속 싸울 수 있다. 출혈을 멈추는 새로운 방법을 개발하려고 골드블라트는 극히 미세한 수백만 개의 자석 가루를 인간의 몸에 주입하는 프로그램도 시작했다. 이 수백만 개의 자석 가루는 나중에 마법 같은 방법으로 한곳에 모여 출혈을 막게 된다. 이 프로그램을 담당한 과학자 해리 휠런(Harry T. Whelan) 박사는 "DARPA 병사 자가 처치(Soldier Self Care)"의 깃발 아래 여러 "급속 치유" 프로그램을 운영했다.

부상당한 병사들이 출혈을 이겨 내고 충격에 빠지지 않도록 만드는 아이디어로는 구조될 때까지 이들을 일종의 동면 상태 또는 가사 상태에 빠지게 하는 방안도 있었다. 이 방법이 가능해지면 부상자가 응급처치를 받거나 후송될 때까지의 귀중한 몇 시간, 아니 며칠을 확보할 수 있다. 곰은 동면한다. 인간이 못할 이유가 무엇인가? 황화수소 같은 화합물이 인간을 동면 같은 상태로 만들어 낼까? DARPA의 국방 과학실 소속 과학자들은 이런저런 질문을 던졌다.

국방 과학실이 집중 연구한 분야엔 수면도 있었다. 지속적으로 지원되는 수행 능력(Continually Assisted Performance) 프로그램에서 과학자들은 "24/7 병사"를 만들 방안을 연구했다. 최대 7일간 최소한 혹은 전혀 수면이 필요하지 않는 병사다. 이런 병사가 만들어 진다면 잠을 자야만 하는 적들은 극히 불리한 상황이 된다. 골드블 라트의 프로그램 관리자들은 실마리를 찾으려고 특정한 바다 생물 을 연구하는 해양 생물학자들을 고용했다. 인간과 같은 포유류인 고래와 돌고래는 잠을 자지 않는다. 잠을 자면 익사한다. 인간과 달 리 그들은 좌뇌와 우뇌를 다르게 통제한다. 그래서 한쪽 뇌가 잠자 면 다른 쪽 뇌는 깨어 있어 계속 헤엄을 치게 한다. 일부 DARPA 과 학자들이 언제 어떻게 인간이 좌우 뇌를 달리 통제할 수 있을지를 고민하는 동안 다른 과학자들은 수면 무호흡증과 기면증에 사용되 는 강력한 약품인 모다피닐(modafinil)로 실험을 계속했다.

힘과 지구력 분야에서 골드블라트는 기계적으로 우월한 병사 (Mechanically Dominant Soldier)라는 프로그램을 출범시켰다. 적군 병사보다 아군 병사의 근지구력이 10배 더 강하다면 어떨까? 만약 아군이 2미터 높이를 뛰어넘고 스스로 체온을 조절할 능력이 있다 면? 하루 턱걸이 80회라는 군의 기준을 하루 300회로 늘릴 수 있 다면? "우리는 모든 전사가 신진대사 측면에서는 랜스 암스트롱*처 럼 보이길 원한다." 프로그램 관리자 조 비엘리츠키(Joe Bielitzki)는 《워싱턴 포스트》 기자 조엘 가로(Joel Garreau)에게 암스트롱이 불 명예로 물러나기 10년 전에 말했다.

국방 과학실의 기치 아래 DARPA 과학자들은 뇌-기계 인터페이 스(Brain-Machine Interface) 프로그램에서 뇌 이식으로 인간의 인 식 능력을 증강시키는 방안을 연구했다. 첫 번째 목표는 "자유롭게

---

* 미국의 프로 사이클 선수로 고환암을 이기고 7년 연속 투르 드 프랑스에서 승리했다. 그러나 나중에 도핑 위반 혐의로 모든 기록을 박탈당했다.

움직이는 쥐에게 설치할 무선 뇌 모뎀"을 만들어 내는 일이었다고 1999년에 DARPA의 에릭 아이젠슈타트(Eric Eisenstadt) 박사는 말했다. 과학자들은 쥐의 뇌에 칩을 이식해 움직임을 원격 통제하는 게 가능한지 알고자 했다. "목적은 뇌와의 직접 연결을 통한 원격조종이었다"고 아이젠슈타트는 설명했다. DARPA의 뇌-기계 인터페이스 프로그램이 품은 큰 구상은 미래의 "병사들이 생각만으로 서로 소통하도록" 만드는 일이었다.

아이젠슈타트 박사는 프로그램 관리자들에게 "인간이 전자기파 스펙트럼에서 자외선과 적외선을 보거나 항공기가 이착륙하는 항공모함의 시끄러운 갑판에서 연설을 듣게 되는 상황을 그려 보라"고 요청했다. 다른 곳에서 공상과학 소설로 들리는 내용이 DARPA에서는 미래의 과학이었다. "인간의 뇌에 무선 모뎀이 있어서 전사들이 생각에 따라 행동하기보다 행동하는 생각을 갖게 되는 때를 상상해 보라"고 아이젠슈타트는 말했다. 15년 뒤 뇌-기계 인터페이스 프로그램은 놀라운 성과를 거두었다. 그러나 밀레니엄을 맞을 때는 비평가들의 비난을 받았다. DARPA의 슈퍼 병사 프로그램에 관심이 집중됐다. 비평가들은 전쟁터에서 인간의 수행 능력을 강화하려는 시도는 과학자들을 도덕적으로 위험한 경로로 이끌게 된다고 했다. 마이클 골드블라트는 이에 동의하지 않았다.

"외골격 전투복이나 뇌 이식이 심장 박동기나, 달팽이관 이식, 의수족과 어떻게 다르다는 이야긴가?" 골드블라트는 2014년 인터뷰에서 물었다. 골드블라트에게 트랜스휴머니즘의 과학적 탐구는 개인적인 문제이기도 했다. 그의 딸 지나(Gina)는 선천적 뇌성마비를 갖고 태어났다. 골드블라트는 신체적 장애가 있거나 약한 사람도 동료들과 경쟁할 권리가 있으며, 과학이 이들에게 그 방법이나 수단을 제공할 수 있다면 그러한 과학은 반드시 발전시켜야 한다고 믿었다. "지나가 뇌성마비란 사실을 알았을 때 나는 내가 아는 가장 똑똑한 친구에게 전화했다. 그는 내게 '영구적이야. 이제 받아들이게'라고 했다." 골드블라트는 친구가 전화선 너머로 그에게 다시 말할 때까지의 그 길고 어두운 침묵을 여전히 기억한다. "이제 스스로에게 물어보게. 무엇을 할 수 있을지?"

골드블라트에게 답은 명확했다. 그는 전동 휠체어나 최고의 컴퓨터를 갖추고 침실의 모든 장비는 원격으로 조정이 가능하게 만들었다. 이를 통해 수행 능력을 강화시켜 딸이 다른 아이들과 경쟁할 모든 기회를 제공해 주겠다고 다짐했다. 이 구상은 DARPA로 넘어왔다. 국방 연구실 책임자로서 골드블라트는 전국적 차원에서 전사들의 수행 능력 강화를 감독하게 되었다. 21세기 보병을 공학적으로 재탄생시키는 프로그램에 1억 달러를 써 가면서 말이다.

도덕적 위험성을 묻는 질문에 골드블라트는 그의 질문을 재구성했다. "청각 장애인이 듣도록 도와주는 달팽이관 이식이 당신의 생각을 통제하는 데 도움을 주는 칩을 뇌에 이식하는 것과 어떻게 다른가?" 사악한 목적을 노려 인간을 통제하는 등의 의도하지 않은 결과로 이어질 가능성을 묻자 골드블라트는 이렇게 강조했다. "모든 일에는 의도하지 않은 결과가 따른다."

2001년 6월 새 대통령 조지 W. 부시(George W. Bush)가 취임한 지 6개월이 지났다. 생물 무기 위협은 여전히 대중의 관심을 사로잡았고 뉴스에서도 정기적으로 다루었다. 컴퓨터 기반의 SIMNET을 포함한 전쟁 게임들은 국가 안보 전략의 수립에서 중요한 부분이 되었다. 그러나 어떤 분야에서는 여전히 낡은 방식이 지배하고 있었다. 6월의 세 번째 주, 워싱턴 D.C.의 앤드류(Andrew) 공군 기지에 전직 고위 관리 15명과 언론인 2명이 모여 대본에 기반한 비대칭적 공격 시뮬레이션 전쟁 게임인 '어두운 겨울(Dark Winter)'을 진행했다. 가상의 게임 시나리오에서 테러리스트들이 오클라호마를 천연두가 든 생물 무기로 공격한 이후 미국 전역이 혼란에 빠졌다. 어두운 겨울 훈련에서는 2주에 걸쳐 세 차례의 국가 안보 회의를 열어야 한다. 전쟁 게임에서 국가 안보 회의 구성원들은 전직 관리들이 담당했다. 한때 상원의원이었고 상원 군사 위원회 위원장이기도 했던 샘 넌(Sam Nunn)이 가상 대통령 역할을 맡았다. 전직 대통령 자문이자 백악관 홍보 담당 책임자였던 데이비드 거겐(David Gergen)이 국가 안보 보좌관을 담당했다. 전직 미 육군 합참 부의장이었던 존 틸럴리(John H. Tilelli) 장군이 합참의장 역할을 했다. 전직 CIA 국장인 제임스 울시(James Woolsey)는 가상의 CIA 국장 역할이었다. 현직 오클라호마 주지사 프랭크 키팅(Frank Keating)은 가상의 오클라호마 주지사였다. 어두운 겨울 전쟁 게임의 시나리오는 가상의 생물 무기 공격에 각 참가자가 어떻게 대응하겠느냐는 방법을 둘러싸고 전개됐다.

우선 게임 참가자들은 배경 사건에 대한 "설명을 들었다". "지난 달 러시아 당국은 FBI의 도움을 받아 유수우프 압둘 아지즈(Yusuuf Abdul Aziiz)라는 잘 알려진 알카에다의 공작원을 체포했다. 그는 오사마 빈 라덴의 친구이자 고위 측근으로 의심된다"고 대본에 쓰여 있었다. "유수우프는 지난 1년 동안 진행되어 온 함정 수사 작전으로 체포됐다. 그는 50킬로그램의 플루토늄을 획득하려고 했고 소련이 무기화에 성공한 여러 생물 무기용 병원균을 구입하고자 시도했다."

이 전쟁 게임 시나리오엔 이라크도 있었다. 어두운 겨울의 참가자들은 이틀 전에 "이라크 남부에 있던 이라크군이 쿠웨이트 국경을 따라 공격 위치로 이동했다"고 들었다. 그들이 1990년에 걸프전을 촉발했던 그때처럼 말이다. 또한 전쟁 게임 참가자들은 배경 설명으로 국내 조건들도 알게 된다. "미국 경제는 좋다. 여론 조사에 따르면 절반에서 살짝 더 많은 사람이 미군의 페르시아만 파견에 반대한다. 대부분의 미국인은 사담 후세인의 이라크 정권이 지역의 안정과 미국의 이해에 위협이 된다는 데 동의한다." 실제로 처음 두 가상의 진술은 사실에 기반을 두었다. 그러나 세 번째인 대부분의 미국인이 사담 후세인의 이라크를 위협으로 본다는 건 사실이 아니었음을 기억할 필요가 있다. 사실은 걸프전 당시 국방장관이었던 딕 체니가 지금 부통령이며 그가 사담 후세인의 이라크를 위협으로 여겼을 뿐이다. 어두운 겨울이란 게임은 가상의 오클라호마 주지사가 국가 안보 회의에 천연두 무기로 공격을 받았다는 사실을 알리면서 시작된다.

14일간 진행되는 과정에서 게임 참가자들에게 시나리오는 나쁘게 출발해 악화되다가 재앙적인 사태로 발전한다. 전국의 모든 주가 봉쇄되고, 혼란에 휩싸이며, 대규모 교통 혼잡이 잇따르고, 시민의 자유는 일시 정지되며, 많은 은행과 우체국이 폐쇄된다. 백신은 동이 나고 "성난 시민들이 천연두 창궐을 차단하지 못한 정부를 비난한다." 시민들이 경찰에 총을 쏘기 시작하고 주 방위군들이 시민들에게 총을 쏘기 시작한다. 마지막으로 "이라크가 테러 조직을 통해 미국에 생물 무기 공격을 준비했다고 주장하는 저명한 이라크 망명자"인 유수우프 압둘 아지즈가 등장한다. 그는 오사마 빈 라덴의 가상의 측근이다.

어두운 겨울 전쟁 게임에서 미국인 300만 명이 천연두로 목숨을 잃는다. 그 결과 가상의 CNN-갤럽 여론 조사에 따르면 미국인 48퍼센트가 대통령은 핵무기 사용을 고려해야 한다고 답했다. 게임은 거기서 끝났다.

한 달 뒤인 2001년 7월 23일 전 상원 군사 위원회 위원장으로 어두운 겨울 전쟁 게임에서 대통령 역을 담당했던 샘 넌은 생물학적 테러 퇴치 방안을 논의하는 하원 청문회에서, 전쟁 게임을 통해 밝혀진 진정한 비상사태는 생물 무기 공격 상황에 미국이 전혀 준비되지 않았다는 점이라고 말했다.

"어두운 겨울이라는 연습에서 나는 영광스럽게도 대통령 역할을 했다"고 넌은 의회에서 말했다. "우리는 종종 시험을 보기 전까지는 자신이 무엇을 모르는지 모른다"고도 말했다. "비상 방송망의 방송 내용대로, '이것은 연습이지 실제 비상사태가 아닙니다'라는 말은 미국에겐 정말 행운입니다. 그러나 위원장님, 우리의 준비 부족이야말로 진정한 비상 상황입니다."

아무도 "그러나 어두운 겨울은 그저 게임일 뿐입니다"라고 말하지 않았다.

게임과 실제의 경계가 모호해지고, 게임이 현실에 영향을 미치며, 사람이 기계와 합쳐지고 있다. 21세기의 기술 발전은 또 어떤 변화를 가져올까?

2001년 8월 로스알라모스와 로렌스 리버모어 국립 연구소의 과학자들은 유타의 더그웨이 시험장에 있는 웨스트 데저트(West Desert) 시험 센터로 갔다. 그곳의 특별 프로그램 부서에서 과학자들은 탄저균과 보툴리눔 독소 같은 살인 병원균을 탐지하도록 설계된 새로운 탐지 시스템를 시험했다. 프로그램의 이름은 생물 연무질 감시와 정보 시스템(Biological Aerosol Sentry and Information Systems, BASIS)이었다. 그것은 "우리가 마시는 공기를 지키는" 계획이라고 강조됐다. 그러나 사실 BASIS의 능력은 "치료에 앞서 탐지하는" 일이 전부였다. 음향 탐지 장치라는 첨단 기술을 통해 살포되기 전에 존재가 확인되는 화학 무기와 달리, 생물 무기는 살포된 다음에나 검출된다. 더 한심한 노릇은 감지 시스템이 거짓 경보를 울리는 경우도 잦다는 점이다. 여과 시스템에 약점이 있기 때문이다. 공개된 문헌에서 리버모어 연구소는 경보의 오작동이 심각한 우려 사항이라고 인정했으나 이 문제가 광범위하지는 않다고 주장했다. "테러 사건이 없는데도 있다고 보고하는 어떤 기술은 그 기술이 좌절시키려는 바로 그 공포와 사회적 혼란을 초래할 수 있다. 따라서 거짓 경보와 참 경보의 비율은 제로이거나 그에 매우 가까워야 한다."

2001년 여름 부통령 딕 체니는 백악관을 겨냥한 생물 무기 공격의 위협 가능성을 더 우려하게 됐다. BASIS 시스템을 백악관과 그 부지에 설치하려는 계획이 수립됐다.

2001년 여름 DARPA의 생물 무기 방어 구상은 국방 과학 분야에서 가장 빠르게 성장하는 프로그램의 하나였다. 10년 전 소련 과학자들이 망명하기 전에는 존재조차 알려지지 않았으나 이제 그와 관련된 산업은 연간 수억 달러에 이르는 거대 분야가 되었다.

프로그램들은 대체로 불확실하다. ARPA의 최초 난제였던 탄도 미사일 방어와 평행을 이루는 난제인 생물 무기 공격을 막아 낼 방법은 현재로는 없다. 미국 땅에 치명적인 병원균이 살포되는 테러 공격이 있어야 생물 무기 방어 시스템이 진정으로 시험대에 오를 수 있다. 그러면 방어 프로그램과 대응 프로그램들이 천정부지로 늘어나게 된다. 그것이 바로 다음에 그대로 벌어진 일이다.

4부

테러와의 전쟁
The War On Terror

19장

테러 공격
Terror Strikes

2001년 9월 11일 이른 아침, 24세의 데이비드 브레이(David A. Bray)는 애틀랜타 소재 질병 통제 예방 센터(Centers for Disease Control and Prevention, CDC)에서 생물 무기 테러 연구소 대응 네트워크(Laboratory Response Network for Bioterrorism)라는 주제의 설명을 앞두고 있었다. 브레이는 CDC의 생물 무기 테러 대응 프로그램의 정보 기술 책임자였다. 테러 대응 정책의 일환으로 클린턴 대통령이 만든 프로그램이었다. 사람들이 필요로 할 때 그들에게 좋은 정보가 주어지게 하는 일이 브레이의 임무였다. 수없이 많은 정보에서 중요한 정보를 걸러 내는 게 일의 핵심이었다. 소화전으로 물을 마실 수는 없기 때문이다. 브리핑 회의는 오전 9시에 시작될 예정이었다.

"내가 생물 무기 테러를 대비하는 곳에서 일하게 됐을 때 속으로 생각했다. 도대체 세상이 어떻게 돌아가기에 이 일이 필요해졌을까?"라고 브레이는 말했다. 그해 봄 그는 "우리는 '2001년 6월에서 8월까지 알카에다의 활동을 경계하라'"는 내용의 메모를 받았다고 했다. "그 경계는 8월에 끝났다."

9월이 되었고 항공기가 세계 무역 센터의 북쪽 빌딩에 충돌했을 때, 브레이와 팀원들은 생물 무기 테러 대응 팀 브리핑을 준비하고 있었다. "우리는 소식을 들었다. 구체적인 사항은 불분명했다." 그는 9시 30분 "두 번째 항공기가 부딪혔을 때 그것이 테러임을 확실히 알았다"라고 회고했다.

CDC 소속의 수많은 직원이 여러 곳으로 분산되어 파견됐다. "많은 사람이 컴퓨터를 차에 싣고 공개되지 않은 지하 벙커로 보내졌다." 브레이는 설명했다. "우리는 생물 무기 테러가 발생할지 모른다고 걱정했다."

데이비드 브레이는 언제나 놀라울 정도로 집중력이 뛰어난 인물이었다. 전문 분야는 정보학으로 정보를 어떻게 수집하고 저장하며 검색하는지를 연구하는 과학이었다. 목사와 교사의 아들로 태어난 그는 중학생 때부터 전국 과학상을 휩쓸었다. 15세 무렵 연방 정부에서 일을 시작했다. 버지니아 뉴포트 뉴스(Newport News)에 있는 에너지부(Department of Energy) 소속 연속 전자 빔 가속기 시설(Continuous Electron Beam Accelerator Facility)이었다.

"나는 우주를 이해하고 싶었다. 연구소는 새로운 에너지원들을 찾고 있었다." 브레이는 자신의 어린 시절을 이야기했다. 미성년자 노동 관련 법규 준수 문제로 그는 에너지부에서 일하기 전에 특별 허가를 취득해야 했다. 브레이가 16세였을 때는 해상 기름 유출 사고를 가장 잘 수습해 내는 방법을 예측하는 컴퓨터 프로그램을 개발해《워싱턴 포스트》에 기사가 나기도 했다. 17세에는 국방부에서 일했다. 21세가 되기 전에 이미 국립 보건원(National Institute of Health)과 농림부에서도 경력을 쌓았다. 브레이는 일을 하면서 대학에도 진학해 과학, 생물학, 언론학까지 공부했다. 어느 해 여름, 그는 남아프리카에서 《케이프 아르거스 뉴스*Cape Argus News*》라는 일간지의 보건 전문 기자로 일했다. 브레이를 가장 흥미롭게 만든 건 정보였다. 사람들은 어떻게 정보를 얻고 자신들이 가진 정보를 어떻게 활용하는가.

후천성 면역 결핍증(AIDS) 위기를 다루는 기자로서 브레이는 정보를 가진 사람들이 눈앞에 놓인 위험을 무시하는 모습을 목격했다. 1997년에 남아프리카공화국 인구 6명 중 1명 이상이 에이즈 바이러스 보균자였다. 이 전염병은 걷잡을 수 없이 확산되고 있었다. 브레이는 남아프리카의 시골을 돌아다니면서 학생들에게 그들이 당면한 위험이 무엇인지 또 피임 도구로 얼마나 쉽게 스스로를 보호할 수 있는지 이야기했다. "그들은 보호 장비를 써야 한다는 걸 알았다"고 브레이는 전했다. "그러나 그것을 사용하겠느냐고 물었을 때 그러지 않겠다고 말했다." 아주 충격적인 일은 아니다. 많은 미국인들도 같은 태도를 지녔다고 브레이는 말했다. 사람들이 모두 "내게는 일어나지 않을 일"이라고 생각한다는 의미다. 그는 어떻게 하면 사람들이, 특히 공중 보건 문제에서 자신들이 입수한 정보에 따라 최선의 행동을 하게 할지 고민하기 시작했다. 그리고 이 문제에 집중할 수 있는 곳을 질병 통제 예방 센터에서 발견했다.

9월 11일, 테러리스트들의 공격은 브레이가 말하는 "비상하게 혼란스러운 환경"을 만들어 냈다. 이렇게 공포가 가득한 상황에서 "한 조직에게 가장 전략적으로 중요한 자원은 지식"이라고 브레이는 말했다. 더 많은 지식이 아니라 더 나은 지식 말이다. 바르고, 명징하며, 사실에 입각한 정보다. 현재 벌어지는 일을 전해 주는 자료다. 911 직후에 "우리는 50개 주에 연락을 취하기 시작했다. 두 번째 테러 사태는 생물학적 사건이 되리라는 생각으로 일했다. 50개 주와 정보가 소통되는 통로 개설을 원했다"고 그는 말했다. 생물 무기 테러 공격이 발생하는 경우를 대비해서 말이다.

DARPA는 감시 프로그램이자 Bio-ALIRT라 불린 첨단 바이오 사태 선도 지수 인식 기술(Bio-Event Advanced Leading Indicator Recognition Technology), 다시 말해 생물 무기 공격을 컴퓨터가 재빨리 인식하도록 설계한 이 정보 기반 기술 프로그램을 후원해 왔다. 컴퓨터가 자료를 근거로 생물 무기 공격을 "인식"하도록 하는 일은 엄청난 작업이었으며 911 무렵에는 아직 성능이 충분하지 않았다.

이 프로그램은 원래 해외에 주둔한 부대를 보호하려고 설계됐으나 최근에 미국 민간인의 의료 기록을 사용하는 전국적인 감시 프로그램으로 확대되었다. 국가 안보를 목적으로 당사자 모르게 혹은 동의 없이 미국인의 의료 기록을 수집하는 것의 파장은 매우 컸다. Bio-ALIRT 프로그램은 "생물 무기 감시"라 불리는 새로이 부상하는 산업에 속했다. 이 논쟁적인 개념은 대체로 대중의 감시를 피했다. 이 부분에서 DARPA의 군 동반자는 월터 리드 육군 연구소(Walter Reed Army Institute of Research)였다. 민간 협력 기관은 존스 홉킨스 응용 물리학 연구소, 피츠버그 대학, 카네기 멜론 대학, 스탠퍼드 대학 의료 정보학 그룹이었다. DARPA의 국방 사업 계약자들로는 제너럴 다이내믹스 어드밴스드 인포메이션 시스템즈와 IBM이 있었다.

Bio-ALIRT 프로그램은 "자동화된 탐지 알고리즘"이 조류 독감처럼 자연스레 발병하는 전염병이나 생물 무기 공격에 따른 집단 발병을 식별하는지 알아보려는 시도다. 현장의 의사나 간호사, 임상의사의 말은 고려하지 않는다. Bio-ALRIT는 인간의 "선입견"을 배제하고, 컴퓨터가 그 일을 더 빠르게 수행하도록 하겠다는 의도에 기반했다. Bio-ALRIT의 일환으로 슈퍼컴퓨터들은 의사들이 자료를 입력하는 대로 의료 기록의 거대한 데이터베이스를 실시간으로 훑어보게 된다. 동시에 Bio-ALRIT의 슈퍼컴퓨터들은 처방 및 비처방 의약품의 약국 판매 상황을 실시간으로 파악한다. 민간 회사인 서베일런스 데이터(Surveillance Data)를 고용해 "개인 정보가 삭제된" 외래 환자의 정보를 제공받는다. 이름, 사회 보장 번호, 주소 등 개인의 자세한 신상과 의료 기록 정보는 "삭제"되어 온다는 의미다. 물론 의료 기록 내용의 어디까지를 개인 정보라 하는지, 만성 질환과 신규 증상을 구별하는데 Bio-ALRIT 슈퍼컴퓨터가 어느 정도의 정보를 필요로 했는지는 확실치 않다.

시스템에는 결점이 많았다. 그중 하나는 개인 정보의 문제였다. 그러나 프로그램 자체를 무의미하게 만들었던 하나의 결점이 있었다. Bio-ALIRT의 자동화된 탐지 알고리즘, 즉 슈퍼컴퓨터에게 무엇을 찾아봐야 하는지 알려 주는 프로그램은 세계 보건 기구의 제9차 국제 질병 분류표(ICD-9)를 기반으로 한다. 그러나 가장 치명적인 생물 무기는 키메라 바이러스나 소련 망명자 켄 알리벡, 블라디미르 파세츠니크, 세르게이 포포브 등 다른 과학자들이 바이오프레파라트에서 연구했던 재조합형 병원균들이었으며, 이들은 ICD-9로 식별할 수 없을 뿐더러 여기 올라 있지도 않았다. Bio-ALRIT 프로그램이 초기 단계보다 더 발전된 상태였다면 질병 통제 예방 센터는 잠재적으로 이 시스템의 도움을 받았을지도 모른다. 그러나 911 테러가 벌어진 무렵 생물 무기 감시 산업은 아직 초기 단계였으며 브레이가 정보 책임자로 이끌던 생물 무기 테러 연구소 대응 네트워크는 50개 주에서 오는 정보의 수집을 오로지 사람에 의지해야만 했었다. 브레이와 그의 팀은 이 지나치게 소란스러운 환경에서 해야 할 일이 너무 많았다. 브레이는 그 도전을 기꺼이 맞았다.

"매우 힘든 하루였다"고 브레이는 회상했다. 언젠가 컴퓨터가 할 일을 그가 하고 있었다.

2001년 9월 11일 아침 8시 46분에 첫 번째 항공기가 세계 무역센터의 북쪽 타워와 충돌했을 때, 부통령 딕 체니는 백악관 웨스트 윙에 있는 자신의 사무실에 앉아 있었다. 그는 즉시 TV 화면에 시선을 집중했다. "맑은 날이었다. 날씨 문제는 전혀 없었다. 그런데 두 번째 비행기가 충돌하는 모습을 보았다." 체니는 회고록에서 회상했다. "그 순간 의도적인 행위임을 알았다. 그것은 테러다."

체니는 대통령 부시에게 전화를 걸었다. 그는 플로리다 주 사라소타(Sarasota) 시의 어느 초등학교를 방문 중이었다. 그가 플로리다에 있는 대통령 보좌관과 통화할 때, 비밀 경호원이 부통령실의 문을 열고 달려왔다. "그가 나를 붙잡더니 사무실 밖으로 빠져나가도록 밀어댔다. 그리곤 백악관 지하의 피난처로 몰아넣었다." 체니는 CNN의 존 킹(John King)에게 나중에 이야기했다. 그날 밤 비밀 경호국은 부통령을 수도 밖에 있는 조금 더 안전한 지하 시설로 대피시켰다. 헬리콥터로 백악관을 떠나는 길에 체니는 펜타곤의 피해 상황을 보자고 요청했다. 오전 9시 37분에 세 번째 비행기가 국방부 건물에 충돌했었다. 체니는 이렇게 회상했다. "내가 탄 헬기가 포토맥 강으로 향할 때 우리는 창밖으로 펜타곤을 볼 수 있었다. 충돌로 생긴 검은 구멍을 보았다." 미국 군사력의 상징인 펜타곤이 역사상 처음으로 파괴당했다. 5개의 면 중 파괴된 1개의 면이 거대한 상처를 드러냈다.

체니는 헬리콥터를 타고 "밝혀지지 않은 장소"로 갔다. R 기지 (Site R)로, 백악관에서 120킬로미터 떨어진 캠프 데이비드 인근인 레이븐 록 산 단지(Raven Rock Mountain Complex) 안의 지하 방호 시설이었다. 2004년 언론인 제임스 밤포드(James Bamford)가 위치를 공개한 이 냉전 시절의 지휘 센터는 1956년 캐슬 브라보 폭발 실험 이후 민방위 토론이 뜨겁게 진행되는 동안 아이젠하워 대통령을 고통스럽게 만들었던 장소이기도 했다. R 기지는 원래 핵 공격이 발생할 때 대통령을 보호하고자 설계됐다. 아이젠하워는 재임 기간 내내 그 개념을 괴롭게 여겼다. 취임사에서 그가 보호하겠다고 선서했던 국민들은 방치한 채로 대통령과 고위 측근들만의 안전을 위해 만들어진 시설이라는 생각 때문이었다.

어쨌든 레이븐 록에서 체니 부통령은 전쟁 계획을 수립하기 시작했다.

또한 2001년 9월 11일 아침 9시 40분 직전에 도널드 럼스펠드 (Donald Rumsfeld) 국방장관은 펜타곤의 3층 집무실에 앉아서 예정됐던 CIA의 브리핑을 듣고 있었다. 그는 한때 윌리엄 셔먼(William Sherman) 장군이 사용했던 작은 나무 원탁 위에서 메모를 하고 있었다. 셔먼은 전장을 모조리 불태우는 전술과 "전쟁은 지옥"이라고 규정한 말로 유명하다. 그날 아침 일찍 비행기 4대를 공중 납치한 테러리스트들은 2대를 세계 무역 센터의 남과 북 타워에 충돌시켰다. 국방장관 사무실 문 밖에는 펜타곤 경찰관 오브리 데이비스 (Aubrey Davis)가 보초를 서고 있었다.

"믿을 수 없이 큰 '쾅' 소리가 났다." 데이비스는 나중에 영국 언론인 앤드류 코번(Andrew Cockburn)에게 말했다. 테러리스트들이 아메리칸 에어라인의 여객기를 펜타곤에 충돌시켰다. 럼스펠드 장관은 사무실에서 나와 데이비스에게 무슨 일이냐고 물었다. 데이비스는 휴대용 무전기로 전해 오는 정보를 전달하면서 비행기가 펜타곤에 충돌했다는 보고들이 올라온다고 답했다. 그 말을 들은 럼스펠드는 복도로 서둘러 나갔다. 데이비스가 그를 뒤따랐다. 연기 냄새가 차올랐다. 사람들이 비명을 지르고 소리치면서 복도를 뛰어 내려갔다. "그들이 건물에 폭격을 가한다. 그들이 건물을 폭격한다." 누군가 외쳤다. 몇 분을 걸었을까. 럼스펠드와 데이비스, 그리고 이들과 합류한 사람들은 불길에 뒤덮인 벽에 도착했다.

"불꽃이 일었고 사방에 금속 조각이 있었다." 데이비스는 회상했다. 그 앞에 어떤 여성이 누워 있었다. 그녀의 다리는 끔찍하게 타버렸다. "장관은 금속 조각 하나를 집어 들었다." 데이비스는 당시를 기억했다. "장관이 금속 조각에 쓰인 'American Airlines'이라는 글자를 보았을 때 나는 범죄 현장을 훼손해서는 안 된다고 말했다." 혼돈과 연기 속에 도와 달라는 외침과 울부짖음이 들려왔다. 누군가 부상자가 누워 있는 바퀴 달린 들것을 밀며 지나쳤다. 럼스펠드 장관은 들것을 함께 밀어 주었다.

오전 10시에 럼스펠드는 펜타곤 내부로 돌아왔다. 자신의 E-링 사무실에서 대통령에게 전화를 건 다음 건물 안의 다른 안전한 장소, 아마도 지하로 이동했다. 그곳에서 럼스펠드는 백악관 지하 벙커에 있던 부통령 체니와 통화했다. 12시 5분에는 CIA 국장 조지 테닛(George Tenet)의 전화를 받았다. 그는 국가 안보국이 오사마 빈 라덴의 부하와 조지아 공화국의 누군가가 명백히 테러 공격을 지칭하는 "좋은 소식"을 논의하는 통화를 감청했다고 보고했다.

CIA 국장은 국방장관에게 오사마 빈 라덴과 알카에다가 테러 공격의 주범이라고 말했다.

오후 2시에 럼스펠드는 핵심 군사 자문단과 펜타곤의 실무자들을 모아 앞으로 어떤 조치를 취해야 할지 논의했다. 방 안에는 합참의장 대행인 리처드 마이어스(Richard Myers) 장군, 스티븐 캠본(Stephen Cambone) 정보 담당 차관, 빅토리아 클라크(Victoria Clarke) 펜타곤 대변인과 펜타곤 소속 변호사 1명이 있었다. 캠본과 클라크는 펜으로 종이에 메모를 받아 적었다. 회의에서 럼스펠드는 아침의 테러 공격에 대응해 사담 후세인과 이라크를 추궁해야 할 가능성을 논의했다. 나중에 911 위원회가 입수한 정보 담당 차관의 그날 메모에 따르면 럼스펠드 장관은 "최선의 정보를 빠르게 … UBL(Usama Bin Laden, 우사마 빈 라덴)과 동시에 사담 후세인을 공격해도 충분하다고 판단할 만한"이라고 말했다. 럼스펠드는 방 안에 있던 변호사에게 UBL과 이라크의 연계 가능성을 국방부 부장관 폴 월포위츠(Paul Wolfowitz)와 논의하라고 지시했다.

이틀 뒤인 9월 13일에 부통령 딕 체니, 국방장관 도널드 럼스펠드, 국무장관 콜린 파월, 그리고 국가 안보 보좌관 콘돌리자 라이스(Condoleezza Rice)가 캠프 데이비드의 홀리 로지(Holly Lodge)에서 만찬을 겸해 한자리에 모였다. R 기지라는 지하 지휘 센터에서 5킬로미터 남짓 떨어진 곳이었다. 참석한 4명 중 3명의 회고록에 따르면 이때 논의된 주제는 미국이 911 공격에 어떻게 대응해야 하느냐였다.

"우리는 모두 그 결과가 탈레반을 대상으로 한 전쟁 선언임을 알고 있었다." 라이스는 썼다. "그러나 대통령이 맞닥뜨릴 만한 질문들을 추리는 데 그 논의가 유용했다."

"우리는 근본적으로 새로운 정책으로 나아가고 있었다." 체니는 회고록에 썼다. "우리는 단순히 911을 저지른 테러리스트 개개인들을 쫓으려고 하지 않았다. 그들의 조직망 전부를 드러내려 했다. 따라서 단체와 국가, 그리고 그들을 돕는 모두를 추적했다."

"나는 우리의 전략이 그들을 궁지에 몰아넣어야 한다고 주장했다." 럼스펠드는 썼다. "나는 국제적 캠페인에 대한 강조가 중요하다고 믿었다." 선제공격이 새로이 나아갈 전략이었다. 적이 다음 조치를 취하기 전에 제압해야 했다.

9월 16일에 CIA 국장 조지 테닛이 CIA 직원들에게 메모를 보냈다. 주제를 적는 줄에 그는 이렇게 썼다. "우리는 전쟁에 돌입했다." 테닛은 조직원들에게 "알카에다와 다른 테러 조직에 맞서 지구적 차원의 전쟁을" 성공적으로 수행하려면 "마땅히 정보, 아이디어, 역량이 절대적이고 완벽하게 공유되어야 한다"고 썼다. 조지 테닛에게 정보는 전쟁을 이기는 방법이었다.

애틀랜타의 질병 통제 예방 센터(CDC)에서 데이비드 브레이와 그의 동료들은 쉬지 않고 일하며 CDC와 전국 50개 주 보건 전문가들과의 소통 창구를 계속 열어 두었다. 생물 무기 테러가 진행된다고 암시하는 보건 의료 관련 정보를 수집하지 않고 지나가는 매일이 안도의 하루였다. "10월 1일에 우리는 긴장을 늦춰도 된다고 들었다." 브레이는 회고했다. 10월 3일에 그는 버지니아 랭글리의 CIA 본부로 날아갔다. 그곳에 있는 조지 H. W. 부시 정보 센터(George H. W. Bush Center for Intelligence)에서 브레이는 CDC의 연구소 대응 네트워크가 생물 무기 테러 공격이 가해지는 경우 어떤 일을 하게 될지 테러리즘 대응 부처 합동 정보 위원회(Interagency

Intelligence Committee on Terrorism)에 출석해 설명했다. 24세였지만 막중한 책임이 부여된 그에겐 장엄한 순간이었다. CIA 본부에서 그가 알게 된 사실은 14년이 지난 이후에도 여전히 그를 놀라게 했다.

"CIA는 우리가 존재하는지도 몰랐다." 브레이는 말했다. 그는 생물 무기 테러가 발생하면 그것을 다루어야 하는 CDC 팀의 기술 책임자였다. 그러나 브레이에 따르면 CIA 본부에서 자신의 설명을 들었던 청중들 중에 이를 아는 사람은 하나도 없어 보였다. 안타까운 실상이 드러나는 순간이었다.

브레이는 "우리는 대통령 결정 지침 39라는 공공의 법규로 만들어진 조직이었다"고 설명했다. "그러나 그들은(CIA) 그에 관한 정보가 없었다." 데이비드 브레이가 믿듯이, 그리고 조지 테닛 국장이 "우리는 전쟁에 돌입했다"는 메모에서 말했듯 지식이 한 조직에서 전략적으로 가장 중요한 자원이라면 미국의 생물 무기 테러 방어 커뮤니티는 아직 갈 길이 멀었다. 좋은 정보의 확보와 그것의 효과적인 배포 사이의 격차를 좁히는 일에 브레이는 직업적 사명감을 갖게 됐다. 그는 향후 10년간 아프가니스탄에서 DARPA의 정보 전문가로, 워싱턴 D.C.에서는 국가 정보국 국장 제임스 클래퍼(James Clapper)의 정보 전문가로, 2013년부터는 연방 통신 위원회(FCC) 수석 정보 담당관으로 이 일을 계속하게 된다. 매우 혼란스러운 환경에서 배운 교훈이 그의 경력을 만들어 주었다.

데이비드 브레이가 랭글리 CIA 본부의 강당을 가득 메운 정보관들에게 설명한 다음 날 그는 애틀랜타의 CDC 사무실로 돌아왔다. 그곳에서 심각하고 새로운 사태를 알게 됐다. 그는 보카레이턴(Boca Raton)에서 63세의 플로리다 주민이 탄저균을 흡입하고 병원에 입원했다고 들었다.

"농담이죠?" 브레이는 자신이 그렇게 말했다고 기억한다. 밥 스티븐스(Bob Stevens)라는 남자로 주간지 《내셔널 인콰이어러 *National Enquirer*》의 사진 편집자였다. 24시간 뒤에 그는 사망한다.

상황은 순식간에 최악으로 치달았다. FBI가 사건 수사를 담당했다. 10월 12일에 뉴욕 시의 NBC 직원 1명이 탄저균 양성 반응을 보였다. 10월 15일 상원 다수당 대표인 민주당의 톰 대슐(Tom Daschle)은 기자들에게 자신의 사무실에서 탄저균이 발견됐다고 했다. 하트(Hart) 상원 건물*의 사무실들은 전부 비워졌고, 방역 조치가 취해졌다. 수백 명이 탄저균 검사를 받으려 줄을 섰다. 의사당 전체에서 차량과 불필요한 방문객의 출입이 통제되었다. 사태가 해결되기만을 막연히 기다리는 벙커 심리가 자리잡았다. 백악관의 고위관리는 《뉴욕 타임스》에 "워싱턴에서 심리전이 벌어지고 있다"며 "우리가 생각만큼 잘 싸우지 못해 두렵다"고 말했다.

며칠 사이에 탄저균이 담긴 편지가 ABC, CBS 방송국과 국무부에 배달되었고 더 많은 사람들이 탄저균에 감염됐다. 곧 사람들이 죽기 시작했다. 11만 8,000제곱미터에 이르는 하트 건물 전부를 방제 소독해야 했을 때, DARPA는 그 엄청난 작업을 도울 과학 전문가를 파견해 달라는 요청을 받았다. DARPA 과학자 한 팀이 방제 기술을 검토했고, "신속한 테스트를 통해 후보로 떠오른 세 가지 기술의 효과를 판정해 주었다." 가장 효과적이라고 판명된 방법은 "이산화염소 방법"이었다. 이 방법은 DARPA의 국방 과학실 실장 마이

---

* 상원에 속한 3번째 사무실 빌딩으로, 1982년에 첫 입주가 이루어졌다. 지하철에 직접 연결되는 9층짜리 건물로 미시간 주 출신으로 18년간 상원의원이었던 필립 A. 하트(Philip A. Hart)의 이름을 따 명명됐다.

클 골드블라트가 알빈 차우(Alvin Chow)와 함께 잭인더박스의 대장균 사태 이후 자율 살균 포장용으로 개발한 기술에 바탕을 두고 있었다. "우리는 빛이나 습도에 의해 작동하도록 고체 형태로 개발했다." 골드발라트는 설명했다. "내 방법은 인간 개개인을 방제 단위로 가정했으나 DARPA의 해결책은 대규모였다." 이 때문에 그는 "약간의 자부심"을 느꼈다고 말했다.

대슐 상원의원이 자신의 사무실에서 탄저균이 발견됐다고 기자들에게 말한 지 사흘 뒤에 부통령 딕 체니는 911 이후 처음으로 사건 발생지인 세계 무역 센터를 방문했다. 2001년 10월 18일 오후 1시가 조금 지난 시간이었다. 체니는 부통령 전용기에 올라 뉴욕으로 향했다. 그가 공중에 오른 지 얼마 지나지 않아 비서실장인 루이스 "스쿠터" 리비(Lewis "Scooter" Libby)가 전화를 받았다.

"보툴리눔 독소 공격이 백악관에 가해졌음을 시사하는 초기 검사 결과가 나왔다." 체니가 회고록에서 공개했다. "만약 검사 결과가 사실이라면 대통령과 나, 백악관 종사자들은 물론이고 근처에 있었던 수십 명의 애꿎은 사람들이 인간에게 알려진 가장 치명적인 물질 중 하나에 노출됐다는 의미였다." 보툴리눔 독소는 치명적인 신경 독극물로, 믿을 만한 해독제나 치료 방법이 없었다. 이 독극물은 중추 신경계를 공격해 몸을 마비시켜 죽음을 초래한다.

양성 반응은 생물 연무질 감시와 정보 시스템에서 나왔다. 이 감지 시스템은 생물 무기 테러 전쟁 게임인 '어두운 겨울' 직후 백악관 전체에 설치됐다. 리버모어와 로스알라모스 국립 연구소들은 BASIS 시스템의 "오보 가능성은 사실상 없다"고 주장해 왔다. 체니는 "보툴리눔 독소가 1그램이라도 골고루 퍼지고 흡입되면 100만 명 이상을 죽일 수 있다는 사실도 알고 있었다". 그는 대통령에게 전화를 걸 필요가 있었으나 "스쿠터" 리비에게 두 번째 검사 결과를 먼저 확인하라고 지시했다.

그사이 부통령은 일정을 그대로 수행했다. 루디 줄리아니(Rudy Giuliani) 뉴욕 시장과 조지 파타키(George Pataki) 주지사를 만나 뉴욕 시의 상황을 보고받았다. 그다음 세계 무역 센터 부지를 둘러보았다. 충돌 현장에서 쓰레기 더미를 정리하는 복구 노동자들과도 악수를 나누었다. 그날 오후 늦게 숙소인 월도프 아스토리아 호텔로 돌아왔을 때 좋지 않은 소식을 들고 자신을 기다리는 리비를 보았다. 체니는 "그는 백악관의 탐지기들 중 하나에서 보툴리눔 독소 반응이 두 번 나왔다고 했다"고 썼다. 추가 검사가 더 진행 중이며 결과는 다음 날 정오에나 나온다고 했다. 대통령에게 전화를 걸어야 할 때였다.

체니는 그날 저녁 월도프 아스토리아 호텔에서 열리는 알프레드 E. 스미스 기념 재단의 연례 만찬에서 기조연설을 할 예정이었다. 흰색 타이와 연미복을 입고는 호텔 방 안에서 보안 영상 통화 화면을 마주 보고 앉아 당시 상하이에서 열리는 정상회의에 참석하고 있던 부시 대통령에게 전화를 걸었다. 콜린 파월 국무장관과 콘돌리자라이스 국가 안보 보좌관이 대통령을 수행하고 있었다. 세 사람 모두 상하이로 가기 전에 백악관 안에 있었다. 모두 보툴리눔 독소에 노출됐을지 모른다.

"대통령 각하, 백악관의 생물 무기 탐지기들이 보툴리눔 독소를 검출했습니다. 아직 믿을 만한 해독제는 없습니다. 우리와 다른 많은 사람이 노출됐을지 모릅니다." 체니는 대통령에게 그렇게 말했다고 기억했다.

대통령은 옆에 서 있던 콘돌리자 라이스를 돌아보았다. 자신의 회고록에서 라이스는 대통령이 했던 말을 회상했다. "해들리에게 전화를 걸어. 도대체 무슨 일이 벌어지는지 알아봐." 스티븐 해들리 (Stephen Hadley)는 대통령의 국가 안보 부보좌관이었다. 해들리는 라이스에게 지금은 실험실 쥐가 검사받고 있다고 말했다.

"이렇게 말해 보죠." 독극물에 노출됐을지도 모를 해들리가 말했다. "그 쥐가 내일도 멀쩡하다면 우리는 괜찮다는 얘깁니다. 만약 쥐들이 죽는다면 우리도 가는 거죠."

뉴욕 시에서 부통령 딕 체니는 계단을 내려갔다. 연설하는 동안 그는 미국의 보통 사람들이 그날 세계 무역 센터의 잔해를 파헤치며 보여 준 용기와 관대함과 품위에 관해 이야기했다. "나는 이번 일을 일으킨 자들에게 정의를 구현하겠다고 약속한다." 체니는 말했다. 그는 테러리스트라는 새로운 적과 마주한 미국이 안게 될 딜레마를 이야기했다. 그는 "우리는 어둠 속에서, 상상하기 힘든 폭력과 파괴를 꾸미는 사악한 인간들을 다루고 있다"고 말했다. 월도프 아스토리아 호텔 연회장에서는 박수갈채와 환호가 터져 나왔다.

다음 날 BASIS 탐지기들의 검사 결과가 나왔다. 5,000만 달러 짜리 장치는 거짓 경보를 울린 셈이었다. 생물 무기의 공격은 없었다. 백악관에 테러 공격은 벌어지지 않았다. 매우 혼란스런 환경에서 지식이 전략적으로 가장 중요한 자원이라면 로렌스 리버모어와 로스알라모스 국립 연구소의 과학자들은 실패했다는 뜻이다. 그럼에도 2003년도 의회 상하 합동 연설인 연두 보고서에서 부시 대통령은 "생물 무기 테러 공격을 탐지하는 미국 최초의 조기 경보 네트워크를 배치하겠다"고 발표했다. BASIS 탐지기들이 전국 30개 이상의 도시에 설치되며, 최초 비용은 대체로 3,000만 달러이고 매년 유지비로 각 도시마다 100만 달러가 소요된다. 2003~2008년에 신문들은 공공장소에 설치된 BASIS 탐지기들이 50번 이상 허위 경보를 발령했다고 보도했다. 어디에 설치했는지, 운용비용은 얼마나 드는지, 허위 경보는 정확하게 얼마나 있었는지, 허위 경보에 따른 비상 대응 조치가 있기는 했는지 등에 관련된 자세한 사항은 아직도 기밀로 분류되어 있다.

그러나 2001년 10월 상하이에서 콘돌리자 라이스는 좋은 소식을 들었다.

"쥐는 죽지 않고 멀쩡합니다"라고 라이스는 대통령에게 전했다. "대통령은 미소를 지었다"고 그녀는 회고록에 썼다. "중국인들은 아마도 우리가 비밀 메시지를 주고받았다고 생각할 거라 확신한다."

대통령, 부통령, 국무장관, 국가 안보 보좌관과 다른 이들은 다행히 총알을 피했다. 하지만 1명의 사진 편집자와 2명의 우체국 직원, 1명의 여성 병원 종사자, 코네티컷에 사는 94세 여성 1명이 탄저균으로 사망했다. 2014년까지 누가 그들을 죽였는지는 풀리지 않은 숙제다.

10월의 막바지에 ABC 보도국은 톰 대슐 상원의원 사무실에 우편으로 배달된 탄저균은 벤토나이트라는 첨가물을 이용하는 이라크 생물 무기 프로그램과 맞닿아 있을지 모른다고 보도했다. 백악관은 이를 부인했다. 며칠 밤이 지나 ABC 보도국은 911 항공기 납치의 주모자인 모하메드 아타(Mohammed Atta)가 "프라하에서 이라크 정보 요원을 적어도 한 번은 만났다"고 보도했다. 이 보도는 봇물 터지듯 관련 기사들을 쏟아지게 했다. 일부는 이라크와의 연관성을 확인하는 기사였고, 일부는 그런 기사의 신빙성에 의문을 제기하는 기사였으며, 일부는 CIA가 역정보 작전을 펴고 있다고 비난하는 기사였다.

의회는 DARPA 국장 안소니 테더(Anthony Tether)에게 DARPA가 현재 수행하는 생물 무기 방어 프로그램들에는 어떤 내용이 있는지 하원 군사 위원회에 보고해 달라고 요청했다. 항공기들이 건물에 충돌했을 때 그는 DARPA 국장에 취임한 지 3달밖에 안 됐다. 그러나 국방부와 CIA에서 쌓은 경력은 수십 년이었다. 테더는 스탠퍼드 대학에서 전기 공학 박사 학위를 취득했으며, 펜타곤과 정보 세계에서 잔뼈가 굵었다. 1978년 이래로 그 두 분야에서 일해 왔으며, 1978-1982년에는 국방장관실의 국가 정보 국장이었고, 1982-1986년에는 CIA와의 연락을 담당하는 DARPA의 전략 기술실(Strategic Technology Office) 책임자였다. 그가 구체적으로 어떤 일을 했는지는 기밀로 분류되어 있지만 얼마나 중요한 일을 맡아 왔는지를 말해 주는 하나의 증표로 1986년 그의 임기 말기에 CIA 국장 빌 케이시(Bill Casey)가 그에게 국가 정보 훈장(National Intelligence Medal)을 수여했다는 점을 들 수 있다. 또한 그의 상사인 캐스퍼 와인버거(Casper Weinberger) 국방장관은 그에게 국방부 내 민간인의 공적을 기리는 훈장(Department of Defense Civilian Meritorious Service Medal)을 수여했다.

의회에 제출된 정보에서 테더는 DARPA가 생물 무기 공격의 5단계라고 상정한 기준에 따라 생물 무기 방어 프로그램들을 분류했다. "생물 무기 공격 전" 단계는 백신 개발에 집중한다. "공격이 벌어지는 동안"에는 첨단 탐지기와 생물 무기 감시 기술에 초점을 둔다. "공격이 벌어진 몇 분과 몇 시간 안" 단계에선 시민들을 보호할 즉각적인 방법의 개발이 주요 관심사다. "공격이 벌어진 수 시간에서 수일 안" 단계에선 의료 시스템의 더 효율적인 관리와 일선에서 대응하는 의료 관계자들에게 정보를 보다 효과적으로 전달하는 방법에 집중한다. "공격이 벌어진 수일 또는 수년 뒤" 단계에선 오염 제거 기술이 주된 관심사라고 테더는 말했다.

2002년 2월에 탄저균으로 미국인이 처음 사망한 지 4개월 만에 의회는 차기 년도 생물 무기 방어 예산으로 3억 5,800만 달러를 승인했다. 이는 911 테러 공격이 벌어지기 전에 비해 거의 3배가 늘어난 액수다. 같은 달 조지 메이슨 대학은 "생물 무기 테러와 관련된 문제와 생물 무기 확산을 다룰 생물 무기 방어 센터를 건립하겠다고 발표했다. 보도자료에 따르면 "켄 알리벡, 전 소련 공격 생물 무기 프로그램의 민간 부문 부책임자와 찰스 베일리, 전 미 육군 전염병 연구소 연구 책임자"가 행정 관리자로 임명되었다. "알리벡은 이제 자신이 도움을 주어 만든 문제의 해결책을 찾는 책임자가 되었다"고 DARPA에서 알리벡의 일을 감독했던 마이클 골드블라트는 말했다.

5월 DARPA는 알리벡의 회사에 여전히 DARPA가 찾고 있던 마법의 탄환, "생물 무기 방어 시제품"을 만들도록 200만 달러를 추가로 주었다. 알리벡은 앞으로 펼쳐질 흥미로운 전망을 기자들에게 이야기했다. 목표는 "다양한 생물 무기의 위협에 맞서 인체 내의 면역 반응을 강화"하는 제품의 개발에 있다고 전했다. "우리의 연구는 계속 장래가 촉망되는 결과를 만들어 내고 있다. 우리는 DARPA가 생물 무기 위협에 대비해 첨단 보호책을 개발하도록 추가로 자금을 지원해 줘 기쁘다." 켄 알리벡은 이 기회를 활용해 자기 회사의 새로운 미래 사업 전망도 이야기했다. "적절한 시기에 우리 회사는 현재 개발 중인 기술을 라이선스하거나, 시제품 제작 과정에서 만들어질 미래 제품의 임상 시험, 허가, 제조와 마케팅을 위해 사업 파트너를 찾으려 한다." 몇 달 뒤 알리벡이 운영하는 또 다른 회사가 인터넷에 알약을 팔기 시작했다. 포장엔 "켄 알리벡의 면역 시스템 강화 처방"이라고 쓰여 있었다. 이 알약은 몸에 해로운 다양한 병원균에 맞서 신체의 선천적 면역 시스템 강화에 도움을 준다고 주장했다.

실패하면 누군가 책임을 져야 한다는 게 일반적으로 정부에서 수용되는 규칙이다. 기술적인 기습 공격을 받지 않도록 국가를 보호해야 할 책임이 있는 DARPA지만, 911 테러에서 적어도 대중의 눈에 보이는 명백한 임무 실패는 없었다. 테러리스트들이 사용한 무기는 대공황의 시기에 발명된 고정 날의 다용도 칼이었다. 선사 시대의 다용도 칼인 부싯돌 칼은 약 140만 년이나 된 물건이다. 알카에다는 이와 같은 오랜된 도구와 더불어 미국의 기술을 미국에 맞서는 데 사용했다. 연료가 가득 든 항공기 4대를 납치해 그것들을 미사일처럼 목표물을 향해 성공적으로 조종해 갔다. 알카에다는 이 공격 계획을 구상하고 실행하는 데 채 50만 달러도 안 썼다고 알려졌다.

사상자 수와 차후에 파생된 영향력에서 진주만에 버금가는 911 기습 공격을 보는 대중의 인식은 대체로 정보망의 실패였다. 사람들의 손가락질을 가장 많이 받은 조직은 CIA와 FBI였다. 당시 국가 안보국은 그리 대중의 주목을 받지 않았기 때문에 다른 두 기관과 같은 정도로 책임을 추궁당하지 않았다. 그러나 역사는 국가 안보국이 저지른 잘못은 지워질 수 없다고 분명히 말한다. 2001년 9월 10일에 국가 안보국은 테러리스트들의 통신을 감청했다. 국가 안보국이 이미 감시해 왔던 테러리스트들이었다. 아랍어 메시지 두 개였다.

"결전을 이제 시작하려 한다." 이것이 첫 메시지였다.

"내일이 바로 그 시간이다." 이것이 다른 메시지였다.

그 문장들은 9월 12일까지 번역되지 않았다. "사실 이 메시지들은 끔찍한 사건이 벌어지지 않았다면 그렇게 빨리 번역되지 않았을지도 모른다"고 DARPA의 내부 문서는 주목했다. 정보 수집을 위한 첨단 기술의 상당 부분과 실시간 번역 능력의 책임은 사실 DARPA에 있다. 911 사건에 이어 DARPA는 빠르게 이런 기술과 그에 연결된 다른 기술들을 발전시켰으며, 이로 인해 동반자인 국가 안보국은 자신들의 일을 더 잘할 수 있게 됐다.

미국 정부가 사용할 수 있는 첨단 기술은 많았지만 국가 안보를 담당한 기관들은 다가오는 2001년 9월 11일의 테러 공격을 보지 못했다. 일단 공격이 시작되자 어떤 첨단 기술도 공격을 멈추게 하지 못했다. 그 결과 미 군부는 1954년 캐슬 브라보라는 15메가톤급 수소폭탄이 폭발한 이래 한 번도 보지 못했던 과도한 군사화(hyper-militarization)를 시작한다.

20장

총체적 정보 인식
Total Information Awareness

핵물리학자 존 포인덱스터가 핵물리학 분야에서 주목받은 경우는 거의 없다. 거의 언제나 퇴역 해군 제독이나 이란 콘트라 사건 당시 레이건 대통령의 국가 안보 보좌관으로 언급된다. 당시 그는 공문서 파기, 의회 조사 방해, 의회 증언 내용의 거짓말 등 5가지 항목으로 중죄를 선고받았다.

911 테러 공격이 발생한 다음 날 그는 자신이 살던 워싱턴 D.C. 교외의 한적한 곳에서 차를 몰고 나오다 문득 DARPA에 전할 만한 생각을 떠올렸다. 포인덱스터는 1990년대에 국방 사업 계약자로 DARPA에서 일했었다. 그 무렵 그의 이란 콘트라 사건으로 인한 악명은 잠잠해졌고 그는 공적 봉사의 일로 다시 돌아올 수 있었다. 그의 증언이 면책 특권 아래서 진행되었다는 이유로 미국의 항소법원이 유죄 판결을 파기하고 무죄를 선고했기 때문이다.

이란 콘트라 사건이 발생하고 나서 10년간 포인덱스터는 컴퓨터 기술에 관심을 집중해 왔다. 해군 연금이 지급됐기 때문에 다른 직업을 찾을 필요가 없었다. 컴퓨터의 매력에 빠진 포인덱스터는 독학으로 컴퓨터 언어를 습득했으며 곧 프로그램을 직접 짤 수 있게 됐다. 1995년에는 국방 사업 계약자인 신텍(Syntek)을 통해 지노아 (Genoa)라는 DARPA의 프로젝트에 참여했다. 지노아의 목표는 복잡한 컴퓨터 시스템, 즉 똑똑한 기계의 개발이었다. 이 똑똑한 기계는 테러리스트의 공격처럼 인간이 만들어 내는 재앙을 미리 예측하고자 기밀로 분류된 정부의 여러 컴퓨터 데이터베이스를 살폈다. 배를 타던 사람이었던 포인덱스터는 지노아라는 이름을 특히 좋아했다. 지노아는 뱃머리의 삼각돛이나 앞 돛으로, 대개 돛단배가 속도를 높이려고 올리는 돛이다.

1990년대 말 DARPA에서 "차세대" 정보 처리 개념을 담당했던 브라이언 샤키(Brian Sharkey)가 포인덱스터의 상관이었다. 1년 남짓 프로젝트에 참여한 뒤에 신텍과의 계약은 끝났다. 포인덱스터와 샤키는 지노아 1단계가 진행되는 동안 잘 어울렸고 계속 연락했다. 포인덱스터의 전언에 따르면 911 테러 공격이 벌어진 날 아침 그는 지노아 프로그램을 재점화할 시점이 왔다고 생각했다고 한다. 갓길에 차를 세우고 휴대폰의 연락처를 뒤적여 브라이언 샤키의 번호를 찾아냈다.

"우습네요. 당신에게 막 전화를 걸려던 참이었어요." 샤키가 그렇게 말했다고 포인덱스터는 기억했다.

두 사람은 지노아 프로그램을 서둘러야 할 시점이라는 데 동의했다. 샤키는 DARPA를 떠나 캘리포니아의 국방 사업 계약자이자 거대 기업인 사이언스 어플리케이션스 인터내셔널(SAIC)의 수석 부사장 겸 기술 책임자로 일하고 있었다. 자신의 사업 목록에 수없이 많은 감시 관련 국방 사업 계약이 있었던 SAIC는 농담처럼 종종 서부에 있는 국가 안보국이라고 불렸다. SAIC의 또 다른 주요 고객은 DARPA였다. 브라이언 샤키는 DARPA의 국장인 토니 테더(Tony

Tether)를 잘 알았다.

"토니와 이야기할 필요가 있어." 포인덱스터는 샤키에게 말했다.

워싱턴에서 토니 테더는 으뜸가는 혁신가로 알려져 있었다. 미래를 미리 내다보고 그것이 실제로 일어나도록 하는 사람이라는 평이었다. 1980년대에 DARPA의 전략 기술실 책임자로 일할 때 그는 감시 기술 능력의 극대화를 옹호했었다. 20년이 지나자 이런 종류의 기술들은 외연적으로 크게 발전했다. 911 이후의 환경에서 테더의 감시 정보 수집 경험과 열정은 DARPA 국장이라는 역할에 더할 나위 없이 소중했다.

브라이언 샤키와 토니 테더는 SAIC 때부터 알았다. 테더는 1990년대 정부에서 일하다 국방 사업 계약자로 옮겨 가면서 SAIC의 첨단 기술 분야 부사장이 되었다. 이제 샤키가 SAIC의 수석 부사장이었다. 9월 12일 샤키와 포인덱스터는 전화 통화에서 샤키가 테더를 접촉해 지노아의 추가 발전 방향을 논의하기로 결정했다.

1995년 이래 DARPA는 정보 시스템실(Information System Office) 산하에서 지노아의 개념을 발전시키는데 4,200만 달러 가까이 썼다. DARPA가 지금 총체적 정보 인식(Total Information Awareness, TIA)이라고 부르는 개념의 일부였다. 그러나 현존하는 지노아 프로그램은 또 다른 형태의 911 같은 음모를 알아채는 데 필요한 "정보"를 확보할 수 없었다. 포인덱스터와 샤키는 그것을 바꾸려고 했다.

그다음 달인 2001년 10월 5일에 샤키와 테더는 버지니아 알링턴의 해산물 식당에서 만나 TIA에 관해 논의했다. 테더가 그 개념을 얼마나 반겼는지, 샤키에게 SAIC(Science Applcations

International Corporation)를 떠나 DARPA로 돌아와 새 프로그램을 이끌어 달라고 요청했다. 그러나 샤키는 SAIC를 떠나고 싶지 않았다. SAIC는 직원들이 주주인 초거대 기업 중 하나였으며 샤키는 상당한 스톡옵션을 가지고 있었다. 정부 일을 하면 스톡옵션에 따르는 이익을 포기해야 했다. 샤키는 존 포인덱스터가 TIA 프로그램을 담당하는 책임자가 되어야 한다고 했다. SAIC가 사실상 DARPA의 주요 계약자가 되는 조건이었다.

며칠 뒤 샤키와 포인덱스터는 포인덱스터의 요트인 파랑새 (Bluebird)를 타고 바다로 나가 다음 단계를 논의했다. 포인덱스터는 나중에 그때 느꼈던 흥분을 회고했다. 그는 큰 구상을 했었다. 그는 이 프로그램이 성공하려면 얼마나 광범위해야 하는지 자신이 정확하게 알고 있다고 믿었다. 포인덱스터는 그 프로그램의 부제가 무엇이어야 하는지도 알았다. 그가 테더에게 한 설명에서 사용한 첫 번째 슬라이드에는 "테러리즘을 막는 맨해튼 프로젝트(A Manhattan Project on Countering Terrorism)"라고 적혀 있었다. 인공지능 컴퓨터들은 21세기의 원자폭탄이었다.

테더는 포인덱스터에게 자신의 DARPA 사무실로 와서 슬라이드를 보여 주면서 설명하도록 했다. 포인덱스터는 테더에게 자신의 경력은 잠수함에서 시작됐고 여기에 유사성이 있다고 했다. 잠수함들은 바다에서 움직일 때 소리를 낸다. 911 비행기 납치범들은 그들이 미국을 돌아다닐 때 전자 신호를 발산했었다. 그러나 국가 안보국이 듣고 있었다고 해도 시스템 복합 체계는 그들이 내는 신호를 실시간으로 처리할 만큼 지능적이지 못했다. 납치범들은 아파트를 임대했고, 비행기 표를 샀으며, 상자 칼을 구입했고, 이메일을 썼고, 무선으로 송금도 했다. 포인덱스터는 이 모두가 실시간으로 관찰될 수 있었다고 말했다. 테러리스트들은 신호를 발신한다. 지노아는 그것을 발견할 수 있다. 엄청난 시간과 자원이 소요되겠지만 해볼 만한 가치가 있다. 백악관은 911 공격은 일제 사격의 시작일 뿐이라고 말했다. 분위기가 분위기인지라 시간도 딱 적기였다. 사람들은 공포에 질렸다.

토니 테더는 동의했다. 존 포인덱스터가 정보 인식실(Information Awareness Office)을 기꺼이 운영하겠다면 DARPA가 돈을 대겠다고 했다. 2002년 1월 첫해에 1억 450만 달러라는 거금의 예산과 함께 정보 인식실 출범이 허가됐다. 다음 해 예산으로도 이미 1억 8,330만 달러가 예정되어 있었다. 존 포인덱스터는 이제 공식적으로 DARPA의 TIA 프로그램 책임자가 되었다.

"우리의 관점에서 정보 기술은 무기다." 밥 팝(Bob Popp)은 이렇게 말했다. 그는 DARPA 정보 인식실의 부책임자로 존 포인덱스터의 직속 부하였다. 팝은 전기 공학 박사 학위를 지닌 컴퓨터 과학자였다. 활발한 저술가이자 특허의 소유자이기도 했다. 또 할리 데이비슨 오토바이 소유자 모임의 종신회원이자 활발한 참여자였다. 전문 분야는 대잠전과 정보 감시 정찰(Intelligence, Surveillance and Reconnaissance, ISR)이었다. 더 젊었을 때는 제너럴 다이내믹스에서 트라이던트(Trident) 핵 잠수함을 용접하는 일을 했다.

팝은 911 이전에 "정보 기술은 전문가들이 크게 활용하지 않았던 무기였다"고 말했다. "전문가들은 그 기술을 매우 제한적인 능력에서 사용했다. 수많은 악당이 산지사방에 있었다. 통계 정보는 풍부했다. 분석가들에게는 문제와 데이터가 넘쳐 났다. 총체적 정보 인식(TIA)의 기본 가설은 분석가들이 효과적으로 일할 수 있는 시스템을 만들겠다는 생각이었다. 더이상 데이터에 압도당하지 않게 하겠다는 구상이었다."

존 포인덱스터의 직속 부하로서 밥은 TIA라는 우산 아래에 있는 여러 프로그램의 출범에 필요한 제반 준비를 감독했다. 증거 추출과 연계 발견(Evidence Extraction and Link Discovery, EELD) 프로그램은 거대 지원 인력이 붙어 있는 큰 조직이었다. 프로그램의 기능은 테러리스트들만이 아니라 일반 미국인들의 전자 정보도 가능한 한 많이 수집하는 것이었다. 보통 사람들 사이에 숨어 있는 테러리스트들을 찾겠다는 희망을 가지고 수집하는 전자 정보는 미국 내의 군과 민간 데이터베이스에 들어 있는 개인의 전화 기록, 인터넷 검색, 신용카드 영수증, 주차 영수증, 도서관에서 빌린 책, 영화 등등이다. EELD 사무실의 주요 업무는 매우 "똑똑한" 컴퓨터 시스템을 만들어 매일 2억 8,500만 명이 생산하는 어마어마한 정보를 실시간으로 검토해서 차기 테러 공격을 꾸밀지도 모르는 인물을 찾아내는 일이었다.

2002년 DARPA의 고위 프로그램 관리자였던 테드 시네이터(Ted Senator)는 EELD가 어떻게 작동하는지 설명했다. EELD는 "방대한 데이터에서 사람, 조직, 장소, 사물 사이의 연결 고리가 있는지 유의미한 정보를 찾아내고," "이런 정보의 조각들을 연결시켜 일정 형태들로 묶은 다음, 평가하고 분석해서, 합법적인 행동과 의심스러운 행동을 구별해 주는 형태가 무엇인지 알아내는 기술이다." 쉬운 과업이 아니었다. 건초 더미 속 바늘이라는 비유를 활용해 세네이터는 그게 얼마나 어려운 일인지 설명했다. "우리의 과업은 바늘 조각 더미 속에 숨어 있는 위험한 바늘 집단을 발견하는 일과 같다. 우리가 하는 일은 단순히 건초 더미 속에서 바늘을 찾는 일보다 더 어렵다. 우리는 하나가 아니라 수많은 더미를 뒤져야 한다. 우리에겐 반짝이고 딱딱한 바늘과 흐릿하고 무기력한 건초 더미라는 대조도 없다. 수없이 많은 방식으로 바늘 조각들을 하나의 바늘로 뭉치거나 혹은 개별 바늘을 묶어 하나의 집단을 만든다. 바늘 하나가 혹은 그 집단이 적어도 부분적으로나마 하나로 합해질 때까지 그 위험 여부를 알지 못한다. 적어도 원칙적으로 우리는 언제나 모든 바늘 조각을 추적해야 하며 모든 가능한 조합을 고려해야 한다."

일반적으로 테러리스트들은 외로운 늑대처럼 홀로 행동하지 않기 때문에 다음의 두 번째 프로그램이 TIA의 성공에 핵심이 된다. 이른바 확장 가능한 사회 관계망 분석(Scalable Social Network Analysis, SSNA)이다. SSNA는 전화 통화, 회의용 전화, ATM의 입출금을 모니터링하며, 또한 훨씬 더 침투성이 높은 감시 기술, 즉 "감시 환경에서 개인의 행동을 포착하는" 기술을 개발하려 한다. 행동 인식과 감시(Activity Recognition and Monitoring, ARM) 프로그램은 영국의 CCTV 카메라를 본받았다. 감시 카메라는 전국에 세워지며 ARM 프로그램을 통해 카메라들은 사람들의 일상을 영상으로 담아 컴퓨터들이 나중에 분석하도록 거대한 데이터 저장 은행에 보관하게 된다. ARM은 첨단 안면 인식 기술을 사용해 컴퓨터에 미리 "보통"이라 입력된 기준을 넘어서는 행동을 누가 하는지 찾아내려 한다. "보통"을 한정하는 요소는 기밀로 분류되어 있다.

안면 인식 기술 전문가 조나단 필립스(Jonathan Phillips)는 DARPA의 기존 프로그램이었던 원거리 인간 식별(Human Identification at a Distance)을 발전시키려고 채용됐다. 이미 알려진 100만 명에 가까운 테러리스트들을 토대로 만들어진 안면 인식 알고리즘에 기초한 컴퓨터 시스템은 ARM 프로그램을 통해 새로이 획득된 감시 비디오를 훑어서 군중 속에 숨은 테러리스트를 찾는다. TIA는 촉수가 많은 프로그램이다. 언어 장벽 문제도 군사적인 측면에서는 오랫동안 하나의 가시였다. DARPA는 "전쟁 언어"라 부른 아랍어, 아프간어, 파키스탄어, 페르시아어, 그리고 다른 중동과 남아시아 방언들을 컴퓨터 기반으로 번역해 줄 프로그램 개발이 필요했다. 찰스 웨인(Charles Wayne)이 외국어를 영어 문장으로 전환시켜 줄 컴퓨터 프로그램들을 개발하는 TIDES와 EARS라는 두 프로그램의 운영을 담당하게 됐다. TIA 안에는 비대칭 환경에서의 전쟁 게임(War Gaming the Asymmetric Environment)이라 부른 전쟁 게임 분야가 있었고 래리 윌리스(Larry Willis)가 이끌었다. 이 사무실에서 테러리즘 전문가는 테러 공격을 모의하는 아바타 테러리스트로 구성된 가공의 테러 네트워크를 만들어 낸다. 요점은 TIA의 수없이 많은 감시 프로그램이 협력해, 테러를 구상하고 기획하는 아바타 테러리스트들을 식별해 내는지 알아보는 데 있었다. 이런 노력을 더하려고 그룹 안에 또 다른 그룹을 만들었다. DARPA의 전 국장 스티븐 루카식이 이끄는 레드 팀(Red Team)이었다. 레드 팀의 작업은 적이나 경쟁자의 관점에서 문제를 검토해 보는 역할 분담 연습이었다.

마침내 프로그램의 핵심인 지노아 Ⅱ가 탄생했다. 지노아 Ⅱ는 정보 시스템들을 다 아울러 하나의 시스템으로 운용하는 소프트웨어였다. 책임자였던 토마스 아머(Thomas P. Armour)는 지노아 Ⅱ를 "두 협업 사이의 협업"이라고 묘사했다. 한 협력자들의 집단은 정보 분석가들이다. 목표는 "상황 파악"이라고 아머는 말했다. 이 협력자들은 CIA, 국가 안보국, 국방 정보국이나 다른 조직과 협력하는 어려운 작업을 수행해야 했다. 다른 협력자들의 집단은 상황을 파악하고 테러리스트들의 행동을 예측할 수 있는 청사진이나 모델을 만든다. 그런 다음 이 집단은 정보 분석가들의 작업 결과를 평가하고 주어진 상황에서 미국의 대응책을 개발하는 "정책 결정자나 최고위층의 참여자들"과 협력해야 한다. "이러한 협력을 가능케하고 효율적이며 효과적으로 만드는 기술을 개발하는 것"이 지노아 II의 핵심이라고 아머는 팀원들에게 말했다.

아머가 이 작업을 해 내려면 기계인 하드웨어와 그 컴퓨터를 운용하는 프로그램인 소프트웨어 그리고 인간의 두뇌가 필요했다. 아머는 인간이 가장 약한 고리라고 보았다. 정보기관들은 역사적으로 최고 기밀의 테러리스트들을 타 기관에 알려주지 않는 편을 선호해 왔기 때문이다. "내가 언급한 두뇌의 한계는 인간의 인지 시스템이다"라고 아머는 경쟁 입찰에 나선 국방 사업 계약자들에게 말했다. "인간 두뇌의 한계와 선입견은 이미 잘 알려져 있다. 그런 약점들은 지각에서 인지까지, 학습에서 기억과 결정에 이르기까지 전체 시스템에 퍼져 있다." 아머는 팀원들에게 이렇게 말했다. 그는 인간과 기계 사이의 협력적 노력에 기반을 둔 시스템 복합 체계에서 인간이 가장 취약한 지점으로 나타난다고 믿었다. 인간의 두뇌를 지칭하는 "이 시스템들은 진화의 산물이며, 진화의 결과물은 더이상 존재하지 않는 과거의 세계에 최적화됐다.* 따라서 인간의 인지 기능이 아무리 좋다 해도 생물학적 근원과 완전히 다른 과제**에 직면했을 때 자주 실패한다는 사실은 놀랍지 않다."

---

* 이 진화를 촉발한 환경은 과거에 있었기에 진화의 결과물 자체는 새로운 환경에 적절하지 않다는 의미다.
** 대표적으로 복잡한 데이터 분석이 있다. 인간의 두뇌는 생존을 위해 간단한 패턴 인식과 문제 해결에 최적화되었다.

TIA에서 함께 작업하는 수많은 새 기술자들과 달리 톰 아머는 냉전 시대의 전사였다. 과거에 그는 첩보원이기도 했다. AC-119K 무장 헬리콥터의 미 공군 항법사로서 베트남전 전투 임무를 마친 후 1975년부터 CIA에서 오랜 경력을 쌓기 시작했다. 아머는 소련 핵무기 시스템, 미사일 기술, 전략적 지휘 통제 분야의 전문가였다. CIA의 정보국 산하에서는 컴퓨팅과 방법론 지원 분야의 책임자로 일하면서 CIA가 정보 분석에 컴퓨터를 활용하는 21세기로 진입하도록 했다.

그러나 베를린 장벽이 붕괴됐을 때 아머는 세계 각지에서 솟아나는 새로운 위협들을 보았다. "사람들은 당시 낄낄대며 '평화 배당금'을 받아야 한다고 이야기하곤 했다"고, 그는 2020년 DARPA의 기술자 회의에서 말했다. 그러면서 자신의 전 상관이었던 CIA의 제임스 울시가 상황을 더 잘 파악하고 있었다고 청중의 주의를 환기시켰다. 아머는 "울시는 '거대 나쁜 곰'은 사라졌지만 숲에는 여전히 수많은 독사가 그득하다고 예리하게 이야기했다"고 말했다. 그 이후 "우리가 지금 비대칭적 위협이라고 부르는" 새로운 독사들이 등장했다. 그는 21세기 정보 분석가들에겐 컴퓨터를 활용해 그 뱀을 발견하는 임무가 주어졌다고 믿었다.

인간은 나약하다. 정보 수집 장치들처럼 인간은 쉽게 조작될 수 있다. 그릇된 정보를 주는 첩보원이나 자기 자신의 정신적 장애물과 선입견으로 그렇게 된다. 이 약점은 오랫동안 "정보 업계에서 '기만과 부인'이라고 불려 왔다"고 아머는 말했다. 지노아 II에 선행했던 지노아는 기계들을 더 똑똑하게 만들려 했다. 각 기계는 고독한 사냥개라 불리는 1명의 정보 분석가가 감독했다. 지노아 II로 아머는 "더 똑똑한 결과"를 얻고 싶었다. 그는 "인식의 증폭"을 원했다. 더 똑똑한 기계와 더 똑똑한 인간을 원했다.

아머는 자신이 "자동차 범퍼에 붙이는 구절"이라 부르는 말을 만들었다. 지노아 II의 자동화 목표를 담은 구절로, 조지 오웰의 전체주의 지옥을 묘사한 소설《1984》에서나 나올 법한 말이었다. 이 중사고처럼 들리기 때문이다. "전부 읽지 않으면서 모두 읽는다 (Read everything without reading everything)"라고 아머는 지노아 II 분석가들에게 말했다. "세상에는 실제로 읽기엔 너무 많은 필독물이 있다." 아머는 또 TIA 분석가들이 "컴퓨터를 노예, 협력자, 조언자로 탐구하기 시작"해야 할 필요가 있다고 했다. 분석가들은 우선 그들의 컴퓨터를 조력자로 보다가 궁극적으로는 참모로 봐야 한다는 의미였다. 궁극적으로 지노아II의 컴퓨터들은 인간보다 더 많이 알게 될 것이다.

존 폰 노이만이 임종 직전 "컴퓨터와 인간의 두뇌(The Computer and the Brain)"에서 예언했듯 "인공 자동기계(artificial automaton)"는 언젠가 스스로 생각할 수 있게 될 것이다. TIA는 전부 읽지 않으면서 모두 읽어 내는 정보 시스템 복합 체계이다. 그것은 인간이 보지 못하는 전부를 관찰하고 서로 연결할 수 있는 시스템이다.

2002년 1월 14일 정보 인식실은 알링턴의 노스 페어팩스 드라이브(North Fairfax Drive) 3710번지에 있는 DARPA 사무실 4층에 임시로 문을 열었다. 존 포인덱스터는 TIA 분석가들이 영구히 머무르게 될 독립 시설을 확보하려 노력했으나 성공하지는 못했다. 포인덱스터가 처음 방문한 사람 중 하나는 도널드 럼스펠드 국방장관이었다. 펜타곤의 집무실에서 점심을 먹으며 두 사람은 TIA를 논의했다. DARPA가 먼저 시스템을 수립하고 고객들이 그것을 잘 활용할 수 있게 지원하자고 합의했다. 고객들이란 CIA, FBI, 국가 안보국 등이며 다른 유관 기관들도 있었다. 테더는 새 TIA 시스템을 설치할 최선의 장소는 버지니아 벨보어(Belvoir) 기지 안에 있는 육군의 정보 보안 사령부(Intelligence and Security Command, INSCOM)라고 생각했다.

토니 테더는 INSCOM 지휘관인 키스 알렉산더(Keith Alexander) 중장과의 면담 일정을 잡았다. 벨보어 기지에서 알렉산더 장군은 정보 지배 센터(Information Dominance Center)라고 알려진 시설에서 작전을 운용했다. 이곳은 전통적인 군사 시설의 장식과는 크게 동떨어진 특이한 실내 디자인으로 이루어졌다. 아카데미상을 수상한 할리우드 무대 장치 디자이너인 브랜 페렌(Bran Ferren)이 영화와 TV 시리즈《스타트렉》에 나오는 우주 탐사선 엔터프라이즈의 함교를 흉내 내어 만들었기 때문이다. 계란 형태의 의자들, 대단히 반짝이는 크롬 창틀로 된 컴퓨터실, 웅 소리를 내며 횡으로 열리는 문들이 있었다. 알렉산더는 지휘부의 중심에 위치해 있는 선장용 가죽의자에 앉고는 했다. 그곳에서 알렉산더는 정보 지배 센터의 7미터가 넘는 대형 감시 화면을 마주했다. 알렉산더 장군은 SF물을 좋아했다. INSCOM 직원들은 장군이 자신을 《스타트렉》에 나오는 커크(Kirk) 선장이라고 여기지는 않는지 의심스러울 정도였다.

DARPA와 INSCOM 사이에 조정이 이루어져 알렉산더 장군은 존 포인덱스터와 그의 팀에게 정보 지배 센터 안의 한 지역에서 일하도록 허용해 주었다. "초기의 TIA 실험은 INSCOM의 전 세계 지휘부에서 이루어졌다." 밥 팝은 말했다. "계획은 전 세계에 추가로 네트워크의 분기점을 마련하자는 것이었다. 여러 기관이 여러 문제를 동시에 작업하게 된다." 포인덱스터는 TIA의 협력자로서 함께 일하도록 다른 기관들을 불러들이기 시작했다. CIA, FBI, 국가 안보국이 하나씩 가세했다.

포인덱스터는 또 다른 공격이 이미 계획 단계에 접어들어 있다고 믿었다. 어느 때건 테러 공격이 발생할 수 있었다. 많은 고위 공직자가 같은 두려움을 느끼고 일에 몰두했다.

"우리는 테러리즘과 실제로 싸운다고 느꼈다." 밥 팝은 말했다. "우리의 네트워크는 커 갔다. 독일에도 네트워크 분기점이 또 마련됐다." TIA 시스템의 미래는 밝아 보였다. 그러다 갑자기 "우리는 의회와 싸움을 벌여야 했다"고 팝은 회상했다.

2002년 8월 존 포인덱스터는 캘리포니아의 애너하임(Anaheim)에서 열린 DARPA의 기술 회의에서 TIA를 공개했다. 이 회의는 프로그램의 공식적인 종말을 나타내는 시작이 되고 말았다. 2002년 11월 《뉴욕 타임스》는 "펜타곤, 미국인들의 개인 정보를 들여다보는 컴퓨터 시스템을 계획"이라는 제목의 기사를 실었다. 존 마코프(John Markoff) 기자는 국방부가 거대한 컴퓨터 기반의 국내 감시 프로그램을 출범시켰다고 썼다. "미국을 포함한 지구상의 테러리스트를 추적하는 일환으로 … 수색 영장 없이 개인 정보를 뒤지는 거대한 전자 저인망"이라는 설명이었다. 마코프는 DARPA가 이를 담당한 기관이라고 거명하며 그 컴퓨터 시스템의 이름이 총체적 정보 인식(TIA)이라고 보도했다. TIA 담당 사무실의 로고도 많은 분노를 불러일으킨 대상이었다. 그것은 섭리의 눈(Eye of Providence) 아이콘을 본땄다. 1달러 뒷면에 있는 문양처럼 세계를 향해 탐조등을 쏘아대는 모습이었다. DARPA의 라틴어 구호는 Scientia Est Potentia로 "지식은 힘이다"는 의미다. 이것 역시 오웰이 쓴 《1984》와의 비교를 부채질했다.

머칠이 지나 칼럼니스트 윌리엄 새파이어(William Safire)는 이란 콘트라 사건의 존 포인덱스터가 실무 책임자라는 사실에 초점을 맞추어 TIA를 비판하는 컬럼을 썼다. 국방부가 "불명예를 자초한 해군 제독에게 미국인 3억 명의 일상을 담은 컴퓨터 문서를 작성하도록 2억 달러의 예산을 내주었다." 한 사람이 어느 하루나, 일주일 혹은 일 년 사이에 만들어 내는 수없이 많은 전자 거래를 일일이 기록한 문서다. 그 안에는 "신용 카드로 사는 모든 구매, 정기 구독하는 잡지, 모든 의료 처방 기록, 방문했던 모든 웹사이트 주소, 주고받는 모든 이메일" 등이 있다. 만약 DARPA가 원하는 대로 한다면 TIA 프로그램은 그 모두를 감시하게 된다. "이는 어떤 현실과 동떨어진 전체주의적 이야기가 아니다." 새파이어는 썼다. "존 포인덱스터가 추구하는 전례 없는 힘을 갖게 된다면 몇 주 안에 당신의 개인적 자유에 그런 일이 곧바로 벌어지게 된다."

새파이어의 칼럼이 실렸을 때 대중은 TIA의 존재를 일곱 달 전부터 알고 있었기에 많은 관심을 보이지 않았었다. 그러나 새파이어의 칼럼이 실린 후 30일간 TIA를 다룬 기사가 285개나 등장했고 대다수는 압도적으로 부정적이었다. 많은 기사가 새파이어의 2억 달러에 초점을 맞추었다. 11월 20일 기자회견에서 군수 담당 차관 에드워드 "피트" 알드리지(Edward "Pete" Aldridge)는 TIA 시스템에 배당된 예산은 2003년 회계연도까지 1,000만 달러라고 진술했다. 이것은 대단히 부정확한 이야기다. 국방 기술 정보 센터(Defense Technical Information Center) 감사관실의 기록에 따르면 2003년까지 정보 인식실의 실제 예산은 5억 8,640만 달러였다. 진짜 숫자는 DARPA의 연구, 개발, 실험 및 평가 예산 안에 숨겨져 있었다. 숫자

와 관련된 논란은 몇 달간 폭로되지 않았으며 여전히 주된 관심사
는 사생활 공개에 따른 우려였다.

미국인들은 답을 원했다. 의원들은 DARPA에 여러 질문을 보냈
다. 존 포인덱스터는 의사당으로 가 50명의 의원들과 참모진들에게
TIA의 자세한 내용을 분명하게 설명해야 했다. 밥 팝도 갔다. "나와
포인덱스트, 토니 테더와 DARPA의 의회 연락관이 하원과 상원에
설명하러 의사당에 갔다." 팝은 2014년에 말했다. 하원 정보 위원회
와의 면담은 "잘 진행됐다"고 팝은 말했다. "질문, 답변, 다 좋았다."
그다음 상원 정보 위원회로 넘어갔다.

상원에서 포인덱스터는 젊은 시절 해군 사관학교에서의 교육을
비롯해 개인사를 늘어놓으며 증언을 시작했다. 15분쯤 지나서 상원
의 보좌관 1명이 소리쳤다. "이봐요, 언제쯤 당신이 이 자리에 온 이
유를 이야기하기 시작할 건가요?"

"포인데스터는 말했다. '저에게 기회를 주신다면-'"이라고 팝은
회고했다.

그때 또 다른 상원의원의 보좌관이 포인덱스터의 말을 가로막
았다.

"도대체 이 모든 사생활 침해는 뭐죠?"라고 누군가 또 고함쳤다.
팝은 말했다. "포인덱스터는 공손했지만 단호했다."

"데이터 마이닝 얘기로 넘어가요!" 그 보좌관이 고함쳤고 포인
덱스터는 분노했다.

그 보좌관은 외쳤다. "우리는 지금 당장 답을 원합니다!"

존 포인덱스터는 그때 이성을 잃었다. 포인덱스터는 "자리에 앉
으세요!"라고 매우 크게 보좌관에게 고함을 쳤다. 그다음 "당신이
논의를 이끌어 가게 놔두지 않겠어!"라고 덧붙였다.

포인덱스터는 나머지 발표를 이어 갔다. 그러나 방금 어떤 일이 벌어졌는지는 이미 펜타곤에 보고됐다. 그것으로 TIA의 종말이 시작됐다. 국방장관 도널드 럼스펠드도 상황을 알게 됐다. 도대체 DARPA는 무슨 짓을 하는 거지? 럼스펠드는 명령을 내렸다. 존 포인덱스터는 누구와도 말하지 마라. 의회의 그 누구도 상대하지 마라. 언론과도 접촉 금지다.

포인덱스터의 두 번째 실추는 순식간에 벌어졌다. 그와 함께 프로그램도 날아가 버렸다. 적어도 대중에게는 그렇게 알려졌다. 국방부가 2005년까지 2억 5,000만 달러 이상의 예산을 TIA에 배정했다는 사실을 포함해 수없이 많은 신문 기사가 쏟아지면서 대중의 분노는 더욱 거세졌다. 포인덱스터는 악당으로, DARPA는 감시에만 몰두하는 기계로 그려졌다.

어느 기자가 도널드 럼스펠드 장관에게 TIA에 관해 물었다. 럼스펠드는 "잘 모른다"고 답했다. 포인덱스터가 "내게 DARPA에서 하는 일을 설명했지만 일반적인 대화였다. 자세한 보고를 받지는 않았다. 따라서 충분히 알지 못한다. 누군가 그것을 걱정하는 사람들이 있다면 굳이 그럴 필요는 없다." 그는 말했다. 포인덱스터라는 인물을 아느냐고 묻자 럼스펠드는 "그를 많이 기억하지는" 못한다고 답했다. 럼스펠드는 기자에게 미국 대중들 사이에서 흔히 그렇듯이 "과장과 경종"이 너무 많다고 말했다. 감시 프로그램과 관련해서는 "누군가 어떤 걱정을 했더라도 오늘밤엔 편안히 주무셔도 된다"고 했다. TIA는 연구 프로그램이었지 정보 수집 작전이 아니라고 분명히 규정했다.

이런 소란에 이어 TIA 프로그램은 잠시 테러 정보 인식(Terrorism Information Awareness) 프로그램으로 개명됐다. 그러나 대중의 우려는 수그러들지 않았다. 럼스펠드는 존 포인덱스터가 사임하거나 해고된다고 분명히 말했다. 마침내 포인덱스터는 토니 테더에게 사직서를 제출했다. 그는 기자들에게 DARPA를 떠나 체서피크만에서 요트 타는 일에 시간을 더 많이 보내고 싶다고 이야기했다. 국방장관 럼스펠드는 이라크 침공 계획 수립으로 돌아갔다.

그러나 "그(TIA) 프로그램은 끝나지 않았다"라고 밥 팝은 2014년에 설명했다. 대신 수많은 은밀한 전자 감시 프로그램이 기밀로 분류되어 국가 안보국, 국토 안보부, CIA와 다른 군 기관들로 이전됐다. 프로그램의 이름들은 바뀌었다. 의회 소속의 특정 인사들에게는 일부를 공개했으나 모두에게 알리지는 않았다. 이미 정보 보안 사령부와 독일에 있던 컴퓨터 접속점을 포함해, DARPA의 증거 추출과 연계 발견(EELD) 프로그램과 지노아 II의 주요 요소들은 국가 안보국의 기밀 시스템인 PRISM으로 흡수됐다. PRISM은 대규모 기밀 전자 감지와 데이터 마이닝 프로그램으로, 2013년에 국가 안보국의 내부 고발자 에드워드 스노든이 이와 관련한 수천 페이지의 기밀 문서를 언론에 흘린 다음 국제적인 소동으로 이어졌다.

대중에게 알려진 DARPA의 어떤 프로그램들은 국토 안보부로 이전됐다. 예를 들어 컴퓨터 지원 항공 탑승자 사전 점검 시스템(Computer Assisted Passenger Prescreening System, CAPPS), 행동 인식 감시(Activity Recognition and Monitoring, ARM), 원거리 인간 식별(Human Identification at a Distance, Human ID) 등이다. 생체 인식 정보 관리실(Office of Biometric Identity Management)과 교통안전청이 담당한 이 프로그램들은 공항과 국경, 그리고 공공 교통 시스템과 다른 공공의 영역에서 신원 확인 소프트웨어 시스템을 관리했다.

해외에서 사용할 목적의 다른 TIA 프로그램들은 육군의 생체 인식 기반 정보(Biometrically Enabled Intelligence) 프로그램으로 이전됐다. 이 프로그램은 궁극적으로 눈동자, 지문, 그리고 안면 인식 등을 통해 외국인들의 생체 정보를 수집하도록 설계되었다. 그리고 CIA는 익명의 실체를 추정(Anonymous Entity Resolution)해 가는 프로그램을 시작했다. 이 프로그램은 TIA의 확장 가능한 사회 관계망 분석(SSNA)을 기반으로 ATM 인출이나 호텔 예약 등의 전자 시스템을 통해 개인 간의 연결고리를 분석한다.

미래의 전쟁 지역에서 사용하려고 DARPA는 개인의 자유와 사생활을 매우 많이 침해하는 TIA의 감시와 데이터 마이닝 기술들을 영상 수집, 패턴 분석, 그리고 도시 지역의 군사 작전에서 목표물을 특정하려는 프로그램에 재활용했다. 이를 보이는 전투 지대(Combat Zone That See)이라고 불렀다.

럼스펠드 장관에 따르면 미래의 어떤 침투 전략도 "새로운 전략적 맥락"을 필요로 한다. 미래의 전쟁들은 DARPA의 시스템 복합 체계의 개념에 따라 첨단 컴퓨터 시스템이 네트워크로 연결된 여러 형태의 첨단 무기들을 사용해 싸워야 한다. 2003년이 되자 이 전략적 맥락을 "어썰트 브레이커 전쟁(Assault Breaker Warfare)"이란 말로는 미국 대중에게 납득시키기 어려웠다. 한 단락의 설명이 더 필요했고 듣기에 지루했기 때문이다. 럼스펠드는 장관에 취임한 이래 이 새로운 전략적 맥락을 명징하게 설명해 줄 방안을 궁리했다. 그리고 911 공격이 벌어진 직후 이 과업을 퇴역 해군 부제독 아서 세브로브스키(Arthur Cebrowski) 전력 변혁국(Office of Force Transformation) 국장에게 맡겼다.

전력 변혁국은 국방부 내에 있는 싱크탱크로 911 직후 럼스펠드가 직접 창설한 조직이다. 사명은 "압도적이고 계속적인 경쟁적 우위를 확보하기 위해 미국 국방의 현 상태를 새로운 개념으로 도전하라"였다. 전쟁을 수행하는 새로운 방식으로 전력 변혁국이 생각해 낸 이름은 "네트워크 중심 전쟁(network-centric warfare)"이었다. DARPA가 1974년 어썰트 브레이커 개념에 기반을 두고 꽤 오래 사용해 오던 구절이기도 했다. 럼스펠드 장관은 2003년 겨울 대통령에게 펜타곤의 "변혁 기획 지침(Transformation Planning Guidance)"을 제시하면서 앞으로의 방식을 "과거에 없었던 지휘, 통제, 통신, 컴퓨터, 정보, 감시, 정찰(Command, Control, Communications, Computers, Intelligence Surveillance, and Reconnaissance, C4ISR) 능력들의 활용"이라고 요약했다. 지휘 통제(C2)의 시절 이후 이토록 많은 변화가 발생했다는 의미다.

아서 세브로브스키는 베트남전 당시 145차례나 출격한 해군 소속의, 훈장이 많은 전투기 조종사였다. 항모 항공단, 헬리콥터 항모, 전투기 항모를 지휘하며 걸프전인 사막의 폭풍(Desert Storm) 작전에도 참여했었다. 그는 2001년 해군에서 퇴역했다. 2003년에 작명 문제를 보고하며 럼스펠드 장관에게 보낸 내부 문서에 따르면 세브로브스키는 왜 네트워크 중심 전쟁이 먹힐지 단순하게 설명했다. 그 용어는 "정보화 시대의 원칙들과 현상에 입각한 전쟁의 새로운 이론"을 제시한다고 썼다. 네트워크 중심 전쟁은 "해외 작전과 국내 안보 사이의 새로운 관계"를 제시한다. 국내 안보와 해외에서 벌이는 전쟁의 경계가 의도적으로 흐려진다는 의미다. 마지막으로 그는 네트워크 중심 전쟁은 "미국 시민들에게 안보의 새로운 개념이나 인식을" 제공한다고 썼다. 세브로브스키는 열렬한 애국자였으며 다른 사람들도 자신과 같아야 한다고 믿었다. 네트워크 중심 전쟁은 "엄청난 도덕적 매력"을 지녔다고 말했다.

네트워크 중심 전쟁이란 강령을 중심에 두고 2003년 3월 19일 미국과 동맹국들은 이라크 전쟁(이라크 자유화 작전)을 벌여 이라크를 침공했다. 미군이 소위 "주요 전투 작전"을 고작 21일간의 "충격과 공포(shock and awe)"만으로 완수하자 세브로브스키는 공영방송인 PBS에서 나와서 자신이 얼마나 만족스러워하는지 이야기했다. "절대로 이전에는 들어보지 못한 진격 속도였다." 그는 이 "대단히 빠른 속도의 전쟁이" "네트워크 중심 전쟁" 덕분이라고 이야기했다. 그는 첨단 기술에 입각한 전쟁이 도덕적으로 우월한 전쟁이란 생각을 지지했다. 미국이 더이상 "무차별 살육"을 하지 않아도 되었기 때문이라고 세브로브스키는 말했다. 우리는 이라크의 "많은 사람을 죽일" 필요나, "더 많은 사람에게 부상을 입힐" 필요가 없었다. 첨단 기술 덕분에 국방부는 특정 개인을 목표로 삼을 수 있기 때문이다. 세브로브스키는 그것이 바람직하고 도덕적이라고 말했다.

"적의 마음에 그들이 패배했다고 느끼도록 하려면 많은 사람을 죽이고 더 많은 사람에게 부상을 입히고, 수많은 기간 시설과 그들 문명의 주요 요소들을 파괴해야 한다고 말하고 싶은 유혹이 있다. 이는 틀렸다고 생각한다." 세브로브스키는 말했다. "우리는 이제 새로운 문제에 직면했다. 어떤 면에서는 우리가 언제나 원했던 문제다. 무차별 살육을 하지 않고도 최초의 군사적 목적을 달성하게 됐다. 그는 "기억해라. 여기엔 항상 양면이 있다. 아군의 사상을 최소화해야 할 뿐만이 아니라 무고한 시민이나 적군의 사상자도 최소화해야 한다는 도덕적 의무가 있다"고 말했다. 따라서 우리는 지금보다 더 적절하고 도덕적인 방향으로 나아가고 있다. … 우리는 이것을 이해하기 시작할 필요가 있다."

아서 세브로브스키의 말이 너무 빨랐다고 역사는 추후에 증언한다. 세상에 존재하는 모든 기술에도 불구하고 이라크와 아프가니스탄 테러리스트들과의 전쟁에서 미국은 이기지 못했다. 현지 주민들은 네트워크 중심 전쟁이나, 그들의 주변에서 벌어진 드론의 목표물 제거를 도덕적으로 우월하다고 보지 않았다. 그리고 새로운 테러리스트와 조직들의 물결이 위협적으로 부상하고 형성됐다.

21장

급조 폭발물 전쟁
IED War

2003년 5월 26일 바그다드 밖에서 미주리 출신 25세의 육군 일병 제레미아 스미스(Jeremiah D. Smith)는 육군 차량에 타고 있었다. 그가 타고 있던 선도 차량은 길에 놓여 있던 마대 자루를 마주쳤다. 이날은 현충일이었다. 무장 투쟁에서 숨졌던 수백만 미군 병사를 기리는 날이었다. 스미스 일병은 미 육군에 입대한 지 1년 남짓 됐다.

3주 반 전이었던 2003년 5월 1일 미국 대통령 조지 W. 부시는 항공모함 에이브러햄 링컨 호 갑판에 서서 이라크에서의 주요 전투 작전은 종료됐다고 발표했다. "이라크 전쟁에서 미국과 동맹국은 승리했다." 3월 21일에 시작된 침공은 신속하게 전개되어 4월 9일 바그다드가 함락됐다. 검은 정장과 붉은 넥타이를 매고 항공모함의 갑판에 선 대통령은 자신감을 과시했다(조종사 전투복을 입고 항공모함에 도착한 대통령의 모습이 더 기억할 만했다). 대통령 뒤의 현수막엔 백악관 미술팀이 디자인한 "임무 완수(Mission Accomplished)"가 쓰여 있었다. 연설 도중 그는 양손의 엄지를 들어 보이기도 했다.

그날 현충일에 스미스 일병은 위험 지역으로 향하고 있었다. 그의 선도 차량은 바그다드 밖 서쪽으로 중장비를 호위 중이었다. 스미스는 소총 사수로 험비(Humvee) 차량의 조수석에 앉아 있었다. 차량이 바그다드 국제공항에서 멀지 않은 길에 놓여 있던 마대에 다가갈 때 운전병은 급조 폭발물(Improvised explosive device, IED)이 있는지 몰랐기 때문에 그 위로 자동차를 몰았다. 차량이 마대 위를 통과하는 순간 폭발물이 폭발하면서 스미스 일병은 즉사했다. 그는 이라크전에서 급조 폭발물로 사망한 첫 미군 병사다.

폭발음은 몇 킬로미터 밖에서도 들릴 만큼 컸다. 22세의 기술부사관 제레미 리즐리(Jeremy Ridgley)는 그 지옥을 목격한 최초의 병사들 중 하나였다. "나는 18헌병 여단 소속 소총 사수였다." 2014년에 그는 회고했다. "우리는 450미터쯤 뒤에 떨어져 가고 있었다. 완전히 다른 행렬이었다. 폭발음은 매우 크게 들렸다. 고가 도로에서 사람들이 무언가를 집어던진다는 이야길 들었기 때문에 그 밑을 지날 때마다 다른 차선으로 나왔다. 누군가 우리 차량에 무언가를 던졌다. 그리곤 그 폭발음을 들었다. 나는 총부리를 빠르게 돌렸다. 모든 일이 너무 빨리 벌어졌다." 리즐리가 들은 폭발음은 스미스 일병의 차량이 마대를 넘어가면서 터진 급조 폭발물 때문이었다.

리즐리는 앞에 있는 도로에서 불타는 험비를 보았다. 짙고 검은 연기 속에서 피투성이가 된 병사 2명이 나타나다니 혼이 나간 듯 리즐리의 차량으로 휘청거리며 다가왔다. 리즐리는 이렇게 기억했다. "한 친구는 팔에서 무언가를 밀어내려고 했다. 소매를 펴려는 행위 같았다. 가까이 다가왔을 때 보니 그것은 피부였다. 팔에서 피부가 떨어져 나가던 참이었다." 두 번째 병사가 뒤따랐다. "그는 자기 얼굴에 무엇이 남아 있느냐고 물었다." 리즐리가 이어 말했다. "그의 얼굴 거의 전부가 사라졌다. 끔찍했다. 그는 너무너무 끔찍하게 불탔다."

리즐리의 팀 리더 병장 필립 화이트하우스(Philip Whitehouse)가 불타는 차량으로 뛰어갔다. 화이트하우스는 스미스 일병이 의식 없이 차량에 갇혀 있는 걸 발견했다. "그는 스미스를 끌어냈다. 그때 차량에 있던 총알들이 터지기 시작했다." 리즐리는 당시의 일을 기억했다. "내부의 모든 총탄에 불이 붙기 시작했다. 사방으로 거대한 폭발이 일어났다. 내게도 파편이 날아왔다. 소매 부근에 작은 화상을 입었다. 총기 발사대에 앉아서 무선 보고를 할 필요가 있겠다고 생각했다."

리즐리는 의료 후송대에 연락하고 주위를 둘러봤던 기억이 있다. 리즐리는 말했다. "이라크 어린이들이 운동장에서 축구를 하고 있었다. 그래서 후송대에게 헬리콥터가 여기 내릴 수 있겠다고 했다. 모든 일이 느리게 돌아가는 영화 같았다." 그는 이전에는 치명적인 부상을 당한 사람을 본 적이 없었다. 그래서 더 정신을 차리기 힘들었다. "의료 후송대가 도착했고 병사들이 헬기에 실렸다. 내가 보고했던 때로부터 헬리콥터가 이륙할 때까지 20분 정도가 소요되었다." 리즐리는 말했다. "그러나 내겐 하루 온종일 같았다." "시간은 정지했다." 그는 나중에 제레미아 스미스 일병이 사망했다고 들었다.

5월 28일 국방부는 스미스 일병이 이라크 자유화 작전을 지원하다 이라크에서 사망했다고 확인했다. 펜타곤은 그의 죽음이 "불발탄" 때문이라고 했다. 마치 스미스 일병이 도로에 방치된 구식 포탄 때문에 죽었다는 뉘앙스의 말이었다. 그러나 2주 후《뉴욕 타임스》의 "그 전쟁 후(After the War)"라는 제하의 기사에서 국방부 관리는 누군가 의도적으로 그곳에 문제의 불발탄을 두었을지 모른다고 인정했다.

급조 폭발물(IED)의 구성 요소는 다섯 개다. 폭약, 용기, 도화선(퓨즈), 스위치, 점화 동력원(주로 배터리)이 전부다. 첨단 기술은 전혀 필요 없다. 약간의 기술만 있으면 누구나 쉽게 만든다. IED의 주요 구성 요소는 폭발 물질이다. 이라크엔 그런 폭약이 넘쳐났다.

"평생 다녀 본 어느 곳보다 이라크에는 탄약이 많았다. 전혀 안전하지 않았다." 미 중부사령부 사령관 존 아비자이드(John Abizaid) 장군은 2003년 9월 상원 세출 위원회에서 말했다. "모든 탄약을 통제했다고 말하고 싶지만 우리는 그러지 못했다."

스미스 일병이 급조 폭발물로 사망한 달에 IED 공격에 따른 사상자의 수가 늘기 시작했다. 6월엔 22건이 있었다. 8월이 되었을 때는 이라크에서 총이나 유탄 발사기의 직접 공격에 따른 사망자보다 IED로 죽은 병사 수가 더 많았다. 2003년 말이 되자 월별 사망자 수가 다른 무기에 따른 사망자의 2배였다. 기자회견에서 아비자이드 장군은 미군은 지금 이라크에서 "고전적인 게릴라 형태의 작전"에 맞서 싸운다고 진술했다. 베트남 전쟁 이래 국방부가 쓰지 않았던 단어였다.

"전투 현장에서 새로운 현상이 벌어지고 있다." 호주의 퇴역 준장 앤드류 스미스(Andrew Smith)는 말했다. 그는 정치학 박사 학위를 소지한 장군이다. "IED는 연합군을 기습했다. '기습'은 전투 현장에서 듣고 싶지 않은 단어다." 스미스는 바그다드에 구성된 IED 대응 실무 그룹, 연합 합동 태스크 포스 7을 이끈 나토의 첫 번째 장교 그룹에 속했었다. 2009년에는 중부사령부에서 350명의 나토 장교들의 일을 감독했다. 모두 IED 대응 업무를 담당했다. "이라크에는 안전하지 않은 무기의 양 자체가 엄청났다. 후세인 정부가 남겨 놓은 폭발물이 매우 많았다"고 스미스는 말했다. 2003년 이라크 전국 각지의 민간인들 손에 100만 톤의 폭발물이 있는 것으로 추산됐다. 한때 사담 후세인의 수비대가 통제하던 비축량이었다. 미군의 침공 직후 이라크 수비대는 즉시 자신들의 경비 지역을 포기했다. 2003년에 미군의 헬리콥터가 찍은 영상을 보면 이라크 수비대들이 버리고 가 누구나 차지할 수 있었던 폭발물이 나온다. 옛 항공기 격납고도 나타나는데 천장과 벽이 뜯겨 나갔다. 하늘에서 바라보면 아무도 지키지 않는 폭탄들이 줄줄이 보였다. 헬리콥터에 있는 누군가 말했다. "수백 발의 탄두와 폭탄이 보인다."

급조 폭발물(IED)은 더 파괴적으로 변해 갔다. 제리미아 스미스 일병이 사망한 지 3개월이 지나자 바그다드 UN 본부에 폭탄 차량이 돌진해 UN의 이라크 특사 세르지우 비에이라 지 멜루(Sergio Vieira de Mello)를 포함한 22명이 사망했다. 펜타곤은 늘어가던 IED 명부에 새 분류를 추가했다. 차량 탑재 급조 폭발물(vehicle borne improvised explosive device, VBIED)이었다. 사람에 장착된 급조 폭발물(person-borne improvised explosive device, PBIED) 또는 자살 폭탄도 금세 새로운 항목으로 올라왔다. 이라크의 알카에다가 자신들이 IED를 만들어 설치했다고 주장했을 때, 그것이 주는 심리적 파급효과는 매우 컸다. 침략이 있기 전 이라크에는 알카에다가 없었다.

DARPA의 장기 목표들은 당장 펜타곤에 넘쳐 나는 직접적인 필요에 밀려났다. 초기의 IED 대응 조치는 역 전파 통제 전자전 (Counter Radio-Controlled Electronic Warfare, CREW) 시스템으로, 육군 차량의 바닥에 장착되는 전파 방해 장치였다. 대당 8만 달러가

량이 들었다. 대부분 IED의 격발 기제는 휴대폰, 무선 전화, 무선 초인종, 무선 키 뭉치 등의 부품을 포함해 단순한 무선 전파 장치로 구성된다. 초기 전파 교란기는 반군이 IED를 폭파시킬 때 사용하는 전파 신호를 방해하도록 설계됐다. 처음 수십 개 혹은 수백 개의 기밀 전파 교란 시스템이 주크박스(Jukebox), 워록(Warlock), 카멜레온(Chameleon), 듀크(Duke)라는 암호명이 붙어 이라크의 연합군에 전달됐다. 동시에 DARPA는 차세대 전파 교란기를 연구했다. 빠르게 움직이는 자동차라는 상대적으로 안전한 상황에서 폭탄에서 나오는 화학적 기포를 탐지해 IED의 위치를 찾는 기술이었다. 급조 폭발물 인지와 보고(Recognize IED and Report, RIEDAR)라고 불린 프로그램은 3킬로미터 이상의 원거리에서도 작동한다. 이상적인 장비라면 초당 2,700제곱미터를 탐색하며, 소형으로 휴대가 가능하고 탐지 1초 이내에 경보를 발령할 수 있어야 된다. 그러나 이런 생각들은 미래의 계획일 뿐 펜타곤은 당장 IED의 위협에 대응할 방법이 필요했다. 2004년 2월 IED 공격은 한 주에 100회로 늘었다. 500대의 교란기가 이미 이라크에 배치됐지만 효과는 제한적이었다. 6월 아비자이드 장군은 럼스펠드 장관과 합참의장 리처드 마이어스(Richard Meyers)에게 경종을 울리는 메모를 보냈다. 국방부는 IED에 대처할 "맨해튼 같은 프로젝트"라는 아비자이드가 지칭한 대책이 필요했다.

워싱턴에서 의회는 DARPA를 추궁했다. 2004년 봄 네트워크 중심 전쟁이라는 개념의 실행을 연구한 보고서가 의회에 제출됐을 때였다. 의회는 국방부가 "첨단 기술에 지나치게 의존해 발생할 수 있는 의도치 않은 결과를 충분히 따져봤는지"를 물었다. 물론 그러지 않았다는 의미가 분명한 질문이었다. 의회가 가장 우려한 의도치 않은 결과는 현재 이라크에서 수많은 미군 병사를 죽이는 급조 폭발물이었다. 보고서에서 의회는 펜타곤이 "네트워크 통신 기술"을 추구하는 동안 테러리스트들이 "비대칭적 대응책"을 사용해 우위를 점하고 있지 않은지 우려했다. 의회가 걱정하는 또 다른 다섯 가지 분야는 다음과 같다. "① 자살 폭탄 ② 민간인을 방패로 사용하는 적대 세력 ③ 무리를 지어 공격한 후 재빨리 사라지는 비정규 전사와 근접 저격병 ④ '방사능 물질을 확산시키려는 폭탄(Dirty Bomb) ⑤ 화학과 생물 무기."

아서 세브로브스키는 언론이 자신의 발언을 오해했다고 주장했다. 소위 네트워크 중심 전쟁의 대부인 그는 의회가 자신의 말을 곡해하고 있다고 불평했다. "전쟁은 모두 인간의 행동이 좌우한다"고 세브로브스키는 말했다. 이는 그가 럼스펠드 장관에게 보냈던 수백 페이지의 문서나 메모와 모순된다. 그는 "변혁이 기술 중심적이라는 생각은 흔히 하는 실수다. 그것은 수많은 요소의 하나일 뿐이다"고 했다. 군인과 국방 사업 계약자를 대상으로 한 교육 및 인증 기관인 국방부 산하 국방 조달 대학(Defense Acquisition University)조차도 이 역설에 당황해 자신들이 발행하는 잡지인 《디펜스 AT&L*Defense AT&L*》 기자를 세브로브스키의 사무실로 보내 정확한 설명을 요구하기까지 했다. 기자는 어떻게 네트워크 중심 전쟁의 아버지가 인간의 행동이 중요하다고 이야기할 수 있느냐고 물었다. 세브로브스키는 "네트워크 중심 전쟁은 정보 기술이 아니라 무엇보다 인간의 행동이 그 중심에 있다"고 말했다. "'하나의 네트워크'는 명사이지만 '네트워크를 하다'는 동사라는 사실을 생각해 보라. 우리는 지금 네트워크가 강화된 환경에서 인간의 행동에 초점을 두고 있다."

세브로브스키가 억지로 말을 만들어 내는 느낌이다. 혹은 최소한 국방장관을 곤란하게 만들지 않으려고 단어의 의미를 왜곡하거나 모호하게 사용하는 듯했다. 국방장관 럼스펠드가 대통령에게 제출한 세브로브스키의 비전을 요약한 39페이지 분량의 "변혁 기획 지침(Transformation Planning Guidance)" 어디에서도 인간의 행동을 언급하지 않았으며 넌지시 암시한 곳도 없다. 세브로브스키가 의회의 우려에 대처하려고 텔레비전 인터뷰를 하는 동안 전력 변혁국은 변혁 국방(Transforming Defense) 파워포인트 프리젠테이션에 슬라이드 4개를 추가했다. 새 슬라이드 둘 중 하나는 "사회적 지능이 평화를 얻는 핵심이다"였고 다른 하나는 전사들에게 "인지적 이점"을 제공하는 방법으로 "사회적 영역의 문화 인식(Social Domain Cultural Awareness)"을 다루었다.

공영방송 PBS의 《뉴스아워*NewsHour*》에서 세브로브스키는 네트워크 중심 전쟁을 옹호하며 시청자들에게 미국은 이라크에서 21일 만에 주요 전투 작전을 완수했고 작전의 우위를 성취했다고 믿는다고 다시 한번 강조했다. 세브로브스키는 "그런 진격 속도는 절대로 들은 적이 없다"고 했다. 그러나 이제 "전쟁은 전투 이상이고, 전투는 충격전 이상임을 우리에게 상기시킨다." 전쟁은 이제 "사람들이 어떻게 행동하느냐?"고 묻는다. 세브로브스키는 이라크 전쟁에서 이기려면 군이 "전쟁은 모두 인간 행동이 좌우한다"고 인식할 필요가 있다고 말한다. "네트워크 환경에서 인간의 행동 … 사람들이 네트워크로 연결됐을 때 어떻게 행동하는가?" 이것이 네트워크 중심 전쟁의 핵심이다.

만약 세브로브스키가 인간의 행동 문제를 설득력 있게 말하지 못한다면 그렇게 말할 수 있는 사람과 협력해야 한다. 퇴역한 로버트 H. 스케일스(Robert H. Scales) 소장은 베트남 참전 용사로 평판이 높고 은성 훈장을 받았다. 이라크에서 겪는 악몽의 해결책으로 그는 자신이 "문화 중심" 해결책이라 부르는 내용을 제안했다. "전쟁은 생각하는 사람의 게임이다." 미 해군 연구소(United States Naval Institute, USNI)가 발행하는 월간지 《프로시딩스*Proceedings*》에 스케일스가 쓴 글이다. "전쟁은 동맹을 만들고, 비군사적 우위를 활용하고, 의도를 읽고, 신뢰를 구축하고, 견해를 바꾸도록 하고, 인식을 관리하는 만큼 승리한다. 이 모든 과업은 인간을, 그들의 문화를, 그들의 동기를 이해하는 탁월한 능력을 요구한다." 마치 시간을 거슬러 올라가 JFK의 특별 그룹과 로버트 맥나마라의 국방부가 주도한 원탁회의에서 스케일스가 동기와 사기 프로젝트를 이야기하는 듯했다.

2004년 급조 폭발물 위기가 계속 증가하는 가운데 스케일스는 세브로브스키에게 적의 생각을 파악할 수 있는 사회과학 프로그램이 국방부에 필요하다고 제안했다. 적들이 왜 준동하는지 알아야 할 필요가 있다는 데 세브로브스키도 동의했다. "적과 그들의 문화와 사회를 아는 지식이 그 적의 전투 배치에 대한 지식보다 더 중요하다." 세브로브스키는 격월간 육군 잡지 《밀리터리 리뷰*Military Review*》에 썼다. 전력 변혁국은 이제 "사회적 지능"이라는 새로운 전쟁 개념을 공개적으로 인정했다. 이라크와 그 밖의 지역에서 국방부가 현지의 관습을 깊게 안다면 주어진 전쟁 지역에서 누가 아군이고 누가 적인지 더욱 잘 판별할 수 있다는 개념이다. 세브로브스키의 전력 변혁국은 2004년 4월 인터넷 웹사이트 《디펜스 뉴스*Defense News*》에서 이렇게 이야기했다. "전투 부대원들은 안정화를 지원하고 이라크의 반군 진압 작전을 돕는 정보 요원들이 되어 간다." 이라크에서도 또다시 마음과 정신이 부상했다.

이라크 전역이 혼란해지면서 펜타곤에 연결된 모든 기관과 군은 해결책을 찾느라 부산했다. DARPA의 총체적 정보 인식(TIA) 프로그램 부책임자였던 밥 팝(Bob Popp)에게 하나의 아이디어가 떠올랐다. "더이상 존재하지 않던 사무실의 부책임자였다"고 팝은 2014년의 인터뷰에서 자신을 그렇게 지칭했다. 정보 인식실은 문을 닫았고 적어도 대중에게는 포인덱스터의 TIA 프로그램은 더이상 존재하지 않았다. "어떤 TIA 프로그램은 취소됐고 어떤 것은 정보기관들로 이전됐다." 극소수에게만 주어진 내부 정보를 알고 있었다고 팝은 말했다. 이 제한된 정보를 알 수 있었던 가장 큰 이유를 그는 "다른 정보기관으로의 이전 작업이 내 일의 일부였기 때문"이라고 했다. 팝은 이제 DARPA 국장 토니 테더의 특별 보좌관이었다. "토니와 나는 한 달에 한 번 만났다." "그가 프로그램 하나 만들어 보라고 하기에 하나 만들었다."

DARPA의 전략 기술실과 일하면서 팝은 TIA의 가장 중요한 요소라고 느꼈던 부문, 말하자면 "악당들 주변의 정보"를 검토했다. 그는 몇 가지 아이디어를 충분히 고려한 다음 하나에 집중했다. "왜 어떤 지역들은 악당들을 품어 주는가?" 그는 전략가, 경제학자, 공학자, 현장 지휘관 등 국방부 내부 전문가들의 자문을 구했다. 팝은 자신이 받은 답이 너무 다양하고, 의견이 서로 달라 놀랐다. "저마다의 견해는 다 맞지도 그렇다고 다 틀리지도 않았다"라고 팝은 회상했다. 왜 특정 지역이 악당들을 품어 주느냐는 문제에서 그는 특히 '누가'와 '왜'에 집중했다. 그래서 사회과학자들이 이라크와 아프가니스탄에서 늘고 있는 반군을 어떻게 생각하는지 알고 싶었다.

"나는 DARPA를 둘러보고는 단 1명의 사회과학자도 없다는 사실을 깨달았다." 그래서 팝은 사회과학자들을 참여시키자는 아이디어를 "옛날 사람들"에게 이야기하기 시작했다. "대부분은 조심스러워했다. 그들은 '잘 모르겠네. 아프가니스탄과 이라크에 있는 지휘관들의 말을 들어 봐야 하지 않겠나'라고 말했다." 누군가 밥 팝에게 몽고메리 맥페이트(Montgomery McFate)라는 인류학자와 이야기해 보라고 제안했다.

밥 팝이 2004년 처음 맥페이트와 말을 섞었을 때 그녀는 38세의 해군 연구청(Office of Naval Research) 연구원이었다. 그에 앞서 맥페이트는 랜드 연구소에서 일했다. 그곳에서 맥페이트는 북한의 전체주의를 분석하는 보고서를 썼다. 일간지 《샌프란시스코 이그재미너 *San Francisco Examiner*》의 인물 기사는 그녀를 이렇게 묘사했다. "뼛속 깊이 히피인 부모에게서 태어난 아이였고 펑크 록을 사랑하며 짧게 자른 머리에 부드러운 목소리의 소유자다. 아이비리그 대학 두 군데서 박사 학위를 받았고 둥근 테가 있는 커다란 모자와 아메리칸 스피릿(American Spirit) 담배를 좋아하며 25년 전에 뚫었던 구멍 때문에 생긴 자그마한 상처가 아직 코에 남아 있다." 이처럼 개인적 배경은 그녀가 일했던 보수적인 조직과 동떨어져 보일지 몰라도 맥페이트의 생각은 조직과 하나였다.

맥페이트는 DARPA의 밥 팝이 사회과학 분야의 일을 도와 달라고 접근해 온 데 이어 합참의장 과학 자문인 리아 카바이엔(Hriar S. Cabayan)도 중동의 전쟁터에서 자신에게 전화를 걸었다고 했다. 맥페이트는 카바이엔이 "우리는 지금 이곳에서 진짜 곤란을 겪고 있다"라고 했다고 기억한다. "우리는 이 사회가 어떻게 움직이는지 모르겠어요 … 우리를 도와줄 수 있나요?"

2004년 이라크의 반군은 놀라울 정도로 늘고 있었다. 그리고 의심스러운 대량 학살 무기 관련 정보를 다룬 기사들이 의회와 전 세계로 번져 나가면서 펜타곤을 향한 비판은 새로운 정점에 치달았다. 국방부에겐 기꺼이 자신들을 도와줄 인류학자를 찾는 일이 터무니없이 어려웠다. 연구에 따르면 공화당 등록 당원 1명에 20명의 민주당 등록 당원이 있을 정도로 대학은 정치적으로 대다수가 좌파였다. 맥페이트와 같은 인류학자는 당시 드물었다. 그리고 맥페이트만큼 전쟁에 열정적인 사람은 더욱 드물었다. 다른 많은 미국인처럼 그녀는 911 때문에 행동에 나서게 됐다. 2004년 몽고메리 맥페이트는 펜타곤이 이라크와 아프가니스탄의 문화를 이해하도록 돕는 과업을 "복음주의적 사명"으로 받아들이겠다고 결심했다.

2004년 11월 DARPA는 해군 연구청과 함께 반군 진압을 논의하는 회의를 공동 개최했다. 베트남 전쟁 이후 처음으로 DARPA는 존 아비자이드 장군이 "게릴라전 같은" 전쟁이라 부른 상황을 끝내기 위해 다시 행동 과학자들의 조언을 구했다. DARPA 회의는 적의 문화 지식과 국가 안보 회의(Adversary Cultural Knowledge and National Security Conference)라는 이름으로 버지니아 크리스털 시티(Crystal City)의 쉐라톤 호텔에서 열렸고, 몽고메리 맥페이트가 조직했다. 기조연설은 퇴역한 로버트 H. 스케일스 소장이 담당했다. 여러 개의 훈장이 있는 베트남전 참전 용사는 연단에서 청중에게 사람들의 마음과 정신을 얻는 게 현재 진행 중인 분쟁의 핵심이라 믿는다고 이야기했다. 스케일스는 동압비아(Dong Ap Bia) 전투에서의 활약으로 유명하다. 사상자 비율이 70퍼센트나 될 정도로 높아서 병사들은 그 전투를 고기 분쇄기라는 의미로 햄버거 힐 전투라고 불렀다.

스케일스는 청중에게 자신과 같은 베트남전 참전 장교 세대가 모두 퇴역했거나 퇴역 과정을 밟고 있다고 했다. 이들은 "네트워크 중심 전쟁"의 시대 이전에 전투에 참여했던 사람들이었다. 이 베트남 시대의 장교들은 기술 지상주의자들로 대체됐다. 이들 중 상당수는 "전투가 벌어지는 현장에서 기술이 전쟁의 안개를 완전히 제거할 것이라고 주장한다." 이들은 곧 지상 병력이 불필요해지며, 공군과 해군, 그리고 아마도 미래의 우주군이 전장에서 멀리 떨어진 지휘 본부에 앉아 하늘 높은 곳에서 내려다보며 전쟁을 치르게 된다고 말했던 사람들이다. 그러나 스케일스는 이 같은 개념을 거부해야 할 때가 왔다며 게릴라 전쟁이 다시 돌아왔다고 경고했다. 베트남에서처럼 기술은 반군에게 승리하지 못했다고 말이다. 즉 사람들이 이겼다.

같은 해 가을 스케일스는 잡지 《프로시딩스》에 "전쟁의 본질이 바뀌어 간다"라고 썼다. "중동의 광신자와 근본주의자들은 미국의 기술적 우위를 상쇄하는 전쟁 방식을 채택하고 적응해 왔다. 그들은 기만, 속임수, 테러는 물론 인내심과 기꺼이 죽겠다는 결사항전의 의지까지 더해 맞섰다." 스케일스는 이런 새로운 종류의 전쟁은 더 약한 세력인 아프가니스탄과 이라크의 반군들이 더 강한 세력인 미국에 맞서 싸워 승리하게 만든다고 경고했다. 스케일스는 이스라엘의 독립 전쟁 이래 "이슬람 군대가 서구식 전투에서는 7전 전패했지만 이스라엘과 미국, 그리고 소련에 맞서 싸웠던 비정규전에서는 5전 전승이었다"라고 썼다.

펜타곤은 이라크 전쟁에 인류학자들을 투입하자는 DARPA의 생각에 힘을 실어 주었다. 맥페이트에게는 이라크에서 고향으로 돌아오는 해병들을 인터뷰하는 배타적 권한이 주어졌다. 2005년

7월 그녀는 국방부가 기금을 대는 잡지인 《연합군 계간지Joint Force Quarterly》에 "적의 문화를 이해하는 데서 오는 군사적 효용(The Military Utility of Understanding Adversary Culture)"이라는 제목의 논문을 썼다. 이 글에서 맥페이트는 이라크에서 무엇이 잘못됐다고 생각하는지 분명하게 썼다. "미국이 히드라(Hydra)인 바트당의 머리를 잘라 버리자 그 힘이 가장 기초적이고 안정적인 형태인 부족에게 돌아갔다." "수니파 바트당원들이 영예로운 일자리를 잃고 전쟁에서 모욕을 당하고, 그 이후 바트당 제거 정책 때문에 사회 세력에서도 배제되자, 부족 네트워크가 반군의 중추가 되었다." 인류학자로서 그녀는 "이라크 문화를 오해한 직접적인 결과가 바로 부족의 반란"이라고 믿었다.

현장의 군인들은 정보가 있었다고 말했는데, 그것은 틀린 정보였다. "군인들과 해병들은 이라크인과 일대일 관계를 수립하기가 불가능했다. 그러나 그것이 정보 수집이나 마음과 정신을 얻는 열쇠였다." 맥페이트는 펜타곤의 동료들에게 엄중한 경고를 보냈다. "문화를 이해하지 못하면 전술적 수준에서 부대와 시민들을 위험에 빠트린다. 비록 총알이 날아다니는 상황에서는 우선순위가 아니게 보일지 몰라도 문화적 무지는 사람을 죽인다."

맥페이트는 이라크 특정 지역에 있는 88개의 부족과 그에 딸린 하위 부족의 자료 분석가로 고용됐다. 이와 함께 그녀가 제안했던 행동 과학 프로그램의 뿌리가 내리기 시작했다. 밥 팝은 열정적이었다. "그게 만병통치약은 아니었다. 그러나 우리는 국가 재건이 필요했다. 사회과학계는 그곳에서 벌어지는 심각한 문제에 대한 엄청난 통찰을 가지고 있었다. 국방부의 한 부문인 DARPA는 사회과학에 진지한 투자를 할 준비가 됐다." DARPA의 노력을 밥 팝은 그렇게 평가했다.

아서 세브로브스키는 그다음 해인 2005년에 암으로 죽었다. 전력 변혁국은 그가 사망한 지 1년도 안 되어 문을 닫았다. 그러나 사회적 지능 프로그램은 앞으로 나아갔다. 이라크의 과도기 다국적 안보 사령부(MNSTC-I) 사령관 데이비드 퍼트레이어스(David Petraeus)가 몽고메리 맥페이트를 새로이 옹호하고 나섰다. 그는 사람들의 마음과 정신을 얻는 게 중요하다는 그녀의 생각에 공감했다. 퍼트레이어스는 "안정화 작전"을 말하기 시작했다. 그리고 언론에 이야기할 때 "문화 중심 전쟁"이라는 구절을 사용했다. 그는 미래의 전투에서는 "충격과 공포나 네트워크 중심 전쟁"보다 사람들을 이해하는 게 더 중요해질 가능성이 높다고 말했다.

원래 밥 팝이 광범위하게 구상했던 DARPA 프로그램은 사회과학자들과 인류학자들의 전쟁 참여였으며, 이를 미 육군이 시행했다. 몽고메리 맥페이트가 인간 지형 시스템(Human Terrain System)이라는 새 프로그램을 이끄는 선임 사회과학자가 됐다. 프로젝트의 의미는 불분명했다. 스스로 밝힌 사명에는 "급조 폭발물의 위협에 대응"한다고 나와 있어 마음과 정신을 얻는 작전과는 상반된 것처럼 들린다. 역사적으로 마음과 정신을 얻으려는 싸움은 아직 적의 이념에 헌신하지 않은 사람들에게 초점을 맞추었다. 육군이 선포한 사명은 사회과학자들이 인간 지형 프로그램을 통해 결국 테러리스트들에게 자살 폭탄 조끼를 입지 말거나 길거리에 폭탄을 설치하지 말라고 설득하려 한다는 인상을 준다. 첫해 예산은 3,100만 달러였다. 2014년에 펜타곤은 이 프로그램에 5억 달러 가까운 거금을 썼다. 베트남전 당시 ARPA의 동기와 사기 프로그램과 달리 인간 지형 프로그램에 속한 사회과학자들은 테러와의 전쟁 기간 동안 전쟁 지역에 6-9개월 동안 파견되어 완전군장을 하고 전투 여단과 함께 행동했다. 많은 사람이 총을 들고 다녔다. 프로그램의 수많은 요소들이 앞뒤가 맞지 않았다. 도대체 진짜 의도가 무엇인지 모두가 궁금해했다.

"나는 아무도 죽길 원치 않는다." 맥페이트는《뉴요커》에서 이야기했다. "악용될 수 있다는 건 안다. 그러나 사람들이 죽어 가는데, 이런 실수들이 거듭 반복되는 상황을 가만히 앉아서 지켜보며 아무 일도 하지 않을 수는 없다." 맥페이트가 조직한 반군 진압 회의에서 기조연설을 한 로버트 H. 스케일스 소장은 논문을 쓰고 의회에 증언하면서 이라크와 아프가니스탄에서 새로이 벌어지는 마음과 정신을 얻으려는 노력을 지지했다. 스케일스는《국군 저널*Armed Forces Journal*》에서 "이해와 공감은 중요한 전쟁 무기가 된다"고 썼다. 그다음 대담한 선언을 했다. "제1차 세계대전은 화학자의 전쟁이었다. 제2차 세계대전은 물리학자의 전쟁이었다." 그리고 테러와의 전쟁은 "사회과학자의 전쟁"이다.

이 프로그램은 빠르게 동력을 얻었다. 인간 지형 시스템은 급조 폭발물에 맞서는 대응 조치였다. 그리고 반군 진압은 미군의 전문용어에 다시 등장했다. 2006년 12월 육군은 20년 만에 처음으로 야전 교범 3-24(Field Manual No. 3-24), '대반란전'(Counterinsurgency)을 발간했다. 데이비드 퍼트레이어스 중장이 교범 출판을 감독했다. 몽고메리 맥페이트가 교범의 한 장을 썼다. 교범은 "반군 진압이란 무엇인가?"라고 독자에게 묻는다. "만약 반군 진압 이론을 공부하지 않았다면 여기서 한마디로 정의하겠다; 반군 진압은 사람들의 정신과 마음, 그리고 동의를 얻을 권리를 두고 반군과 벌이는 경쟁이다." 베트남에서 그랬듯이 대반란전 교범은 게릴라전을 승리로 이끄는 핵심 전술로 문화적 이해와 국민 국가 건설을 강조했다.

베트남 전쟁을 겪고도 경험은 사라지고 기억상실증에 걸린 듯했다. 미군은 자신의 공식 웹사이트에서 새로운 인간 지형 프로그램이 전쟁에서 "사회과학 연구와 분석, 그리고 조언이 대규모로, 작전수행 차원에서, 체계적으로 이루어진 최초의" 사례라고 잘못 규정했다.

22장

보이는 전투 지대
Combat Zones That See

펜타곤에게 도심에서의 전쟁은 마치 눈을 가리고 싸우는 것과 같다. 혼란스러운 시장 바닥에서나 미로처럼 얽힌 도로에서는 누가 적인지 알 방법이 없다. DARPA는 우월한 기술이 병사들에게 시야만이 아니라 무한한 힘을 준다고 믿었다. 그들의 새로운 노력은 "보이는 전투 지대(Combat Zones That See)"을 만드는 것이었다.

이라크 전쟁이 2년째로 접어들면서 DARPA는 도시 작전(Urban Operation) 프로그램을 출범시켰다. 2014년 기준, 21세기 들어 최대이자 가장 비싼 프로그램이다. DARPA 부국장 로버트 레니(Robert Leheny)는 2005년 일군의 국방 사업 계약자, 과학자, 기술자 앞에서 "도시 전쟁(urban warfare)이 제기하는 기술적 도전보다 더 시급하고 중요한 것은 없다. 우리가 [이라크에서] 매일 목격하는 게 곧 미래의 전쟁이다"라고 말했다. "단기적 우선순위는 급조 폭발물이지만 장기적 해결책은 더 큰 시야와 구상을 필요로 한다. 토니 테더는 2005년 의회에서 폭탄의 위치보다 폭탄 제조자를 찾는 게 더 중요하다고 증언했다. 베트남전에서는 호치민 루트에서 무슨 일이 벌어지는지 탐지하고자 전자 울타리를 탄생시켰다. 이라크전에서는 지상과 공중, 문과 벽 뒤 등 모든 곳에 눈과 귀가 있는 전자 전투 공간을 탄생시켰다. DARPA는 도시의 전투 지역에서 사용할 대규모 감시 기술을 만들어 내는 연구 개발 프로그램들에 박차를 가할 필요가 있었다. 이는 필요하다면 언제 어디에서든 한 지역을 총체적으로 감시할 수 있는 기술을 의미했다. 이 모두가 보이는 전투 지대로 모아지는 계획이었다.

"우리는 도시와 그 안에서 벌어지는 활동들, 심지어 건물 내부의 활동도 더 잘 파악하고자 거미줄처럼 연결된 탐지기 네트워크가 필요했다. 이는 민간인과 적, 민간인의 장비와 적의 장비를 구별하고, 군중 속에서 저격수나 자살 폭탄 혹은 급조 폭발물을 식별해야 했기 때문이다." 테더는 상원 군사 위원회에서 말했다. "우리는 광범위한 지역에 걸쳐 다양한 사물, 활동, 사람을 감시하고 필요할 때 고해상도의 정보를 제공할 수 있어야 한다." 미국은 정보 기술을 통해 이라크나 유사한 지역의 테러리스트들보다 유리한 고지를 점하게 된다. 그는 "단지 더 많고 더 좋은 탐지기의 문제가 아니다. 수집한 모든 데이터에서 실질적인 정보를 만들어 내는 데 필요한 시스템이 그에 못지않게 중요하다"고 설명했다. 테더 국장은 개발 첫 단계에 필요한 기금 5억 달러를 요청했다.

운이 좋았다. 마침 의회는 개인 정보 침해를 우려하면서 2003년 가을 DARPA의 총체적 정보 인식(TIA) 프로그램에 자금을 더이상 지원하지 않기로 했다. 그러나 이라크는 "외국의 전투 공간"이었다. 전쟁 지역에서 시민적 자유는 관심사가 아니었다. "이[탐지기 네트워크]에는 특정 인물이나 관심 대상 물체를 감시하고 추적하는 데 도움이 되는 꼬리표 부착, 추적, 위치 확인(tagging, tracking, and locating, TT&L) 시스템이 모두 다 밀접하게 연결되어 있다." 테더는 말했다. "이 시스템들은 또한 해외 도시 지역에서 대량 살상 무기의 비밀스런 제작이나 소지 여부를 탐색하는 데도 도움을 준다."

DARPA는 1939년 이래 군사 지도를 그리고 분석해 왔으며 전투 지원과 정보기관을 겸해 온 국가 지리 정보국(National Geospatial-Intelligence Agency, NGA)과 협력 관계를 구축했다. 위성의 발명과 함께 NGA는 "지리 공간 정보(GEOINT)"를 수집해 해석하고 거기서 발견한 내용들을 유관 기관에 배포하는 선도적 기관이 되었다. NGA는 잘 알려지지 않은 정보기관 중 하나다. 그들의 작전 대부분은 태어날 때부터 기밀로 분류되어 있다.

이라크에서 DARPA와 NGA는 주요 도시들과 테러리스트들의 은거지로 의심되는 곳의 3차원 고해상도 지도를 함께 만들었다. 지도 제작 작업은 시스템 복합 체계의 일부로, 이질적 도시 정찰 감시와 목표물 확보(Heterogeneous Urban Reconnaissance, Surveillance and Target Acquisition, HURT)라 불리는 DARPA의 프로그램에 흡수됐다. 외국의 민간인 전체와 그들이 사는 생활 공간 전부를 미군과 동맹국들이 내려다보고, 관찰하고, 분석해서 반군 개개인을 목표로 삼은 다음 체포하거나 제거하게 된다. 도시에서 전쟁이 벌어지는 상황에서 DARPA는 테러리스트들이 이질적인 군중 속으로 섞여들어가려 한다는 사실을 알았다. 베트남전에서 베트콩들이 호치민 루트의 밀림 속으로 숨어들었듯이 말이다. DARPA의 HURT 프로그램은 테러리스트들이 보통 사람이란 위장막을 쓰지 못하게 하는 기술이다.

HURT 프로그램의 지형 기반 요소들을 구현하려면 수백 아니 수천 명의 국방 사업 계약자가 이라크에 파견되어 구글맵에 사용된 기술과 유사한 기술을 활용해 적어도 8,000킬로미터의 도로를 따라 디지털 영상을 확보해야 했다. 프로그램의 수많은 구체적인 내용, 예컨대 어떤 도시가 표적이 되었고 어떤 순서였는지 등은 기밀로 분류되었다. 그러나 테더의 증언을 통해 의회는 영국의 CCTV 시스템처럼 작동하도록 설계된 수천 개의 작은 감시 카메라와 이와는 또 다른 소형 센서들이 기간 시설 위에 설치되었다는 사실을 알았다. 테더는 의회에 이 감시 카메라를 "비침습성 마이크로 센서들의 네트워크"라고 묘사했다. NGA의 공개된 문서에 따르면 이러한 마이크로 센서에는 땅바닥 가까이 설치되어 보행자 이동을 모니터링하는 저해상도 비디오 센서, 전화선 기둥 위에 설치되어 자동차와 보행자의 흐름을 감시하는 중해상도 비디오 센서, 적절한 높이에 설치되어 "골격 구조와 신체 측정 단서"를 포착할 수 있는 고해상도 비디오 센서들이 포함된다. 이로 인해 만들어진 3차원의 지도들은 앞으로 등장하게 될 수없이 많은 보이는 전투 지대의 첫 번째 초석이 됐다. DARPA 프로그램 관리자는 그들의 목표가 "움직이는 모두를 추적한다"는 데 있다고 농담을 했다.

HURT 프로그램에 속한 드론 중 하나가 와스프(Wasp)였다. 이 작은 무인 항공기는 날개의 길이가 35센티미터 남짓에 무게는 430그램에 지나지 않았다. 와스프 편대는 지상에 있는 군인들에게 실시간 공중 감시를 제공하며 이라크 도시와 보급로 상공을 날아다녔다. 2005년에 와스프는 드론 부대에서 가장 똑똑한 드론의 하나였다. 배터리로 작동하며 낮게 나는 기계 안에는 컬러 영상 카메라, 고도계, GPS와 자율 비행 장치 등을 포함해 탁월한 기술들이 탑재되었다. 새만 한 크기의 와스프는 둘 또는 셋이 함께 비행하며 시스템 복합 체계와 협력했다.

마이클 페이젤스(Michael A. Pagels) 박사는 "[HURT] 시스템

은 고고도 시스템이 주지 못하는 정찰 영상을 준다"고 말했다. 그는 HURT 프로그램의 관리자로서 이라크의 현장에서 벌어지는 작전을 감독했다. "HURT 프로그램은 건물 주변뿐 아니라 때로는 내부를 보기도 한다." 와스프는 크기가 작아 발각되지 않고 창문이나 문을 통해 건물 안으로 들어가 내부를 날아다니기도 했다. 드론의 기능은 필요에 맞게 조정된다. 만약 와스프 2대가 같은 지역의 감시 사진을 찍고 있다면 그들의 첨단 소프트웨어는 "붓으로 칠하는 효과"로 두 이미지에서 더 나은 부분만 떼어 하나로 합성해 내기도 한다. 또한 거의 실시간으로 확보된 이미지를 갱신하여 지상의 병사가 소지하는 조그만 컴퓨터에 이미지들을 전송한다. HURT 시스템은 병사들의 요청에 따라 와스프의 감시 비디오를 잠시 정지하거나 되감거나 다시 재생해 주기도 한다. 급조 폭발물을 설치하는 테러 조직원을 추적 중인 병사가 해당 지역이 3분 또는 3시간 전에는 어떤 모습이었는지 알아야 할 때 중요한 기능이었다. HURT 시스템은 몇 가지 자율 기능도 있다. 드론 중 어느 하나의 배터리가 방전되는 시점을 파악하고 충전 시간을 조정해 시스템 내의 다른 드론이 감시를 계속 유지하도록 했다. 와스프 자체도 배터리의 충전 상태를 인식하게끔 설계됐다. 와스프는 조작자에게 배터리 상태를 스스로 전송했다. "HURT는 비종속적이 되도록 설계됐다." 페이젤스의 이 말은 시스템의 한 부분이 고장 나면 다른 부분이 그것을 보완하도록 상황에 빠르게 적응한다는 뜻이다. DARPA가 말하는 "정신을 혼미하게 만드는 도시 환경의 복잡함과 전쟁의 혼란스런 안개"를 의식해서 시스템 개발자들은 "지속적인 지역 우세(Persistent Area Dominance)"를 달성하려고 했다. HURT는 바로 그 지배의 일부분이었다. HURT를 통해 인간과 기계가 협력해 위험한 도시 환경에서 상황 인식을 유지할 수 있다.

DARPA의 전술 비행선(Tactical Aerostat) 프로그램, 일명 "깜빡이지 않는 눈"은 거대한 무인 비행선이다. 원래는 미국 국경 순찰대의 감시용으로 설계된 이 약 14미터의 비행선은 이동형 발사대에 강화된 광섬유 케이블로 묶여 있었다. 발사대에 묶인 풍선은 300미터에서 1,000미터 높이의 상공으로 올라간다. 이 소형 비행선은 작고 휴대가 편리하게 설계되어 반군이 총으로 쏘기 전에 빠르게 하늘과 땅 사이를 오간다. 광섬유 케이블은 소형 비행선 내부에 실린 기밀 감시 시스템과 지상의 조작자들 사이에 안전한 기밀 통신을 가능하게 해준다. 무인 비행선들은 바그다드에서 나오는 24킬로미터의 길게 뻗은 도로인 주요 보급로 탐파(Tampa)나 바그다드 국제공항으로 이어지며 많은 생명을 앗아갔던 도로 루트 아이리쉬(Route Irish)처럼 점점 위험해지는 도로를 감시하는 데 도움이 됐다.

기밀 해제된 DARPA의 문서에 따르면 이러한 시스템 복합 체계는 때때로 작동했으나 일부 요소들의 실패로 그렇지 못한 때도 있었다. 모래폭풍은 가시성을 방해했고, 그런 일이 발생했을 때 테러리스트들이 슬며시 침투해 날씨의 엄호를 받으며 급조 폭발물을 설치하기도 했다. 모래폭풍이 지나가고 나면 바람에 날려 온 쓰레기와 새로이 설치된 폭탄을 구분하기가 종종 불가능했다. 소형 비행선과 드론들이 격추되거나 스스로 추락하기도 했다.

그러나 미국에 있는 DARPA의 국방 사업 계약자와 과학자들은 인내심 있게 버텼다. DARPA가 만들고 있는 이 시스템 복합 체계, 즉 보이는 전투 지대는 장기적이고 야심찬 목표를 가지고 있었고 자금도 충분했다. 이 프로그램의 궁극적 목적은 이라크만이 아니라 잠재적으로 위협이 될 수 있는 다른 도시에서도 수백만의 차량과 사람들을 추적하는 데 있었다. 차량은 번호판으로 뒤쫓는다. 인간의 얼굴은 안면 인식 소프트웨어로 추적된다. 이 중심에 있는 슈퍼컴퓨터들은 "무엇이 정상이고 무엇이 비정상인지 판단하는 지능적인 컴퓨터 알고리즘"을 활용해 모든 정보를 처리한다. 총체적 정보 인식(TIA) 프로그램이 제안한 그대로다. 보이는 전투 지대는 총체적 정보 인식의 건초더미에서 바늘 찾기와 유사하다. 오직 더 크고 더 대담하며 더 침습성이 강하다. 그러나 과연 제대로 작동할까?

보이는 전투 지대에서 DARPA의 목표는 인공지능 컴퓨터가 "법의학적 증거 정보"라 부르는 내용을 처리하게 만드는 것이었다. 컴퓨터들은 "그 운송 수단은 어디서 이리로 왔지? 어떤 길로 왔지?" 같은 질문에 답할 수 있어야 한다. 이런 식으로 컴퓨터들은 "장소, 인물, 활동 시간들 사이의 고리"를 발견하게 된다. 그다음 예측 모델링 기능을 통해 궁극적으로 "운용자에게 아군이 맞닥뜨릴 잠재적 위험과 적대적 상황을 경고"할 수 있다. 다른 말로 하자면 컴퓨터들은 비정상적 상황을 찾아내 시스템 복합 체계 내의 사람들에게 어떤 적대적 사람들이 급조 폭발물이나 다른 테러 공격을 계획하는지 알려주게 된다.

2005년 겨울에 《워싱턴 포스트》는 급조 폭발물 공격이 이라크 내에서 매 48분마다 발생한다고 보도했다. 주요 대응책은 여전히 급조 폭발물의 원격 폭파 장치를 무력화하는 전파 교란기였다. 그러나 그 효과는 미흡했다. 이라크에서 연합군은 전혀 예측할 수 없고 통제도 불가능한 전자기 환경에 직면해 있었다. 이라크에는 2,700만 명이 규제되지 않은 휴대폰, 무선 전화기, 무전기, 위성 전화기 등을 사용했으며, DARPA의 전파 교란기는 이를 따라잡지 못했다. 교란기 자체가 교란되기도 했다. 알카에다 폭탄 제조가들은 미군의 전파 교란기를 무력화하는 초보적인 신호 해독기를 개발했다. 이 해독기를 미국인들은 "거미(spider)"라고 불렀다. 미군은 상황 통제 능력을 잃어 가는 듯 보였다. 전투 공간 감시를 통해 '지속적인 지역 우세'를 이루겠다는 DARPA의 고매한 목표에도 불구하고 현실에서 '보이는 전투 지대' 개념은 많은 정보를 수집했음에도 지배력은 거의 제공하지 못했다.

DARPA는 다양한 개발 단계에 있는 수십 가지 잠재적인 해결책을 보유하고 있었다. 로스알라모스 국립 연구소의 스텔스 곤충 탐지 프로젝트는 이제 배치 단계에 와 있었다. 1999년으로 거슬러 올라가는 동물 보초병 프로그램의 일부로, 과학자들은 폭탄을 찾도록 꿀벌을 훈련시키는 일에서 대단한 진전을 이루었다. 벌들은 개의 코보다 초당 1조 배나 더 빨리 냄새를 맡는 능력이 있다. 과학자들은 파블로프의 기술을 활용해 벌을 냉장고에서 차갑게 만들어 움직임을 둔화시킨 다음, 테이프로 작은 박스들에 머리와 더듬이는 밖으로 해서 벌들을 붙인다. 설탕물 보상 시스템을 이용해 벌들이 폭발물 "냄새를 맡으면" 벌들의 혀가 과학자들이 "부르르"라 부르는 반응을 보이게 훈련시킨다. 이 훈련 후 일부 벌들은 과학자들이 6초간 폭발물에 노출시켰을 때 "부르르" 하고 반응할 수 있었다.

실험을 관찰하러 로스알라모스로 간 DARPA의 관리들은 나중에 검토하겠다며 그 시연을 영상으로 남겼다. 작은 상자에 옮겨진 벌들로 TNT, C4를 포함 다양한 폭발물을 시험해 보았다. 개념 증명(proof of concept) 실험의 일환으로 급조 폭발물을 장착한 차량처럼 보이는 밴에 폭발물을 잔뜩 실었다. 놀랍게도 벌들은 차량 안의 폭발물을 탐지해 냈다. 벌들은 폭발물이 일정 거리까지 오자 그들의 작은 혀로 "부르르" 하는 반응을 보였다. DARPA 관리들은 과학과 그 가능성에 흥분했다. 그러나 급조 폭발물 위협에 맞선 대응책으로 DARPA가 이라크에 벌을 보낼 계획이라는 사실을 육군이 알게 됐을 때 그들은 이 생각을 거부했다. 육군은 전쟁을 곤충에게 의지한다는 생각을 받아들이지 못했고, 로스알라모스의 벌들은 결국 이라크로 가지 못했다.

도시 전투의 사상자 수는 계속 올라갔다. 심지어 더 치명적인 급조 폭발물(IED)이 등장했다. 폭발 성형 관통자(explosively formed penetrator, EFP)라 불리는 폭발물이었다. 원통형 발사관에 폭발물을 가득 넣어 만든 독특한 EFP는 앞쪽 끝이 대개 오목한 형태의 동판으로 막혀 있다. EFP가 폭발하면 고온의 폭발 압력이 동판을 파열시켜 장갑을 뚫어 버리는 파편으로 변화시킨다. 이 파편은 정면으로 초당 2,000미터를 날아가는 추진력을 받는데, 12.7밀리미터 구경 총탄의 2배 속도다. EFP는 적외선 격발 장치로 설계됐다. 즉, 전파 교란기는 무용지물이 되었다. 다른 IED도 마찬가지였다. 테러리스트들은 이미 미국의 전파 교란을 제압할 새로운 조치들을 고안했다. 그들은 이제 "희생자가 스스로 격발하는" 형태의 급조 폭발물을 만들기 시작했다. 인간의 발이나 차량의 바퀴가 작동시키는 IED다. 2006년 무렵에는 이라크에 있는 연합군의 차량 2,000대에 전파 교란기가 설치됐다. 그럼에도 그 무시무시한 "희생자가 스스로 격발하는" 압력판을 제압하지는 못했다.

DARPA는 하드와이어 HD 장갑(Hardwire HD Armor)이라는 프로그램을 통해 방탄복 기능을 강화했다. 과학자와 공학자는 강철 방탄복보다는 가볍지만 기존의 방탄복을 뚫는 총탄을 더 잘 막아내는 혼성 합금 재질로 만들어진 새로운 차원의 방탄복을 개발했다. 제조사인 하드와이어(Hardwire LLC)는 방탄복 설계를 시작하기 전에는 폭발 피해를 막는 벙커 건설이 전문이었다. 그러나 계속 IED 가 나왔고 공포와 치명성이 더 강력해졌다. 방탄복으로 가슴은 보호해도 팔다리와 성기, 그리고 뇌는 무방비 상태로 노출된다. 모술(Mosul)과 나자프(Najaf)에 이르기까지 이라크 전역에서 IED는 병사들의 육체를 찢고, 팔다리를 뜯고, 성기와 고환을 뭉개고, 뇌에 심각한 손상을 입혔다. 25달러 남짓의 돈으로 만드는 저급 기술의 폭발물인 IED가 이제 연합군 사망 원인의 63퍼센트를 차지했다.

2006년 무렵 펜타곤은 "IED 방어" 기술에 이미 10억 달러 이상을 사용했다. 국방부 부장관 폴 월포위츠는 항구적 프로그램의 창설을 권고했다. 2006년 2월 14일 합동 급조 폭발물 제거 조직(Joint Improvised Explosive Device Defeat Organization, JIEDDO)이 계속 증가하는 IED 위협에 맞서고자 수립됐다. 첫해 예산이 36억 달러인 JIEDDO는 독자적인 소형 맨해튼 프로젝트로 묘사됐다. 수백 명 이상의 전자전 전문가가 이라크 전역으로 파견됐다. 그러나 폭발물 처리 기술자들에게 DARPA가 준비 중이었지만 하루빨리 보내지 못했던 무엇이 있었다. 차세대 로봇이었다.

주임원사 크레이그 마쉬(Craig Marsh)는 폭발물 처리반(EOD)의 최고 기술자였다. 그는 CJTF 트로이(Troy)라고 알려지기도 했던 최초로 구성된 연합 합동 급조 폭발물 대응 태스크 포스(Combined Joint Counter-IED Task Force)에 배속됐다. 폭발물 처리 요원들은 특수 작전 집단의 일부로 네이비실(Navy Seals), 그린베레(Green Berets) 등 여러 특수 부대와 기밀 작전에 투입됐다. 2006년에 그는 이라크에 파견되어 작전(J3*)의 상급 부사관으로 CJTF 트로이 부대 설립을 도왔다. 마쉬는 폭발물 처리 전문가로 훈련됐으며 핵, 화학, 생물 무기 폭발물이 수중이나 지상에 설치되는 모든 경우를 다루었다. 젊은 해군 병사였을 때는 기밀로 분류된 마크 6 해병 포유류 시스템(Mark 6 Marine Mammal System) 프로그램에 참여했었다. 고도로 훈련된 병코돌고래와 함께 헤엄치며 수중 침입자나 폭발물을 탐지하고 위치를 찾아내는 훈련이었다.

이라크에서 폭발물 처리 요원의 일과는 가장 중요하고, 가장 치명적이며, 가장 신경을 곤두세우는 일에 속했다. 어디에나 IED가 있었다. 수제 폭탄의 뇌관을 해체하고 폭탄과 그것을 제조하는 사람들의 정보를 수집하는 일은 스트레스가 매우 높은 과업들이었다. 폭발물 처리 요원들의 노력은 아카데미상을 받은 영화《허트 로커 *The Hurt Locker*》로 할리우드에서도 유명해졌다. 이라크에서 그들의 일은 압도적이었다. 특히 상대적으로 어린 수많은 기술 요원들은 자신들이 맞닥뜨려야 할 일에 잘 준비되어 있지 않았다. "우리는 셀 수 없을 만큼 많은 IED를 처리하고 있었다." 크레이그 마쉬는 회상했다. "기술 요원의 95퍼센트는 전에 IED를 본 적도 없었다."

마쉬는 마흔두 살로, 폭발물 제거 분야에서 20년 이상의 경험을 쌓아 왔다. 바그다드에서는 이라크 전역에서 활동하는 폭발물 처리 팀 80개를 감독했다. 각 팀에는 둘에서 3명의 기술 요원이 있었다. 그는 매일 이라크 다국적군 3성 장군들의 명령들을 CJFT 트로이 태스크 포스 전체에 걸쳐 조율했다.

트로이 태스크 포스에서 마쉬는 사담 후세인과 그 일당이 살았

* 소장이 지휘하며 합참의장에게 직접 보고하는 특수 작전 등급을 지칭한다.

던 물의 궁전(Water Palace) 혹은 알 포 궁전(Al Faw Palace) 4층에서 살았다. 그 궁전은 대략 침실이 62개이고 욕실은 29개였다. 내부는 값비싼 대리석 타일과 번쩍거리는 황금 샹들리에로 장식됐다. 물의 궁전은 인공 연못들로 감싸였는데 굶주린 대형 잉어들이 가득했다. 그들은 희미하게 반짝이는 표면에 잘못 내려앉은 오리를 잡아먹는 것으로 악명이 높았다. 미군은 이곳에 본부를 세우고 캠프 빅토리(Camp Victory)라는 이름을 붙였다. 트로이 연합 합동 태스크 포스는 그 안에 있었다.

시간이 흐르면서 캠프 빅토리는 더 커져 갔으며 43킬로미터에 달하는 콘크리트 벽으로 둘러쳐졌다. 이라크에 주둔한 505개의 미군 기지 중 가장 컸다. 심지어 사담 후세인과 "화학 무기 알리(Chemical Ali)"로 알려졌던 후세인의 사촌 알리 하산 알 마지드(Ali Hassan al Majeed)도 전쟁 기간 동안 그 안에 있었다. 두 사람은 연못들 중 하나에 있는 섬의 일급비밀 건물에 수용되었는데 도개교를 통해서만 접근이 가능한 곳이었다. 암호명은 빌딩 114였다. 마쉬는 아침마다 조깅하며 그 섬을 지나쳤다.

트로이 태스크 포스는 미국 역사상 최초로 가동된 급조 폭발물 대응 부대였으며 마쉬가 도착했을 때는 생긴 지 몇 달이 채 안 된 조직이었다. 그는 "2006년은 모두들 불붙은 머리를 이고 허둥지둥 뛰어다니던 때였다"라고 회고했다. "누가 우리 편이고 누가 적인지 구분하려 애쓰던 때였다." 뇌관을 해체해야 할 폭탄이 수천 개였다. 세기에도 너무 많았다. "80개 팀이 모두 현장에 출동해 하루 18시간 혹은 20시간씩 일해야 했다. 어떤 친구들은 열 군데를 해치우고 돌아왔다가 또다시 같은 구멍으로 보내졌다." 또 다른 IED가 설치됐기 때문이다. 마쉬는 "저격병들도 상대해야 했다. 피해가 엄청났다"고 전했다. 사망은 늘 있는 일이었다. "고통과 좌절이 오갔다. 첫 한두 달 만에 폭발물이 터지면서 나와 함께 일하던 군인 1명이 죽었다."

크레이그 마쉬가 하던 또 다른 업무는 IED 제작자들을 찾아내는 팀과 증거물을 분석하는 연구실의 기술 요원 사이를 조율하는 일이었다. IED가 폭발하기 전후의 모든 장소엔 수집해야 할 범죄 증거가 있었다. 이것들은 지역 테러리스트 말단 조직의 구성원들을 찾아내거나 체포하는 수단으로 잠재적인 가치가 있었다. 트로이 태스크 포스는 증거 수집 팀과 협업했다. 이들은 합동 폭발물 채취 단위(Combined Explosive Exploitation Cell), 줄여서 "섹시(CEXC)"라 불리기도 했다. CEXC는 캠프 빅토리 안에 전자 장비 실험실이 있었다. 기술 요원이 24시간 내내 교대로 증거물 분석 작업을 했다. 고출력 현미경, 엑스레이 사진 촬영기, 반사 자외선 이미징 시스템(RUVIS) 지문 채취경 등 최첨단 증거물 분석기들도 있었다.

트로이 태스크 포스는 다른 탐지 기술도 사용할 수 있었지만 현장에서는 큰 효과가 없었다. 마쉬는 "탐지기들은 바다 밑에서 이상 징후를 구분해 내는 일에는 효과가 좋다"고 말했다. "기술은 정보를 수집하는 데 매우 훌륭하다. 그러나 기술을 평가하는 문제에서는 경험이 많은 사람보다 나은 건 없다. '아하'라고 외치는 순간은 늘 CEXC의 실험실에 있는 사람에게서 온다."

IED를 만들고 설치하는 사람을 찾는 트로이 태스크 포스에게 최상의 실마리를 제공하는 건 다름 아닌 인간 정보(HUMINT)였다. 트로이 태스크 포스 팀들은 현장에 나가 지역 사람들과 대화하면서 그 내용을 종이에 메모한다. "이렇게 얻은 실마리를 파고들다 보면 우리가 암살단을 상대한다는 사실을 발견하게 된다." 마쉬는 말했다. 이라크 사람에게 미국인과 일하는 대가는 컸다. "그들은 우리에게 이야기했다는 이유만으로 온 가족을 죽이기도 한다. 잔인하기 짝이 없다. 시체로 가득찬 밴을 발견하기도 한다. 우리에게 이야기했던 마을 사람들은 눈이 가려진 채 살해되어 길 옆에 버려지기도 한다." 신원을 알 수 없는 시체들이 방치되어 길거리에서 썩어 간다. 보복이 두려워 가족들이 시체 수습을 꺼려하기 때문이다. 폭력이 난무하면서 신뢰가 사라졌다.

심리적 타격도 점점 더 커졌다. 캠프 빅토리에서 휴식을 취하고 싶었던 어느 날, 마쉬는 동료와 훈련 비디오를 보고 있었다. DARPA 로봇이 부분적으로 묻혀 있는 IED의 선과 다른 부분을 발견하도록 어떻게 도와주는지 설명하는 비디오였다. 마쉬는 자신이 무엇을 보았는지 말했다. "로봇이 길에서 작업하고 있었다. 그러다 폭탄이 터지며 로봇이 산산조각이 났다. 먼지가 가라앉자 다른 로봇이 다가와 도로에 있는 두 번째 IED에서 작업하고 있었다." 폭발물 처리팀은 전에도 DARPA 로봇을 사용했다. 마쉬는 "그러나 로봇이 충분하지 않았다"고 말했다. "[우리에게 있던] 얼마 안 되는 로봇은 IED 폭발로 타격을 입고 있었다. DARPA는 진짜로 필요로 하는 사람들의 손에 매우 부족했던 로봇을 넘겨주려 많이 노력했다." 마쉬는 트로이 태스크 포스에 더 많은 로봇이 온다는 소식을 들었을 때, "하느님 감사합니다고 탄성을 질렀다"고 회상했다.

모든 IED 처리 로봇 중 가장 많은 일은 DARPA의 탈론(Talon)이 담당했다. 1993년 포스터 밀러(Foster-Miller, Inc.)가 개발해 DARPA에 납품한 로봇이다. 원래는 기뢰 탐지 로봇으로 개발되어 얕은 해역, 일명 파도 지역이라 불리는 곳에서 작업하게끔 설계됐다. 보스니아 전쟁 이후 탈론은 불발탄을 제거하는 용도로 사용됐다. 911 때는 현장 잔해 더미 속에서 생존자를 찾는 일에도 동원됐다. 탈론은 테러와의 전쟁에서 가장 먼저 사용된 로봇이다. 그들은 2002년 아프가니스탄에서 탈레반과 알카에다를 상대로 기밀 업무를 수행하던 특수 부대와 동행했다. DARPA의 문서는 이렇게 말한다. "그 이후로 탈론은 군사적 목적에 계속 사용되어 왔다."

전투 준비 태세를 완료한 탈론 로봇 부대는 마침내 이라크의 전투에 투입될 준비가 됐다. 2006년이었다. 이 세대의 탈론은 작고 땅딸막하며 무게는 45킬로그램 남짓했기에 사람이 들고 옮길 수 있었다. 바퀴는 탱크와 같은 무한 궤도로 되어 있고, 한쪽 무한 궤도에 4개의 바퀴가 들어 있었다. 로봇은 양방향 무선 통신이나 광섬유 연결을 통해 휴대용 제어기로 조종됐다.

폭발물 처리반(EOD) 기술 요원은 탈론에 높은 점수를 주며 사람 이름까지 붙여 주었다.

"고든, 그 로봇에 관한 보고가 늦어서 미안하다." 한 EOD 운용자의 보고서에는 이렇게 적혀 있었다. "내가 고든을 직접 지휘하는 동안 깊게 묻힌 IED 8개가 해체됐고 급조 폭발물이 은닉되어 있을 가능성이 있는 집(house-borne improvised explosive devices, HBIED) 7채가 청소됐으며 집에 있던 폭발되지 않은 폭발물 13개와 지뢰 18개가 처리됐다. 대략 135킬로그램 남짓의 수제 폭발물(homemade explosive, HME)이 해체됐다."

이 보고서가 작성된 며칠 뒤 로봇 고든은 EOD의 트럭 뒤에 실려 현장으로 출동했다. 고든이 깊게 묻힌 IED를 찾으려 교차로를 수색하고 있을 때, 3미터 떨어진 곳에서 폭발물이 터졌다. 폭발물 처리반 기술 요원은 "여전히 작동했던 고든이 계속 그 지역을 수색했다"고 보고했다. "도로 반대편에서 또 다른 IED가 폭발했고 고든

이 뒤집어졌다. 총격전이 벌어질 때까지 계속 작동했다. 고든은 일곱 번 땅으로 구르더니 그날은 더이상 작업을 하지 못했다." 그 기술 요원은 고든을 수리 공장으로 보냈다. 수리를 마친 고든은 팀으로 돌아왔고 다시 현장에 투입됐다.

그 이후 오래지 않아 고든은 어느 집 대문에서 부비 트랩(은폐된 폭발물 장치)을 수색하고 있었다. 고든이 일하던 바로 옆에서 IED가 폭발했다. 기술 요원은 "이번에는 수리가 불가능할 정도로 구겨졌다. 그를 대체해 '플래쉬(Flash)'가 일을 마무리하려고 왔다"고 썼다. 크레이그 마쉬는 로봇의 장점은 이해하기가 단순하다는 점이라고 했다. "어떤 지도자들은 지뢰가 있는 현장에서 사람을 완전히 빼서는 안 된다고 말한다. 그러나 핵심은 로봇이 사람을 구한다는 것이다. 폭발물 처리반의 기술 요원은 가능한 한 더 열심히 일하기보다는 더 똑똑하게 작업하고 싶어 한다." 탈론 로봇은 어떤 탐지 기술을 장착하느냐에 따라 대당 제작비가 6만 달러에서 18만 달러가 든다.

트로이 태스크 포스는 폭탄 탐지와 처리 기술을 이라크에 넘겨주겠다는 보다 장기적인 목표가 있었다. "우리는 이라크 경찰청과 협력 관계를 수립하려고 했다. 그러나 많은 저항에 부딪혔다." 마쉬는 말했다. "우리가 DNA 활용 원리는 이렇다, 지문 채취와 이용 방법은 이렇다고 말하면 그들은 우리가 마술을 부린다는 듯 쳐다본다." 마쉬의 경험에 따르면 2006년에 이라크 경찰은 사람의 말에 의지해 일했다. "그들은 용의자에게 묻는다. '너 이 IED 만들었어?' 그럼 그는 '아니오'라고 말한다. 그들에게 증거란 목격자다. 판사는 묻곤 한다. '이를 입증할 목격자가 있습니까?' 만약 그 답이 '아니오'이고 용의자가 안 했다고 하면 그는 풀려난다. 기만이 쉽게 작동하는 시스템이다. 거짓말이 난무했다."

트로이 태스크 포스는 합동 폭발물 채취 단위(CEXC)와 함께 "목표물 꾸러미(targeting packages)"라 부른 증거 자료를 구축해 이라크 경찰이 판사 앞에서 사용하게끔 하려고 했다. "이것은 상황을 복잡하고 답답하게 만들었다. 이라크 사법 시스템을 돕고 전쟁 범죄를 처벌하는 일은 쉽지 않았다."

2006년 2월 22일 미국과 이라크의 과학적 협력에 주요 전환점이 찾아왔다. 그날 아침 일찍 바그다드에서 북으로 104킬로미터 떨어진 곳에 있는 도시 사마라에서 거대한 IED의 폭발이 일어나 시아파의 가장 성스러운 사원 중 하나인 아스카리야(Askariya) 사원의 황금 돔을 산산조각 냈다. 이를 보고 이라크 부통령 압델 압둘 마흐디(Abdel Abdul Mahdi)는 "미국의 911 사태와 같다"고 선언했다. 그는 이라크 부통령 2명 중 1명이자 시아파 무슬림이었다.

크레이그 마쉬는 그 폭발 이야기를 듣고 알 포 궁전을 가로질러 캠프 빅토리 반대편에 있던 상관 케빈 루츠(Kevin Lutz) 대령에게 상황을 설명하러 갔다. 두 사람은 차후 대책을 논의했다. "황금 돔에는 수집할 증거가 차고 넘쳤다." 마쉬는 말했다. "우리는 사건 현장을 직접 보길 원했다. 민감해질 대로 민감해진 이라크 지도부와의 관계를 해치지 않는 선에서 가능한 한 최선을 다해 증거를 수집하고 보존하려 했다. CXEC 팀원들은 충분한 준비가 되어 있었다." 하지만 바그다드의 이라크 정부는 준비가 안 되어 있었다. 그러나 이제 그들은 어떻게 "과학의 혜택"을 받을 수 있는지 깨달았다고 마쉬는 말했다. 트로이 태스크 포스가 구성된 이후 처음으로 시아파가 이끄는 바그다드 정부는 CXEC가 연합군의 죽음과 무관한 사건을 조사하도록 허용해 주었다. 그렇게 트로이 태스크 포스에 소속된 일군의 CXEC 기술 요원들이 황금 사원의 잔해로 갔다.

바그다드의 이라크 지도자들은 황금 사원을 폭파한 테러리스트의 신원을 파악하려는 과학적 수사에 협력하면서 과학에 우호적으로 변했다고 마쉬는 말했다. 그러나 과학의 발전은 기이하고 비극적인 방향으로 나아갔다. 마쉬는 이라크 보안군들이 과학적 근거가 전혀 없는 폭발물 탐지기를 사용하고 있다는 사실을 알게 됐다. ADE 651이라고 불린 기계는 "완전히 엉터리 장비였다"고 그는 말했다. 손으로 들고 다닐 만한 검은 상자로, 위에는 돌아가는 안테나가 달려 있었다. 이라크 내무부의 폭발물 대처 총국은 영국의 민간 회사인 ATSC에게서 이 기계를 1,500대 이상 구입했다.

크레이그 마쉬는 이 문제를 고위 장교들에게 상의했고, 그들은 기술 시범을 보여주려고 이라크 관리들을 트로이 태스크 포스에 초청했다. 마쉬는 "우리는 이라크 관리들을 실험실에 오게 했다. 그리고 국방부 소속 기술 요원이 그 장비가 작동하지 않는다는 점을 '보여 주었다'"고 했다. ADE 651은 "어떤 폭발물도 탐지하지 못했다. 우리는 그 장비를 분해하고 X레이로 조사했다. 그랬더니 내부에 어떤 전자 장비도 없었다." 어떤 힘으로 작동한다는 근거도 없었다. 이라크 사람들은 그 장비가 "핵자기 공명(nuclear magnetic resonance, NMR)"으로 작동한다고 강변했다. 트로이 태스크 포스의 CXEC 연구소에서 나오는 압도적인 증거에도 불구하고 이라크 관리들은 대당 6만 달러나 하는 ADE 651 폭발물 탐지기를 옹호했다. 전국 주요 검문소의 이라크 경계병 대부분이 모든 물리적 검색에 아무런 쓸모도 없는 그 장비를 사용했다. 위험하고 한심한 일이었다. 마쉬는 "반군들은 폭탄이 실린 덤프트럭으로 검문소를 무사히 통과해" 바그다드로 들어왔다고 말했다. "연합군 검문소는 별도의 폭발물 탐지

시스템이 있었기에 이 장비를 쓰지 않았다." ADE 651은 "그저 엉터리 마술 지팡이에 지나지 않았다."

"마술이든 과학이든 폭탄을 탐지하는 게 중요하다." 이라크 내무부 폭발물 대처 총국 국장 제하드 알자비리(Jehad al-Jabiri) 소장은 《뉴욕 타임스》에 말했다. "나는 이 문제에서 미국인보다 더 많이 안다. 나는 세계의 그 누구보다 폭탄을 잘 안다."

몇 년이 지나 엉터리 장비를 만든 ATSC 사장 짐 맥코믹(Jim McCormick)이 영국에서 체포되어 사기로 유죄가 선고됐다. 그가 엉터리 장비인 줄 알고서도 판매했다고 내부 고발자가 폭로했기 때문이다. 2011년 알자비리는 맥코믹에게 수백만 달러의 뇌물을 받았다는 이유로 체포됐다. 2014년까지 그는 재판에 넘겨지지 않았고 이 엉터리 장비는 여전히 이라크에서 사용된다.

이라크에서 테러리스트들이 시아파의 성스러운 성전을 폭파시킨 달에 연합군을 겨냥한 공격은 시간당 2회 이상, 하루 50회 이상 벌어졌다. 2007년 무렵에는 2배로 늘어 하루 100회, 한 달 3,000회로 늘었다. IED에 대처하려고 전파 교란기, 로봇, 감시 시스템 등등에 150억 달러를 썼지만 상황은 더 나빠지기만 했다. DARPA의 보이는 전투 지대 프로그램은 실제의 전쟁 수행에는 거의 영향을 미치지 못했다. 도시를 돌아다니고 차량을 모는 이라크 시민들의 비디오 이미지를 수집해서 추후에 사용되도록 기밀 데이터 저장 시설에 보관하느라 기밀에 붙여진 돈을 사용했어도 말이다. 미국은 급속하게 전쟁의 통제력을 잃어 갔다. 대응책으로 2007년 1월에 3만 명의 병력이 추가로 이라크에 배치됐다. 나중에 "서지(Surge)" 작전으로 알려졌다.

토니 테더는 전투로 향하는 수만 명의 새 병력을 지원하려고 의회 군사 위원회에 나와 DARPA가 전쟁 지역으로 보내는 신기술 프로그램 몇 가지를 논의했다. 테더는 부메랑(Boomerang)이 저격병들에 맞서는 DARPA의 대응책이라고 말했다. 군 차량에 부착된 마이크로폰 7개로 이루어진 음향 탐지 시스템이었다. 소리로 저격병의 위치를 알아내 1초 이내로 병사들에게 총알이 정확하게 어디서 날아오는지를 알려 준다. 부메랑 시스템은 저격병으로부터 날아오는 총알에 따르는 충격파를 탐지해 냈다. 소음기에서 발사된 총알도 마찬가지로 관련 정보를 전달했다. 가령 발사 소리가 탐지되면 부메랑은 "2시 전방, 400미터에서 총격"이라고 외친다. 테더는 DARPA가 이미 육군과 해군, 특수 부대에 부메랑 시스템 60개를 배치했으며 부메랑 기반 기술을 더 발전시키려 노력하고 있다고 보고했다. 이 기술은 로켓 발사 유탄과 저격수를 고도로 정확하고 빠르게 대응하는 시스템(Counter Rocket-Propelled Grenade and Shooter System with Highly Accurate Immediate Response, CROSSHAIRS)이라 불린다.

CROSSHAIRS는 차량 위에 탑재된 시스템으로 전파와 신호 처리 기술을 혼합해 연합군 차량으로 날아오는 더 큰 총류탄, 예를 들어 로켓 추진 발사탄, 대전차 유도 미사일, 심지어 직사포까지 빠르게 탐지한다. CROSSHAIRS 내부의 탐지 시스템은 총류탄이 어디서 날아오는지 알아내서 일행 중의 다른 차량에도 전달할 수 있다. 테러리스트는 한 발을 쏠 수 있지만 부메랑과 CROSSHAIRS는 연합군 저격수가 1초 안에 테러리스트를 조준해 사살하는 방식으로 대응할 수 있다.

DARPA는 아군 저격수의 정확성, 신속성, 이동성을 높이려 전쟁

역사상 가장 작고 가벼운 저격총, DARPA XM-3도 전투 현장에 공급한다.

테더는 또한 DARPA의 새로운 레이더 스코프(Radar Scope), 아주 작은 700그램 미만의 손에 들고 다니는 장비도 의회에 보고했다. 이 장비로 미군은 콘크리트를 포함한 비금속 벽을 투과하여 건물 안이나 벽 뒤에 사람이 숨었는지 여부를 알 수 있다. 2007년 겨울 DARPA는 미 육군, 해병대와 특수 부대에 레이더 스코프 50개를 배포해 전쟁터에서 실전 평가를 진행 중이었다. 테더는 같은 기술을 활용해 15미터 지하에서 벌어지는 인간의 활동을 탐지하는 방법 등 보다 야심찬 연구 계획도 언급했다.

테더는 대규모 데이터 수집이나 데이터 마이닝 작업과 융합된 광범위한 정보, 감시, 정찰이 도시 지역 군사 작전에서 DARPA의 최우선 관심사라고 의회에 보고했다. 그는 "2025년이면 세계 인구의 거의 60퍼센트가 도시에 살게 된다"고 말했다. "따라서 우리는 미군이 계속해서 도시 지역의 전투나 분쟁 이후의 안정화 작전에 투입된다라고 가정해야 한다." 테더는 기밀로 분류되지 않은 DARPA의 수많은 프로그램을 열거하고 각각 적절한 머리글자를 붙였다. 광범위한 지역의 지형 변화를 알려주는 기술(Wide Area All Terrain Change Indication Technologies, WATCH-IT) 프로그램은 초목을 투과하는 레이더에서 수집된 자료를 분석해 준다. 레이저 탐지와 거리 측정(Laser Detection and Ranging, LADAR) 프로그램의 탐지기들은 "목표물의 정교하고 자세한 3차원 이미지를 획득한다." 병사용 첨단 정보 탐지 시스템과 기술(Advanced Soldier Sensor Information System and Technology, ASSIST) 프로그램은 병사들이 이라크 마을 사람들의 구체적이고 자세한 정보를 수집해 데이터베이스에 올리면 그것을 다른 병사들이 사용할 수 있게 해 준다.

　DARPA의 이질적 도시 정찰 감시와 목표물 확보(HURT) 프로그램은 연합군 보병 여단들을 돕는 목적으로 이라크 상공에 50개 이상의 드론을 띄웠다. HURT는 수백 킬로미터의 도로를 정찰하면서 차량 행렬의 이동이나 폭발물 처리반 기술 요원들을 도왔다. HURT는 전진 기지들에 지속적인 경계 감시를 제공했고, 미군 기지를 노린 자살 폭탄 테러의 증가를 멈추는 데 기여했다. 2007년에 HURT 프로그램은 누군가 그 머리글자의 작명이 현명하지 못하다고 지적하자 이름을 HART(Heterogeneous Airborne Reconnaissance Team, 이질적 공중 정찰팀)로 개명했다.

　점점 늘어나는 감시와 데이터 수집 기술을 통합하려던 DARPA는 이라크의 지상군이 사용할 수 있는 멀티미디어 보고 시스템인 전술 지상 보고(Tactical Ground Reporting, TIGR)를 개발했다. 의회는 TIGR의 웹 기반 멀티미디어 플랫폼이, "담당 구역을 누비는 경찰'이 수집하는 정보처럼 순찰대와 같은 소규모 부대가 작전, 마을 상황, 주민, 민사(civil affairs)에 관한 자세한 내용을 빠르고 쉽게 수집하고 공유하도록 해 준다"라고 보고받았다. 전투 지역에 있는 병사들에게는 3차원의 위키피디아와 같다. 미군은《MIT 테크놀로지 리뷰》에서 TIGR은 "사원 같은 주요 건물의 위치를 보거나" 또 "과거의 공격 사례, 지리 정보가 명시된 집들의 사진 … 반군 용의자나 마을 지도자의 사진 같은 자료에 접근"하도록 해 준다고 했다. 그다음 해 증언에서 하원 군사 위원회는 TIGR이 "이라크 자유 작전에서 너무나 성공적이어서 아프가니스탄으로 가는 여단들이 이를 다시 요청하고 있다"고 보고받았다. 2008년 가을, 수만 명의 연합군이 추가로 아프가니스탄에 가게 된다.

상대적인 안정 속에 5년을 보낸 아프가니스탄이 또다시 폭력과 혼란 속으로 빠져들어 갔다. 부시 행정부가 2002년에 패퇴시키고 진압한 반군에 대한 통제를 상실했다고 선언하자 비평가들은 비난의 목소리를 높였다. 군사력뿐 아니라 정보력과 재건 지원 물자까지 아프가니스탄에서 이라크로 방향을 전환하면서 백악관과 국방부가 두 군데에서 반군에 직면해야 하는 악몽을 만들었다는 비판이었다. 아프가니스탄과 이라크는 언론에서 진퇴양난의 질곡이라고 불렸다. 비평가들은 이 전쟁들은 승리하기 어렵다고 했다. 베트남전이 다시 시작된 것이나 마찬가지였다. 지난 50년간 그랬듯이 DARPA는 전쟁 지역으로 곧장 향했다.

23장

인간 지형
Human Terrain

2008년 6월 13일 밤 9시 20분, 2대의 폭탄 차량, 혹은 차량 탑재 급조 폭발물(VBIED)이 아프가니스탄 칸다하르(Kandahar)의 사르포사(Sarposa) 교도소 정문 앞에서 거대한 불덩이로 폭발해 진흙 담벼락의 상당 부분을 무너뜨렸다. 그 직후 오토바이를 탄 탈레반 민병대가 재빠르게 몰려들어 로켓 추진 유탄 발사기와 돌격용 소총으로 교도관 15명을 사살했다. 한 시간 가량 후, 학살과 무차별 폭력이 벌어진 현장에 연합군이 도착했을 때 죄수 1,200명은 몽땅 사라졌다. 다음 날 아침에 칸다하르 지역 위원회 위원장이자 대통령 하미드 카르자이(Hamid Karzai)의 동생 아메드 왈리 카르자이(Ahmed Wali Karzai)는 탈레반 강경파 400명을 포함해 사르포사의 "모든" 죄수가 탈출했다고 선언했다.

사르포사의 붕괴는 칸다하르 시민들에게는 위험했고, 나토가 이끄는 연합군, 국제 안보 지원군(International Security Assistance Force)에겐 당황스러운 일이었다. 탈레반은 공식 보도자료를 통해 자신들이 했다고 밝히면서 감옥에서 풀려난 죄수들은 다시 칸다하르의 집에서 살게 되어 행복해한다고 주장했다. 연합군은 도망자를 찾으려 집집마다 수색을 했다. 그러나 누가 감옥에 있었는지 판단할 방법은 사실상 없었다. 간수 15명이 사망했고 살아 있는 교도관들은 협조하지 않으려 했다.

보안 실패로 인해, 펜타곤은 아프가니스탄에서 생체 인식 프로그램에 대한 노력을 배가했다. 연합군에게는 손에 들고 사용하는 통합 신원 탐지 장비(Handheld Interagency Identity Detection Equipment, HIDE)가 배송됐다. 연합군과 아프가니스탄 경찰 병력은 그들이 접촉하는 15-64세의 모든 아프가니스탄인의 눈동자, 지문, 안면 이미지를 수집하는 절차와 DNA 채취 면봉 사용법을 전달받았다. 이라크와 아프가니스탄에서의 전쟁을 통해 미군의 새로운 정보 채취 형태가 탄생했다. 생체 정보 혹은 BIOINT라고 불리는 이 개념은 DARPA의 정보 인식실에서 시작됐다. 생체 정보의 임무는 "인간의 생체 특징을 [수집하는] 프로토타입 시스템을 만드는 것"이라고 게시되어 있다. 이 생체 인식 시스템은 2004년 12월, 이라크의 팔루자(Falluja)에 첫 번째 부대가 등장하면서 육군에 실전 배치됐다.

이라크의 미군 사령관 데이비드 퍼트레이어스 장군은 반군 진압 작전의 일환으로 생체 정보 수집을 옹호했다. "이 정보는 사실상 반박 불가능할 뿐만이 아니라 특정 공격에서 어느 급조 폭발물의 책임이 누구에게 있는지 규명하고 차후 목표 대상을 확정하는 데 일반적으로 매우 도움이 된다." 퍼트레이어스는 말했다. "이라크에서의 경험을 토대로 나는 이 방식을 이곳 아프가니스탄에서도 강하게 밀어붙였다. 아프가니스탄 당국은 그것의 가치를 인식하고 적극적으로 시스템을 받아들였다." 향후 3년간 연합군은 150만 명의 아프가니스탄 성인 남성의 생체 정보를 수집하게 된다. 아프가니스탄 성인 남성 6명 중 1명꼴이다. 이라크에서는 그 비율이 더 높았다. 보도로는 220만 명으로, 4명에 1명꼴로 생체 정보 수집이 이루어졌다.

사르포사 교도소가 무너진 다음 달언 2008년 7월에 민주당 대통령 후보 버락 오바마 상원의원이 공식적으로 이 지역을 처음 방문했다. 이라크와 아프가니스탄에서 각각 이틀씩 머물렀다. 오바마는 아프가니스탄의 상황을 "불안하고 시급하다"고 말했다. 그는 자신이 대통령에 당선된다면 아프가니스탄을 "테러와의 전쟁에서 새로운 중심 전선"으로 삼겠다고 말했다. 이틀 뒤, 합참의장 마이크 멀린(Mike Mullen) 제독은 PBS의 《뉴스아워》에 출연해 아프가니스탄에서 폭력이 증가한다며 1만 명에서 2만 명 정도의 병력 증강 필요성을 언급했다.

여름에서 가을로 넘어갔다. 이제 2008년 11월이었다. 베트남전이후 DARPA가 첫 번째로 사회과학과 반군 진압 회의, 즉 적의 문화 지식과 국가 안보 회의를 몽고메리 맥페이트가 조직하도록 지원한 지 4년이 지났다. 그 회의의 결과는 지금 육군의 인간 지형 시스템(Human Terrain System) 프로그램이라 불리는 결실로 나타났다. 사회과학자와 인류학자로 구성된 26개 팀이 이라크와 아프가니스탄에 파견됐다. 11월 4일에 세 사람으로 구성된 한 연구팀이 칸다하르의 서쪽으로 80킬로미터 떨어진 전투 전진 기지 후탈(Hutal)에 주둔 중이었다. 본국인 미국에서는 대통령 선거가 있었으나 이곳에서는 인류학자 폴라 로이드(Paula Loyd)와 계약 보안 요원 돈 아얄라(Don Ayala), 그리고 과거에 전투 해병이었던 클린트 쿠퍼(Clint Cooper)가 정기 순찰을 나가던 참이었다.

칸다하르 주변 지역은 특히 위험했고, 연합군에 적대적이었다. 칸다하르는 오랜 기간 탈레반의 영적 중심지였다. 5개월 전 감옥이 파괴된 이후 비정상적으로 많은 강경 탈레반이 주민들 속에 섞여 살면서 상황을 더욱 불안하고 위험하게 만들었다. 11월 아침의 순찰에서 세 사람은 현지 통역사 3명, 2-2 보병 대대 소속 C중대의 1개 보병 분대와 동행했다. 36세의 헌신적인 인류학자 폴라 로이드는 웰슬리 대학을 졸업했고 결혼을 앞두고 있었다. 작고 눈부셨으며 긴 금발이 전투 헬멧 뒤로 흘러내렸던 로이드는 대학 졸업 후 미 육군에서 4년을 근무했다. 그중에는 남한의 비무장 지대에서 차량 정비공으로 일한 경력도 포함되어 있었다. 그녀는 근면했으며 호기심이 많았고 동료들의 존경을 받았다. 과거의 어느 동료는 말했다. "로이드는 뭐라 말하기 힘든 남다른 면모를 지녔다." 팀은 체헬 가지(Chehel Gazi) 마을의 중앙 시장에 가까워지자 흩어졌다. 폴라 로이드는 어느 골목길에 멈춰 학교로 가는 아이들에게 사탕과 펜을 나눠 주었다. 골목길은 폭이 8미터 정도였고 양편으로 진흙 벽돌담이 서 있었다. 골목길의 중심으로 얕은 실개천이 흘렀다. 경사진 둑엔 키가 크고 잎이 우거진 나무들이 줄지어 있었다. 어른들이 스쳐 지나가자 로이드는 통역을 통해 음식을 만드는 데 쓰이는 연료의 현지 가격을 물었다. 탈레반이 공급선을 가로챘는지 여부를 알게 해주는 중요한 지표였다. 로이드는 사람들과 대화하며 수첩에 내용을 받아 적었다. 일과가 끝날 때 군 데이터베이스에 올리는 정보였다.

그때 수염이 난 젊은 남자가 어린이들을 몰아내면서 로이드에게 다가왔다. 그는 항아리 같은 통 하나를 들고 있었다. 로이드는 통역사에게 자신의 말을 번역해 달라고 요청했다.

"항아리에 뭐가 있어요?" 로이드는 남자에게 물었다.

그는 연료라고 답했다. 집에 있는 물 펌프용 휘발유였다.

로이드는 "마이완드(Maiwand)에선 휘발유가 얼마나 하느냐"고 물었다.

그는 매우 비싸다고 말했다. 직업이 뭐냐고 묻자 남자는 학교에서 일한다고 했다.

"사탕을 좀 드릴까요?" 로이드가 물었다.

남자는 "사탕을 좋아하지 않는다"고 답했다. 그의 이름은 압둘 살람(Abdul Salam)이었다. 파란색의 헐렁한 바지를 입고 있었다. 셔츠 소매는 길었고 조끼는 파란 줄무늬였다. 압둘 살람은 로이드의 통역사에게 로이드가 담배를 피우는지 물었다. 대화는 한동안 지속되다가 흐지부지됐다. 그는 다른 곳으로 가 버렸다가 잠시 후 다시 왔다. 통역사는 압둘 살람이 한 손에 플라스틱 라이터를 장난치며 굴리고 다른 손엔 연료통을 들고 있는 모습을 보았다.

잠깐의 순간에 압둘 살람은 연료통을 들어 폴라 로이드에게 휘발유를 부어 버렸다. 그다음 라이터를 켜서 불을 질렀다. 한 목격자에 따르면 쉭 하는 소리가 들렸다고 한다. 다른 사람들은 그녀가 불의 지옥에서 타들어 가는 모습을 보았다고 묘사했다. 열기가 너무나 뜨겁고 강력해 누구도 불을 끄지 않고는 돕기가 불가능했다. 로이드의 통역사는 나중에 불을 꺼야 한다는 생각에 안절부절못하는 동안 그녀가 타들어 가는 모습을 보았다고 회상했다. 로이드는 통역사의 이름을 불렀다. 가까이 있던 26세의 분대장 매튜 파탁(Matthew Pathak)은 병사들에게 로이드를 실개천으로 집어넣으라고 소리쳤다. 그는 헬멧에 물을 담아 로이드에게 뿌렸다. 사람들도 흙과 모래를 뿌렸다. 불을 끄려는 노력이었다. 마침내 병사들이 그녀를 골목에서 끌어 실개천으로 밀어 넣었다. 불꽃은 꺼졌다. 로이드는 전신의 60퍼센트에 3도 화상을 입었다. 그녀는 아직 의식이 있었다.

"추워." 로이드가 말했다. 그것이 그녀가 한 거의 마지막 말이었다.

압둘 살람이 폴라 로이드에게 불을 질렀을 때 사람들은 비명을 지르기 시작했다. 팀원 돈 아얄라는 골목길 아래 50미터쯤 떨어진 곳에 서 있었다. 그는 권총을 빼들고 불꽃이 이는 곳으로 달려갔다. 아얄라가 로이드에게 달려갈 때 압둘 살람은 범행 현장에서 벗어나 아얄라 쪽으로 도망가고 있었다. 살람을 쫓던 병사들은 고함쳤다. "잡아! 총을 쏴!" 아얄라는 살람의 다리를 걸고 다른 병사 2명의 도움을 받아 플라스틱 수갑을 채웠다.

돈 아얄라는 사회과학자나 인류학자가 아니었다. 계약 보안업체 소속 경호원이었다. 아얄라는 아프가니스탄 대통령 하미드 카르자이와 이라크 수상 누리 알말리키(Nouri al-Maliki)를 경호했었다. 그는 로이드의 경호를 맡고 있었다. 다른 병사와 통역사들이 50미터쯤 떨어져 심각한 부상을 입은 로이드를 돕는 동안에 아얄라는 저항하는 압둘 살람을 체포하고 있었다고 목격자들은 말했다. 로이드의 옷은 녹아서 피부와 하나가 되어 있었고 그녀는 극심한 통증을 겪었다. 공격을 목격했던 육군 보병 저스틴 스코트니키(Justin Skotnicki)가 아얄라에게 다가가 폴라 로이드에게 어떤 일이 벌어졌는지 말했다. 압둘 살람이 그녀에게 휘발유를 붓고 불을 질렀다고 말이다. 아얄라는 통역사를 불렀다.

"돈은 통역사에게 자신은 그를 악마라 생각한다고 [압둘 살람]에게 알리라고 했다"고 스코트니키는 나중에 회고했다. 그다음 돈 아얄라는 9밀리미터 권총을 꺼내 압둘 살람의 관자놀이에 총구를 대고 쏴서 그를 사살했다.

폴라 로이드는 텍사스 샌 안토니오에 있는 브룩 육군 의료 센터(Brooke Army Medical Center)로 후송됐다. 그녀는 화상 환자 병동에 입원했으나 2009년 1월 7일, 화상을 입은 지 두 달 만에 숨졌다. 탈레반은 그녀의 죽음을 자신들이 이룬 성과라고 주장했다.

그해 5월, 돈 아얄라는 루이지애나 법정에서 살인 혐의로 재판받았다. 그는 우발 살인죄의 유죄를 인정했다. 미 연방 법원 클로드 힐튼(Claude Hilton) 수석판사는 자비를 베풀어 수감 대신 1만 2,500달러의 벌금과 집행유예를 선고했다. "피고 앞에서 벌어진 행위들은 누구라도 (그곳에 있었다면) 살인의 충동을 느끼게 한다." 힐튼 판사는 말했다. "이번 일은 전투가 벌어진 한가운데는 아니지만 분명 전쟁의 한복판, 적대적인 지역에서 발생했다."

모든 상황은 잔혹했다. 아이들에게 사탕을 나눠 주던 인류학자를 탈레반이 불을 질러 끔찍하게 죽였다. 인류학자를 보호하라고 채용된 보안 요원은 제대로 일하지 못한 채 자신의 손으로 범인을 즉결 처형했다. 보이는 게 전부는 아니었다. 왜 아얄라는 처음부터 인간 지형팀에 있었는가? 그는 인류학이나 사회과학엔 아무런 자격이 없었다. 왜 미 육군 보병은 애초에 그녀를 보호할 능력이 없다고 간주됐을까? 몽고메리 맥페이트에 따르면 모든 인간 지형 팀원은 "경제 개발, 정치 체제, 부족 구조 등등을 여단에 조언한다. 요청받은 훈련을 제공하고, 여단 참모들이 관심을 보이는 주제를 연구한다"고 한다. 그러나 아얄라는 어느 분야에도 자격이 없었다. "등등" 부분에선 자격이 있었는지 모르겠다.

법원의 문서는 돈 아얄라가 아프가니스탄에서 하루 425달러를 지급받았다고 밝혔다. 이라크에서 그는 하루 800달러를 받았다. C 중대 병사의 월급보다 더 많은 돈을 이틀 만에 벌었다는 의미다. C 중대원이 해내지 못할 어떤 일을 돈 아얄라가 제공했다는 말인가? 향후 5년간 인간 지형 시스템은 납세자에게 6억 달러의 부담을 지왔다. 그 실제적 효과는 무엇이었는가? 그 답은 궁극적으로 DARPA에게 되돌아간다.

그러나 우선 속임수와 잘못된 정보가 있었다. 맥페이트와 다른 과학자들이 알았는지 여부는 몰라도 이 프로그램에 대한 대중의 인식과 국방부의 인식에는 커다란 격차가 있었다.

대중에게 인간 지형 시스템은 문화 중심 프로그램, 즉 마음과 정신을 사로잡으려는 노력으로 알려져 있다. 그러나 미 육군의 문서에는 "급조 폭발물을 약화시키는 데 도움을 준다"라고 되어 있다. 이 프로그램은 합동 급조 폭발물 퇴치 조직(JIEDDO)이 자금을 지원했다. 그리고 폴라 로이드 같은 구성원은 폭발물 처리반 기술 요원, DARPA의 전파 교란기, 그리고 탈론 로봇과 함께 일했다. 보도자료들에서 육군은 이 문제를 모호하게 설명했다. "전투 지휘관들은 도시 환경에서 군사 작전의 문화와 사회적 함의를 제대로 이해하지 못하고 있다." 어떤 보도자료는 이렇게 지적했다. 인류학자와 사회과학자들이 전투 지역으로 향하는 이유는 "군사 지휘관에게 사회과학적 지원을 제공하기 위해서다." 중요한 단어는 "지원"이다. 이 책이 출간되지 않았을 때는 무엇이 지원됐는지 파악하기가 어려웠다.

인간 지형 프로그램은 처음부터 논란이 있었다. 1902년에 "무엇보다 해를 끼치지 마라"는 인류학자의 신조를 앞세워 설립된 미국 인류학 협회(American Anthropological Association)는 이 프로그램을 "곧 벌어질 재앙"이라고 비판했다. 의회에 보낸 서한에서 인류학 협회 집행 위원회는 인간 지형 시스템은 "인류학이란 전문성을 문제적으로 적용하는 사례이며, 가장 구체적으로는 윤리적 근거에서 문제적 적용"이라고 규탄했다. 심지어 "위험하고 무책임"하며 "납세자의 돈 낭비"라고 불렀다. 산호세 주립대학의 인류학 부교수 로베르토 곤잘레즈(Roberto González)는 잡지 《오늘날의 인류학*Anthropology Today*》에 기고한 글에서 이 프로그램을 "용병 인류학"이라고 불렀다. 브라운 대학의 인류학과장 캐더린 루츠(Catherine Lutz)는 국방부가 "인류학자의 '도움'이 이라크인들을 대상으로 벌이는 미국의 군사 접근을 보다 인간적으로 만들어 줄 것"이라는 위험하고 그릇된 개념을 앞세운다고 주장했다. 루츠는 사람을 돕는다는 개념은 "매우 유혹적인 아이디어"라 믿는다면서도 인류학자들은 한걸음 물러서서 스스로에게 물어보라고 촉구했다. "무엇을 돕는다고? 누가 무엇을 하도록?"

조지 메이슨 대학의 인류학과 교수 휴 거스터슨(Hugh Gusterson)은 미 육군이 인류학자들을 세뇌하려 든다고 비난했다. "미국인에겐 민주주의를 확산해야 한다는 사명이 있다"고, 또 "미국인은 오로지 다른 사람들의 복리만을 생각한다"고 말이다. 거스터슨은 그것이 교묘한 속임수이며 일단 그렇게 확신하게 되면 "전쟁을 어떤 문화적 불통의 하나로 여기기 시작한다. 그리고 '우리가 그들의 문화를 이해하기만 한다면, 그들이 우리를 좋아하도록 만들 수 있지 않을까? 그들은 왜 우리를 그렇게 미워하는가?'와 같은 어리석고 일그러진 질문이나 하기 시작한다"고 했다. 거스터슨은 그 답이 단순하다고 믿었다. "그들은 자기 나라를 점령했기 때문에 우리를 미워한다. 그들의 손 신호를 이해하지 못하거나 여자를 잘못 대해서가 아니다"고 말했다. "따라서 질문이 잘못되면 틀린 답을 받아들이게 되고, 그러면 양쪽에서 더 많은 사람들이 죽게 된다."

곤잘레즈 교수는 "나는 더 친절하고 더 부드러운 대반란전이 있을 수 있다는 사고는 신화라고 생각한다"고 했다. "많은 사람이 가지고 있는 희망이라고 생각한다. 그러나 [인류학자들이] 왠지 다르게 일을 처리하리라는 생각은 일종의 꿈과 같다. 그건 신화라고 생각한다. 그리고 그것을 뒷받침할 역사적 증거는 너무 많다."

토론이 격해지자 펜타곤은 인간 지형 시스템을 설명하는 간명한 담론 두 개를 만들어 냈다. 캔자스의 리븐워스(Leavenworth) 기지의 육군 고등 군사 연구 학교(School of Advanced Military Studies), 펜실베이니아 칼라일(Carlisle)의 육군 참모 대학(Army War College), 로드아일랜드 뉴 포트(New Port)의 해군 참모 대학(Naval War College)에서 가르치는 교육과정에 그 예가 있다. 하나의 담론은 인간 지형팀이 "전쟁을 도덕적으로 집행"하는 방법을 찾도록 도왔다는 얘기다. 그 팀들 덕분에 병사들이 가까스로 재난을 피해 갔다는 이야기다. 인류학자들을 전장에 투입함에 따라 병사들이 소위 "명예로운 전쟁"을 더 잘 수행했다고 주장한다. 육군의 가르침을 받은 필립 칼슨(Philip Carlson) 소령과 그의 부대가 이라크 마을 지도자를 잘못 연행했을 때 겪었던 경험은 이 관점을 잘 보여 준다.

칼슨은 "내가 인간 지형팀과 이라크에서 현장에 처음 나갔을 때 우리 중대는 도로의 IED 위협 때문에 항공기를 이용했다"고 전했다. 인간 지형팀은 제2 기갑 정찰대의 순찰대에 배속됐으며 "불특정 인터뷰와 실태 파악 연구 작전"을 수행하고 있었다. 칼슨은 현지 통역사들과 문제가 있었다. 칼슨은 그들을 가리켜 "테러리스트를 잡으려고 혈안이 된 젊고 감정적인 시아파들"이라고 묘사했다. 그는 연합군이 어떤 집에서 벽장 가득한 책과 망원 조준경을 보유한 한 노인을 발견했다고 기억했다. 칼슨은 통역사들이 그 책들은 "성전을 옹호하는 내용이며, 조준경은 첨단 저격 총에 쓰인다"고 주장하며 고집을 피웠다고 했다. 그 노인의 이름은 알라위(Alawi)로, 체포되어 "마을을 지나 순찰 기지까지 끌려갔다." 그곳에서 인간 지형팀의 문화 전문가 암마르(Ammar) 박사는 그를 심문한 결과 "친절하고 늙은 학교 선생"일 뿐 급진주의자가 아니라고 확신했다. 칼슨은 그의 책들이 학교에서 쓰이는 교과서들이었다고 했다. 조준경은 학교에서 새들을 잡을 때 쓰던 공기총에 사용되었다고 했다.

칼슨 소령의 말대로 만약 인간 지형팀이 그곳에 없었다면 연합군은 알라위의 명예를 다시 회복시키는 일이 얼마나 중요한지 몰랐을 것이다. 그를 풀어 주고 스스로 집으로 걸어가게 했을 뿐 적절한 조치를 취하지 않았으리란 이야기다. 암마르 박사는 이는 중대한 실수가 된다고 말했다. 그는 병사들에게 명예를 회복할 구체적인 방법을 제시했다. 육군에서 정리해 준 이야기에 따르면 칼슨 소령은 명예를 회복하는 조치가 구체적으로 무엇이었는지는 밝히지 않았다. 미군에게 거짓 정보를 제시한 통역사들에게 어떤 일이 벌어졌는지도 설명하지 않았다. 칼슨에 따르면 "[명예를 회복해 준] 소식은 들불처럼 번져 갔다"고 한다. 그들은 알라위 씨를 적으로 만드는 대신 친구로 만들었다. 그의 아들은 칼슨 소령에게 어디에 IED가 묻혀 있는지, 어디에 박격포 포신 80개가 숨겨 있는지 보여 주었다. 칼슨 소령은 다음과 같이 말했다. "그것이 하나의 문화를 이해하고 적절하게 작전을 수행할 때 나타나는 이해의 힘이다."

펜타곤의 두 번째 담론은 해군이 전한다. 인간 지형팀이 하는 일은 때때로 쓸데없어 보이지만 나중에 긍정적인 결과를 가져온다는 의미다. 이 담론은 인간 지형팀 자문 노만 나이(Norman Nigh)의 글에 잘 나타난다. 미 해군 참모 대학의 '비정규전과 무장 단체 연구소'에 제출한 "인간 지형팀의 운영자 지침"에서 반군 진압 강령과 실제 집행을 논하면서 나이는 "사람들이 협조적이지 않을 때도 강령이 적용될 수 있느냐?"고 묻는다. 이에 답하면서 그는 아프가니스탄의 어느 마을 촌로 하지 말마(Haji Malma)의 이야기를 했다.

캐나다에서 파견된 노만 나이는 연합군 인간 지형팀의 일원이었다. 그들은 아프가니스탄 탈레반의 중심지 칸다하르의 남서부에 있는 나코나이(Nakhonay) 지역에 파견됐다. 폴라 로이드가 불에 타 버린 곳에서 멀지 않다. 나이의 전투 순찰대에 있던 병사들 대부분이 하지 말마를 경멸했다. "탈레반 판사로 알려진 엄격한 마을 노인이었을 뿐만이 아니라 수많은 캐나다인이 숨진 공격을 설계했다고 의심받았다." 나토 군은 몇 년간 하지 말마와 그와 유사한 다른 탈레반 지도자들의 혐의를 입증하려 애썼으나 성공하지 못했다. 말마는 연합군이 그에게 할 수 있는 일이 전혀 없다는 사실을 느긋하게 만끽했다고 나이는 전했다. "아프가니스탄의 세련된 탈레반 지도자들 대부분이 그리했듯이 말마는 미국의 대반란전을 이용했다." 나이는 설명했다. "표면적으로 그는 우호적인 마을 지도자였다. 오직 나코나이 마을 사람들의 복리에만 관심이 있는 듯 보였다." 그러나 사실 그는 "파키스탄에서 교육받은 핵심적인 알카에다 지지자로서 칸다하르에서 가장 위험하고 전략적으로 중요한 지역을 통제하고 있었다."

하지 말마는 정기적으로 원조 기구와 나토 군대로부터 개발 기금을 요청했고, 재정 지원금을 수령했다. 나코나이 마을의 일을 처리하는 나머지 노인들도 사정이 의심스럽기는 마찬가지였다. 인간 지형팀은 이 상황이 병사들을 분노케 만든다는 사실을 발견했다. "희생된 친구들을 대신해 정의를 구현할 수 없었기" 때문이다. 이것은 아프가니스탄의 안정과 재건을 목표로 한 보다 광범위한 노력이라는 관점에서는 위험했다고 나이는 말했다. "고조된 감정은 마을 사람들을 이해하고 효과적인 대반란전을 수행하는 능력을 저해하기"때문이다.

인간 지형팀은 연합군이, 이 경우 칸다하르 태스크 포스가, "한 발 물러서 장기적인 관점을 지니도록" 제안했다. 나이와 그의 동료들은 아프가니스탄이 국무부 부패 인식 지수에서 세계 178개국 중 176위를 차지하는 "법의 지배가 부족한 나라"라고 판단했다. "공공 조달에서 부패와 뇌물은 위험을 줄이고 협력을 증대시키며 책임감을 높이는 필요악으로 작용한다." 또한 인간 지형팀은 마을 사람들 과반수 이상을 만나 그들의 생각을 물어보면서 부패를 바라보는 현지인의 생각을 폭넓게 연구해 나갔다. 나이는 설명했다. "사실상 마을 사람은 거의 모두 서구의 '뇌물'이라는 단어가 아프간 말로 계약이나 합의라는 뜻을 가진 'tarrun'과 다르지 않다는 데 동의했다."

같은 시기에 칸다하르 태스크 포스는 이 지역에서 "청소 작전"이라 불리는 과업을 준비 중이었다. 탈레반 지도자를 제거하고 그 자리에 연합군에 보다 우호적인 사람들을 세우는 일이었다. 그러나 인간 지형팀이 볼 때 "앞서의 많은 청소 작전이 변화를 거의 가져오지 않았"기에 그들은 새로운 전략을 제안했다. 나이는 이를 "기름 얼룩 계획으로 … 지역 주민을 분할해서 정복하기"라고 했다. 나이는 이 전략은 기름 한 방울이 거즈 같은 천에 스며들듯 작동한다고 썼다. 이 계획에서 기름 한 방울은 안정화 정책 하나를 나타낸다. 마을에 제공하는 봉사나 농업 개발을 지원하는 자금 제공 같은 행위다. 나이에 따르면 "기름방울이 한 번에 하나씩 장기간 떨어지면 궁극적으로 옷감 전부를 적신다." "각각의 기름 얼룩은 전쟁 전반의 가장 바람직한 최종 목적이 눈에 띄게 구현됐음을 나타낸다." 기름 얼룩 개념은 폴라 로이드를 대신해 온 심리학자이자 분쟁 해결 전문가인 칼 슬라이케우(Karl Slaikeu) 박사가 지지한 전략이다. 이 전략은 나코나이에서 실행에 옮겨졌으며 나이는 해군 참모 대학에서 "그 전략은 효과가 있어 보였다"고 썼다. 그러나 국제 언론은 여기 동의하지 않았다. 영국에서 발행된 2010년 10월호 《군사 세계 잡지 *Military World Magazine*》에서 나코나이는 "살육이 벌어지는 지역으로 악명이 높은 마을"이라고 묘사되었다.

신문에 인간 지형 팀원들의 사망 소식이 연일 등장하면서 주류 언론은 대체로 기름 얼룩 프로그램을 나쁘게 평가했다. 인류학자 마이클 바티아(Michael Bhatia)는 브라운 대학과 옥스퍼드 대학에서 학위를 받았으며 아프가니스탄의 무자헤딘(Mujahideen)*을 파헤친 박사 학위 논문을 쓰고 있었다. 그는 2008년 5월에 아프가니스탄의 호스트(Khost)를 통과하는 여행 중 사망했다. 다툼이 있던 부족들의 평화 협상 과정을 도우러 가던 그의 승용차가 길에 깊게 묻혀 있던 급조 폭발물 위에 올라서면서 폭발했기 때문이다. 목격자들은 폭발 소리가 컸고 끔찍했으며 모두가 한꺼번에 불타버렸다고 말했다. 바티아와 미군 병사 2명이 현장에서 즉사했다. 그의 죽음을 다룬 AP통신 기사는 "마이클 바티아는 펜타곤 실험의 최전선에 있었다"고 표현했다. 그다음 달 인간 지형 팀원이며 존스 홉킨스 대학에서 온 정치학자 니콜 수브지(Nicole Suveges)가 이라크 사드르(Sadr)시의 구의회 건물 안에서 테러리스트가 설치한 급조 폭발물로 사망했다. 수브지와 함께 미군, 이라크 정부 관리, 미 대사관 등의 군인과 민간인 11명이 죽었다. 펜타곤에 따르면 그녀의 팀은 과도 정부가 정치적 목적을 달성하도록 돕는 방법을 이라크 주민들이 배울 수 있는지 알아보는 중이었다.

---

* 무자히드의 복수형으로 지하드(성전)에 참여하는 전사들을 일컫는다. 게릴라 의용군을 가리키는 말로 정립되었다.

인간 지형 시스템은 계속 성장했다. 2010년에 연구팀 구성원들은 1년에 20만 달러를 번다고 보도됐다. 인간 지형 연구팀은 연합군에게 누가 친구고 누가 적이냐는 판단을 제공함으로써 종종 누가 살고 누가 죽게 되는지 결정했기 때문에, 연구팀 구성원들은 언론으로부터 사실상 정보 요원과 같다고 비난받았다. 베트남 시절 CIA의 불사조(Phoenix) 프로그램이나 민간 작전과 농촌 개발 지원(Civil Operations and Rural Development Support, CORDS) 프로그램과 비교되기도 했다. 이 프로그램을 통해 CIA는 현지 베트남 지도자들을 고용해 누구를 저격해야 할지 도움을 받았다. 인간 지형 시스템의 진실은 바로 눈앞에 있었다. 그것은 진정으로 인간과 지형을 다루었다. 지도 제작자가 지형을 지도로 옮기듯 미군은 사람들을 지도로 만들어 나갔다. 이 프로그램은 DARPA의 기술 주도 개념인 보이는 전투 지대를 지원했다.

매일 순찰하고 난 다음, 인간 지형 시스템의 구성원들은 인간 지형 지도화(Mapping Human Terrain, Map-HT)라는 메가 데이터베이스에 정보를 입력했다. Map-HT는 육군 정보 장교, 인간 지형 팀원, 연합군 등이 수집한 인간 정보와 생체 정보를 기록하기 위해 다양한 컴퓨터 도구를 사용한다. 모든 정보는 거대 데이터베이스에 저장된다. 어떤 정보는 리븐워스 기지의 인간 지형 시스템 연구 지원 센터(Human Terrain System Reach-Back Research Center)에 보관된다. 보다 민감한 정보는 "버지니아 샬러츠빌(Charlottesville) 외곽에 있는 국가 지상 정보 센터(National Ground Intelligence Center)에 있는 기밀 시설에 보관된다"고 전 육군 중령 트로이 테카우(Troy Techau)는 말했다. 그는 침공전이 끝난 이라크에서 미 중부사령부 J2X 생체 인식 프로그램 책임자로 근무했다.

퇴역 부제독 아서 세브로브스키가 《뉴스아워》에 출연해 네트워크 중심 전쟁은 "네트워크 환경에 놓인 인간의 행동이 핵심"이라고 말했을 때, 그는 사실에 입각해 말했다. 테러와의 전쟁을 벌이고자 펜타곤은 가능한 한 많은 사람의 정보를 수집, 합성, 분석하고 그것을 비밀 또는 공개 데이터베이스 네트워크에 보관했다.

민간 정보 회사 스트랫포 인텔리전스(Stratfor Intelligence)의 분석가인 트리스탄 리드(Tristan Reed)는 "사람들은 인적 네트워크를 통해 자원과 지리를 조직적으로 통제한다"라고 설명했다. "혼자서는 그 무엇도 통제하지 못한다. 대통령, 마약 왕, 회사의 대표들도 사람들에 의지해 자신의 전략을 실행하며 자신들을 위해 일하는 사람들의 능력과 이해관계 때문에 제약을 받게 마련이다."

아프가니스탄은 군벌의 통제를 받는 나라다. 이라크는 종교적 민병대 집단의 통제를 받는다. 펜타곤은 누가 무엇을 어떻게 통제하는지 이해할 필요가 있다. 개개인의 지형, 즉 개개인의 다양한 정보를 지도로 만드는 게 그 네트워크의 정보들을 이어 주는 방법이었다. 2012년 연합군과 인간 지형팀이 이라크에서 철수했다. 아프가니스탄에서는 인간 지형을 지도로 만드는 일에 31개 팀이 계속 작업했다. 육군 정보국이 합동 급조 폭발물 제거 조직에서 프로그램의 일부를 넘겨받았다. 그리고 "전쟁 전 준비 단계(Phase Zero pre-conflict)," 즉 다음 전쟁 이전 단계로 재조정했다.

"반군 진압이든 차기 분쟁 전 단계이든, 행동 방침을 결정하거나 조치를 취하기로 결정하기 전에 해야 할 중요한 질문들이 있다." 이 프로그램을 지휘하는 육군 대령 샤론 해밀턴(Sharon Hamilton)은 말했다. "우리가 만약 [미군의] 이해 수준을 높여, 신념, 가치, 꿈, 열망, 필요, 요구 사항, 보안에 대한 맥락적 기준을 확립한다면, 우리가 전쟁 전 준비 단계에서 그 모두를 할 수 있다면, 앞으로 10년간 다른 곳에 있을 필요가 없을지도 모른다." 2014년 현재 인간 지형 지도화(MAP-HT) 팀들은 아프리카에서 멕시코까지, 지구 전체에서 활동한다.

2011년 무렵 육군은 이라크와 아프가니스탄에서 최소 370만 명의 외국인에 대한 인간 지형을 지도로 만들었다. 그들 중 상당수는 전쟁 지역의 적 전투원들이었다. 2015년 현재 이라크의 상당 부분을 이슬람 국가(Islamic State)가 통제하고 있고, 아프가니스탄은 더 깊은 혼란으로 빠져 가는 마당에 이 일이 어느 부분에서라도 효과가 있었는지는 차치하고 미국인들이 고려해야 할 중요한 질문들이 존재한다. 2013년 여름 내부 고발자 에드워드 스노든은 국토 안보국이 비밀 데이터 마이닝 감시 프로그램을 가동했다는 기밀 정보를 폭로했다. 이 프로그램은 PRISM이라 불렸고 국토 안보국이 미국 시민 수백만 명의 정보를 수집하도록 허용했다. 이 두 개의 프로그램은 모두 DARPA의 총체적 정보 인식(TIA) 프로그램에 그 뿌리가 있다. 스노든의 폭로가 있자 처음에는 부인했던 국토 안보국도 인정했다. 비록 미국인 수백만 명의 정보를 수집했지만 어떤 정보도 영장 없이 분석되거나 합성되지 않았다고 말이다. 그러나 모든 정보는 국토 안보국 시설에 저장되어 있고 국토 안보국이 접근할 수 있다.

2015년 회계연도의 DARPA 추계 예산에 묘사된 몇 가지 데이터 마이닝 감시 프로그램은 사적 자유 침해의 우려를 불러일으킨다. "생물학전 방어"의 한 요소인 생체 의료 기술 프로그램을 목적으로 DARPA는 의회에 1억 1,200만 달러를 요청했다. "의료인들이 전자 의료 기록 시스템에서 환자 데이터 간의 복잡한 관계를 시각화하고 이해할 수 있는" 기술을 개발하겠다는 이유였다. 구체적으로 현재 개발 중인 기술들은 명백히 의료인들이 "거대한 양의 의료 정보를 소화, 분석해서 환자에게 이롭게 더 현명한 결정을 내릴 수단을 제공"한다고 한다. 그러나 어떤 권한으로 환자의 정보가 연방 정부와 공유되는지는 불분명하며 DARPA는 이 책을 쓰고자 던진 질문에 답을 거부했다.

2015년 예산이 기밀로 분류된 넥서스 7 프로그램은 사회관계망(SNS)을 들여다본다. 구체적으로는 "예측, 데이터 추출, 분석 기술을 적용해 사회관계망을 [분석하는] 도구, 기술, 프레임워크를 개발하려 한다." 그 기밀 프로그램은 DARPA의 전위 조직을 통해 실제로 아프가니스탄 내 작전에서 사용됐으며 이 조직은 국방부의 우수 합동 작전 수행 상을 받았다. 2007년에서 2011년까지 DARPA의 인사 수십 명이 "적진 안쪽 깊숙이 … 최신 연구와 기술 발전이 현장에서 확실히 활용되게 하려고" 갔었다고 이 상과 관련된 DARPA의 문서는 밝혔다. 이 부대는 전투 지역에 고고도 라이다* 작전 실험(High-Altitude LIDAR Operations Experiment, HALOE) 탐지기와 이동하는 차량과 보병을 탐지하는 레이더(Vehicle and Dismount Exploitation Radar, VADER) 장비들을 설치했다. 넥서스 7이 미국에서 어떻게 사용됐는지는 기밀이며 DARPA는 일반적인 질문에도 답하지 않았다.

DARPA는 문서의 심층 탐구와 여과(Deep Exploration and Filtering of Text, DEFT) 프로그램을 진행하겠다며 의회에 2,800만 달러의 예산을 요청했다. "형식 없이 자연스럽게 작성된 텍스트와 반(半)구조화된 보고서, 메시지, 문서, 혹은 데이터베이스"에서 나오는 방대한 양의 문자 기반 메시지들을 뒤져 모호하게 표현된 메시

---

* 레이저 펄스를 쏘고 반사되어 돌아오는 시간을 측정하며 반사체의 위치 좌표를 측정하는 레이더 시스템이다. 항공기 또는 위성에 탑재되어 지형 측량 등에 쓰인다.

지들에서 "행동으로 옮길 만큼 의미 있는 정보"를 추출해 주는 컴퓨터 알고리즘을 개발하겠다는 계획이다. "DEFT의 핵심적 강조점은 확률적 추론, 이상 징후 감지, 비유창성 분석 등을 통해 텍스트에 숨어 있거나 암시된 의미를 찾는 데 있다." 어떤 사람의 메시지나 그것의 일부가 이상하거나 비정상적인지 확인할 유일한 방법은 그 사람의 특정 메시지를 비교할 수 있는 훨씬 더 큰 데이터베이스의 확보다. DEFT가 미국에서 어떻게 사용되는지는 기밀로 분류되어 있다. 그리고 DARPA는 일반적인 질문에도 답을 거부했다. 상기한 프로그램 3개는 2015년 회계연도에 DARPA가 추진하는 개발 단계에 있다는 프로그램 수백 개의 일부일 뿐이다. DARPA의 2015년 요청 예산은 29억 1,000만 달러이며 기밀로 분류된 예산은 포함하지 않은 액수다.

미국 시민이 DARPA가 개발하는 첨단 과학과 기술 프로그램의 일부 이상을 이해하거나 아는 일은 불가능하다. 동시에 연방 정부가 미국 시민이 무엇을 하고 무슨 말을 하며, 어디를 가고 무엇을 사며, 누구와 소통하며, 무엇을 읽고 무엇을 쓰며, 얼마나 건강한지 들여다보다는 일은 점점 더 가능해지고 있다.

이 모두는 중요한 질문들을 제기한다. 세계가 전쟁터로 변하고, 미국은 경찰 국가로 변해 가는가? 그리고 이렇게 만드는 조직은 DARPA인가?

5부

미래의 전쟁

FUTURE WAR

24장

드론 전쟁
Drone Wars

2013년 5월 버락 오바마 대통령은 워싱턴 D.C.의 맥네어 (McNare) 기지에 있는 국방 대학교(National Defense University)에 서 오랫동안 기다려온 연설을 했다. 이 연설에서 그는 이제 테러와 의 전쟁을 끝내야 할 때가 왔다고 말했다. "이 전쟁은 모든 전쟁과 마찬가지로 반드시 끝나야 한다"며 1795년에 제임스 매디슨(James Madison)이 했던 경고를 인용했다. "어느 나라도 끊임없는 전쟁 속 에서는 자유를 보존할 수 없다." 오바마 대통령의 두 번째 임기 중 첫 전쟁 연설이었다.

첨단 과학과 기술로 이끈 현대 미군의 역사라는 맥락에서 대통 령의 말 자체뿐 아니라 그 연설이 행해진 장소도 마찬가지로 중요했 다. 55년 전 바로 이곳, 맥네어 기지에서 과학자 22명이 모여 ARPA 의 첫 번째 연구 보고서를 만들어 냈다. 앞으로 다가오는 전쟁에서 미국에 가장 도움이 될 만한 무기가 무엇인지 윤곽을 그려 보는 비 밀 또는 공개 보고서 수천 개 중에 맨 처음에 쓰인 보고서였다.

오바마 대통령은 "미국은 지금 교차점에 서 있다"고 했다. "우리 는 이 투쟁(테러와의 전쟁)의 성격과 범위를 정해야만 한다. 그렇지 않으면 투쟁의 향배에 따라 우리가 정해진다." 대통령 연설의 나머지 대부분은 무장 드론 사용에 초점이 두어졌다. 그는 15분 내외의 연설에서 14번이나 서로 다른 이유로 드론 공격을 언급했다. 뉴스 매체들은 대통령이 드론 사용을 축소하겠다고 말했다며 연설의 핵심을 요약해 보도했다.

대통령은 그렇게 말하지도 않았고 그렇게 하겠다고 말하지도 않았다. 단지 "나는 모든 살상 행위를 강력하게 감독해야 한다고 강조해 왔다"고만 말했을 뿐이다. 이 말은 해외에 거주하는 미국 시민을 포함한 테러리스트들이 무인 시스템에 의해 암살 대상이 되기 전에 백악관과 CIA의 변호사들이 상황을 충분히 파악하겠다는 의미였다. 군의 최고 통수권자로서 대통령은 두 차례의 중대한 국방부 보고인 "무인 시스템 통합 로드맵 FY 2011-2036"과 "무인 시스템 통합 로드맵 FY 2013-2038"을 승인했다. 이 보고서들은 펜타곤이 로봇 전쟁 전력을 감축하기보다는 오히려 증강해야 한다고 촉구했다. 두 보고서를 합하면 대략 300쪽 분량이며 앞으로 25년간의 전쟁은 펜타곤의 드론이 선도해 가도록 되어 있었다.

DARPA의 거대한 미래 무기 시스템엔 드론 부대 전부가 포함된다. 드론에는 무인 항공기(unmanned aerial vehicle, UAV), 무인 지상 시스템(unmanned ground system, UGS), 무인 수상정(unmanned surface vehicle, USV), 무인 해상 시스템(unmanned maritime systems, UMS), 무인 항공기 시스템(unmanned aircraft systems, UAS)이 포함된다. 해양에서 우주에 이르는 무기들이다. 현재와 미래에 펜타곤의 드론들은 지구 곳곳에서 임무를 수행하며 날고, 헤엄치며, 기어가고, 걷고, 뛰어다닌다. 이 드론의 일부는 사이보그가 된다. DARPA는 이를 "바이오하이브리드(biohybrid)"라 부르는데 일부는 동물이고 일부는 기계인 드론이다. 수십 년간 개발되어온 이 기술은 이제 평균적인 일반인들의 생각보다 훨씬 더 많이 현실에 구현돼 있다.

워싱턴 D.C.의 중심, 백악관 길 건너에 라파예트(Lafayette) 공원이 있다. 미국 혁명 전쟁의 영웅인 라파예트 후작을 기린 이름이다. 그 공원에는 유명한 역사가 있다. 한때 이곳에는 묘지와 동물들의 경주장이 있었다. 노예가 팔리기도 했다. 전쟁 중이었던 1812년 2만 8,000제곱미터의 이 공원은 병사들의 야영지이기도 했다. 현대에 들어와서는 반전 시위자들의 집결지가 되었다. 2007년 가을, 반전 시위가 벌어지는 동안 워싱턴의 저명한 변호사 버나드 크레인(Bernard Crane)은 이곳에서 평생 보지 못했던 매우 이상한 현상 하나를 목격했다.

"딸이 시위대로 데려가 달라고 했다." 크레인은 설명했다. "그곳에 내 발로 가고 싶지는 않았다. 무대에서 벌어지는 일을 보는 둥 마는 둥 했다. 그러면서 주변을 돌아보았다. 그때 믿을 수 없이 거대한 잠자리 세 마리가 머리 위로 날아갔다." 크레인은 말했다. "그들은 함께 움직였다. 마치 서로 보조를 맞추는 듯했다. 처음에 든 생각은 '저 잠자리는 기계인가? 혹은 생명체인가?'였다."

그때 누군가 옆에서 고함쳤다. "맙소사, 저걸 봐요!" 많은 사람이 올려다보았다. 뉴욕에서 온 대학생 바네사 알라콘(Vanessa Alarcon)은 자신의 반응을 기억했다. "그건 어떤 잠자리 같아 보이기도 했고 작은 헬리콥터 같기도 했다." 한 가지는 확실했다. 알라콘은 "곤충은 아니었다"고 했다.

버나드 크레인 역시 그 생명체가 부화로 태어나지는 않은 듯했다고 추측했다. "셋 모두 함께 움직였다." 크레인은 말했다. "그들은 왼쪽으로 함께 움직였고 오른쪽으로 함께 움직였다." 이상했다. "나는 메인 주 호숫가 별장에서 2주간 휴가를 보내고 막 돌아온 참이었다." 크레인은 이어 말했다. "나는 누워서, 날아다니는 잠자리를 관찰하며 많은 시간을 보냈다. 그들이 어떻게 움직이고 어떻게 공중에 머무는지 알게 되었고, 평소에는 잠자리들이 혼자 날아다닌다는 것도 알게 되었다. 잠자리는 왕개미와 다르다. 잠자리는 다른 잠자리를 따라 하지 않는다. 분명 동시에 같은 일을 하지 않는다."

라파예트 광장에서 벌어진 항의 시위에서 버나드 크레인은 날아다니는 물체를 자세히 분석했다. 크레인 주변에서는 반전 활동가 신디 쉬한(Cindy Sheehan)이 이끄는 시위대가 "전쟁을 끝내라"고 쓰인 깃발을 휘둘렀다. 무대에는 리비아 태생의 외과 의사이자 미국 무슬림 협회 회장인 에삼 오메이시(Esam Omeish) 박사가 미국 정부에 맞서 시위를 이끌며 부시 대통령은 탄핵되어야 한다고 주장했다. 오메이시는 "책임 있는 사람들을 사법 처리하라"고 고함쳤다. "이 거대한 잘못으로 우리를 이끈 사람들을 국무부, 의회, 펜타곤에서 몰아내자!"

2007년 이라크에서 전쟁은 비등점에 이르렀다. 미군의 추가 투입에도 폭력과 혼란, 그리고 살상은 놀라우리만치 새로운 수준으로 급증했다. 한 달 전, 테러리스트들은 하루 동안 공공장소에서 여러 대의 폭탄 트럭을 폭발시켜 학살을 저질렀다. 이로 인해 500명이 죽고 1,500명이 부상을 입었다. 지금까지 벌어진 최악의 기획 공격보다 3배나 더 강력했다. 라파예트 광장의 연단에서 오메이시는 이런 종류의 끔찍한 광경, '중동인이 흘린 피'는 부시 행정부의 책임이라고 비난했다. "오늘 부시를 탄핵하라!" 그는 거듭 외쳤다.

에삼 오메이시 박사는 논란이 많은 인물이었다. 그는 버지니아 이슬람 사원 다르 알히즈라(Dar Al-Hijrah) 이슬람 센터의 이사회에 소속된 인물이었다. 911 테러의 납치범 2명이 테러 공격에 앞서 이곳에서 기도했다. 오메이시는 그 시기에 사원의 이맘(종교 지도자)으로 안와르 알오라키(Anwar Al-Awlaki)라는 급진적인 성향의 사제를 고용하는 과정에서 일정한 역할을 담당했다. 2007년 알오라키는 미국 시민 자격으로 예멘으로 날아갔고 그곳에서 알카에다 지도부의 1명으로 공개됐다. 예멘에서 그는 전 세계 무슬림에게 미국에 테러 공격을 가하라고 독려했다. (실제로 몇 사람은 그렇게 했다. 예컨대 니달 하산(Nidal Hasan) 소령*은 2009년 후드(Hood) 기지에서 무차별 총격으로 13명을 죽이고 적어도 30명에게 부상을 입혔다.) 알오라키는 2001년 1월부터 2002년 4월까지 다르 알히즈라 사원의 이맘이었다. 4년 후 안와르 알오라키는 예멘의 사막 고속도로에서 미국 정부가 드론 공격으로 공개 암살한 최초의 미국 시민이 되었다. 에삼 오메이시 박사는 다르 알히즈라 사원에서 안와르 알오라키의 동료였으나, 그것만으로 범죄가 되지는 않는다. 라파예트 공원의 잠자리는 곤충을 본떠 만든 드론이었다. 이들은 에삼 오메이시와 반전 군중을 감시하러 보내졌는가? 아니면 그냥 거대한 잠자리였을 뿐인가?

라파예트 공원의 시위가 있은 지 한 달 뒤에 《워싱턴 포스트》는 워싱턴과 뉴욕의 정치적 행사에서 상공 위를 날아다니는 곤충 모양의 스파이 드론을 목격했다는 서너 건의 비슷한 이야기를 보도했다. "누군가는 곤충 모양의 드론이 첨단 기술 감시 도구들이라 의심했다." 기자 릭 와이스(Rick Weiss)는 이렇게 썼다. "다른 이들은 잠

---

* 팔레스타인 이민자 부모 아래 미국에서 태어난 1970년생 미군 정신과 군의관. 2009년 11월 5일에 "신은 위대하다(알라 아크바)"라고 외치며 기지에서 총기를 난사했다.

자리가 원래 아주 오래된 곤충목에 속하기 때문에 생물학자들도 살아 있는 생명체 중 가장 로봇처럼 보일 수 있다고 생각한다." 어떤 연방 당국도 곤충 크기의 스파이 드론을 배치했다고 인정하지 않았다. "그러나 여러 정부 기관과 민간 업체들은 그렇게 하려고 노력해 왔다고 인정했다."

2007년의 반전 항의 시위 당시 DARPA는 이미 14년 동안 곤충을 본떠 만든 드론을 활발하게 개발하고 있었다. 이는 소형 무인기(Micro Air Vehicle, MAV)로 불렸다. DARPA의 첫 번째 MAV 타당성 조사는 1993년 랜드 연구소가 수행했다. 랜드 연구소의 저자들은 다음과 같이 썼다. "곤충 크기로 날아다니거나 기어다니는 시스템들은 앞으로 미국에 군사적으로 엄청난 우위를 제공한다." 그 직후 DARPA는 전술 기술실에서 과학자를 모집하고 예산을 지원했다.

DARPA의 초기 곤충 모습의 시제품은 블랙 위도우(Black Widow)라고 불렸으며 캘리포니아 시미 밸리(Simi Valley)에 소재한 국방 사업 계약자 에어로바이론먼트(AeroVironment)가 제작했다. 15센티미터 남짓에 무게는 40그램이었다. 날개는 플라스틱 모형 비행기의 프로펠러를 본떴으나 양력을 높이려 자르고 연마했다. 몇 년간 에어로바이론먼트 소속 과학자들은 블랙 위도우에 짐을 싣고자 노력했다. MIT 링컨 연구소의 도움을 받아 1999년 3월 DARPA는 마침내 정찰 임무 수행이 가능한 1세대 MAV를 만들어 냈다. 리튬 배터리 2개로 구동되는 이 56그램짜리 블랙 위도우 변종은 흑백 소형 비디오카메라가 탑재되어 탁월한 조작 능력을 보였으며 기지로 돌아올 때까지 최고 22분가량 공중에 멈춰 있거나 어슬렁거렸다. 블랙 위도우는 "30미터 상공에서는 주변의 자연스러운 소음에 묻혀 버린다"고 그 분야 전문가가 보고했다. "일부러 쳐다보기 전까지는 볼 수도 없다." 심지어 새들도 속는다. 과학자들은 "비행기라 기보다는 새와 더 비슷해 보인다"고 썼다. "우리는 참새와 갈매기가 MAV 주변에 몰려드는 현상을 여러 번 봤다."

DARPA는 열정적이었다. 이때가 1999년 3월이라는 사실을 기억하라. "블랙 위도우 MAV 프로그램은 15센티미터 항공기가 가능할 뿐만이 아니라 전에는 불가능해 보였던 유용한 임무를 수행해 낸다는 사실을 성공적으로 증명했다." 어느 사후 보고서에 기록된 내용이다. 그다음 더 중요한 생각이 부상했다. 랜드 연구소의 분석가 벤자민 램베스(Benjamin Lambeth)는 블랙 위도우 같은 소형 드론은 정보와 감시 정찰만이 아니라 암살 수단으로도 어마어마한 잠재력이 있다는 결론을 내렸다. 그는 곤충으로 위장된 소형 드론이 언젠가 "움직이는 목표물을 몇 그램의 폭발물로 제거하는 소형 폭탄"을 장착할 수 있을 것이라고 썼다.

DARPA는 소형 무인기 개발 프로그램을 확대해 적어도 3개 연구 분야 혹은 "추진 과업"을 정했다. 각각의 연구는 동물의 왕국에서 영감과 아이디어를 얻었다. 이 프로그램들의 결과는 바이오시스템(biosystems), 생체 모방(biomimetics), 바이오하이브리드(biohybrids)로 지칭된다. 바이오시스템은 살아 있고, 숨 쉬는 곤충이나 동물을 군사적 목적에 맞게 훈련시키는 일이다. 베트남전 동안 독일산 셰퍼드종 개를 훈련시켜 화학 물질이 묻은 베트콩들을 추적하게 했다. 이라크 전쟁 기간 뉴멕시코의 로스알라모스 국립 연구소의 과학자들은 벌을 훈련시켜 매설된 급조 폭발물을 찾도록 했다. 이것이 바이오시스템의 두 사례다.

생체 모방 연구는 생체 공학(bionics)에 밀접하게 연결된 분야다. DARPA의 생체 모방 프로그램에서 과학자들은 자연계의 생명체를 모방한 기계 장치를 만들었다. DARPA는 블랙 위도우 MAV 같은 생체 모방 드론을 만들었다. 그들은 벌새, 박쥐, 딱정벌레, 파리처럼 보이는 드론도 설계했다. 만약 DARPA가 잠자리 드론을 보유했다면 이 생체 모방 분류 체계 아래 놓였을 것이다. 생체 모방 드론은 적어도 1972년 이래로 정보기관에서 사용되어 왔다. 그해 CIA는 "곤충 헬기(insectothopter)"라 불렸던 잠자리 무인기를 개발했다. 소형 엔진은 그 드론의 날개를 위아래로 움직였다. 곤충 헬기는 극소량의 휘발유로 작동됐다.

바이오하이브리드는 전적으로 새로운 영역으로 나아간다. DARPA의 소형 무인기 프로그램은 수십 년의 항공 기술, 우주 공학, 컴퓨터 과학, 무언가 작게 만드는 과학인 나노 공학 등을 바탕으로 했다. 그다음 21세기로 넘어가면서 나노 생물학(nanobiology) 또는 나노 생명 공학(nanobiotechnology)이라 불리는 새로운 분야가 등장했다. 한때 공상과학 소설에나 속했던 이 새로이 성장하는 분야는 과학자들에게 기계와 생물학적 시스템을 "결합"시킬 수 있게 해 주었다. 1999년 DARPA는 바이오하이브리드 프로그램에 자금을 지원했다. 일부가 생명체고 일부가 기계인 사이보그 제작이 명시된 목표였다.

DARPA의 바이오하이브리드 프로그램은 신비에 싸여 있다. 바이오하이브리드의 군사적 적용은 대체로 기밀로 분류되어 있으나 몇몇 표준적인 프로그램들은 공개됐다. 21세기 들어 나노 생명 공학이 발전하면서 작은 기계들을 동물의 뇌, 육체, 날개에 연결할 수 있었다. 2002년부터 DARPA는 정기적으로 추가적인 정보를 일반에 공개하기 시작했다.

그해 DARPA에서 자금을 댄 브루클린 소재 뉴욕 주립대학의 다운스테이트 의료 센터(Downstate Medical Center) 소속 연구원 산지브 톨와(Sanjiv Talwar)가 이끄는 팀이 초기 프로토타입을 만들었다는 소식이 들려왔다. 과학자들은 보상을 감지하는 부분인 쥐의 내측 전뇌 다발에 전극을 심었다. 인간의 머리칼처럼 얇은 선이 쥐의 등에 가방처럼 부착된 마이크로프로세서와 뇌 속의 전극을 이어주었다. 500미터 떨어진 노트북 컴퓨터로 톨와와 그의 팀 과학자들은 쥐의 내측 전뇌에 전기 자극을 보낼 수 있었다. 쥐가 자극에 반응하도록 파블로프의 기술을 사용해 훈련한 다음 DARPA의 과학자들은 쥐를 통제하게 됐다. 뇌의 자극을 통해 미로 속에서 쥐가 좌우로 방향을 틀거나 전진하도록 말이다.

동물 권익 활동가들은 비난했다. "그 동물은 더이상 동물로 기능하지 않는다." 럿거스(Rutgers) 법대의 동물 복지 전문가인 게리 프란시온(Gary Francione)은 탄식했다. 그러나 대다수 미국인에게 실험실의 쥐는 과학적 실험과 다르지 않았다. 진보라는 정신에 입각해 쥐의 뇌를 통제하는 실험은 괜찮다고 여겼다. 그냥 기계에 연결된 쥐였을 뿐이다.

향후 5년에 걸쳐 DARPA의 바이오하이브리드 프로그램은 놀라운 속도로 발전해 나갔다. 마이크로프로세서 기술이 발전해 매 18개월마다 성능이 2배가 됐다. 2007년 6월 29일 애플이 1세대 아이폰을 발표했고 이제 미국인들은 NASA가 우주인을 달에 보냈을 때보다 더 많은 기술을 주머니에 넣고 다니게 됐다.

2009년에 최초의 곤충형 사이보그 하나가 발표됐다. 캘리포니아 대학 버클리의, DARPA 기금으로 운영되는 연구소에서 미셀 마하르비즈(Michel Maharbiz) 교수와 동료들은 풍뎅이(green June beetle)와 기계를 하나로 엮어 냈다. 과학자들은 2센티미터 크기의 풍뎅이의 날개와 뇌에 전극을 심었고 등에는 전파 수신기를 붙였다. 원격지에서 풍뎅이 뇌에 전기 자극을 보내 날개를 흔들거나 멈추게 만드는 방식으로 비행 중인 풍뎅이의 방향을 조정할 수 있었다.

2014년에는 노스캐롤라이나 주립대학에서 연구하던 DARPA 과학자들이 획기적인 소식을 터뜨렸다. 이번에는 박각시나방(manduca sexta)으로, 40일간에 걸쳐 변태 과정을 겪는 곤충이었다. 최종 변태기 단계 동안 알퍼 보즈쿠르트(Alper Bozkurt) 박사와 그의 동료인 DARPA 과학자들은 마지막 변태기 박각시나방의 목과 복부 사이에 전극을 삽입했다. "세포 조직이 심어진 전극 주위에 발달해 며칠 사이 전극의 부착을 확고하게 만들었다"고 팀 일원인 알렉산더 베르데버(Alexander Verderber)가 설명했다. "전극은 나방의 성충기에 몸의 일부가 되어 버렸다." 베르데버는 "변태 과정에서 곤충의 전체 조직 시스템이 재구성되는 과정을 이용해" 과학자들이 조종 가능한 사이보그를 만들어 냈다고 말했다. 보즈쿠르트는 "바이오하이브리드의 한 가지 용도는 수색과 구조 작전 같은 응용 분야에 사용되는 것"이라고 했다. 사이보그 프로그램에 종사하는 DARPA 과학자들은 누구나 사회를 도우려는 목적이라고 말한다. 자유 의지, 윤리, 사이보그 제작 결과 등의 주제들은 충분히 토론할 가치가 있고 또 해야만 한다. 또 다른 질문이 있다. 기계를 통해 인간을 강화시키는 DARPA의 또 다른 계획들은 무엇인가?

2014년 DARPA는 소형 무인기(MAV) 프로그램의 상당수를 군 사용으로 넘겨주었다. 2013년 미 공군 연구소의 내부용 애니메이션은 바이오시스템, 생체 모방, 바이오하이브리드 MAV가 미래의 무기 시스템에서 담당할 새로운 역할이 커져 간다고 공개했다. 비디오는 살아 있는 생명체 같은 소형 드론 수백 대가 훨씬 더 큰 드론에서 쏟아져 나오면서 시작된다. 그 MAV는 비처럼 아래에 있는 도시의 중심으로 내려앉는다. 지상에서는 한 남자가 시멘트 블록으로 지어진 안전가옥 앞에 밴을 주차한다. 길 건너에는 비둘기가 전선에 앉아 있다.

"MAV들은 크기가 작아, 뻔히 보이는 앞에서도 스스로를 숨길 수 있다." 비디오에서 나오는 음성은 말한다. "비둘기"를 자세히 들여다보면 그것은 감시 드론이다. 눈은 고해상도 영상 카메라다. 비디오 해설자는 "일단 자리 잡으면 MAV는 에너지 사용을 낮추며 며칠에서 몇 주에 걸쳐 감시 상태에 접어든다. 그럴 경우 그 MAV는 햇빛이나 바람이라는 자연 환경 자원, 혹은 전선이나 진동하는 기계 장비 같은 인공 자원에서 에너지를 흡수해야 할지도 모른다"고 말했다.

비둘기 드론은 멀리 떨어진 정보 작전 센터의 책상에 앉아 있는 공군의 기술자에게 정보를 전달한다. 생체 측정을 활용해 기술자는 밴을 운전한 남자가 테러 용의자임을 확인한다.

그 남자는 밴에서 나와 골목길을 걸어내려 간다. 비둘기는 날아올랐고 풍뎅이 모양의 드론이 이에 합세한다. 비둘기는 떨어져 나가고 풍뎅이 MAV가 용의자를 따라 골목길의 미로를 계속 쫓아간다. 해설자는 "MAV는 극소형 탐지기와 극소형 컴퓨터 기술을 활용해 도심 지역 같은 복잡한 지형에서 움직이는 용의자를 계속 추적한다"고 말했다. 테러 용의자는 어느 아파트 건물에 들어서고 풍뎅이 드론이 따라 들어간다. "크기가 작고 민첩한 비행 능력으로 MAV는 전통적인 공중 감시 수단으로는 접근이 불가능한 장소에 은밀하게 들어선다." 해설자는 말했다. 그러나 "MAV들은 새로운 형태의 항법을 사용한다. 예를 들면 '광학 흐름(optic flow)'이라 불리는 시각 기반 기술이다. 이 기술은 전통적인 GPS의 사용이 불가능한 상황에서도 여전히 강력한 성능을 발휘한다." 드론은 스스로 보면서 비행하게 된다.

영상 자료에 따르면 풍뎅이 드론은 일단 건물 안에 들어가면 아파트 문 주위 상공에 머물면서 시야 밖에서 문 위를 오간다. 문이 열리고 사내가 복도 밖으로 나와 아파트를 나서기 전에 주위를 두리번거린다. 그는 문을 닫는다. 그러나 풍뎅이 드론은 이미 비밀리에 안으로 잠입했다. 이제 추가적으로 날아다니는 곤충 드론 떼가 임무에 추가로 투입된다. "작은 탐지기가 달린 수많은 MAV들은 보다 큰 지역을 조사하기 위해 함께 일한다." 해설자는 설명했다. "어떤 MAV는 오직 시각 정찰에만 사용되겠지만 다른 MAV는 민감한 지역의 목표물을 알려 주는 용도로 쓰이기도 한다." 아파트 내부에 있는 고성능 저격용 총을 든 테러리스트가 치명적인 사격을 준비하는 모습이 보인다. 적 저격수가 열린 창으로 발사를 준비할 때 풍뎅이 크기의 초소형 MAV가 날아가 그의 머리 뒤쪽 위에 있다.

해설자는 "개별 MAV가 직접 공격 임무를 수행할 수도 있다. 목표물을 무력화하는 화약품이나 폭약이 탑재되며 심지어 정밀 타격 능력을 가진 폭발물도 장착이 가능하다"고 말했다. 저격수의 머리 위 인근에 떠 있던 풍뎅이가 터진다. 저격수는 그 자리에서 고꾸라져 죽는다. 그렇게 애니메이션은 끝난다.

목표물을 죽이는 임무에 더해 DARPA의 방대한 미래 무기 시스템엔 정보, 감시, 정찰용 드론들도 있다. MAV들은 오직 그 전체의 일부일 뿐이다. DARPA는 생물을 본떠 만든 날아다니는 로봇 시스템 프로그램을 수십 개 운용한다. MAV는 낮게 천천히 날지만

DARPA의 초음속 스텔스 드론은 높고 빠르게 난다. 로켓에서 발사되는 무장한 팔콘(Falcon) HTV-2는 음속의 20배로 난다. 시속 2만 킬로미터로, 민항 제트기보다 22배나 빨리 난다. DARPA 문서에 따르면 "HTV-2의 비행속도라면 뉴욕에서 로스앤젤레스까지 채 12분이 안 걸린다." 음속 20배로 나는 드론이라면 세계의 어느 곳에 있는 목표물이라도 1시간 안에 타격이 가능해진다. 국방부의 위성 기술 의존도가 점점 더 커짐에 따라 "우주에 빠르고 저렴하며 쉽게 접근하는 방안"을 펜타곤에 제공해야만 한다고 DARPA는 말했다. 2013년 가을에 발표된 XS-1 실험용 우주 드론은 DARPA의 독창적인 초음속 지구 저궤도 드론이었다. 세계 각국에서 임무를 연속적으로 수행하는 드론으로는 미 역사상 어느 드론보다 더 빨리 날아간다. XS-1에 탑재된 무기 시스템의 구체적 사항은 기밀로 분류되어 있다.

해양은 광대하고 DARPA의 무인 수중기(unmanned underwater vehicle, UUV) 계획도 못지않게 방대하다. 그중 하나의 프로그램이 히드라(Hydra)이며, 이는 모선을 비롯해 꼬마 잠수정 선단을 포함하는 해저 시스템이다. 꼬마 UUV는 모선에서 수심이 얕은 연안 해역과 항구로 파견됐다가 돌아오도록 설계됐다. 여기에는 항공 드론도 통합되며 캡슐화된 무인 항공기(UAV)가 히드라 모선에서 사출되어 수면으로 올라온 다음 날아올라 정찰 혹은 전투 비행이라는 임무를 담당하게 된다. 이런 방식으로 하나의 히드라는 잠수함, 항공기 수송 및 통신 센터 역할까지 세 가지를 동시에 담당한다. DARPA의 또 다른 해저 프로그램은 해저 깊숙한 바닥에 놓이는 무인 탐지 시스템으로 그 명칭은 '위로 떨어지는 페이로드'(Upward Falling Payload)이다. 해저에 수년간 탐지되지 않고 누워 있으면서 정보를 수집한다. DARPA에 따르면 "이 심해 기지는 필요할 때 원격으로 작동되며 수면으로 불러 올려지기도 한다" 따라서 "그들은 위로 떨어진다".

지상의 로봇 시스템도 같은 속도로 발전한다. 아틀라스(Atlas)는 기동성이 높은 인간형 로봇으로 거친 지형을 돌아다니고, 계단을 오르며 손으로 주변 환경을 조작할 만큼 강하고 유연하다. 아틀라스의 머리에 입체 카메라와 거리 측정기를 포함하는 탐지기들이 달려 있다. 190센티미터 남짓의 발키리(Valkyrie) 로봇도 아틀라스와 비슷한 인간형 로봇이다. NASA가 DARPA의 로봇 과제를 수행하며 만들었다. 그 로봇은 창문을 열고 옷을 입는다. NASA는 언젠가 발키리를 인간형 아바타로 화성에 보내 원격 조정으로 구조물을 조립하게 되길 희망한다.

인간형 로봇과 함께 무인 지상 시스템 로봇도 있다. 많은 경우 동물과 비슷하다. 알파독(AlphaDog) 로봇은 작은 코뿔소 크기다. 180킬로그램이 넘는 군 장비를 지고 네 발로 쉽게 험준한 지형을 타고 넘는다. 지휘자의 명령을 인지하며, 넘어졌을 때 스스로 일어난다. MIT의 치타 로봇도 있다. 현재로선 역사상 가장 빠르게 시간당 44킬로미터 남짓 달리며 경로에 장애물이 나오면 훌쩍 뛰어 넘는다. 치타는 조용한 전동 모터로 작동해 고양이처럼 몰래 움직인다. 다른 지상 기반 로봇들은 전차 바퀴처럼 벨트가 채워진 트랙으로 지형 위를 구르고 넘어간다. 탈론 특수 무기 관측 정찰 탐색 시스템(Special Weapons Obeservaton Reconnaissance Detection System, SWORD) 로봇은 이라크의 폭발물 처리 기술 요원에게 주어진 로봇의 차세대 버전으로 가장 빠르게 움직인다. 탈론 SWORD는 M249 경기관총과 6밀리미터 로켓 발사기를 싣고 다니며 800미터 떨어진 원격지에서도 조종된다. 탈론의 더 강력한 사촌인 조립형 첨단 무기 로봇 시스템(Modular Advanced Armed Robotic System, MAARS)은 정찰과 감시 임무를 수행하고 거의 3.2킬로미터 이상 떨어진 인간 목표물을 죽이도록 설계되어 있다. 로봇 팔로 기관총과 유탄 발사기를 작동할 뿐 아니라 MAARS 로봇엔 동작 감지기, 음향 감지기, 사이렌과 스피커 시스템에 비살상용 레이저 충격기, 비살상용 수류탄이 장착되어 있으며, 이 로봇 킬러를 "극도로 안전하게 만들어져 타인이 작동하지 못하도록" 암호 기술까지 장착된다고 공개된 DARPA의 문서는 밝히고 있다.

DARPA의 근거리 통신망 로봇(Local Area Network droid, LANdroid) 프로그램은 궤도를 가진 가장 작은 지상 로봇 시스템의 하나다. DARPA는 LANdroid가 "작고 저렴하며 똑똑한 로봇이며 로봇 무선 네트워크를 구성하는 단위"로 집단이나 떼로 작동한다고 얘기한다. 이 손바닥만 한 로봇은 차에서 내린 병사들이 도심의 전투 지역으로 배치되면서 흩뿌린다. 은밀성과 기동성을 활용하여 "스스로 다른 단위와 조율하고 이동할 수" 있다. 만약 LANdroid 하나가 전투에서 파괴되면 다른 LANdroid들이 그에 맞게 스스로 재배치된다. LANdroid 프로그램은 "지능적인 자율적 무선 드론"을 개발하려는 목적에서 출발했다. 이는 향후 25년간 펜타곤의 로봇 군대가 나아갈 방향을 이해하는 데 있어 핵심적인 개념이다.

"이 프로그램은 스스로 상황을 파악해서 스스로 최적화하며, 스스로 치유하고, 다른 기기와 연결하며, 전력을 관리하는 능력들의 입증을 목표로 한다"고 DARPA는 말한다. 이런 점에서 DARPA의 LANdroid 프로그램은 자율 혹은 자치를 목표로 하는 미래 로봇 시스템의 기본이 된다. 펜타곤의 군사 혁명의 핵심은 자율에 있다. "자율"이 무엇을 의미하는지 펜타곤은 드론을 예로 삼아 그 개념을 명확하게 설명했다. "항공기가 원격 통제 아래 있으면 그것은 자율이 아니다. 그것이 자율적일 때는 원격 통제되지 않는다." 그것은 스스로를 통제한다.

합참 부의장 제임스 위네펠드(James A. Winnefeld)는 펜타곤의 드론 전쟁 보고서에서 이를 명확하게 밝혔다. "자율 시스템이란 외부 통제 없이 목표를 향해 스스로 나아간다. 그 시스템은 그들의 행동을 지시하는 법칙과 전략에 따라 통제된다." 자율 드론의 비기술적 명칭은 헌터 킬러(hunter-killer) 로봇이다. 어느 사람의 사진을 보여 주며 사살하고 돌아오라는 명령을 받을 만큼 "똑똑한" 로봇 시스템이란 의미다.

이는 과학이지 공상과학 소설이 아니다. 펜타곤의 정책이기도 하다. 2012년 공개된 국방부 지침 3000.09인 "무기 시스템의 자율"은 "자율, 그리고 반자율 무기 시스템이 설계되어야 한다"고 요구했다. 그리고 모든 첨단 과학 연구가 그래왔듯 그 기술은 구상에서 현실로 발전해 간다. 그 길을 이끄는 게 DARPA의 일이다. "국방부는 무인 시스템이 유인 시스템과 자연스럽게 작동하면서 단계적으로 인간의 통제나 의사결정을 줄이고 … 궁극적으로 완전한 자율을 목표로 한다."

국방부의 2011년 "무인 시스템 통합 로드맵"에 따르면 향후 25년간 반자율에서 자율로 가는 진행은 4단계를 거친다. 우선 무인 시스템은 "인간이 조작한다." 혹은 오늘날 그렇듯이 사람이 전적으로 통제한다. 두 번째 단계는 "인간이 권한을 이양하는" 시스템이다. 드론이 "인간의 통제 밖에서 다양한 기능을 수행하는" 방법을 배우는 단계다. 세 번째 수준은 "인간이 감독하는" 시스템이다. 기계가

"인간이 주는 최고 수준의 허락 혹은 지시를 받은" 뒤 독립적으로 과업을 수행하는 단계다. 마지막으로 로봇 시스템은 "완전히 자율적"이 된다. 여기서 "로봇 시스템은 인간에게 목표를 받아서 인간과의 상호작용 없이 수행할 만한 임무들로 해석해 낸다." 최종 단계에 하나의 메모가 따라붙는다. "인간은 여전히 비상 상황에 개입하거나 목표를 바꿀 수도 있다. 현실적으론 인간의 개입이 발생할 때까지 상당한 시간 지연이 있을지 모른다." 시간이 전부다. 핵무기가 지구를 반 바퀴 돌아오는 데 1,600초밖에 안 걸린다.

수소폭탄을 개발하기로 결정한 이래 지금처럼 중대한 순간은 없었다. 우리가 기계에 자율성을 부여한다면 의도치 않은 결과가 발생할 가능성은 전례 없이 커진다. 어떤 민간 부분의 로봇 전문가는 자율 기계를 만드는 기술은 아직 없다고 말했다. 앞으로도 수십 년은 불가능하다고 한다. 자율 기계는 진정한 인공지능을 필요로 하며 현재의 인공지능 능력은 자율이라는 분수령에 전혀 가까이 있지 않다. 그러나 적어도 펜타곤의 매우 강력한 인사 1명은 이에 동의하지 않는다. "관련 기술의 극적인 발전으로 전례 없는, 아마도 상상도 못할 정도의 자율성이 현재와 미래의 군사 시스템에 도입될 수 있다"고 애슈턴 카터(Ashton B. Carter) 당시 국방부 차관은 2010년 국방 과학자들에게 그 기술을 연구해 달라고 촉구하는 편지에서 썼다. "이는 '네트워크 중심'의 도입에 비견될 만큼 군사적 능력과 군 편제에 극적인 변화를 가져올지 모른다." 2015년 2월 애슈턴 카터는 오바마 대통령의 국방부 장관이 됐다.

인공지능의 단계는 어디쯤 왔는가? 헌터 킬러 로봇은 곧 등장할까? DARPA의 인공지능 능력을 알아보려고 나는 뉴멕시코의 로스알라모스 국립 연구소로 갔다. 1943년을 시작으로 이곳에서 미국의 국방 과학자들은 세계 최초의 원자폭탄을 만들었다. 그리고 이곳에서 2014년 봄 DARPA의 과학자들은 인공지능을 만들고자 노력하고 있었다.

25장

뇌 전쟁
Brain Wars

로스알라모스 국립 연구소는 뉴멕시코 북부 고지대 사막의 산악 지역 정상에 있다. 주도 산타페(Santa Fe)에서 그곳으로 가려면 테스크(Tesuque) 인디안 보호 구역을 지나, 리오 그란데(Rio Grande) 강을 넘어 산타페 국유림의 경사진 길을 오래 운전해야 한다. 나는 개릿 케넌(Garrett T. Kenyon) 박사를 만나러 연구소로 갔다. 그가 수행하는 프로그램은 합성 인지 분야로, 인공지능 연구에 속한다. 로봇학자들은 인공지능을 인간이 만든 기계이지만 인간처럼 지적이고, 자기 인식이 있고, 창조적이라고 정의한다. 하지만 그런 기계는 아직 존재하지 않는다. 그럼에도 케넌 박사 같은 DARPA 과학자들은 DARPA 기술의 빠른 발전 속도로 미루어 머지않아 그런 기계를 갖게 되리라 믿는다. 인공지능을 발전시키는 데 핵심 역할을 하는 두 가지 기술이 있다. 컴퓨터 기술과 인간의 뇌를 다루는 신경 과학이다.

최근 이라크와 아프가니스탄에서 벌어진 전쟁에는 미국인 250만 명이 투입되었고, 그중 30만 명이 뇌 손상을 입은 채 고향으로 돌아왔다. DARPA는 이들을 뇌 손상을 입은 전사들이라 부른다.

그들에게 가해진 가장 심각한 형태의 뇌 손상은 외상성 뇌 손상 혹은 TBI(Traumatic Brain Injury)라 한다. 총탄, 포탄 조각, 급조 폭발물의 파편 등이 두개골을 뚫거나 뇌 조직에 박히는 경우를 가리킨다. DARPA엔 TBI나 현대전에서 얻은 뇌 손상을 치료하려는 다수의 과학 및 기술 프로그램이 존재한다고 공개적으로 언급돼 왔다. DARPA가 집중하는 뇌 과학 연구의 장기 목표는 뇌에 손상을 입은 전사들의 정신과 기억을 복구하는 것이다. 나는 현재 DARPA의 뇌 연구 프로그램에 참여 중인 뇌 손상을 입은 전사 한두 명을 인터뷰하고 싶다고 여러 번 국방장관실을 통해 서면으로 요청했다. 국방장관실과 DARPA는 이 요청을 거듭 거절했다.

외상성 뇌 손상은 전쟁의 역사만큼이나 오래됐다. 독립전쟁 이래 미국의 모든 전쟁에서 미군들은 매번 외상성 뇌 손상을 당했다. 내가 한국 전쟁에서 뇌 손상을 입은 앨런 매이시 덜레스를 알았을 때, 그는 84세로 로스알라모스 국립 연구소 가까이 살았다. 케년 박사의 연구실을 방문하기 전에 그와 약속을 잡았다.

앨런 매이시 덜레스는 전 CIA 국장 앨런 웰시 덜레스의 유일한 아들로, 옛 산타페 가도*를 벗어난 작은 갓길 아래에 있는 커다란 갈색 어도비 벽돌집에 살았다. 그를 방문했을 때는 2014년 봄이었다. 그는 심각한 외상성 뇌 손상을 입은 채 거의 62년을 살아왔다. 앨런 매이시 덜레스는 1952년 11월 이후로는 새로운 기억을 전혀 만들어 내지 못했다. 이 책의 앞부분에 등장하는 젊은 병사이기도 하다. 한국전 당시 서부 전선의 벙커 힐 전진 기지라 불린 언덕 꼭대기에서 순찰을 나갔다가 적의 박격포 공격으로 부상당한 해병대 장

---

* 19세기 서부 개척 루트의 하나였다. 미주리 주에서 뉴멕시코까지 남서부를 횡단했다.

교였다. 부상 이후 누나이자 보호자인 조앤 덜레스 톨리의 자상한 보살핌을 받으며 살았다.

주방 의자에 앉아 점심식사를 기다리던 그는 노신사처럼 보였다. 벽에는 장식품이, 식탁에는 꽃이 놓여 있었다. 커다란 미소와 깔끔하게 정리된 콧수염을 지닌 그는 육체적으로는 건강해 보였다. "동생은 아버지를 꼭 닮았어요." 조앤 덜레스 톨리는 말했다. 나는 주방으로 들어가 그의 맞은편에 앉아 녹음기를 꺼내고는 인터뷰를 시작했다. 앨런은 명료하고 조리 있게 말했다. 그는 이집트의 파라오와 고대 그리스 문화를 아주 편안하게 이야기했다. 뇌 손상을 입기 전 그의 전공이 역사학이었기 때문이다. 그의 뇌 신경망은 이런 정보와 기억에는 접근을 허용했다. 그러나 어제 저녁이나 오늘 아침에 무얼 먹었는지는 전혀 기억해 내지 못했다. 조앤 덜레스 톨리는 내가 그곳을 떠나면 그는 내가 그곳에 있었다는 사실을 전혀 기억하지 못할 거라고 했다.

융의 분석 심리학으로 훈련된 심리 분석가 조앤 덜레스 톨리는 2014년 당시 90세였다. 키가 크고 우아하며 지식이 매우 풍부한 인물로, 캐서린 헵번의 목소리를 지녔다. 첫 남편은 제2차 세계대전 기간에 스파이로 일하다 나중엔 미국의 이란 주재 대사로 일했다. 그와 이혼한 후 조앤은 스위스로 이사했고, 그곳에서 무의식의 심리 분석을 전문으로 하는 심리학자로 훈련받았다. 그러면서 제네바 호수 근처의 남동생이 잠시 살았던 정신 요양 시설을 정기적으로 방문했다. 아버지가 사망하고는 동생을 미국으로 데려왔고 이후 계속 후견인으로 지내 왔다.

한국에서 입은 부상으로 앨런 매이시 덜레스의 왼쪽 귀는 들리지 않았다. 그래서 그는 1990년에 만들어진 보청기를 사용했다. 이 기계는 손에 들고 다니는 송신기와 거기에 긴 줄로 이어진 마이크로 구성되어 있었다. 왼쪽 귀에 꽂는 장치는 따로 있었다. 그와 대화를 나누려면 마이크에 대고 이야기해야 했다. 앨런에게는 첨단 기술이며 이해하기가 쉽지 않았다. 그도 그럴 것이 그가 기억하는 세계, 즉 1952년 11월 이전의 세계에는 이런 기계가 없었다.

"오늘 무얼 하실 생각이십니까?" 나는 물었다.

"특별한 일은 없어요." 그가 답했다. "물론 중고품 가게에 가는 걸 좋아합니다."

"뭘 사시려고요?"

"과학 장비나 책과 연관된 무엇이라도 있다면요." 앨런이 말했다. 그는 과학 장비에 관한 짧은 강의를 했다. 그러나 1952년 이전에 풍미한 과학이었다.

"앞으로 한 시간 뒤에 이 대화를 기억하시겠습니까?" 나는 물었다.

"아마 아닐 겁니다." 그는 말했다. "아시다시피 나의 [단기] 기억은 실질적으로 존재하지 않아요."

앨런에게 그가 머리를 다치기 이전의 추억, 고등학교 시절의 이야기를 해 달라고 청했다.

"헌법 해석을 다룬 수업이 좋았다고 기억해요." 그가 말했다.

"왜 해병에 자원입대하기로 결정했나요?" 나는 물었다.

"글쎄요 당신도 아시다시피." 그는 확신에 차 말했다. "나는 열일곱 살이었어요. 군에 입대할 수 있었죠. 유럽에서 벌어진 전쟁은 이미 끝났지만 전쟁이 더 벌어지리라는 걸 알았어요. 전쟁이 부족한 적은 없죠."

앨런은 전쟁을 논했다. 그리스 전쟁. 유럽에서 벌어진 전쟁들. 나치 독일과 벌였던 전쟁. 중국에 맞서 한국에서 벌어진 전쟁. 그는 1952년에 이르기까지 벌어졌던 모든 전쟁을 이야기했다. 그러나 그가 아는 전쟁에서 비롯된 과학 기술 지식과 전쟁 지식은 갑자기 뚝 끊긴다. 그는 이 책에서 다루어진 모든 사건과 발명을 다 지켜봤다. 캐슬 브라보 폭탄, ICBM, ARPANET, 인터넷, 베트남전, 걸프전, GPS, 스텔스 기술, 로봇, 컴퓨터, 911 사태, 이라크와 아프가니스탄의 전쟁까지 모두 겪었다. 그러나 그 모든 일이 벌어졌다는 지식이나 기억은 하나도 없다. 앨런 매이시 딜레스는 살아 있는 시대착오다. 그는 더이상 존재하지 않는 세계에 속한다. 그에게 시간은 가만히 멈춰 있다. 1952년에 멈췄다. 과학과 기술이 우리가 사는 현대 세계를 바꾸고 형성하기 전이다.

칼 세이건은 말했다. "아무도 모르는 과학과 기술에 의지한 사회를 만드는 것은 자살행위나 다름없다." 하지만 그가 알렌 매이시 딜레스를 만났다면 예외로 인정했으리라 생각한다. 그럼에도 세이건의 말은 나머지 우리들에겐 여전히 적용된다.

DARPA는 과학 기술 발전을 선도한다. DARPA는 미래를 현실로 만든다. 2013년부터 DARPA는 백악관과 협력해 혁신적인 신경기술 발전을 통한 뇌 연구(Brain Research through Advancing Innovative Neurotechnologies, BRAIN)를 시작하면서 향후 10년은 뇌의 10년이 되리라 선언했다. 백악관은 BRAIN 과업을 "인간 정신의 이해를 혁명적으로 바꾸고 알츠하이머, 정신분열, 자폐, 간질, 외상성 뇌 손상 같은 뇌 질병을 치료하고 예방하며 완치하는 새로운 방법을 발견하려는 대담한 연구 노력"이라고 불렀다. 중요한 목표. 그러나 이것은 무기 기술의 진보지 정신 질환의 치유가 아니다. 뇌를 연구하는

DARPA의 주요한 목표는 무엇인가?

뇌 손상을 입은 전사들을 돕는 DARPA의 프로그램 중 몇 가지는 주목할 만하다. 단기 기억 회복(Restoring Active Memory, RAM) 분야에서 과학자들은 기억상실을 극복하는 가능한 수단으로 이식 가능한 무선 "신경 보철 장치"를 개발해 실험 중이다. RAM 프로그램의 일환으로 병사들은 뇌에 작은 기계, 혹은 칩을 이식한다. 부상 회복을 촉진하는 재조직과 가소성(Reorganization and Plasticity to Accelerate Injury Recovery, REPAIR) 프로그램은 어떻게 뇌가 계산을 하고 그것을 조직화하는지 이해하려 한다. 이 역시 뇌에 칩을 이식해야 한다. 신규 기억 회복 통합 신경 기구(Restorative Encoding Memory Integration Neural Device, REMIND)도 마찬가지다. 나는 국방장관실을 통해 여러 차례 인터뷰를 요청했지만 DARPA는 뇌 손상을 입은 전사들과의 만남을 허용하지 않았다. DARPA는 RAM, REPAIR, REMIND 프로그램의 내용을 묻는 구체적인 질문에도 답하지 않았다.

펜타곤에 따르면 "정신 질환은 병상에 오래 머물게 하는 제일 큰 원인이고, 현역 병사들이 의료진의 치료를 가장 많이 받는 두 번째 원인이다." 여기 대처하려고 DARPA는 전쟁과 관련된 정신적, 신경 심리학적 질환에 맞는 뇌 이식술을 개발했다. 신종 치료법을 위한 시스템 기반 신경기술(Systems-Based Neurotechnology for Emerging Therapies, SUBNETS) 프로그램은 뇌 손상을 입은 전사의 두개골과 뇌 사이에 마이크로 칩을, 또 뇌의 여러 부위에 전극을 외과적으로 이식해 외상후 스트레스 장애(PTSD)를 치유하려고 한다. 칩들은 무선으로 정보 처리 센터에 데이터를 보내고 이 센터는 전사의 뇌 다른 곳에 원격으로 전기 자극을 보내 불안이나 지연 반응

같은 증상들을 없애 준다. 일종의 21세기 상시 전기 충격 요법인 셈이다. DARPA가 기술한 SUBNET의 목적은 전문 용어로 "현재의 뇌 심부 자극술(Deep Brain Stimulation, DBS)에 영감을 받아 만들어지는 차세대 장치에 거의 실시간으로 기록, 분석, 자극을 통합하는" 방법의 개발이다. 국방장관실과 DARPA는 SUBNETS의 시험 대상 누구도 만나게 해 주지 않았고, 그 프로그램에 관한 구체적인 질문에도 답하지 않았다.

과거의 경험이 현재를 알려 준다면 DARPA가 그 프로그램과 관련해 스스로 밝힌 명시적인 목표가 그들의 유일한 목표라고 단정하기는 어렵다. DARPA가 수행해야 할 주요 과제는 병사들의 치유를 돕는 일이 아니다. 그것은 미국 제대군인부(Department of Veterans Affairs)의 일이다. DARPA의 일은 "전략적으로 획기적인 일을 방지하거나 만들어 내는 데" 있다. DARPA는 미래의 거대한 무기 시스템을 준비한다. 그렇다면 기밀로 분류된 뇌 프로그램의 진정한 목적은 무엇인가? 애초에 그것은 왜 시작됐는가?

DARPA의 인공 팔다리 프로그램이 몇 가지 실마리를 줄지도 모른다. 2005년 전쟁터에서 들려오는 소식이 온통 급조 폭발물이었을 때, DARPA는 보철학의 혁명화(Revolutionizing Prosthetics)라고 부른 프로그램을 출범시켰다. 차후 2년간 이 프로그램은 둘로 나뉘었다. 뉴햄프셔의 DEKA R&D 회사엔 로봇 인공 팔을 만들라는 DARPA의 주문이 주어졌다. 존스 홉킨스 응용 물리학 연구소에는 "생각으로 통제되는" 로봇 팔을 만들라고 했다. 매우 야심찬 목표였다.

2007년에 《MIT 테크놀로지 리뷰*Technology Review*》는 존스 홉킨스 팀이 달성한 놀라운 성취를 보도했다. "그들은 원숭이의 뇌에 기록된 신경 활동으로 로봇의 손가락을 움직여 피아노의 여러 음을 치는 모습을 사상 처음으로 보여 주었다." 그러나 해병 23연대 1대대의 기술 장교였던 조나단 쿠니홈(Jonathan Kuniholm)에 따르면 이는 전적으로 정확한 보도는 아니었다. 쿠니홈은 이라크의 하디타(Haditha)를 흐르는 유프라테스 강을 따라 묻혀 있던 급조 폭발물에 오른팔을 잃었다. 폭발물은 버려진 올리브 오일 깡통으로 위장되어 있었다. 부상에서 회복한 쿠니홈은 DARPA의 보철학의 혁명화 프로그램에 자원했다. "접합된 인공 손은 물리적으로 피아노를 연주하는 데 필요한 모든 동작이 가능했다." 쿠니홈은 기술 진보에 관심 있는 전문가 집단이 읽는 세계에서 가장 큰 전문지《IEEE 스펙트럼IEEE Spectrum》에 다음과 같이 썼다. "실시간으로 사람이 통제하는 손가락은 아니었다. 실시간 신호 처리 알고리즘이 해석하는 전자 신호나 근육의 움직임이 아니었다. 손가락은 마치 연주하는 피아노 기계처럼 미리 프로그램되었다." 어떤 관점에서 보철학의 혁명화는 전쟁터에서 팔다리를 잃은 전사들보다는 DARPA의 이미지 개선에 더 효과적이었는지 모른다.

주요 언론사들이 DEKA에서 개발한 팔 이야기를 전하는 기사를 쓰면서 혁명적이고 어마어마하며 놀라운 일이라고 추켜세웠다. 2009년에 DEKA 창립자 딘 카멘(Dean Kamen)은《60분60 Minutes》이라는 프로그램에 출연해 DARPA의 관리가 자신에게 와서 로봇 팔을 만들어 달라고 했을 때를 회상했다. "그들은 말했습니다. '우리는 이 친구들에게 다시 붙여 줄 무언가를 원합니다. 이들이 건포도나 포도를 다시 집게 해 주는 그런 거, 보지 않고는 그 차이가 느껴지지 않는 거요.'" 카멘은 도전을 반겼다. 그리고 엔지니어 40명과 함께 1년 동안 연구했다. DARPA는 여기에 1억 달러를 썼다.

그러나 카메라가 꺼지면 인공 팔은 다시 DARPA 실험실의 선반에 놓였다. "우리 대부분은 후크 선장의 갈고리 손으로 되돌아갔다." 한 참가자는 말했다. 그는 이라크에서 한 팔을 잃었고 DEKA 팔 모델로 전국 TV에 등장했었으나 자신의 이름은 밝히지 말아 달라고 요청했다. 그는 DARPA가 하는 일에 좌절했다. 그가 보기에 DARPA는 상이용사에게 더 좋은 보철물을 제공해 주는 이상의 동기를 품은 듯했다. 그러나 DARPA의 숨은 동기가 무엇인지 안다고는 말하지 않았다. DEKA 팔은 제작에 65만 달러가 든다. 아직 대량 생산을 하겠다고 나선 곳은 없다. 2014년 11월 식품 의약국(FDA)은 그 팔의 시판을 승인했다. 착용자 뇌의 동시 다발적 명령에 반응한다고도 보도됐다. 보도자료에서 DARPA는 "군인들의 복무에 진 빚의 일부를 되갚아서" 행복하다고 했다. 그러나 언제 DEKA의 팔을 신체가 훼손된 상이군인이 착용하게 될지 정해지지는 않았다고 인정했다. 미국의 부상당한 전사들은 팔이 잘린 사람들이 제1차 세계대전 이래 착용해 왔던, 이른바 후크 선장의 갈고리 팔을 여전히 착용하고 있다. 공식 명칭은 도란스 고리로, 1912년 도란스(D. W. Dorrance)가 발명했다.

보철 기술의 진보에서 DARPA의 주요 목표는 인간이 아니라 로봇에 더 나은 팔과 손을 주려는 데 있을 가능성이 크다. UN의 자문이자 로봇 무기 국제 통제 위원회 의장인 로봇 공학 전문가 노엘 샤르키(Noel Sharkey)는 "DARPA는 자신들이 설계하는 로봇이 후쿠시마 원자력 발전소 안의 밸브를 돌릴 능력이 있다고 한다. 그렇다. 이것이 인간을 더 안전하게 만드는 로봇의 사례다. 그러나 이 로봇 손은 또한 배의 밸브도 곧 돌리게 된다." 군사 작전에 보내진 로봇이 그 배를 넘겨받을지도 모른다는 뜻이다.

DARPA가 보철물이나 뇌 프로그램에서 추구하는 기술들은 헌터 킬러 로봇을 만들어 보려는 그들의 노력에서도 이중적인 쓰임새가 있다. 인공지능의 추구와 함께 이 모두는 DARPA가 왜 인간의 뇌를 들여다보는 일에 그렇게 집중하는지 설명해 줄지도 모른다.

헤메즈(Jemez) 산의 숲이 우거진 고원 정상에 위치한 로스알라모스 국립 연구소는 핵무기 연구의 풍부하고 복잡한 역사가 깃든 곳이다. 로스알라모스는 "세계의 안정을 증진하고 미국을 보호하는 과학 기술을 제공한다"라는 사명을 가진 미국 최대의 국방 과학 생산자 중 하나다. 비록 로스알라모스가 DARPA와 어떤 계약을 맺었는지는 대중에 알려지지 않았지만 그 수는 아주 많다. 대부분의 계약은 기밀로 분류되어 있다. DARPA의 홍보실은 이것들을 언론에 빨리 알리려고 하지 않는다. 기밀 프로그램들은 대중이 주류 언론에서 접하는 구부러지는 총탄이나 포도를 집어 올리는 인공 팔이나 자율 주행차, 넘어지고 스스로 다시 일어나는 로봇 같은 기술과는 내용이 다르다. 로스알라모스 국립 연구소의 기밀 실험실이나 이곳과 유사한 다른 기밀 국립 실험실들과 연구소들은 실패의 위험과 성공이 가져올 보상이 가장 큰 DARPA의 프로그램들이 진행되는 장소다. 미래의 중대한 무기 시스템은 암흑에서 태어난다. 수소폭탄, 맥나마라의 전자 울타리, 어썰트 브레이커, 스텔스 기술처럼 그 탄생은 기밀로 분류되었다가 군사 분야에서 혁명을 만들어 낸 다음에야 대중에 공개된다.

93제곱킬로미터 남짓한 로스알라모스의 부지 안에는 건물이 1,280개나 있다. 그중 11개는 핵 관련 시설이다. 심지어 어떤 주방에서 일하는 요리사들은 일급비밀 취급 인가증(Q clearance)이 있다.

연구소 안에는 발전소가 있으며 휘발유 파이프가 100킬로미터, 전선이 54킬로미터 남짓 있다. 로스알라모스 역사학회 소속 역사학자에 따르면 연구소에서 약 1만 명의 연구원과 계약직 노동자가 일하며 그중 절반이 박사 학위 소지자다. DARPA와의 계약 사업에 종사하는 과학자로서 자신이 담당하는 인공지능 분야의 일부를 자유롭게 이야기할 자격이 있는 사람이 개릿 케년 박사다.

로스알라모스에 있는 케년 박사의 사무실 밖에는 위에 기관단총이 장착된 장갑 트럭이 서 있다. 차량은 출입구 옆 붉은 지역에 정차되어 있다. 건물 안에서 케년 박사와 동료들은 인공지능 분야, 즉 지각이 있는 기계를 창조하려는 인류의 탐구에 매진한다. 케년 박사는 로스알라모스 국립 연구소의 합성 인지 그룹 소속이다. 그와 팀원들은 슈퍼컴퓨터를 사용해 영장류의 시각 시스템을 인공적으로 구현하려고 한다. 구체적으로는 신경망을 모두 포함하여 인간의 눈을 정확하게 컴퓨터 모델로 만들어 시각적 인식과 뇌 사이의 관계를 이해하고자 한다. 반드시 불가능한 과업은 아니다. 그러나 인간의 눈 같은 복잡한 신경망을 흉내 내려면 세계에서 가장 빠른 컴퓨터가 필요하다. 신경 과학자들은 현재 인간의 뇌 안에는 1,000억 개의 신경 세포가 있으며, 뇌가 받아들이는 모든 감각 신호는 이런 신경 세포망 사이의 기하급수적 신경 연결이 수반된다고 믿는다.

이 일을 하려고 케년 박사와 팀은 IBM의 로드러너(Roadrunner) 슈퍼컴퓨터의 일부를, 아니 거기 남아 있는 기능을 사용한다. 2008년, 로드러너가 만들어졌을 때 이 기계는 1초당 1,000조 번의 계산(1 petaflop)을 하는 세계에서 가장 빠른 컴퓨터였다. 제2차 세계대전 시절에 펜실베이니아 무어 스쿨에 있던 에니악과는 차원이 달랐다. 그 기계는 1초당 5,000번의 데이터 처리 능력이 있었다. 그러나 과학은 생각을 현실로 만든다. 에니악은 존 폰 노이만이 매니악을 만들 수 있게 영감을 주었다. 그 덕에 다니엘 L. 슬로트닉은 일리악 Ⅳ를 만들었고, IBM의 로드러너에 이르렀다. 2014년 기준 세계에서 가장 빠른 슈퍼컴퓨터는 중국 인민 해방군의 국방 과학 기술 대학에 있으며, 티엔허(天河) 2라고 불린다. 보도되기론 1초당 3경 번의 처리 능력(33.86 petaflops)이 있다고 한다.

IBM의 로드러너 슈퍼컴퓨터는 2008년 세상에 처음 공개됐지만 내가 방문한 2014년에는 이미 낡은 기계가 되어 버렸다. 제작비가 1억 달러나 들었지만 계속 운영하기엔 전력이 너무나 비효율적으로 사용됐다. 그러나 로드러너는 국가의 많은 핵 비밀을 담고 있기 때문에 재활용도 불가능했다. 컴퓨터에 기록된 정보는 완벽하게 없애지 못하기 때문이다. 이런 이유에다 로스알라모스 국립 연구소가 더 크고 빠르며 효율적인 컴퓨터를 필요로 했기 때문에, 로드러너는 파괴되는 중이었다. 아직 파괴되지 않은 일부는 케넌 박사와 팀이 인공지능 연구에 활용하고 있었다. 그들이 사용하는 컴퓨터 뭉치들은 농구장 크기의 방을 가득 채울 정도였다.

케넌 박사는 나에게 그 슈퍼컴퓨터를 보여 주었다. 그것은 그의 연구실이 있는 벽돌과 유리 건물 안에, 장갑차를 지나 긴 복도를 따라가 문 하나를 열고 들어가면 있었다. 우리는 작은 창문을 통해 로드러너 컴퓨터를 주의 깊게 바라봤다. 전등 빛은 약했다. 처리 장치 뭉치들은 빨갛고 하얗게 반짝거리는 불빛들로 환해 보였다. 기계들이 쌓인 선반이 줄지어 있었다. 바닥에는 다발로 묶인 전선이 있었다. 케넌은 안을 가리키며 말했다. "이것은 거대한 주판에 지나지 않습니다." "진짜 힘은 인간의 뇌 안에 있습니다." 케넌은 자신의 앞머리를 가볍게 쳤다. "아주 작고 너무 유한하죠."

그러고 나서 건물의 다른 부분을 걸어서 지났다. 엘리베이터를 기다리는 동안 케년 박사는 저녁 식사 자리에 나올 만한 크기의 냅킨을 펴서 앞머리 앞 허공에 들었다. "당신의 뇌를 펼치면 이 정도입니다." 그는 말했다. "중요한 부분은 대뇌피질이죠." 뇌의 회색 물질이라 알려진 1,000억 개의 신경 세포가 그곳에 있다. "그리고 인간의 뇌는 누구도 이해하지 못하는 일을 해냅니다. 진화는 세계에서 가장 똑똑한 기계를 만들어 냈어요."

케년 박사는 DARPA가 지원하는 자금으로 자신이 연구 중인 개념을 보통 사람의 용어로 설명해 주었다. "오늘 열두 살 먹은 내 딸이 내 스마트폰을 만져서 안면 인식 프로그램이 설치되었습니다." "그러나 70퍼센트에서 80퍼센트는 나를 인식하지 못해요." 그는 휴대폰을 자기 얼굴 앞으로 들어 보였다. "스마트폰이 언제나 나를 알아보지는 못해요. 반면에 나는 언제나 나를 알아보죠. 좋든 싫든 내겐 이중 턱이 있고요. 도대체 왜 내 스마트폰은 나를 늘 알아보지 못하는 걸까요? 왜 내가 집에 들어섰을 때 우리 개가 하는, 나를 알아보는 기능을 하지 못할까요? 스마트폰은 여러 일을 하죠. 그런데 단순한 생물학적 시스템이 해내는 세상에서 제일 간단한 일을 못합니다. 언제나 사람을 알아본다는 걸요."

그는 10대 아이가 자신을 70-80퍼센트밖에 알아보지 못한다면 그 아이의 뇌에 심각한 문제가 있는 거라고 말했다. "감각이 있는 존재는 시각으로 알아본다"고 설명했다. "반면 내 스마트폰은 거기 달린 카메라에 들어오는 이미지에서 추출된 일련의 특징과 이미 기계에 보관된 일련의 특징들과의 비교를 통해서만 나를 알아보죠. 스마트폰은 무언가를 '보지' 않아요. 시각의 최소 단위(pixel)를 그 안에 담긴 모든 묵시적 상호관계까지 포함해서 하나의 풍부한 장면으로 용해시키지 않아요. 그저 몇 개의 주요 포인트를 발견해서 고차원의 특징 묶음으로 구성한 다음에 이미 저장된 특징의 묶음과 비교할 뿐입니다."

현 단계에서 생각, 경험, 감각을 통해 지식과 이해를 얻는 진정한 인식은 지각이 있는 존재만 해낸다. 케넌은 말했다. "우리는 생물학적 시스템이 이 문제를 어떻게 해결하는지, 영장류의 시각 시스템이 사물을 어떻게 인식하는지 열심히 연구함으로써, 뇌가 인식과 같은 문제를 어떻게 해결하는지 그 근본을 이해할 수 있다고 생각합니다. 그때까지 컴퓨터는 장님이죠." 그리고 덧붙였다. "컴퓨터들은 보지 못합니다."

그 점은 자율적인 헌터 킬러 드론이나 인공지능과 관련해 적어도 한 가지 기술적인 문제를 제기한다. "나는 킬러 로봇은 여러 이유로 아주 나쁜 개념이라고 생각합니다." 개릿 케넌은 강조했다. "도덕적이고 정치적인 현안은 제쳐 두고 극복해야 할 기술적 장벽들도 무시되어서는 안 됩니다." "내 스마트폰이 나를 70퍼센트 정도 '알아볼 수' 있다고 해서 앞으로 30퍼센트만 더 가면 된다고 생각하면 오산입니다." 우리는 지금 엄청난 차이를 말하고 있다. 그는 말했다. "내 딸이 날 알아보지 못할 가능성, 짧은 거리에서 나를 잘못 알아볼 가능성, 내가 모자를 쓰고 있어 못 알아볼 가능성은 0.01% 정도예요. 우리는 아직 신경망이 어떻게 작동하는지 알지 못합니다."

케넌 박사는 자신의 연구에 열정적이었다. 그는 오늘날 신경 과학자들은 중세 시대 때 화학을 이해하려던 연금술사와 같다고 확신했다. 그만큼 흥미로운 발견들이 앞에 놓여 있다는 의미다. "중세 화학자들이 오늘날 우리가 아는 내용에 비해 얼마나 화학을 몰랐는지 생각해 보세요. 우리 신경 과학자들은 무지의 물방울에 갇혀 있는 존재입니다. 우리는 인간의 뇌에서 어떤 일이 벌어지는지 여전히 조금도 몰라요. 우리에게 이론은 있지만 확실히는 모르고 있어요. 우리는 디지털이든 아날로그든 혹은 다른 형태든 생물학적 시스템을 모방하는 전자 회로를 만들지 못해요. 우리는 행위를 모방할 수 없어요. 그러나 미래의 언젠가는 할 수 있다고 생각합니다."

케넌 박사는 DARPA가 조직으로서 가장 강력한 이유는 이론 과학자와 공학자들을 아우른다는 점이라고 말했다. 그는 인공지능을 향한 추구는 인간을 화성에 보내는 일과 비슷하다면서 자신감만 가지면 "화성까지 보내는 일은 공학적인 문제일 뿐"이라고 했다. 자신의 실험실에서 그는, 은유적으로 "우리는 어디에 화성이 있는지 아직 모른다"고 했다. 그러나 케넌 박사와 팀은 결의에 차 있었다. "그리 멀리 있지 않다고 생각합니다." 그는 인공지능을 두고 이렇게 말했다. "문제는 누가 콜럼버스가 되느냐입니다."

콜럼버스는 새로운 땅을 찾아 나선 탐험가였다. DARPA는 과학을 이용해 미래의 전쟁에서 싸우는 새로운 방법을 찾고 있다.

DARPA 과학자들과의 인터뷰는 한때 공상과학 소설의 영역에 존재했던 프로그램들이 21세기에는 빠르게 현재의 과학이 되어 간다는 느낌을 주었다. 개릿 케넌 박사의 로스알라모스 연구소가 인간 정신의 미래를 대변한다면 캘리포니아 대학 어바인에 있는 수잔 브라이언(Susan V. Bryant) 박사와 데이비드 가디너(David M. Gardiner) 박사의 연구소는 인간 몸의 미래를 대변한다. 두 사람은 부부로, 모두 재생 생물학자다. 브라이언 박사는 어바인 캠퍼스 생물과학 대학 학장이자 연구 부총장이다. 가디너 박사는 발달 세포 생물학 교수이자 세포 재생 공학 분야의 연구소를 운영한다.

이곳은 수많은 대학 연구소와 유사했다. 고성능 현미경과 해부 장비가 즐비하며 보호경과 장갑을 낀 대학원생들로 가득했다. 가디너 박사와 브라이언 박사가 이곳에서 수행하는 연구는 DARPA와 맺은 4년짜리 계약과 미 육군과의 5년짜리 계약의 결과물이다. 그들이 하는 일은 팔다리 재생 연구다. 가디너와 브라이언은 머지않아 인간이 육체 일부를 재생할 수 있으리라 믿고 있다.

60대인 데이비드 가디너 박사는 작업대 위에 놓인 일군의 실험용 트레이들을 자세히 살펴보았다. 안에는 다리가 여러 개인 아홀로틀(axolotle)이라는 수생 도롱뇽들이 기어다녔다. 벌레처럼 생긴 커다란 눈이 달려 있어 선사 시대나 혹은 미래에서 왔나 싶은 독특한 모습이었다. 가령 어떤 건 분홍색인데 다른 건 착색이 안 되어 있었다. 자연스럽게 생기는 돌연변이로 투명하다. 그래서 몸속의 뼈와 핏줄이 보인다. 도롱뇽과의 종족들은 유미목의 양서류로, 성체가 되어서도 잃어버린 신체의 일부를 재생해 낸다.

가디너 박사는 "요즘 재생이 뜨거운 관심을 받는다"고 했다. "수잔과 나는 수년간 재생을 연구해 왔습니다. DARPA가 최초로 우리에게 무언가를 재생해 달라고 요청했죠. 그들은 쥐의 손가락을 재생하라고 했어요." DARPA가 다른 과학자들을 동원해 쥐의 손가락 끝을 다시 살려 내는 과학적 기념비를 세운 사례를 지칭하는 것이었다. "DARPA가 '좋아요. 규모를 키워 볼까요?'라고 물었어요. 돼지나 인간을 대상으로 하자는 말이죠. 그들이 가능하냐고 해서 우리는 그렇다고 답했어요. 그들이 다시 물었죠. '어떻게 하는지 알아요?' 우리가 모른다고 하니 그렇다면 자신들이 돈을 대겠다고 했어요." 가디너는 거기에 DARPA의 탁월함이 있다고 믿었다. "DARPA는 질문에 돈을 댄다"고 말했다.

가디너 박사는 도롱뇽이 들어 있는 트레이를 조사하다가 자신이 찾고 있는 하나를 가리켰다. 이 아홀로틀의 몸 오른쪽에서는 여분의 다리가 나오고 있었다. 오른쪽 두 번째 다리였다. "이 도롱뇽에 있는 여분의 다리를 살펴보면, 우리는 우리가[인간이] 팔 하나를 만드는 데 필요한 모든 정보를 얻게 됩니다."

신체 재생의 개념을 설명하기 시작하면서 가디너 박사는 우선 생물체의 유전 정보가 변화하여 돌연변이가 발생하는 과정인 돌연변이 유발(mutagenesis)을 간략하게 요약해 주었다. "돌연변이는 자연에서 발생합니다. 돌연변이원에 노출되는 결과로 그렇게 됩니다." "자연적 돌연변이는 유기체에 도움이 되거나 해롭기도 하며 이것이 진화를 촉진합니다. 돌연변이는 연구실에서 실험으로 수행되기도 합니다. DNA는 생물학이나 화학적 수단을 통해 인위적으로 변형될 수 있으며 그 결과 돌연변이가 발생합니다." 우리가 논의한 해로운 돌연변이 유발의 중대한 사례는 ARPA의 민첩 프로젝트가 추진한 고엽제 작전의 결과로 발생했다. 베트남전 당신 에이전트 오렌지에 노출된 사람들의 2세는 돌연변이를 갖고 태어나는 비율이 높았다. 고엽제가 뿌려진 베트남 사람들이나, 분명히 밝혀지지 않았지만 고엽제 살포에 동원된 미군이 모두 포함된다.

가디너는 "돌연변이는 우리에게 신호를 이야기한다"고 설명했다. "세포들은 신호를 사용해 서로 대화합니다. 모든 세포는 정체성을 지녔고, 모든 세포엔 정보가 있습니다. 멍청한 세포는 없어요. 세포들은 성장을 촉진하려 서로 대화하고, 새로운 형태를 만들려고 대화하기도 합니다." 투명하고 여분의 다리를 가진 아홀로틀을 손가락으로 가리키며 그는 말했다. "사람들은 이 도롱뇽을 보면서 말합니다. '도롱뇽들은 특별해. 우리[인간]는 도롱뇽처럼 재생 능력을 갖고 있지는 않아.'" 가디너 박사와 브라이언 박사는 여기 동의하지 않는다. "우리는 말하죠. '오 정말요? 어떻게 아시죠?' 재생 능력의 가장 강력한 증거는 당신이 팔을 가졌다는 겁니다."

가디너는 재생 유전자는 없다고 했다. 그것은 세포 수준에서 발생한다. "사람들은 재생합니다. 우리가 처음 어떻게 시작했는지 보세요. 우리는 단일 세포에서 시작했습니다. 예전에 우리 각자는 분열하는 하나의 단세포 태아였어요. 지구상의 모든 인간은 어머니의 자궁에서 자신의 세포들을 재생했습니다."

브라이언 박사는 상황을 단순화하려고 분화를 사용했다. "도롱뇽과 인간의 차이는 도롱뇽은 다리가 잘리면 새로운 다리를 기르지만 인간은 상처 조직을 키운다는 것입니다. 우리는 부상을 입으면 흉터 조직을 만들어 대응합니다. 왜?"

가디너 박사는 "팔다리 재생의 핵심은 진화다"라고 아내의 말에 보탰다. 브라이언의 말은 "유전학의 핵심이 다양성"에 있다는 것이라고 말했다.

브라이언 박사는 "어떤 사람은 거대한 흉터를 만든다"고 말했다. "흉터가 상처보다 더 클 수도 있습니다. 만약 당신이 흉터 조직을 잘라 내면 그것은 다시 자랄 것입니다. 흉터가 형성되고 치유되는 다른 쪽 끝에 같은 증거가 있습니다. 어떤 이들은 없어지는 흉터를 만들어 냅니다."

가디너 박사는 비유로 암 연구를 보라고 권유했다. "암은 환경과 상호작용하는 우리의 몸과 같아요." "암은 우리에게 인간의 재생 능력이 얼마나 큰 지 보여 줍니다. 암이 커 가는 경로는 재생을 촉진하는 경로와 같아요. 초기에는 누구도 암을 잘 몰랐습니다. 하나의 암이 있고 '암을 유발하는' 발암물질이 있습니다. 그런데 우리는 도롱뇽이 암에 매우 잘 저항한다는 사실을 발견했어요. 도롱뇽에 발 암물질을 주사하자 도롱뇽은 암의 성장을 억제하고 그것을 여분의 다리로 만들어 버렸습니다."

"이 모든 얘기가 어디로 향해 가나요?" 나는 물었다.

"우리는 지금 생물학을 영원히 죽지 않으려는 쪽으로 몰아갑니 다." 가디너 박사는 답했다. "적어도 젊음의 샘으로 가려고 합니다."

2014년 4월, 미국과 멕시코의 과학자들은 실험실의 조직 세포에 서 인간의 자궁이라는 복잡한 장기를 성공적으로 키웠다고 발표했 다. 영국에서는 같은 달 북부 런던에 있는 한 병원에서 과학자들이 줄기세포를 이용해 실험실에서 코, 귀, 혈관, 기관을 키워 냈다고 발 표했다. 네덜란드 마스트리트 대학의 과학자들은 실험실에서 배양 한 소고기로 햄버거를 만들었다. 시험관에서 소의 줄기세포를 키웠 으며 음식 평론가들은 "고기와 가까운" 맛이었다고 전했다.

"과학이 너무 멀리 가 버릴까요?" 나는 가디너 박사와 브라이언 박사에게 물었다.

"동일한 생명 공학 기술로 과학자들은 인간을 복제할 수 있습니 다." 가디너 박사는 말했다.

"국방부가 인간 복제 연구를 시작하리라고 생각하나요?" 나는 물었다.

"궁극적으로 정책 결정이 이루어져야 할 필요가 있습니다." 가디 너는 말했다.

2005년에 UN은 "인간의 존엄이나 인간 삶의 보호와 양립하지 못할 모든 형태의 인간복제"를 금지한다는 인간복제에 관한 선언을 표결로 채택했다. 그러나 미국에서 현재 그것을 금지하는 연방 정책 은 없다. 2007년에 인간복제 금지 법안(H.R. 2560)은 의회를 통과하지 못했다. 따라서 국방부는 지금 복제를 행할 수 있다. 그리고 브라이언 박사나 가디너 박사 모두 그 질문에는 답이 없었다. 우리는 과학적으로 가능하다면 거의 언제나 과학자들이 시도한다는 데 동의했다.

"이런 논의가 필요합니다." 가디너 박사가 말했다.

21세기의 과학 세계에서는 무엇이든 가능하다. 그러나 꼭 그렇게 해야 하나? 누가 그걸 결정하나? 무엇이 현명하고 무엇이 현명하지 않은지 어떻게 아나?

"상황을 잘 아는 대중이 필요합니다." 브라이언 박사는 말했다. "대중은 반드시 상황을 알아야 합니다."

그러나 대중이 상황을 잘 알려면 먼저 그들에게 잘 알려야 한다. 브라이언 박사와 가디너 박사의 프로그램은 기밀로 분류되지 않았다. 그들은 4년간 DARPA를 위해 일했고, 그다음 양측은 우호적으로 다음 단계로 옮겨 갔다. DARPA가 팔다리 재생 과학으로 무엇을 할지는 스스로 결정해야 한다. 만약 DARPA가 복제 프로그램을 운용한다면 그것은 기밀로 분류될 것이다. 대중이 그 사실을 알게 된다고 해도 나중에나 가능하다.

만약 인간 복제가 가능하고 그래서 불가피하다면, 국방부의 자금 지원과 군사적 적용을 염두에 둔 미국 과학자들이 이와 같은 기념비적 과업을 가장 먼저 성취해야 할까? 인공지능이 가능하면 불가피하게 해야 할까?

DARPA의 마음가짐으로 달리 물어보자. 러시아나 중국 혹은 한국이나 인도나 이란이 전 세계에 첫 번째 인간 복제를, 혹은 첫 번째 인공지능 기계를 선보인다면 그것은 스푸트니크 같은 기습공격으로 여겨질까?

DARPA는 언제나 기술적이고 군사적인 우위를 추구해 왔다. 관찰자들에게 무엇이 군사적으로 유용한 과학적 진보이고, 무엇이 과학을 너무 많이 밀어붙이는 건지 그 경계선을 토론하도록 맡기고 말이다. 무엇이 옳고 무엇이 그른가?

브라이언 박사는 "스티븐 호킹을 보라"고 했다.

이론 물리학자이자 우주 과학자인 스티븐 호킹은 지구상에서 가장 똑똑한 사람 중 하나로 꼽힌다. 1963년에 그는 운동 신경원병에 감염되어 의사로부터 2년밖에 못 산다는 말을 들었다. 그러나 2015년 현재, 그는 살아 있다. 사지는 마비됐으나 50년 이상 일하고 책을 쓰고 음성 생성 장치를 사용해 소통하면서 놀랍도록 충만한 삶을 살고 있다. 호킹은 인간 복제를 찬성한다. "복제에 관한 난리법석은 어리석다." 그는 말했다. "전통적인 방식으로 남동생과 여동생을 만드는 일과 복제 사이에 본질적으로 어떤 차이가 있는지 모르겠다." 그러나 호킹은 인공지능 추구는 위험한 생각이라고 믿었다. 그것은 인간에게 "사상 최악의 실수"이거나 최후의 실수일지도 모른다. 2014년에 호킹과 일군의 동료들은 인공지능 기계가 가져올 위험을 경고했다. "인공지능 기술이 금융 시장을 능가하고, 인간 연구자를 뛰어넘고 인간 지도자를 조종하고, 우리가 이해조차 하지 못하는 무기를 개발하리라 상상할 수 있다. 단기적인 인공지능의 영향은 누가 통제하느냐에 달려 있겠지만 장기적인 영향은 그것이 통제될 수 있는지 여부에 달려 있다."

인공지능을 경고한 사람은 스티븐 호킹만이 아니었다. 물리학자이자 인공지능 전문가인 스티브 오모헌드로(Steve Omohundro)는 "매우 조심스럽게 설계되지 않으면 이 [자율] 시스템들이 반사회적이고 해로운 방식으로 행동할 가능성이 높다"고 믿는다. 2013년 제네바에서 UN 사상 처음으로 살상용 자율 무기 시스템, 헌터 킬러 드론을 논의하는 회의가 열렸다. 4일에 걸쳐 117개 회원국은 이런 종류의 로봇 시스템을 국제적으로 불법화해야 하느냐를 두고 토론을 벌였다. 세계적으로 유명한 로봇과 인공지능 전문가인 노엘 샤르키는 UN에서 증언하면서 말했다. "무기 시스템이 자율적으로 인간 목표물을 선택하고 치명적인 무력을 사용하도록 허용해서는 안 된다." 국제 인권 감시 기구(Human Right Watch)와 하버드 법대 국제 인권 상담실(International Human Right Clinic)은 "인간성 상실: 킬러 로봇에 반대하며(Losing Humanity: The Case Against Killer Robots,)"라는 보고서를 발표했다.

이 보고서의 저자들은 "완전히 자율적인 무기는 생명에의 근본적 권리를 침해하는 위협이 된다"고 썼다. 인명을 살상하는 로봇은 "인간의 존엄이라는 근본적인 원칙을 훼손하기" 때문이다. 국제 인권 감시 기구의 무기 분야 국장인 스티븐 구스(Stephen Goose)는 "전장에서 누굴 죽이고 누굴 살릴지 결정할 권한을 기계에게 준다면 기술에 너무 많이 의존하는 것"이라고 했다.

이 책을 쓰려고 한 인터뷰에서 노엘 샤르키는 "인간과 기계의 상호작용 실패, 소프트웨어 프로그래밍 오류, 오작동, 통신 성능 저하, 적의 사이버 공격" 등을 포함해 무시하기엔 너무나 심각하다고 믿는 로봇의 잠재적인 오류 목록을 언급했다. 샤르키는 "넘지 말아야 할 선이 있다고 믿는다"고 했다. "로봇에게 사람을 죽이는 권한을 주지 말아야 한다."

헌터 킬러 로봇을 만들려는 움직임은 중단될까? 스티브 오모헌드로는 "자율 무기 경쟁은 이미 시작됐다"고 믿는다. "군사적, 경제적 압력이 자율 무기 시스템의 급속한 개발을 밀어붙이기" 때문이다. 인간성이 낭떠러지 앞에 서 있다고 믿는 사람들이 날로 늘어 가고 있다. 스티븐 호킹, 노엘 샤르키, 스티브 오모헌드로도 그 안에 포함된다. DARPA의 목표는 전략적 기습을 방지하고 만들어 내는 일이다. 그러나 최종 게임이 인간성 상실이라면 어떻게 해야 하는가? 해외의 군사적 경쟁자를 밀어내려는 노력에서 DARPA가 예상치 못했던 최악의 적을 만든다면 어떻게 될까? 인공지능과 함께 강력한 과학으로 태어난 기계 경쟁자가 우리보다 빠르게 월등해져도 좋은가? 달리는 기차처럼 멈춰 세울 수 없는 적이 태어나도 괜찮은가? 21세기가 인류 역사에서 인간이 다른 인간을 진정한 경쟁자로 갖게 되는 마지막 시대가 된다면 어떻게 될까?

과학과 기술이 지배하는 세계에서 생존하는 쪽은 가장 적합한 사람보다 가장 똑똑한 사람일지 모른다. DARPA의 프로그램 관리자들은 DARPA의 과학은 "과학적 사실이지 공상과학이 아니다"고 말하길 좋아한다. 이 두 개념이 뒤섞이면 어떤 일이 벌어질까?

26장

펜타곤의 두뇌
The Pentagon's Brain

2014년 4월에 나는 노벨상을 수상한 레이저 발명가 찰스 H. 타운스를 인터뷰했다. 우리가 대화했을 때 그는 99세가 된 직후였다. 그럼에도 그는 여전히 명확하고 조리있게 말했으며, 캘리포니아 대학 버클리에 정시 출퇴근했다. 여전히 논문을 쓰고 기자들의 요청에 부응했다. 나는 그를 인터뷰하게 되어 매우 기뻤다.

우리가 논의한 두 가지를 아직도 잊을 수 없다. 찰스 H. 타운스는 내게 오래전 자신의 레이저 구상을 존 폰 노이만에게 말했었다고 했다. 그러나 폰 노이만은 그것이 가능하지 않다고 답했다.

"그래서 그 말을 어찌 생각하셨나요?" 나는 타운스에게 물었다.

"뭔가 새로운 일을 할 작정이라면, 비판을 무시해야 해요. 대부분의 사람들은 새로운 아이디어에 저항합니다. 그들은 생각해요, '내가 생각해 본 적이 없다면 불가능할 거야'라고 말이죠. 사람들은 언제나 당신을 의심하기 마련이죠. 그럼에도 뭔가 하려고 하면 어쨌든 끈질겨야 합니다. 당신은 그렇게 해야 합니다." 찰스 H. 타운스가 바로 그랬다. 레이저는 현대 세계의 가장 중요한 발명품 중 하나로 꼽힌다.

찰스 H. 타운스가 한 말 중 두 번째로 심오한 이야기는 이 책의 앞부분에서 언급했다. 그는 개인적으로 톨스토이가 쓴《가린의 살인광선》에서 영감을 얻어 레이저 광선을 발명했다고 한다. 공상과학 소설이 얼마나 강력한 힘을 가질 수 있는지 생각하게 해 주는 훌륭한 사례다. 환상적이지만 얼핏 불가능해 보이는 생각이 찰스 H. 타운스 같은 사람에게 영감을 줌으로써 현실 세계를 완전히 바꾸는 물건을 발명하게 했다.

공상과학 소설이 현실 세계에 심오하게 영향을 미칠 수 있다는 개념은 내게 특별히 흥미로웠다. 왜냐하면 이 책을 쓰려고 연구하고 취재하면서 테러와의 전쟁 동안 펜타곤이 공상과학 소설가들에게서, 주로는 시그마(SIGMA) 그룹이라 불렸던 민간 조직에게서 아이디어를 구하기 시작했다는 사실을 알게 됐다. 설립자 알란 앤드류스(Arlan Andrews) 박사는 세계를 테러에서 구하자는 생각으로 그 그룹을 꾸리게 되었으며, 펜타곤과 백악관에 '미래주의 자문(futurism consulting)'을 제공하기 시작했다고 했다. 표어는 "국익을 위한 공상과학"이었다.

앤드류 박사는 나라를 지켜야 할 책임이 있는 사람들은 "정신나간 구상을 할 필요가 있다"고 했다. 시그마 그룹은 그런 관점에서 펜타곤을 도왔다. "[시그마에 속한] 우리 중 많은 사람이 첨단 기술 분야에서 박사 학위를 소지하고 있다. 일부는 연방 정부나 국방 산업에 종사한다." 앤드류는 조지 H. W. 부시 대통령의 백악관 과학 담당관으로 일했다. 그에 앞서는 뉴멕시코 소재 산디아 국립 연구소의 핵무기 생산 시설에서 일했다. 시그마 멤버들에 관해 그는 이렇게 말했다. "우리 각자는 뛰어난 공상과학 소설가였다. 새로운 기술, 새로운 문제, 새로운 사회를 소설로 그려 냈고, 가능한 과학을 설명했으며, 그것이 인류에 어떤 결과를 가져올지 예측했었다."

시그마 그룹의 구성원으로 펜타곤의 변혁 전략가인 피터 개럿슨(Peter Garretson) 중령이 있었다. 2014년 봄에 그는 나와 내 동료 2명, 크리스 카터(Chris Carter)와 게일 앤 허드(Gale Anne Hurd)가 펜타곤을 방문하도록 주선해 주었다. 크리스 카터는 공상과학 TV 드라마 가운데 가장 인기 높았던 프로그램의 하나인《엑스파일The X-Files》을 제작했다. 이 시리즈의 등장인물 중 하나인 '담배 피는 남자(Cigarette Smoking Man)'는 정부 음모의 중심에서 살아가는 필수 불가결한 악당이다. 게일 앤 허드는 공상과학 영화의 고전인《터미네이터The Terminator》를 공동 집필했다. 미래의 사이보그 암살자가 시대를 거슬러 과거로 보내져 스카이넷(Skynet)이라는 악의적인 인공지능 기계로부터 세계를 구한다는 내용이다. 영화에서 스카이넷은 자신을 만든 과학자들보다 더 똑똑해진다. 그 결과 지구상에서 인류를 제거하고 기계의 우위를 달성하려고 핵전쟁을 시작한다.

카터와 허드는 미래주의 자문이 아니라 나와 함께 취재 여행차 듣고, 토론하고, 관찰하러 펜타곤으로 갔다. 2014년의 어느 따뜻한 봄날에 우리는 펜타곤에 도착했다. 5각형의 5층 건물로, 면적이 60만 제곱미터가 넘는 이 구조물은 꼭 거인 같았다. 우리는 보안 시설을 통과해 안으로 들어섰다. 보안 규정에 따라 어디를 가든, 심지어 화장실을 갈 때도 안내받아야 했다. 우리는 펜타곤의 중정으로 점심을 먹으러 갔다. 잔디밭에는 큰 나무들이 서 있었고 나무로 된 피크닉 탁자들이 있었다. 그 자리엔 국방 정보국이나 국방 비밀 사무국(Defense Clandestine Service) 소속의 인사들이 다수 있었다. 개럿슨의 동료 줄리안 체스닛(Julian Chesnutt) 중령은 펜타곤 중정의 중심에 있는 건물에 관련된 이야기를 들려줬다. 지금은 푸드코

트로 사용되지만 예전에는 핫도그 가판대였다고 한다. 냉전이 한창이었을 때 위성 기술이 처음 도입되면서 펜타곤을 쳐다보던 소련의 분석가들은 핫도그 가판대를 핵미사일 저장고 같은 지하 시설의 출입구라고 확신했다고 한다. 온종일 수천 명이 이 작은 건물에 드나드는 다른 까닭을 찾지 못했기 때문이다. 소련은 끝내 이 핫도그 가판대의 비밀을 알아내지 못했으며 냉전 기간 내내 나머지 펜타곤 건물과 함께 이곳은 소련의 목표물로 남아 있었다. 정말 흥미로운 일화였다. 또 펜타곤의 지하에 진짜 무엇이 있는지 궁금하게 만든다. 소문으로는 지하에 여러 층이 더 있다고 한다.

긴 피크닉 테이블에 앉아서 점심을 먹는 동안 우리는 과학적 사실과 공상과학 소설에 관해 펜타곤의 "미래 사상가들"과 생각을 자극하는 대화를 나누었다. 박사 학위 소지자가 다수인 이곳 국방부 지식인들의 나이는 20대에서 60대에 이르고 이들은 다양한 군 복무 경력을 가지고 있었다. 누군가는 이라크의 전쟁터에서, 다른 이는 아프가니스탄에서 근무했다. 미래 지향적인 이들의 열정은 두드러져 보였다. 그들의 생각은 자극적이었고 국가 안보에 대한 헌신은 단호했다. 이들은 펜타곤의 미래를 이끌어 나갈 브레인이었다.

점심이 끝나자 E-링으로 안내받았다. 국방부 장관과 합참의장이 있는 곳이었다. 우리가 보안 시설이 있는 열댓 개의 문을 지나고 계단으로 여러 층을 오르내리는 동안 미로 같은 회랑들엔 형광등이 가득했다. 그리고 마침내 국방부 장관의 사무실 밖 현관에 도착했다. 회랑의 벽들에는 역대 장관들의 실물 크기 유화들이 걸려 있었다. 나는 그곳에서 이 책에 묘사된 역대 장관 5명을 보았다. 닐 맥엘로이는 의회에 DARPA 창립을 승인해 달라고 요청했다. 그는 이 조직이 미국의 미래 무기 시스템을 이끌 것이라 약속했다. 실제로

DARPA는 무기 시스템을 이끌었다. 로버트 맥나마라는 지성과 시스템 분석이 전쟁을 승리로 이끈다고 믿었다. 그리고 이 목적을 달성하려고 펜타곤의 상층부를 소년 천재들로 채웠다. 수소폭탄을 만든 공학자인 해롤드 브라운은 물리학자로는 최초로 국방부 장관이 되었으며 미국에 차원이 다른 전략적 이점을 주었다. 지휘관들에게 대륙 넘어 멀리서 전쟁을 치를 능력을 주었다. 딕 체니는 압도적인 군사력은 특정 목표를 달성할 수 있다는 사실을 세계에 과시했다. 도널드 럼스펠드는 네트워크 중심 전쟁을 세상에 소개했다.

펜타곤의 벽을 장식한 예술 작품과 무기 시스템 사진들을 보면서 회랑을 걸어가는 동안 과학적 사실과 공상과학 소설을 둘러싼 우리 일행의 대화가 풍성해졌다. 어느 장교가 자신의 사무실 벽에 《엑스파일》에 나오는 담배 피는 남자의 포스터가 붙어 있다고 했다. 또 다른 사람은 사무실에서 열린 친목 모임을 위해 자신의 팀은 앞부분에 스카이넷이라고 쓰인 야구 모자를 만들었다고 말했다. 공상과학 소설은 강력한 힘을 지녔다. 카터와 허드가 만드는 가공의 작품 때문에 건전한 생각을 가진 많은 사람이 적어도 두 가지 공상과학 개념을 진지하게 받아들였다. 우선 《터미네이터》처럼 인공지능 기계가 인간 창조자를 능가해 핵전쟁을 시작할 잠재성이 있다는 사실이다. 다른 하나는 《엑스파일》처럼 정부 안에 어떤 진실을 비밀로 하려는 세력이 존재할 가능성이 있다는 점이다. 기자인 나는 이런 개념들이 현실 세계에서도 존재한다는 걸 알게 됐다. 미국 정부는 인공지능 헌터 킬러 로봇이 견줄 데 없는 잠재적 위험이라며 국가 안보를 앞세워 이것을 비밀에 부치고 있다. 나는 펜타곤의 강력한 비밀과 전략들이 눈에 뻔히 보이게 숨어 있음을 발견했다.

펜타곤으로 취재 여행을 다녀온 다음 날, 나는 마이클 골드블라트를 보러 갔다. DARPA의 슈퍼 병사 프로그램들의 상당수를 이끌었던 사람이다. 과학자이자 모험 투자가이기도 한 그는 1999년부터 2004년까지 DARPA 국방 과학실을 이끌었다. 당시 정신적으로나 육체적으로 월등한 전사를 만들어 내려고 노력한 프로그램들을 감독했었다. 골드블라트는 자신의 집으로 인터뷰하러 오라고 요청했다. 자동차로 내가 묵었던 펜타곤 시티의 호텔에서 그가 사는 교외로 가는 여정은 《엑스파일》 같은 느낌을 주었다. 숲이 우거진 버지니아의 맥클린(Mclean)에서 돌리 매디슨 블루바드(Dolley Madison Boulevard)(그녀의 남편 제임스 매디슨은 전쟁은 자유의 두려운 적이라고 했다)를 따라가며 우리는 랭글리(Langley)의 CIA 본부 정문을 지나쳐 인근 주택가로 접어들었다.

마이클 골드블라트의 집에서 우리는 트랜스휴머니즘, 즉 기계와 약품 그리고 다른 수단으로 전사의 수행 능력을 확장하고 증대시키려는 DARPA의 노력들을 논의했다. 골드블라트의 재직 기간 동안 기밀에서 해제된 프로그램들에는 전투 지속력, 기계적으로 우월한 병사, 지속적으로 지원되는 수행 능력 등이 있었다. 이들은 전사들의 육체적 능력 확대에 초점을 두었다. 그러나 오늘날 나는 인간의 뇌 능력을 확대하려는 DARPA의 프로그램들에 가장 흥미를 느끼고 있다. 뇌에 손상을 입은 병사들의 뇌뿐 아니라 건강한 병사의 뇌까지도 포함한다. DARPA는 이 분야의 연구를 증강 인지(Augmented Cognition)라고 부른다. 증강 인지의 개념은 인간과 기계가 하나가 되는 과학적 신천지에 있다. 펜타곤은 이를 인간-로봇 상호작용(Human-Robot Interaction, HRI)이라 부른다. DARPA의 로봇 쥐와 박각시나방 프로그램에서 과학자들은 원격 통제장치로 조종되는 동물과 기계의 바이오하이브리드를 만들어 냈다. 증강 인지 프로그램을 통해 DARPA는 인간과 기계의 바이오하이브리드를, 우리가 사이보그라 부를 수 있는 무엇을 창조하려 한다.

DARPA는 1970년대 이래 뇌-컴퓨터 인터페이스(brain-computer interface, BCI)를 연구해 왔다. 그러나 21세기 나노 생명 공학 기술의 발전 덕에 BCI는 진정으로 새로운 지평을 열게 됐다. DARPA의 증강 인지 프로그램은 골드블라트의 재임 기간에 획기적 계기를 얻었다. 2004년 무렵, DARPA가 공개적으로 밝힌 목표는 "인간과 기계를 한 쌍으로 연결해 네트워크 사고력의 획기적인 증대"를 이루겠다는 내용이었다. 2007년 새 프로그램들을 모집하면서 DARPA는 말했다. "인간의 뇌 활동은 반드시 기술과 통합되어야 한다." 그 결과 몇 개의 프로그램이 기밀에서 해제됐으며 그중에는 인지 기술 위협 경고 시스템(Cognitive Technology Threat Warning System, CT2WS)과 정보 분석을 위한 신경기술(Neurotechnology for Intelligence Analysis, NIA)이 있었다. 두 프로그램은 모두 목표물을 찾는 인간의 능력을 증가시키려고 "비침습적 기술"을 사용한다. CT2WS 프로그램은 전쟁터에서 목표물을 찾는 병사들과, 적대적 환경에서 감시 작전을 수행하는 정보 요원들의 능력을 신장하고자 설계됐다. NIA는 위성 사진에서 목표물을 찾는 영상 분석을 목적으로 설계됐다. 프로그램 참여자들은 "무선 뇌파 검사(electroencephalography, EEG) 모자", 다른 말로 헤드셋으로 불리는 장비를 착용한다. 이 장비는 착용자의 인지 기능을 증가시키려고 전자파로 뇌를 자극한다. DARPA의 과학자들은 이 "비침습성인 뇌-컴퓨터 인터페이스"를 사용해 인간의 인지 능력을 기하급수적으로 높일 수 있으며 병사들과 스파이들이 더 빨리 더 정확하게 생각하도록 만들 수 있다는 걸 발견했다. DARPA에 따르면 문제는 "착용이 불편하며 사용자에게 매력적이지도 않았다. 헤드셋을 제거하고 나서도 사용자의 뇌와 머리에 남는 축축함과 잔류감 때문이다." 뇌에 칩을 이식하는게 훨씬 더 효과적이다.

골드블라트가 DARPA를 떠난 뒤에 DARPA 연구자들은 과학 전문지들에서 "인간과 기계를 연결하는 시스템"에서 벌어진 일련의 "획기적인 전진"을 확인했다. 2014년 DARPA 프로그램 관리자들는 "뇌와 컴퓨터를 하나로 묶는 기술들의 미래"는 RAM, REPAIR, REMIND, 그리고 SUBNETS 등 침습성과 비침습성 기술을 망라해 DARPA 뇌 프로그램들*의 모든 기술을 하나로 뭉치는 데 달려 있다고 진술했다. DARPA는 본질적으로 인간의 뇌 내부에서 정보, 감시, 정찰 업무를 수행한 것일까? 이것이 DARPA 과학자들에게 오랫동안 찾아왔던 인공지능의 열쇠를 주는 정보일까? "대통령이 추진한 신경기술 발전을 통한 뇌 연구(BRAIN) 계획과 관련해" DARPA 프로그램 관리자들은 "뇌로부터 더 많은 정보를 빼내는 데도 필요하고 더 많은 사람이 그런 연구에 종사하고 참여할 수 있게 하는 일에도 새로운 뇌-컴퓨터 인터페이스 프로그램이 필요하다"고 썼다.

수십 년 동안 과학자들은 인공지능 기계를 만들고자 노력해 왔으나 성공하지 못했다. 인공지능 과학자들 역시 같은 벽에 계속 부딪혀 왔다. 오늘에 이르기까지 컴퓨터들은 명령에만 복종하고 소프트웨어의 알고리즘이 미리 만들어 놓은 규칙만 따른다. 마이클 골드블라트가 DARPA에서 시작한 트랜스휴머니즘 프로그램이 이 벽을 무너뜨리는 계기가 될지 궁금하다. DARPA의 뇌-컴퓨터 인터페이스 프로그램이 잃어버린 연결고리일까?

---

* RAM, REPAIR, REMIND, SUBNETS에 대해서는 494쪽을 참조하라.

골드블라트는 껄껄 웃었다. 그는 10년 전에 DARPA를 떠났다고 말했다. 그는 기밀에서 해제된 프로그램들만 이야기할 수 있다. 그러나 그는 뭔가 더 폭로하는 방향으로 나를 이끌었다. 그것은 우리가 제이슨 과학자들과 그들이 2008년에 발표한 보고서를 이야기하는 과정에 떠올랐다. "인간의 수행 능력"이라는 제목이 붙은 보고서의 "뇌-컴퓨터 인터페이스"라고 이름 붙인 부분에서 제이슨 과학자들은 DARPA의 CT2WS와 NIA 등 비침습성 인터페이스들을 다루었다. 제이슨 과학자들은 "수백만 개의 신경 세포와 시냅스의 연결된 활동을 탐지하는 전자기 신호"(다른 말로 EEG 모자나 헤드셋) 이용이 인지 능력 확대에 효과적이었다는 데 주목했다. 그러나 얻어진 정보는 "잡음이 많고 품질이 떨어졌다." 그들은 보다 침습적인 프로그램들이 훨씬 더 구체적인 결과를 생산할 것이라고 여겼다. 특히 소형 전극들이 대뇌피질에 심어지고 두개골 위에 놓인 '외부와 연결되는 장치(feedthrough)'에 이어지는 형태의 프로그램이 효과적이라고 했다. 제이슨 과학자들은 뇌에 칩을 심는 프로그램들은 "원했던 결과"를 실질적으로 매우 개선하게 된다고 썼다. 그럴 경우 "예측 가능한 고도의 뇌 제어 기술이 실현"된다고도 했다.

그렇게 모든 사람의 눈앞에 숨겨져 있었다. DARPA가 "고도의 뇌 제어"를 달성한다면 인간과 기계의 합일, 뇌-컴퓨터 인터페이스의 가능성이 활짝 열린다. 그 사이에 있던 벽은 무너져 내린다. 이 기술들이 헌터 킬러 드론 전쟁에서 활용될 수 있는 분야는 잠재적으로 무궁무진하다. 뇌 칩이 바로 빠져 있던 연결고리다.

그러나 심지어 제이슨 과학자들조차 이런 구상과 함께 엄중한 경고를 발하는 일이 중요하다고 느꼈다. 그들은 "적이 침습성 인터페이스를 군사적으로 적용할 가능성이 있다"고 썼다. "극단적인 예는 인간을 원격으로 지시하거나 통제하는 일이다." 이런 이유로 제이슨 과학자들은 진지한 윤리적 논의 없이 이 분야을 추구하지 말아야 한다고 펜타곤에 경고했다. "뇌-기계 인터페이스는 (좋거나 나쁘거나) 인간의 수행 능력을 변형하는 데 있어 상상할 수 있는 다양한 가능성을 자극한다." 반면에 "그러한 연구 수행에서 오는 관련 기술의 오남용 가능성"도 제기한다고 썼다. 요약하자면 제이슨 과학자들은 뇌가 통제되는 인간 사이보그를 만드는 일은 그들이 추천할 만한 일이 아니라고 썼다.

이 경고는 더 이른 시기, 제이슨이 베트남전 기간에 발령했던 경고와 같은 울림을 지닌다. 당시 국방장관 로버트 맥나마라가 그들에게 호치민 루트에서 핵무기 사용의 타당성을 물었을 때다. 제이슨 과학자들은 추천할 만한 일이 아니라는 결론을 내렸다. 베트남에서 핵무기를 사용하면 베트콩도 소련이나 중국으로부터 핵무기를 구해 사용할지도 모른다고 경고했다. 또한 미래에 테러리스트들이 핵무기를 사용하도록 자극하게 된다고도 지적했다.

증강 인지와 인간 수행 능력에 관한 2008년 연구에서 제이슨 과학자들은 뇌 제어라는 개념은 군의 너무 많은 사람들이 이것으로 인해 윤리적 문제에 봉착하기에 궁극적으로 실패할 수밖에 없다고 믿는다고 했다. 그들은 이렇게 썼다. "이러한 윤리적 고려 사항은 미군이 군사 작전에서 고려하게 될 인간 수행 능력 변형의 적용과 응용 유형을 적절하게 제한하게 된다."

그러나 DARPA에 끼친 제이슨 과학자들의 영향을 논의하는 과정에서 골드블라트는 내가 틀렸다며 고개를 가로저었다.

"제이슨 과학자들은 이제 거의 무관하다." 골드블라트는 말했다. 그가 DARPA에 있던 기간이나 현재 "DARPA에서 가장 큰 영향력을 지닌 과학 자문 집단은 국방 과학 위원회(Defense Science Board, DSB)라고 말했다. DSB의 사무실은 펜타곤 안에 있다. 골드블라트는 DSB가 문제를 발견하고 DARPA는 해결책을 발견한다고 설명했다. DSB는 최근 인간과 기계의 융합 시스템을 연구하고 인간-로봇 상호작용과 관련된 전혀 다른 일군의 문제점들을 발견했다.

드론 전쟁으로 가는 펜타곤의 이정표엔 "무인 시스템 통합 로드맵(Unmanned Systems Integrated Roadmap) FY 2011-2036"과 "무인 시스템 통합 로드맵 FY 2013-2038" 보고서가 있다. 그 두 보고서 사이인 2012년에 DSB는 국방부 장관에게 125쪽에 달하는 보고서 "국방부 시스템에서 자율의 역할(The Role of Autonomy in DoD Systems)"을 제출했다. 이 보고서는 펜타곤이 인공지능 무기 시스템 개발을 더욱 서둘러야 한다고 단호하게 요구했다. DSB 위원장 폴 카민스키(Paul Kaminski)는 보고서에 붙여진 편지에 "현재 실전에 배치된 무인 시스템이 국방부의 작전 전반에 긍정적으로 기여하고 있음에도 자율의 광범위한 수용을 저해하는 국방부 안의 물리적 장애 때문에 자율 기술이 아직 충분히 활용되지 못한다고 우리는 결론을 내렸다"라고 썼다.

DSB는 주요한 장애물은 신뢰라고 했다. 제이슨 과학자들이 그들의 보고서에서 이미 예측한 대로 말이다. 군의 많은 사람들은 자율 무기 시스템을 만들기 위해 인간과 기계를 결합하는 아이디어에 대해 불신을 가졌다. DSB는 현지 지휘관들과 드론 운영을 담당하는 병사 등 지휘 구조의 전 계층에서 저항이 나타났다고 했다. DSB는 다음과 같이 썼다. "특히 지휘관이나 운영자가 집단으로 느끼는 도전은 신뢰의 결여라고 특징지을 수 있다. 그들은 특정 무기 시스템의 자율 기능이 모든 상황에서 의도된 대로 작동하지 않을지 모른다고 우려한다." 전반적인 과제는 "전투가 벌어지는 현장에서 의도되지 않은 방식으로 자율 무기 시스템이 작동하지는 않으리라고 지휘관들이 신뢰하게 만드는 일"이다.

지휘관들이 《엑스파일》이나 《터미네이터》 시리즈를 너무 많이 보았는지도 모른다. 혹은 "의도하지 않은 결과로 이어질지도 모를 자율 또는 반자율 무기 시스템 실패의 결과와 가능성"을 논한 국방부 지침(Department of Defense Directive) 3000.09를 읽었는지도 모른다. 혹은 지휘관과 운영자들이 인간과 기계의 사이보그가 아니라 인간으로 남아 있기를 원했을지도 모른다. 그러나 제이슨 과학자들과 달리 DSB는 이러한 태도를 바꾸려는 노력을 가속화해야 한다고 펜타곤에 권고했다. 지휘관과 운영자, 그리고 전투병들이 인간-로봇 상호작용을 신뢰하고 수용하도록 말이다.

DSB는 "중차대한 관심을 받은 인간-로봇 상호작용 분야는 로봇 윤리"라고 썼다. 로봇 윤리를 다룬 내부 토론을 포함하는 이 노력은 군에 종사하는 인력과 로봇 시스템 사이의 신뢰를 강화하려는 데 목적이 있었다. 그러나 오히려 역효과만 낳았다. "이론적으로는 흥미로웠지만 로봇이 도덕적 판단을 내리고 행동하는 능력을 둘러싼 이 토론은 불행한 결과로 이어졌다. 로봇이 어떤 테두리 안의 합리성에 따라 행동하지 않는다는 암시가 있었기에 무인 시스템에 관한 불신을 증가시켰다." DSB는 이런 불신의 태도가 바뀔 필요가 있다고 권고했다.

DARPA에 신뢰를 조작하는 방법을 연구하는 프로그램이 있다는 사실이 놀랍지는 않다. 테러와의 전쟁 기간 동안에 DARPA는 DARPA와 유사한 부서인 CIA의 정보 고등 연구 계획국(Intelligence Advanced Research Projects Agency, IARPA)과 공동 프로젝트를 시작했다. "인간의 인지에 담론이 미치는 영향을 수치화하는 기법을 개발"하려는 담론 네트워크(Narrative Networks, N2) 프로그램이었다. 이 연구를 이끄는 폴 잭(Paul Zak) 박사는 DARPA와 CIA가 신뢰를 다루는 건 바람직한 일이라고 강조했다. "정부가 사람을 신뢰하는 문제에 조금 더 집중하는 건 우리 모두에게 좋은 일"이라고 잭은 2014년 가을 내게 이야기했다. 캘리포니아의 클레어몬트 대학원(Claremont Graduate University)에 있는 그의 연구실을 방문했을 때였다. 그가 참여한 DARPA 연구가 신뢰를 조작하는 데 사용될 가능성이 있느냐는 질문에 잭은 그렇게 믿을 이유가 없다고 말했다.

폴 잭은 신경 경제학과 도덕성 분야의 선구자다. 신뢰에 바탕을 둔 경제적 결정의 신경화학적 뿌리를 연구하는 분야다. 잭은 경제학 박사 학위가 있고 하버드 대학 박사 후 과정에서 신경영상(neuroimaging) 부문을 공부했다. 2004년 그는 인생을 바꾼 획기적인 발견을 했다. 잭은 "나는 뇌의 도덕적 분자를 발견했다. 뇌에 있는 옥시토신(oxytocin)이라 불리는 화학 물질이 도덕적 문제를 결정하며 도덕성은 신뢰와 관련 있음을 알게 되었다"고 말했다. 잭은 이어 말했다. "DARPA의 모든 사람이 내게 물었다. '우리는 어떻게 옥시토신을 얻게 되는가?'" CIA도 잭에게 관심을 보였다. DARPA의 N2 프로그램을 위해 잭은 옥시토신, "뇌의 도덕적 분자"가 자연스레 분비될 때 신체와 뇌의 반응을 측정하는 방법을 개발해 왔다.

DARPA와 무관했던 독일 본 대학의 연구자들은 옥시토신 연구를 다른 측면에서 수행했다. 2014년 12월 이 연구자들은 옥시토신이 "불안을 없애는 데" 사용될 수 있는지에 관한 연구 결과를 발표했다. 수석 연구자인 모니카 엑스타인(Monika Eckstein)은 《사이언티픽 어메리칸Scientific American》에 남자 62명의 코에 옥시토신을 주입해서 그들의 불안이 사라지는지 보자는 게 연구 목적이었다고 전했다. "그들의 불안은 대체로 사라졌다." 불안이 없어져 버리는 세계에서 우리가 살아가게 될 날이 그리 멀지 않았는지도 모른다.

***

국방 과학 위원회(DSB)는 왜 그토록 펜타곤에 로봇 전쟁을 권하는 일에 몰두할까? 왜 군 인력들에게 로봇을 "신뢰"하고 미래의 전쟁에서 자율 로봇에 의지하라고 강요할까? 왜 연방 정부는 불안을 없애는 데 돈을 쓸까? 그 모든 질문의 답은, 이 책이 제기한 모든 질문의 답은 바로 군산 복합체에 그 핵심에 있다.

다수가 시간제 국방 과학자였고 본업은 대학 교수였던 제이슨 과학자들과 달리 DSB 구성원의 다수는 국방 사업 계약자들이다. 2009-2013년에 버락 오바마 대통령의 정보 자문 위원회 구성원이기도 했던 DSB 위원장 폴 카민스키는 랜드 연구소 이사회의 의장이자 제너럴 다이내믹스의 이사이며, HRL(전 휴즈 연구소 실험실)의 이사회 의장이자, 엑소스타(Exostar) 이사회 의장, 테크노베이션(Technovation, Inc.)의 최고 경영자이자, 존스 홉킨스 응용 물리학 연구소와 MIT 링컨 연구소의 피신탁인 겸 자문이다. 모두 DARPA나 펜타곤과 계약을 맺고 로봇 무기 시스템을 만드는 기업이다. 국방부 장관실의 유급 컨설턴트이기도 한 카민스키는 하나의 사례일 뿐이다. 그의 동료이자 다른 DSB 구성원 50명은 모두 레이시언, 보잉, 제너럴 다이내믹스, 노스럽그러먼(Northrop Grumman), 벡텔(Bechtel), 에어로스페이스(Aerospace Corporation), 텍사스 인스트루먼트(Texas Instruments), IBM, 로렌스 리버모어 국립 연구소, 산디아 국립 연구소(Sandia National Laboratories) 등 거대 국방 사업 계약업체들의 이사회 구성원이다.

사람들은 DARPA의 역사를 보면서 이 조직의 일부 혹은 전체 역할이 미국의 군사 기술 우위를 영원히 유지하려는 데 있다고 한다. 전 DARPA 국장 에버하르트 렉틴은 1970년 의회 증언에서 첨단 기술 전쟁이라는 난제를 분명히 진술했다. DARPA는 언제나 "닭이 먼저냐 계란이 먼저냐는 문제"에 직면하게 된다는 점을 받아들일 필요가 있다. DARPA는 늘 "필요가 발생하기 이전의 연구"를 수행해야만 한다. 전투가 벌어지는 현장에서 기술적 필요가 발생하면 그때는 명백히 늦기 때문이다. 따라서 연구는 그 전에 완료되어야 한다. DARPA의 계약 사업자들은 펜타곤이 필요에 앞서가도록, 그래서 군사적 분야의 혁명을 이끌어 가도록 해 주는 시스템의 핵심적인 부분이다. 미래의 전투를 지배하려면 결코 방심해선 안 된다.

또 다른 사람은 DARPA의 역사와 그 미래를 보면 DARPA가 개발한 기술이 세상에 등장하면서 언젠가는 DARPA의 통제 범위를 스스로 넘어설 가능성이 있다고 말하기도 한다. 존경받는 과학자와 기술자들은 바로 이점을 중대하게 우려한다.

이제 해야 할 질문은 이렇다. 우리의 창조물을 여전히 통제하는 선까지 얼마나 더 가까이 다가갈 수 있는가?

달리 질문해볼 수도 있다. 이 기술적 우위를 차지하려는 경쟁은 DARPA가 "달걀이 먼저냐 닭이 먼저냐"는 난제에 계속 빠져 있어야 기업들이 득을 본다는 현실에 얼마나 그 기반을 두고 있는가?

아이젠하워 대통령이 1961년 1월 퇴임 연설에서 군산 복합체의 위험을 지적했을 때 두려워하라고 경고한 그 내용이다. "우리는 영구적으로 거대한 규모의 군수 산업을 만들어 내도록 강요되어

왔다."

그 이후 군수 산업은 수십 년간 계속 커져만 왔다. 만약 DARPA 가 펜타곤의 두뇌라면 국방 사업 계약자들은 펜타곤의 심장이다. 아이젠하워는 미국인들이 국방 사업 계약자들을 견제할 유일한 방법은 지식이라고 했다. "오직 지식이 풍부하고 날선 시민들만이 거대 국방 산업과 군사 장비가 우리의 평화적 목표와 방법에 적절하게 맞물리도록 강제할 수 있고, 그렇게 되어야 안보와 자유가 동시에 번영한다."

그보다 모자란 그 무엇에 머문다면 시민들은 고유의 운명을 더이상 통제하지 못하게 된다.

이 책이 다룬 프로그램들은 모두 기밀이 아니다. DARPA의 고위험 고수익 프로그램들은 전쟁터에 그 모습을 드러내기 전까지만 비밀이다. DARPA가 헌터 킬러 로봇을 만들려고 얼마나 노력했는지, 인간과 기계를 하나로 엮으려는 프로그램이 얼마나 진행됐는지 감안하면 가장 시급한 질문은 시민들이 이미 자신의 운명을 더이상 통제하지 못하는 지경에 오지 않았느냐는 자문이어야 할지도 모른다.

군사 기술의 발전은 멈출 수 있을까? 그래야 할까? DARPA 최초의 자율 로봇 설계는 수십 년 전인 1983년 DARPA의 똑똑한 무기 (Smart Weapon) 프로그램의 일부로 개발됐다. "킬러 로봇"으로도 불렸으며 그때 나온 표어는 미래를 내다본 말들이었다. "전쟁터는 인간이 있어야 할 곳이 아니다."

이 책은 적어도 몇 사람은 "사악한 물건"이라고 믿었던 무기를 실험하는 과학자들의 이야기로 시작했다. 수소폭탄을 만들면서 그들은 방어하지 못할 무기를 탄생시켰다. 오늘날 존재하는 수천 발의 수소폭탄과 관련하여 가장 강력한 미군조차 그 문명 파괴자가 세상 밖으로 풀려나지 않으리라는 낙관에만 의지한다.

이 책은 펜타곤 안에서 자율 무기 시스템을 개발하려는 과학자들로 끝맺는다. 또한 펜타곤 밖에서 다른 과학자들은 이것이 내재적으로 사악한 물건이라는 생각을 널리 퍼트리려고 노력한다. 그들은 인공지능의 헌터 킬러 로봇이 언젠가 그들을 만들어 낸 인간을 능가하거나 능가할 수 있으며 그에 맞설 방어 시스템은 존재하지 않는다고 생각한다.

여기서 위험한 차이에 주의를 환기하려 한다. 수소폭탄이 만들어졌을 때는 국방 계약 사업자들, 학계, 산업계가 이끌던 군산 복합체가 펜타곤에 상당한 통제력을 행사하기 시작할 무렵이었다. 오늘날 그 통제력은 전능하다.

수소폭탄이 만들어지던 1950년대와 헌터 킬러 로봇의 개발을 가속화하려는 오늘날과의 또 다른 차이는 수소폭탄을 제작하겠다는 결정은 비밀리에 이루어졌고, 헌터 킬러 로봇을 가속화하겠다는 결정은 비록 널리 알려지지는 않았지만 더 이상 비밀이 아니라는 점이다. 그런 점에서 우리의 운명은 이미 결정됐는지 모른다.

감사의 말

　이 책은 1954년 수소폭탄을 개발하는 과학자들에서 시작해 2015년 로봇, 사이보그, 바이오하이브리드를 만드는 국방 과학자들로 끝난다. 첨단 과학을 다룬 책을 쓰겠다고 결심하고 이를 조사하는 과정에서 매우 인간적이고 비과학적인 이야기가 두드러졌다. 리처드 "립" 제이콥스가 해 준 이야기였다. 제이콥스는 베트남 전쟁 때 호치민 루트에 군사용 탐지기들을 살포하는 임무를 받았던 VO-67 해군 비행대 소속이었다. 나는 앞에서 제이콥스와 그의 비행 동료 크루 세븐을 다룬 이야기를 소개했다. 그들은 적진에서 1968년 2월 27일 격추됐다. 두 사람은 죽고 나머지는 거의 기적적으로 생환했다.

　42년이 지난 2010년, 66세의 제이콥스는 골프를 끝내고 오클라호마 주 오클라호마 시티의 레이크 헤프너(Lake Hefner) 골프장 주차장에 세워진 자신의 차로 걸어가며 가까이에 주차된 어떤 차의 범퍼 스티커를 발견했다. 순간적으로 수십억 개의 신경 돌기가 그의 두뇌에서 번쩍였고 밀물처럼 기억이 밀려왔다. 그 범퍼 스티커가 졸리 그린 자이언츠(Jolly Green Giants)라는 베트남전 당시 활약했던 헬리콥터 수색 구조대를 나타냈기 때문이다.

　제이콥스는 스티커를 응시했다. 신경망에 불꽃이 일면서 그는 42년 전, 호치민 루트 정글 숲 꼭대기 어느 나무에 매달려 있던 자신을 기억했다. 추락하는 항공기에서 낙하산으로 탈출한 그는 숲으로 떨어지면서 낙하산 줄에 온몸이 둘러싸여 꼼짝달싹 못했다. 그는 피범벅이었다. 움직이진 못했지만 신경이 곤두섰던 그는 지상에서 자신을 찾는 베트콩의 소총 소리를 들었던 두려운 순간을 기억했다. 제이콥스는 자신이 낙하산을 메고 뛰어내리며 위치 추적 장치를 켰는지 걱정하며 몸속에서 치밀어 올랐던 수십 년 전의 공포를 회상했다. 만약 그가 추적 장치를 켰다면 구조대가 그를 구조해줄 가능성이 있지만 켜지 않았다면 죽게 된다. 그다음 그는 졸리 그린 헬리콥터의 날개가 휙 휙 휙 돌아가는 소리를 들었고, 동료들이 자신을 구하러 왔다는 사실을 알았다고 기억한다. 42년이 지난 뒤에 그는 골프장 주차장에 서서 1968년 2월 27일 헬리콥터에서 나오던 작은 의자와, 자신의 등 뒤로 다가오던 두 팔을 거의 눈에 그릴 수 있었다. 그다음 기억은 사라졌다.

"나는 펜과 종이를 찾아서 그 차의 창문에 메모를 남겼다." 립 제이콥스는 회상했다. "그 메모에 나는 이와 비슷하게 적었다. '만약 베트남의 졸리 그린 자이언츠를 조금이라도 아신다면 제게 전화 주세요.' 나는 내 이름을 적었다."

그날 밤에 전화가 울렸다.

전화 속 남자는 자신을 클레런스 로버트 볼 주니어(Clarence Roberts Boles Jr.) 공군 원사라고 소개했다. "그는 86세라고 했다." 그러고는 "내가 자기 차에 메모를 남긴 사람이냐"고 물었다.

제이콥스는 클레런스 볼에게 베트남의 졸리 그린을 아느냐고 물었다. 볼은 "당신 이름을 알겠소. 내가 바로 그 나무에서 당신을 구한 사람이요." 볼이 말했다.

어떻게 그럴 수 있을까?

클레런스 볼은 차를 몰아 제이콥스의 집으로 왔다. 지역 텔레비전 방송사의 뉴스 팀도 함께였다. 기자들은 베트남 참전 용사 두 사람이 42년 만에 재회하는 놀랍고 우연한 만남을 기록에 담았다. 베트남전 당시 볼이 엉킨 낙하산 줄을 칼로 잘라 제이콥스를 구조 헬기에 옮긴 후, 제이콥스는 한마디도 하지 않았다. 그는 충격에 빠져 있었다. 그러나 볼은 졸리 그린 팀이 그날 구조했거나 다른 때 구조한 사람들의 명단을 전부 가지고 있었다. 그리고 수십 년 동안 볼은 자신이 나무에서 구조한 사람의 이야기를 해 왔다. 볼은 그가 구조한 사람을 다시 만나리라고는 생상도 못했다. 그리고 그를 찾아야 겠다는 필요도 특별히 느끼지 못했다. 그것은 과거의 이야기, 전쟁의 한순간일 뿐이었다. 골프장 주차장에서 벌어진 엄청나게 우연한 사건으로 두 사람은 다시 만났다. 그리고 그들은 오클라호마의 인근 마을에서, 서로 고작 몇 십 킬로미터 떨어진 곳에서 살아왔다.

어떻게 그럴 수 있었을까? 정말 설명하기 힘든 일이다. 과학에서 모든 답이 발견되지는 않는다. 가장 신비스럽고 강력한 수수께끼는 인간으로 살아간다는 단순한 일이다.

이 책을 쓰려고 한 취재와 조사에는 기꺼이 자신의 지혜와 경험을 나와 나누려는 수많은 사람의 도움이 있었다. 과학자와 공학자, 정부 관리, 국방 사업 계약자, 학자, 병사, 해군, 전사 등. 책에 실명으로 등장한 사람과 익명을 요구하면서도 그 배경을 설명해 준 모든 사람에게 감사한다. 자신들의 집에서 인터뷰 하도록 허락해준 조 앤 덜레스 톨리, 머프 골드버거, 마이클 골드블라트에게 감사한다. 연구실로 초대해 준 개릿 케넌, 폴 잭, 수잔 브라이언트와 데이비드 가디너 등에게도 감사한다. 게인 앤 허드, 크리스 카터, 도리스 카터와 나의 펜타곤 방문을 마련해준 피터 개럿슨에게 감사한다. 우리 네 사람을 중국 식당에 초대해 준 데이비드 브레이(David A. Bray)에게도 감사한다. 차이나 레이크(China Lake)에 데려다 준 프레드 헤어렌드(Fred Hareland), 스페이스X(SpaceX)를 안내해 준 데이먼 노스롭(Damon Northrop), JPL 방문시 로보드 로우웰(Robert Lowell)에 감사한다. 친절하게 소개해 준 스티브 베인(Steve Bein) 박사에게 감사한다. 1980년대 제이슨 과학자들의 구술사를 정리한 핀 아세루드(Finn Aaserud)에게 감사한다. 이 책은 그 결과물에서 많은 덕을 봤다. 많은 시간을 할애해 대화에 응해 주고 지난 수십 년 DARPA의 역사적 기록들을 헤쳐 가도록 안내해 준 리처드 반 아타(Richard Van Atta)에게 감사한다.

메릴랜드 주 칼리지 팍(College Park)에 있는 미 국립 문서 기록 관리청(National Archives and Records Administration)의 리처드 퓨서(Richard Peuser), 데이브드 포트(David Fort)와 에릭 반 슬랜더(Eric Van Slander)에게 감사한다. 캘리포니아 리버사이드에 있는 국립 문서보관소(National Archives)의 매튜 로(Matthew Law)와 아론 프라(Aaron Prah)에게 감사한다. 국방장관실의 아론 그라브스(Aaron Graves), 에릭 배저(Eric D. Badger) 소령, 수 고프(Sue Gough)에게 감사한다. 로스알라모스 국립 연구소의 토마스 컨클(Thomas D. Kunkle)과 케빈 닐 로아크(Kevin Neil Roark), 국가 핵 보안국(National Nuclear Security Administration)의 카렌 레이니(Karen Laney), 국방 위협 감소국(Defense Threat Reduction Agency)의 바이런 리스트벳(Byron Ristvet), 린든 존슨 대통령 기념 도서관(LBJ Library)의 크리스토퍼 뱅크스(Christopher Banks), DARPA 공보실의 에릭 버터바흐(Eric J. Butterbaugh), 미 비밀 검찰국(U.S. Secret Service)의 로버트 호박(Robert Hoback) 버지니아 콴티코(Quantico)에 있는 미 육군 범죄 수사대(USA Criminal Investigation Command,

CID), 로렌스 버클리 국립 연구소(Lawrence Berkeley National Laboratory)의 크리스 그레이(Chris Grey)와 파멜라 패터슨(Pamela Patterson)에 감사한다.

나는 다음과 같은 사람들에 가장 고마움을 느낀다. 존 파슬리(John Parsley), 짐 혼피셔(Jim Hornfischer), 스티브 영거(Steve Younger), 티파니 워드(Tiffany Ward), 니콜 듀이(Nicole Dewey), 리즈 개리가(Liz Garriga), 말린 폰 율러-호간(Malin von Euler-Hogan), 모간 모로니(Morgan Moroney), 헤더 페인(Heather Fain), 마이클 눈(Michael Noon), 아만다 헬러(Amanda Heller)와 앨리슨 워너(Allison Warner)에게 감사한다. 앨리스와 톰 소이니넨(Alice and Tom Soininen), 캐슬린과 조프리 실버(Kathleen and Geoffrey Silver), 리오와 프랭크 모스(Rio and Frank Morse), 마리오 롤센(Marion Wroldsen), 키이스 로저스(Keith Rogers), 존 자가타(John Zagata)에게 감사한다. 동료 작가인 커스톤 만(Kirston Mann), 사브리나 웨일(Sabrina Weill), 미셸 피오르달리소(Michelle Fiordaliso), 니콜 루카스 헤임스(Nicole Lucas Haimes)와 아넷 머피(Annette Murphy)에게도 감사하다.

책 한 권을 완성하기보다 더 행복하게 만드는 유일한 즐거움을 케빈, 핀리와 제트에게서 매일 얻는다. 너희가 내 가장 친한 친구들이다.

인용문헌

약어

공문서

CIA: 미 중앙 정보국 도서관 Central Intelligence Agency Library, digital collection

DSOH: 미 국무부 사료실 U.S. Department of State, Office of the Historian, digital collection

Geisel: 가이젤 도서관 Geisel Library, University of California, San Diego, CA

JFK: 케네디 대통령 도서관 John F. Kennedy Presidential Library and Museum, Boston, MA

LANL: 로스알라모스 국립 연구소 도서관 Los Alamos National Laboratory Research Library, Los Alamos, Nm

LOC: 의회 도서관 Library of Congress, Washington, DC

NACP: 칼리지 파크 국립 문서보관소 National Archives and Records Administration at College Park, MD

NAR: 리버사이드 국립 문서보관소 National Archives and Records Administration at River side, CA

UCSB: 산타 바버라 캘리포니아 주립대학 American Presidency Project, University of California, Santa Barbara, CA

VO67A: 해군 비행대 VO-67 Association, Navy Observation Squadron Sixty-Seven, digital collection

정부 및 유관 기관

ARPA: 고등 연구 계획국 Advanced Research Projects Agency

DARPA: 국방 고등 연구 계획국 Defense Advanced Research Projects Agency

DNA: 미 국방부 핵무기국 Defense Nuclear Agency

GAO: 회계 감사원 General Accounting Office

IDA: 국방 연구원 Institute for Defense Analyses

들어가는 말

• 정부기관으로서 DARPA: 국방부 감찰관실 보고서, "Defense Advanced Research Projects Agency Ethics Program Met Federal Government Standards," January 24, 2013; "Breakthrough Technologies for National Security," DARPA 2015.

• "우리가 직면한 것": DARPA 보도자료 "President's Budget Request for DARPA Aims to Fund Promising Ideas, Help Regain Prior Levels," March 5, 2014.

• 87개국 "노엘 샤르키"와의 인터뷰 2013년 8월.

1장

• "사악한 물건": "Minority report," General Advisory Committee, U.S. Atomic Energy

Commission, October 30, 1949, LANL.

- 알려지지 않은 운명과 맞닥뜨림: 목격자 정보는 알프레드 오도넬(Alfred O'Donnell)과의 인터뷰(2009~2013)와 랄프 짐 프리드먼과의 인터뷰(2009~2011)에서 나왔다. 베르나르드 오키프의 Nuclear Hostages와 윌리엄 오글의 Daily Diary, 1954, LANL, DNA의 Castle Series 1954, LANL 참조.
- 소형화: 수소폭탄의 원리는 2년 전 아이비 마이크(Ivy Mike) 실험으로 구현됐다. 이 폭탄은 작은 공장 크기로 무게가 82톤이나 되었다.
- 3미터 모래 아래로 묻혔다. Holmes and Narver 사진들, W-102-5, RG 326, Atomic Energy Commission, NAR.
- 이 비밀 작전을 수행하는 과학자들: 윌리엄 오글의 Daily Diary, 1954, 95-99, LANL.
- "벙커에서": 인용은 베르나르드 오키프의 책에서, 166, 173-175.
- 바다 저 멀리: 인용은 랄프 짐 프리드먼과의 인터뷰에서. 또한 Castle Series 1954, 123. 참조.
- 사상 최대의 핵 불덩이: N. M. 룰레지안(N. M. Lulejian) 중령이 1955년 2월 23일 존 폰 노이만 박사에게 보낸 메모, LANL; 얼마 지나지 않아 소련의 차르 봄바(Tsar Bomba)의 불덩이가 더 커진다.
- 날씨 기지: 척 핸슨(Chuck Hansen)의 Swords of Armageddon, IV-285.
- 아무도 몰랐다: Joint Task Force Seven, Operation Castle, 46-61.
- 풍향: "The Effects of Castle Detonations Upon the Weather," Task Force Weather Central, Special Report, October 1954, 3-7, LANL, 척 핸슨의 Swords of Armageddon, IV-289-290.
- "폭발": 오키프 책 Nuclear Hostages에서 인용 178.
- 주관 과학자: John C. Clark, "We Were Trapped by Radioactive Fallout," Saturday Evening Post, July 20, 1957.
- 신비스러운 환영: Lapp, 28.
- 전례 없는 파괴: Castle Series 1954 , 182-185. 원자력 위원회 역사가들이 기술적 성공은 포장이고 "바로 그 뒤엔 경악할만한 문제, 인간의 생존 자체를 위협한 문제가 있었다는 사실"을 인정하기까지 34년이 걸렸다.
- 보도 통제: 1954년 3월 4일 K. E. Fields 준장이 Alvin Graves에 보낸 메모 LANL.
- "매우 미미한": 1954년 3월 10일 아이젠하워 대통령 정례 기자회견 UCSB.
- "일상적인 원자폭탄 실험": 1954년 3월 15일 K. E. Fields 준장의 메모, director of Military Application, USAEC to CJTF 7, LANL; 척 핸슨의 Swords of Armageddon, IV-298.
- 낙진 패턴: RG 326 Atomic Energy Commission, "Distance From GZ, Statute Miles, Off-site dose rate contours in r/hr at H+1 hour," Document 410526, figures 148-150, NAR.
- 뢴트겐: Hewlett and Holl, 182.
- "민간 인구 절멸": 1949년 10월 25일 General Advisory Committee 메모, LANL. 비밀 요소가 요크의 Advisors에서 논의된다, 51.
- 극심한 경쟁: "Race for the Superbomb," American Experience, PBS, January 1999.
- "우리는 더 알아야 한다.": 허브 요크의 Advisors에서 인용, 60-65.
- "전쟁에서 이익을 남기기": 1951년 2월 8일 보헤미안 클럽에서 Ernest Lawrence의 연설 초록, York Papers, Geisel.
- "말 웃음": 허브 요크의 Advisors, 134.
- Castle series: 윌리엄 오글의 Daily Diary, 1954, LANL. 모두 22.5 메가톤이 폭발된다.
- "구식 무기": 회의록, Genera Advisory Committee(GAC) 41차 회의, U.S. Atomic Energy Commission, July 12-15, 1954, 12-24, LANL; Fehner and Gosling, 116.
- 오직 살아남은 기록: Ibid.
- "양적인 우위": 허브 요크의 Making Weapons, 77.

2장

- 미 공군의 완력: Abella, photographs, (unpaginated).
- 게임 도구가 흩어졌다: Leonard, 339.
- "신뢰성": 허브 요크의 Making Weapons, 89.
- 탁월한 천재 어린이: S. Bochner, John Von Neumann, 1903-1957, National Academy of Sciences, 442-450.
- "풀리지 않는 문제": P. R. Halmos의 "The Legend of John Von Neumann," Mathematical Association of America , Vol. 80, No. 4, April 1973, 386.
- "그는 흐뭇했다.": 허브 요크의 Making Weapons, 89.
- "나는 생각한다.": Kaplan의 Wizards of Armageddon , 63.
- "전면적 핵전쟁: Whitmfan, 52.
- 최고의 사망률: "Citation to Accompany the Award of the Medal of Merit to Dr. John von Neumann," October 1946, Von Neumann Papers, LOC.
- "정신 능력이 초인적인 인종": Dyson의 Turing's Cathedral, 45.
- 죄수의 딜레마: Poundstone, 8-9, 103-106.
- 기대하지 않은 일: Abella, 55-56; Poundstone, 121-123.
- "어떻게 설득할 수 있는가": McCullough, 758.
- 골드스타인은 설명했다: 허만 골드스타인에 관한 정보는 존 에드워드(Jon Edwards)에게서 왔다. "A History of Early Computing at Princeton," Princeton Alumni Weekly, August 27, 2012.
- 폰 노이만은 선언했다: Dyson, Turing's Cathedral, 73.
- "우리의 우주": George Dyson의 "'An Artificially Created Universe': The Electronic Computer Project at IAS," Institute for Advanced Study, Princeton (Spring 2012), 8-9.
- 확보된 자금: Maynard의 "Daybreak of the Digital Age," Princeton Alumni Weekly, April 4, 2012.
- 그는 틀렸다: 존 에드워드의 "A History of Early Computing at Princeton," Princeton Alumni Weekly, August 27, 2012, 4.
- 뵐스테터의 유명한 이론: 앨버트 뵐스테터의 "The Delicate Balance of Terror," 1-12.
- 파편: 충격파와 순간폭발의 영향은 Garrison의 책에서 묘사됐다, 23-29.
- 게오르크 리카이(Georg Rickhey): 게오르크 리카이의 정보의 출처는 Bundesarchiv Ludwigsburg and RG 330 JIOA Foreign Scientist Case Files, NACP. 제이콥슨(Jacobsen)의 Operation Paperclip, 252.도 참조하라.
- 병원, 교회, 이발소: 2012년 3월 Leonard Kreisler 박사와의 인터뷰. Kreisler는 라브 록에서 근무했다.
- "장님의 땅": Keeney, 19.
- 상원의원들은 질문이 많았다.: 청문회 증언 내용은 U.S. Senate Committee, Hearings Before the Subcommittee on Civil Defense of the Committee on Armed Services, 119-21.을 참조하라.
- 소량의 플루토늄: Dyson의 Turing's Cathedral, podcast.
- "조니는 ~였다": 요크의 Making Weapons, 96-97.
- 그는 이론화했다.: 존 폰 노이만의 "The Computer and the Brain," 60, 74.

3장
- "성공적인 위성": 이 사례의 자세한 내용은 브레진스키(Brzezinski)의 책 164-165.
- "하나의 미국을 묘사하다": "Missile and Satellite Hearings"에서 인용했다. CQ Almanac 1958, 14th ed., 11-669-11-671. Washington, DC: Congressional Quarterly, 1959. The actual title was "Deterrence & Survival in the Nuclear Age," York Papers, Geisel.
- 전국적인 신경발작: DARPA: 50 Years of Bridging the Gap, 20.
- 대통령의 조사위: 게이더(Gaither)는 1957년 9월 질병 때문에 위원장에서 물러났다.

- "현안": 이 설명에는 요크의 Making Weapons, 98.을 참조하라.
- 러시아 사람들은 준비하지 않고 있었다.: 2009년 8월 허베이 스톡만과의 인터뷰; Jacobsen, Area 51, 86-89.
- . 오류: Allen Dulles의 "Memorandum from the Director of Central Intelligence to the Executive Secretary of the National Security Council," December 24, 1957, 덜레스에 따르면 CIA의 정보는 "게이더 보고서 자체에 담긴 정보보다 훨씬 더 자세했다"고 한다.
- "주간 연속극이 판다": Hafner and Lyon, 14.
- 그는 제안했다.: 맥엘로이는 의회의 허가 없이 그 기관을 창설하길 원했다. 그는 먼저 국방부 선임 변호사와 이 문제를 상의했고, 그럴 권한이 없다는 답변을 얻었다. 1947년의 국가 안보법에 따라 맥엘로이는 국방위원장에 통보하고 제안서를 제출해야 했다.
- "거대 무기 체계": 하원 국방 세출 위원회 소회의, The Ballistic Missile Program, Hearings, 85th Cong., 1st sess., November 20-21, 1957, 7.
- "새로운 차원": 이 부문의 인용과 정보의 출처는 The Advanced Research Projects Agency, 1958-1974, Richard J. Barber Associates, December 1975(차후엔 Barber), II-1-22, located in York Papers, Geisel.
- 그들의 복무 영역: Aviation Week, February 3, 1958.
- 연두 교서: Dwight D. Eisenhower, "Annual Message to the Congress on the State of the Union," January 9, 1958, UCSB.
- 출간되지 않은 역사: Barber, II-10-25.
- 할아버지는 관을 만들었다: General Biographical History, Notes, Series 1: biographical Materials, York Papers, Geisel.
- "가장 이른 시기부터": 허브 요크의 Making Weapons, 7.
- "어려움 속에 내 길을 갔다.": General Biographical History, Notes, Series 1: biographical Materials, York Papers, Geisel.
- 폰 브라운의 독일인 동료 113명: Jacobsen의 Operation Paperclip, 16-17, 88, 95-96.
- "수용될 수 없었다": Barber, II-25.
- 국가 안보에 좋았다: 조지 키스티아코프스키, 198.
- 요크는 설명했다.: 허브 요크의 Making Weapons, 117.
- "배반자여!": Herken의 Brotherhood of the Bomb, 318.
- "나는 공식적으로 제안했다.": Dwight D. Eisenhower 대통령이 1959년 5월 16일 소련의 니키타 흐루쇼프 서기장에게 편지를 보내 핵무기 실험의 중단을 제안했다. UCSB.
- "우리가 실험을 중단한다면": "Lawrence in the Cold War, Ernest Lawrence and the Cyclotron," American Institute of Physics, History Center Exhibit, digital collection.
- 일이 시작될 무렵: Barber, IV-27. 벨라는 ARPA 설립 2년째 공식적으로 작게 시작됐다. 1958년의 제네바 전문가 회의에서 핵실험 검출의 과학적 한계는 전적으로 명확하지는 않았다. Argus 프로젝트 이후 과학자들은 우주에서의 핵실험 검출이 얼마나 어려운지 확정했다.
- 벨라 시에라 감지되다: 벨라 후속 프로그램을 다룬 정보는 Van Atta et al에서 발견된다, DARPA Technical Accomplishments, Volume 3, II-2, III-4; Barber, IV-28-30.

4장

- 요크의 책상: 이 부분의 자세한 내용은 허브 요크의 Diaries Series, 약속을 기록한 책, 일정표와 벽지 달력 등에 있다, York Papers, Geisel.
- 키니가 공개했다: Keeney, 22-33.
- 이론에 관한 설명: Barber, II-27.
- "크리스토필로스 효과": Advanced Research Projects Division, Identification of Certain Current Defense Problems and Possible Means of Solution, IDA-ARPA Study No. 1, August

1958 (hereafter IDA-ARPA Study No. 1); interview with 2014년 3월 찰스 H. 타운스와의 인터뷰.

- Project Floral: DNA, Operation Argus 1958, 3, 53.
- 암호명, Project 137: IDA-ARPA Study No. 1; Wheeler oral history interview, 61-63.
- "방위 문제들": Finkbeiner, 29.
- "그만의 특별한 취급 허가": 인용은 2013년 8월 마빈 "머피" 골드버거와의 인터뷰에서. 골드버거 구술사 인터뷰도 참조.
- "독창성, 실용성, 열의": Finkbeiner, 28.
- 천문대 지붕 같은 방패: Barber, VI-II. 인용 출처는 허브 요크의 Making Weapons, 129-30.
- 특별한 배경 이야기: Melissinos, Nicholas C. Christofilos: His Contributions to Physics, 1-15.
- "책임 있는 사람들": IDA-ARPA Study No. 1, 19.
- "그 그룹은 갖는다": IDA-ARPA Study No. 1, 19.
- 남대서양 변칙: 아르고스 작전 1958 , 19.
- 움직이는 부분이 너무 많아: Ibid., 22-26.
- 미사일 궤도: Ibid., 48; 선상 실험과 언급 목록, 56.
- "리빙스턴 박사, 맞으시죠?": Ibid., 34.
- 불꽃놀이를 관찰했다: Childs, 525.
- "대통령이 물었다": Ibid., 521.
- 탐지 시설들: DARPA: 50 Years of Bridging the Gap, 58.
- 비스머 로렌스를 조사했다:Childs, 526.
- 해롤드 브라운을 참여시켰다: Supplement 5 to "Extended Chronology of Significant Events Leading Up to Disarmament," Joint Secretariat, Joint Chiefs of Staff, April 21, 1961, (unpaginated), York Papers, Geisel.
- "난 결코 할 수 없었다": Childs, 527.
- 크리스토필로스 효과는 발생하지 않았다: Argus 1958, 65-68; 2014년 6월 Doug Beason 과 인터뷰, "Report to the Commission to Assess the Threat to the United States from Electromagnetic Pulse (EMP) Attack," 161.
- 전보의 명칭: Edward Teller, telegram to General Starbird, "Thoughts in Connection to the Test Moratorium," August 29, 1958, LANL.

5장

- "우리의 일": 2013년 10월 Gene Mcmanus와 인터뷰.
- "가장 추운 21킬로미터": Berry, "The Coldest 13 Miles on Wheels," Popular Mechanics, February 1968.
- 24시간 운용 상태: Richard Witkin, "U.S. Radar Scans Communist Areas: Missile Warning System at Thule Is Put in Operation on a 24-Hour Basis," New York Times, October 2, 1960.
- NORAD 작전 본부에 앉아: John G. Hubbell, "'You Are Under Attack!' The Strange Incident of October 5," Reader's Digest , April 1961.
- BMEWS J-Site에서 들어오는: Gene Mcmanus와의 인터뷰, 그는 3개월 뒤 J-Site 에 도착했다. 이 이야기는 BMEWS의 전설이었다. 기술자들은 Mcmanus의 동료였다. NORAD 대변인은 위기가 발생한 지 6개월이 지나 리더스 다이제스트에 그 대화내용을 묘사했다.
- 그 이야기는 보도됐다. "Moon Stirs Scare of Missile Attack," Associated Press, December 7, 1961.
- 9억 달러에 가까웠다.: 이 정보는 ODR&E 보고서에서 왔다. "Assessment of Ballistic Missile Defense Program" PPD 61-33, 1961(fifty-four pages, unpaginated), York Papers, Geisel.
- 26분 40초: Ibid.
- "핵탄두가 실린 ICBM": Ibid.

- "자신감이 높은": Ibid., Appendix 1.
- "내가 제이슨을 시작했다.": 인용은 2013년 6월 머프 골드버거와의 인터뷰에서, 그는 이듬해인 2014년 11월 사망했다.
- 휘감겼다.: Brueckner oral history interview, 4; Lukasik oral history interview, 27.
- 작은 일": Brueckner oral history interview, 7.
- 가장 중요한 발명들: 2014년 3월 찰스 H. 타운스와의 인터뷰
- 국방연구원: 2014년 5월 리처드 반 아타와 인터뷰: Barber, I-8.
- 가장 존경 받은 동료들: 2013년 7월 머프 골드버거와 인터뷰.
- "엄청나게 똑똑한 무리": 조지 키스티아코프스키, 200–202.
- 심대하게 기여하다: 2014년 6월 머프 골드버거와의 인터뷰. Finkbeiner도 참조.
- 공식 기관: Draft, DoD Directive, Subjects: Department of Defense Advanced Research Projects Agency, No. 5129.33, December 30, 1959, York Papers, Geisel.
- 밀드레드 골드버거 말했다: 2014년 6월 머프 골드버거와 인터뷰; 또한 Goldberger oral history interview 참조.
- "위성의 탐지를 혼란시키다": 시드니 드렐 구술사 인터뷰, 14.
- "상상력이 풍부한 사고": Barber, V-24.
- 펜에이즈 증명 시험: Van Atta et al, DARPA Technical Accomplishments, Volume 2, IV-4–5; 척 핸슨의 Swords of Armageddon, Volume 7, 491.
- "Pen X": 잭 루이나 구술사 인터뷰.
- 기만적인 MIRVs: H. F. York, "Multiple Warhead Missiles," Scientific American 229, no. 5 (1973): 71.
- 잭 루이나와 찰스 H. 타운스가 합의했다.: 루이나 구술사 인터뷰.
- "즉각적인 살해": Barber, IX-31.
- "분자 광선을 사용할 수 있는지": Finkbeiner, 53.
- 프로젝트 시소(Seesaw): Barber, IV-23, IX-32; for Christofilos, 허브 요크의 Making Weapons, 129–30 참조.
- "시소는 민감한 프로젝트": Barber, IX-31. 또한 Jason Division, IDA, Project Seesaw (U) 참조.
- "지향성 에너지": 2014년 10월 퇴역 장군 폴 고만과의 인터뷰.

6장
- 토르 아제나 A: Ruffner, Corona: 미국의 첫 번째 위성 프로그램, 16.
- "가장 우수한 종자들": Space and Missile Systems Organization, Air Force Systems Command, "Biomedical Space Specimens, Fact Sheet," June 3, 1959, Appendix C.
- "의인화하고 싶지 않다": Bill Willks, "Satellite Carrying Mice Fails," Washington Post, June 4, 1959.
- "극적인 구조 노력": Ruffner, Corona: America's First Satellite Program , 16.
- 비밀로 분류된 스파이 임무: Ibid., x.
- TIROS: Barber, III-15.
- 사진 2만 2,952장: Conway, 29.
- 폭풍 전선의 사진: John W. Finney, "U.S. Will Share Tiros I Pictures," New York Times, April 5, 1960.
- "정보 없다": 2013년 9월 17일 마이론 "마이크" 핸선과의 이메일.
- 흥미 있는 이야기: RG 330의 자료, 국방장관실, ARPA, Project Agile, NACP; RG 330, Records of Robert S McNamara, 1961–1968, Defense Programs and Operations, NACP.
- 탁월한 기록을 만들어 내다: Barber, V-37.
- 절뚝임: 2013년 9월 카이 코넬과의 인터뷰, 그러나 언제나 분명하게 나타나지는 않았다.

- "나폴레옹 이래": Spector, 111.
- "베트남인들은 거부했다": Ibid., 112.
- "참호 파기를 싫어했다": 이 대화의 전체 인용은 A. 로버트 아부드의 구술사 인터뷰에서 15-16; Bernard C. Nalty의 Stalemate: U.S. Marines from Bunker Hill to the Hook, 4도 참조.
- 중국의 지뢰: A. 로버트 아부드의 구술사 인터뷰, 15.
- 두 사람 모두 집안 배경이 좋았다: 이 부분의 모든 인용과 대화는 조앤 덜레스 톨리와 2014년 3월 부터 2015년 5월까지 주고받은 이메일과 인터뷰에서.
- 의문의 인물: 앨런 웰시 덜레스와 해롤드 G. 울프 박사가 주고받은 편지, New York Hospital, CIA; "Biographical Note," Harold Wolff, M.D. (1898-1962), Papers, Cornell University Archives, digital collection.
- 걷잡을 수 없게 됐다: Gordon Gray가 1951년 10월 29일 앨런 웰시 덜레스에게 보낸 메모, CIA.
- 고델은 회의를 소집했다: 국가 안보 회의령(National Security Council directives) NSC 10/2, NSC 10/5, NSC 59/1에 따라, Papers of Gordon Gray, Harry S. Truman Library and Museum, digital collection.
- "정신 말살 방법": 보라. "Forced Confessions," Memorandum for the Record, National Security Council Staff, May 8, 1953, and "Brainwashing During the Korean War," Psychological Strategy Board(PSB) Central Files Series, PSB 702.5(no date), Dwight D. Eisenhower Library, digital collection.
- "세뇌": 이 설명은 Marks에게서 왔다, 133.
- "인간의 곤충화": Edward Hunter, "Brain-Washing Tactics Force Chinese into Ranks of Communist Party," Miami News, September 1950.
- 의회가 헌터를 초대: U.S. House of Representatives, Committee on Un-American Activities, "Communist Psychological Warfare(Brainwashing)," March 13, 1958.
- Joost A. M. Meerloo: Tim Weiner, "Remembering Brainwashing," New York Times, July 6, 2008.
- 슈와블 철회했다: "Marines Award Schwable the Legion of Merit," New York Times, July 8, 1954.
- 정신적 붕괴: 예를 들어 생물 무기 전문가로 자살해 버렸거나 살해당한 Frank Olson. 그는 자신의 CIA 상관이 비밀리에 마약 LSD를 주입받고 나서 정신적 붕괴를 겪었다.
- 인간 생태 조사회(Society for the Investigation of Human Ecology): Marks, chap. 9.
- 더 강력한 지위: Official Register of the United States Civil Service Commission, 1955, 108.
- 고델은 칭송됐다: Document 96, Foreign Relations, 1961-1963, Volume I, Vietnam, DSOH.
- "정보를 수집, 평가, 배포했다": Document 210, Foreign Relations, 1961-1963, Volume I, Vietnam, DSOH; IAC-D-104/4 23, April 1957, CIA.
- 고델은 말하곤 했다: Barber, V-36.
- "대담한 요약": Ibid., V-37.
- 그의 관찰을 요약했다: W. H. Godel, director, Policy and Planning Division, ARPA, 국방차관보에게 보내는 메모, Subject: Vietnam, September 15, 1960, RG 330, Project Agile, NACP.
- "과학적 재능을 적용하다": Barber, V-39.
- "야간의 게릴라 진압군": Spector, 111-114.
- ARPA가 재정적으로 지원하는 전사들: 1960년 5월 미 육군 특수 부대 각 10명씩 3개 팀이 응오딘 지엠 대통령과 함께 일하려고 베트남에 도착했다. 그들과 함께 미 육군의 정보 전문가 13명과 심리 전 전문가 3명이 왔다. 그들은 베트남군을 2개월가량 훈련시켰다.: Spector, 353.
- "고델은 계속했다": Barber, V-2, V-4.
- 허브 요크의 이임: 인용문은 허브 요크의 Making Weapons, 194, 203을 보라.

7장

- 총구를 밀다: Karnow, 10.
- 케네디가 시간을 더 썼다, V-39.
- "비엣-남 반군 진압 계획": "Summary Record of a Meeting, the White House," Washington, D.C., January 28, 1961, DSOH.
- "모든 전쟁을 억지해야": "Special Message to Congress on Urgent National Needs," May 25, 1961, National Security Files, JFK.
- "기술과 '장비'": Document 27, Foreign Relations, 1961-1963,Volume I, Vietnam, DSOH.
- 새 무기 개발하다: Document 96, Foreign Relations, 1961-1963, Volume I, Vietnam, DSOH.
- 지지를 얻다: Document 59, Foreign Relations, 1961-1963, Volume I, Vietnam, DSOH.
- 존슨이 응오딘지엠에 물었다: Document 56, Foreign Relations, 1961-1963, Volume I, Vietnam, DSOH.
- 고델에게 권위를 주었다.: Barber, V-35.
- 각 건물은 가졌다: ARPA Field Unit, Vietnam, Monthly Report, CDTC, photographs(n,d.), RG 330, 민첩 프로젝트, NACP.
- 군사 고문단 일행: Ibid., photograph(n.d.).
- 근로자들이 땀 흘려 일했다: Ibid., photographs(n,d.).
- 설명을 하다: Viet-Nam Working Group Files, Lot 66, D 193, 태스크 포스 회의록, National Security Files, JFK.
- 개를 활용한 프로그램: "The Use of a Marking Agent for Identification by Dogs," March 11, 1966, RG 330, 민첩 프로젝트, NACP; see also ARPA Field Unit, ARPA Order 262-67, July 7, 1961.
- 고델은 그것을 불렀다: Document 96, Foreign Relations, 1961-1963, Volume I, Vietnam, DSOH.
- AR-15 소총의 원형: Barber, V-44.
- "죽음을 초래할 수 있다": Ezell, 187.
- "M-16의 개발": Barber, V-44.
- "최대의 효과": Document 96, Foreign Relations, 1961-1963, Volume I, Vietnam, DSOH.
- "정치 심리적 고려를 염두에 두고": Edward G. Lansdale 준장의 편지, assist. SECDEF to Dir/ Defense Research & Engineering, subject: Combat Development Test Center, Vietnam, May 16, 1961. National Security Files, JFK.
- 첫 번째 배치 물량: Buckingham, Operation Ranch Hand, 11, 208n.
- 제초제 살포 첫 번째 임무: Brown, Vegetational Spray Tests in South Vietnam, 17, 23, 45.
- 보다 야심찬 후속 계획: Ibid., 68.
- 대체로 남베트남의 절반: Buckingham, Operation Ranch Hand, 15.
- "첫 번째 충고": Bradlee, 22.
- 맥스웰 테일러 장군: 육군 참모총장으로 테일러는 대대적인 보복이라는 강령이 핵무기에 너무 많은 강조를 두며, 육군에의 의존이 부족하다고 믿었다. 아이젠하워 재임 기간 육군 병력이 50만 명 감축됐으며 반면 공군은 3만 명이 증가했다. Mcmaster의 Dereliction, 8-17도 보라.
- 메모에 따르면: Historical Division Joint Secretariat, Joint Chiefs of Staff, The History of the Joint Chiefs of Staff: The Joint Chiefs of Staff and the War in Vietnam, 1960-1968, ix, 74.
- 고델이 테일러 장군을 데리고 갔다.: Document 169, Foreign Relations, 1961-1963, Volume I, Vietnam, DSOH.
- 테일러-로스토우 사절단: 대통령의 군사 문제 대리인이 국무부에 보낸 전문, Saigon, October 25, 1961, DSOH.
- 테일러 장군 묘사했다: 인용문 출처. "Vietnam Report on Taylor-Rostow Mission to South

Vietnam," November 3, 1961, RDT&E Annex, National Security Files, JFK.

- 라디오 하노이: "PsyWar Efforts and Compensation Machinery in Support of Herbicide Operations," Subject: Chemical Defoliation and Crop Destruction in South Viet-Nam, Washington, April 18, 1963, National Security Files, JFK.
- "합참의장": Buckingham, Operation Ranch Hand, 16: Mcmaster, Dereliction, 114.
- "잡초 살해자": 로스토우가 대통령에 보낸 메모, November 21, 1961, National Security Files, JFK.
- 케네디 승인하다: National Security Action Memorandum 115, Subject: Defoliant Operations in Viet-nam, November 30, 1961, National Security Files, JFK.
- 2012년 의회 보고서: Martin, "Vietnamese Victims of Agent Orange and U.S.-Vietnam Relations," 2, 15.
- "그는 충고를 들었다": RG 330, 민첩 프로젝트 ARPA 현장 부대, Vietnam, Memorandum for record, "Meeting with Mr. William Godel," December 4 and December 12, 1961, NACP: Brown, Anticrop Warfare Research, Task-01 , 135.

8장

- 점심시간 대결: Jardini, chap. 2. Jardini의 책은 아마존 전자책으로만 볼 수 있어 페이지 수가 없다.
- 시에라 프로젝트: Weiner, 4-9.
- 탄함의 관찰: Elliott, 27. Mai Elliott의 책은 베트남전 기간 랜드 연구소를 다룬 결정적인 책이다. 그녀는 전쟁 기간 사이공에서 ARPA 프로그램에 종사했다.
- 탄함의 1961년 보고서: Elliott, 17-18; George K. Tanham, "Trip Report: Vietnam, January 1963," RAND Corporation, March 22, 1963.
- 랜드는 필요했다: Deitchman, Best-Laid Schemes , 25.
- 일반적으로 경시됐다.: 2013년 6월 머프 골드버거와 인터뷰.
- "무기 체계 철학": George H. Clement, "Weapons Systems Philosophy," RAND Corporation, 1956.
- 랜드의 최초 분석가 두 명: J. Donnell and G. Hickey, Memo Rm-3208-ARPA, August 1962, ARPA Combat Development & Test Center, Vietnam, Monthly Report(n.d.), RG 330, 민첩 프로젝트, NACP.
- "분쟁의 징후": 제랄드 히키, Window, 19, 90-91.
- 계획 변경: Ahern, CIA와 남베트남 농촌 평정화(U), 14; 제랄드 히키, Window, 91.
- 평정화의 효과적 수단: 1962년 7월 13일 CIA 국장이 국방장관 맥나마라에게 전략적 부락 프로그램에 관해 보낸 메모, CIA.
- "지속적으로 감시": Ehlschlaeger, "Understanding Megacities with the Reconnaissance, Surveillance, and Intelligence Paradigm," xii.
- 쿠치 마을 사람들: 제랄드 히키, Window , 93.
- "내말의 요점은": Ibid., 99.
- 히키는 보고서를 각색해 말했다고 기억했다: Ibid., 99.
- ARPA 관리들은 불평했다: Deitchman, Best-Laid Schemes, 342.
- "보다 인내심 있게 접근": Elliott, 33.
- "지리멸렬하게": Ibid., 38.
- 탄함은 크게 낙관했다.: Tanham, War Without Guns , 25-29.
- "운이 조금 따라준다면": Elliott, 31.

9장

- 지휘와 통제: "Special Message to Congress on the Defense Budget," March 28, 1961, JFK speeches, JFK.
- 브라운은 J. C. R. 리클라이더를 채용했다: Ruina oral history interview.
- 세계의 권위자들: Hafner and Lyon, 28.
- Semi-Automatic Ground Environment: Interview with Jay Forrester, October 2013.
- "인간과 컴퓨터의 공생": J. C. R. Licklider, "Man-Computer Symbiosis," IRE Transactions on Human Factors in Electronics, volume HFE-1, March 1960, 4–11.
- "그리 많은 해가 지나지 않아": Ibid., 4-5.
- 기관이 물려받았다: Barber, V-4.
- "핵미사일이 몇 발이나 발사됐을까": 2014년 4월 폴 코젬착과의 인터뷰
- "소련이 세 발을 발사했다": Peter Kuran, Nukes in Space: The Rainbow Bombs, DVD(2000).
- 쉽게 오판할 수 있었다.: 2014년 10월 Gene Mcmanus와의 인터뷰.
- "전쟁으로 이어질 수 있었다.": Kuran의 Nukes in Space.
- 제즈카즈간 상공에서 폭발했다: EIS [Electric Infrastructure Security] Council, "Report: USSR Nuclear EMP Upper Atmosphere Kazakhstan Test," 184, 1.
- 리클라이더는 썼다: "Memorandum For: Members and Affiliates of the Intergalactic Computer Network, From: J. C. R. Licklider," April 23, 1963; discussed in Barber, V-50–53.
- 감시 프로그램에 관련된: Barber, VI-53.
- 분쟁 지역에서 사용된: SMIThsonian Institution Archives, "Toward a Technology of Human Behavior for Defense Use(1962)," Record Unit 179, York Papers, Geisel.
- "다리를 건설하다": Cited in Barber, V-54.
- "컴퓨터 지원 교육": Ibid.
- 법률적으로 요구된: U.S. General Accounting Office, Activities of the Research and Development Center: Thailand, 13.
- "태국은 실험실이었다.": Woods oral history interview.
- "미국은 필요로 했다": ARPA, Project Agile: REMOTE Area Research and Engineering, Semiannual Report, 1 July–31 December 1963, 2.
- 분류가 잘못되어: 2014년 2월 칼리지 파크 국립 문서보관소의 보관사 에릭 반 슬렌더와의 인터뷰.
- "공개하지 않는다는 정책": 2014년 1월 21일 바텔의 연구 내용 관리 담당자 Charles E. Arp가 보내온 이메일
- "이론적이고 실험적": Brundage, "Military Research and Development Center, Quarterly Report," October 1, 1963–December 31, 1963.
- "인체계측 조사": 정보의 출처는 Robert White의 "Anthropometric Survey of the Royal Thai Armed Forces." 55 They proposed that studies: Joseph Hanlon, "Project Cambridge Plans Changed After Protests," Computer World, October 22, 1969.
- "거죽만 살짝 건드려": Salemink, 222.
- "중요한 도구": J. C. R. Licklider, New Scientist, February 25, 1971, 423.
- 감시되고, 분석되고, 모델로 만들어진다.: The Utilization of ARPA-Supported Research for International Security Planning, 6, 13–15, 33–42.
- 누군가 수류탄을 던졌다. U.S. Department of State Central Files, cable, POL 25, S Viet, May 9, 1963, DSOH.
- "불꽃이 나오고 있었다.": Halberstam, Making of a Quagmire , 128.
- "무엇이 그 승려를": 마담 누의 반응은 유투브에서 보인다. YouTube. https:// www.youtube.com/watch?v=d_PWm9gWR5E.
- "나는 거의 믿을 수 없다.": Cited in Mark Moyar, Triumph Forsaken: The Vietnam War, 1954–1965(Cambridge: Cambridge University Press, 2006).

10장

- ARPA 관리들 한 팀과: 제럴드 히키의 "The Military Advisor and His Foreign Counterpart."를 참조하라.
- "가는 길에": 인용의 출처는 제럴드 히키의 Window, 111.
- "마을사람들은 아팠다": Ibid. , 124.
- 대규모 폭발: Donlon의 Outpost of Freedom, 139; 제럴드 히키의 Window, 127.
- 벙커룸 밖: 매복 공격의 묘사는 제럴드 히키의 Window, 130; 제럴드 히키, "Military Advisor," iii.
- "1964년 7월": 제럴드 히키의 Window, 147.
- 콜봄과 포커: 디치먼의 구술사 인터뷰, 71–72; Elliott, 48–49.
- 디치먼: 훈련된 엔지니어였다. 디치먼은 IDA에서 일할 때 직접 해롤드 브라운에게 보고하는 조건으로 2년간 국방부에 파견되어 오라는 요청을 받았다.
- "베트콩은 누구인가?": 정보 출처는 2014년 8월 조셉 자슬로프와의 인터뷰. 자슬로프는 2014년 12월 사망했다. 또한 참조하라. Zasloff의 The Role of North Vietnam in the Southern Insurgency; Donnell, Pauker, and Zasloff, Viet Cong Motivation and Morale in 1964: A Preliminary Report; Elliott, RAND in Southeast Asia: A History of the Vietnam War Era, Chapter Two.
- "당초의 의도는": Deitchman, Best-Laid Schemes, 235.
- CIA를 상대하다: Ahern, CIA and Rural Pacification in South Vietnam, 23.
- 귀신이 산다는: Tela Zasloff, Saigon Dreaming , 164.
- 대부분의 농부들: Elliott, 59.
- 무엇이 베트콩을 행동에 나서게 하는가: 2014년 10월 조셉 자슬로프와의 인터뷰.
- 포커는 전했다: Pauker의 "Treatment of POWs, Defectors, and Suspects in South Vietnam," 13.
- "동기": Press, "Estimating from Misclassified Data," iii, 26.
- 펜타곤이 규명한: Mcmaster, Dereliction , 143.
- 윌리엄 웨스트모어랜드 장군에 설명하다: 2014년 10월 조셉 자슬로프와의 인터뷰.
- 반란: 이 단락과 다음 단락의 인용의 출처는 Donnell, Pauker와 Zasloff, Viet Cong Motivation and Morale in 1964: A Preliminary Report.
- other RAND officers: Interview with Joseph Zasloff, October 2014.
- "나는 찾고 있다": Elliott, 88.
- 엘리트 국방 분야 지식인들: Louis Menand의 "Fat Man: Herman Kahn and the Nuclear Age," New Yorker, June 27, 2005.
- 구레의 책을 공격하는 기사: Harrison E. Salisbury의 "Soviet Shelters: A Myth or Fact?" New York Times, December 24, 1961.
- "얼굴이 붉어진다": 2014년 10월 조셉 자슬로프와의 인터뷰
- 브링크 독신 장교 숙소: Karnow, 408–409.
- "대체로": Gouré의 "Southeast Asia Trip Report, Part I: The Impact of Air Power in South Vietnam."
- "구레는 펜타곤에 주었다": 2014년 10월 조셉 자슬로프와의 인터뷰
- "등뼈를 부러뜨리는": Elliott, 90; Gouré, JCS Briefing on Viet Cong Motivation and Morale, 7.
- "다니엘 엘즈버그": 제럴드 히키, Window, 179.
- ARPA에 제출된 보고서: Gouré, "Some Findings of the Vietcong Motivation and Morale Study: June–December 1965," 3.
- Gouré의 발견 사본: Malcolm Gladwell, "Viewpoint: Could One Man Have Shortened the Vietnam War?" BBC News Magazine, July 8, 2013.
- 프릴링하이젠은 말했다: 인용 출처는 Deitchman, Best-Laid Schemes, 235–39.
- 풀브라이트는 썼다.: Jardini(unpaginated).

- 62,000 페이지: 필립스의 User's Guide to the Rand Interviews in Vietnam , iii. 180 고델 기소되다: Walter B. Douglas, "Accused Former Aides Cite Witnesses in Asia," Washington Post, January 9, 1965.
- 고델 유죄 판결을 받다: Peter S. Diggins, "Godel, Wylie Get 5 Years for Funds Conspiracy," Washington Post, June 19, 1965.
- 수형기간: "5-Year Term for Godel Is Upheld," Washington Post, May 21, 1966.
- 알렌우드의 교정 시설: 2013년 9월 카이 코델과의 인터뷰.
- 개인적인 재정 이득: "Embezzler Godel Sued to Repay Double,"Washington Post, November 5, 1966.

11장
- 비밀, 일급비밀, 혹은 접근 금지 데이터 비밀: 2014년 6월 머프 골드버거와의 인터뷰.
- 긴밀하게 연결되어 있었다.: 예컨대 윌리엄 니렌버그는 컬럼비아의 I. I. Rabi 아래에서 Ph.D.를 취득했다. Edward Teller와 Enrico Fermi가 모두 시카고 대학 교수였을 때 Fermi는 머프 골드버거와 또 다른 이론 물리학자를 박사과정 학생으로 받아들였다. Finkbeiner도 참조하라.
- "높은 목표는 설정됐다.": 맥도날드의 "Jason - The Early Years," 1986년 12월 12일 버지니아 알링턴의 DARPA엣 열린 제이슨 자문 위원회의 비공개 발표에서. York Papers, Geisel; 맥도날드의 구술사 인터뷰.
- 겔만: 2013년 6월 머프 골드버거와의 인터뷰.; 잭 루이나의 구술사 인터뷰.
- 시도했으나 실패했다.: Johnson, 229.
- "제이슨 과학자들은 흥미를 느꼈다": 2013년 6월 머프 골드버거와의 인터뷰; Johnson, 256.
- "베트남 문제": William Nierenberg, "DCPG: The Genesis of a Concept," Journal of Defense Research, ser. B, Tactical Warfare(Fall 1969); 기밀 해제됐으나 출간되지 않은 원고. November 18, 1971, York Papers, Geisel.
- 기밀에서 해제된 적이 없다.: Harris, Acoustical Techniques/Designs Investigated During the Southeast Asia Conflict: 1966-1972, 3.
- 파월은 말했다: "Colin L. Powell: By the Book," New York Times Book Review, July 1, 2012, 8.
- "매우 긍정적인 한 가지": 맥도날드의 구술사 인터뷰, 3.
- "그는 내게 주지시켰다.": Fleming, 5.
- "형편없는": 맥도날드의 구술사 인터뷰, 13.
- 존경받는 월터 뭉크 박사: Von Storch and Hasselman, 226.
- "애들레이 스티븐슨과": 인용 출처는 맥도날드의 구술사 인터뷰, 6, 10, 11.
- 내일의 세계: 맥도날드의 구술사 인터뷰, 28.
- 위원장에 선출됐다.: Weather and Climate Modification Problems and Prospects, vol. 2, Research and Development, National Research Council, January 1, 1966.
- "주도면밀하고 사려 깊게 평가": 뭉크 등의 말에서 인용, "Gordon James Fraser MacDonald, July 30, 1929-May 14, 2002," 230.
- "나는 점차 확신하게 됐다": Ibid., 231.
- "거의 처절하게 찾고 있었다.": MacDonald, "Jason and DCPG - Ten Lessons," 6.
- 프로젝트 EMOTE: 인용의 출처는 Mutch 등등, Operation Pink Rose; Chandler and Bentley, Forest Fire as a Military Weapon, Final Report.
- "바람직한 파괴": J. M. Breit의 "Neutralization of Viet Cong Safe Havens," 13.
- 지옥: Mutch 등등, Operation Pink Rose, iii, 116; Joseph Trevithick "Firestorm: Forest Fires as a Weapon in Vietnam," Armchair General Magazine, June 13, 2012.
- 숲의 가연성: Mutch 등등, Operation Pink Rose, 103-112.
- 일급비밀 보고서: Hanyok, Spartans in Darkness, 94-95. 전쟁이 끝날 무렵 국가 안보국은 "1백

만 명의 게릴라와 정치인"이 베트남전 당시 그 루트를 오갔다고 추정했다.

- 제이슨 과학자들을 보냈다: Deitchman의 "An Insider's Account: Seymour Deitchman," Nautilus Institute for Security and Sustainability, February 25, 2003. Peter Hayes가 Deitchman과 한 이메일 인터뷰는 nautilus.org에서 찾아볼 수 있다.
- "접합된 구조": Nierenberg, "DCPG- The Genesis of a Concept," 기밀 해제됐으나 출판되지 않은 원고. November 18, 1971, York Papers, Geisel.
- 루트를 따라 이루어지는 이동을 방해하는: Lewis의 구술사 인터뷰.
- 제이슨 과학자들이 수행한 연구: 머프 골드버거와의 인터뷰; 또한 참조 Federation of American Scientists, list of Jason studies, digital archive.
- "우리는 연구를 했다": 2014년 6월 머프 골드버거와의 인터뷰, 제이슨 부분을 인용/재구성, IDA의 공군 지원 반침투 장벽, Finkbeiner와 Aaserud를 그가 인터뷰한 내용.
- "핵무기 사용에 관해 생각하다": Deitchman의 "An Insider's Account: Seymour Deitchman," Nautilus Institute for Security and Sustainability, February 25, 2003.
- "숫자": Jason Division, IDA, Tactical Nuclear Weapons in Southeast Asia, 27.

12장

- "내가 밟았다": 2013년 6월과 8월 사이 리처드 "립" 제이콥스와 주고받은 편지와 이메일. 관련 정보는 VO-67 항공 승무원과 인터뷰와 VO-67 관련 디지털 문서보관과 웹사이트.
- 9명 전사: VO-67 Crew 2 기념사진, VO-67 Crew 2 Summary-KIA, VO67A. 이 사고로 숨진 사람들은: Denis Anderson, Delbert A. Olson, Richard Mancini, Arthur C. Buck, Michael Roberts, Gale Siow, Phillip Stevens, Donald Thoresen, Kenneth Widon.
- 크루 파이브 실종: VO-67 Crew 5 추념 사진, VO-67 Crew 5 Summary-KIA, VO-67A. 이 사고로 숨진 사람들은: Glenn Miller Hayden, Chester Coons, Frank Dawson, Paul Donato, Clayborn Ashby, James Kravitz, James Martin, Curtis Thurman, James Wonn.
- 음향 탐지 부표: 기술적인 논의는 국방장관실과 합참의 MACV, Military History Branch. Command History, United States Military Assistance Command Vietnam: 1967. Volume 3, 1105-1106; 진술 논의를 보려면 11-17, with photographs.
- "그렇게 벌어졌다": 2013년 6월 톰 웰스와의 인터뷰.
- "그 무엇도 통제하지 못했다": 2013년 6월 바니 월쉬와의 인터뷰.
- 밀리우스 대위: Milius는 최초로 등록된 실종자였으나 추후에 전사로 추정된다는 지위로 바뀌었다. 그를 기리려고 전함 USS Milius가 명명됐다.
- 맥나마라가 …찾았다: 잭 루이나의 구술사 인터뷰 28; Pentagon Papers(Gravel), vol. 4, chap. 1, sec. 3, subsection 1C. 그 개념은 처음으로 하버드 대학 법대 교수 Roger Fisher가 제안했다.
- "맥나마라 장관이 내게 요청했다": Sullivan 구술사 인터뷰, 53; Rego, 1.
- 첨단 기술 탐지기들: 탐지기들은 작았고 스스로 동력을 조달하는 기계로 시각, 청각, 후각, 촉각을 포함해 생물의 감각을 흉내 내어 물리적 특성들을 측정하려고 설계됐다. ARPA는 1958년 NASA가 창립되어 모든 우주 프로그램의 책임을 담당하기 전에는 현대 감각 기술의 조기 선구자였다. 최초의 미국 위성 익스플로러(Explorer) I은 우주로 소형 가이거 측정기를 가져가 Van Allen 방사선 벨트의 존재를 확인했다.
- 기밀로 분류된 탐지기 프로그램들: MacDonald의 "Jason and DCPG - Ten Lessons," 10, York Papers, Geisel.
- 베트콩을 듣다: Gatlin의 Project CHECO Southeast Asia Report, 32; Mahnken, 112.
- 캠퍼스 운동장: Goldberger와 인터뷰; Fitch 구술사 인터뷰. 장벽을 만들었던 제이슨의 역할을 옹호하려고 Goldberger는 공군이 900킬로그램 넘는 폭탄으로 살상하려는 사람보다 "더 적은 사람을 죽이려"는 의도였다고 말했다.
- SADEYE 집속 폭탄: 이 폭탄이 논의된 Jason Division, IDA, Air-Supported Anti-Infi ltration

Barrier, 3-4.
- 세미나를 열었다: 리처드 가윈 구술사 인터뷰.
- "아스피린 크기" 소형 폭탄: Jason Division, IDA, Air-Supported Anti-Infiltration Barrier, 30.
- "2000만 자갈 지뢰(Gravel Mines)": Ibid., 5.
- "평가하기 어렵다": Ibid., 6, 9, and 13.
- 대체로 10억: 1966년 9월, 제이슨 과학자들이 맥나마라 장관에게 제시한 금액은 8억6000만 달러였다. 전자 울타리가 운영되던 시점에 비용은 18억 달러로 늘어났다.
- 맥나마라는 만족했다: 2013년 6월 머프 골드버거와의 인터뷰.
- "그 경우": MacDonald의 "Jason and the DCPG–Ten Lessons," 10.
- 대부분의 장군이 조롱했다: 모든 인용은 장관실과 합참의 MACV, Military History Branch, Command History, United States Military Assistance Command Vietnam: 1967, Volume 3, 1072-1075.
- 지원이 있건 없건: Ibid., 1073.
- Starbird 장군: 구체사항의 출처는 Foster의 "Alfred Dodd Starbird, 1912-1983," 317-321; 장군의 아들 Edward Starbird와의 인터뷰.
- 합동 임무 부대 728: 장관실과 합참의 MACV, Military History Branch. Command History, United States Military Assistance Command Vietnam: 1967. Volume 3, 1072-1075.
- "국가적 최우선 순위": Document 233, Foreign Relations of the United States, 1964-1968, Volume IV, Vietnam, 1966, DSOH.
- "우리는 진입로에 섰다": Cited in Vernon Pizer, "Coming-The Electronic Battlefi eld," Corpus Christi Caller-Times, February 14, 1971.
- "시스템 복합 체계": MacDonald, "Jason and the DCPG – Ten Lessons," 8.
- 전자 전장 개념: 50년이 지나 전자 울타리의 결과물은 도처에 있다. 전장뿐 아니라 미국의 민간 부분 전역에도 말이다. 전자 울타리의 유산은 모든 곳에 있다. 가정, 전화, 컴퓨터, 자동차, 공항, 병원, 쇼핑몰 등등.
- "처음부터": Gatlin의 Project CHECO Southeast Asia Report, 38.

13장

- 제보를 받았다: 인용 출처는 Finney의 "Anonymous Call Set Off Rumors of Nuclear Arms for Vietnam," New York Times, February 12 and 13, 1968.
- "무서운 곳이었다": MacDonald의 "Jason and the DCPG – Ten Lessons," 8-12.
- "내가 말했을 모른다": Garwin의 구술사 인터뷰.
- 훔쳤다고 주장하는: James N. Hill의 "The Committee on Ethics: Past, Present, and Future," 11-19. Joan Cassell 과 Sue-Ellen Jacobs가 편집한 《인류학의 윤리적 문제에 관한 안내서》로 미국 인류학 협회의 특별 간행물 23, 온라인에서 볼 수 있음. aaanet.org.
- "엄청난 32K 기억능력": Maynard, 257n.
- 언론인들은 또 폭로했다: Princeton Alumni Weekly, September 25, 1959, 12.
- 학생들은 쇠사슬로 묶었다: Maynard의 193; "Vote of Princeton Faculty Could Lead to End of University Ties to IDA," Harvard Crimson, March 7, 1968.
- 드물게 기밀에서 해제된: 인용 출처는 ARPA의 Overseas Defense Research: A Brief Survey of Non-Lethal Weapons(U)(쪽수 번호는 불분명함).
- 비살상용 무기: Steve Metz의 "Non-Lethal Weapons: A Progress Report," Joint Force Quarterly(Spring-Summer 2001): 18-22; Ando Arike의 "The Soft-Kill Solution: New Frontiers in Pain Compliance," Harper's, March 2010.
- 유명하게도 만들어 냈다: LAPD의 "History of S.W.A.T.," Los Angeles Police Foundation, digital archive.

- 공격을 받았다.: Barber의 VIII-63 – VIII-67; Van Atta, Richard H., Sidney Reed, and Seymour Deitchman의 DARPA Technical Accomplishments, Volume 1. 18-1 – 18-11; Hord, 4 – 8.
- 그의 생각이 처음 개발됐다: Hord의 245, 327.
- 초당 10억 개의 지시: "A Description of the ILLIAC IV," Interim Report, IBM Advanced Computing Systems, May 1, 1967. 그 기계는 실제로 초당 10억 번의 연산을 달성하지 못했으나 당시 단일 기계로는 가장 큰 컴퓨터 하드웨어 집합체였다.
- 줄이려 설계됐다.: 대규모 SIMD(단일 지시, 다수 데이터) 기계를 결합해 만든다는 개념이 그 조합에 새로웠다. 이는 데이터가 컴퓨터 기억능력에 보관되고 기계를 통해 어떻게 움직이느냐는 방식을 바꾸었다. University of Illinois Alumni Magazine 1(2012): 30 – 35.
- "탄도 미사일 방어": Roland and Shiman, 12; Hord, 9.
- 여전히 비밀로 분류된 ARPA 프로그램: 저자의 FOIA 요구를 국방부, 에너지부, 산업부 등에서 거절했다.
- "모든 계산 필요사항": Muraoka, Yoichi의 "Illiac IV," Encyclopedia of Parallel Computing, Springer US, 2011, 914 – 917.
- 국방부 계약: Barber, VIII-63.
- Daily Illini의 제목: Patrick D. Kennedy의 "Reactions Against the Vietnam War and Military-Related Targets on Campus: The University of Illinois as a Case Study, 1965 – 1972," Illinois Historical Journal 84, 109.
- "일리악 IV의 공포": 모든 이용은 Daily Illini, January 6, 1970.
- "내가 할 수 있었다면": Barber, VIII-63.
- 교정의 무기고를 공격: Kennedy의 "Reactions Against the Vietnam War," Illinois Historical Journal 84, 110.
- 안전을 보장한다: O'Neill, 31; Barber, VIII-62. ARPA에 따르면, 일리악 IV 철수는 대학이 아니라 당국에서 결정했다.
- 잠수함을 추적하는 비밀 프로그램: "US Looks for Bigger Warlike Computers," New Scientist, April 21, 1977, 140. 1977년 무렵 일리악 IV는 이미 구닥다리가 됐다. DARPA는 초당 100억 개의 지시 사항(BIPS)을 수행하는 새로운 기계를 만들려 했다.
- 음향 탐지기: "U.S. Looks for Bigger, Warlike Computers," New Scientist, April 21, 1977, 140.
- "실질적 결과": Roland and Shiman, 29.
- "개요: Barber, IX-2.
- "놀랍지 않은 일이다": Ibid., IX-19.
- "실무자들은 몰랐다": Ibid., VIII-79.
- "닭이 먼저냐 달걀이 먼저냐는 문제": Ibid., VIII-74 – 77.
- "악마": Finkbeiner, 102.
- "나는 중국에 관해 말하겠다.: 머프 골드버거와의 인터뷰; Finkbeiner, 104.
- "제이슨 과학자들은 끔찍한 실수를 저질렀다.": Joel Shurkin의 "The Secret War over Bombing," Philadelphia Inquirer, February 4, 1973.
- 어떤 제이슨 과학자도: Charles Schwartz와의 인터뷰; file on "Jason controversy," York Papers, Geisel.
- "이 사람이 딕 가윈이다": Finkbeiner, 104.
- "완벽한 사례": Bruno Vitale의 "The War Physicists," 3, 12.
- 유럽의 과학자들: "Jason: survey by E. H. S. Burhop and replies, 1973," Samuel A. GoudsMIT Papers, 1921 – 1979, Niels Bohr Library and Archives, digital archive.
- "전범으로 재판을 받아야 한다": Ibid.
- "우리는 마땅히": 2013년 6월 머프 골드버거와의 인터뷰.
- "지적인 전선": Lukasik의 구술사 인터뷰, 27, 32 – 33.

- "동의할 만한 조치": 2013년 6월 머프 골드버거와의 인터뷰

14장

- 맨스필드 법에 맞추어: Barber, IX-23. 인력 감독은 국방부 연구 개발국의 통제아래 놓였다.
- ARPA의 전임 3국장들: Barber, VIII-43, VIII-50.
- "고위험 프로젝트": Barber, IX-7.
- "가장 어려웠다.": Barber, IX-37. Lukasik은 랜드 연구소 국가 안전 프로그램 담당 부소장이었다.
- 견해를 바꾸었다: Commanders Digest, September 20, 1973, 2.
- 레이더 횡단면: 2009–2015년 에드워드 로빅과의 인터뷰; Jacobsen의 Area 51, 97.
- 소리로 탐색하지 못하는: Reed 등의 DARPA Technical Accomplishments. Volume 1. 16-1–16-4.
- "첨단 스텔스 항공기": DARPA: 50 Years of Bridging the Gap, 152.
- CIA에 요청했다: 2009–2015년 에드워드 로빅과의 인터뷰. Heilmeier가 Lockheed의 설명을 들은 다음 Skunk Works 부문에 DARPA는 스텔스를 "연구"할 1달러짜리 계약을 주었다. 그 결과 록히드는 이미 CIA 제출용으로 쓴 보고서를 건네준다. 나는 이에 관해《Area 51》에서 썼다. 프로그램 참여자들을 여러 명 인터뷰했기 때문이다.《DARPA: 50 Years of Bridging the Gap》에서 그 주제도 논의 됐다. 그러나 CIA가 소달구지(Oxcart) 프로젝트의 기밀을 해제하지 않았기에 그 논문이 쓰였을 때 대부분 SR-71로 언급됐다.
- "우린 평평하고 면 처리된 패널들을 디자인했다": 2009–2015년 에드워드 로빅과의 인터뷰; Jacobsen의 Area 51, 340.
- 두 중요한 개념들: RG 330, ARPA, George H. Lawrence가 국방 조달 부국장에게 보낸 메모, Defense Supply Service, Contract DAHC15-70-C-0144, NACP.
- 두 배로 증가한다는 개념은 강력했다: Garreau, 49.
- "몇 년이 지나": J. C. R. 리클라이더와 로버트 W. 테일러의 "The Computer as a Communication Device," Science and Technology(April 1968), 22.
- 문자 메시지: K. Fisch, S. McLeod, and B. Brenman, "Did You Know, 3.0," Research and Design(2008): 2.
- "그게 어려울까요?": 테일러의 구술사 인터뷰.
- "가장 성공적인 프로젝트": DARPA, A History of the Arpanet: The First Decade, I-2–5.
- "규명하고 특정하려": Kaplan의 Daydream Believers, 11. 어썰트 브레이커의 구체적인 논의를 보려면 Van Atta 등의 Transformation and Transition, Volume 1, Chapter Four.
- 뷜스테터는 결론지었다.: Paolucci의 "Summary Report of the Long Range Research and Development Planning Program."을 보라.
- "원형 공산 오차": Watts의 "Precision Strike: An Evolution," 3, footnote 6에서 인용.
- 최고의 사례는 폭격이다: Lavalle, 7.
- "보인다": Kaplan의 Daydream Believers, 13.
- 모형 비행기를 사랑하다: Van Atta 등의 Transformation and Transition, Volume 1, 40.
- Praerie와 Calere: Ibid., 40–41.
- 전방조사 적외선: 2011년 9월 존 가르거스(John Gargus)와의 인터뷰.
- "보다 복잡한" 드론: Barber의 VIII-53에서 인용됨.
- Nite Panther와 Nite Gazelle: Gyrodyne Helicopter Historical Foundation, "Nite Panther: U.S. Navy's QH-50 Drone Anti-Submarine Helicopter(DASH) System,"(n.d.).
- TRANSIT: Reed 등의 DARPA Technical Accomplishments, Volume 1, 3-1–9.
- 반격 조치를 계획: Watts의 "Precision Strike: An Evolution," 12.
- 게임 이론의 달인: Jardini의 특정되지 않은 기록. 앤드류 마샬은 역대 미 대통령 8명, 국방장관 13명, DARPA 국장 14명을 위해 일했다. 군사 분야의 전망을 42년간 해온 앤드류 마샬은 2015년 1월

92세에 은퇴했다. 그는 국방장관실에서 펜타곤 역사상 가장 오래 근무한 국장이다.
- 소련은 위협을 크게 느꼈다.: Watts의 "Precision Strike: An Evolution," 5, 7, 11-13.
- "군사 기술 혁명": Marshal N. V. Ogarkov, "The Defense of Socialism: Experience of History and the Present Day," Red Star, May 9, 1984, trans. Foreign Broadcast Information Service, Daily Report, May 9, 1984.
- "기술적 지도력": 2014년 5월 리처드 반 아타와의 인터뷰.
- 비밀로 추구됐다.: Barber의 VIII-36, IX-7, IX-32-40; Reed 등의 DARPA Technical Accomplishments, Volume 1, S-1-9.
- 획기적인 생각: 2014년 5월-2015년 3월 잭 소프와의 이메일과 인터뷰.소프는 그 생각을 워싱턴 D.C. 공군 과학 연구소에서 일하면서 다듬어 갔다고 말했다.
- 유압식 동작기: Michael L. Cyrus의 "Motion Systems Role in Flight Simulators for Flying Training," Williams Air Force Base, AZ, August 1978.
- "다른 조종사의 항공기": 인용 출처는 2014년 5월에서 10월까지 잭 소프와의 인터뷰; Thorpe의 "Trends in Modeling, Simulation, & Gaming." 참조.
- "전술가와 전략가가 보는 장소": 잭 소프와의 인터뷰, 그의 최초 논문을 분명히 밝히며.
- 펜타곤의 고위 관리가 검토한: Cosby의 SIMNET: An Insider's Perspective, 3.
- TCP/IP: Roland 와 Shiman, 117.
- C2U: Thorpe는 C2U가 DARPA의 Command Post of the Future program에서 왔다고 분명히 밝혔다.
- "실패가 허락된다": DARPA: 50 Years of Bridging the Gap, 68.
- "네트워크로 연결된 전투 체제는 불가능하다": 2014년 3월 닐 코스비와의 인터뷰.
- "윌리엄 깁슨은 발명하지 않았다": Fred Hapgood의 "SIMNET," Wired Magazine, Vol. 5, no. 4, April 1997; Deborah Solomon, "Back From the Future Questions for William Gibson," New York Times Magazine, August 19, 2007.
- Reynard 프로젝트: Justin Elliott과의 인터뷰; Justin Elliot과 Mark Mazzetti의 "World of Spycraft: NSA and CIA Spied in Online Games," New York Times, December 9, 2013.

15장

- 그는 방금 날아왔다: Teller의 531.
- 포인덱스터는 권했다: Broad의 164.
- 선도 기관: DARPA: 50 Years of Bridging the Gap, 67. 이 프로그램은 나중에서야 SDI 프로그램으로 불렸다. DARPA의 연구 개발 노력은 지향성 에너지 체제에 집중됐으며 나중에 전략방위구상기구(SDIO)가 이어 받았다.
- "그러나 폭탄인가요?": Robert Scheer의 "X-Ray Weapon," Los Angeles Times, June 4, 1986.
- 레이저는: 2014년 3월 찰스 H. 타운스와의 인터뷰; Townes의 4-6; Beason, 15.
- 레이저를 창조하도록 영감을 받았다: 찰스 H. 타운스와의 인터뷰; Townes, 6. 타운스는 2015년 1월 사망했다.
- "일련의 조그만 반사경들": 인용 출처는 찰스 H. 타운스와의 인터뷰; Townes, 3.
- "상상력이 풍부한 이야기같이": Hey의 95-96.
- 피스칼 타임스: Merrill Goozner의 "$100b and Counting: Missiles That Work… Sometimes," The Fiscal Times, March 24, 2012; Mark Thompson, "Why Obama Will Continue Star Wars," Time Magazine, November 16, 2008.
- "탱크 같은 느낌을 담으려": 2014년 5월에서 10월 잭 소프와의 인터뷰.
- "고위 인사들": 인용 출처는 2014년 5월에서 10월까지 닐 코스비와의 인터뷰.
- DARPA와 육군은 지출했다.: Cosby, 4.
- 인터널 룩(Internal Look) 전쟁 게임: 2014년 10월 퇴역 장군 폴 고만과의 인터뷰.

- "우리는 Internal Look 게임을 했다.": Schwartzkopf, 10.

16장

- 그는 초현실적이라고 느꼈다: Atkinson의 Crusade, 25.
- 스텔스 전투 항공기: DARPA 스텔스 프로그램의 자세한 이야기를 알고 싶으면 Van Atta 등의 Transformation and Transition, Volume 2, I-1-9를 참조하라.
- "충분히 안겨주자": Atkinson의 Crusade, 31.
- "두 가지 생각": Crickmore의 63.
- "정교한 비디오 게임": Ibid. Feest는 또 Richard Benke의 "Right on Target,"에서 전쟁이 비디오 게임과 얼마나 유사한지 논의했다. AP, January 14, 1996.
- "비디오 게임은 끝났다": Crickmore의 63.
- 전술적 우위: Defense Department New Briefing, January 17, 1991, C-SPAN.org; Robert F. Dorr, 312. 숫자들은 서로 다른 소식통에 따라 조금 달라진다.
- 이라크의 스커드 미사일: Jay Garner 소장의 "Army Stands by Patriot's Persian Gulf Performance," Defense News 7, no. 26(1-4): 3; Atkinson의 Crusade, 182; "Desert Shield/Storm 작전에서 정보의 성공과 실패," Report of the Oversight and Investigations Subcommittee, Committee on Armed Services, U.S. House of Representatives, August 1993.
- 기계에 항복하다: Ted Shelsby의 "Iraqi soldiers surrender to AAI's drones." Baltimore Sun, March 2, 1991.
- JSTARS: U.S. Air Force, Fact Sheet, E-8C, Joint Stars(2005).
- 명령어 600,000 줄: Mahnken의 130.
- "실시간 전술 시각": JOINT STARS, Transitions to the Air Force, Selected Technology Transition, 68.
- 1만 번 이상의 출격: 걸프전의 국방부 일정표에 따르면, www.defense.gov.
- 어안이 벙벙한 통계: USA Today World, 1991 Gulf War chronology, September 3, 1996.
- 끔찍한 날씨: Mcmaster의 "Battle of 73 Easting," 10-11.
- 첫 교본을 쓴: Wolfe, 3.
- "우리는 열화상이 있었다.": 2014년 4월 더글러스 맥그리거와의 인터뷰.
- 이글 중대: 2014년 10월 퇴역 폴 고만 장군과의 인터뷰. 이 전투가 실제로 얼마나 지속됐는지는 아직 논란이 계속된다.
- "살육만을 위한 살육": Powell의 505. 이 부분의 모든 인용은 파월의 저서에서.
- "훌륭한 생각": 2014년 5월 Neal Cosby와의 인터뷰.
- Bloedorn과 DARPA 팀: Thorpe의 "Trends in Modeling, Simulation, & Gaming," 12.
- "담아낸": 2014년 5월 Neal Cosby와의 인터뷰.
- "전쟁의 도구": 이 부분 설명은 Gorman and Mcmaster의 "The Future of the Armed Services: Training for the 21st Century,"에서. Statement before Senate Armed Services Committee, May 21, 1992.
- 수색 임무 부대(Task Force Ranger): Stewart의 The United States Army in Somalia, 1992-1994, 10-11.
- "명중": Norm Hooten이 CBS News의 Lara Logan가 60 Minutes를 위해 2013년 10월 6일 한 인터뷰에서.
- 서면보고: 인용 출처는 전쟁 이외의 군사 작전(OOTW). 이 무렵 DARPA의 명칭은 잠시 ARPA로 바뀌었다가 다시 DARPA가 됐다.
- "역사적 충고": Glenn의 Combat in Hell, 1.

17장

- 13명의 소련 대표단: 켄 알리벡, 226. 다른 12명 구성원들엔 과학자, 군 장교, 외교관들이 있었다.
- 놀라웠다.: 켄 알리벡, 194; 2013년 12월 켄 알리벡과 주고받은 이메일. 알리벡은 지금 카자흐스탄에 산다.
- Alibekov의 직업: 켄 알리벡, 194.
- 그는 나중에 묘사했다: Ibid., 9.
- "그렇게 명확하지 않았다": "DARPA: The Post-Soviet Years 1989-Present 2008," 비디오를 유튜브의 DARPAtv로 볼 수 있다.
- 커다란 불안정성: 국방장관실의 "Proliferation and Threat Response," November 1992, 35.
- 어느 특정 시점: 호프만(Hoffman)의 The Dead Hand, 330. 호프만에 따르면 핵탄두가 지상 발사는 6,623개, 해상 발사 2,760개가 미국 내의 주의 깊게 선정된 목표물을 향해 조준되어 있다. 또한 추가적으로 1,500개 핵무기 순항 미사일과 핵무장이 된 항공기 822대가 비행 대기 상태다.
- 구상과 설계를 도왔다.: 리사 브론슨의 전기, Missouri State University, Faculty DSS-73.
- "여러 단계에서": 이 설명의 출처는 켄 알리벡, 239-40.
- 리사 브론슨을 접촉했다: 켄 알리벡, 242. 2014년 4월 마이클 골드블라트와도 논의했다.
- Vladimir Pasechnik의 망명: Mangold과 Goldberg의 Plague Wars, 91-105.
- 고순도 연구소: 호프만의 The Dead Hand, 327-328.
- 스트렙토마이신: Poland와 Dennis의 WHO/CDS/CSR/EDC Plague Manual, 55.
- "당신은 흑사병을 선택한다": 호프만의 The Dead Hand, 334.
- "주요 행동의 하나는": Ibid., 332.
- 천연두는 종식됐다고 선언했다: World Health Magazine, May 1980(cover).
- 조슈아 레더버그는 확인했다: James M. Hughes와 D. Peter Drotman의 "In Memoriam: 조슈아 레더버그(1925-2008)," Emerging Infectious Diseases 14, no. 6(June 2008): 981-983.
- 러시아인들이 인정하게 하다: Braithwaite, 141-143. 주 소련 주재 영국대사로서 Braithwaite는 19988년 9월부터 1992년 5월까지 모스크바에 주재했다.
- Yeltsin이 고백했다: Braithwaite의 142-43.
- 의회가 개입했다: 1992년 봄, 콤소몰스카야 프라우다(Komsomolskaya Pravda)와의 인터뷰에서 옐친은 소련과 러시아가 생물 무기 프로그램을 운영해 왔다고 인정했다. 그는 군비 경쟁 탓을 했다. 6월 미국의 수도를 방문하면서 옐친은 미 의회에서 말했다. "우리는 더 이상 거짓말을 하지 않겠다고 굳게 결심했다." 그리고 러시아의 불법 생물 무기 프로그램을 중단하겠다고 미 의원들에게 약속했다.
- "가장 전염성이 강하고 악독한": 데이비드 윌리엄(David Willman)의 "Selling the Threat of Bioterrorism," Los Angeles Times, July 1, 2007.
- 알리벡은 확인했다: 켄 알리벡, 5.
- 소름끼치는 구체 사항을 제공했다: 1998년 5월 20일 미 상하 양원 합동 경제 위원회 증언.; 켄 알리벡, 40.
- "신경 쓰지 않았다": 켄 알리벡, 257.
- "속도를 전혀 보지 못했다": William J. Broad의 "Joshua Lederberg, 82, a Nobel Winner, Dies," New York Times, February 5, 2008 기사에서 인용됐다.
- "생물학의 매우 작은 능력": 래리 린과의 인터뷰; "DARPA: The Post-Soviet Years 1989-Present 2008," 유투브의 DARPAtv에서 동영상 시청 가능.
- "SCIF": 인용 출처는 2013년 6월 머피 골드버거와의 인터뷰.
- 조슈아 레더버그: Nancy Stomach의 "DARPA Explores Some Promising Avenues," 25.
- 기밀로 분류되지 않은 발견들: 이 부분의 출처는 Block의 Living Nightmares, 39-75.
- 인간의 악성 종양: Kevin Newman의 "Cancer Experts Puzzled by Monkey Virus," ABC News, March 12, 1994. 그 주제, "SV-40 바이러스가 오염된 소아마비 백신은 암 발병 증가를 가져왔나?"가 2003년 9월 10일 의회에서 논의됐다.

- 그 직후: Block의 Living Nightmares, 41.
- 생물 무기 방어: 이 부문의 인용의 출처는 DARPA의 Biological Warfare Defense Program, Program Overview no. 884, 브리핑 슬라이드.
- "생물학의 스타워즈": Ibid.
- Preston은 증언했다: 상원 법사위 기술, 테러리즘과 정부 분과위와 화학 생물 무기를 다룬 상원 정보위 합동회의는 1998년 4월 22일 "미국에의 위협에 우리는 준비됐는가?"라는 주제를 논의했다.
- "수백 톤": Tim Weiner의 "Soviet Defector Warns of Biological Weapons," New York Times, February 25, 1998.
- 의원들에게 배포됐다: Congressional Record, March 12, 1998.
- 정보를 공유하다: Richard Preston의 "The Bioweaponeers," New Yorker, March 9, 1998, 52–53.
- 국방부에서 사적인 만남: 데이비드 윌리엄의 "Selling the Threat of Bioterrorism," Los Angeles Times, July 1, 2007.
- 켄 알리벡은 사장이 됐다: Executive profile, Bloomberg Business Week, October 14, 2013. See also Miller, Engelberg, and Broad, 302–4.
- Popov: 인용 출처는 Nova, 1998. pbs.org에 녹취록.
- "수수께끼": Marilyn Chase의 "To Fight Bioterror, Doctors Look for Ways to Spur Immune System," Wall Street Journal, September 24, 2002.
- 생물 무기 전쟁 방어: DARPA 국장 래리 린이 1997년 3월 11일 미 상원 군사위의 조달과 기술 분과위에 출석하며 준비한 발언.
- "우리는 희망한다": "Hadron Subsidiary Awarded $3.3 Million Biodefense Contract by DARPA," PRNewswire, May 2, 2000. 몇 년 사이에 켄 알리벡이 획득한 연방 정부 계약사업 자금 규모는 모두 2800만 달러에 이른다.
- 우크라이나: 데이비드 윌리엄의 "Selling the Threat of Bioterrorism," Los Angeles Times, July 1, 2007.
- "테러리스트 조직": 켄 알리벡의 증언, U.S. House of Representatives, Committee on Armed Services, Subcommittee on Research and Development and Subcommittee on Procurement, October 20, 1999, 15.

18장
- "전쟁터의 약골": 인용 출처는 2014년 10월 퇴역장군 폴 고만과의 인터뷰.
- "전투 현장에서": S. L. A. 마샬 대령의 The Soldier's Load and the Mobility of a Nation(Washington, DC, 1950), 7–10.
- 폴 고만은 썼다: Gorman의 SuperTroop, VIII-7.
- 획기적 구상: 2014년 4월 마이클 골드블라트와의 인터뷰. 이런 믿음은 트랜스 휴머니즘을 믿는 사람들에게는 보편적이다.
- 어떤 방법으로: Garreau, 28.
- "신속 치유": 해리 휠란 등의 "DARPA Soldier Self Care: Rapid Healing of Laser Eye Injuries with Light EMITting Diode Technology," September 1, 2004.
- 황화 수소처럼: Jason, MITRE, Human Performance, 22–24.
- 좌우뇌를 달리 통제해: Garreau, 28.
- 기계적으로 지배적인 병사: 2003년 3월 19일 Tether의 의회 증언.
- Lance Armstrong 같이 보이는: Garreau, 32.
- "무선 뇌 모뎀": 모든 인용의 출처는 에릭 아이젠슈타트 박사의 발언, Defense Sciences Office, Brain Machine Interface, DARPATech '99 conference.
- 그 대답은 분명하다: 저자는 Gina Goldblatt의 최첨단 침실을 2014년 4월 둘러보았다.

- 어두운 겨울 대본: 인용 출처는 '어두운 겨울(Dark Winter)', 2001년 6월 22-23일 생물 테러 대비 연습 앤드류 공군 기지; 미 하원 테러리즘 대처 청문회 2001년 7월, "Federal Response to a Biological Weapons Attack."
- 넌은 의회에 말했다.: 2001년 7월 23일 넌의 의회 진술.
- BASIS가 할 수 있는 전부는: 2013년 10월 Alan P. Zelicoff 박사와의 인터뷰.
- "어떤 기술도": Vin LoPresti의 "Guarding the Air We Breathe," Los Alamos National Laboratory Research Quarterly(Spring 2003), 5.

19장

- 브레이에게 물었다: 인용 출처는 2014년 7월 David Bray와의 인터뷰. 대통령 행정명령 39호에 따른 생물테러 준비와 대응 프로그램은 CDC, FBI, 그리고 공공의료 연구소 연합회의 공동 노력이다.
- 슈퍼컴퓨터들은 살펴본다: David Siegrist와 J. Pavlin의 "Bio-ALIRT Biosurveillance Detection Algorithm Evaluation," Centers For Disease Control, Morbidity and Mortality Weekly Report, September 24, 2004/53, 152-158. Carlos Castillo-Chavez, "Infections Disease Informatics and Biosurveillance," Springer, October 2010, 6-7.
- "맑은 날이었다": 딕 체니, 339.
- "그는 나를 붙잡았다.": 2002년 9월 11일 Cheney가 CNN의 John King과 한 인터뷰에서
- 전쟁 계획을 수립했다: Cheney, 341.
- 사무실에 앉아서: Rumsfeld, 335; Larry King Live, December 5, 2001.
- Davis는 후에 말했다: 이 설명의 출처는 Cockburn의 1-3.
- 럼스펠드 장관은 도왔다.: Armed Forces Press Service, 2006년 9월 8일자 사진들.
- "최상의 정보를 빠르게": 9/11 Commission Report , 559; Joel Roberts, "Plans for Iraq Attack Began on 9/11," CBS News, September 4, 2002.
- "우리 모두 알았다.": Rice, 83.
- "우리는 새로운 정책으로 나아가고": Cheney, 332.
- Rumsfeld의 Known and Unknown, 356-57.
- Tene은 메모를 보냈다: Memorandum from George J. Tenet, The Director of Central Intelligence, "Subject: We're at War," September 16, 2001, CIA.
- "10월 1일": 인용의 출처는 2014년 7월 David Bray와의 인터뷰.
- "심리전": R. W. Apple의 "A Nation Challenged: News Analysis; City of Power, City of Fears," New York Times, October 17, 2001.
- DARPA에 요청됐다: 2014년 4월 마이클 골드블라트와의 인터뷰.
- "약간의 자부심": Ibid.
- "양성반응이 있었다": 인용의 출처는 Cheney, 341.
- "사실상 오작동 경보율 0": Vin LoPresti의 "Guarding the Air We Breathe," Los Alamos National Laboratory Research Quarterly(Spring 2003), 5, Science and Technology Review, October, 2003; Arkin, 288n.
- "Hadley에게 전화해봐": Rice, 101.
- 뉴욕 시: Cheney, 340-42.
- "쥐가 살아(Feet down)": Rice, 101.
- bentonite라는 첨가제: ABC News, World News Tonight, October 26, 2001.
- "프라하의 이라크 정보요원": ABC News, This Week, October 28, 2001.
- 역정보 공작: 윌리엄 새파이어의 "Mr. Atta Goes to Prague," New York Times, May 9, 2002.
- 그의 중요성을 말해 주는: 안소니 테더의 전기, AllGov.com.
- 5단계: Tether의 2003년 3월 19일 의회 증언.
- 거의 세 배: FY 2003 예산 추계, 2002년 2월 확정.

- "켄 알리벡": "George Mason University Unveils Center for Biodefense: Scientists Kenneth Alibek, Charles Bailey to Direct," 보도자료, George Mason University, February 14, 2002.
- "생물 무기 방어 시제품": PRNewswire, Analex Corporation, May 1, 2002.
- 60달러: "National Security Notes," March 31, 2006, GlobalSecurity.org.
- Al Qaeda가 사용했다: 9/11 Commission Report, 169. 공모자들은 40만 달러에서 50만 달러를 사용했다.
- "결전이 시작되려 한다.": John Diamond and Kathy Kiely, "Tomorrow Is Zero Hour," USA Today, June 19, 2002.

20장

- 핵물리학자 존 포인덱스터: Dr. John Poindexter, DARPA biography.
- 생각이 떠올랐다: Harris, 144.
- 존 포인덱스터는 독학하기 시작했다: Ibid., 83.
- 지노아 프로그램을 다시 시작해야: 2014년 6월 밥 팝과의 인터뷰.
- "우습네요": 인용 출처는 Harris, 144.
- 대체로 4200만 달러: Ibid., 145.
- 현존하는 지노아 프로그램: 브라이언 샤키 발표, Deputy Director of ISO, Total Information Awareness, DARPATech 99 회의록과 브리핑 슬라이드.
- 수익을 포기하기: Harris, 147.
- 첫 번째 슬라이드: Ibid., 150.
- 시스템 복합체계: Popp과 Yen의 409; Dr. Robert Popp, DARPA's Initiative on Countering Terrorism, TIA, Terrorism Information Awareness, Overview of TIA and IAO Programs, 브리핑 슬라이드.
- 테더는 동의했다: 2014년 6월 밥 팝과의 인터뷰; Harris, 150.
- 1억 4,500만 달러: Congressional Research Services, "Controversy About Level of Funding," Memo on funding for Total Information Awareness programs from Amy Belasco, consultant on the defense budget, Foreign Affairs, Defense and Trade Division, January 21, 2003(앞으로는 Belasco Memo).
- "우리의 관점에서": 인용 출처는 2014년 6월 밥 팝과의 인터뷰.
- TIA라는 우산 아래 다양한 프로그램: 이 부분 정보 출처는 "Total Information Awareness Program(TIA). System Description Document(SDD)." Version 1.1, July 19, 2002.
- EELD 사무실: DARPA, Information Awareness Office, IAO Mission, 브리핑 슬라이드.
- "우리에게 허용하는 기술": 인용 출처는 테드 세네이터의 진술, DARPATech 2002 conference, Anaheim, California.
- "인간의 활동을 포착하는": Ibid.
- 인간 식별: SPIE Defense Security and Sensing Symposium에서 Jonathan Phillips의 안면 인식 설명은 유투브에서 볼 수 있다.
- "전쟁 언어들": DARPA, IAO Mission 브리핑 슬라이드.
- 레드 팀: International Summit on Democracy, Terrorism and Security, Madrid, March 8-11, 2005.
- "협력": 인용 출처는 토마스 아머의 진술, DARPATech 2000 conference, Dallas, Texas.
- 뱀을 찾는다: 토마스 아머는 첨언했다, "정보 분석가는 그들의 활동을 이해하려면 공개 정보와 비밀 정보 모두에서 엄청난 정보를 다 조합해 충분한 증거를 확보해야 할 필요가 있다." 토마스 아머, DARPATech 2000 conference, Dallas, Texas.
- "인공 자동화": Von Neumann의 "The Computer and the Brain," 74.
- 럼스펠드 사무실에서 점심: Harris, 185.

- Belvoir 기지에서: Robert Popp 박사의 DARPA's Initiative on Countering Terrorism, TIA, Terrorism Information Awareness, Overview of TIA and IAO Programs, 브리핑 슬라이드.
- 응 하는 소리: Glenn Greenwald의 "Inside the Mind of NSA Chief Gen. Keith Alexander," Guardian, September 15, 2013.
- "초기 TIA 실험": 인용 출처는 밥 팝과의 인터뷰; Harris, 187도 참조.
- "거대한 전자 저인망": John Markoff의 "Pentagon Plans a Computer System That Would Peek at Personal Data of Americans," New York Times, November 9, 2002.
- 새파이어는 썼다: William Safire, "You Are a Suspect," New York Times, November 14, 2002.
- 기사 285개: Robert L. Popp과 John Yen의 409.
- 진짜 숫자: Belasco Memo; DefenseNet transfers from Project ST-28 in FY2002 to Project ST-11 in 2003.
- 언론과 접촉 금지: 2014년 6월 밥 팝과의 인터뷰.
- "그에 관해 잘 모른다": 국방장관 기자회견 문답 속기록. "Secretary Rumsfeld Media Availability en Route to Chile," November 18, 2002.
- 사표를 제출했다: 존 포인덱스터가 2003년 8월 12일 안소니 테더 DARPA 국장에게.
- "즉시 폐쇄하라.": Congressional Record, September 24, 2003(House), H8500-H8550 Joint Explanatory Statement, Terrorism Information Awareness(TIA).
- 익명의 실체를 추정해가는: Ericson과 Haggerty의 180; Steve Mollman의 "Betting on Private Data Search," Wired, March 5, 2003.
- 보이는 전투 지대: DARPA Solicitation Number SN03-13, Pre-Solicitation Notice: Combat Zones That See(CTS), March 25, 2003.
- "현상에 도전하라": Defense Industry Daily, August 1, 2008.
- 생각해 냈다.: Vice Admiral Arthur K. Cebrowski와 John H. Garstka의 "Network Centric Warfare: Its Origins and Future," Proceedings, 124-139. Cebrowski는 1997년 4월 23일 아나폴리스 미 해군 연구소의 123차 연례 회의에서 그 표현을 처음 들었다고 말했다.
- 전 세계: 정보 체제실 책임자 Bill Mularie의 언급, DARPATech '99 conference, 브리핑 슬라이드.
- (C4ISR): Rumsfeld의 10.
- 내부 문서: U.S. Department of Defense, Report on Network Centric Warfare, 2001; Vice Admiral Arthur Cebrowski(퇴역), 2003년 1월 Network Centric Warfare 2003 conference에서 행한 연설.
- "커다란 도덕적 매력": James Blaker의 "Arthur K. Cebrowski: A Retrospective," Naval War College Review, Spring 2006, Vol. 59, no. 2, 135에서 인용.
- "속도": 인용 출처는 "Transforming Warfare: An Interview with Adm. Arthur Cebrowski," Nova, PBS, May 5, 2004.

21장

- "임무 완수": 대통령의 언급. 미 군함 USS Abraham Lincoln 선상에서, White House Press Office, May 2003.
- "나는 총기 사수였다.": 인용 출처는 2014년 5월 25일 제레미 리즐리와의 인터뷰와 사진
- "불발탄": "Pfc. Jeremiah D. SMITh, 25, OIF, 05/26/03," Defense Department press release no. 376-03, May 28, 2003.
- 국방부 관리: David Rhode의 "After the War: Resistance; Deadly Attacks on G.I.'s Rise; Generals Hope Troop Buildup Will Stop the Skirmishes," New York Times, June 10, 2003.
- "폭약이 더 있었다": 존 아비자이드의 2003년 9월 25일 의회 증언.
- 그 수가 더 많았다: Smith, 10.
- 급조 폭발물로 죽은 병사들: Ibid.; John Diamond의 "Small Weapons Prove the Real Threat in

Iraq," USA Today, September 29, 2003.
- "고전적 게릴라 형태의 작전": 출처는 Rick Atkinson의 "Left of Boom: 'The IED Problem is getting out of control. We've got to stop the bleeding,'" Washington Post, September 30, 2007.
- "새로운 현상": 인용 출처는 퇴역 앤드류 스미스 준장과의 2014년 6월 인터뷰.
- 역 전파통제 전자전(CREW): Glenn Zorpette의 "Countering IEDs," IEEE Spectrum, August 29, 2008.
- 연구 보고서: Clay Wilson의 "Network Centric Warfare: Background and Oversight Issues for Congress," June 2, 2004.
- "전쟁의 모든 중심은": U.S. Department of Defense, Report on Network Centric Warfare, 2001; 퇴역 부제독 아서 세브로브스키의 2003년 1월 Network Centric Warfare 2003 conference 연설.
- "연결망 중심 전쟁": "Transformation for Survival: Interview with Arthur K. Cebrowski, Director, Office of Force Transformation," Defense AT&L, March–April 2004.
- 새 슬라이드 4개를 추가했다: Office of Force Transformation, "Key Barriers to Transformation," PowerPoint, 2002; "Meeting the Challenges of the New Competitive Landscape PowerPoint, 2004. 또한 참조 Donald Rumsfeld의 Secretary's Forward, "Transformation Planning Guidance," U.S. Department of Defense, April 2003.
- "전진 속도": "Battle Plan Under Fire," PBS NewsHour, May 4, 2004.
- "문화 중심" 해결: 퇴역 육군 소장 로버트 H. 스케일스 주니어의 "Culture-Centric Warfare," Proceedings, October 2004.
- "적을 아는 지식": 몽고메리 맥페이트의 "Anthropology and Counterinsurgency: The Strange Story of Their Curious Relationship," Military Review, March–April 2005, 24–38.
- "전투 부대": Meghan Scully의 "'Social Intel' New Tool for U.S. Military," Defense News, April 26, 2004.
- 사회과학자를 참여시킨다: 몽고메리 맥페이트와 주고받은 이메일:2014년 6월 밥 팝과의 인터뷰.
- "펑크 록을 사랑하는": Matthew B. Standard의 "Montgomery McFate's Mission: Can One Anthropologist Possibly Steer the Course in Iraq?" San Francisco Examiner, April 29, 2007.
- 전화를 받았다: 몽고메리 맥페이트와 주고받은 이메일.
- 다수가 좌파로 기운: Scott Jaschik의 "Social Scientists Lean to the Left, Study Says," Insidehighered.com, December 21, 2005.
- "복음주의적 사명": George Packer의 "Knowing the Enemy: Can social scientists redefine the 'war on terror'?" New Yorker, December 18, 2006.
- 전 세대가: Williamson Murray와 로버트 H. 스케일스 주니어의 The Iraq War: A Military History(Cambridge: Harvard University Press, 2003).
- "전쟁의 본질": 로버트 H. 스케일스 주니어 퇴역 육군 소장의 "Culture-Centric Warfare," Proceedings, October 2004, 32–36.
- "미국이 히드라인 바티스타의 머리를": 몽고메리 맥페이트의 "The Military Utility of Understanding Adversary Culture," Joint Force Quarterly, issue 38, July 2005, 44-48.
- "병사와 해병은": Ibid.
- "안정화 작전": Dehghanpisheh와 Thomas의 "Scions of the Surge," Newsweek , March 24, 2008.
- "나는 원치 않는다": George Packer의 "Knowing the Enemy: Can social scientists redefine the 'war on terror'?" New Yorker, December 18, 2006.
- "이해와 공감": 로버트 H. 스케일스의 "Clausewitz and World War IV," Armed Forces Journal, July 1, 2006.
- 몽고메리 맥페이트가 한 장을 썼다: 몽고메리 맥페이트의 이메일.

- "반란군 진압이란 무엇인가?": Counterinsurgency, Field Manual No. 3-24.
- "첫 번째": http://humanterrainsystem.army.mil.

22장

- "보이는 전투 지대": DARPA Solicitation number SN03-13, Pre-Solicitation Notice: Combat Zones That See(CTS), March 25, 2003.
- "어떤 기술적 도전보다": 로버트 레니의 "DARPA's Urban Operations Program," presentation at DARPATech 2005, August 2005, with photographs.
- "우리는 연결망이 필요하다.": Tether의 2005년 3월 10일 의회 진술.
- 의회는 기금 지원을 제거: U.S. Congress, H8500-H8550, Joint Explanatory Statement, Terrorism Information Awareness(TIA), Congressional Record, September 24, 2003.
- "비밀 생산을 탐지하다": Tether의 2005년 3월 10일 의회 진술.
- "비침습성 마이크로 센서 연결망": 로버트 레니, "DARPA's Urban Operations Program," 38.
- 기밀로 분류되지 않은 문서: Ehlschlaeger의 "Understanding Megacities with the Reconnaissance, Surveillance, and Intelligence Paradigm," 50-53.
- HURT 프로그램: DARPA Information Exploitation Office(IXO) HURT Program Offce, aerial vehicle platform documents; 또한 참조 James Richardson의 "Preparing Warfighters for the Urban Stage," DARPA: 50 Years of Bridging the Gap, 166-67에 있음.
- "[HURT] 체제": 마이클 페이젤스의 말은 Clarence A. Robinson, Jr.의 "Air Vehicles Deliver Warrior Data," Signal Magazine, July 2007에서 인용됐음.
- 테러리스트들이 침입할 수 있었다: DARPA: 50 Years of Bridging the Gap, 169; Glenn Zorpette 의 "Countering IEDs," IEEE Spectrum, August 29, 2008.
- DARPA의 목표: This information comes from Tether, Statement to Congress, 2003; "Combat Zones That See(CTS) Solicitation Number BAA03-15, March 25, 2003. 또한 참조하라 Stephen Graham의 "Surveillance, Urbanization, and the U.S. 'Revolution in Military Affairs,'" in David Lyon이 편집한 Theorizing Surveillance: The Panopticon and Beyond, 250-54.
- 매 48분마다: Rick Atkinson의 "Left of Boom: 'You can't armor your way out of this problem;'" Washington Post, October 2, 2007.
- "거미": Noah Shachtman의 "The Secret History of Iraq's Invisible War," Wired, June 14, 2011.
- EFP: 첫 번째 EFP는 2014년 5월 15일 Bara에 등장했다. DIA는 1997년부터 그것들을 헤즈볼라 병력과 연결시켰다.
- 초당 2,000 미터를: Rick Atkinson의 "Left of BooM: 'You can't armor your way out of this problem;'" Washington Post, October 2, 2007.
- 하드웨어 HD: "Hardwire Receives DARPA Funding for Novel Armor Solutions," Business Wire, August 21, 2006.
- 병사들의 육체를 찢어: Tony Perry의 "IED Wounds from Afghanistan 'Unbelievable' Trauma Docs Say," Los Angeles Times, April 7, 2011.
- JIEDDO: 2014년 6월 퇴역 준장 앤드류 스미스와의 인터뷰.
- "우리는 상대하고 있다": 인용 출처는 2014년 6월에서 2015년 3월까지 Craig Mfarsh와의 인터뷰.
- 114 건물: 크레이그 마쉬와의 인터뷰; Andrew E. Kramer의 "Leaving Camp Victory in Iraq, the Very Name a Question Mark," New York Times, November 10, 2011.
- 연합 폭발물 채취 단위: "CEXC: Introducing a New Concept in the Art of War," Armed Forces Journal, June 7, 2007.
- "탈론 로봇": 이 부분 인용의 출처는 DARPA, Distribution Statement A, "Unmanned Robots Systems: SBIR Technology Underpins Life-Saving Military Robots," DARPA, Distribution

Statement A, 2010, 1-7.

- "고든 그 로봇": Ibid., 6-8; DARPA, "Unmanned Robotic Systems: Small Business Innovation Research," Featured Technology, December 2010, 6.
- 탈론 로봇: Sergeant Lorie Jewell의 "Armed Robots to March into Battle," Army News Service, December 6, 2004.
- "그것이 과학이든 마술이든": Rod Nordland의 "Iraq Swears by a Bomb Detector U.S. Sees as Useless," New York Times, November 3, 2009.
- 내부자 폭로했다: Adam Higginbotham의 "In Iraq, the Bomb-Detecting Device That Didn't Work, Except to Make Money," Bloomberg Businessweek, July 11, 2013.
- 한 시간에 두 번 이상: Rick Atkinson의 "Left of Boom: 'If you don't go after the network, you're never going to stop these guys. Never,'" Washington Post, October 3, 2007.
- 150억 달러: Glenn Zorpette의 "Countering IEDs," IEEE Spectrum, August 29, 2008.
- 테더는 보였다: 테더의 2007년 3월 21일 의회 증언.
- "2시 방향 발사": Raytheon news release, BBN Technologies, Products and Services, Boomerang III.
- CROSSHAIRS: DARPA, news release, "DARPA's CROSSHAIRS Counter Shooter System," October 5, 2010.
- DARPA는 레이더 조준경 50개 현장 배치: 인용 출처는 Tether의 2007년 3월 21일 의회 증언.; Donna Miles의 "New Device Will Sense Through Concrete Walls," Armed Forces Press Service, January 3, 2006.
- HART: DARPA Heterogeneous Airborne Reconnaissance Team(HART), Case no. 11414, 브리핑 슬라이드. Dr. Michael A. Pagels, August 2008.
- TIGR(Tactical Ground Reporting): Amy Walker, "TIGR allows Soldiers to 'be there' before they arrive," U.S. Army News, October 13, 2009.
- 의회는 들었다: 로버트 레니의 2009년 5월 20일 의회 증언.
- 병사들은 들었다: 데이빗 탤봇(David Talbot)의 "A Technology Surges," MIT Technology Review, February 2008.

23장

- 수감자 1200명 전원: Declan Walsh의 "Afghan Militants Attack Kandahar Prison and Free Inmates," Guardian, June 13, 2008; Carlotta Gall, "Taliban Free 1,200 Inmates in Attack on Afghan Prison," New York Times, June 14, 2008.
- "프로토타입 시스템": DARPA, IAO Mission, 브리핑 슬라이드.
- "이라크에서의 경험에 근거해": Thom Shankar, "To Check Militants, U.S. Has System That Never Forgets," New York Times, July 13, 2011.
- 순찰: USA v. Don Michael Ayala(U.S. District Court for the Eastern District of Virginia, Alexandria Division), Document 33, May 6, 2009, and Document 5, November 24, 2008.
- "뭐라 말하기 힘든 면모": U.S. Army, "In Memory of Paula Loyd," Human Terrain System, September 2011.
- 골목길 가운데: USA v. Don Michael Ayala 재판에 제출된 사진들.
- 턱수염을 기른 젊은: Gezari의 3-18.
- 그는 입었다: USA v. Don Michael Ayala 재판에 제출된 사진들.
- 권총을 꺼냈다: USA v. Don Michael Ayala, 재판 문서 5, 4.
- 전에 경호를 했다: Ibid., Document 5, 3.
- "그 사람은 악마": Ibid., Document 33, 2.
- 관용: Matthew Barakat, "Contractor Gets Probation for Killing Prisoner," Associated Press,

May 8, 2009.

- "여단에 조언": In Human Terrain: War Becomes Academic, Udris Films, 2010.
- 더 벌었다: USA v. Don Michael Ayala, 재판 문서 Document 33, 1.
- "군 지휘관들": 미 육군 보도자료, http://humanterrainsystem.army.mil.
- "위험하고 무책임": AAA [American Anthropological Association] Executive Board, Statement on the Human Terrain System Project, October 31, 2007.
- "용병 인류학": Roberto J. González, "Towards Mercenary anthropology? The new US Army counterinsurgency Manual FM 3-24 and the Military-anthropology complex," Anthropology Today, Volume 23, Issue 3, June 2007, 14-19.
- 캐서린 루츠(Lutz): 인용 출처는 Human Terrain: War Becomes Academic, Udris Films, 2010.
- Hugh Gusterson: Ibid.
- Roberto González: Ibid.
- "내 맨 처음": Carlson 인용의 출처는 Dan G. Cox의 "Human Terrain Systes and the Moral Prosecution of Warfare," 27-29.
- "강령은 적용될 수 있을까": 이 설명의 출처는 Nigh, "An Operator's Guide to Human Terrain Teams," 20-23.
- "청소 작전": ISAF, TAAC South, "Impacts, Contributions," 2007; 미 육군 "Human Terrain Team Handbook," December 11, 2008.
- 폴라 로이드를 대체했다: Korva Coleman의 "Social Scientists Deployed to the Battlefi eld," NPR, September 1, 2009.
- "살육이 벌어지는 악명 높은 지역": Jonathan Montpetit의 "Canadian Soldiers ResuMe Mentoring Afghan National Army After Turbulent Spring," Military World, October 28, 2010.
- "마이클 바티아는": "One Man's Odyssey from Campus to Combat," Associated Press, March 8, 2009.
- 1년에 20만 달러: Jason Motlagh의 "Should Anthropologists Help Contain the Taliban?" Time, July 1, 2010.
- "사람들은 인간 연결망을 사용한다": Tristan Reed, "Intelligence and Human Networks," Stratfor Global Intelligence Security Weekly, January 10, 2013.
- "분쟁 이전 제로 단계": Jim Hodges의 "Cover Story: U.S. Army's Human Terrain Experts May Help Defuse Future Conflicts," Defense News, March 22, 2012.
- 생체 의료 기술 프로그램: Department of Defense, mFiscal Year 2015, Budget Estimates, Defense Advanced Research Projects Agency, 1:51.
- "예측을 적용하다": Ibid., 1:130.
- "적진 깊숙이": "DARPA Receives Joint Meritorious Unit Award," U.S. Department of Defense, press release. December 17, 2012.
- 문자의 심층 탐구와 여과: Department of Defense, Fiscal Year 2015 Budget Estimates, Defense Advanced Research Projects Agency, 1:88.

24장

- "이 전쟁": 인용 출처는 2013년 5월 23일 맥네어 기지 국방대학교에서 대통령의 연설. White House, Office of the Press Secretary.
- 국방부 보고서들: U.S. Department of Defense, "The Unmanned Systems Integrated Roadmap FY2013-2038," 2014, 8:13, 26.
- "내 딸": 인용 출처는 2014년 9월 버나드 크레인과의 인터뷰.
- "저들은 곤충이 아니다.": 인용 출처는 릭 와이스의 "Dragonfly or Insect Spy? Scientists at Work on Robobugs," Washington Post, October 9, 2007.

- 부시 대통령이 탄핵되어야 한다고 주장했다: C-SPAN, "Stop the War Rally," September 15, 2007.
- 여러 대의 트럭 폭탄: Damien Cave와 James Glanz의 "Toll in Iraq Bombings Is Raised to More Than 500," New York Times, August 22, 2007.
- 역할을 담당했다고 보도됐다: "A Carpet for Radicals at the White House," Investigative Project on Terrorism, October 12, 2012.
- 이맘으로 활동했다. "Al-Qaida cleric death: Mixed emotions at Virginia Mosque where he preached," Associated Press, September 11, 2011.
- "곤충 크기": Grasmeyer와 Keennon의 "Development of the Black Widow Micro Air Vehicle," American Institute of Aeronautics and Astronautics, 2001, 1.
- "우리는 참새들을 보았다": Ibid., 8.
- "소형 폭탄": Lambeth, "Technology Trends in Air Warfare," 141.
- 찾으라고 훈련된 벌: "Sandia, University of Montana Researchers Try Training Bees to Find Buried Landmines," Sandia National Laboratories, press release, April 27, 1999. 1990년대 말 지뢰 벌 프로그램은 산디아 국립 연구소의 DARPA 연구자들이 몬타나 대학의 곤충학자들과 묻힌 지뢰를 탐색하도록 꿀벌을 훈련시켜서 커다란 성공을 이루었다.
- 곤충 헬리콥터: 저자는 2010년 9월 랭글리 CIA 본부의 박물관을 돌아보았다.
- 동물권: Duncan Graham-Rowe의 "Robo-Rat Controlled by Brain Electrodes," New Scientist, May 1, 2002.
- "조직이 개발된다": A. Verderber, M. McKnight와 A. Bozkurt의 "Early Metamorphic Insertion Technology for Insect Flight Behavior Monitoring," Journal of Visualized Experiments, July 12, 2014, 89.
- 만화 영화 비디오: online at "Armed with Science," 국방부 공식 과학 블로그.
- DARPA의 초음속 스텔스 드론: DARPA News, "Hypersonics – The New Stealth: DARPA investments in extreme hypersonics continue," July 6, 2012; "Darpa refocuses Hypersonics Research on Tactical Missions," Aviation Week and Space Technology , July 8, 2013.
- Falcon HTV-2: Lockheedmartin.com에 만화 영화로 묘사된 Falcon HTV-2의 과업 수행 비디오.
- 초음속 지구 저궤도 드론: Toshio Suzuki의 "DARPA Wants Hypersonic Space Drone with Daily Launches," Stars and Stripes, February 4, 2014.
- 히드라(Hydra): John Keller의 "DARPA Considers Unmanned Submersible Mothership Designed to Deploy UAVs and UUVs," Military Aerospace Electronics, July 23, 2013.
- 무인 지상 시스템 로봇: DARPA의 유투브 채널에 설명하는 비디오, DARPAtv.
- 랜드로이드(LANdroids): USC Information Sciences Institute, Polymorphic Robotics Laboratory, "LANdroids," n.d.
- "자율" 이 무엇인지: U.S. Department of Defense, "Unmanned Systems Integrated Roadmap FY2013–2038," 15.
- "자율적 체제들": U.S. Department of Defense, "Unmanned Systems Integrated Roadmap FY2011–2036," 43.
- "자율과 반자율": Department of Defense Directive 3000.09, "Autonomy in Weapon Systems," sec. 4, Policy, 2, November 21, 2012.
- 4겹의 단계: U.S. Department of Defense, "Unmanned Systems Integrated Roadmap FY2011–2036," table 3, 46.
- "상상도 못한 정도의 자율": Ashton Carter의 2010년 3월 29일자 편지가 국방부 과학 위원회 보고서에 첨부됐다. Defense Science Board, "Task Force Report: The Role of Autonomy in DoD Systems," Appendix C, Task Force Terms of Reference.

25장

- 인공두뇌: ArtificialBrains.com는 지각이 있는 기계를 건립하는 목표로 발전해가는 가학적이고 기술적 발전을 추적한다. 그 웹사이트는 독일 뮌헨의 James Pearn이 관리한다.
- 우리의 인터뷰: 이 부분 모든 인용의 출처는 2014년 3월 Allen Macy Dulles와의 인터뷰.
- 그녀의 동생을 데려왔다: 2014년 3월부터 2015년 5월까지 조앤 덜레스 톨리와의 인터뷰.
- 백악관은 지칭: White House Briefing Room, "BRAIN Initiative Challenges Researchers to Unlock Mysteries of Human Mind," April 2, 2013. 참조: 두뇌 프로그램에서 DARPA가 함께 작업하는 기관은 정보연구기획국(IARPA, Intelligence Advanced Research Projects Agency) 혹은 CIA의 DARPA라고도 한다.
- 두뇌 프로그램: DARPA의 두뇌 컴퓨터 interface programs 정보 출처는 Robbin A. Miranda 등의 "DARPA-Funded Efforts in the Development of Novel Brain-Computer Interface Technologies," 1-17. 저자들은 Robbin A. Miranda, William D. Casebeer, Amy M. Hein, Jack W. Judy, Eric P. Krotkov, Tracy L. Laabs, Justin E. Manzof, Kent G. Pankratz, Gill A. Pratt, Justin C. Sanchez, Douglas J. Weber, Tracey L. Wheeler, and Geoffrey S. F. Ling.
- 펜타곤에 따르면: Armed Forces Health Surveillance Center의 "Summary of Mental Disorder Hospitalizations, Active and Reserve Components, U.S. Armed Forces, 2000-2012," Medical Surveillance Monthly Report 20, no. 7(July 2013): 4-11.
- SUBNETS: "SUBNETS Aims for Systems-Based Neurotechnology and Understanding for the Treatment of Neuropsychological Illnesses," Department of Defense, press release, October 25, 2013.
- 칩이 무선으로 전달한다: George Dvorsky의 "Electroconvulsive Therapy Can Erase Unwanted Memories," iO9, December 23, 2013.
- "거의 실시간으로 통합": "SUBNETS," DARPA News, October 25, 2013.
- "피아노 음들을": Emily Singer의 "Playing Piano with a Robotic Hand," MIT Technology Review, July 25, 2007.
- "접합된 인공 손": Jonathan Kuniholm, "Open Arms," IEEE Spectrum, March 1, 2009.
- 딘 카멘: Kamen interview with Scott Pelley, CBS News, 60 Minutes, April 10, 2009.
- 아직 위탁 생산자를 찾아야: Rhodi Lee, "FDA Approves DEKA Arm System," Tech Times, May 10, 2014.
- "우리가 진 빚": "From Idea to Market in Eight Years: DARPA-Funded DEKA Arm System Earns FDA Approval," DARPA News, May 9, 2014.
- "밸브를 돌리다": 2014년 9월 노엘 샤르키와의 인터뷰.
- 요리사들조차: 2014년 3월 LANL 요리사들과의 인터뷰.
- 케넌과 그의 팀: 케넌과 DARPA의 계약은 뉴멕시코 컨소시엄(New Mexico Consortium, NMC)에 속한 미시간 대학을 통해서 이루어졌다고 케넌은 말했다. "NMC은 LANL이 운영하는 일종의 인큐베이터였다. 그곳에서 나 같은 과학자와 일군의 학생들이 힘을 합해 LANL 자체의 제약 안에서 추구하기 힘든 성공 가능성이 적은 일을 추구한다."
- 영장류의 시각 체제의 인공적 구현: 인용 출처는 2014년 3-11월 개릿 케넌과의 인터뷰.
- 세계 기록: "Science at the Petascale," IBM Roadrunner supercomputer, press release, October 27, 2009.
- 天河-2: Lance Ulanoff, "China Has the Fastest Supercomputer in the World- Again," Mashable.com, June 23, 2014.
- 안을 가리키다: 케넌은 컴퓨터 방에 여러 다른 기계도 있다고 지적했다.
- "재생이 요즘 뜨거운 관심을 받는다.": 인용 출처는 2013년 6월-2014년 10월까지 데이비드 가디너와 Sue Bryant와의 인터뷰.
- 돌연변이를 갖고 태어난 아이들: Ngo Vinh Long의 "Vietnamese Perspectives," in Encyclopedia

of the Vietnam War, ed. by Stanley Kutler(New York: Scribner's, 1996).

- 인간의 자궁: Stephanie SMITh의 "Creating Body Parts in a Lab; 'Things Are Happening Now,'" CNN, April 10, 2014.
- 신체 일부를 만들다: "Ears, Noses Grown from Stem Cells in Lab Dishes," Associated Press, April 8, 2014.
- 실험실에서 키운 소고기 버거: Maria Cheng의 "First Reaction: Lab-Made Burger Short on Flavor." Phys.org, August 5, 2013.
- "상상할 수 있다": S. Hawking 등의 "Stephen Hawking: 'Transcendence Looks at the Implications of Artificial Intelligence-But Are We Taking AI Seriously Enough?'" The Independent, May 1, 2014.
- "이 [자율] 체제들": 2015년 5월 Steve Omohundro와의 인터뷰; 또한 참조하라. "Autonomous Technology and the Greater Human Good," Journal of Experimental & Theoretical Artificial Intelligence, November 21, 2014, 303-15.
- "인간과 기계의 교류 실패": 2014년 9월 노엘 샤르키와의 인터뷰,

26장

- 그의 생각을 나누다: 2014년 4월 찰스 H. 타운스와의 인터뷰.
- SIGMA 그룹: 회원인 Doug Beason과의 인터뷰, Beason은 물리학자이자 우주사령부의 선임 과학자였으며 공상과학 소설을 14권 집필했다. 그중 8권은 Kevin J. Anderson과 협업했다; 알란 앤드류의 이메일.
- "책임 있는 사람들": Jenna Lang의 "Sci-fi writers take US security back to the future," Guardian, June 5, 2009.
- 뇌-컴퓨터 인터페이스: R. A. Miranda 등의 "DARPA-Funded Efforts in the Development of Novel Brain-Computer Interface Technologies," Journal of Neuroscience Methods(2014). 그 용어는 1971년 Jacques J. Vidal이 만들어 냈다.
- DARPA의 공개 목표: M. L. Cummings의 "Views, Provocations: Technology Impedances to Augmented Cognition," Ergonomics in Design(Spring 2010): 25.
- "인간의 두뇌 활동": DARPA의 Cognitive Technology Threat Warning System(CT2WS) Solicitation no. BAA07-25, April 11, 2007.
- DARPA 과학자들: R. A. Miranda 등의 "DARPA-Funded Efforts in the Development of Novel Brain-Computer Interface Technologies," Journal of Neuroscience Methods(2014).
- "획기적 발전": Ibid., 3, 5.
- DARPA의 프로그램 관리자: Ibid., 10-13. DARPA 프로그램 관리자 4명은 William D. Casebeer, Justic C. Sanchez, Douglas J. Weber, Geoffrey S. F. Ling이다.
- 인지 확장: 인용 출처는 Jason, MITRE Corporation의 "Human Performance," 70, 72.
- "제이슨 과학자들": 인용 출처는 2014년 4월 마이클 골드블라트와의 인터뷰.
- "지휘관들을 위해": 인용 출처는 국방 과학 위원회(DSB)의 "The Role of Autonomy in DoD Systems," 2012, 2, 19, 46, 48. DSB에 따르면 "전진을 가로막는 주요 도전은 무인 체제의 자율성을 늘리는 데 필요한 신뢰 개선을 목적으로 시험과 평가 능력을 전진시키는 일이다."
- "실패의 가능성과 결과": Department of Defense Directive no. 3000.09, November 21, 2012.
- "담론의 효과": Miranda et al., 9.
- "우리 모두 혜택을 본다": 2014년 10월 폴 잭과의 인터뷰.
- "두려움을 없애준다": Bret Stetka의 "Can Fear Be Erased?" Scientific American, December 4, 2014.
- DSB 위원장 폴 카민스키: 출처는 백악관 인사 정보. 카민스키는 공군 장교로 20년 근무 했다. Low Observable Technology 사의 이사로 펜타곤의 스텔스 프로그램의 개발과 실전배치를 담당했다.

나중에 국방부 조달 기술 부문 담당 차관으로 연간 1000억 달러가 넘는 예산 집행에 책임이 있었다. 또한 참조하라. "Dr. Paul G. Kaminski, Former Under Secretary of Defense for Acquisition and Technology, 2011 Ronald Reagan Award Winner," Missile Defense Agency, digital archive.

- DSB 구성원들은: DSB 집행 이사회의 공보 담당관 Eric D. Badger 소령과의 이메일; Department of Defense press release, January 5, 2010; DSB, Appendix D- Task Force Membership, 109, Appendix E- Task Force Briefings, 110. 자율 무기 체제를 자문하는 DSB 보고서에 또 달리 참여한 사람들은 방위 산업체 Northrop Grumman, Lockheed Martin, Boeing, General Dynamics, General Atomics, SAIC과 QinetiQ를 대표해 설명에 나선 사람들이다.
- "닭이 먼저냐 달걀이 먼저냐": Barber의 VIII-76.
- 군산 복합체: Dwight D. Eisenhower의 "Farewell Radio and Television Address to the American People," January 17, 1961, UCSB.
- "전장은 있을 곳이 아니다": 인용 출처는 Van Atta 등의 Transformation and Transition, Volume 2, V-19.

면담 취재 대상과 편지를 주고받은 사람

켄 알리벡(Dr. Ken Alibek): 바이러스 학자, 전 소련의 바이오프레파라트 부 책임자.

조르즈 바라자(Dr. Jorge Barraza): 사회 심리학자, 클레어몬트 대학원.

더그 비슨(Doug Beason) 퇴역 대령, Ph.D.: 물리학자. 공군 우주사령부 선임 과학자.

크리스 벌카(Chris Berka): Advanced Brain Monitoring, Inc.의 공동 설립자.

데이비드 블레어(David Blair) 소령: 공학자, MQ-1B 조종 교관 AC-130 무장헬기 조종사.

데이비드 브레이(Dr. David A. Bray): 정보 공학자, FCC의 선임 정보 담당관; 질병 통제 예방 센터(CDC)의 전 생물 무기 테러 준비 대응 팀 선임 정보 담당관.

레베카 브론슨(Rebecca Bronson): FBI 기록 담당관.

수잔 브라이언(Dr. Susan V. Bryant): 재생전문 생물학자, 어바인 대학의 생물학 대학 전 학장 겸 연구 담당 부총장.

줄리언 체스넛(Julian Chesnutt) 퇴역 대령: 전 프로그램 담당관, 국방 정보국(DIA) 소속 국방 비밀 첩보업무 담당.

닐 코스비(L. Neale Cosby) 퇴역 대령: DARPA 소속 전 SIMNET의 주요 실무 책임자.

버나드 크레인(Bernard Crane): 변호사, 워싱턴 D.C.

탄야 도민코(Dr. Tanja Dominko): 생명 공학자, 줄기세포 생물학자 Worcester Polytechnic Institute.

앨런 매이시 덜레스(Allen Macy Dulles): 역사학도, 한국전 참전 상이용사, 앨런 웰시 덜레스의 아들.

제이 W. 포레스터(Dr. Jay W. Forrester): 컴퓨터 선구자, 시스템 다이내믹스의 개념을 제시한 사람.

랄프 짐 프리드먼(Ralph Jim Freedman): 전 핵무기 공학자, EG&G.

데이비드 가디너(Dr. David Gardiner): 재생 생물학자, UC Irvine의 발전 세포 생물학 전공 교수.

존 가르거스(John Gargus) 퇴역 대령: 전 미 공군 특별 작전 담당관.

피터 개럿슨(Peter A. Garretson) 중령: 미 공군의 전력 변혁 전략가.

마빈 "머피" 골드버거(Dr. Marvin Goldberger): 전 맨해튼 프로젝트 물리학자. 제이슨 과학자 집단 설립자이자 위원장. 존슨 대통령의 과학 자문.

마이클 골드블라트(Dr. Michael Goldblatt): 국방 과학실 실장.

카이 코델(Dr. Kay Godel-Gengenbach): 학자. 윌리엄 H. 고델의 딸.

폴 고만(Paul F. Gorman) 퇴역 장군: 전 미 남부군(US SOUTHCOM) 사령관, 합참의장 특별 보좌관.

리처드 "립" 제이콥스(Richard "Rip" Jacobs): 베트남전 참전 엔지니어. VO-67 해군 항공대 소속.

개릿 케넌(Dr. Garrett T. Kenyon): 신경 물리학자, 로스알라모스 국립 연구소의 합성 인지 그룹.

폴 코젬착(Paul Kozemchak): DARPA 국장 특별보좌역.

에드워드 로빅(Edward Lovick Jr.): 물리학자, 전 록히드 스컹크 웍스의 스텔스 공학자.

셰리 로빅(Sherre Lovick): 공학자, 전 록히드 스컹크 웍스의 스텔스 공학자.

로보드 로우웰(Robert A. Lowell): 방사선 과학자, 위성 공학자.

더글러스 맥그리거(Douglas Macgregor) 퇴역 대령, Ph.D.: 전 대대 작전 담당관, 73 이스팅 전투.

크레이그 마쉬(Craig Marsh) 퇴역 최상등급 원사: 전 폭발물 해체 전문가. 이라크 내 합동 급조 폭발물 대응 태스크 포스 트로이(Troy) 소속.

몽고메리 맥페이트(Montgomery McFate, J. D., Ph.D.): 문화 인류학자, 미 육군 인간 지형 시스템 선임 사회과학자.

컬렌 맥너네이(Cullen McInerney): 전 군 계약 사업자. 전 비밀 첩보국 소속.

유진 맥마너스(Eugene Mcmanus): 그린란드 툴레 BMEWS J-Site 소속 전 기술자.

티모시 모이니한(Timothy Moynihan): 목사. 전 미 육군 작전 장교.

월터 멍크(Dr. Walter Munk): 해양학자, 전 제이슨 과학자.

C. N. "레프티" 노드힐(C. N. "Lefty" Nordhill) 대위: 전 항공 지휘관, VO-67 해군 항공대.

알프레드 오도넬(Alfred O'Donnell): 전 핵무기 공학자, EG&G.

알바로 파스쿠알-레오네(Dr. Alvaro Pascual-Leone, Ph.D.): 하버드 의대 신경학자, 비 침습 뇌 자극을 연구하는 Berenson-Allen Center의 책임자.

로버트 로프(Dr. Robert Popp): DARPA의 정보 인식실 전 부책임자.

레너드 레이펠(Dr. Leonard Reiffel): 핵물리학자.

로버트 E. 레이놀즈(Robert E. Reynolds): 전 항공병, VO-67 전 해군 항공대 소속.

마이클 E. 리치(Michael E. Rich): 미 법무부 소속 변호사.

제레미 리즐리(Jeremy Ridgley): 전 병사, 제 18군 경찰 여단 소속.

롭 루비오(Rob Rubio): Advanced Brain Monitoring, Inc.의 사업 담당 이사.

잭 W. 러스트(Jack W. Rust) 대령: 미 해군 NRO 지휘관.

샤를 슈워츠(Dr. Charles Schwartz): 물리학자, 전 제이슨 과학자.

노엘 샤키(Dr. Noel Sharkey): 영국 셰필드 대학교 인공지능과 로봇 공학 담당 명예 교수. 로봇 무기 통제 국제 위원회 위원장.

앤드류 스미스(Andrew Smith): 호주 육군 퇴역 여단장: 미 중부 사령부 합동 작전 그룹 소속.

에드워드 스타버드(Edward Starbird) 퇴역 대령: 알프레드 스타버드 장군의 아들.

데이비드 J. 스테피(David J. Steffy): 전 항공병, VO-67 해군 항공대.

허베이 스톡만(Hervey Stockman) 퇴역 중령: U-2 조종사. CIA와 미 공군 소속.

클리포드 스톨(Clifford Stoll): 천체 물리학자.

로버트 서레트(Robert Surrette): CIA의 전 선임 조달 집행관.

조앤 딜레스 톨리(Joan Dulles Talley): 융 심리 분석가. 앨런 웰시 딜레스의 딸.

트로이 테카우(Troy E. Techau) 퇴역 중령: 미 중부군 소속 전 생체측정 공학자.

엘리자베스 테리스(Elizabeth Terris): 신경 경제학 연구자, 클레어몬트 대학원.

킵 S. 손(Kip S. Thorne): 이론 물리학자.

잭 소프(Jack Thorpe, Ph.D.) 퇴역 대령: SIMNET의 창안자이자 설립자.

찰스 H. 타운스(Dr. Charles H. Townes): 레이저 발명가, 1964년 노벨 물리학상 수상자. 앤드류 튜더(Andrew Tudor): 미세 제작과 미세 규모 연구자, UCLA 물리 정보.

리처드 반 아타(Dr. Richard H. Van Atta): IDA의 선임 연구자이자 분석가.

에릭 반 슬랜더(Eric Van Slander): 활동가, 국립 문서보관소.

짐 와그너(Jim Wagner): 전 부조종사, VO-67 해군 항공대.

바니 월쉬(Barney Walsh) 퇴역 대위: 전 부조종사, VO-67 해군 항공대.

톰 웰스(Tom Wells): 전 기술병, VO-67 해군 항공대.

제임스 M. 윌슨(Dr. James M. Wilson): 바이러스 학자, 미 육군 의학 연구소 및 군수 사령부 소속 전 대량 살상 무기 특별 보좌관.

폴 잭(Dr. Paul J. Zak): 과학자, 신경 경제학자, 클레어몬트 대학원.

조셉 자를로프(Dr. Joseph J. Zasloff): 사회과학자, 베트콩의 동기와 사기 프로젝트 담당 전 랜드 연구소 분석관.

알란 자를로프(Dr. Alan Zelicoff): 의생태학자, 전 산디아 국립 연구소의 국가 안전과 무기 통제 센터 소속 선임 과학자.

참고문헌

Books

Abella, Alex. Soldiers of Reason: The RAND Corporation and the Rise of the American Empire. Orlando: Houghton Miffl in Harcourt, 2009.

Alibek, Ken, with Stephen Handelman. Biohazard: The Chilling True Story of the Largest Covert Biological Weapons Program in the World — Told from Inside by the Man Who Ran It. New York: Dell Publishing, 1999.

Arkin, William M. American Coup: How a Terrifi ed Government Is Destroying the Constitution. New York: Little, Brown, 2013.

Atkinson, Rick. Crusade: The Untold Story of the Persian Gulf War. New York: Houghton Miffl in, 1993.

Bamford, James. Body of Secrets: Anatomy of the Ultra- Secret National Security Agency. New York: Anchor Books, 2002.

Barrat, James. Our Final Invention: Artifi cial Intelligence and the End of the Human Era. New York: St. Martin's Press, 2013.

Beason, Doug, Ph.D. The E-Bomb: How America's New Directed Energy Weapons Will Change the Way Future Wars Will Be Fought. Cambridge, MA: Da Capo Press, 2005.

Belfi ore, Michael. The Department of Mad Scientists: How DARPA Is Remaking Our World, from the Internet to Artifi cial Limbs. New York: Harper, 2010.

Bradlee, Benjamin C. Conversations with Kennedy. New York: W. W. Norton, 1975.

Braithwaite, Rodric. Across the Moscow River: The World Turned Upside Down. New Haven: Yale University Press, 2002.

Broad, William J. Teller's War: The Top- Secret Story Behind The Star Wars Deception. New York: Simon & Schuster, 1992.

Burrows, William E. Deep Black: The Startling Truth Behind America's Top- Secret Spy Satellites. New York: Berkley Books, 1986.

_____. This New Ocean: The Story of the First Space Age. New York: Random House, 1998.

Chayes, Abram, and Jerome B. Wiesner. ABM: An Evaluation of the Decision to Deploy an Antiballistic Missile System. New York: New American Library, 1969.

Cheney, Dick, with Liz Cheney. In My Time: A Personal and Political Memoir. New York: Threshold Editions, 2011.

Childs, Herbert. An American Genius: The Life of Ernest Orlando Lawrence. New York: E. P. Dutton, 1968.

Cockburn, Andrew. Rumsfeld: His Rise, Fall, and Catastrophic Legacy. New York: Scribner, 2007.

Corman, Steven R., ed. Narrating the Exit from Afghanistan. Tempe: Arizona

State University Center for Strategic Communication, 2013.

Creveld, Martin van. The Transformation of War: The Most Radical Reinterpretation of Armed Confl ict Since Clausewitz. New York: Free Press, 1991.

_____. Wargames: From Gladiators to Gigabytes. New York: Cambridge University Press, 2013.

Deitchman, Seymour J. The Best- Laid Schemes: A Tale of Research and Bureaucracy. Cambridge: MIT Press, 1976.

_____. Limited War and American Defense Policy. Cambridge: MIT Press, 1964.

_____. Military Power and the Advance of Technology: General Purpose Military Forces for the 1980s and Beyond. Boulder, CO: Westview Press, 1983.

Donlon, Roger H. C., and Warren Rogers. Outpost of Freedom. New York: McGraw- Hill, 1965.

Dorr, Robert F. Air Combat: An Oral History of Fighter Pilots . New York: Penguin, 2007.

Downs, Frederick. The Killing Zone: My Life in the Vietnam War. New York: W. W. Norton, 2007.

Drell, Sidney D., Abraham D. Sofaer, and George D. Wilson. The New Terror: Facing the Threat of Biological and Chemical Weapons. Stanford: Hoover Institution Press, 1999.

Dyson, Freeman. Weapons and Hope. New York: Harper & Row, 1984.

Dyson, George. Turing's Cathedral: The Origins of the Digital Universe. New York: Pantheon Books, 2012.

Elliott, Mai. RAND in Southeast Asia: A History of the Vietnam War Era. Santa Monica, CA: RAND Corporation, 2010.

Ellsberg, Daniel. Secrets: A Memoir of Vietnam and the Pentagon Papers. New York: Penguin, 2001.

Ezell, Edward. The Great Rifl e Controversy: Search for the Ultimate Infantry Weapons from World War II Through Vietnam and Beyond. Harrisburg, PA: Stackpole Books, 1984.

Fall, Bernard, B. Street Without Joy: The French Debacle in Indochina. Mechanicsburg, PA: Stackpole Books, 1994.

Fehner, Terrence R., and F. G. Gosling. Origins of the Nevada Test Site . Washington, D.C.: Department of Energy, 2000.

Finkbeiner, Ann. The Jasons: The Secret History of Science's Postwar Elite. New York: Viking Penguin, 2006.

Fleming, James Rodger. Fixing the Sky: The Checkered History of Weather and Climate Control. New York: Columbia University Press, 2010.

Garreau, Joel. Radical Evolution: The Promise and Peril of Enhancing Our Minds, Our Bodies — And What It Means to Be Human. New York: Doubleday, 2005.

Garrison, Dee. Bracing for Armageddon: Why Civil Defense Never Worked. New York: Oxford University Press, 2006.

Gazzaniga, Michael S. Who's in Charge? Free Will and the Science of the Brain. New York: HarperCollins, 2011.

Gezari, Vanessa M. The Tender Soldier: A True Story of War and Sacrifi ce. New York: Simon & Schuster, 2013.

Gilbert, Daniel. Stumbling on Happiness. New York: Alfred A. Knopf, 2006.

Goodchild, Peter. Edward Teller: The Real Dr. Strangelove. Cambridge: Harvard University Press, 2004.

Gouré, Leon. Civil Defense in the Soviet Union. Westport, CT: Greenwood Press, 1986.

Gravel, Mike. The Pentagon Papers: Gravel Edition. Volume 4. Boston: Beacon Press, 1971.

Green, Tom. Bright Boys. Natick, MA: A. K. Peters, 2010.

Hafner, Katie, and Matthew Lyon. Where Wizards Stay Up Late: The Origins of the Internet. New York: Simon & Schuster, 1996.

Halberstam, David. The Best and the Brightest. New York: Ballantine Books, 1993.

_____. The Making of a Quagmire: America and Vietnam During the Kennedy Era. New York: Random House, 1965.

Hamblin, Jacob Darwin. Arming Mother Nature: The Birth of Catastrophic Environmentalism. New York: Oxford University Press, 2013.

Hammel, Eric. Khe Sanh: Siege in the Clouds, An Oral History. Pacifi ca, CA: Pacifi ca Press, 1989.

Hansen, Chuck. U.S. Nuclear Weapons: The Secret History. New York: Orion Books, 1987.

Hargittai, Istvan. Judging Edward Teller: A Closer Look at One of the Most Infl uential Scientists of the Twentieth Century. Amherst, NY: Prometheus Books, 2010.

Harland, David M., and Ralph D. Lorenz. Space Systems Failures: Disasters and Rescues of Satellites, Rockets, and Space Probes. Chichester, UK: Praxis Publishing, 2005.

Harris, Shane. The Watchers: The Rise of America's Surveillance State. New York: Penguin, 2010.

Hawkins, Jeff, with Sandra Blakeslee. On Intelligence. New York: Henry Holt and Company, 2004.

Hendrickson, Paul. The Living and the Dead: Robert McNamara and Five Lives of a Lost War. New York: Alfred A. Knopf, 1996.

Herken, Gregg. Brotherhood of the Bomb: The Tangled Lives and Loyalties of Robert Oppenheimer, Ernest Lawrence, and Edward Teller. New York: Henry Holt and Company, 2002.

_____. Cardinal Choices: Presidential Science Advising from the Atomic Bomb to SDI. Stanford: Stanford University Press, 1992.

Hewlett, Richard G., and Jack M. Holl. Atoms for Peace and War, 1953 − 1961: Eisenhower and the Atomic Energy Commission. Berkeley: University of California Press, 1989.

Hey, Nigel. The Star Wars Enigma: Behind the Scenes of the Cold War Race for Missile Defense. Washington, DC: Potomac Books, 2006.

Hickey, Gerald C. Window on a War: An Anthropologist in the Vietnam Confl ict. Lubbock: Texas Tech University Press, 2002.

Hoffman, David E. The Dead Hand: The Untold Story of the Cold War Arms Race and Its Dangerous Legacy. New York: Doubleday, 2009.

Hoffman, Jon T. A History of Innovation: U.S. Army Adaptation in War and Peace. Washington, DC: Center of Military History, 2011.

Hord, R. Michael. The Illiac IV: The First Supercomputer. Rockville, MD: Computer Science Press, 1982.

Jardini, David. Thinking Through the Cold War: RAND, National Security and Domestic Policy, 1945– 1975. Amazon Digital Services, Inc., August, 2013.

Jenkins, Brian Michael. Countering al Qaeda: An Appreciation of the Situation and Suggestions for Strategy. Santa Monica, CA: RAND, 2002.

Johnson, George. Strange Beauty: Murray Gell– Mann and the Revolution in Twentieth– Century Physics. New York: Alfred A. Knopf, 1999.

Johnston, Rob, Ph.D. Analytic Culture in the U.S. Intelligence Community: An Ethnographic Study. Washington, DC: Center for the Study of Intelligence, Central Intelligence Agency, 2005.

Kahn, Herman. On Thermonuclear War. New Brunswick, NJ: Transaction Publishers, 2007.

Kaku, Michio. The Future of the Mind: The Scientifi c Quest to Understand, Enhance, and Empower the Mind. New York: Doubleday, 2014.

Kaplan, Fred. Daydream Believers: How a Few Grand Ideas Wrecked American Power. Hoboken, NJ: John Wiley & Sons, 2008.

_____. The Wizards of Armageddon. New York: Simon and Schuster, 1983.

Karnow, Stanley. Vietnam: A History; The First Complete Account of Vietnam at War. New York: Penguin, 1984.

Keeney, L. Douglas. The Doomsday Scenario. St. Paul, MN: MBI Publishing Company, 2002.

Killian, James R., Jr. Sputnik, Scientists, and Eisenhower: A Memoir of the First Special Assistant to the President for Science and Technology. Cambridge: MIT Press, 1977.

Kistiakowsky, George Bogdan. A Scientist in the White House. Cambridge: Harvard University Press, 1976.

Lapp, Ralph E. The Voyage of the Lucky Dragon. New York: Harper & Brothers, 1957.

Leonard, Robert. Von Neumann, Morgenstern, and the Creation of Game Theory: From Chess to Social Science, 1900– 1960. New York: Cambridge University Press, 2010.

Licklider, J. C. R. Libraries of the Future. Cambridge: The MIT Press, 1965.

Lyon, David, ed. Theorizing Surveillance: The Panopticon and Beyond. Oregon: Willan Publishing, 2006.

Lyons, Gene Martin. The Uneasy Partnership. New York: Russell Sage Foundation, 1969.

Macgregor, Douglas. Warrior's Rage: The Great Tank Battle of 73 Easting. Annapolis, MD: Naval Institute Press, 2009.

Mahnken, Thomas G. Technology and the American Way of War. New York: Columbia University Press, 2008

Mangold, Tom, and Jeff Goldberg. Plague Wars: The Terrifying Reality of Biological Warfare. New York: St. Martin's Press, 1999.

Marks, John. The Search for the "Manchurian Candidate." New York: W. W.

Norton, 1991.

Maynard, W. Barksdale. Princeton: America's Campus . Pennsylvania: Penn State University Press, 2012.

Mazzetti, Mark. The Way of the Knife: The CIA, a Secret Army, and a War at the Ends of the Earth. New York: Penguin, 2013.

McCullough, David. Truman . New York: Simon & Schuster, 1992.

McMaster, H. R. Dereliction of Duty: Lyndon Johnson, Robert McNamara, the Joint Chiefs of Staff, and the Lies That Led to Vietnam. New York: HarperPerennial, 1997.

McRaven, William H. Spec Ops: Case Studies in Special Operations Warfare: Theory and Practice. New York: Presidio Press, 1996.

Miller, Judith, Stephen Engelberg, and William Broad. Germs: Biological Weapons and America's Secret War. New York: Simon & Schuster, 2001.

Moreno, Jonathan D. Mind Wars: Brain Science and the Military in the 21st Century. New York: Bellevue Literary Press, 2012.

Neese, Harvey C., and John O'Donnell, eds. Prelude to Tragedy: Vietnam, 1960 – 1965. Annapolis, MD: Naval Institute Press, 2001.

O'Keefe, Bernard J. Nuclear Hostages. Boston: Houghton Miffl in, 1983.

Popp, Robert L., and John Yen, eds. Emergent Information Technologies and Enabling Policies for Counter- Terrorism. Hoboken, New Jersey: Wiley, 2006.

Porter, John Robert. Have Clearance Will Travel. Bloomington, IN: iUniverse, 2008.

Poundstone, William. Prisoner's Dilemma. New York: Anchor Books, 1992.

Powell, Colin L., with Joseph E. Persico. My American Journey. New York: Random House, 1995.

Priest, Dana, and William M. Arkin. Top Secret America: The Rise of the New American Security State. New York: Little, Brown, 2011.

Rice, Condoleezza. No Higher Honor: A Memoir of My Years in Washington. New York: Crown Publishers, 2011.

Roland, Alex, with Philip Shiman. Strategic Computing: DARPA and the Quest for Machine Intelligence, 1983 – 1993. Cambridge: MIT Press, 2002.

Rumsfeld, Donald. Known and Unknown: A Memoir. New York: Sentinel, 2011.

Salemink, Oscar. The Ethnography of Vietnam's Central Highlanders: A Historical Contextualization, 1850 – 1900. Honolulu: University of Hawaii Press, 2003.

Schlosser, Eric. Command and Control: Nuclear Weapons, the Damascus Accident, and the Illusion of Safety. New York: Penguin, 2013.

Schroen, Gary C. First In: An Insider's Account of How the CIA Spearheaded the War on Terror in Afghanistan. New York: Presidio Press, 2005.

Schwartz, Stephen I. Atomic Audit: The Costs and Consequences of U.S. Nuclear Weapons Since 1940. Washington, DC: Brookings Institution Press, 1998.

Schwartzkopf, Norman. It Doesn't Take a Hero. New York: Bantam Books, 1992.

Shepley, James, and Clay Blair Jr. The Hydrogen Bomb: The Men, the Menace, the Mechanism. New York: David McKay Company, 1954.

Smith, Bruce L. R. The RAND Corporation: Case Study of a Non- Profi t Advisory
Corporation. Cambridge: Harvard University Press, 1966.

Spector, Ronald H. Advice and Support: The Early Years, 1941– 1960, United
States Army in Vietnam. Washington: Center of Military History, United
States Army, 1985.

Spence, Clark C. The Rainmakers: American "Pluviculture" to World War II.
Lincoln: University of Nebraska Press, 1980.

Stanton, Doug. Horse Soldiers: The Extraordinary Story of a Band of U.S. Soldiers
Who Rode to Victory in Afghanistan. New York: Scribner, 2009.

Stoll, Clifford. The Cuckoo's Egg: Tracking a Spy Through the Maze of Computer
Espionage. New York: Doubleday, 1989.

Tanham, George K., with W. Robert Warne, Earl J. Young, and William A.
Nighswonger. War Without Guns: American Civilians in Rural Vietnam.
New York: Frederick A. Praeger, 1966.

Teller, Edward. Memoirs: A Twentieth- Century Journey in Science and Politics.
Cambridge: Perseus Publishing, 2001.

Townes, Charles H. How the Laser Happened: Adventures of a Scientist. New
York: Oxford University Press, 1999.

Vogel, Steve. The Pentagon: A History. The Untold Story of the Wartime Race to
Build the Pentagon — And to Restore It Sixty Years Later. New York:
Random House, 2007.

von Neumann, John. The Computer and the Brain. New Haven: Yale University
Press, 1958.

von Storch, Hans, and Klaus Hasselman. Seventy Years of Exploration in
Oceanography: A Prolonged Weekend Discussion with Walter Munk. Berlin:
Springer- Verlag, 2010.

Waldrop, M. Mitchell. The Dream Machine: J. C. R. Licklider and the
Revolution That Made Computing Personal. New York: Viking Penguin,
2001.

Wheelis, Mark, Lajos Rózsa, and Malcolm Dando. Deadly Cultures: Biological
Weapons Since 1945. Cambridge: Harvard University Press, 2006.

Whitman, Marina von Neumann. The Martian's Daughter: A Memoir. Ann
Arbor: University of Michigan Press, 2013.

Whittle, Richard. Predator: The Secret Origins of the Drone. New York: Henry
Holt and Company, 2014.

Wigner, Eugene P. Survival and the Bomb: Methods of Civil Defense.
Bloomington: Indiana University Press, 1969.

Wills, Garry. Bomb Power: The Modern Presidency and the National Security State.
New York: Penguin, 2010.

York, Herbert F. The Advisors: Oppenheimer, Teller, and the Superbomb. Stanford:
Stanford University Press, 1976.

_____. Arms and the Physicist. Woodbury, NY: American Institute of Physics
Press, 1995.

_____. Making Weapons, Talking Peace: A Physicist's Odyssey from Hiroshima to
Geneva. New York: Basic Books, 1987.

Zak, Paul J. The Moral Molecule: How Trust Works. New York: Penguin Group,

2012.

Zasloff, Tela. Saigon Dreaming: Recollections of Indochina Days. New York: St. Martin's Press, 1990.

Zelicoff, Alan P., M.D., and Michael Bellomo. Microbe: Are We Ready for the Next Plague? New York: American Management Association, 2005.

Monographs and Reports

Advanced Research Projects Agency. The Advanced Research Projects Agency, 1958– 1974. Richard J. Barber Associates, Washington, DC, December 1975.

_____. Combat Development & Test Center: Vietnam. May 1962.

_____. "Counterinsurgency: A Symposium, April 16– 20, 1962." RAND Corporation, Washington, DC, 1962.

_____. Counter– Insurgency Game Design Feasibility and Evaluation Study. SD–301. ABT Associates, Inc., Cambridge, MA, November 1965.

_____. Guerilla Activity Defection Study. DEC–63–1236. Defense Research Corporation, McLean, VA, December 1963.

_____. Operation Pink Rose: Final Report. ARPA Order No. 818. U.S. Department of Agriculture– Forest Service, May 1967.

_____.ARPA Order no. 1509. Battelle, Columbus, OH, April 30, 1971.

_____. Project Agile: OCONUS Defoliation Test Program. ARPA Order No. 423. United States Army Biological Center, Fort Detrick, MD, July 1966.

_____. Project Agile: Remote Area Confl ict Information Center (RACIC) Selected Accession List. Battelle Memorial Institute, Columbus, OH, July 1965.

———. Project Agile: Remote Area Research and Engineering, Semiannual Report, 1 July–30 September 1962. AD 342163. Battelle Memorial Institute, Columbus, OH, 1962.

_____. Project Agile: Remote Area Research and Engineering, Semiannual Report, 1 July–31 December 1963. Battelle Memorial Institute, Columbus, OH, February 1, 1964.

_____. Project Agile. "The Use of a Marking Agent for Identifi cation by Dogs." Battelle Memorial Institute, Columbus, OH, March 11, 1966.

_____. Report of the Senior Working Group on Military Operations Other Than War (OOTW). ARPA Order No. A119. May 1994.

_____. The Utilization of ARPA– Supported Research for International Security Planning: Interim Technical Report No. 2. AD–753476, Los Angeles, CA, October 1972.

Advanced Research Projects Division. Identifi cation of Certain Current Defense Problems and Possible Means of Solution. IDA– ARPA Study No. 1. Institute for Defense Analyses, Alexandria, VA, August 1958.

AGARD– NATO. Working Group 2 of Phase I (Third Exercise) on Environmental Warfare of the von Kármán Committee. " Long– Term Scientifi c Studies for the Standing Group North Atlantic Treaty Organization." NATO Secret VKC– EX3– PH1/GP2. November 1962.

Ahern, Thomas L., Jr. CIA and Rural Pacifi cation in South Vietnam (U). Center for the Study of Intelligence, Central Intelligence Agency, Langley, VA,

August 2001.

American Legion. "The War Within: Traumatic Brain Injury and Post-Traumatic Stress Disorder: Findings and Recommendations." TBI/PTSD Ad Hoc Committee, Washington, DC, September 2013.

Betts, Russell, and Frank Denton. "An Evaluation of Chemical Crop Destruction in Vietnam." RM-5446-1-ISA/ARPA. RAND Corporation, Santa Monica, CA, October 1967.

Block, Steven M. "Living Nightmares: Biological Threats Enabled by Molecular Biology." McLean, VA, Summer 1997. [Chapter Two (pp. 39–76) of The New Terror: Facing the Threat of Biological and Chemical Weapons. Edited by Sidney Drell, Abraham D. Sofaer, and George D. Wilson. Hoover Institution Press, Stanford University, Stanford, CA, 1999]

Bochner, S. John Von Neumann: 1903– 1957, A Biographical Memoir . National Academy of Sciences, Washington, DC, 1958.

Brown, James W. Anticrop Warfare Research, Task-01. U.S. Army Chemical Corps Research and Development Command, U.S. Army Biological Laboratories, Fort Detrick, MD, April 1962.

_____. Vegetational Spray Tests in South Vietnam. U.S. Army Chemical Corps Biological Laboratories, Fort Detrick, MD, April 1962.

Brundage, T. W. "Military Research and Development Center, Quarterly Report," October 1, 1963– December 31, 1963. Joint Thai-U.S. Research and Development Center, Bangkok, Thailand, 1964.

Buckingham, William A., Jr. Operation Ranch Hand: The Air Force and Herbicides in Southeast Asia, 1961– 1971. Offi ce of Air Force History, United States Air Force, Washington, DC, 1982.

Cebrowski, Arthur K. "Transforming Defense: Trends in Security Competition." Offi ce of Force Transformation, Defense Pentagon, June 15, 2004.

Center for Strategic and Budgetary Assessments. Six Decades of Guided Munitions and Battle Networks: Progress and Prospects. Washington, DC, March 2007.

Center of Military History: United States Army. A History of Innovation: U.S. Army Adaptation in War and Peace. CMH Pub 40-6-1, Washington, DC, 2009.

_____. Tip of the Spear: U.S. Army Small– Unit Action in Iraq 2004– 2007. CMH Pub 70-113-1. Global War on Terrorism Series, Washington, DC, 2009.

_____. United States Army in Vietnam: MACV The Joint Command in the Years of Withdrawal, 1968– 1973. CMH Pub-91-7. Washington, DC, 2006.

_____. U.S. Army Counterinsurgency and Contingency Operations Doctrine: 1941– 1976. CMH Pub 70-98-1. Washington, DC, 2006.

Chandler, Craig C., and J. R. Bentley. Forest Fire as a Military Weapon, Final Report. Advanced Research Projects Agency, Overseas Defense Research. June 1970.

Congressional Research Service. Network Centric Warfare: Background and Oversight Issues for Congress. CRS Report for Congress. June 2004.

Cosby, L. Neale. Simnet: An Insider's Perspective. IDA Document D-1661.
Institute for Defense Analyses, Alexandria, VA, March 1995.

Davison, W. Phillips. User's Guide to the Rand Interviews in Vietnam. R- 1024-
ARPA. RAND Corporation, Santa Monica, CA, March 1972.

Defense Advanced Research Projects Agency. Cybernetics Technology Division
Program Completion Report. Offi ce of Naval Research, Arlington, VA,
April 1981.

_____. DARPA Biological Warfare Defense Program: Program Overview. Defense
Sciences Offi ce, Arlington, VA, n.d.

_____. DARPA: 50 Years of Bridging the Gap Powered by Ideas, 1958 - 2008.
Faircount, LLC., Tampa, FL, 2008.

_____. Fiscal Year 1982 Research & Development Program: Summary Statement.
AD-A101575. March 1981.

_____. A History of the Arpanet: The First Decade. DARPA Report No. 4799.
Bolt Beranek and Newman, Inc., Arlington, VA, April 1, 1981.

_____. Team Training and Evaluation Strategies: A State-of-Art Review. AD-A
027507. Human Resources Research Organization, Alexandria, VA,
June 1978.

_____. "Total Information Awareness Program (TIA) System Description
Document (SDD)." Version 1.1, July 19, 2002.

Defense Nuclear Agency. Castle Series 1954: United States Atmospheric
Nuclear Weapons Tests, Nuclear Test Personnel Review. DNA 6035F, April
1982.

_____. Operation Argus 1958: United States Atmospheric Nuclear Weapons Tests,
Nuclear Test Personnel Review. DNA 6039F, April 1982.

_____. Operation Dominic I: 1962 United States Atmospheric Nuclear Weapons
Tests, Nuclear Test Personnel Review. DNA 6040F, February 1983.

Defense Science Board. Defense Science Board Task Force on the Role and Status
of DoD Red Teaming Activities. Offi ce of the Under Secretary of Defense
for Acquisition, Technology, and Logistics, Washington, DC, September
2003.

Defense Science Board Task Group. The Behavioral Sciences. Offi ce of the
Director of Defense Research and Engineering, Washington, DC, May
1968.

Defense Threat Reduction Agency. Castle Bravo: Fifty Years of Legend and Lore;
A Guide to Off- Site Radiation Exposures. Defense Threat Reduction
Information Analysis Center, Kirtland AFB, NM, January 2013.

Donnell, John C., and Gerald C. Hickey. The Vietnamese "Strategic Hamlets": A
Preliminary Report. RM- 3208- ARPA. RAND Corporation, Santa
Monica, CA, September 1962.

Donnell, John C., Guy J. Pauker, and Joseph J. Zasloff. Viet Cong Motivation
and Morale in 1964: A Preliminary Report . RM-4507/3-ISA. RAND
Corporation, Santa Monica, CA, March 1965.

Doolittle, James H., William B. Franke, Morris Hadley, and William D.
Pawley. "Report on the Covert Activities of the Central Intelligence
Agency." Special Study Group, Washington, DC, July 1954.

Eckhart, Major General George S. Vietnam Studies: Command and Control, 1950– 1969. Department of the Army, Washington, DC, 1974.

Ehlschlaeger, Charles. "Understanding Megacities with the Reconnaissance, Surveillance, and Intelligence Paradigm." U.S. Army Engineer Research Development Center, April 2014.

Foster, John S. "Alfred Dodd Starbird, 1912– 1983." National Academy of Engineering , Volume 3, The National Academies Press, Washington, DC, 1989.

Gates, W. L. "Rand/ARPA Climate Dynamics Research: Executive Summary and Final Report." R– 2015– ARPA. RAND Corporation, Santa Monica, CA, January 1977.

Gatlin, Colonel Jesse C. Project CHECO Southeast Asia Report, "IGLOO WHITE (Initial Phase), 31 July 1968." HQ PACAF, Directorate, Tactical Evaluation, CHECO Division, 1968.

Glenn, Russell W. Combat in Hell: A Consideration of Constrained Urban Warfare. MR–780–A/DARPA. RAND Corporation, Santa Monica, CA, 1996.

Gorman, Paul F. Supertroop Via I–Port: Distributed Simulation Technology for Combat Development and Training Development. IDA Paper P–2374. Institute for Defense Analyses, Alexandria, VA, August 1990.

Gorman, Paul F., and H. R. McMaster. "The Future of the Armed Services: Training for the 21st Century." Statement before the Senate Armed Services Committee. Washington, DC, May 21, 1992.

Gouré, Leon. " Quarterly Report on Viet Cong Motivation and Morale Project, October– December 1966." RAND Corporation, Santa Monica, CA, January 1967.

_____. "Some Findings of the Viet Cong Motivation and Morale Study, January– June 1966: A Briefi ng to the Joint Chiefs of Staff." RAND Corporation, Santa Monica, CA, August 1, 1966.

_____. Some Preliminary Observations on NVA Behavior During Infi ltration. D–16339–PR. RAND Corporation, Santa Monica, CA, November 3, 1967.

_____. "Southeast Asia Trip Report. Part 1. The Impact of Air Power in South Vietnam." RM–4400/1–PR. RAND Corporation, Santa Monica, CA, December 1964.

Gouré, Leon, Douglas Scott, and Anthony J. Russo. Some Findings of the Viet Cong Motivation and Morale Study: June– December 1965. RM–4911–2–ISA/ ARPA. RAND Corporation, Santa Monica, CA, February 1966.

Gouré, Leon, and C. A. H. Thomson. Some Impressions of Viet Cong Vulnerabilities: An Interim Report. RM–4699–1–ISA/ARPA. RAND Corporation, Santa Monica, CA, September 1965.

Hansen, Chuck. The Swords of Armageddon, U.S. Nuclear Weapons Development Since 1945, Volumes 1–8 . Chuckelea Publications, Sunnyvale, CA, August 1995.

Hanyok, Robert J. Spartans in Darkness: American SIGINT and the Indochina War, 1945– 1975. National Security Agency/Central Security Service. Fort Meade, MD, February 1998.

Harris, Jack. Acoustical Techniques/Designs Investigated During the Southeast Asia Confl ict: 1966– 1972: Final Report. Naval Air Development Center, Warminster, PA. October 1980.

Headquarters Air Force Special Weapons Center Air Force Systems Command. "Preliminary Plan for Operation Fish Bowl (U)." AFSWC TR-61-96. Kirtland AFB, NM, November 1961.

Headquarters Department of the Army. Tactics in Counterinsurgency. Field Manual no. 3-24.2. Washington, DC, April 2009.

Hickey, Gerald C. The Highland People of South Vietnam: Social and Economic Development. RM-5281/1-ARPA. RAND Corporation, Santa Monica, CA, September 1967.

_____. The Major Ethnic Groups of the South Vietnamese Highlands. RM- 4041-ARPA. RAND Corporation, Santa Monica, CA, April 1964.

_____. "The Military Advisor and His Foreign Counterpart: The Case in Vietnam." RM- 4882- ARPA. RAND Corporation, Santa Monica, CA, March 1965.

Historical Division Joint Secretariat, Joint Chiefs of Staff. The History of the Joint Chiefs of Staff: The Joint Chiefs of Staff and the War in Vietnam, 1960–1968. Part 3. 87-F-0671, July 1970.

Historical Division Offi ce of Information Services, Air Force Special Weapons Center. History of Task Group 7.4 Participation in Operation Castle, 1 January 1953– 26 June 1954. Kirtland AFB, NM, November 1954.

Hundley, Richard O., and Eugene C. Gritton. Future Technology– Driven Revolutions in Military Operations, Results of a Workshop. National Defense Research Institute, Documented Briefi ng Series. RAND, Santa Monica, CA, 1994.

"Intelligence Successes and Failures in Operations Desert Shield/Storm." Report of the Oversight and Investigations Subcommittee, Committee on Armed Services, U.S. House of Representatives, August 1993.

Istituto di Fisica Teorica. The War Physicists: Documents about the European Protest Against the Physicists Working for the American Military Through the JASON Division of the Institute for Defence Analysis[sic] (IDA)– 1972. Mostra d'Oltremare, Naples.

Jason Division, IDA. Air- Supported Anti- Infi ltration Barrier. Study S-255. Alexandria, VA, August 1966.

_____. Generation and Airborne Detection of Internal Waves from an Object Moving Through a Stratifi ed Ocean. Volume 2. Supporting Analyses. Study S-334. Alexandria, VA, April 1969.

_____. Project Seesaw (U). Study S-307. Alexandria, VA, February 1968.

_____. Tactical Nuclear Weapons in Southeast Asia. Study S-266. Alexandria, VA, March 1967.

Jason, The MITRE Corporation. Biodetection Architectures. JSR-02-330. McLean, VA, February 2003.

_____. Characterization of Underground Facilities. JSR-97-155. McLean, VA, April 1999.

_____. Civilian Biodefense. JSR-99-105. McLean, VA, January 2000.

_____. Human Performance. JSR-07-625. McLean, VA, March 2008.

_____. Impacts of Severe Space Weather on the Electric Grid. JSR-11-320. McLean, VA, November 2011.

_____. Rare Events. JSR-09-108. McLean, VA, October 2009.

Jason, SRI International. Tunnel Detection. JSR-79-11. Arlington, VA, April 1980.

Joint Chiefs of Staff Special Historical Study. The Worldwide Military Command and Control System: A Historical Perspective (1960 – 1977). September 1980.

Joint Task Force Seven. Operation Castle: Pacifi c Proving Grounds, March – May 1954, Report of Commander, Task Group 7.1. Armed Forces Special Weapons Project, September 1954.

Knarr, William. "Mazar-e Sharif Battle Site Survey Support Documents (Revised)." IDA Document D-4350. Institute for Defense Analyses, Alexandria, VA, June 2011.

Knarr, William and Robert Richbourg. "Learning from the First Victory of the 21st Century: Mazar-e Sharif (Revised)." IDA Document D-4015. Institute for Defense Analyses, Alexandria, VA, June 2010.

Lambeth, Benjamin S. "Technology Trends in Air Warfare." RP-561. RAND Project Air Force, Santa Monica, CA, 1996.

Lavalle, Major A. J. C. The Tale of Two Bridges and The Battle for the Skies over North Vietnam. Offi ce of the Air Force History Offi ce, United States Air Force, Washington, DC, 1985.

Lulejian, N. M. "Effect of Superweapons upon the Climate of the World: A Preliminary Study." C2-22190. Headquarters Air Research & Development Command, Baltimore, MD. September 1952.

MacDonald, Gordon J. " Jason — The Early Years." Presented at Jason Advisory Board, Arlington, VA, December 12, 1986.

_____. "Jason and DCPG — Ten Lessons." Presented at Jason's 25th Anniversary Celebration (no location given), November 30, 1984.

Martin, Michael F. "Vietnamese Victims of Agent Orange and U.S.- Vietnam Relations." RL34761. Congressional Research Service. August 29, 2012.

McMaster, Captain H. R. "Battle of 73 Easting: Eagle Troop, Second Squadron, Second Armored Cavalry Regiment (During the war with Iraq on February 26, 1991)." Fort Benning, GA (n.d.).

McNalty, Bernard C. "Stalemate: U.S. Marines from Bunker Hill to the Hook." U.S. Marine Corps Historical Center, Washington, DC, 2001.

Melissinos, A. C. "Nicholas C. Christofi los: His Contributions to Physics." Department of Physics & Astronomy, University of Rochester, Rochester, NY, November 1993.

Military History Branch, Offi ce of the Secretary, Joint Staff, Military Assistance Command, Vietnam. Command History 1967. Volume 3. AD-A955 099, June 4, 1986.

Multi- National Corps Iraq. "TF TROY Counter IED Update, USNA Alumni Association." Explosive Ordnance Disposal (EOD) Weapons Intelligence (WI) Unclassifi ed/FOUO, briefi ng document, (n.d.).

Munk, Walter, Naomi Oreskes, and Richard Muller. "Gordon James Fraser MacDonald, July 30, 1929 – May 14, 2002." National Academy of Science,

The National Academies Press, Washington, DC, 2004.

Mutch, R. W., C. C. Chandler, J. R. Bentley, C. A. O'Dell, and S. N. Hirsch. Operation Pink Rose . ARPA Order no. 818. U.S. Department of Agriculture – Forest Service, May 1967.

National Academy of Sciences. National Research Council. Civil Defense: Project Harbor Summary Report. Publication 1237. Washington, DC, 1964.

National Aeronautics & Space Administration. "A Recommended National Program in Weather Modifi cation: A Report to the Interdepartmental Committee for Atmospheric Sciences." ICAS Report no. 10a. Washington, DC, November 1966.

National Research Council of the National Academies: Committee on Materials and Manufacturing Processes for Advanced Sensors, Board on Manufacturing and Engineering Design, Division on Engineering and Physical Sciences. Sensor Systems for Biological Agent Attacks: Protecting Buildings and Military Bases. Washington, DC: National Academies Press, 2006.

National Science Foundation, Special Commission on Weather Modifi cation. "Weather and Climate Modifi cation." NSF 66–3, December 1965.

Nigh, Norman. "An Operator's Guide to Human Terrain Team." U.S. Naval War College, Newport, RI, 2008.

Offi ce of the Secretary, Joint Staff, MACV, Military History Branch. Command History, United States Military Assistance Command Vietnam: 1967. Volume 3. AD–A955099. Department of the Army, San Francisco, CA, 1968.

Offi ce of the Under Secretary of Defense for Acquisition, Technology, and Logistics. Defense Science Board Task Force on Directed Energy Weapons. Washington, DC, December 2007.

Ogle, William E. Daily Diary, Bikini Atoll, 1954. U.S. Atomic Energy Commission.

_____. Operation Castle: The Operation Plan No. 1–53, Task Group 7.1. Extracted Version, December 1953.

Paolucci, Dominic A. "Summary Report of the Long Range Research and Development Planning Program." DNA-75–03055. Lulejian and Associates, Falls Church, VA, February 7, 1975.

Pauker, Guy. "Treatment of POWs, Defectors, and Suspects in South Vietnam." D– 13171– ISA. RAND Corporation, Santa Monica, CA, December 8, 1964.

Peterson, Val. Kefauver Committee Hearing: Administrator's Statement of March 3. Federal Civil Defense Administration. Washington, DC, March 1955.

Poindexter, John. Transcript of Remarks as Prepared for Delivery by Dr. John Poindexter, Director, Information Awareness Offi ce of DARPA. DARPATech 2002 Conference, Anaheim, CA, August 2002.

Polk, Charles. Pre– Game– Theory– Based Information Technology (GAMBIT) Study. DARPA Order no. N229. Air Force Research Laboratory, Rome, NY, October 2003.

Press, S. J. Estimating from Misclassifi ed Data. RM– 5360– ISA/ARPA. RAND Corporation, Santa Monica, CA, July 1967.

Reed, Sidney, Richard H. Van Atta, and Seymour Deitchman. DARPA Technical Accomplishments. Volume 1. An Historical Review of Selected DARPA Projects. IDA Paper P-2192. Institute for Defense Analyses, Alexandria, VA, February 1990.

Rego, Lieutenant Colonel Robert D. " Anti- Infi ltration Barrier Technology and the Battle for Southeast Asia, 1966 - 1972." Air Command and Staff College, Air University, Maxwell Air Force Base, AL, April 2000.

"Report to the Commission to Assess the Threat to the United States from Electromagnetic Pulse (EMP) Attack." Critical National Infrastructures Report. April 2008.

Science Advisory Committee. Security Resources Panel. "Deterrence & Survival in the Nuclear Age." NSC 5724 (2). Washington, DC, November 1957.

Smith, Andrew. "Improvised Explosive Devices in Iraq, 2003 - 09: A Case of Operational Surprise and Institutional Response." The Letort Papers, Strategic Studies Institute, U.S. Army War College, Carlisle, PA, April 2011.

Solon, Jenny. MRAP Vehicles: Tactics, Techniques, and Procedures. No. 08-30. Center for Army Lessons Learned (CALL), Combined Arms Center (CAC), Ft. Leavenworth, KS, September 2008.

Stewart, Richard W. "The United States Army in Somalia, 1992 - 1994," Center of Military History, United States Army, Washington, DC, 2003.

Thorpe, Jack. "Future Views: Aircrew Training, 1980 - 2000." Air Force Offi ce of Scientifi c Research, Bolling Air Force Base, Washington, DC, September 1978.

_____. "Trends in Modeling, Simulation, & Gaming: Personal Observations About the Past Thirty Years and Speculation About the Next Ten." Interservice/Industry Training, Simulation, and Education Conference (I/ITSEC), 2010

U.S. Army Offi ce of the Deputy Under Secretary of the Army for Operations Research. History of Operations Research in the United States Army. Volume 2. 1961 - 1973. CMH Pub. 70-105-1. Washington, DC, 2008.

U.S. Army Ordnance Corps. Chief of Ordnance. Soldiers Improvised Explosive Device (IED) Awareness Guide: Iraq & Afghanistan Theaters of Operation. TC9-21-01 (093-89-01), EOD Training Department, Redstone Arsenal, AL, May 2004.

U.S. Department of Defense. Defense Science Board Task Force on Defense Intelligence, Counterinsurgency (COIN) Intelligence, Surveillance, and Reconnaissance (ISR) Operations. Offi ce of the Undersecretary of Defense for Acquisition, Technology, Washington, DC, February 2011.

U.S. Department of Defense, Defense Science Board, Task Force Report: The Role of Autonomy in DoD Systems. Offi ce of the Undersecretary of Defense for Acquisition, Technology, Washington, DC, July 2012.

U.S. Department of Defense, Fiscal Year (FY) 2015 Budget Estimates, Defense Advanced Research Projects Agency, Defense Wide Justifi cation Book, Volumes 1-5 (unclassifi ed).

U.S. Department of Defense. International Security Affairs and Advanced

Research Projects Agency. An Evaluation of Chemical Crop Destruction in Vietnam. RM-5446-1-ISA/ARPA. RAND Corporation, Santa Monica, CA, October 1967.

U.S. Department of Defense. Joint Chiefs of Staff. Historical Division. Chronology of Signifi cant Events and Decisions Relating to the U.S. Missile and Earth Satellite Development Programs. Supplement 3. 1 November 1959 through 31 October 1960. December 29, 1960.

U.S. Department of Defense. Offi ce of the Inspector General. Defense Advanced Research Projects Agency Ethics Program Met Federal Government Standards. January 24, 2013.

U.S. Department of Defense. Offi ce of the Secretary of Defense. Proliferation: Threat and Response. November 1997.

U.S. Department of Defense, "Unmanned Systems Integrated Roadmap FY2011– 2036." (n.d.)

U.S. Department of Defense, "Unmanned Systems Integrated Roadmap FY2013– 2038." (n.d.)

U.S. Department of Defense and U.S. Department of Energy. "Report on the Integrated Chemical and Biological Defense Research, Development and Acquisition Plan for the Departments of Defense and Energy: Bio Point Detection." March 2001.

U.S. Department of Energy. An Account of the Return to Nuclear Weapons Testing by the United States After the Test Moratorium, 1958– 1961. NVO- 291, October 1985.

U.S. Department of Energy. Offi ce of the Executive Secretariat. History Division. The United States Nuclear Weapon Program: A Summary History. DOE/ES-0005 (Draft), March 1983.

U.S. General Accounting Offi ce. "Activities of the Research and Development Center– Thailand, Advanced Research Projects Agency." B-167324. Washington, DC, December 1971.

U.S. General Accounting Offi ce, "Unmanned Aerial Vehicles: Department of Defense, Acquisition Efforts." Testimony, GAO/T-NSIAD-97-138. Washington, DC, 1997.

U.S. House of Representatives. Committee on Homeland Security. One Year Later: Implementing the Bio- Surveillance Requirements of the 9/11 Act. Hearing before the Sub- Committee on Emerging Threats, Cybersecurity, and Science and Technology of the Committee on Homeland Security, House of Representatives One Hundred Tenth Congress, Second Session. Serial no. 110- 128, July 2008.

U.S. House of Representatives. House Permanent Select Committee on Intelligence. Performance Audit of Department of Defense Intelligence, Surveillance, and Reconnaissance. April 2012.

United States Senate Committee. Hearings Before the Subcommittee on Civil Defense of the Committee on Armed Services, United States Senate, Eightyfourth Congress, First Session, on Operations and Policies of the Civil Defense Program. 1955.

University of California at Berkeley. Social Responsibility. Volume 2, number 1. Information for Students on the Military Aspects of Careers in Physics. 1989.

Van Atta, Richard H., and Alethia Cook, Ivars Gutmanis, Michael J. Lippitz, Jasper Lupo, Rob Mahoney, and Jack H. Nunn. Transformation and Transition: DARPA's Role in Fostering an Emerging Revolution in Military Affairs. Volume 2. Overall Assessment. IDA Paper P-3698. Institute for Defense Analyses, Alexandria, VA, April 2003.

Van Atta, Richard H., and Michael J. Lippitz with Jasper C. Lupo, Rob Mahoney, and Jack H. Nunn. Transformation and Transition: DARPA's Role in Fostering an Emerging Revolution in Military Affairs. Volume 1. Overall Assessment. IDA Paper P-3698. Institute for Defense Analyses, Alexandria, VA, April 2003.

Van Atta, Richard H., Sidney Reed, and Seymour Deitchman. DARPA Technical Accomplishments. Volume 2. An Historical Review of Selected DARPA Projects. IDA Paper P-2429. Institute for Defense Analyses, Alexandria, VA, April 1991.

_____. DARPA Technical Accomplishments. Volume 3. An Overall Perspective and Assessment of the Technical Accomplishments of the Defense Advanced Research Projects Agency: 1958 – 1990. IDA Paper P-2538. Institute for Defense Analyses, Alexandria, VA, July 1991.

Wainstein, L., C. D. Cremeans, J. K. Moriarty, and J. Ponturo. The Evolution of U.S. Strategic Command and Control and Warning, 1945 – 1972 (U). Study S-467. Institute for Defense Analyses, Alexandria, VA, June 1975.

Watts, Barry D. "Precision Strike: An Evolution, Summary Report." The National Interest, November 2, 2013.

_____. "Six Decades of Guided Munitions and Battle Networks: Progress and Prospects." Center for Strategic and Budgetary Assessments, Washington, DC, March 2007.

Weiner, Milton G. U.S. Air Force Project Rand Research Memorandum: War Gaming Methodology. RM-2413. RAND Corporation, Santa Monica, CA, July 1959.

White, Robert. Anthropometric Survey of the Royal Thai Armed Forces. U.S. Army Natick Laboratories, Natick, MA, June 1964.

Wohlstetter, Albert. "The Delicate Balance of Terror." RAND Corporation, Santa Monica, CA, November 1958.

Wolf, W. L. Handbook of Military Infrared Technology. Offi ce of Naval Research, Department of the Navy, Washington, DC, 1965.

Wolk, Herman S. USAF Plans and Policies R&D for Southeast Asia, 1965 – 1967. Offi ce of Air Force History. K 168.01-35. June 1969.

Worley, D. R., H. K. Simpson, F. L. Moses, M. Aylward, M. Bailey, and D. Fish. Utility of Modeling and Simulation in the Department of Defense: Initial Data Collection. IDA Document D-1825. Institute for Defense Analyses, Alexandria, VA, May 1996.

Zasloff, Joseph J. Origins of the Insurgency in South Vietnam: The Role of the Southern Vietminh Cadres. RM-5163/2-ISA/ARPA. RAND Corporation, Santa Monica, CA, March 1967.

_____. Political Motivation of the Viet Cong: The Vietminh Regroupees. RM-4703/2-ISA/ARPA. RAND Corporation, Santa Monica, CA,

August 1966.

_____. The Role of North Vietnam in the Southern Insurgency. RM-4140-PR.
RAND Corporation, Santa Monica, CA, July 1964.

Statements to Congress

Abizaid, General John P. Commander, U.S. Central Command, "Testimony
Before Congress, Senate Armed Services Committee," September 25, 2003.

Alexander, Jane A. Acting Director, Defense Advanced Research Projects
Agency, "Statement Submitted to the Subcommittee on Emerging
Threats and Capabilities Committee on Armed Services," U.S. Senate,
June 5, 2001.

Alibek, Kenneth. Program Manager, Battelle Memorial Institute, "Statement
before the Joint Economic Committee, Terrorist and Intelligence
Operations: Potential Impact on the U.S. Economy." U.S. Congress,
Wednesday, May 20, 1998.

_____. Chief Scientist, Hadron, Inc., "Statement before U.S. House of
Representatives, Committee on Armed Services, Subcommittee on
Research and Development and Subcommittee on Procurement,
Chemical and Biological Defense for U.S. Forces," U.S. Congress,
October 20, 1999.

_____. Chief Scientist, Hadron, Inc., Former First Deputy Chief, Biopreparat
(USSR), "Testimony before the Special Oversight Panel on Terrorism of
the Committee on Armed Services," U.S. House of Representatives,
Tuesday, May 23, 2000.

Dugan, Regina E., Director, Defense Advanced Research Projects Agency,
"Statement Submitted to the Subcommittee on Terrorism,
Unconventional Threats and Capabilities, House Armed Services
Committee," U.S. House of Representatives, March 23, 2010.

Fernandez, Frank. Director, Defense Advanced Research Projects Agency,
"Statement before the Subcommittee on Emerging Threats and
Capabilities Committee on Armed Services," U.S. Senate, March 21, 2000.

Gorman, P. F. General, USA (retired) and H. R. McMaster, Captain,
Armor, USA, "The Future of the Armed Services: Training for the 21st
Century," Statement before the Senate Armed Services Committee,
May 21, 1992.

Leheny, Robert. Acting Director, Defense Advanced Research Projects
Agency, "Statement Submitted to the Subcommittee on Terrorism,
Unconventional Threats and Capabilities, House Armed Services
Committee," U.S. House of Representatives, May 20, 2009.

Lynn, Larry. Director, Defense Advanced Research Projects Agency,
"Statement before the Acquisition and Technology Subcommittee," U.S.
Senate Armed Services Committee, March 11, 1997.

Nunn, Sam. Former Senator. "Remarks for Members of the Subcommittee on
National Security, Veterans Affairs, and International Relations, Hearing
on Combating Terrorism, Federal Response to a Biological Weapons
Attack," U.S. House of Representatives, July 23, 2001.

Prabhakar, Arati. Director, Defense Advanced Research Projects Agency,

"Statement Submitted to the Subcommittee on Intelligence, Emerging Threats and Capabilities," U.S. House of Representatives, March 26, 2014.

Preston, Richard. Author of The Bioweaponeers and The Hot Zone, "Statement Submitted before Senate Judiciary Subcommittee on Technology, Terrorism and Government Information and the Senate Select Committee on Intelligence on Chemical and Biological Weapons, Chemical and Biological Weapons Threats to America: Are We Prepared?" April 22, 1998.

Tether, Tony. Director, Defense Advanced Research Projects Agency, "Statement Submitted before the Subcommittee on Military Research and Development, Committee on Armed Services," U.S. House of Representatives, June 26, 2001.

————. "Statement Submitted to the Subcommittee on Terrorism, Unconventional Threats and Capabilities, House Armed Services Committee," U.S. House of Representatives, March 19, 2003, and March 27, 2003.

————. "Statement Submitted to the Subcommittee on Terrorism, Unconventional Threats and Capabilities, House Armed Services Committee," U.S. House of Representatives, March 10, 2005.

————. "Statement Submitted to the Subcommittee on Terrorism, Unconventional Threats and Capabilities, House Armed Services Committee," U.S. House of Representatives, March 21, 2007.

————. "Submitted to the Subcommittee on Terrorism, Unconventional Threats and Capabilities, House Armed Services Committee," U.S. House of Representatives, March 13, 2008.

Oral Histories

Abboud, A. Robert. Oral History Interview with Mark DePue. Abraham Lincoln Presidential Library, September 26, 2007.

Brueckner, Keith. Oral History Interview with Finn Aaserud. American Institute of Physics, July 2, 1986.

Deitchman, Seymour J. Oral History Project Interview by Dr. Bob Sheldon and Dr. Yuna Wong. Military Operations Research Society (MORS), September 12, 2008, and October 8, 2008.

Drell, Sidney. Oral History Interview with Finn Aaserud. American Institute of Physics, July 1, 1986.

Fitch, Val. Oral History Interview with Finn Aaserud. American Institute of Physics, December 18, 1986.

Garwin, Richard. Oral History Interview with Finn Aaserud. American Institute of Physics, June 24, 1991.

Gorman, General Paul F. (retired). "Cardinal Point: An Oral History — Training Soldiers and Becoming a Strategist in Peace and War." Combat Studies Institute, 2010 – 11.

Kendall, Henry. Oral History Interview with Finn Aaserud. American Institute of Physics, November 25, 1986.

Lewis, Hal. Oral History Interview with Finn Aaserud. American Institute of Physics, July 6, 1986.

Lukasik, Stephen. Oral History Interview with Finn Aaserud. American Institute of Physics, April 21, 1987.

MacDonald, Gordon. Oral History Interview with Finn Aaserud. American Institute of Physics, April 16, 1986.

Ruina, Jack P. Oral History Interview with Finn Aaserud. American Institute of Physics, August 8, 1991.

Sullivan, Ambassador William H. Oral History Interview with Major Richard B. Clement, U.S. Air Force Historical Research Agency, April 15, 1970.

Talley, Joan Dulles. Interview with Mark DePue. Abraham Lincoln Presidential Library, November 28, 2007.

Taylor, Robert. Oral History Interview with Paul McJones. Computer History Museum, October 10 – 11, 2008.

Wheeler, John Archibald. Oral History Interview with Finn Aaserud. American Institute of Physics, May 4, May 23, and November 28, 1988.

Woods, James L. Oral History Interview with Charles Stuart Kennedy. Association for Diplomatic Studies and Training, Foreign Affairs, Oral History Project, October 31, 2001.

Articles

ABC News. "When Anthrax Let Loose Before." October 19, 2014.

ABC News. World News Tonight. October 26, 2001.

ABC News. This Week. October 28, 2001.

Aikins, Matthieu. "Last Tango in Kabul." Rolling Stone, August 18, 2014.

Alpert, Bruce. "Contractor Gets Probation in Death of Afghan Prisoner." New Orleans Times– Picayune, May 8, 2009.

"Al-Qaida cleric death: mixed emotions at Virginia mosque where he preached." Associated Press, September 11, 2011.

"Analex's Advanced Biosystems Subsidiary Awarded $2 Million Biodefense Contract by DARPA." PR Newswire, May 1, 2014.

Apple, R. W., Jr. "A Nation Challenged: News Analysis; City of Power, City of Fears." New York Times, October 17, 2001.

Arike, Ando. "The Soft– Kill Solution: New Frontiers in Pain Compliance." Harper's, March 2010.

Atkinson, Rick. "Left of Boom: 'The IED problem is getting out of control. We've got to stop the bleeding.' " Washington Post, September 30, 2007.

_____. "Left of Boom: 'There was a two– year learning curve . . . and a lot of people died in those two years.' " Washington Post, October 1, 2007.

_____. "Left of Boom: 'You can't armor your way out of this problem.' " Washington Post, October 2, 2007.

_____. "Left of Boom: 'If you don't go after the network, you're never going to stop these guys. Never.' " Washington Post, October 3, 2007.

Barakat, Matthew, "Contractor Gets Probation for Killing Prisoner." Associated Press, May 8, 2009.

Benke, Richard. "Right on Target." Associated Press, January 14, 1996.

Berry, James R. "The Coldest 13 Miles on Wheels." Popular Mechanics, February 1968.

Bienaimé, Pierre. "DARPA's Incredible Jumping Robot Shows How the US Military Is Pivoting to Disaster Relief." Business Insider , September 19, 2014.

Blaker, James, and Arthur K. Cebrowski. "A Retrospective." Naval War College Review (Spring 2006): 134 – 35.

Broad, William J. "Joshua Lederberg, 82, a Nobel Winner, Dies." New York Times, February 5, 2008.

Burhop, E. H. S. "Scientists and Soldiers, America's Jason Group Looks Back on Its Vietnam Involvement." Bulletin of Atomic Scientists, November 1975.

Carroll, Chris. "Report: DOD Not Tracking 'Revolving Door' Statistics." Stars and Stripes, April 2, 2014.

Cave, Damien, and James Glanz. "Toll in Iraq Bombings Is Raised to More Than 500." New York Times, August 22, 2007.

Cebrowski, Vice Admiral Arthur K., and John H. Garstka. " Network- Centric Warfare: Its Origin and Future," Proceedings Magazine 124/1/1, no. 139 (January 1998): digital archive, (unpaginated).

"CEXC: Introducing a New Concept in the Art of War," Armed Forces Journal, June 7, 2007.

Chase, Marilyn. "To Fight Bioterror, Doctors Look for Ways to Spur Immune System," Wall Street Journal, September 24, 2002.

"Cheney Recalls Taking Charge From Bunker." CNN.com, September 11, 2002.

Cheng, Maria. "First Reaction: Lab- Made Burger Short on Flavor." Phys.org, August 5, 2013.

Clark, John C. "We Were Trapped by Radioactive Fallout," Saturday Evening Post, July 20, 1957.

Coleman, Korva. "Social Scientists Deployed to the Battlefi eld." National Public Radio, September 1, 2009.

Collins, Nick. "Britain's First Cloned Dog 'Made' by Controversial Scientist." Telegraph, April 9, 2014.

Cummings, M. L. "Views, Provocations: Technology Impedances to Augmented Cognition," Ergonomics in Design (Spring 2010): 25–27.

DARPA. "DARPA's CROSSHAIRS Counter- Shooter System Deployed to Afghanistan." October 5, 2010.

Dehghanpisheh, Babak, and Evan Thomas. "Scions of the Surge." Newsweek, March 24, 2008.

Deitchman, Seymour. "An Insider's Account: Seymour Deitchman," Nautilus Institute for Security and Sustainability, February 25, 2003. Digital archive available online.

"Department of Defense to Employ UI Computer for Nuclear Weaponry." Daily Illini, January 6, 1970.

Diamond, John. "Small Weapons Prove the Real Threat in Iraq," USA Today, September 29, 2003.

Diamond, John, and Kathy Kiely. "Tomorrow Is Zero Hour," USA Today,

June 19, 2002.

Diggins, Peter S. "Godel, Wylie Get 5 Years for Funds Conspiracy," Washington Post, June 19, 1965.

Douglas, Walter B. "Accused Former Aides Cite Witnesses in Asia." Washington Post, January 9, 1965.

Drummond, Katie. "Darpa: Do Away with Antibiotics, Then Destroy All Pathogens." Wired Magazine, November 11, 2011.

Dvorsky, George. "Electroconvulsive Therapy Can Erase Unwanted Memories." io9.com, December 23, 2013.

"Ears, Noses Grown from Stem Cells in Lab Dishes." Associated Press, April 8, 2014.

Elliot, Justin, and Mark Mazetti. "World of Spycraft: NSA and CIA Spied in Online Games." New York Times, December 9, 2013. [Also Guardian and ProPublica.]

"Embezzler Godel Sued to Repay Double." Washington Post, November 5, 1966.

"Executive Profi le." Bloomberg Businessweek, October 14, 2013.

Finney, John W. "Anonymous Call Set Off Rumors of Nuclear Arms for Vietnam." New York Times, February 12 and 13, 1968.

————. "U.S. Will Share Tiros I Pictures." New York Times, April 5, 1960.

"5-Year Term for Godel Is Upheld." Washington Post, May 21, 1966.

Gall, Carlotta. "Taliban Free 1,200 Inmates in Attack on Afghan Prison," New York Times, June 14, 2008.

Gardner, Amy, and Anita Kumar. "Va. Muslim Activist Denies Urging Violence." Washington Post, September 29, 2007.

Garner, Jay. "Army Stands by Patriot's Persian Gulf Performance," Defense News 7, no. 26, April 7, 1992.

Glassman, James K. "Vote of Princeton Faculty Could Lead to End of University Ties with IDA." Harvard Crimson, March 7, 1968.

González, Roberto J. "Towards mercenary anthropology? The new US Army counterinsurgency manual FM 3– 24 and the military– anthropology complex." Anthropology Today, Volume 23, Issue 3, June 2007, 14– 19.

Goozner, Merrill. "$100b and Counting: Missiles that Work . . . Sometimes." The Fiscal Times, March 24, 2012.

Graham– Rowe, Duncan. " Robo– Rat Controlled by Brain Electrodes." New Scientist, May 1, 2002.

Grasmeyer, Joel M., and Matthew T. Keennon. "Development of the Black Widow Micro Air Vehicle." American Institute of Aeronautics and Astronautics , 2001, 1– 9.

Greenwald, Glenn. "Inside the Mind of NSA Chief Gen. Keith Alexander." The Guardian, September 15, 2013.

Halberstam, David. "Americans Salvage Helicopters Shot Down by Guerrillas in Vietnam." New York Times, January 5, 1963.

Halmos, P. R. "The Legend of John Von Neumann." Mathematical Association of America , Vol. 80, No. 4. April 1973, 382– 394.

Hanlon, Joseph. "Project Cambridge Plans Changed After Protests," Computer World, October 22, 1969.

Hapgood, Fred. "Simnet," Wired Magazine, Vol. 5, No. 4, April 1997.

"Hardwire Receives DARPA Funding for Novel Armor Solutions," Business Wire, August 21, 2006.

Hawking, Stephen, et al., "Stephen Hawking: 'Transcendence Looks at the Implications of Artifi cial Intelligence — But Are We Taking AI Seriously Enough?' " Independent, May 1, 2014.

Heller, Arnie. "BASIS Counters Airborne Bioterrorism," Science and Technology Review, October 2003.

Helms, Nathaniel R. "The Balloon Goes Up for Army and Marines." Military.com, July 21, 2005.

Higginbotham, Adam. "In Iraq, the Bomb- Detecting Device That Didn't Work, Except to Make Money," Bloomberg Businessweek, July 11, 2013.

Hodges, Jim. "Cover Story: U.S. Army's Human Terrain Experts May Help Defuse Future Confl icts." Defense News, March 22, 2012.

Shen, Hong. "ILLIAC IV: The First Supercomputer." University of Illinois Alumni Magazine 1 (2012): 32– 37.

Hubbell, John G. " 'You Are Under Attack!' The Strange Incident of October 5." Reader's Digest, April 1961.

Hunter, Edward. " Brain- Washing Tactics Force Chinese into Ranks of Communist Party," Miami News, September 1950.

" 'IDA,' " Princeton Alumni Weekly 60, September 25, 1959, 12.

Jewell, Sergeant Lorie. "Armed Robots to March into Battle." Army News Service, December 6, 2004.

Johnston, David, and Scott Shane. "U.S. Knew of Suspect's Tie to Radical Cleric." New York Times, November 9, 2009.

Keller, John. "DARPA Considers Unmanned Submersible Mothership Designed to Deploy UAVs and UUVs." Military Aerospace Electronics, July 23, 2013.

Kennedy, Patrick. "Reactions Against the Vietnam War and Military- Related Targets on Campus: The University of Illinois as a Case Study, 1965– 1972." Illinois Historical Journal 84 (Summer 1991): 101– 118.

Klein, Naomi. "China's All- Seeing Eye." Rolling Stone, May 14, 2008.

Kramer, Andrew E. "Leaving Camp Victory in Iraq, the Very Name a Question Mark." New York Times, November 10, 2011.

Kuniholm, Jonathan. "Open Arms: What Prosthetic- Arm Engineering Is Learning from Open Source, Crowdsourcing, and the Video- Game Industry." IEEE Spectrum, March 1, 2009.

Lang, Jenna. "Sci-fi writers take US security back to the future," Guardian, June 5, 2009.

Lee, Rhodi. "FDA Approves DEKA Arm System." Tech Times, May 10, 2014.

Licklider, J. C. R. " Man- Computer Symbiosis," IRE Transactions on Human Factors in Electronics HFE-1, March 1960: 4– 11.

Licklider, J. C. R., and Robert W. Taylor, "The Computer as a Communication Device," Science and Technology (April 1968): 21– 31.

LoPresti, Vin. "Guarding the Air We Breathe." Los Alamos National Laboratory

588

Research Quarterly (Spring 2003): 17– 22.

Madhani, Aamer. "Cleric al-Awlaki Dubbed 'bin Laden of the Internet.'" USA Today, August 24, 2010.

Main, Douglas. "Wooly Mammoth Clones Within Five Years? We'll Believe It When We Ride It." Discover, December 6, 2011.

"Marines Award Schwable the Legion of Merit." New York Times, July 8, 1954.

Markoff, John. "Pentagon Plans a Computer System That Would Peek at Personal Data of Americans." New York Times, November 9, 2002.

Mayko, Michael P. "FBI: Drone- Like Toy Planes in Bomb Plot." Connecticut Post, April, 7, 2014.

Maynard, W. Barksdale. "Daybreak of the Digital Age." Princeton Alumni Weekly, April 4, 2012.

McFate, Montgomery. "Anthropology and Counterinsurgency: The Strange Story of Their Curious Relationship." Military Review, March– April 2005: 24– 38.

_____. "The Military Utility of Understanding Adversary Culture." Joint Force Quarterly, no. 38 (July 2005): 44– 48.

Menand, Louis. "Fat Man: Herman Kahn and the Nuclear Age," New Yorker, June 27, 2005.

Metz, Steven. " Non- Lethal Weapons: A Progress Report," Joint Force Quarterly (Spring– Summer 2001): 18– 22.

Miles, Donna. "New Device Will Sense Through Concrete Walls." Armed Forces Press Service, January 3, 2006.

Miranda, Robbin A., et al. " DARPA- Funded Efforts in the Development of Novel Brain– Computer Interface Technologies," Journal of Neuroscience Methods , Elsevier, Amsterdam, Netherlands, July 24, 2014: 1– 17.

Mollman, Steve. "Betting on Private Data Search." Wired, March 5, 2003.

Montpetit, Jonathan. "Canadian Soldiers Resume Mentoring Afghan National Army after Turbulent Spring." Military World, October 28, 2010. "Moon Stirs Scare of Missile Attack." Associated Press, December 7, 1960.

Newman, Kevin. "Cancer Experts Puzzled by Monkey Virus." ABC News, March 12, 1994.

Ngo, Anh D., et al. "Association Between Agent Orange and Birth Defects: Systematic Review and Meta- Analysis." Oxford Journal of Epidemiology, February 13, 2006.

"1991 Gulf War Chronology." USA Today: World, September 3, 1996.

Nordland, Rod. "Iraq Swears by a Bomb Detector U.S. Sees as Useless," New York Times, November 3, 2009.

NOVA. "Transforming Warfare." May 4, 2004.

Omohundro, Steve. "Autonomous Technology and the Greater Human Good," Journal of Experimental & Theoretical Artifi cial Intelligence, November 21, 2014: 303– 15.

"One Man's Odyssey from Campus to Combat." Associated Press, March 8, 2009.

Packer, George. "Knowing the Enemy: Can social scientists redefi ne the 'war on terror'?" New Yorker, December 18, 2006.

Perry, Tony. "IED Wounds from Afghanistan 'Unbelievable' Trauma Docs
Say." Los Angeles Times, April 7, 2011.

"Pfc. Jeremiah D. Smith, 25, OIF, 05/26/03," Defense Department press
release no. 376-03, Military.com, posted July 26, 2003.

Pizer, Vernon. " Coming — The Electronic Battlefi eld." Corpus Christi Caller-
Times , February 14, 1971.

Preston, Richard. "The Bioweaponeers." New Yorker, March 9, 1998.

Reed, Tristan. "Intelligence and Human Networks." Stratfor Global Intelligence
Security Weekly, January 10, 2013.

Rhode, David. "After the War: Resistance; Deadly Attacks on G.I.'s Rise;
Generals Hope Troop Buildup Will Stop the Skirmishes." New York
Times, June 10, 2003.

Ridgway, Andy. "Cyber Moths with Backpacks Set to Fly into Disaster
Zones." Newsweek, September 14, 2014.

Roberts, Chalmers M. "Gaither Report Said to Picture U.S. in Grave
Danger." Washington Post, December 20, 1957.

Robinson, Clarence A., Jr., "Air Vehicles Deliver Warrior Data." Signal
Magazine, July 2007.

Safi re, William. "Mr. Atta Goes to Prague." New York Times, May 9, 2002.

Salisbury, Harrison E. "Soviet Shelters: A Myth or Fact?" New York Times,
December 24, 1961.

Sang- Hun, Choe. "Disgraced Cloning Expert Convicted in South Korea."
New York Times, October 26, 2009.

Scheer, Robert. "X-Ray Weapon: Flaws Peril Pivotal 'Star Wars' Laser,
Second of Three Parts. Next: The Real Debate." New York Times,
September 23, 1985.

"Science at the Petascale: Roadrunner Results Unveiled." Los Alamos
National Laboratory Communications Offi ce, October 26, 2009.

Scully, Meghan. " 'Social Intel' New Tool for U.S. Military." Defense News,
April 26, 2004.

Shachtman, Noah. "The Secret History of Iraq's Invisible War." Wired, June
14, 2011.

Shankar, Thom. "To Check Militants, U.S. Has System That Never Forgets,"
New York Times, July 13, 2011.

Shapley, Deborah. "Jason Division: Defense Consultants Who Are Also
Professors Attacked." Science, February 2, 1973.

Shelsby, Ted. "Iraqi soldiers surrender to AAI's drones." Baltimore Sun , March
2, 1991.

Shurkin, Joel. "The Secret War Over Bombing." Philadelphia Inquirer, February
4, 1973.

Siegrist, David, and J. Pavlin. " Bio- ALIRT Biosurveillance Detection
Algorithm Evaluation," Centers For Disease Control, Morbidity and
Mortality Weekly Report , September 24, 2004: 152– 158.

Singer, Emily. "Playing Piano with a Robotic Hand," MIT Technology Review,
July 25, 2007.

Slipke, Darla. "Vietnam War Veterans Reunite after Rescue Mission 43 Years Ago." Daily Oklahoman, January 8, 2011.

Smith, Stephanie. "Creating Body Parts in a Lab: 'Things Are Happening Now.' " CNN, April 10, 2014.

Solomon, Deborah. "Back From the Future Questions for William Gibson." New York Times Magazine, August 19, 2007.

Stannard, Matthew B. "Montgomery McFate's Mission. Can One Anthropologist Possibly Steer the Course in Iraq?" San Francisco Chronicle, April 29, 2007.

Sterling, Bruce. "War Is Virtual Hell." Wired no 1.01, March/April 1993.

"Strategic Hamlet in Vietnam." New York Times, May 20, 1962.

Stetka, Bret. "Can Fear Be Erased?" Scientifi c American, December 4, 2014.

Straus Military Reform Project. "DOD Offi ce of Force Transformation." Center for Defense Information at POGO, September 11, 2002.

Suzuki, Toshio. "DARPA Wants Hypersonic Space Drone with Daily Launches," Stars and Stripes, February 4, 2014.

"10 Will Be Cited for Civil Service." New York Times, February 25, 1962.

Talbot, David. "A Technology Surges." MIT Technology Review, February 2008.

Thompson, Mark. "Why Obama Will Continue Star Wars." Time Magazine, November 16, 2008.

Thurber, Jon. "William P. Bundy: Advised President Johnson on Vietnam War." Los Angeles Times, October 8, 2000.

Tracy, Mary Frances. "Iraq Discloses Biological Weapons Capabilities." Federation of American Scientists, October 1995.

Trevithick, Joseph. "Firestorm: Forest Fires as a Weapon in Vietnam." Arm Chair General Magazine, June 13, 2012.

Ulanoff, Lance. "China Has the Fastest Supercomputer in the World — Again." Mashable.com, June 23, 2014.

"University News." Princeton Alumni Weekly 68, November 28, 1967, 7.

U.S. Army. "Human Terrain Team Handbook." December 11, 2008.

U.S. Army. "In Memory of . . . Paula Loyd." Human Terrain System, September 2011.

"US Looks for Bigger Warlike Computers." New Scientist, April 21, 1977.

Verderber, Alexander, Michael McKnight, and Alper Bozkurt. "Early Metamorphic Insertion Technology for Insect Flight Behavior Monitoring," JoVE (Journal of Visualized Experiments), 89 (2014): e50901- e50901.

Walker, Amy. "TIGR allows Soldiers to 'be there' before they arrive." U.S. Army News, October 13, 2009. Video is available online at jove.com.

Walsh, Declan. "Afghan Militants Attack Kandahar Prison and Free Inmates," Guardian, June 13, 2008.

Watts, Barry D. "Precision Strike: An Evolution." National Interest, November 2, 2013.

Weiner, Tim. "Remembering Brainwashing." New York Times , July 6, 2008.

_____. "Soviet Defector Warns of Biological Weapons," New York Times, February 25, 1998.

Weiss, Rick. "Dragonfl y or Insect Spy? Scientists at Work on Robobugs."

Washington Post, October 9, 2007.

Wright, Robin. "Iraqis Admit to Broad, Virulent Germ War Plan." Los Angeles Times, September 6, 1995.

York, H. F. "Multiple Warhead Missiles." Scientifi c American , November 5, 1973.

Zorpette, Glenn. "Countering IEDs." IEEE Spectrum, August 29, 2008.

찾아보기

다르파 웨이
펜타곤의 브레인, 미래 기술의 설계자 다르파의 비밀연구 기록

지은이 | 애니 제이콥슨
옮긴이 | 이재학
감수자 | 김종대

1판 1쇄 인쇄 | 2024년 9월 10일
1판 1쇄 발행 | 2024년 9월 19일

펴낸곳 | (주)지식노마드
펴낸이 | 노창현
표지 디자인 | 블루노머스
등록번호 | 제313-2007-000148호
등록일자 | 2007. 7. 10
(04032) 서울특별시 마포구 양화로 133, 1202호(서교동, 서교타워)
전화 | 02) 323-1410
팩스 | 02) 6499-1411
이메일 | knomad@knomad.co.kr

값 28,000원

ISBN 979-11-92248-22-6 (13320)